Wörter – Zeichen der Veränderung

Studia Linguistica Germanica

―

Herausgegeben von
Christa Dürscheid, Andreas Gardt und
Oskar Reichmann

Band 137

Wörter – Zeichen der Veränderung

Herausgegeben von
Dominika Bopp, Stefaniya Ptashnyk,
Kerstin Roth und Tina Theobald

DE GRUYTER

Studia Linguistica Germanica
Begründet von Ludwig Erich Schmitt und Stefan Sonderegger

ISBN 978-3-11-099585-5
e-ISBN (PDF) 978-3-11-069899-2
e-ISBN (EPUB) 978-3-11-069902-9
ISSN 1861-5651

Library of Congress Control Number: 2020936488

Bibliografische Information der Deutschen Nationalbibliothek
Die Deutsche Nationalbibliothek verzeichnet diese Publikation in der Deutschen Nationalbibliografie; detaillierte bibliografische Daten sind im Internet über http://dnb.dnb.de abrufbar.

© 2022 Walter de Gruyter GmbH, Berlin/Boston
Dieser Band ist text- und seitenidentisch mit der 2020 erschienenen gebundenen Ausgabe.
Druck und Bindung: CPI books GmbH, Leck

www.degruyter.com

Jörg Riecke

*30. Juni 1960   † 6. Mai 2019

Inhalt

Oskar Reichmann
Zum Gedenken —— XI

Dominika Bopp, Stefaniya Ptashnyk, Kerstin Roth und Tina Theobald
Einleitung —— 1

Teil I: Wort- und Begriffsgeschichte: Dynamik ausgewählter Wortfelder

Anja Lobenstein-Reichmann
Geschmackssprechen —— 11

Barbara Beßlich
Hermann Bahrs Gedanken über (Mittel-)Europa im Ersten Weltkrieg —— 31

Jörg Füllgrabe
Vom *Satrun zum Sams? Der Sonderfall des Vor-Sonntag als sprachliches und ‚mentales' Phänomen —— 47

Brikena Kadzadej
Polysemie von *fjalë* (‚Wort') in den Lexika der albanischen Sprache —— 73

Teil II: Kodifikation historischer Wortschätze: Lexikographie und Grammatikographie

Herbert Schmidt
Fremde, ausländische, verlateinte, korrumpierte lateinische Wörter.
Bezeichnungen für Fremdwörter im 16. Jahrhundert —— 87

Oliver Pfefferkorn
Etliche bei Handelsleuten gebräuchliche und übliche Wörter —— 119

Albrecht Greule
Historische Valenz —— 143

Jochen A. Bär
Virtuelle Wörter? —— 175

Teil III: Fachwortschätze und politisch geprägte Sprache

Marcus Müller und Ruth M. Mell
Zwischen Fach und Wort —— 191

Andreas Deutsch
Vom Kammergerichtspfennigmeistereiinterimsverwalter zur Immobiliarkreditwürdigkeitsprüfungsleitlinienverordnung —— 209

Sebastian Rosenberger
Von Gobineau bis Rosenberg. Rassenkonzepte der völkischen Bewegung —— 231

Holger Böning
Sprache und das Wörterbuch der Unmenschen. Jüdische Reaktionen auf antisemitische Propaganda in Deutschland. Einige Miniaturen —— 267

Teil IV: Formulierungstraditionen und Pragmatik

Hans Ramge
Conczels Gredechen* und *Kommelhenne —— 293

Sybille Große
Über das Wandern von Worten, Formeln und Traditionen in der west- und mitteleuropäischen Epistolographie des 17. und 18. Jahrhunderts —— 319

Britt-Marie Schuster
Idiomatische(s) Fragen —— 343

Dirk Werle
Werrly. Zur literarischen Funktionalisierung dialektaler Rede in und um Johann Michael Moscheroschs *Welt-Wesen* —— 361

Ekkehard Felder
Authentizität aus sprachwissenschaftlicher Sicht —— 379

Stichwortverzeichnis —— 399

Oskar Reichmann
Zum Gedenken

Im Wintersemester 2007 übernahm Jörg Riecke den Heidelberger Lehrstuhl für Germanistische Sprachwissenschaft mit besonderer Berücksichtigung der Sprachgeschichte, den ich davor für 31 Jahre zu bekleiden die Ehre hatte. Einem solchen lebenszeitlichen Umbruch sieht man mit einer gewissen, auch ängstlichen Spannung entgegen. Man fragt sich, ob man nach so langer Zeit bei seinen Aufenthalten in Heidelberg in eine fremde Welt kommt, in ein Gebäude, das anders eingerichtet ist, auf Kollegen und Studierende trifft, die man nicht kennt, Lehr- und Forschungsgegenständen begegnet, die man weniger beachtet hat und vor allem: Ob man Interessen und wissenschaftliche Fragestellungen vorfindet, die das Fach in einem veränderten Licht erscheinen lassen. Jörg Riecke hat mir diese Spannungen gleich bei unserer ersten Begegnung genommen: Wir offenbarten uns wechselseitig in einem gewissen, auch selbstkritischen Sinne hinsichtlich der Schwerpunkte unserer Arbeit, diskutierten über mögliche Zukunftspläne, über unsere sprach- und geschichtstheoretischen Überzeugungen, über konkurrierende Strömungen, über die existentielle Situation der Sprachgeschichtsforschung und vieles Weitere, und zwar in einem Geist und mit einer gegenseitigen Anerkennung, die mir die sichere Überzeugung gaben, dass das Germanistische Seminar auch weiterhin mein Zuhause sei: Ich fand Studierende und Hilfskräfte vor, die ich anfangs nahezu allesamt aus meinen Lehrveranstaltungen kannte, die mich ein wenig später als Doktoranden und Doktorandinnen in Mitarbeiterstellungen begrüßten oder die über solche Stellungen inzwischen gar auf Professuren berufen worden waren. Das Germanistische Seminar war weiterhin der Ort, an dem ich mich wie in den vorangehenden Jahrzehnten zu Hause fühlte. Diese persönlichen Kontinuitäten ermöglicht zu haben, war eines der Verdienste Jörg Rieckes. Mein erster Gang bei meinen Besuchen in Heidelberg war denn auch regelmäßig mein altes, Jörg Rieckes neues Dienstzimmer. Ich hätte mich gefreut, wenn dieser Kontinuität auf wissenschaftlicher und schon bald auf freundschaftlicher Ebene – einem echten Geschenk – eine längere Zukunft beschert gewesen wäre.

Es sei mir erlaubt, diesen Zeilen eine Episode am Rande eines Tagungsbesuches letztes Jahres in Berlin hinzuzufügen: Diskutierend auf dem Bahnhof stehend sagte ich zu Jörg Riecke, wie glücklich ich sei, ihn als meinen Nachfolger zu haben. Die Antwort lautete: Und ich bin glücklich, Dich als meinen Vorgänger zu haben.

Einer der Gründe für unsere Freundschaft lag auf gemeinsamen wissenschaftlichen Überzeugungen. Es ging uns immer um die gesamte Sprachgeschichte des

Deutschen, bei Jörg Riecke in besonderer Weise auch des Vordeutschen mit dem Althochdeutschen sowie des neuesten Deutschen; den Gegenstand bildete immer die soziokulturelle Einbettung der Sprache und, soweit die Überlieferung dies zulässt, ihr Vorkommen in Texten; ein spezieller Schwerpunkt war das Frühneuhochdeutsche. Das leitende Interesse lag stets auf der Semantik, der Lexik und der Texte, bei Jörg Riecke immer wieder auf der Semantik in Grenzsituationen menschlichen Daseins. Der methodische Zugang verlief über die Interpretation.

Jörg Riecke war mein Nachfolger, mein Kollege und mein Freund. Sein früher Tod am 6. Mai 2019 hinterlässt Erinnerungen, die bleiben werden.

Oskar Reichmann

Dominika Bopp, Stefaniya Ptashnyk, Kerstin Roth und
Tina Theobald
Einleitung

> Sprachen verändern sich. Meist sind es einzelne Wörter oder Redewendungen [...]. Gelegentlich werden wir sogar zu Zeugen tieferliegender sprachlicher Veränderungen. [...] Viel stärker noch als bei der Beobachtung der Gegenwartssprache stoßen wir beim Lesen älterer Texte auf Zeichen der Veränderung. [...] (Riecke 2016a: 7)

Welches sind jene von Jörg Riecke erwähnten „Zeichen der Veränderung", auf die wir bei der Beobachtung der Gegenwartssprache oder dem Lesen älterer Texte stoßen? Sind es vor allem einzelne Wörter und Redensarten, deren lautliche, graphematische oder morphologische Form uns ungewöhnlich erscheint oder deren Bedeutung wir uns nicht oder nur schwer erschließen können? Und wie nehmen wir diese Veränderungen wahr? Als eine Bedrohung der altvertrauten Sprache, beispielsweise durch einen vermeintlich zunehmenden Einfluss fremder Sprachen – heute vor allem des Englischen – oder als einen den eigenen Gesetzen folgenden, selbstverständlichen Wandelprozess? Abschließend sei nicht nur zu fragen, warum wir sprachliche Veränderungen auf eine bestimmte Weise wann und wo wahrnehmen, sondern vor allem, wie oft wir ihrer gewahr werden. Geschieht es beinahe täglich oder braucht es eine größere Distanz – Jahre, Jahrzehnte oder gar Jahrhunderte, um „Zeugen tieferliegender sprachlicher Veränderungen" werden zu können? Sind gerade diese tieferliegenden sprachlichen Veränderungen nicht letztlich Zeichen außersprachlicher Veränderungen?

Schon ein flüchtiger Blick in die Sprachgeschichte kann erste Anregungen zur Beantwortung dieser Fragen bieten. Dies lässt bereits erahnen, dass sich nicht nur die Sprache, sondern auch die Vorstellungen von Sprache mit den Lebens- und Sinnwelten ihrer Sprecher stetig verändern. So lässt sich beispielsweise die gegenwärtig nicht selten im öffentlichen Diskurs prognostizierte Überfremdung der deutschen Sprache durch Anglizismen relativieren, indem man sich nicht allein den Funktionen von Sprache, sondern auch ihren Verwendungsbereichen und den Vorstellungen ihrer Sprecherinnen und Sprecher in Vergangenheit und Gegenwart zuwendet. Diese Entwicklung ist aber nicht als Verfall oder Überfremdung zu fassen, sondern vielmehr unter „Sprachwandel" zu subsumieren, eben darunter, dass Sprachen sich verändern und dass „spätestens seit dem Beginn der Neuzeit in Europa Sprachen nicht mehr nur als schlichte Kommunikationsmittel eingestuft [werden], sondern mit Funktionen und Wertungen verbunden" (Riecke 2016a: 246) sind. „Das Prestige der einzelnen Sprachen und ihre Stellung auf der imaginären vertikalen Achse verschieben sich allerdings von Epoche zu Epoche", so dass der „mittelalterliche[n] und frühzeitliche[n] Bildungssprache Latein" das Französische als „Sozialsymbol" folgte. Letzteres wurde wiederum „um 1800 vom Deutschen als Sprache der Wissenschaften" (Riecke 2016a: 246) abgelöst, an dessen prestigeträchtige Stelle im 20. Jahrhundert die Wirtschafts- und Handelssprache Englisch trat. Eben dieses Prestige, die Geltungshöhe einer Sprache zu einer bestimmten Zeit und in einem bestimmten Sinn- und/ oder Wissensbereich, führt dann zur gesteigerten Bereitschaft der Sprecherinnen und Sprecher, diese Sprache auch in anderen Kontexten zu verwenden. Eine Auseinandersetzung mit der geschichtlichen Entwicklung von Sprache(n) in Abhängigkeit von den Lebenswelten ihrer Sprecherinnen und Sprecher kann somit als ein Prozess des Bewusstwerdens über die Möglichkeiten von Sprache in unterschiedlichen historischen Kontexten und die sprachlichen (Wandel-)Prozesse der Gegenwart verstanden werden. Dieses Bewusstwerden des sprachlichen Wandels – und nicht des Verfalls – kann laut Riecke dann dazu beitragen, „auch die Sprache der Gegenwart besser zur verstehen" und „davon ab[zu]rücken, unseren eigenen Sprachgebrauch als etwas Festes, Unveränderliches anzusehen" (Riecke 2016a: 7).

Bereits diese kurzen Überlegungen und Zitate zeigen, dass eine Auseinandersetzung mit Jörg Rieckes wissenschaftlichem Werk verspricht, die eingangs gestellten Fragen nicht nur oberflächlich, sondern in ihrer Tiefe zu behandeln. Er konzentrierte sich nicht allein darauf, die Bedeutung der Sprachgeschichtsforschung im Zusammenspiel mit der Gegenwartssprache zu erörtern sowie die Entwicklung der deutschen Sprache im Allgemeinen aufzuzeigen und Zugänge zu den verschiedenen Sprachstadien zu ermöglichen. War es ihm ein großes Anliegen, mit seiner *Geschichte der deutschen Sprache* „eine Hinführung zu den großen, umfangreichen Darstellungen, die das Fach heute prägen" (Riecke 2016a: 10), zu bieten, also eine wissenschaftlich fundierte, verständliche *Geschichte der deutschen Sprache* zu erzählen, dann nicht allein vor dem Hintergrund, „wie es zum heutigen Sprachzustand gekommen ist" (Riecke 2016a: 8). Sein sprachhistorisches Forschungsinteresse galt neben den „Laute(n), [den] grammatischen Formen und Strukturen, besonders [...] [den] Wörtern und ihren Bedeutungen" (Riecke 2014: 31) wie dem Lesen und Verstehen „älterer Texte" im Kontext vergangener Sinn- und Wissenswelten (Schütz 1971: 263–298), durch deren Reflexion und Analyse „die Flüchtigkeit des kommunikativen Gedächtnisses unserer eigenen Generation zu überwinden" (Riecke 2016a: 8) ist. Denn

> die Sprachgeschichtsschreibung kann über den einzelnen Text hinaus [...] mit den vielfältigen Möglichkeiten der Versprachlichung der Welt bekanntmachen, die weit über den Horizont der heute lebenden Menschen hinausreichen. Sie fragt also nicht nur nach der sprachlichen Form und dem Sinn einzelner Texte, sondern sie will auch etwas über die Mög-

lichkeiten und Grenzen der Kommunikation unter den jeweiligen historischen Bedingungen herausfinden. (Riecke 2016a: 7)

Die Beschäftigung mit Sprache in ihrer Historie eröffnet somit neue, aber vergangene Sinn- und Wissenswelten und zeigt, dass nicht allein „Laute, die grammatischen Formen und Strukturen, besonders häufig aber die Wörter und ihre Bedeutungen" (Riecke 2014: 31) Zeichen der Veränderung einer Sprache sind, sondern auch und vor allem Zeichen der Veränderung vergangener Generationen, ihrer Gedanken, Konzepte und Lebenswelten. Diese Beziehung zwischen Sprache und Welt ist nicht erst seit de Saussures Zeichentheorie von zentralem Interesse, sondern bewegt seit jeher Vertreterinnen und Vertreter der unterschiedlichsten Wissenschaften. Als eine kommunikative Grundeinheit, die auch Riecke immer wieder betont und zum Zentrum seiner Untersuchungen macht, sind die Wörter als eine der weniger komplexen Einheiten des Sprachsystems zu sehen. Denn – ohne an dieser Stelle die verschiedenen Sichtweisen der Sprachtheorie und -philosophie in Vergangenheit und Gegenwart differenzieren zu können – es besteht seit der Antike die Übereinkunft, dass „Wort [...] der dinge tzeichen [sint]" (Frauenlob, Spr. 59, 1 zitiert nach Huber 1977), dass Wörter also Zeichen für die Dinge und Sachverhalte in der Welt sind. Verändern sich diese Dinge oder Sachverhalte, verändert sich die Welt und die Sicht auf oder die Vorstellung von der Welt, so verändern sich auch ihre Stellvertreter – die Wörter als Zeichen der Dinge, Sachverhalte und Vorstellungen.

Widmet sich eine Sprachgeschichtsschreibung im Sinne Jörg Rieckes diesen *Wörtern* als *Zeichen der Veränderung*, so widmet sie sich unweigerlich auch den sich verändernden Dingen, Sachverhalten und Vorstellungen selbst und wird so zu einer Kulturwissenschaft, die „die Geschichte des Alltags, die Entwicklung von Mentalitäten, [den] Wandel der menschlichen Kommunikationsformen und die Geschichte von Schlagwörtern und zentralen Begriffen [...]" (Riecke 2016a: 9) in ihre interdisziplinären Betrachtungen einbezieht. Beispielhaft für eine solch kulturwissenschaftlich orientierte Sprachgeschichtsschreibung ist Jörg Rieckes gesamtes wissenschaftliches Werk, das in seiner thematischen Vielfalt, seiner diachronen Breite und seinem ganzheitlichen Ansatz dieses Desiderat widerspiegelt. Im Sinne der von ihm propagierten kulturhistorischen Dimension sprachhistorischer Forschung widmete er sich *Wörtern* als *Zeichen der Veränderung* des jeweiligen soziokulturellen Kontextes und weitete den Blick über vermeintlich binnendeutsche Grenzen hinaus. So galt sein Interesse beispielsweise der Entwicklung der deutschen Sprache und ihrer Medien – vor allem der Zeitungen und Sprachlehrbücher – im östlichen Europa. Hiervon zeugt nicht allein das erst nach seinem unerwarteten Tod im Mai 2019 veröffentlichte Werk *Deutschsprachige Zeitungen im östlichen Europa – Ein Katalog* (Riecke & Theobald 2019), das einen entscheidenden Beitrag zur deutschen Medien-, Sprach-, aber auch Siedlungs- und Literaturgeschichte außerhalb binnendeutscher Grenzen leistet, vor allem jedoch (eine Auswahl an) Zeitungen als historischen Zeugnissen und Quellen der (Sprach-)Geschichte der Öffentlichkeit präsentiert. Vor dem Vergessen bewahren soll auch *Die Chronik des Gettos Lodz/Litzmannstadt 1941-1944* (Feuchert, Leibfried & Riecke 2007) und die sich im Druck befindende *Enzyklopädie des Gettos Lodz/ Litzmannstadt*, einer der bedeutendsten Quellenbestände, den Juden im Getto Lodz/Litzmannstadt verfasst und hinterlassen haben. Neben seinen Forschungen zum Deutschen im östlichen Europa und zur Sprache in der Zeit des Nationalsozialismus galt Jörg Rieckes Interesse auch der Namenkunde, der medizinischen Fachsprache oder der Wissenschaftsgeschichte, hierzu zählt *Eine Geschichte der Germanistik und der germanistischen Forschung in Heidelberg* (2016b).

Allein diese wenigen Beispiele aus den vielfältigen Forschungsinteressen Jörg Rieckes – die einmal mehr, einmal weniger, im Kern aber immer *Wörter – Zeichen der Veränderung* zum Gegenstand haben – zeigen, dass sich sein wissenschaftliches Werk kaum in aller Kürze zusammenfassen lässt. Um dieses zu würdigen und seine Reichweite für die Sprachgeschichte im Sinne einer Kulturgeschichte für die Öffentlichkeit kenntlich zu machen, werden in dem vorliegenden Band *Wörter* als *Zeichen der Veränderung* von Jörg Rieckes Kolleginnen und Kollegen aus unterschiedlichster Perspektive in den Blick genommen und aktuelle Fragestellungen der historischen Lexikologie und Lexikographie, Namenkunde und Etymologie mit Blick auf Jörg Rieckes Werk beleuchtet.

Ein erster Abschnitt zur *I. Wort- und Begriffsgeschichte: Dynamik ausgewählter Wortfelder* widmet sich – in Anlehnung an Jörg Rieckes Untersuchungen *Zum Wortschatz von Gesundheit und Krankheit* (2009a) oder *Zum Wortschatz von Zauber und Weissagung* (2009b) – der makro- und mikrodiachronen Form- und Bedeutungsentwicklung ausgewählter Begriffe und Lexeme. Die semantischen Prägungen und Verschiebungen sowie die Gebrauchsdynamik in verschiedenen Phasen der deutschen Sprachgeschichte werden anhand solcher Lexeme wie *Geschmack* von Anja Lobenstein-Reichmann sowie *Mitteleuropa* von Barbara Beßlich demonstriert. Auch bietet dieses Kapitel eine literaturwissenschaftlich geprägte Wortgeschichte des *Samstags* von Jörg Füllgrabe. Mit der Herkunft, dem Entlehnen bzw. Wandern von Wörtern beschäftigt sich der Beitrag von Brikena Kadzadej am Beispiel des albanischen Lexems *fjale* ('Wort').

Verbindet man mit dem Werk Jörg Rieckes nicht zuletzt die Neubearbeitung des etymologischen *Duden. Ein Herkunftswörterbuch* (2014), so bedarf es eines dezidierten Blicks auf die *II. Kodifikation historischer Wortschätze*, auf *Lexikographie und Grammatikographie*. Während sich Herbert Schmidts Untersuchungen auf die historische Fremdwortlexikographie konzentrieren, beschäftigt sich Oliver Pfefferkorn mit Fremdwortglossaren des 17. Jahrhunderts. Neben diesen Beiträgen, die an den eingangs erwähnten Einfluss fremder Sprachen auf das Deutsche und den häufig in der Öffentlichkeit wahrgenommenen Sprachverfall erinnern und diese laienlinguistische Wahrnehmung verändern können, beschäftigt sich Albrecht Greule mit Wegen und Zielen der Erforschung des Valenzwandels und Jochen A. Bär bietet grammatikographische Betrachtungen zu Verbpartikeln.

An Jörg Rieckes Auseinandersetzung mit der *Sprachgeschichte und Medizingeschichte* (2017), dem *Schreiben im Getto* (2006) oder mit *Wörter[n] und Unwörter[n] aus dem Getto* (2011) angelehnt sind die unter *III. Fachwortschätze und politisch geprägte Sprache* zusammengefassten Beiträge, die sich speziell ausgewählten Wortschatzsegmenten widmen. Marcus Müller und Ruth M. Mell präsentieren Beobachtungen zur sprachhistorischen Entwicklung im Bereich der Terminologie, während sich Andreas Deutsch mit einem besonderen Phänomen in der Geschichte der juristischen Sprache beschäftigt – nämlich ihrer Tendenz zur Überlänge in der Kompositabildung. In Jörg Rieckes Forschung zum Wortgebrauch in besonderen politischen und sozialen Kontexten reihen sich die Beiträge Sebastian Rosenbergers und Holger Bönings ein: Ersterer untersucht Rassenkonzepte in der völkischen Bewegung, Letzterer nimmt jüdische Reaktionen auf die antisemitische Propaganda in Deutschland in den Blick.

In einem letzten Abschnitt zu *IV. Formulierungstraditionen und Pragmatik* stehen historisch-pragmatische Fragen im Mittelpunkt, die sich auf den Wortgebrauch und seine spezifisch kommunikativen Funktionen beziehen. Hans Ramges Beitrag zum Gebrauch von Vor- und Nachnamen in ländlichen und städtischen Kommunikationskontexten erinnert an Jörg Rieckes namenkundliche Forschungen zu *Namen und Geschichte am Oberrhein* (2018) oder das gemeinsam herausgegebene *Südhessische Flurnamenbuch* (Ramge et al. 2002). Sybille Große widmet sich Worten und Formeln in der (west-)europäischen Epistolographie und Britt-Marie Schuster Routineformeln und daran geknüpften Kommunikationsritualen. Dirk Werle hingegen beschäftigt sich mit Funktionen des Dialektalen bei Moscherosch und Ekkehard Felder konzentriert sich aus gegenwartssprachlicher Perspektive auf Authentizität als Kommunikationsprinzip.

Dieser multiperspektivische Blick in eine kulturwissenschaftliche Dimension der Sprachgeschichte, in eine Geschichte der *Wörter* als *Zeichen der Veränderung*, soll nicht nur im Sinne Jörg Rieckes dabei helfen, dass „wir uns unmerklich [...] auf Distanz zu unserer eigenen Zeit und damit auch zu uns selbst" begeben, um „die Gedanken und Konzepte vorangegangener Generationen" (Riecke 2016a: 7) zu verstehen und einzuordnen. Er soll gleichzeitig eine Hinwendung zur Gegenwart und deren Reflexion durch das Bewusstwerden sich häufig ändernder wie wiederholender Strukturen und Prozesse in Abhängigkeit von der außersprachlichen Welt bieten. Immer beachtet werden dabei die von Jörg Riecke formulierten vier Aufgaben der Sprachgeschichtsschreibung, die die verschiedenen, „einerseits autonom[en] [...], andererseits aber aufeinander aufbauen[den] und zu immer komplexeren Fragestellungen führen[den]" (Riecke 2009c: 107) Tätigkeitsfelder der Philologie (1.), der Linguistik (2.), der Pragmatik (3.) und der Sprachreflexion (4.) berühren:

1. Den Sinn von Texten verständlich machen.
2. Die Struktur der (in den Texten verwendeten) Sprache verständlich machen.
3. Die Funktion der Texte und Diskurse sowie der in ihnen verwendeten Sprache verständlich machen.
4. Die Bedeutung der Sprache für die untersuchte Sprach- und Kulturgemeinschaft verständlich machen. (Riecke 2009c: 107)

In diesem Sinne sei zu hoffen, dass der vorliegende Band einen Beitrag zur Erfüllung dieser Aufgaben und Jörg Rieckes Anliegen leistet, „diesen Wandel, aber auch die Konstanten in den Strukturen und den Wortschätzen der Sprachen zu beschreiben und so weit wie möglich zu erklären" (Riecke 2014: 32).

In besonderem Maße aber soll dieser Band, der ursprünglich als Festschrift anlässlich des 60. Geburtstages Jörg Rieckes im Juni 2020 geplant war, an einen außergewöhnlichen Menschen und Wissenschaftler erinnern, dessen unerwarteter und viel zu früher Tod im Mai 2019 die Herausgeberinnen, Kolleginnen und Kollegen tief getroffen hat.

Literatur

Feuchert, Sascha, Erwin Leibfried & Jörg Riecke (Hrsg.) (2007): *Die Chronik des Gettos Lodz/Litzmannstadt 1941–1944*. Göttingen: Wallstein.
Huber, Christoph (1977): *Wort sint der Zeichen Dinge. Untersuchungen zum Sprachdenken der mittelhochdeutschen Spruchdichtung bis Frauenlob*. Zürich: Artemis.
Ramge, Hans, Gerd Richter, Jörg Riecke & Herbert Schmidt (Hrsg.) (2002): *Südhessisches Flurnamenbuch*, Darmstadt: Hessische Historische Kommission.
Riecke, Jörg (2006): Schreiben im Getto. Annäherungen an den Sprachgebrauch der Opfer des Nationalsozialismus. *Sprache und Literatur* 97 (2006), 83–96.
Riecke, Jörg (2009a): Zum Wortschatz von Gesundheit und Krankheit. In Rolf Bergmann & Stefanie Stricker (Hrsg.), *Die althochdeutsche und altsächsische Glossographie. Ein Handbuch*, 1137–1148. Berlin, New York: De Gruyter.
Riecke, Jörg (2009b): Zum Wortschatz von Zauber und Weissagung. In Rolf Bergmann & Stefanie Stricker (Hrsg.), *Die althochdeutsche und altsächsische Glossographie. Ein Handbuch*, 1149–1160. Berlin, New York: De Gruyter.
Riecke, Jörg (2009c): Sprachgeschichte trifft Medizingeschichte. Über die Aufgaben der Sprachgeschichtsschreibung. In Ekkehard Felder (Hrsg.), *Sprache, Heidelberger Jahrbücher* 53, 107–109. Berlin, Heidelberg: Springer.

Riecke, Jörg (2011): Wörter und Unwörter aus dem Getto. Beobachtungen zur Sprache der Opfer des Nationalsozialismus. In Jörg Füllgrabe (Hrsg.): *Wanderer zwischen den Zeilen. Von Wörtern und Texten*, 139–151. Frankfurt am Main et al.: Lang.
Riecke, Jörg (Bearb.) (^{5}2014): *Duden 7. Das Herkunftswörterbuch. Etymologie der deutschen Sprache*. Berlin et al.: Dudenverlag.
Riecke, Jörg (2016a): *Geschichte der deutschen Sprache. Eine Einführung*. Stuttgart: Reclam.
Riecke, Jörg (2016b): *Eine Geschichte der Germanistik und der germanistischen Forschung in Heidelberg*. Heidelberg: Winter.
Riecke, Jörg (Hrsg.) (2017): *Sprachgeschichte und Medizingeschichte. Texte – Termini – Interpretationen*. Berlin, Boston: De Gruyter.
Riecke, Jörg (Hrsg.) (2018): *Namen und Geschichte am Oberrhein. Orts-, Flur-und Personennamen zwischen Mainz und Basel*. Stuttgart: Kohlhammer.
Riecke, Jörg & Tina Theobald (Hrsg.) (2019): *Deutschsprachige Zeitungen im östlichen Europa – Ein Katalog*. Bremen: lumière.
Schütz, Alfred (1971): *Das Problem der sozialen Wirklichkeit. Gesammelte Aufsätze*. Den Haag: Nijhoff.

Teil I: **Wort- und Begriffsgeschichte: Dynamik ausgewählter Wortfelder**

Anja Lobenstein-Reichmann
Geschmackssprechen
Ausdrucks- und Textwelten des Geschmacks im Späten Mittelalter und in der Frühen Neuzeit

1 Einführung

Kennen Sie das Wort *mundspiel* für ein besonderes Essvergnügen?[1] Haben Sie schon einmal Wein *angebissen*, wie man auf gut Frühneuhochdeutsch sagen würde, und dabei gerochen, dass er *mäuselt*, also muffelt?[2] Wussten Sie, dass ‚koster' sowohl eine Person sein kann, die Speisen oder Wein probiert, als auch der Geschmackssinn und dass das heute unüblich gewordene Wort *bekorung* sowohl Versuchung durch den Teufel bezeichnet wie ›Geschmack‹ und ›sinnliche Wahrnehmung‹? Und vielleicht überrascht es Sie ganz und gar nicht, dass das Adjektiv *essig* im Frühneuhochdeutschen, der sprachgeschichtlichen Zeit, die in diesem Beitrag besonders in den Fokus rückt, nichts mit der Salatzugabe, dem acetumhaltigen Weinessig zu tun hat, sondern motivationell eigentlich sehr durchsichtig auf das Verb *essen* zurückzuführen ist und 1. ›essbar‹, 2. ›schmackhaft‹, 3. ›esslustig, hungrig‹, 4. ›sexuell erregt‹ bedeutet?

Geschmackssprechen ist wie alles Sprechen dem historischen Sprach- und Kulturwandel unterworfen. Dabei bewahrheitet sich ein weiteres Mal, dass man auch historisch nicht über Geschmack streiten kann, schon gar nicht über das geschmacksbezogene Sprechen, das in doppelter Weise kultur- und zeitgebunden ist: zum einen als Sprechen, das sprachsystematisch und sprachpragmatisch dem beständigen Sprachwandel ausgesetzt ist, zum anderen als Sprechen, das individuelles, nur bedingt kommunizierbares oder gar nachprüfbares Empfinden, nicht nur zum Ausdruck bringt, sondern auch genau mit dem so eröffneten Wahrnehmungs- und Interpretationsspielraum sprachlich handelt.

---

[1] Captatio benevolentiae: Der Vortragsduktus des vorliegenden Beitrags ist weitgehend beibehalten worden. Historische Belege werden im Folgenden in der Zitierweise des Frühneuhochdeutschen Wörterbuches wiedergegeben.
[2] Die Belegbeispiele stammen aus dem Frühneuhochdeutschen Wörterbuch und können dort unter den jeweiligen Lemmata mit entsprechendem Belegmaterial nachgeschlagen werden, z. B. sub voce *mundspiel* oder s. v. *mäuselen*: Maaler 289r (Zürich 1561): „Das Meüselen, Ein besunderbarē geschmack an etlicher alten weynen. Caries uini." Die Zitationsgepflogenheiten des Frühneuhochdeutschen Wörterbuchs werden für die Belegzitate in diesem Beitrag übernommen.

Die einführend genannten Beispiele *bekorung, essig* oder *mäuseln* zeigen nur eine kleine Auswahl an Wörtern, die entweder in der Standardsprache unüblich geworden sind oder nur noch dialektal verwendet werden. Daneben gibt es zudem eine große Anzahl überraschender Semantiken. So ist die *credenz* heute nur noch ein Buffet, auf dem man Speisen und Getränke anrichtet. Martin Luther nutzte das Wort auch als ›Vorgeschmack‹ auf sinnliche wie spirituelle Nahrung: „jr werdet alhie auff Erden ewer freuden auch nicht gnug noch rechte volle mas und den Durst zu lesschen haben kônnen, sondern allein ein Credentz und schmecklin oder labtrûncklin" (Luther, WA 49, 266, 32).

Man ahnt es, kulturhistorisch interessant sind gerade metaphorische Semantisierungen, die ausgehend von der physiologischen Geschmackswahrnehmung, verallgemeinert der Wahrnehmung als solcher, über das wahrgenommene oder ersehnte Lustvolle bzw. gar nicht Angenehme hin zur sexuellen Lust und nicht zuletzt zur spirituellen und religiösen Glückseligkeit führen. Gerade diese geschmacksbezogenen Metaphorisierungen spiegeln Text- und Sinnwelten einer historischen Epoche und in ihrer Andersartigkeit sicher auch die eigene. Mit diesen einleitenden Worten soll eine sprachkulinarische Reise in das Frühneuhochdeutsche beginnen, deren Besichtigungsorte die lexikalisch-semantischen Möglichkeiten des physischen Schmeckens wie auch ihre sprachlichen Grenzüberschreitungen sein werden: vom Mund in den Magen, ins Ohr, ins Herz, den Verstand und die Seele.

Als Materialgeber dieser Reise dient das *Frühneuhochdeutsche Wörterbuch* (im Weiteren kurz: FWB). Es handelt sich dabei um ein historisches Sprachstadienwörterbuch, das den Wortschatz des hochdeutschen (d. h. des oberdeutschen und weiteren mitteldeutschen) Sprachgebietes von der Mitte des 14. bis zur Mitte des 17. Jahrhunderts zum Gegenstand hat. Mit der Konzentration auf das Späte Mittelalter und die Frühe Neuzeit wird der Fokus auf eine Zeit gelegt, in der sich im Deutschen aus einer mannigfach gegliederten Gesamtheit sprachlicher Erscheinungsformen eine Leitvarietät in Form einer Hochsprache herausbildet. Diese Hochsprache ist schriftorientiert, mit hohem Prestige versehen, in allen Räumen des deutschen Sprachgebiets und von allen Schichten der Gesellschaft anerkannt. Historisch gesehen ist der Bezugszeitraum des FWB die Zeit der Stadtentwicklung, des frühen Kapitalismus, der Erfindungen und Entdeckungen, des Humanismus, der Renaissance und der Reformation, der Territorialisierung und anderer auch für die Neuzeit gestaltgebender Entwicklungen. Da das FWB systematisch die Überlieferung aller Räume, Zeiten und Textsorten des Frühneuhochdeutschen erfasst (also literarische Texte ebenso berücksichtigt wie rechts-, wirtschafts-, theologie-, kultur-, fachgeschichtliche usw.), richtet es sich in gleichem Maße an diejenigen, die sich mit Sprach- und Literaturgeschichte, Kultur- und Geschichtswissenschaften, Theologie und Philosophiegeschichte sowie Rechts- und Wirtschaftsgeschichte beschäftigen, also insgesamt an ein fachhistorisch interessiertes Publikum. Für historisch arbeitende Disziplinen mit einem sprachlich verfassten Gegenstand ist das FWB daher ein fächerübergreifendes Grundlagenwerk, das seit 2017 im open access auch online zur Verfügung steht (FWB-online.de).

Was erzählt das FWB über das Geschmackssprechen im Frühneuhochdeutschen? Hatte man damals schon Geschmack? Tatsächlich lässt sich zumindest diese Frage schnell beantworten. Das Wort *Geschmack* im Sinne eines ästhetischen Werturteils, das das Gute und Schöne scheinbar objektiv zu beurteilen vermag, war nicht üblich. Ein Satz wie: „Der Designer hat Geschmack bewiesen", wäre im Frühneuhochdeutschen nicht verstanden worden.

2 Semasiologisches und Onomasiologisches zum Wort *Geschmack* im Frühneuhochdeutschen: Leiblich-metaphorische Grenzüberschreitungen

Im FWB wurde das Wort *Geschmack* mit vier Bedeutungen angesetzt:
1. ›Geruch neutraler (seltener), guter oder übler Art‹; je nach Bewertung dann entweder ›Duft‹ oder ›Gestank‹; vereinzelt Tendenz zu ›Dampf‹; als Metonymie auch (schwach belegt): ›Geruchssinn, Geruchsvermögen‹.
2. ›Geschmack, Schmecken (von Speisen und Getränken)‹.
3. ›sinnlich (gleichsam wie das Riechen und Schmecken) gedachtes Verlangen nach weltlichen Werten (seltener) oder nach Gottnähe‹; in ersterem Falle mit Tendenz zu ›Gier‹, in letzterem zu ›Sehnsucht, Bestreben‹; auch: ›Appetit‹; offen zu 4.
4. steht im Gen. oder mit Gen. für den Inhalt des übergeordneten Substantivs oder des Genitivausdrucks, z. B. die *süssigkeit des geschmackes* für ›Süssigkeit, angenehmes Empfinden‹; *geschmak der freude* für ›Freude‹.[3]

Das Wort *Geschmack* ist ein Ausdruck des sinnlichen Wahrnehmungs- und damit auch des Erkenntnisvermögens. Die physiologische Ausdifferenzierung der Sinne Riechen und Schmecken ist im Frühneuhochdeutschen keine Selbstverständlichkeit. Dies gilt auch für die modernen Dialekte. Im Schwäbischen schmeckt man

---
3 Unter: ‹http://fwb-online.de/go/geschmak.s.0m_1533739012› (16.11.18).

nicht nur mit der Zunge, sondern auch mit der Nase. Und so mancher üble Geruch hat dort „sei Gschmäckle". Spätestens mit der Aufklärung kommt es zur Vertikalisierungsmonosemierung, so dass in der modernen Standardsprache *schmecken* und *kosten* nicht mehr für ›riechen‹ gebraucht werden können und ihre geschmackliche Übergängigkeit verlieren. Möglicherweise ist dafür die aufklärerische Erkenntniskritik verantwortlich zu machen. So beklagt der Philosoph Leibniz die fehlende Ausdifferenzierung mit den Worten:

> Was die Worte und Weisen zu reden betrifft, so muß man sich hüten vor unanständigen, unvernehmlichen und fremden oder undeutschen [...]. Dahin gehören die unzeitig angebrachten verba provincialia oder Landworte gewisser Provinzen Deutschlands, als das Schmecken anstatt Riechen, wie es bei einigen Deutschen gebraucht wird, von denen man deswegen sagt, sie haben nur vier Sinne. (Leibniz 1983: 34)

Die Semantik des Riechens wird tatsächlich in der Neuzeit aus dem Wortbildungsfeld des Schmeckens wegeskamotiert und zur sprachgeographisch-soziologischen Absinkung gebracht. Für den Aufklärungslexikographen Adelung ist die Bedeutung ›riechen‹ eindeutig dialektal, wenn er schreibt: „Im Oberdeutschen, wo schmecken auch riechen bedeutet, wird Geschmack auch häufig für Geruch gebraucht" (*Grammatisch-Kritisches Wörterbuch*: 2, 613). Mit der Aufklärung erfolgt noch eine weitere Entwicklung: Neben der sprachlichen Trennung der Wahrnehmungssinne kommt es zu einer figurativ ausdifferenzierenden Polysemierung vom oralen Wahrnehmungsorgan zur Wahrnehmungsfähigkeit und von da aus zur Zuspitzung auf das ästhetische Urteilsvermögen z. B. eines Kunstrezipienten bzw. gar auf ein Kunstideal überhaupt. Der Geschmack wird zum Schibboleth z. B. zwischen einer guten, vorbildlichen („einer gesellschaftliche[n] Sprache fast aller Personen von Geschmack", (von Polenz 2002: 7) und einer schlechten, ungebildeten Sprache. Die ästhetische Feinjustierung des *geschmacks* als sensitives Empfinden eines in seiner Seinsweise vorauszusetzenden Guten und Schönen ist eine späte semantische Entlehnung aus dem französischen *bon gout* (*Deutsches Wörterbuch*/1DWB 5: 3928), die im Frühneuhochdeutschen gar nicht bzw. erst im Ansatz zu erahnen ist.

Und doch ist auch die frühneuhochdeutsche Semantik mit ihrer Sinneszusammenführung ein Europäismus (Reichmann 2002: 36f.; besonders auch: 2001) und kein Einzelfall. Lat. *sapere* und frz. *sentir* sind heteronyme Wahrnehmungsverben zu frühneuhochdeutsch *schmecken* und haben parallele Bedeutungsfelder, in denen, wie sollte es anders sein, die Wahrnehmungssinne Schmecken und Riechen ebenfalls ineinander übergehen. So bedeutet lat. *sapere* ›schmecken, riechen, merken‹ sowie ›Verstand, Einsicht haben‹ (Georges 2: 2, 2486/7), frz. *sentir* neben ›etw. wahrnehmen, bemerken‹ ebenfalls auch ›riechen und schmecken‹.[4]

Dass besonders die sprachliche Ambiguität bzw. Uneindeutigkeit des Wortes *schmecken* dem Philosophen Leibniz zu schaffen machte, verwundert nicht, ist die Frage der sinnlichen Erkenntnis, vor allem des Erkenntnisvermögens doch zentraler Gegenstand der philosophischen Diskussion. Wie kann man Klarheit und Deutlichkeit erlangen, wenn man schon sprachlich die Sinnesorgane nicht voneinander trennt?

Geschmacksfragen bargen für die Erkenntnisphilosophen noch weitere Herausforderungen. John Locke schreibt in seinem 1690 in London erschienenen *Essay Concerning Humane Understanding* (dt.: *Versuch über den menschlichen Verstand* 1872: 147):

> Licht und Farben sind überall geschäftig bei der Hand, sobald das Kind die Augen öffnet; [...]; würde aber ein Kind an einem Ort gehalten, wo es nur Schwarzes und Weißes sähe, [...], so würde es, [...], von Purpur und Grün ebenso wenig eine Vorstellung haben, als Jemand von dem Geschmack einer Auster oder Ananas, die er nie gegessen hat.

Und etwas später im selben Text (733f.):

> so können alle Worte der Welt, womit man die entsprechenden Worte erläutern oder definieren will, die betreffende Vorstellung in der Seele nicht hervorbringen. Denn Worte sind Laute und können als solche nur Vorstellungen von diesen Lauten erwecken; nur wenn die willkürliche Verbindung derselben mit jenen einfachen Vorstellungen, für welche sie dem Gebrauche nach als Zeichen gelten, gekannt ist, können sie diese andern Vorstellungen erwecken. Wer dies nicht glaubt, mag versuchen, ob er durch Worte den Geschmack einer Ananas erlangen und die wahre Vorstellung von dem Geschmacke dieser berühmten köstlichen Frucht erreichen kann. Soweit man ihm sagt, dass sie dem Geschmacke von andern Dingen ähnelt, deren Geschmack ihm schon bekannt und durch die seinem Gaumen bekannten sinnlichen Gegenstände eingedrückt worden ist, soweit kann er sich jener Vorstellung zwar nähern, allein dann wird ihm diese Vorstellung nicht durch die Definition beigebracht, [...].

Leibniz bringt die Notwendigkeit des Erfahrungswissens in seinen ‚Abhandlungen über den menschlichen Verstand' auf den Punkt. Erst die wirkliche Geschmackserfahrung einer echten Ananas macht es möglich, den Geschmack der Ananas nachzuempfinden. Dies wurde für ihn schließlich möglich, so lässt er Theophilus berichten, als ein Edelmann „drei Meilen von Hannover fast an dem

---

[4] S. v. *sentir* in: TLFi: *Trésor de la langue Française informatisé* [unter: ‹http://www.atilf.fr/tlfi› (16.11.18)], ATILF-CNRS & Université de Lorraine [unter: ‹http://atilf.atilf.fr/dendien/scripts/tlfiv5/advanced.exe?8;s=1604356725;› (16.11.18)].

Ufer der Weser Ananas mit Erfolg zieht und das Mittel gefunden hat, sie [...] zu vermehren" (1904: 299).

So recht die Philosophen Locke und Leibniz mit ihrem Postulat, dass Worte ohne Erfahrung nur Worte bleiben, haben mögen, so sehr unterschätzen sie die Macht der Sprache, über das rationale Empfinden hinaus Geschmacksemotionen zu wecken. Denn was die rationalen Erkenntnis- und Erfahrungs-philosophen mit so großer Unsicherheit und entsprechendem Unbehagen erfüllt, ist das Erfolgsrezept des Geschmackssprechens oder besser gesagt: Es ist geradezu die Voraussetzung für sinnliche, zumeist religiöse oder erotische Metaphernvielfalt. Auf der einen Seite gehört das Riechen und Schmecken zum alltäglichen Erleben nahezu jedes Menschen, was es metapherntheoretisch zum hervorragenden Bild-, man ist verleitet zu sagen, zum Geschmacksgeber werden lässt. Die Macht der metaphorischen Sprache besteht gerade darin, auf der Basis sinnlicher Erfahrung nicht Erfahrbares, das unmittelbar nicht beobachtbare Unbewusste, das Un- und Übersinnliche kontingent und anschlussfähig an Bekanntes, letztlich doch erfahrbar zu machen. Das metaphorische Spiel mit der gustatorischen Imagination bietet den Rückgriff auf leibliche Sinnlichkeit, wo Leiblichkeit schwierig wird. Auf der anderen Seite ist das Schmecken und Riechen ein individuelles Sinnes- und Wahrnehmungserleben, das je nach Person ganz unterschiedlich Lust, aber eben auch Ekel und Unlust bereiten kann und insofern einen weiten und letztlich infiniten Interpretationsspielraum eröffnet. Dass man diesen Raum nur ansatzweise ausloten kann, soll ein Zitat aus der *Mythoscopia* (1969: 13) von 1698 andeuten, in dem auf die metaphorische Metaebene des Geschmacks als Erkenntnisvermögen verwiesen wird: „Wer erfahren wil / was das Meer=Wasser vor einen Geschmack hege / muß nicht eben das ganze außdrinken".

3 Die Einzelbedeutungen des Wortes *Geschmack* im Frühneuhochdeutschen

Bezog man sich im Frühneuhochdeutschen mit dem Wort *Geschmack* auf ›Geruch‹, so kann man sowohl einen positiven Raumduft, wohlriechenden Bratenduft, aber auch weniger angenehme körperliche Ausdünstungen wie Mundgeruch, Schweiß und Ähnliches damit gemeint haben (FWB s. v. *geschmak* 1–4).

> das haus was vol des guten gesmackes von der salben. (Gerhardt, Meister v. Prag 86, 21; Hs. ⌜nobd., 1477⌝)

> Das ist der gschmack, wa sindt die braten? (Spanier, Murner. Narrenb. 57, 54; Straßb. 1512)

> Es was ein Man in dem Rat oder Senat zů Rom, der het gar ein schweren herten Athem, das den Geschmack keiner erleiden mocht. (Bolte, Pauli. Schimpf u. Ernst 1, 134, 8; Straßb. 1522)

> Inn dem verschwand das gspenst | Und ließ auß seynem wenst | Ein sehr ublen geschmack. (Sachs 4, 320, 2; Nürnb. 1544)

> also hie an dem ort auch der geschmack mit samt dem schweiß anzeigen die zeichen der inwendigen luxischen krankheiten. (Sudhoff, Paracelsus 7, 317, 3; 1529)

Bezeichnend für alle sinnlichen Wahrnehmungswörter ist ihre häufige Verwendung in Bildern und Vergleichen wie ihre Metaphorisierung. In der Zeit des späten Mittelalters und der Frühen Neuzeit wird die sakrale und theologische Sinnwelt ausgiebig damit bestückt.

> do er entpfande den geschmack [Luther 1545, 1. Mose 27,27: geruch] seins gewandes | er gesegent in vnd sprach. Secht der geschmack meins suns ist als ein geschmack eins vollen ackers. (Kurrelmeyer, Dt. Bibel 3, 130, 18; Straßb. 1466)

Dies zeigt sich auch im 2. Bedeutungsansatz: ›Geschmack, Schmecken (von Speisen und Getränken)‹. Die traditionelle Sinnwelt der Naturbetrachtung und der Philosophie überliefert der Lexikograph Henisch, der 1616 Geschmack mit Aristoteles definiert und dabei sieben Geschmackstypen aufzählt:
Süß / herb / scharf / sauer / resch / gesalzen / bitter.

> Geschmack / eines jeden dings / der sey gut oder böß / es sey Speyß oder Tranck [...]. Aristoteles erzehlt sibenerley geschmäck / Süß / herb / scharpff / sawer / reß / gesalzen / bitter [...]. Sind also siben geschmäck / als siben Planeten. (Henisch 1542; Augsb. 1616)

Bezeichnend sind die geschmacksbezogenen Bewertungsadjektive *gut* und *böse*, die explizit genannt werden müssen, da die moderne Semantik des Wortes, in der das Positive inhärent ist, sich noch nicht entfaltet hat. Aber es gibt eben nicht nur *guten / lieblichen*, sondern auch *bösen* oder *versalzenen geschmack*. Man könnte eine ganze Reihe an Bewertungsadjektiven aufführen, die im Frühneuhochdeutschen üblich sind, so:
abgeschmackt[5] */ aschmäckig / acetosisch / alt / bitter / brätig / breit / delicat / dum 3*[6]*, edel / essig / feist / fett / garstig / gesende*[7] */ grimlich 1*[8] */ grob 1*[9] */*

---

5 *abgeschmackt* ›geschmacklos, schlecht‹.
6 *dum*; im Phrasem *dummes salz* ›ohne bzw. mit wenig Geschmack, geschmacklos, fade‹. Vgl. dazu: (Luther, WA 32, 343, 1 [1532]): „Wo nu das saltz thum wird, womit sol man saltzen?".
7 *gesende* ›gärend‹ (z. B. unvergärter most).
8 *grimlich* 1 ›sauer, vergoren vom Wein‹.
9 *grob* 1 (ütr.: ›kräftig, fest [von Speisen]; schwer verdaulich‹).

hart 4[10] / *herb* 2 / *herrlich* 2 / *klug* 2 / *lecker* / *leckerhaftig* / *lieblich*[11] / *lind* 1[12] / *lusthaft*[13] / *mat* 3[14] / *meilig* 1[15] / *milte* 5[16] / *neu* / *resch* / *salzig* / *sanft* / *sauer* / *scharf* / *schlecht* / *speckig* / *süß* / *trüb* / *unfreundlich* / *unrein* / *wolgeschmak*.

> Altz / der breite oder feiste wermut / von welchem der wermutwein gemacht wirdt / absinthium Ponticum. [...] Bitterer als altzen / amarius (felle) absinthio. (Henisch 62; Augsb. 1616)

Betrachtet man die semasiologischen Felder dieser Geschmacksadjektive, werden die üblichen Übertragungsrichtungen deutlich. Gut sieht man dies am Bedeutungsfeld des bereits aufgeführten Adjektivs *essig*:

1. ›zum Essen bestimmt, zum Essen tauglich, essbar‹;
    > das sy sust mit inen fůrent an hußrat, win oder anderm åsigen ding. (Rennefahrt, Recht Laupen 60, 3; halem., 1497)
    > dass alle åssige ding, frucht, vich, molken, nit bi hus [...] sõllen [...] verkouft werden. V. Anshelm. (Berner Chron. 1, 150, 22; halem., n. 1529)
2. ›schmackhaft, wohlschmeckend‹. Der zitierte Beleg stellt eine Übertragung ins Religiöse dar:
    > Wan der alle die edel spise hette die die welt hat, ane brot, si enwere nút essig noch lustlich. (Vetter, Pred. Taulers 280, 6; els., Hs. 1359)
3. ›eßlustig, hungrig, Appetit habend‹ und schließlich:
4. ›sexuell erregt, begehrend, lüstern‹.
    > er ist sonst für sich selbs des orts nit essig gewest, dann es ist die guet fraw eins übergrossen leibs gewest. (Barack, Zim. Chron. 3, 324, 23; schwäb., M. 16. Jh.)

Das Adjektiv semantisiert vom lebenswichtigen Kriterium der Essbarkeit[17] über den guten Geschmack und die Lust am Essen zur religiösen Nahrung und schließlich zum sexuellen Begehren. Religion und Sexualität repräsentieren die zwei bevorzugten Übertragungswelten. Hinzu kommen Stimmungs- und Empfindungszustände sowie Schicksalsbewertungen. Das negativierende Geschmacksadjektiv *bitter* z. B. prädiziert nicht nur Speisen und Getränke bzw. Arzneien, sondern wird regelmäßig auf leidvolle psychische oder existenzielle Zustände wie Schmerz, Scham, Furcht und Tod oder auf verbittert-zornige Herzen, Worte und

---

10 *hart* (*harter/unfreundlicher* Geschmack).
11 *lieblich* (alle drei Sinne umfassend).
12 *lind* c) ›angenehm schmeckend (z. B. vom Wein)‹; ›gut, verweichlichend (vom Essen)‹.
13 *lusthaft* ›schmackhaft‹.
14 *mat* ›lasch (vom Geschmack)‹.
15 *meilig* ›faulig (vom Obst)‹.
16 *milte* 5; von Sachqualitäten gesagt, die vom Menschen als angenehm empfunden werden; [...]
b) ›fein, weich, wohlschmeckend (vom Obst); mild (vom Wein)‹.
17 Vgl. dazu auch das Adjektiv *gewerlich*.

Gedanken übertragen. Dementsprechend sieht die Semantik des Wortbildungsfeldes aus, das die Dimensionen des unangenehmen physischen wie psychischen Wahrnehmungs-, Gefühls- und Existenzerlebens von *bittersüß, bittermütig, bitterböse, bitterung, bitterkeit* bis *bittern* auslotet.

> Der dritte veindt ist arckhertzikeit, das ist mit bittere boßen gedancken (Bedeutung 3: ›verbittert, zornig‹). (Sermon Thauleri 9R, 17; Leipzig 1498)

> das man pedenk | die piterkait, des todes czwenk (Bedeutung 2: ›Schmerz, Kummer, Leid‹). (Gille u. a., M. Beheim 175, 24; nobd. 2. H. 15. Jh.)

> und in in stont vil gebresten, hochfart, geswindekeit, bitterkeit, eigenwillekeit, kriegelicheit (Bedeutung 3: ›Gekränktheit, Verbitterung, Zorn‹). (Vetter, Pred. Taulers 30, 1; els., E. 14.Jh.)

Das ebenfalls negative *garstig*, das ich in der Bedeutung ›böse, gottlos‹ oder ›abstoßend, hässlich‹ kenne, hatte im Frühneuhochdeutschen außerdem die Bedeutung ›verdorben, ranzig‹ (in Bezug auf riechen und schmecken).

Wird das Substantiv *Geschmack* adjektiviert, so erfolgt die Bedeutungserweiterung in eine moralisch bewertende Richtung von der Oralität der Zunge zur Oralität des Sprechens. Das Schmackhafte, Wohlschmeckende wird zum Angenehmen im Allgemeinen polysemiert, aber auch zum Schmeichlerischen, vor dem man sich letztlich hüten soll, wie Paracelsus warnt:

> hüetent euch vor den süeßen, geschmachen worten. (Goldammer, Paracelsus 3, 285, 2; 1530/5)

Geschmacksfragen sind lebenswichtig, nicht zuletzt zur Kontrolle der Essbarkeit und der Frische der Waren. Die Breite der Nahrungsmittel wie der würzenden Zutaten ist eine Frage der Herrschaftsverhältnisse und des Reichtums der Essenden und nicht nur eine Entscheidung derjenigen, die kochen. Wer das Jagdrecht hatte, konnte sich Wild auftischen. Dasselbe gilt für die Fische im Teich oder im Dorfbach. Die Frage, wer das Recht zu fischen habe, war zentrales Thema der Bauern im Bauernkrieg. Die meisten Menschen aßen hauptsächlich Brot und Hirsebrei und konnten sich nur selten Fleisch oder Fisch leisten. Die Kartoffel gab es noch nicht und der Weizenpreis war abhängig von der Weizenernte, die nicht immer üppig ausfiel. Pfeffer war teuer, da er aus dem Orient importiert werden musste und das Weiße Gold Salz hatte nicht nur die Funktion, Geschmack in ein Gericht zu bringen, sondern war lebensnotwendig zur Konservierung leicht verderblicher Waren wie Fisch und Fleisch. Im Fokus der Texte, in denen es um Geschmack und Essen geht, stehen also ganz ökonomische und lebenspraktische Themen wie Bezahlbarkeit, Besitz- und Herrschaftsfragen, regionale Erreichbarkeit und zeitliche Saisonalität, Wetterverhältnisse. Geschmacksfragen, dies ist zu bedenken, waren weitaus existentieller als heute. Daher wundert es nicht, dass ihre Übertragungen weit über die Nahrungsaufnahme hinausgingen und zum Verlangen nach Gottnähe metaphorisiert werden.

Religiöse Geschmacksübertragungen prägen die dritte Bedeutung: „›sinnlich (gleichsam wie das Riechen und Schmecken) gedachtes Verlangen nach weltlichen Werten (dies seltener) oder nach Gottnähe (dies häufiger)‹; in ersterem Falle mit Tendenz zu ›Gier‹, in letzterem zu ›Sehnsucht, Bestreben‹; auch: ›Appetit‹". Man könnte diese Bedeutung auch beschreiben als Ausdruck eines Wunsches nach sinnlicher Erfahrung bzw. nach einem einverleibenden oder sogar verschmelzenden Wahrnehmungserleben. Das Verlangen nach Gott ist zentrales Thema in mystischen Texten.

> dar umbe ensmakent in alle gǒtlichen ding nút; wan der gesmak ist enweg, des magen kropf ist verfulet. (Vetter, Pred. Taulers 137, 8; els., 1359)

> Dṽ fṽnfte meinung ist recht einvaltig vnd me vnmittullich vnd gezogen sůzeklich mit dem lůstlichen gesmacke des ewigen ziles. (Schmidt, Rud. v. Biberach 21, 27; whalem., 1345/60)

> der geist der schmackenden wisheit, vnd er durch gat die einualtikeit vnsers geistes, sele vnd lip mit wisheite vnd mit geistlichem gesmacke. (Eichler, Ruusbr. obd. Brul. 2, 1929; els., E. 14. Jh.)

> ‚dú sele', sprichet er, ‚ist sǎlig dú da gemenget ist mit dem gůten gesmake der tugende in dem ser kline dez libes. (Rieder, St. Georg. Pred. 259, 19; Hs. ⌜önalem., 1387¹)

Als Vorgeschmack oder einfühlende Vorahnung ist der nachfolgende Beleg zu lesen:

> dú [sele] enphahet reht ainen gesmak von dem tode Gottes und von sim grabe. (Rieder, St. Georg. Pred. 258, 17; Hs. ⌜önalem., 1387¹)

Das Verb *schmecken* bedeutet analog zum Substantiv *Geschmack* ebenfalls sowohl ›riechen mit der Nase‹ wie ›schmecken mit der Zunge‹. Hinzu kommt außerdem: ›kosten, ausprobieren‹, wie ›jm. etw. angenehm sein, gefallen‹. Letzteres ist im nachfolgenden Beleg zu sehen:

> zog im land umbher ein gerader, starcker bengel, dem keine arbeit schmecken wolt. (Österley, Kirchhof. Wendunmuth 2, 227, 18; Frankf. 1602)

In der religiösen Text- und Sinnwelt nimmt die Seele Gott mit allen Sinnesorganen wahr.

> So sy [seele] denn also jn den jnnern synnen widerformiert vnd gehailet ist vnd jren gesponsen sicht, hôrt, kost, schmeckt vnd vmbfachet, so mag sy denn sam ain sponsa lustleich gesingen cantica canticorum, die da gemacht sind zů ůbung der beschawung. (Höver, Bonaventura. Itin. B, 64; moobd., 1450/60)

Sie kann aber auch geschmacklich fehlgehen. Dass die kritische Ratio mit ihrem Erkenntnisinteresse in die Sünde, gar in die Ursünde führen kann, erzählt die Geschichte Adams und Evas, die im Paradies verführt die Frucht des verbotenen Baumes kosteten. In Luthers Worten:

> Ratio stulta hat im paradis geschmeckt das leckerbisslein, voluit etiam scire, quid bonum, malum. (Luther, WA 36, 156, 6; 1532)

4 Der Mund als Ort sinnlicher, religiöser und kognitiver Grenzüberschreitungen

Die vorgetragenen Blickrichtungen der Sprachbilder ergeben sich nicht zuletzt aus der Semantik des Wortes *Mund*, die zum einen biologisch, zum anderen aber darüber hinaus kulturell geprägt ist. Das Wort *mund* ist im FWB vierfach polysem angesetzt (FWB 9, 6, 2959–2972; bislang nur gedruckt einsehbar). Im ersten Bedeutungsansatz steht der Körperteil in seiner ästhetischen und funktionalen Anatomie im Fokus, im zweiten das Riechen und Schmecken, im dritten das Liebevolle und Erotische, im vierten das Sprechen. Der Mund steht zeichenhaft für Schönheit, sein Lachen für ungetrübtes, frisches Leben. Er ist als „Pforte des Atemweges" wie der Nahrungsaufnahme hochgradig existentiell aufgeladen, so dass er in religiösen Sinnwelten einerseits als Ort des „Aushauchens bzw. Ausfahrens der Seele" (FWB 9, 6, 2959, s. v. *mund*) angesehen wurde, aber auch des Einverleibens z. B. des Leibes Christi bei der Eucharistie. Es ist daher sehr konkret zu verstehen, wenn Luther schreibt, dass man „leib und blut Christi můndtlich" empfängt (Luther, WA 30, 3, 548, 26). Mündlich, also mit dem Mund, nimmt der Mensch nicht nur die existentiell notwendige Nahrung in sich auf, sondern schmeckt in einem übertragenen Sinne das ganze Leben im Diesseits und sicher auch den Vorgeschmack auf das Jenseits. Der liebevoll wie erotisch zugewandte Kuss überschreitet Nähe-, gar Körpergrenzen, spendet Freude, Lust und Vitalität. In der Reisebeschreibung John Mandevilles heißt es gar:

> und kussent ir mich in minen mund, so würd ich wider zů mensche als vor. (Morrall, Mandev. Reiseb. 17, 4; schwäb., E. 14. Jh.)

Fragt man, was den Menschen anthropologisch ausmacht, so ist der Mund Ort und Organ des Sprechens, oder wie es in der Bedeutungsbeschreibung von *mund* 4 heißt: Ort „der Artikulation von Lauten, des partnerbezogenen sprachlichen Handelns, der Schaffung von Realitätsbildern". *Mund* steht „für alle Einzelaspekte verbalsymbolischer Tätigkeit vom bloßen Ausdrücken und Bezeichnen bis hin zur Setzung gesellschaftlicher Realitäten, sozialer Beziehungsverhältnisse und allseitiger Bewertungen positiver wie negativer Art (in letzterem Falle z. B. gegen unnützes, eitles Sprechen)" (FWB 9, 6, 2965). *Mund* steht demnach für Sprache und Worte, die, anders als bei John Locke, mehr als nur Artikulation von Lauten ohne Erfahrung symbolisieren, sondern Setzungen von Beziehung und gesellschaftlicher Realität aktiv aushandeln.

Man hat es folglich mit verschiedenen Mundperspektiven zu tun: der Perspektive der Wahrnehmung, der Erkenntnis und der Handlung. Der Mund, der Leben, Seele und Liebe in Form von Atmung, Nahrung, Berührung und göttlichem oder menschlichem Wort erhält, und der Mund, der sprachlich mit anderen handelt und der im Sprechen Leben, Seele, Gesellschaft und Beziehung schafft. Als der Teufel Jesus in der Wüste verführen will, indem er ihn auffordert: „Bistu Gottes son / so sprich / das diese stein brot werden", hält Jesus ihm entgegen: „Der Mensch lebet nicht vom Brot alleine / Sondern von einem jglichen wort / das durch den mund Gottes gehet" (Matthäus 4,4). Und so wie es gesprochen wird, muss es nach Luther auch verstanden werden:

> Do sihet Christus den menschen freintlich ann, und ßo bald kumbt der h. geist, bringet mitt sich ein rechten vorstandt der ganzen schriefft. Es wirdt nimandt gelerhet mitt viell leßen, gedencken &c. Es ist viel ein hoher schul, do man gotzs wort lerneth, das ist, das es muß vorstanden werden durch ein *schmack und erfarung*. (Luther, WA 9, 610, 32; 1521. Hervorhebung durch ALR)

Das Wort Gottes als metaphysisches Existential wird zum fleischgewordenen Wort im Johannesevangelium, zum geopferten Wort am Kreuz, greifbar und gustatorisch wahrnehmbar nicht zuletzt in dem für die Eucharistie genutzten Brot, das schließlich, real zum Munde der Glaubenden geführt, Gott selbst schmeckbar macht. *Schmecken* und *geschmacken* haben daher die Bedeutung ›(Gott) gleichsam sinnlich, riechend oder schmeckend wahrnehmen‹.

> sol die creature got begriffen vnd verstan vnd schmacken, so můs sý gezogen sin über sich selber in got vnd begriffen got mit gotte. (Eichler, Ruusbr. obd. Brul. 1, 675; els., E. 14. Jh.)

Gott zu begreifen, das heißt ihn schmecken zu können, setzt im mystischen Diskurs voraus, zuvor in Gott gezogen, ihm einverleibt zu sein. Nur in der Verschmelzung mit Gott sei die Erkenntnis Gottes möglich. Dies hat Tradition.

5 Das Spirituelle Erkenntnisvermögen oder die Macht der metaphorischen Sprache

Das gustatorische Denken im Christentum basiert auf zentralen biblischen Sätzen. Im Evangelium nach Matthäus (26, 26) wird berichtet, wie Jesus das letzte Abendmahl abhält. Zitiert ist Luthers Bibelübersetzung von 1545:

> DA sie aber assen / Nam Jhesus das Brot / dancket / vnd brachs vnd gabs den Jüngern / vnd sprach / Nemet / esset / Das ist mein Leib. Vnd er nam den Kelch / vnd dancket / gab jnen den / vnd sprach / Trincket alle draus / Das ist mein Blut des newen Testaments / welchs vergossen wird fur viel / zur vergebung der sünden. Jch sage euch / Jch werde von nu an nicht mehr von diesem gewechs des weinstocks trincken. Das ist / wir werden hinfurt keinen leiblichen wandel mit einander haben / vnd das sol das Valete sein. / bis an den tag / da ichs newe trincken werde mit euch in meines Vaters Reich. (Luther, Hl. Schrifft Mat. 26, 26; 1545)

Essen und Trinken gilt als Symbol leiblichen Wandels miteinander, als Akt und Ort der Gemeinschaft. Im Fall des letzten Abendmahls ist es eine Gemeinschaft, die in einem doppelten Sinne zum letzten Ma(h)l zusammenkommt, bevor einer von ihnen getötet wird. Essen und Trinken gilt als notwendiger Akt wie als Symbol irdischer Existenz, doch wie sich zeigt, ebenso als sinnstiftende Gemeinschaftshandlung, die weit über die lebensnotwendige Nahrungsaufnahme hinausgeht und durch die Opfer- bzw. Heilsgeschichte Christi sogar bis in das Reich Gottes fortgedacht wird. Die Person Christus wird im christlichen Kontext zu einer Nahrung der besonderen Art, sein Leib zu anfassbarem, schmeckbarem Brot und Fleisch, sein Blut zu genießbarem Wein. Die konkrete, von nahezu allen Menschen erfahrbare und alltäglich vollzogene Nahrungsaufnahme, die normalerweise vor Menschen als etwas Verspeisbarem halt macht, bricht in religiösen Texten alle Tabus und wird in höchstem Grade metaphorisch aufgeladen. In Johannes 6, 49–56 sagt Jesus von sich: „Warlich / warlich / Jch sage euch / Wer an Mich gleubet / der hat das ewige Leben. Jch bin das Brot des Lebens". Dieses Brot, das in den drastischeren Bildern der Opferung als Fleisch metaphorisiert ist, wird zur Seelennahrung, gar zum Spender ewigen Lebens, in den Worten des Johannesevangeliums zum „geistlichen essen" (Luther 23, 183, 6), bei dem das Individuum nicht nur mit Jesus am Tisch sitzt und *mit ihm* speist, sondern sogar *ihn selbst*.

> Jhesus sprach zu jnen / Warlich / warlich / Jch sage euch / Werdet jr nicht essen das Fleisch des menschen Sons / vnd trincken sein Blut / so habt jr kein Leben in euch. Wer mein Fleisch isset / vnd trincket mein Blut / der hat das ewige Leben / Vnd ich werde jn am Jüngsten tage aufferwecken. Denn mein Fleisch ist die rechte Speise / vnd mein Blut ist der rechte Tranck.

> Wer mein Fleisch isset / vnd trincket mein Blut / der bleibt in mir / vnd ich in jm. (Luther, Hl. Schrifft Joh. 6,53–56; 1545)

Auf diesem Hintergrund ist das im Barock übliche *süße Jesulein* zu lesen, das, wie im Kirchenlied besungen, süßer Honig auf der Zunge ist, „ein himmlisch hertz labung".

> Jesu der hohen Engel Kron, | Zu ohren bist ein schoner Thon, | Ein sûsses honig auff der zung, | Vnd ein himlische hertz labung. (Kehrein, Kath. Gesangb. 1, 153, 22; Köln 1619)

Die Textwelten, die hinter den Geschmacksbelegen stehen, setzen die biblische Tradition fort. Vom Hl. Hieronymus über den Mystiker Meister Eckart hin zu Luther wird Geschmack immer wieder zu sinnlichen Wahrnehmungsbildern und spiritueller Gotteserfahrung eingesetzt. Gänzlich seitenverkehrt zur rationalen Erkenntnisphilosophie ist das Geschmackserleben die Voraussetzung für spirituelle Erkenntnis. Es gilt, das Nichtsehbare, Nichtanfassbare und eigentlich auch Nichtsagbare des Religiösen wahrnehmbar, fühlbar und letztlich auch sagbar zu machen. Denn so schreibt Bonaventura über Christus:

> der mensch [...] wiß, das der, den er lieb hatt, ist nit sichtig, nicht safftlich, nit hôrlich, nit griffenlich, nit schmeklich. (Ruh, Bonaventura 330, 16; oschwäb., 2. V. 15. Jh.)

Der Leib Christi soll vom Gläubigen mit allen Sinnen aufgenommen, man möchte sagen: einverleibt werden.

> das or empfacht das gethôn vnd die zung den geschmack. (Quint, Eckharts Pred. 2, 472, 2; E. 13./A. 14. Jh.)

Spricht Meister Eckart vom Ohr als Organ auditiver Wahrnehmung, so ist das keine Einführung in die körperliche, sondern eher in eine im wahrsten Sinne des Wortes metaphysische Wahrnehmungsphysiologie, bei der das Ohr das Wort Gottes in sich aufnimmt und die Zunge den Menschen befähigt, das religiöse Mysterium der Transsubstantiation zu schmecken.

> Bauer, Haller. Hieronymus-Br. 48, 38 (tir., 1464): Die augen die sehen an dir die weiss gestalt des protes, das chosten das enpfhindet den geschmacken vnd das schmëkhen das wolriechen.

In der Tradition der Mystik Bernhards von Clairvaux, Bonaventuras und Johannes Taulers kann man Gott nicht allein mit dem Verstand greifen, sondern muss ihn affektiv mit dem Herzen wahrnehmen, ihn geradezu körperlich spüren (WA 14, 30, 8), ihn *schmecken*. Denn, so Luther (WA 33, 16, 15): „Christus saget: Ich wil der geber, becker, brawer [...], ja die speise selbst sein". Luther schlägt seinem Freund Spalatin 1516 vor, er solle sich Taulers Predigten beschaffen, denn er selbst habe dort eine „heilvollere und mehr dem Evangelium übereinstimmende Theologie" gefunden: „Schmecke also und sieh, wie süß der Herr ist, so du doch zuvor geschmeckt und gesehen hast, wie bitter alles ist, was wir sind" (WA BR. 1, 79, 60). Interessanterweise ist das lateinische *gustate* des von Luther hier zitierten Psalms 34,9: „SChmeckt vnd sehet / wie freundlich der HERR ist / Wol dem / der auff jn trawet" (wieder Luther 1545) von anderen Bibelübersetzern nicht mit dieser Metapher übersetzt worden. Sie blieben im kognitiv-erkenntnistheoretischen Wortschatz. Johannes Eck übersetzt lat. *gustate* 1537 mit *versuchen*, Christoph Froschauer 1530 mit *erfahren*, und in der Biblia Mentelin von 1466 steht *bekoren* bzw. 1476 *versuchen*. Auch wenn alle Verben synonym gebraucht werden können, so ist das Wort *schmecken* wegen seiner affektiven Anschaulichkeit am ausdrucksstärksten.

Doch das religiöse Schmecken ist ein Balanceakt zwischen religiös erhöhendem Wahrnehmungsgenuss und moralischem Untergang durch die Versuchungen des Teufels.

> die unsers herren gotis lichnam und sin blůt unwerticlichen ezzen und trinken, sie ezzen und trinken in sich die ewigen vertamnusse. (Schönbach, Adt. Pred. 5, 21; osächs., 1. H. 14. Jh.)

Bisher war vor allem vom positiven Erfahrbar- und Erfühlbarmachen schwer zu greifender metaphysischer Größen wie Gott und Glaube die Rede, Geschmack führt aber nicht nur zu Gottesnähe, Spiritualität und Erlösung, er kann auch das Kippen in eine Begierde, in Gier und Sünde bezeichnen, was die dritte Bedeutung des Wortes andeutet. Dann wird aus Geschmack leicht Gier und Versuchung. Das Wortbildungsfeld zu *bekoren* und *bekorung* zeigt dies:

> *Geschmack*: Das do waz ein weysser same als des corianders: vnd sein bekorung als semeln mit honig. (Kurrelmeyer, Dt. Bibel 3, 276, 22; Straßb. 1466)

> *Versuchung*: Das ist ze got gan, in ze allen ziten mit begirde sůchen vnd mit bekennende vinden vnd mit bekorung vnd mit enphinden růren. (Schmidt, Rud. v. Biberach 25, 13; whalem., 1345/60)

Das Verb *bekoren* bedeutet neben vielem anderen (es wurde im FWB 9-fach polysem angesetzt) sowohl 2. ›etw. kosten, probieren, schmecken, genießen; etw. wahrnehmen; etw. zu spüren bekommen, etw. kennenlernen‹ als auch: 6. ›jn. versuchen, in Versuchung führen, js. Glauben einer Prüfung unterziehen‹.

> Des suchet der tuvel loube | Daz er unschult beroube, | Versuche und bekore | Mit sinem valschen spore. (Karsten, Md. Paraphr. Hiob 761; omd., 1338)

Es ist natürlich kein Zufall, dass *bekoren* und *versuchen* synonym sind. Die Polysemie des gustatorischen wie des sinnlichen und religiösen Versuchens zieht sich wie ein roter Faden durch die Semantiken der Geschmackswörter. Die Spannung reicht beim Verb *versuchen* vom ›Kosten mit der Zunge‹ über ›etw. ausprobieren‹ hin zur religiösen Versuchung durch den Teufel, gegen die man sich im *Vater Unser* von Gott Verschonung und Unterstützung erhofft. „Und führe uns nicht in Versuchung, sondern erlöse uns von dem Übel". Luther kommentierte:

> Drey versuchung oder anfechtung haben wir, das fleysch, die welt, den teueffel. Darumb bitten wir: Lieber vater, gib unns gnade, das wir des fleysches lust zwingen. Hilff, das wir seinem ubrigen essen unnd trincken, schlaffen, faulen unnd muessigang widerstreben. (Luther, WA 6, 17, 29; 1519)

Sexualität, Völlerei und der Teufel können den Gläubigen ewige Verdammnis oder ewigen Tod schmecken lassen (Luther TR 6, 302, 17), was zu den bedrohlichsten Geschmackserlebnissen, sicher nicht nur des Frühneuhochdeutschen, zu zählen ist. Aber nicht alles Bittere führt automatisch in die Hölle. Luthers Perspektive ist in einem besonderen Sinne ganzheitlich. Seiner Auffassung nach kann der Mensch den Geschmack der Süße nicht ohne das Bittere, die Erlösung nicht ohne zuvor ertragenes Leid erfahren.

> Über das erste Buch Mose, Predigten sampt einer Unterricht, wie Moses zu leren ist: Denn so haben wir ynn der schrifft, das zur narung gehört zweyerley, essen und trincken, das mus beydes beynander sein, wo eins on das ander ist, kan man das leben nicht erhalten, Als (...) wie Maria der junckfrawen widderfur, die hatt gefasset, das yhr son solt ein könig werden, das war die speisse, aber wo sie eytel blieben were, were es yhr schedlich gewesen, Darümb must er yhr auch zu trincken geben, wilchs geschach, als er am creutz hieng, da gewan sie einen andern schmack. Das trincken ist nichts anders denn wenn man ynn grossem hertzleyd stickt und er uns tröstet, Als wenn er uns lesset sagen, das wir der sunde sollen los sein und der tod sol uns nichts schaden, Das ist das essen, das schmeckt uns wol, Aber wir müssen auch zu trincken haben, das geschicht, wenn er herkömpt und wil mich würgen, Da bedarff ich des trosts, das ich fest halte am wort und mir die speisse nütz mache, Das ist der tranck dazu, damit man sich kületund erquicket. (Luther, WA 24, 563, 28 ff.; 1527)

Wenn das Wort der Hl. Schrift, das zur Nahrung gehört, wie Luther schreibt, Speise zum Trost, sogar zur Rettung vor dem ewigen Tod werden kann, dann wird John Lockes Diktum, dass Worte nur Laute sind, die ohne Erfahrung nichts besagen, nicht nur metaphorisch auf eine harte Probe gestellt. Es mag zwar rein rationalistisch richtig sein, dass man nur den Geschmack beschreiben kann, den man physiologisch erfahren hat, aber was ist mit all den religiösen und anderen

Sehnsüchten, die erst mit dem Geschmackssprechen erfahrbar gemacht werden können, und die den Großteil des literarischen Sprechens des Frühneuhochdeutschen ausmachen? Was ist mit der Setzung von Realitäten durch die Welt der Worte, mit denen Türen zu nicht erfahrbaren, physiologisch nicht schmeckbaren spirituellen Welten geöffnet werden, die das Sozialleben ganzer Zeitalter von Menschen, nicht nur deren Geschmacksleben geprägt haben? Wird die Seins- und Handlungsmacht der Sprache, „die introjizierende und einverleibende Oralität", das „was das Sein des Menschen ausmacht" (Kristeva 1989: 30) hier nicht erstaunlich unterschätzt? Es reicht daher meines Erachtens nicht, die Welt rational zu erkennen, man muss sich zu ihr in Beziehung setzen, ihr Bedürfnis nach affektivem Empfinden, vielleicht sogar nach Bindung und Verschmelzung verstehen, wie es in der religiösen Tradition immer wieder mit Erfolg getan wurde. Woher also rührt der Erfolg der spirituellen Wortakrobatik bzw. der religiösen Geschmacksmetaphorik? Julia Kristeva bedient dieselbe Metaphorik in ihrer Abhandlung über die Liebe. So schreibt sie (Kristeva 1989: 30f.):

> Wenn das Objekt, das ich einverleibe das Wort des Anderen ist – genauer gesagt ein Nicht-Objekt, ein Schema, ein Modell –, dann verbinde ich mich mit ihm in einer ersten Fusion, Kommunion, Vereinigung. Identifizierung. [...] Es bedurfte aber einer Bezähmung meiner Libido, um mich zu diesem Vorgang zu befähigen: Meine Gier zu verschlingen hat hinausgeschoben und auf eine Ebene verschoben werden müssen, die man als ›psychische‹ bezeichnen kann, wenn man hinzufügt, daß die Verdrängung, sofern sie erfolgt, sehr primär ist und die Freude am Kauen, Schlucken, und Essen von Wörtern fortdauern läßt. Indem ich die Wörter des anderen empfangen, aufnehmen und wiedergeben kann, werde ich wie er: Eins. Ein Subjekt der Äußerung [énonciation]. Durch psychische Identifizierung – Osmose. Durch Liebe.

Es mag nicht nur Geschmackssache sein, ob man die Liebe der Ananas vorzieht.

Literaturverzeichnis

Adelung, Johann Christoph (1793–1801): *Grammatisch-kritisches Wörterbuch der Hochdeutschen Mundart mit beständiger Vergleichung der übrigen Mundarten, besonders aber der oberdeutschen*. Zweyte, vermehrte und verbesserte Ausgabe. Leipzig: Breitkopf.

V. Anshelm. Berner Chron. (1884–1901) = *Die Berner Chronik des Valerius Anshelm*. Hrsg. vom Historischen Verein des Kantons Bern. 6 Bände. Bern: Wyss.

Barack, Zim. Chron. (1881–1882) = *Zimmerische Chronik*. Hrsg. von Karl August Barack. Zweite verb. Aufl. 4 Bände. Freiburg, Tübingen: Mohr.

Bauer, Haller. Hieronymus-Br. (1984) = *Heinrich Hallers Übersetzung der "Hieronymus-Briefe"*. Hrsg. von Erika Bauer. Heidelberg: Winter. (Germanische Bibliothek. Vierte Reihe: Texte).

Bolte, Pauli. Schimpf u. Ernst (1924) = *Johannes Pauli. Schimpf und Ernst.* Hrsg. von Johannes Bolte. Erster Teil: Die älteste Ausgabe von 1522. Zweiter Teil: Paulis Fortsetzer und Übersetzer/Erläuterungen. Berlin: Stubenrauch. (Alte Erzähler 1; 2).

DWB (1854–1961) = *Deutsches Wörterbuch von Jacob Grimm und Wilhelm Grimm.* 16 Bde.[in 32] und Quellenverzeichnis. Leipzig: Hirzel. [Nachdr. München: dtv 1984].

Eichler, Wolfgang (1969): *Jan van Ruusbroecs ‚Brulocht' in oberdeutscher Überlieferung. Untersuchungen und kritische Textausgabe.* München: Beck. (Münchener Texte und Untersuchungen zur deutschen Literatur des Mittelalters 22).

FWB (1986–heute)= *Frühneuhochdeutsches Wörterbuch.* Hrsg. von Ulrich Goebel, Anja Lobenstein-Reichmann & Oskar Reichmann. Berlin, New York: De Gruyter. Seit 2013 im Auftrag der Akademie der Wissenschaften zu Göttingen. Digital verfügbar unter: ‹http://www.fwb-online.de›.

Georges (1967) = *Ausführliches lateinisch-deutsches Handwörterbuch. Aus den Quellen zusammengetragen und mit besonderer Bezugnahme auf Synonymik und Antiquitäten unter Berücksichtigung der besten Hilfsmittel ausgearb.* von Karl Ernst Georges. Unveränderter Nachdruck der achten verb. und verm. Aufl. von Heinrich Georges. 2 Bände. Basel, Stuttgart: Schwabe.

Gille et al., M. Beheim (1968–1977) = *Die Gedichte des Michel Beheim.* Hrsg. von Hans Gille & Ingeborg Spriewald. Band 1: Einleitung. Gedichte Nr. 1–147. Band 2: Gedichte Nr. 148–357. Band 3, 1: Gedichte Nr. 358–453. Die Melodien. Band 3, 2: Registerteil. Berlin: Akademie. (Deutsche Texte des Mittelalters 60; 64; 65, 1; 65, 2).

Goldammer, Paracelsus (1955–1961) = *Theophrast von Hohenheim genannt Paracelsus. Sämtliche Werke. Zweite Abteilung: Theologische und religionsphilosophische Schriften.* Hrsg. von Kurt Goldammer. Bde. IV–VII. Wiesbaden: Steiner.

Heidegger, Gotthard (1698/1969): *Mythoscopia Romantica: oder Discours Von den so benanten Romans, Das ist/Erdichteten Liebes- Heldē- und Hirten-Geschichten.* Faks.-Ausg. nach dem Originaldruck von 1698 von Walter Ernst Schäfer. Bad Homburg v. d. h., Berlin, Zürich: Gehlen. (Ars poetica. Texte 3).

Henisch, Georg (1616/1973): *Teutsche Sprach vnd Weißheit. Thesaurus linguae et sapientiae Germanicae.* Hildesheim, New York: Olms. Nachdruck der Ausgabe Augsburg 1616. (Documenta Linguistica. Reihe II: Wörterbücher des 17. und 18. Jahrhunderts).

Höver, Bonaventura. Itin. (1970) = *Bonaventura. Itinerarium mentis in deum. Nach zwei Fragmenten aus Tegernsee in altbairischer Übertragung.* Hrsg. von Werner Höver. Teil I: *Einleitung und Text.* Teil II: *Apparattext und Glossar.* München: Fink (Kleine deutsche Prosadenkmäler des Mittelalters 8).

Karsten, Md. Paraphr. Hiob (1910) = *Die mitteldeutsche poetische Paraphrase des Buches Hiob aus der Handschrift des Königlichen Staatsarchivs zu Königsberg.* Hrsg. von Torsten E. Karsten. Mit zwei Tafeln in Lichtdruck. Berlin: Weidmann (Deutsche Texte des Mittelalters 21).

Kehrein, Kath. Gesangb. (1853/1969) = *Kirchen- und religiöse Lieder aus dem zwölften bis fünfzehnten Jahrhundert. Theils Übersetzungen lateinischer Kirchenhymnen (mit dem lateinischen Text), theils Originallieder, aus Handschriften der k. k. Hofbibliothek zu Wien zum ersten Male hrsg.* von Joseph Kehrein. Zweite Abth.: Originallieder und freie Bearbeitungen lateinischer Hymnen aus dem 14. bis 15. Jahrhundert. Paderborn: Schönigh. (Reprografischer Nachdruck Hildesheim, New York 1969).

Kristeva, Julia (1989): *Geschichten von der Liebe.* Aus dem Französischen von Dieter Hornig und Wolfram Bayer. Frankfurt: Edition suhrkamp 1482.

Kurrelmeyer, Dt. Bibel (1904–1915)= *Die erste deutsche Bibel*. Hrsg. von William Kurrelmeyer. Band 1: *Evangelien*. Band 2: *Briefe, Apostelgeschichte, Offenbarung*. Band 3: *Genesis, Exodus, Leviticus*. Band 4: *Numeri – Ruth*. Band 5: *Die vier Bücher der Könige*. Band 6: *1. Chronika – 3. Esra*. Band 7: *Tobias – Psalm*. Band 8: *Sprüche – Jesaja*. Band 9: *Jeremia – Daniel*. Band 10: *Hosea – 2. Makkabäer*. Tübingen: Litterarischer Verein in Stuttgart. (Bibliothek des Litterarischen Vereins in Stuttgart 234; 238; 243; 246; 249; 251; 254; 258; 259; 266).

Leibniz, Gottfried Wilhelm (1697/1983): *Unvorgreiffliche Gedanken, betreffend die Ausübung und Verbesserung der deutschen Sprache*. Nachdruck Stuttgart: Reclam.

Leibniz, Gottfried Wilhelm (1915/1971): *Neue Abhandlungen über den menschlichen Verstand*. Hamburg: Meiner.

Locke, John (1872): *Versuch über den menschlichen Verstand*. Übersetzt von Julius Heinrich von Kirchmann. Berlin: Heimann. [»An essay concerning human understanding«. London 1690].

Luther, Martin (1545/1972): *D. Martin Luther. Die gantze Heilige Schrifft Deudsch*. Wittenberg 1545. Letzte zu Luthers Lebzeiten erschienene Ausgabe. Hrsg. von Hanns Volz unter Mitarbeit von Heinz Blanke. Textredaktion Friedrich Kur. 2 Bände und ein Band Anhang und Dokumente. München: Rogner und Bernhard.

Luther, Martin (1883ff.): *D. Martin Luthers Werke*. Kritische Gesam(m)tausgabe. 1. Abteilung: Schriften. 73 Bände. Weimar: Böhlau.

Luther, Martin (1930ff.): *D. Martin Luthers Werke*. Kritische Gesam(m)tausgabe. 4. Abteilung: Briefwechsel. 18 Bände. Weimar: Böhlau.

Maaler, Josua (1561/1971): *Die Teutsch spraach. Dictionarium Germanicolatinum novum*. Mit einer Einführung von Gilbert de Smet. Hildesheim: Olms. (Nachdruck der Ausgabe Zürich 1561 (Documenta Linguistica. Reihe I: Wörterbücher des 15. und 16. Jahrhunderts)).

Morrall, Mandev. Reiseb. (1974) = *Sir John Mandevilles Reisebeschreibung in deutscher Übersetzung von Michel Velser*. Nach der Stuttgarter Papierhandschrift Cod. HB V86 hrsg. von Eric John Morrall. Berlin: Akademie. (Deutsche Texte des Mittelalters 66).

Österley, Kirchhof. Wendunmuth (1869) = *Wendunmuth von Hans Wilhelm Kirchhof*. Hrsg. von Hermann Österley. 4 Bände und Band 5: Beilagen des Herausgebers. Stuttgart: Litterarischer Verein. (Bibliothek des Litterarischen Vereins in Stuttgart 95–99).

Polenz, Peter von (2002): Sprachgeschichte und Gesellschaftsgeschichte von Adelung bis heute. In Dieter Cherubim, Karlheinz Jacob & Angelika Linke (Hrsg.), *Neuere deutsche Sprachgeschichte. Mentalitäts-, kultur- und sozialgeschichtliche Zusammenhänge*, 1–23. Berlin, New York: De Gruyter. (Studia Linguistica Germanica 64).

Quint, Eckharts Pred. (1958/1971) = *Meister Eckharts Predigten*. Hrsg. und übersetzt von Josef Quint. Erster; zweiter Band. Stuttgart: Kohlhammer. (Meister Eckhart. Die deutschen und lateinischen Werke. Die deutschen Werke 1; 2).

Reichmann, Oskar (2001): *Das nationale und das europäische Modell in der Sprachgeschichtsschreibung des Deutschen*. Freiburg (Schweiz): Universitätsverlag. (Wolfgang Stammler Gastprofessur für Germanische Philologie – Vorträge, Heft 8).

Reichmann, Oskar (2002): Nationale und europäische Sprachgeschichtsschreibung. In Dieter Cherubim, Karlheinz Jakob & Angelika Linke (Hrsg.), *Neue deutsche Sprachgeschichte. Mentalitäts-, kultur- und sozialgeschichtliche Zusammenhänge*. 25–42. Berlin, New York: De Gruyter. (Studia Linguistica Germanica 64).

Rennefahrt, Recht Laupen (1952) = *Die Rechtsquellen des Kantons Bern. Zweiter Teil. Rechte der Landschaft. Fünfter Band. Das Recht des Amtsbezirks Laupen*. Bearb. und hrsg. von

Hermann Rennefahrt. Aarau: Sauerländer. (Sammlung Schweizerischer Rechtsquellen. II. Abt.: Die Rechtsquellen des Kantons Bern).

Rieder, St. Georg. Pred. (1908) = *Der sogenannte St. Georgener Prediger aus der Freiburger und der Karlsruher Handschrift*. Hrsg. von Karl Rieder. Mit zwei Tafeln in Lichtdruck. Berlin: Weidmann. (Deutsche Texte des Mittelalters 10).

Sachs (1870–1908) = *Hans Sachs*. Hrsg. von Adelbert von Keller und (ab Band 13) Edmund Goetze. 26 Bände und ein Registerband. Stuttgart: Litterarischer Verein. Registerband: 1982. Nachdruck Hildesheim 1964 (Bibliothek des Litterarischen Vereins 102–106; 110; 115; 121; 125; 131; 136; 140; 149; 159; 173; 179; 181; 191; 193; 195; 201; 207; 220; 225; 250).

Schmidt, Rud. von Biberach (1969) = *Rudolf von Biberach. Die siben strassen zu got. Die hochalemannische Übertragung nach der Handschrift Einsiedeln 278*. Hrsg. und eingeleitet von Margot Schmidt. Florenz: ypographia Collegii S. Bonaventurae. (Spicilegium Bonaventurianum 6).

Schönbach, Adt. Pred. (1886) = *Altdeutsche Predigten*. Hrsg. von Anton E. Schönbach. Erster Band: Texte. Graz: Styria.

Sermon Thauleri (1498) = *Sermon des grosz gelarten, in gnadē erlauchtē doctoris Johannis Thauleri predigerr ordens [...]* (Leipzig).

Sudhoff, Paracelsus (1922–1933) = *Theophrast von Hohenheim gen. Paracelsus. Sămtliche Werke. 1. Abt.: Medizinische, naturwissenschaftliche und philosophische Schriften*. Hrsg. von Karl Sudhoff. München, Berlin: Oldenbourg.

TLFi = Trésor de la langue Française informatisé, [unter: http://www.atilf.fr/tlfi (16.11.18), ATILF-CNRS & Université de Lorraine [unter: http://atilf.atilf.fr/dendien/scripts/tlfiv5/advanced.exe?8;s=1604356725; (16.11.18)].

Vetter, Pred. Taulers (1910) = *Die Predigten Taulers aus der Engelberger und der Freiburger Handschrift sowie aus Schmidts Abschriften der ehemaligen Straßburger Handschriften*. Hrsg. von Ferdinand Vetter. Mit drei Tafeln in Lichtdruck. Berlin: Weidmann. (Deutsche Texte des Mittelalters 11).

Barbara Beßlich
Hermann Bahrs Gedanken über (Mittel-)Europa im Ersten Weltkrieg

Dass Worte Zeichen der Veränderung sind, zeigt sich am Umgang mit dem Wort ‚Europa' im 20. Jahrhundert in ganz besonderer Weise. Wenn wir heute sprechen von einer „Idee von Europa als einer Wertegemeinschaft, die die übernationale Verwirklichung von Demokratie, Pluralismus, Föderalismus und Menschenrechten bedeutet" (Conze 2005: 383), so muss man sich vor Augen halten, dass dies Vorstellungen sind, die erst lange nach dem Zweiten Weltkrieg für eine bestimmte Gruppe von Europäern verbindlich wurden. ‚Europa' ließ sich zu Beginn des 20. Jahrhunderts aber auch ganz anders denken. Jörg Riecke hat darauf hingewiesen: „Die Bedeutung eines Wortes ist nie universell gültig, geschweige denn ‚richtig'. Vielmehr ist sie eine sozial und geschichtlich gebildete Wahrheit für denjenigen, der dem Wort eine Bedeutung zuweist" (Riecke 2012a: 35). Wenn sich Schriftsteller kurz nach 1918 für ‚Europa' engagierten, so verstanden sie unter ‚Europa' wohl oft etwas anderes als das, was ihnen germanistische Europa-Enthusiasten der 1990er Jahre dann anachronistisch gern an demokratischen und ‚westlichen' Absichten unterlegten. Deutschsprachige Europa-Ideen nach dem Versailler Vertrag waren aber keineswegs immer westlich konzipiert.[1]

In den 1920er Jahren stießen die europäischen Initiativen zweier Österreicher auf großen Widerhall bei Intellektuellen und Schriftstellern. Richard Coudenhove-Kalergi gründete seine Paneuropa-Bewegung und Karl Anton Rohan startete das Konkurrenz-Unternehmen der europäischen Kulturbünde mit der Zeitschrift der *Europäischen Revue*. Coudenhove-Kalergi und Rohan waren Fürsprecher eines konservativen, antidemokratischen, ständisch sortierten, dem alten Reichs-Gedanken verpflichteten und katholisch überwölbten Europa. Europabegeistert waren in der Zwischenkriegszeit auffällig oft Adlige, die nach den revolutionären Unruhen am Kriegsende in den europäischen Ländern nach alten übernationalen Ordnungen und ihrer Reformierbarkeit fragten (vgl. Gusejnova 2016). Bis zum Adelsaufhebungsgesetz von 1919 in Österreich war Coudenhove-Kalergi Graf und Karl Anton Rohan Prinz gewesen. Coudenhove-Kalergis adlige

---

[1] Zu den Interferenzen und Abgrenzungen der Begriffe „Europa" und „Westen" vgl. Osterhammel (2017). Paul Michael Lützeler legt in seiner grundlegenden Darstellung einen Schwerpunkt auf diese ‚westlichen' von Stresemann und Briand inspirierten deutsch-französischen Europa-Texte der Zwischenkriegszeit (Lützeler 1998: 272–364).

Herkunft reichte väterlicherseits bis in die Kreuzzüge, die Rohans führten ihre Familie gar auf die bretonischen Könige zurück. Rohan bemühte sich in dem von ihm gegründeten elitären Kulturbund und in seiner Zeitschrift *Europäische Revue* um die Konzeption eines neuen Adels in bürgerlichen Zeiten. Die *Europäische Revue* sympathisierte mit dem italienischen Faschismus und lehnte das Paneuropa-Konzept von Coudenhove-Kalergi als „konstruiert, traditionsfeindlich, unmetaphysisch und rationalistisch" (Müller 2003: 159; vgl. auch Müller 2005) ab. Rohan überholte gewissermaßen Coudenhove-Kalergi von rechts und arbeitete an einem dezidiert antimodernen Europa-Konzept (vgl. Müller 2011). Dessen Ziel war die Verbindung eines neuen Nationalismus mit dem europäischen Zusammenhalt.[2] Rohans *Europäische Revue* propagierte „Ideen, die süddeutsch oder großdeutsch geprägt, katholisch-universal ausgerichtet, ‚abendländisch' orientiert und aus dem Traditionsbestand des Heiligen Römischen Reiches Deutscher Nation stammten", dagegen wurden „liberale und pazifistische, parlamentarisch-demokratische und von ‚westlichen' Ideen bestimmte internationalistische Vorstellungen abgelehnt und bekämpft" (Müller 2003: 159; vgl. auch Paul 2003). Diese rechte Zeitschrift findet, vermittelt über Josef Redlich, im späten Hofmannsthal einen Beiträger und Verteidiger. So kam es dazu, dass Hofmannsthal 1926 in Rohans Zeitschrift Europa als den „umfassendsten und wichtigsten Begriff unserer Existenz" (Hofmannsthal 1980: 79) bezeichnete (vgl. dazu auch Beßlich 2018). Der kompensatorische Charakter dieses Werbens für Europa trat bei Hofmannsthal von Jahr zu Jahr mehr hervor. Die Kriegsniederlage, das Zusammenbrechen der alten monarchischen Ordnung und die Gebietsverluste im Rumpfstaat Österreich bedingten die Hinwendung zu seiner Vorstellung von Europa, *Die österreichische Idee* war von der *Idee Europa* abgelöst worden und sollte sie substituieren. Diese Europa-Vorstellungen des späten Hermann Bahr und des späten Hugo von Hofmannstahl sind nicht liberal-demokratische EU-Vorläufer. Der elitäre adlig-bürgerliche Diskurs der *Europäischen Revue*, in den sich Hofmannsthal einschaltete, „war nicht demokratisierbar und fand zudem nur sehr begrenzt Partner in westeuropäischen und stärker von egalitären Entwicklungen geprägten Ländern" (Müller 2001: 267).

Es scheint mir daher wichtig, die Beiträge der Dichter zu Europa in eine internationale zentraleuropäische Ideengeschichte einzubinden, die diese sehr unterschiedlichen Konzepte einer europäischen Ordnung im frühen 20. Jahrhundert im Blick hat und kulturhistorisch rekontextualisiert. Daher soll im Folgenden gezeigt werden, wie Hermann Bahr bereits im Ersten Weltkrieg sich in die unter-

---

2 „Der Weg zu Europa geht über die Nation; Europa kann organisch nur als ein Kuppelbau entstehen, der auf den Säulen der nationalen Kräfte ruht" (Rohan 1930: 23).

schiedlichen Debatten um Europa einschaltet und hierbei vor allem die Diskussion über Friedrich Naumanns Mitteleuropa-Konzept von österreichischer Seite kommentiert. Einige Autoren der Wiener Moderne haben sich in ihren reiferen Jahren mit unterschiedlichen Europa-Konzepten beschäftigt. Hermann Bahr und Hugo von Hofmannsthal starten mit ihrem Europa-Engagement während des Ersten Weltkriegs. In der älteren Forschung findet man häufig den Versuch, die politische Pro-Kriegspublizistik der österreichischen Schriftsteller als zwar unangenehme Entgleisung zu werten, davon aber abzusetzen die hell leuchtenden friedfertigen Europa-Vorstellungen der Jungwiener, die dann gar gelegentlich zu Vordenkern der Europäischen Union stilisiert wurden.[3] Aber die beiden Gedanken-Komplexe (Europa-Visionen einerseits und Kriegsbejahung andererseits) lassen sich nicht trennen. Die Europa-Ideen des Jungen Wien entstehen als Teil ihrer apologetischen Kriegspublizistik (vgl. hierzu Streim 1998). Beide, Bahr und Hofmannsthal, haben publizistisch den Krieg unterstützt und versucht intellektuell zu legitimieren (zu Bahr vgl. Beßlich 2004, zu Hofmannsthal vgl. etwa Lunzer 1981, Soboth 1999, Tekolf 2004). Sie sind damit keine Sonderfälle, sondern der literarische Normalfall von 1914. Das wird vielleicht noch etwas deutlicher, wenn eingangs an einen etwas unbekannteren Kriegstext eines anderen renommierten österreichischen Schriftstellers erinnert sei: Auch der junge Robert Musil verfasste Pro-Kriegsschriften, in denen Europa eine nicht unerhebliche Rolle spielte. Unter dem Titel *Europäertum, Krieg, Deutschtum* erschien im September 1914 in der *Neuen Rundschau* eine kurze Studie von Musil, in der er im Pluralis modestiae von einem „wir" der „vielleicht auf lange hinaus letzten Europäer" ausgehend den Krieg begrüßte. In diesem Text von Musil scheint allerdings das Europäertum eine überlebte kosmopolitische Vorkriegshaltung gewesen zu sein, die nun 1914 vom Deutschtum abgelöst wurde. Insofern erläutert der Titel von Robert Musils Kriegstext *Europäertum, Krieg, Deutschtum* ein zeitliches Nacheinander, das hier auch als Klimax begriffen wird. Musil feiert den Krieg und wundert sich, „wie schön und brüderlich der Krieg ist" (Musil 1978: 1020).

Während in diesem frühen Kriegstext von Musil Europa als überwundener Gegenbegriff zu Staat und Nation erscheint, verschieben sich die Akzente deutlich anders in den Kriegsschriften von Hermann Bahr: Sein *Kriegssegen* ist berüchtigt und hat nachgerade Berühmtheit dadurch erlangt, dass Karl Kraus zehn Jahre später in der *Fackel* ätzte, man sollte für die begeisterten Kriegspublizisten von ehedem, insonderheit für Bahr, „jetzt, da sie bereits wissen, daß wir noch nicht gesiegt haben, wenigstens die Einrichtung haben, daß sie gezwungen sind, an je-

---

[3] Solche euphemistisch-positiven (Ver-)Zeichnungen finden sich in unterschiedlich starker Ausprägung etwa bei Mattenklott (1993), Mauser (1994) und auch noch bei Schüppen (2011).

dem Jahrestag des Kriegsbeginns sich von mir vorlesen zu lassen, was sie damals geschrieben" (Kraus 1925: 42). Leitmotivisch zieht sich durch Bahrs Essaysammlung *Kriegssegen* die Formel, „das deutsche Wesen ist uns erschienen", die zusammen mit dem Buchtitel *Kriegssegen* schon den liturgisch-weihevollen Charakter der Schrift ahnen lässt. Bahr rückt hier nah an die Kriegstheologie heran – freilich von österreichisch-katholischer Seite her. Schon als vor dem Krieg Bahrs Reversion zum Katholizismus öffentlich ruchbar wird und einiges Aufsehen erregt,[4] moniert man seinen weihrauchgeschwängerten Stil. Mit seinen Kriegsschriften erhält er den antonomastischen Stempel „Mystizinski Allegorowitsch" (Jacobsohn 1917) aufgeprägt, womit auf Friedrich Theodor von Vischers parodistisches Faust-Supplement angespielt wird, das dieser unter dem Namen Deutobold Symbolizetti Allegoriowitsch Mystifizinski veröffentlicht hatte. Bahr wird vorgeworfen, seinen Katholizismus monstranzähnlich zur Schau zu tragen.[5] Schnitzler bemerkte mit Befremden in seinem Tagebuch, Bahr „soll in Salzburg jetzt den ganzen Tag in den Kirchen auf den Knien herumrutschen" (Schnitzler 1983: 301). Bahrs Katholizismus fordert eine ‚Renaissance des Barock' als supranationale kulturelle Hegemonialisierung, er schreibt: „Wir haben noch einmal ein Barock zu leisten, jetzt ein westöstliches" (Bahr 1919: 252). Seine Kriegs-Aufsätze sind gekennzeichnet durch den Gestus der Deklamation und den der Predigt, die nicht hinterfragt werden möchte, sondern zu glauben ist. Nicht an den Verstand richtet sie sich, sondern an das Gefühl. So heißt es in einem frühen Kriegstext: „Reden ist unnütz geworden, jeder weiß stumm, was jeder fühlt" (Bahr 1915a: 5).

Hermann Bahr beteiligt sich mit seinen Kriegstexten an der Konstruktion der „Ideen von 1914" in einer spezifisch österreichisch-katholischen Variante. Er steht in direktem Briefaustausch mit Johann Plenge, dem deutschen Nationalökonomen, der die Formel von den „Ideen von 1914" gemeinsam mit Rudolf Kjellén geprägt hatte (vgl. Beßlich 2004). Er liest die Kriegstexte von Ernst Troeltsch und Max Scheler und er argumentiert, dass die Ideen von 1914 zwar eine Antwort auf die Ideen von 1789 seien, aber Traditionen hätten, die sie im restaurativen Umfeld nach dem Wiener Kongress verankerten. Zum Beleg zitiert Bahr Edmund Burke und Otto von Gierkes Genossenschaftstheorie und befindet: Der Krieg habe das

---

[4] Über einen entlegenen Artikel 1913 in Johannes Müllers *Grünen Blättern zur Pflege persönlichen und gemeinschaftlichen Lebens* und ein Zusammentreffen eines Journalisten des *Berliner Tagblatts* mit Bahr und Müller kommt Bahrs katholische Wendung an die Öffentlichkeit (vgl. Müller 1913 und Großmann 1914). Für Egon Friedell galt es Anfang 1914 als *die* Frage unter Intellektuellen: „Was ist Ihre Ansicht über Hermann Bahrs Katholizismus?" (Friedell 1914, zu Friedell vgl. Riecke 2012b).

[5] Dominant ist das katholische Bekenntnis in Bahr (1917), Bahr (1915), Bahr (1916), Bahr (1916a). Zu Bahrs Reversion vgl. auch Beßlich (2015).

Individuum vor der Selbstauflösung im Kapitalismus gerettet, ihm seine Wertigkeit in der staatlichen Gemeinschaft neu gezeigt. Die Ideen von 1914 sind für ihn der Sieg des Staates über die Wirtschaft.

Europa erscheint in der Kriegspublizistik von Hermann Bahr als positive, schillernde Lösungsvokabel, um Nationalitätenkonflikte innerhalb Österreich-Ungarns zu kompensieren. Hermann Bahrs Kriegsschriften beschwören nibelungentreu eine deutsch-österreichische Synthese, aber keine, die bis zur völligen Ununterscheidbarkeit der beiden Staaten drängt. Bahr betont, adressiert an die Deutschen, dass sie Österreich nicht von seinen deutschsprachigen Gebieten her zu denken hätten und kritisiert, Deutschland

> sah bis zum Krieg an Österreich immer nur die Deutschen Österreichs, nur diese zwölf Millionen unter den einundfünfzig, als ob dieses Viertel Österreich wäre, jemals ganz Österreich gewesen wäre, und bemerkte nicht, daß auch diese Deutschen Österreichs, so gute Deutsche sie geblieben sind, ja durch das gemeinsame Leben mit anderen Völkern, welches Österreich ist, doch längst noch etwas anderes geworden sind, noch etwas wesentlich andres: eben Österreicher. (Bahr 1917a: 14)

Die Schwierigkeiten, die unterschiedlichen Sprachen und Nationen innerhalb des Vielvölkerstaates miteinander auszugleichen, bezeichnet Bahr zwar einerseits als „österreichisches Problem", münzt dieses Problem dann aber um in eine Leistung und einen Erfahrungsgewinn, Multiethnizität zu moderieren. Und damit wird für Bahr Österreich zu einem Vorbild für eine künftige Ordnung Europas. So formuliert er im Krieg:

> Österreich ist in Europa der erste große Versuch oder Entwurf, ein bisher noch nicht ganz gelungener, ein vielleicht eben jetzt erst gelingender Versuch einer Organisation von Völkern in Freiheit, einer Ordnung des Vielfältigen zur Eintracht, eines neuen Staates aus alten Staaten, deren Persönlichkeit, Eigenart, Vorgeschichte, Richtung und Willenskraft in ihm nicht nur nicht verlischt, sondern sich gerade durch ihn, an ihm erst erfüllt. (Bahr 1917a: 18)

Das autosuggestive Moment in solchen Formulierungen ist deutlich die Hoffnung darauf, dass im Krieg die Friktionen und Konflikte der Vorkriegszeit überwunden werden könnten. Für die politische Einordnung von Bahrs Überlegungen ist auch der Buchtitel aussagekräftig, den er für die Sammlung seiner Kriegstexte wählt. Der Band von 1917 heißt *Schwarzgelb* und verweist damit auf die Habsburger Dynastie. Die aus dem alten Reichswappen – ein schwarzer (Doppel-)Adler von Gold hinterfangen – abgeleiteten Farben Schwarz-Gelb waren die Farben des Kaisertums. Bahrs Buchtitel *Schwarzgelb* ist gegen Ende des Krieges ein Bekenntnis zur Monarchie und eine Abwehr von Demokratisierungs- und Parlamentarisierungsbestrebungen. 1920 wird etwa die Partei aller schwarzgelben Legitimisten gegründet, die die Absetzung der Monarchie in Österreich nicht anerkennen.

Um den monarchischen Vielvölkerstaat als das bessere Modell gegenüber dem Nationalstaat konzipieren zu können, betont Bahr die anspruchslose Simplizität des Nationalstaats, der sich schon „durch seine Denkbequemlichkeit" (Bahr 1917a: 18) empfehle und nirgends mit Widerstand rechnen müsse. Demgegenüber müsse ein Vielvölkerstaat grundsätzlich auf Anfangs- und Gründungsschwierigkeiten gefasst sein, sei aber bei Gelingen die attraktivere Variante, oder in Worten Hermann Bahrs:

> Bis ein Völkerstaat, der ja so viele Brüche zunächst erst einmal auf einen gemeinsamen Nenner bringen muß, abgerechnet hat, ächzt und stöhnt und stockt er oft, er setzt sich schwer in Bewegung, die Maschinerie des Nationalstaates geht gleich glatt. Ist aber der Völkerstaat so weit, daß seine vielen Stimmen endlich einstimmen, gegen den Orgelton dieser brausenden Fuge, wie klingt da der Nationalstaat mit seiner einen Saite matt und dünn und schal! Ein mechanisch gesinntes Zeitalter, dem es auch im Politischen an allem Sinn fürs Organische gebrach, hatte nur freilich dafür kein Ohr, es fand Österreich wider seinen Sinn, es sprach ihm vor der Vernunft die Berechtigung ab, da zu sein; Österreich konnte darauf nicht anders antworten, als indem es da war und da blieb. (Bahr 1917a: 19)

Der Völkerstaat wird hier als lebendiger Körper bebildert, der „ächzt" und „stöhnt" und eine Stimme hat, während der Nationalstaat als Maschine beschrieben wird, der zu einem „mechanisch gesinnten Zeitalter" passe. Die Wertungen sind deutlich, organisches Leben rangiert über der toten Maschine. Damit verkehrt Bahr virtuos die im 19. Jahrhundert üblichen Metaphern, die eher den Nationalstaat als organische Angelegenheit begriffen hatten. Auch die musikalische Metaphorik unterstützt die Hierarchisierung vom Vielvölkerstaat oberhalb des Nationalstaats. Während der Nationalstaat durch anspruchslose Einstimmigkeit geprägt sei, schillere und leuchte der Vielvölkerstaat in der polyphonen Pracht wie eine mehrstimmige Fuge.

Wider die Realität der nationalen Unruhen und auch der Sprachenproblematik innerhalb des österreichischen Militärs proklamiert Bahr (wie als ob er auf eine selbsterfüllende Prophezeiung hofft): „Wie dieser Krieg uns überall umzulernen zwingt, zeigt er uns nun auch Staat und Nation in einem ganz neuen Verhältnisse: Der Staatsbegriff überwächst das Nationalgefühl, der Staat tritt vor, die Nation zurück" (Bahr 1917a: 20). Das war nun freilich gerade nicht so in der Realität, ein folgenschwerer Irrtum. Bemerkenswert ist aber, dass Bahr an diese Umwertung eine weitere Überlegung anknüpft, die auch noch den Vielvölkerstaat transzendiert zu einem größeren Staatenbund:

> Dieser Krieg stellt allen und stellt besonders uns, stellt dem Deutschen Reiche, dem mit Deutschland verbündeten Europa, dem Deutschtum in der Welt Bedingungen, für die nicht bloß das Nationalitätsprinzip, der alte Nationalstaat längst nicht mehr reicht, sondern dieser Krieg hat den Staatsgedanken so weit gedehnt, so hoch gespannt, daß ihm jetzt schon

auch der bisherige Völkerstaat nicht mehr genügen kann, daß er einen noch größeren Raum für sich braucht und eine noch biegsamere Form, daß er etwas wie einen neuen Völkerbundesstaat verlangt, gleichsam eine Auferstehung der alten Christenheit des Mittelalters, in ungeheuren Maßen. (Bahr 1917a: 20)

Ein neuer „Völkerbundesstaat" wird hier entworfen und in die romantischen Zusammenhänge eines Novalis rückgebunden, der ebenfalls seine Europa-Idee vom katholischen Mittelalter her konzipierte. Bahr reagiert mit seinem Text von 1916 indirekt auf die Mitteleuropa-Entwürfe von Friedrich Naumann (ohne ihn zu nennen), prägt sie aber auch um. Im Oktober 1915 war die Abhandlung *Mitteleuropa* des deutschen protestantischen Politikers Friedrich Naumann erschienen und hatte sich rasch über 100.000 mal verkauft (Naumann 1915; vgl. hierzu Elvert 2003). Naumann forderte „für die Zeit nach dem Kriegsende einen primär wirtschaftspolitisch integrierten Staatenbund, dessen Kern ein stärkerer Zusammenschluss der Mittelmächte, insbesondere Deutschlands und Österreich-Ungarns, darstellen müsse, der jedoch sukzessive nach mehr oder weniger föderativen Grundsätzen erweitert und im Endeffekt weite Teile Zentral- und Südosteuropas umfassen sollte" (Greiner 2012: 468; vgl. auch LeRider 1994: 121–129, Elvert 1999). Dieses „Mitteleuropa" Friedrich Naumanns war dominiert vom Deutschen Reich, und dies vor allem in wirtschaftlicher Hinsicht. Da setzt Bahr nun (korrigierend) ein, er spricht von einem übernationalen „Werkbund" (ein eigentümlicher Begriff) und beruft sich auf den österreichischen Politiker Karl Renner, der, so Bahr, befand: „Der Staat ist zu klein, die Welt teilt sich in wenige große Gruppen, man muß in Erdteilen denken!" (Bahr 1917a: 21). Ein solches imperiales Denken in Kontinenten nimmt Bahr wörtlich und erweitert den Subkontinent Europa in den asiatischen Raum. Zu seinem „neuen Reich der Mitte" gehören nämlich „das Deutsche Reich, Österreich-Ungarn, de[r] Balkan, die Türkei, Persien und China" (Bahr 1917a: 21). Das war nun ziemlich groß gedacht und dehnte bisherige Ost-Imaginationen der Wiener Moderne erheblich ins Asiatische aus (vgl. auch Bahr 1917b).[6] Bahr versucht sich diesen gigantischen Plan eines Zusammenschlusses handhabbarer zu machen, indem er solche kontinentalen Großpläne in eine spezifisch habsburgische Tradition einordnet:

Hat Habsburg nicht schon immer in Erdteilen gedacht? Ist diese neue Form, die zum gemeinsamen Werk so vieler Völker jetzt notwendig sein wird, diese lebendigere, reichere, beweglichere Form, diese Form der Fülle, der Entfaltung, der Vieleinigkeit nicht in unserm alten Österreich immer schon leise, wenn auch noch bange, vorgefühlt worden? Ist nicht unser altes Österreich schon ihre Verheißung, ihr freilich noch ungewisses, gespenstisch schwan-

---

[6] Zu den diffusen Vorstellungen davon, was zu Osteuropa gehört und wo es beginnt und endet, vgl. Riecke (2006).

kendes, zaghaft ahnungsvolles Vorbild im kleinen gewesen, wird nicht das jetzt erstehende neue Reich der Mitte, dieser federnde Kreis zwischen dem starren Osten und einem exzentrischen Westen, ja doch eigentlich bloß Österreichs gereinigtes, erwachsenes, stark versichertes Abbild im großen sein? (Bahr 1917a: 21)

Österreich als *role model* der Kontinentalisierung (zum Begriff vgl. auch Lützeler 2007), der Vielvölkerstaat als Vorbild für europäisch(-asiatische) Staatenbundkonzepte gegen den Westen, so argumentiert Bahr. In einer anderen Kriegsschrift hatte Bahr mit großösterreichischer Verve erläutert, „daß ja jetzt Europa nichts übrigbleiben wird als österreichisch zu werden. [...] Der Österreicher [...] ist ein Entwurf, gewissermaßen ein erster Versuch des Europäers. [...] Das hätten wir uns auch nie träumen lassen, daß wir noch einmal Lehrmeister werden, die Lehrmeister, Tanzmeister Europas" (Bahr 1917c: 111 und 113). Dadurch dass Österreich bereits multilaterale Erfahrungen gemacht habe, könne es wiederum zum Mentor Deutschlands werden, wie Bahr überlegt:

Und so hätten wir Österreicher dann, während wir seitab in aller Stille unser eigenes Haus zu bestellen meinten, damit einen weltgeschichtlichen Beruf erfüllt, indem wir das Modell des neuen Europa schufen, und hätten, wenn das nicht ohne manche Torheit geschah, den Trost, daß sie dafür hoffentlich der deutschen Welt erspart bleiben wird. Unsere österreichische Geschichte ist ein Anschauungsunterricht im deutschen Umgang mit andern Völkern, aus dem, an unsern Fehlern und Erfolgen, der Weltdeutsche der Zukunft, dieser Österreicher im großen Format, lernen mag, jene zu vermeiden, diese zu benützen. Es wäre ein Augenblick, wie wir noch keinen größeren erlebt haben. Sein Vorgefühl beglückt jeden Österreicher. Gar aber den deutschen Österreicher stellt es recht eigentlich erst wieder her, er kann jetzt wieder an sein Vaterland glauben. (Bahr 1917a: 21–22)

Während zuvor der hegemoniale Anspruch Deutschlands, wie er in Friedrich Naumanns *Mitteleuropa*-Konzept formuliert worden war, eher relativiert und gemindert wurde, scheint dieses Zitat wieder deutlicher das „neue Reich der Mitte" vom Deutschen Reich und einem Deutsch-Österreich aus zu konzipieren. Und während Bahr zuvor, an die Deutschen adressiert, dazu aufgerufen hatte, Österreich explizit von den nicht deutschsprachigen Gebieten aus zu denken, kehrt er am Ende die Perspektive wieder um. Da steht der „deutsche Österreicher" wieder im Zentrum der Betrachtung. Daher hat Gregor Streim auch sehr zu Recht argumentiert, dass „der politische Publizist Bahr während des Weltkriegs alles andere denn ein Vermittler zwischen Österreich und Europa oder gar ein Vordenker der europäischen Gemeinschaft, daß er vielmehr der Propagandist eines deutschen Imperialismus in Europa gewesen ist" (Streim 1998: 68; vgl. auch Müller, Pias & Schnödl 2014), der sich eben nur über weite Strecken rhetorisch einigermaßen gut tarnt und Friedrich Naumanns *Mitteleuropa*-Konzept österreichisch einzuhegen sucht, indem er das Modell Österreich als Vorschule eines deutschen Expansionstriebs gestaltet. In diesem Sinne formuliert Bahr in einem anderen Kriegstext auch die Sentenz: „Österreich ist der deutsche Drang ins Morgenland" (Bahr 1917b: 47).

Am Ende seiner Abhandlung zu *Deutschland und Österreich* steht dann auch sehr deutlich ein Bekenntnis zu Deutschland als Hegemonialmacht, das die vorherigen argumentativen Bemühungen um Ausgleich und gleichberechtigten Austausch der Nationen innerhalb der Doppelmonarchie Lügen straft. So fragt Bahr rhetorisch und suggestiv in einer Riesenhypotaxe:

> Vielleicht ist dieser Krieg doch nur der Krieg um Europa, um den ewigen Frieden, um die Vereinigten Staaten Europas, die Denker und Dichter lange schon träumten und die vielleicht doch nur der deutsche Geist uns bringen kann, weil vielleicht er nur tief, aber auch weit genug, gewaltig, aber auch empfänglich genug, ausgreifend, aber auch einfühlend genug ist und vielleicht nur er Raum für alle hat, Raum für die ganze Menschheit Europas, Raum und Luft und Licht, denn diese Menschheit verlangt, unter einem Starken in seinem Schutz ihr eigener Herr und frei und froh zu sein, wo sonst aber ist ein Volk, das zur Kraft auch noch die Geduld der verstehenden Liebe hätte? (Bahr 1917a: 24–25)

Hier kommt sehr deutlich ein deutsch-österreichischer Imperialismus zum Tragen, der nicht gerade dazu einlud, solche hegemonialen Konzepte im auseinanderbröckelnden Vielvölkerstaat breiter populär zu machen. Bahrs österreichischem Europa-Gedanken ging es letztendlich „nicht um die Einigung Europas im Sinne eines grenzübergreifend-föderativen Modells, sondern [...] um die Etablierung einer [...] deutsch-österreichischen Hegemonie im Herzen des Kontinents" (Elvert 2009: 85). Die Nationen Zentral-, Ost- und Südosteuropas besaßen in Bahrs Gedanken wohl eher „den Stellenwert eines untergeordneten wirtschaftlichen Ergänzungsraums, der dem Zentrum die eigenen Ressourcen liefern und ihm die Fertigprodukte abnehmen sollte" (Elvert 2009: 85). Man kann mit Primus-Heinz Kucher von einer alteuropäischen Österreich-Vorstellung sprechen, „die längst jeder Grundlage verlustig geraten war und durch den Krieg nur mehr als überheblicher, rhetorischer Gestus aufgefasst werden konnte" (Kucher 2011: 136–137). Bahr bleibt während des Krieges bei dieser Orientierung an deutsch-hegemonialen Europa-Konzepten. Er rezensiert wohlmeinend distanziert die völlig verquaste Abhandlung des deutschen Botanikers Camillo Karl Schneider, der 1916 *Mitteleuropa als Kulturbegriff* traktierte (Schneider 1916, Bahr 1918). 1918 schließlich zeigt er sich begeistert von Artikeln in der *Österreichisch-ungarischen Finanzpresse* eines gewissen Civis (Bahr 1918a). Hinter diesem Pseudonym „Civis" verbarg sich der Autor Robert Müller, dessen exotistischer Roman *Tropen* 1915 erschienen war. Robert Müller war beim Kriegspressequartier beschäftigt und leitete die Zeitschrift *Österreichisch-Ungarische Finanzpresse* bis 1919 (vgl. Pflaum 2008:

52).⁷ Unter dem Pseudonym „Civis" verfasste Müller militärkritische Artikel, aber nicht nur. Bahrs Enthusiasmus nämlich gilt den Europa-Ausführungen von Robert Müller, der Europa als Mittler zwischen „Amerikanismus" und „Asiatismus" verstand und der sich zugleich eine neue „Deutschheit" von Österreich erhoffte, so die Begriffe von Bahr. Von der Robert Müller-Lektüre ausgehend reflektiert Bahr im Sommer 1918 noch einmal über Friedrich Naumanns *Mitteleuropa*-Konzept, das ja Deutschland und Österreich als hegemoniale Zentralmächte verstanden wissen wollte:

> Ja 1915, da war Naumanns Mitteleuropa wirklich eine Tat, wenn auch erst nur auf dem Papier. Es war ein ungeheurer Schritt: der Schritt aus der Enge der Nation in den freien Raum des Übernationalen. Wenn es die Idee von 1914 schien, Individualismus und Sozialismus [...] zu versöhnen, so sollte [...] nun auch der Individualismus der Völker: der Nationalismus zur Selbstbesinnung genötigt werden. (Bahr 1918a: 6)

Der alte Überwindungs-Gedanke, mit dem Hermann Bahr schon die ästhetischen Verhältnisse um 1890 strukturiert hatte und den Naturalismus für obsolet erklärt hatte, feiert hier fröhliche Urständ. Nun wird der Individualismus der Völker überwunden und in einem neuen Europa-Konzept aufgehoben. Allerdings bleibt Bahr 1918 nicht bei diesem Konzept stehen, sondern reflektiert eine erneute Weitung des Zusammenschlusses, und jetzt wird es einigermaßen nebulös:

> Was Naumann damals entdeckte, wiederentdeckte, war die uralte Sehnsucht der Deutschen über sich hinaus. [...] Seither haben wir gelernt, daß dieses Mitteleuropa doch eigentlich bloß ein Weltersatz war. [...] Mitteleuropa war nur das erste Zeichen unserer Sehnsucht nach Raum und Luft; die Selbstüberwindung des nationalen Paroxysmus fing damit an. Heute sind wir doch weiter. [...] Mitteleuropa gab uns gleichsam nur den Vorgeschmack einer übernationalen Ordnung, aber l'appetit vient en mangeant. Wer nur die Wahl hätte zwischen dem Kerker des Nationalstaats und dem immerhin freieren Raum eines Staatenbunds, wird sich für diesen entscheiden. Wer aber zur Welt gehören kann, warum soll sich der eigentlich mit Mitteleuropa begnügen? (Bahr 1918a: 6)

Wie soll man ein solches Zitat einordnen? Ist man wohlgesonnen, so könnte man hier Globalisierungsahnungen und eine österreichische Variante eines Völkerbundkonzepts erblicken. Aber Bahr bezieht sich hier wohl kaum (und wenn höchstens spöttisch) auf Völkerbund-Modelle, wie sie der Kriegsgegner Woodrow Wilson ein Jahr später realisierte.⁸ Geht man ideologiekritisch an dieses

---

7 Zum späteren publizistischen Engagement von Müller in der linksbürgerlichen *Prager Presse* vgl. Riecke (2017: 369).
8 Wilson hatte am 8. Januar 1918 sein Programm für eine umfassende internationale Neuordnung nach dem Ende des Krieges in einer Rede vor dem amerikanischen Kongress vorgestellt.

Zitat, so vermag man vielleicht verblasene Welteroberungspläne zu erblicken, die der Nationalsozialismus dann in der Wirklichkeit zweieinhalb Jahrzehnte später zu realisieren versuchte. Aber immerhin geht es hier bei Bahr 1918 noch um ein „zur Welt gehören" und nicht um ein „Gehören der Welt". Dennoch ist es für den Nachgeborenen vermutlich schwierig, in einem solchen Zitat nicht auch schon das nationalsozialistische Lied von Hans Baumann mitzuhören, das in dem expansiv-aggressiven Refrain schloss „heute gehört uns Deutschland, und morgen die ganze Welt".

Bahr äußerte seine Überlegungen anlässlich eines politisch-diplomatischen Treffens in Salzburg, das den wirtschaftspolitischen „Ausbau und die Vertiefung des Bündnisses" der Mittelmächte zum Thema hatte (vgl. Anonymus 1918).[9] Der übernationale Zuschnitt war hier äußerst begrenzt und bewegte sich in alten cisleithanischen Bahnen. Der „Weltbezug" in diesem Zitat bleibt also einigermaßen unkonkret. Vor dem weiteren Verlauf der Geschichte des 20. Jahrhunderts erscheinen natürlich solche Formulierungen wie der einer deutschen „Sehnsucht nach Raum" einigermaßen unheimlich und klingen nach planetarischem Größenwahn. Bahrs Konzept bleibt allerdings trotz der aktualisierenden Vokabeln letztendlich wohl eher rückwärtsgewandt und restaurativ. Das zeigt auch die Empfehlung, mit der er seine Europa-Reflexionen 1918 beschließt. Den Bevollmächtigten des Bündnisses der Mittelmächte solle man, so rät er, bei ihren Verhandlungen in Salzburg „im Hotel Europe Novalis' Fragment ‚Die Christenheit und Europa' aufs Nachtkastl legen, da steht schon alles drin" (Bahr 1918a: 6).

Wie restaurativ schließlich auch Bahrs Europabild nach dem Ersten Weltkrieg blieb, zeigt auch seine Auseinandersetzung mit Coudenhove-Kalergis Idee von Pan-Europa. Der Österreicher Coudenhove-Kalergi hatte 1923 seine paneuropäische Union gegründet und darüber hinaus seine Monographie *Paneuropa* veröffentlicht (Coudenhove-Kalergi 1923, vgl. dazu Conze 2009), die Hermann Bahr im *Neuen Wiener Journal* wohlmeinend, aber deutlich von oben herab rezensierte. Einerseits deutet er das anti-kommunistische friedfertige Paneuropa-Modell um und macht es gemein mit betont kriegerischen Großreichsambitionen. So verallgemeinert Bahr: „Cäsar, Augustinus, Kaiser Friedrich II. und Karl V. bis hin zu Napoleon haben doch alle ‚Pan-Europa' gemeint" (Bahr 1924). Andererseits verniedlicht er Coudenhove-Kalergis Ziele als kindisch-naive Weltfremdheit, wenn er seine Besprechung mit den Worten beschließt: „Ich, ein alter Mann, dem sein Vaterland vergangen, der nirgends mehr daheim ist, freue mich des hohen Wunsch-

---

9 Zu der vorherrschenden Formel („Ausbauung und Vertiefung" oder auch „Befestigung und Vertiefung" des Bündnisses) vgl. auch sprachkritisch Kraus (1918). Zu diesem Treffen in Salzburg vgl. Vermeiren (2016: 314).

bildes, durch das Coudenhove bezaubert, aber ich kenne Menschensinn und Menschenart zu gut, um seiner Utopie trauen zu können" (Bahr 1924).[10]

Hermann Bahr war hier nicht mehr ein avantgardistischer „Mann von übermorgen", zu dem ihn einst Maximilian Harden geadelt hatte. Bahr hat zeit seines Lebens viele Verpuppungen und Verwandlungen nicht so sehr nur durchlaufen, sondern bewusst inszeniert: „vom Provinzialismus und Kosmopolitismus über Nationalismus, Militarismus und Imperialismus zu Katholizismus [...], Austroslawismus, Austromarxismus und Austro-Europäertum" (Zelić 2016: 7). Er verabschiedete sich nach 1918 resignativ in restaurative Betrachtungen, begegnete der neuen Republik mit feindseliger Skepsis (vgl. Bachleitner 2016), erklärte sich selbst offensiv zum „Mann von vorgestern" (Bahr 1923: 2), reaktivierte eine übernationale Barock-Idee und näherte seine Vorstellungen der europäischen Nachkriegsordnung „mit postfeudalen und paternalistischen Attitüden" (Kucher 2011: 136) auch Überlegungen einer katholischen Variante der konservativen Revolution an.[11]

Primärliteratur

Anonymus: Die Beratungen in Salzburg über den Ausbau des Bündnisses. Beginn in der nächsten Woche. *Neue Freie Presse*, 1. Juli 1918, 1.
Bahr, Hermann (1915): *Rudigier*. Kempten, München: Kösel.
Bahr, Hermann (1915a): *Kriegssegen*. München: Delphin-Verlag.
Bahr, Hermann (1916): *Himmelfahrt. Roman*. Berlin: S. Fischer.
Bahr, Hermann (1916a): *Die Stimme. Schauspiel*. Berlin: S. Fischer.
Bahr, Hermann (1917): Der gute Kriegsmann unseres Herrn Jesu: Franz Josef Rudigier. *Hochland* 14,1, 52–69, 181–196.
Bahr, Hermann (1917a): Deutschland und Österreich (1916). In Hermann Bahr, *Schwarzgelb*, 9–29, Berlin: S. Fischer.
Bahr, Hermann (1917b): Österreich (1915). In Hermann Bahr, *Schwarzgelb*, 46–78, Berlin: S. Fischer.
Bahr, Hermann (1917c): Der Österreicher (1915). In Hermann Bahr, *Schwarzgelb*, 106–113. Berlin: S. Fischer.
Bahr, Hermann (1918): Tagebuch. *Neues Wiener Journal*, 29. Juni 1918, 5–6.
Bahr, Hermann (1918a): Tagebuch. *Neues Wiener Journal*, 14. Juli 1918, 5–6.
Bahr, Hermann (1919): *Tagebuch* (1918). Innsbruck: Verlagsanstalt Tyrolia.
Bahr, Hermann (1923): *Selbstbildnis*. Berlin: S. Fischer.

---

10 In diese Verniedlichungsstrategie spielt Bahr auch regionalistische Perspektiven ein. Vgl. hierzu Farkas (2004).
11 Es ist bezeichnend, dass ausgerechnet Josef Nadler Bahrs Europa-Begriff in den 1920er Jahren würdigt (vgl. Nadler 1923).

Bahr, Hermann (1924): Tagebuch. *Neues Wiener Journal*, 27. April 1924, 10.
Bahr, Hermann (2011): Die Hauptstadt von Europa. Eine Phantasie (1900). In Hermann Bahr, *Essays*. Hrsg. von Gottfried Schnödl, 192–197. Weimar: VDG.
Coudenhove-Kalergi, Richard (1923): *Paneuropa*. Wien: Pan-Europa-Verlag.
Friedell, Egon (1914): Bahrs Katholizismus. *Die Schaubühne* 10, 489–493.
Großmann, Stefan (1914): Bahrs Dorfkirchlein. *Die Schaubühne* 10, 265–267.
Hofmannsthal, Hugo von (1980): Europäische Revue (1926). In Hugo von Hofmannsthal, *Reden und Aufsätze III 1925–1929. Buch der Freunde. Aufzeichnungen 1889–1929*. Hrsg. von Bernd Schoeller und Ingeborg Beyer-Ahlert (Aufzeichnungen) in Beratung mit Rudolf Hirsch, 78–83. Frankfurt am Main: Fischer.
Jacobsohn, Siegfried (1917): Kyser und Bahr. *Die Schaubühne* 13, 135.
Kraus, Karl (1918): Ausgebaut und vertieft. *Die Fackel*, 15. Oktober 1918, 3–9.
Kraus, Karl (1925): Kriegssegen. *Die Fackel* 27, Nr. 706–711, Dezember, 42.
Müller, Johannes (1913): Eine Unterhaltung mit Hermann Bahr über die Kirche. *Grüne Blätter zur Pflege persönlichen und gemeinschaftlichen Lebens* 16, 178–192.
Musil, Robert (1978): Europäertum, Krieg, Deutschtum. In Robert Musil, *Gesammelte Werke, Bd. 2: Prosa und Stücke, Kleine Prosa, Aphorismen. Autobiographisches. Essays und Reden. Kritik*. Hrsg. von Adolf Frisé, 1020–1022. Reinbek: Rowohlt.
Nadler, Josef (1923): Vom alten zum neuen Europa. Fantasien über das Thema „Hermann Bahr". *Preußische Jahrbücher* 193, 32–51.
Naumann, Friedrich (1915): *Mitteleuropa*. Berlin: Reimer.
Rohan, Karl Anton (1930): Die Utopie des Pazifismus. In Karl Anton Rohan, *Umbruch der Zeit 1923–1930*, 22–24. Berlin: Stilke.
Schneider, Karl Camillo (1916): *Mitteleuropa als Kulturbegriff*. Leipzig: Orion-Verlag.
Schnitzler, Arthur (1983): *Tagebuch 1913–1916*. Unter Mitwirkung von Peter Michael Braunwarth et al. hrsg. von der Kommission für literarische Gebrauchsformen der Österreichischen Akademie der Wissenschaften. Wien: Verlag der Österreichischen Akademie der Wissenschaften.

Sekundärliteratur

Bachleitner, Norbert (2016): Krone, Krieg und kommunistische Krawalle. Vom schwierigen Übergang Jung-Wiener Autoren zur Demokratie. In Tomislav Zelić (Hrsg.), *Traditionsbrüche. Neue Forschungsansätze zu Hermann Bahr*, 77–85. Frankfurt am Main: Peter Lang.
Beßlich, Barbara (2004): Hermann Bahrs „Ideen von 1914". In Petra Ernst, Sabine A. Haring & Werner Suppanz (Hrsg.), *Aggression und Katharsis. Der Erste Weltkrieg im Diskurs der Moderne*, 57–75. Wien: Passagen.
Beßlich, Barbara (2015): Von der „Alchemie der Zukunft" zum Glauben der Väter. Hermann Bahrs Erlösungshoffnung und Geschichtsdenken zwischen Nationalökonomie und Katholizismus. In Friedrich Wilhelm Graf, Edith Hanke & Barbara Picht (Hrsg.), *Geschichte intellektuell. Theoriegeschichtliche Perspektiven*, 373–385. Tübingen: Mohr Siebeck.

Beßlich, Barbara (2018): Europa als Ersatz. Vielvölkerstaatsprobleme und kontinentale Kompensationsideen bei Hugo von Hofmannsthal. *Jahrbuch der ungarischen Germanistik* (im Druck).

Conze, Vanessa (2005): *Das Europa der Deutschen. Ideen von Europa in Deutschland zwischen Reichstradition und Westorientierung (1920–1970)*. München: Oldenbourg.

Conze, Vanessa (2009): Leitbild Paneuropa? Zum Europagedanken und seiner Wirkung in der Zwischenkriegszeit am Beispiel der Konzepte Richard Coudenhove-Kalergis. In Jürgen Elvert & Jürgen Nielsen-Sikora (Hrsg.), *Leitbild Europa? Europabilder und ihre Wirkungen in der Neuzeit*, 119–125. Stuttgart: Steiner.

Elvert, Jürgen (1999): *Mitteleuropa! Deutsche Pläne zur europäischen Neuordnung (1918–1945)*. Stuttgart: Steiner.

Elvert, Jürgen (2003): „Irrweg Mitteleuropa". Deutsche Konzepte zur Neugestaltung Europas aus der Zwischenkriegszeit. In Heinz Duchardt & Malgorzata Morawiec (Hrsg.), *Vision Europa. Deutsche und polnische Föderationspläne des 19. und frühen 20. Jahrhunderts*, 117–137. Mainz: von Zabern.

Elvert, Jürgen (2009): Europäische Leitbilder der Neuzeit. In Jürgen Elvert & Jürgen Nielsen-Sikora (Hrsg.), *Leitbild Europa? Europabilder und ihre Wirkungen in der Neuzeit*, 81–88. Stuttgart: Steiner.

Farkas, Reinhard (2004): Österreich-Bilder zwischen Regionalismus und Globalismus. In Jeanne Benay & Alfred Pfabigan (Hrsg.), *Hermann Bahr – Für eine andere Moderne*, 69–93. Frankfurt am Main: Peter Lang.

Greiner, Florian (2012): Der „Mitteleuropa"-Plan und das „Neue Europa" der Nationalsozialisten in der englischen und amerikanischen Tagespresse. *Zeithistorische Forschungen* 9, 467–476.

Gusejnova, Dina (2016): *European Elites and Ideas of Empire (1917–1957)*. Cambridge: Cambridge University Press.

Kucher, Primus-Heinz (2011): Zwischen ‚West-östlichem Barock' und Dämonisierung/Asiatisierung des Ostens. Strategien literarischer Anverwandlung des fremden Ostens bei Hermann Bahr und Robert Müller. In Dagmar Lorenz & Ingrid Spörk unter Mitarbeit von Alexandra Rollett & Elisabeth Scherr (Hrsg.), *Konzept Osteuropa. Der „Osten" als Konstrukt der Fremd- und Eigenbestimmung in deutschsprachigen Texten des 19. und 20. Jahrhunderts*, 131–146. Würzburg: Königshausen & Neumann.

LeRider, Jacques (1994): *Mitteleuropa. Auf den Spuren eines Begriffes. Essay. Aus dem Französischen von Robert Fleck*. Wien: Deuticke.

Lützeler, Paul Michael (1998): *Die Schriftsteller und Europa von der Romantik bis zur Gegenwart*. Baden-Baden: Nomos.

Lützeler, Paul Michael (2007): *Kontinentalisierung. Das Europa der Schriftsteller*. Bielefeld: Aisthesis-Verlag.

Lunzer, Heinz (1981): *Hofmannsthals politische Tätigkeit in den Jahren 1914 bis 1917*. Frankfurt am Main: Peter Lang.

Mattenklott, Gert (1993): Hofmannsthals Votum für Europa. *Austriaca* 37, 202–222.

Mauser, Wolfram (1994): „Die geistige Farbe des Planeten". Hugo von Hofmannsthals „Idee Europa". *Hofmannsthal-Jahrbuch* 2, 201–222.

Müller, Guido (2001): Jenseits des Nationalismus? „Europa" als Konzept grenzübergreifender adlig-bürgerlicher Elitendiskurse zwischen den beiden Weltkriegen. In Heinz Reif (Hrsg.), *Adel und Bürgertum in Deutschland II. Entwicklungslinien und Wendepunkte im 20. Jahrhundert*, 235–269. Berlin: Akademie-Verlag.

Müller, Guido (2003): Von Hugo von Hofmannsthals „Traum des Reiches" zum Europa unter nationalsozialistischer Herrschaft. Die *Europäische Revue* (1925–1936/1944). In Hans-Christof Kraus (Hrsg.), *Konservative Zeitschriften zwischen Kaiserreich und Diktatur. Fünf Fallstudien*, 155–186. Berlin: Duncker & Humblot.

Müller, Guido (2005): *Europäische Gesellschaftsbeziehungen nach dem Ersten Weltkrieg. Das deutsch-französische Studienkomitee und der Europäische Kulturbund*. München: Oldenbourg.

Müller, Martin Anton, Claus Pias & Gottfried Schnödl (2014): Einleitung. In Martin Anton Müller, Claus Pias & Gottfried Schnödl (Hrsg.), *Hermann Bahr: Österreichischer Kritiker europäischer Avantgarden*, 7–13. Frankfurt am Main: Peter Lang.

Müller, Nils (2011): Karl Anton Rohan (1898–1975). Europa als antimoderne Utopie der konservativen Revolution. *Jahrbuch für europäische Geschichte* 12, 181–206.

Osterhammel Jürgen (2017): Was war und ist „der Westen"? Zur Mehrdeutigkeit eines Konfrontationsbegriffs. In Jürgen Osterhammel: *Die Flughöhe der Adler. Historische Essays zur globalen Gegenwart*, 101–114. München: C.H. Beck.

Paul, Ina Ulrike (2003): Konservative Milieus und die *Europäische Revue* (1925–1944). In Michel Grunewald & Uwe Puschner (Hrsg.), *Le milieu intellectuel conservatuer en Allemagne, sa presse et ses réseaux (1890–1960) / Das konservative Intellektuellenmilieu, seine Presse und seine Netzwerke (1890–1960)*, 509–555. Frankfurt am Main: Peter Lang.

Pflaum, Bettina (2008): *Politischer Expressionismus. Aktivismus im fiktionalen Werk Robert Müllers*. Hamburg: Igel-Verlag.

Riecke, Jörg (2006): [Rezension zu] Siegfried Tornow: Was ist Osteuropa? *Wissenschaftlicher Literaturanzeiger*. http://www.wla-online.de/katalogdetail/items/2416.html

Riecke, Jörg (2012a): Die Bedeutungsgeschichte der Wörter Jung und Alt. *Ruperto Carola* 1, 35–36.

Riecke, Jörg (2012b): Die „Idee von Sprachgeschichte" in Egon Friedells Kulturgeschichte. In Jochen A. Bär & Marcus Müller (Hrsg.), *Geschichte der Sprache – Sprache der Geschichte. Probleme und Perspektiven der historischen Sprachwissenschaft des Deutschen. Oskar Reichmann zum 75. Geburtstag*, 585–607. Berlin: Akademie-Verlag.

Riecke, Jörg (2017): Deutschsprachige Zeitschriften im östlichen Europa. Das Beispiel Tschechien. In Ion Lăzărescu & Doris Sava (Hrsg.), *Konstanz und Variation. Die deutsche Sprache in Mittel-, Ost- und Südosteuropa. Festschrift für Hermann Scheuringer*, 360–374. Berlin: Wissenschaftlicher Verlag.

Schüppen, Franz (2011): Zur Entwicklung und Bedeutung des Begriffs „Europa" bei Hugo von Hofmannsthal. *Neohelicon* 38, 19–40.

Soboth, Christian (1999): Berichterstatter, Dichter, Priester und Prophet. Ämter und Rollen in Hugo von Hofmannstahls Kriegspublizistik. In *Kriegserlebnis und Legendenbildung. Das Bild des „modernen" Krieges in Literatur, Film, Theater, Photographie und Film*, Bd. 1, 215–232. Osnabrück: Universitäts-Verlag Rasch.

Streim, Gregor (1998): Vom „unrettbaren Ich" zur „europäischen Idee". Zum Verhältnis von Ästhetik und Politik in den Schriften Hermann Bahrs. In *Hermann Bahr – Mittler der europäischen Moderne. Hermann-Bahr-Symposium Linz 1998*, 61–70. Linz: Adalbert-Stifter-Institut.

Tekolf, Oliver (2004): *„...zurückzukehren – das ist die Kunst." Hugo von Hofmannsthals publizistisches und dramatisches Werk 1914–1929*. Nordhausen: Bautz.

Vermeiren, Jan (2016): *The First World War and German National Identity. The Dual Alliance at War*. Cambridge: Cambridge University Press.

Wolf, Norbert Christian (2015): „Gegen die große Stadt". Hermann Bahrs Salzburg-Essayistik. In Tim Lörke, Gregor Streim & Robert Walter-Jochum (Hrsg.), *Von den Rändern zur Moderne. Studien zur deutschsprachigen Literatur zwischen Jahrhundertwende und Zweitem Weltkrieg. Festschrift für Peter Sprengel zum 65. Geburtstag*, 63–81. Würzburg: Königshausen & Neumann.

Zelić, Tomislav (2016): Einleitung. Traditionsbrüche – Neue Forschungsansätze zu Hermann Bahr. In Tomislav Zelić (Hrsg.), *Traditionsbrüche. Neue Forschungsansätze zu Hermann Bahr*, 7–13. Frankfurt am Main: Peter Lang.

Jörg Füllgrabe
Vom *Satrun zum Sams? Der Sonderfall des Vor-Sonntag als sprachliches und ‚mentales' Phänomen

Vorbemerkungen

Warum ausgerechnet dieses Thema? In einem schon einige Jahre zurückliegenden Gespräch mit Jörg Riecke konnte dieser sich, wohl wissend, damit genau richtig zu liegen, der Bemerkung nicht enthalten, dass ich wohl nie mehr von den Wochentagen loskommen werde. In der Tat finde ich das Thema höchst spannend und bin mir sicher, dass vieles – vor allem was einen bestimmten Wochentag angeht – noch nicht annähernd ausgeschöpft ist. Folgendes ist daher der – hoffentlich nicht allzu misslungene – Versuch, das Phänomen der Wochentage im Allgemeinen bzw. den Spezialfall des Vor-Sonntag im Besonderen zwar von der etymologischen Basis her zu entwickeln, dabei aber auch einen insgesamt durchaus ernstgemeinten Blick auf jüngere Entwicklungen volksetymologischer Art zu werfen. Wobei ‚jünger' hier zugegebenermaßen relativ zu sehen ist, liegt das Erscheinen der ‚Kronzeugenquelle', eben der *Woche voller Samstage* mittlerweile über fünfundvierzig Jahre zurück. Gleichwohl möchte ich damit einsteigen und zumindest ein paar Schlaglichter setzen.

1 Das Sams, der Samstag und die Frage nach pragmatisch-volksetymologischen Tagebezeichnungserklärungen

> Es war Samstagmorgen und Herr Taschenbier saß im Zimmer und wartete. Worauf er wartete? Das wußte Herr Taschenbier selber nicht genau ... (Maar 1973: 7).

Mit diesen Worten wird ein sehr erfolgreiches Kinderbuch der frühen siebziger Jahre eingeleitet: Paul Maars *Eine Woche voller Samstage*. Die Frage, was es mit diesem Buch auf sich hat bzw. in welchem Zusammenhang mit einer sprachgeschichtlichen Fragestellung es zu sehen sein könnte, erscheint zunächst mehr als angebracht. Doch vielleicht sind das Buch und damit auch die Antwort auf jene Frage nicht gar so abseitig. Denn ist die dort erzählte Geschichte natürlich in erster Linie auf den Bereich kindlicher Wünsche und Phantasien abgestimmt, stellen sich dann auf einer anderen Ebene, abseits von den abenteuerlichen und grotesken Erlebnissen des ungleichen Duos aus Mensch und Kobold andere Aspekte dar, die mit Sprachgeschichte bzw. Sprachwirklichkeit mehr zu tun haben, als es sich auf den ersten Blick zu ergeben scheint. Hier werden meines Erachtens Aspekte angesprochen resp. illustriert, die für die Frage volksetymologischer Herleitungen – und das heißt eben auch der „Veränderung von Wörtern und Zeichen" – nicht unerheblich zu sein scheinen.[1] Worterklärungen sind selbstverständlich hinsichtlich ihrer sprachhistorischen Herleitung eindeutig – oder in Grenzfällen doch zumindest mit einer gewissen Wahrscheinlichkeit zu belegen, im praktischen Sprachalltag jedoch ist das keineswegs immer der Fall. Dieses Divergieren wird umso größer, je archaischer die Ursprünge des jeweiligen Wortes sind, dann lassen sich immer wieder Phänomene einer unter Hintansetzung des eigentlichen Ursprungs auf der Basis zeitgenössisch einsichtiger Umstände beruhenden ‚Sekundärerklärung' beobachten, die aus dem jeweiligen Zeithorizont Vergangenes und Vergessenes zu deuten suchen.

Selbstverständlich kann ein Kinderbuch nicht ernsthaft als etymologisches Grundlagenwerk herangezogen werden, gleichwohl möchte ich – und hierzu ist eben das Sams besonders geeignet – Wort- und Zeichenveränderungen bzw. Herleitungsvarianten anhand der Bezeichnung oder vielmehr der Bezeichnungen des Tages vor dem Sonntag diskutieren und für die jüngste Ebene (vermeintlich) etymologischer Erklärungen den Extremfall eben jener Kinderbuchgestalt anführen, die – so der Plot der Handlung – zumindest eng mit jenem Wochentag verbunden ist, der in weiten Teilen des deutschen Sprachraums den Tag vor dem Sonntag bezeichnet. Bemerkenswert ist, in welchem Maße Paul Maar in seinem Buch mit den vermeintlich rationalen Sprach- bzw. Wortkenntnissen von vernünftigen erwachsenen Menschen spielt,[2] denn die Hinleitung zum ‚Sams-Tag' ist weitgehend nachvollziehbar, wenngleich mitunter schon etwas abwegig. Das vollkommen Absurde wird eben erst mit dem Auftreten jener Märchenfigur manifest. Übrigens lässt sich an *Eine Woche voller Samstage* auch Zeitgeschichte in doppeltem Sinne erkennen: Das erstmals 1973 erschienene Buch wurde in jener Zeit verfasst, als in der bundesdeutschen Kalendarik der Sonntag noch der erste Wochentag war, es ist daher durchaus nicht ganz sicher, ob eine Geschichte, die mit dem Sonntag beginnend auf den Wochenhöhepunkt, das Erscheinen des Sams, hinzielt nach der

---

[1] Allgemein dazu Nübling, Fahlbusch & Heuser (2012: 16–23).
[2] Grundsätzlich dazu Schwarz & Chur (2007: 22–26).

Reform der Wochentagezählung, die den Sonntag zum letzten Wochentag machte, noch so gut funktionieren würde wie vor dieser Reform.

An der durch Paul Maar erfolgten eigenwilligen Namenherleitung der Wochentagebezeichnungen hat sich hierdurch freilich nichts geändert. Diese besitzt selbstverständlich keine Verankerung in sprachhistorischem Grund, macht aber deutlich, dass Wesentliches, wie es eben auch die Bezeichnung der einzelnen Wochentage ist, immer wieder nach seiner Herkunft und Bedeutung ‚befragt' wird und dabei auch immer wieder zum Anlass letztlich haltloser Erklärungen wird, die gleichwohl ein auf den ersten Blick einleuchtendes Muster erkennen lassen.[3]

Veränderungen in Wortherleitung und -interpretation lassen sich also durchaus als Parameter für eine lebendige Sprache interpretieren.[4] Gerade die Veränderung von Begründungen und Interpretationen im Kontext der Onomastik machen deutlich, inwieweit Sprache einem grundsätzlichen und fortwährenden Wandel unterworfen ist. Da Wörter eben Dinge (oder dann im erweiterten Sinne auch Abstrakta) bezeichnen, können sie nicht als inhaltsleer angesehen werden.[5] Wo aber das Verständnis der ursprünglich transportierten Bedeutungen verloren geht, werden neue und mitunter – der ‚Fall Sams' beweist es ja – eigenwillige Herleitungen und Deutungen generiert. Das gilt gerade für das Feld der Wochentagenamen, deren Ursprünge sich in der Gegenwart nicht per se erschließen, da sich die kulturellen und gesellschaftlichen Rahmenbedingungen seit ihrer Etablierung im (vor)deutschen, d. h. durch spätwestgermanische Idiome, und hier etwa das Fränkische geprägten, Sprachraum so grundsätzlich verändert haben. Da gerade der ‚Vor-Sonntag' aufgrund dreier im deutschen Sprachraum nachweisbaren Lexemvarianten (*Satrunsdag, Sonnabend und Sonntag) eine Art Problemfall darstellt, mag die Namensherleitung im Kinderbuch auf den ersten Blick erstaunen, bietet sich andererseits gerade wegen ihrer Vielschichtigkeit auch an; und womöglich hat der Autor auch *en passant* den Finger in eine ‚Erklärungswunde' legen wollen. Es geht also um das Phänomen der Wochentagebenennung, das insbesondere, was den Vor-Sonntag angeht, durchaus Überraschendes zu bieten hat.

Zurück zum Kinderbuch: Mit der Bezugnahme des Wochentagsnamens auf ein koboldhaftes Wesen mit Namen Sams wäre eine der jüngsten Herleitungen der Bezeichnung für den Tag vor dem Sonntag herangezogen, die freilich jenseits des Kindergarten- bzw. Grundschulalters nicht sonderlich ernst zu nehmen ist –

---

3 Allgemein dazu Bickerton (2004: 113–117).
4 Grundsätzlich dazu Adamzik (2012: 74–78).
5 Allgemein dazu Fleischer & Barz (2012: 49–51).

und auch nicht (mehr) ernstgenommen wird.[6] Gleichwohl gilt die Einordnung als ‚jüngste' Bezeichnung für diesen Tag in doppelter Hinsicht, nicht nur dass die hier herangezogene Erklärung die aktuellste ist, auch der Name selbst dürfte der jüngste ‚Ansatz' einer Erklärung der Bedeutungsgeschichte der Wochentagenamen sein.

Das macht die Angelegenheit nicht weniger spannend bzw. widerspricht nicht der Beobachtung von Bedeutungserfindung und führt damit im weiteren Sinne zur Schaffung einer zumindest parallelen ‚Sprachgeschichtswirklichkeit'. Im deutschen bzw. allgemein westgermanischen Sprachraum finden sich für diesen Tag drei Bezeichnungen, von denen in der Bundesrepublik zwei weiträumig gebräuchlich sind, während eine, und zwar ausgerechnet die älteste, nur mehr in regional-dialektaler Form nachzuweisen ist – ganz anders als im angelsächsischen Sprachraum, wo diese Form sich durchgesetzt hat bzw. nicht dauerhaft ersetzt werden konnte (Füllgrabe 2003: 280). Dass die Benennung der Wochentage zur Zeit ihrer Entstehung auf numinose Kräfte zurückgeführt wurde, nimmt angesichts des Mysteriums des Phänomens ‚Zeit' nicht wunder (Bach 1965: 52). Einzelne Gottheiten herrschten über ‚ihren' jeweiligen Tag, auch wenn diese Interpretation in einer mono- bzw. atheistisch geprägten Gesellschaft längst nicht mehr erkannt und schon gar nicht mehr verstanden wird, die demgemäß andere Erklärungen und Herleitungen prägt.

Die jüngeren Erklärungsmuster für die Bezeichnungen der Wochentage im Allgemeinen und evtl. des sechsten Wochentages im Besonderen fallen daher in einen Kontext, der als ‚sprachpragmatisch' bezeichnet werden kann.[7] Wechselwirkungen zwischen Kinderliteratur und ‚Alltagsetymologien' stellten sich geradezu automatisch ein. Dieser Linie folgt auch *Eine Woche voller Samstage*, denn wie sich bald erweist, spielen die Wochentage und ihre Bezeichnungen in Maars Buch – zumindest was die Hinführung bzw. ‚Initiation' der dann folgenden Ereignisse angeht – eine nicht unwesentliche Rolle.

Allerdings geschieht dies, der Titel verrät es ja bereits, denn es geht um eine Woche voller ‚Samstage', auf eher indirekte Weise. Dass die ‚Samstage' eigentlich ‚Sams-Tage' hätten geschrieben werden sollen, geht aus der Handlung recht schnell hervor. Im Handlungszentrum des Buchs steht die märchenhafte Figur des Sams, das koboldähnlich ist und unter einer an das Lateinische angelehnten, wenngleich natürlich spekulativen Deklination Sams, ‚Samsis' auch als ‚Regnator

---

[6] Aus eigener Anschauung bzw. unterrichtlicher Erfahrung kann ich darauf verweisen, dass es in der zweiten und zum Teil auch noch dritten Grundschulklasse durchaus noch Kinder gibt, die die Verknüpfung zwischen dem ‚Sams' und dem ‚Samstag' ernst nehmen, was etwa in der vierten Jahrgangsstufe nicht mehr der Fall ist.
[7] Allgemein dazu Jäger & Böhnert (2018: 25–28).

Samsis Dies' bezeichnet werden könnte, da es mit diesem Wochentag, laut Maar eben dem ‚Sams-Tag', in intensiver Verbindung steht, die – und das gilt nicht nur für kleine Leser – wesentlich offensichtlicher ist, als das für die korrekte sprachhistorische Herleitung der Fall ist.

Es kann hier natürlich nicht um die Abenteuer, die der Protagonist Herr Taschenbier mit diesem Wesen erlebt, gehen, und die in weiteren, im Ganzen gesehen nicht mehr so amüsanten Büchern ihre Fortsetzung gefunden haben, sondern um den Bezug zu den Bezeichnungen der Wochentage bzw. ihrer Herleitung. Und damit werden gewissermaßen wir, die Rezipientinnen und Rezipienten zu den eigentlichen Protagonisten einer sich als ‚unsichtbaren Metaebene' über dem Handlungsverlauf befindlichen Oberfläche, die spätestens seit dem Erfolg entsprechend titulierter Spielfilme als ‚Matrix' auch allgemeineren Kreisen bekannt sein dürfte.

Die Sams-Erzählung ist somit in Hinsicht auf – eine gegenwärtige! – Sprachwirklichkeit und -deutung nur bedingt fiktional, denn die Geschichte baut sich auf ein Erklärungsmuster für eben diese Wochentagebezeichnungen auf, das problemlos in das Feld der ‚Volksetymologien' eingeordnet werden kann. Und dies gilt umso mehr, als die Deutungen bzw. Ableitungen der Wochentagebezeichnungen äußerst stringent sind.

So beginnt die Entwicklung hin zum Erscheinen des Sams damit, dass am Sonntag die Sonne scheint, Herr Taschenbier am Montag Besuch von seinem alten Freund, Herrn Mon, bekommt, am Dienstag Dienst hat, dass am Mittwoch die Wochenmitte ist, was der Protagonist des Kinderbuchs offenbar noch als halbwegs in der Norm liegend empfindet. „Erst als am Donnerstag ein mächtiges Gewitter aufzog und es gewaltig donnerte, wurde er aufmerksam. Der Freitag kam. Und siehe da: Herr Taschenbier bekam frei" (Maar 1973: 8). Vermutlich weniger für die primäre Zielgruppe kindlichen Alters als vielmehr für erwachsene Vor- bzw. Mitleserinnen und -leser stellt sich damit die Frage, was dann wohl am Samstag passieren mag bzw. welches Ereignis diesen Tag dominieren wird. Es muss dann wohl – das passt, denke ich, gut zur Frage nach dem ‚Vor-Sonntag-Trio' – also etwas ganz Besonderes sein.

Aber zurück zur ‚Matrix' gegenwärtiger Wochentageetymologien: Grundsätzlich ist der Erklärungsansatz des Maar'schen Buchs weitgehend deckungsgleich mit Namenerklärungen, wie wir sie vermutlich so oder so ähnlich auch bei spontanen Umfragen unter durchschnittlichen Passantinnen und Passanten in deutschen und wohl auch österreichischen und schweizer Städten zu hören bekämen.[8] Die Verbindungen der Tagenamen zu eher unspektakulären, in jedem Fall jedoch

---

[8] Grundsätzlich dazu etwa Debus (2012: 31–45).

spirituell nicht relevanten Personen bzw. Ereignissen erscheinen insbesondere zur Wochenmitte (Mittwoch), zum Donner und angesichts der weitgehend fünftägigen Arbeitswoche nicht zuletzt zum ‚freien' Freitag so stichhaltig, dass wohl kaum ernsthaft an ihrer Erklärungsgültigkeit gezweifelt werden wird. Nachdem – das ist wohl der einzige wirklich überraschende, weil nicht auf der Hand liegende Umstand – Herr Taschenbier von seinem Bekannten Herrn Mon am Montag Besuch erhält, wird von Paul Maar in seinem Buch die Erwartung auf ein ähnliches Ereignis am Wochenende hingelenkt, und das ist das Auftreten des geheimnisvollen ‚Sams'.

Im fiktionalen Kinderbuch ist somit der entsprechende Rahmen vorgegeben: Unter der Hand werden so Kindern, aber auch jugendlichen oder erwachsenen Lesern Erklärungen für die Namen der Wochentage geliefert, die vermutlich allgemein auch auf Akzeptanz stoßen werden – zuminest dürften, wie ausgeführt, die Anbindungen der fünf Wochentagenamen an ihre ‚natürlichen' Ursachen kaum auf Widerspruch stoßen. Dass Paul Maars Kinderbuch somit für alle Altersstufen ‚funktioniert', hängt mit einer gewissen anthropologischen Grundkomponente zusammen, denn grundsätzlich scheint die menschliche Psyche darauf ausgerichtet zu sein, auch sprachliche Probleme zu erkennen und schließlich, im Vertrauen darauf, dass Sprache von Menschen für Menschen geschaffen wurde, benennend zu lösen.[9]

Dieser evolutionär wesentliche Mechanismus bezog sich ursprünglich natürlich auf die überlebensnotwendigen Entscheidungen bzw. Entscheidungsfindungen, wurde dann jedoch im Zuge einer ‚kulturellen Evolution' gewissermaßen auf andere Lebensfelder bezogen.

2 Die Prägung der Wochentagenamen

Im Zusammenhang mit der Evolution der germanischen bzw. deutschen Wochentagebezeichnungen sind die Kontakte mit dem Imperium Romanum und dessen kultureller Ausstrahlungskraft ausschlaggebend. Dieser Kontakt brachte durch die entsprechenden Lehnvorgänge die im weitesten Sinne noch heute übliche Bezeichnung der Tage einer Woche mit sich.[10] Adaptionen der römischen ‚Vorlage' und die daraus resultierenden Lehnvorgänge fanden in einem religiös-kulturell noch heidnisch geprägten Umfeld statt.[11]

---

[9] Grundsätzlich dazu Hermann (2011: 21–23).
[10] Allgemein dazu Bergmann, Pauly & Moulin-Fankhänel (1999: 135–138).
[11] Allgemein etwa auch Meineke & Schwerdt (2001: 90–97).

Es ist daher sicherlich trivial, auf die immerwährenden Veränderungen in der historischen Entwicklung von Sprache zu verweisen, die einerseits von kultur- und mentalitätsgeprägten inneren, andererseits von äußeren Faktoren beeinflußt bzw. angestoßen worden sind. In diesen – zunächst äußeren – Bereich gehören die sprach- und mentalitätsgeschichtlich außerordentlich interessanten Beeinflussungen, denen Germanen und germanische Sprache(n), d. h. im eigentlichen Sinne in erster Linie spätwestgermanische Idiome im Kontext der Konfrontation bzw. Begegnung mit dem Imperium Romanum ausgesetzt waren. Hier sind bekanntermaßen mit den Sachen auch deren Bezeichnungen eingeführt worden (Ernst 2012: 54–57). Komplexer und letztlich nicht so eindeutig auszudeuten erscheinen hingegen innere, d. h. etwa durch psychische Faktoren, Weltanschauungen oder religiöse Systeme bestimmte Befindlichkeiten und damit auch die davon motivierte Art von Benennungsvorgängen.

Dabei leiten sich die Wochentagenamen natürlich nicht wie etwa im Fall des ‚Freitag' von den Arbeits- und Freizeitmustern des 21. resp. 20. Jahrhunderts her, und auch die Frage nach der Wochenmitte oder dem Besuch eines weitläufigen Bekannten hat hier mitnichten Pate für den ersten Wochentag gestanden. Die Sieben-Tage-Zählung im germanischen Bereich war eine Übernahme aus dem Römischen Reich bzw. der lateinischen Kulturwelt (möglicherweise gab es allerdings bereits vorher durch Kontakte mit griechischen Händlern eine Kenntnis dieser Wocheneinteilung). Die Römer übernahmen die Wochenzählung vermutlich im letzten vorchristlichen Jahrhundert über griechische Vermittlung aus dem Orient (Baatz 1989: 116). Bereits im ersten Jahrhundert fand, wie sich erweisen wird, diese Form der Tagebenennung in den germanischen Provinzen Eingang (Bach 1965: 52). Diese gegenüber den üblichen Ansätzen (Moser 1969: 116)[12] frühe Datierung halte ich grundsätzlich schon wegen der archaischen Elemente der ‚germanischen Wochentage' für naheliegend.

2.1 Wortgeschichten der Wochentagenamen

Wesentlich ist es in diesem Kontext, insbesondere das Feld der Religion zu betrachten, das einerseits ein wichtiges Lebensfeld darstellt(e) (und damit Veränderungen eben dieser Lebenswelten ausgesetzt war), andererseits jedoch von deutlichem Konservatismus geprägt war und ist. Ein besonderes Phänomen sind hier die Wochentagebezeichnungen, die bis in die mehr oder minder

---

12 Vgl. auch Wenskus (1994: 228), der trotz seiner anregenden Ideen zur Frage des fränkischen Synkretismus allgemein und insbesondere zur Überlieferung des Saturn-Namens eine Übernahme erst ‚um 300' annimmt.

säkularisiert-christliche Gegenwart hinein relativ problemlos vorchristlich-heidnisches Wortmaterial tradieren. Hier ist von einer – wenngleich sicherlich unbewußten – pragmatischen ‚Entscheidung' auszugehen, die über die Beibehaltung alten, heidnischen Namengutes der germanischen Christianitas in einer Minderheitensituation das Überleben zu sichern half. Diese so zu belegenden Überlappungen und ‚Vermischungszustände' einer Übergangsphase von Heidentum zu Christentum deuten auf eine Anpassungsleistung, also Adaption, in vorchristlicher Zeit hin.

Es ist grundsätzlich nicht zu bezweifeln, dass auch im germanischen Kontext die Wochentagenamen als Theophore – also anhand von Gottheiten ausgerichtete Benennungen – entstanden (Eggers 1986: 139–142). Eine Besonderheit scheinen die Bezeichnungen Sonntag bzw. Montag zu sein; hier liegt eine Vergöttlichung der beiden Gestirne auch im germanischen Bereich vor, wie sie bei Cäsar belegt ist: „Als Götter verehren sie nur diejenigen, die sie sehen können und deren Walten ihnen offenkundig eine Hilfe ist, die Sonne, das Feuer und den Mond, die übrigen kennen sie nicht einmal vom Hörensagen" (Caesar 1972: 6, 21).

Hier scheinen archaische Verhältnisse auf, die womöglich in die Zeit vor dem durch die römische Expansion bedingten engen kulturellen Kontakt mit dem Imperium verweisen. Die anderen Wochentage wurden von personalisierten und damit eindeutig fassbaren Gottheiten regiert.

2.2 Problemfall ‚Vor-Sonntag'

Problematisch bereits in der Frühzeit ist allerdings die Bezeichnung des ‚Vor-Sonntags' als Sater(nes)tag bzw. Sonnabend oder dann Samstag.[13] Es erscheint mir naheliegend anzunehmen, dass im Feld der Wochentagenamen nicht vollkommen fremde Systeme aufeinandertrafen, sondern dass von einer germanischen Prädisposition ausgegangen werden kann, die sich jedoch nicht genau wird fassen lassen. Zumindest die auf die indogermanische Verwandtschaft zurückgehenden Gemeinsamkeiten der germanischen und römischen Religion werden eine entsprechende Entwicklung erleichtert haben.

Am problematischsten erscheint also die Benennung des Tages vor dem Sonntag: Hier weisen die (vor)deutschen, d. h. spätwestgermanisch-einzelsprachigen, Idiome zunächst zwei ‚unproblematische' Varianten auf: der sicher heidnische *‚Sater(nes)tag' und der in christlicher Zeit übernommene ‚Samstag'. Weniger eindeutig erscheint mir der ‚Übernahmerahmen' im Fall des ‚Sonnabend'

---

[13] Eine Auflistung etwa bei Eggers (1986: 140).

zu sein, der eben nicht eindeutig christliche, und vielleicht trotz der allgemeinen Forschungsmeinung – für die weiter unten Hans Eggers zitiert werden soll – nicht zwangsläufig später als etwa *‚Sater(nes)tag' eingeführte Bezeichnung ‚Sonnabend'. Relativ deutlich ist die Übernahme des Samstages nachzuvollziehen, weshalb mit dem christlichen Terminus begonnen werden soll. Der auf den griechischen ‚sabbaton' bzw. dessen volkssprachliche Form ‚sambaton' zurückgehend ‚Samstag'[14] kann auf zwei Wegen in den deutschen Sprachraum gelangt sein: von Osten über gotische Vermittlung, von Westen über starke griechische Gemeinden um Marseille, Lyon und nicht zuletzt Trier, wofür das dann auf gleichem Wege entlehnte französische ‚samedi' sprechen könnte (Füllgrabe 2003: 304). Letztlich aber ist keiner dieser beiden Wege zu beweisen, vielleicht erfolgte die Vermittlung des ‚Samstages' auch über beide Wege, die Übernahme aus dem Bereich griechischer Gemeinden im römischen Gallien und Germanien dürfte dann allerdings deutlich früher sprachwirksam geworden sein.

Die auf den hebräischen ‚Sabbat' zurückgehende Bezeichnung des dem Sonntag als ‚Herrentag' vorausgehenden Tages blieb allerdings nicht konkurrenzlos; wenn ‚Sonnabend' tatsächlich eine christliche Neuerung ist! Mit der Bezeichnung als ‚Sonnabend' wäre dann eine zweite, ‚religiös korrekte' Form geprägt, die dennoch – und das erscheint mir in rein christlichem Kontext als nicht ganz unproblematisch! – in gewisser Hinsicht konsequent dem alten Wochentagenamenschema verbunden bleibt, weil die Beziehung der Klammerform ‚Sonnen(tag)abend' zum nachfolgenden ‚Sonntag' mehr oder weniger deutlich erkennbar ist. Es ist aber kaum vorstellbar, dass eine christliche Prägung ‚Sonnabend' geschaffen wurde, um den christlichen ‚Samstag' zu verdrängen. Damit scheint mir gegen die unten erwähnten Argumentationen von Frings (1948: 4–5) und Eggers (1986) eine neue Fragestellungen gegeben: Sollte der ‚Sonnabend' dann vielleicht direkt den bzw. einen altheidnischen Namen *‚Saturnestag' ersetzen? Und waren ‚Sonnabend' und ‚Samstag' jeweils teilweise erfolgreiche ‚Konkurrenzbildungen', entstanden in verschiedenen Regionen, in der Aufgabe, einen besonders anstößigen heidnischen Namen zu verdrängen? Oder war der ‚Samstag' eine auch gelehrten kirchlichen Kreisen zusagende Bildung, die den noch mit heidnischem Ruch versehenen Sonnabend ersetzen sollte? Hans Eggers etwa führt zu dieser Problematik aus:

> Neben dem Wort Samstag, das den deutschen Süden und Südwesten völlig durchdrungen hat, findet sich (...) in den küstengermanischen Mundarten, die sehr viel ältere Bezeichnung Saterdag. Aber ein sehr viel ernsthafterer Konkurrent erwächst dem Südwort in der noch jüngeren Bezeichnung Sonnabend. Dialektgeographische Untersuchungen von Theo-

---
14 Vgl. hierzu Hans Eggers (1986: 140).

> dor Frings haben ergeben, dass das Wort Sonnabend anfangs nur in zwei engen Bereichen, nämlich in Westfriesland und in Hessen-Thüringen vorkam, von wo aus es sich dann später weit über Nieder- und Mitteldeutschland verbreitet hat. Friesland und Hessen aber waren die beiden bevorzugten Missionsgebiete der Angelsachsen im 8. Jahrhundert. Da nun im Altenglischen neben dem alten saeternesdaeg auch die christliche Prägung sunnunaefen bezeugt ist, kann es nicht anders sein, als dass ahd. sunnunaband ‚Sonnabend' nach diesem Muster geschaffen ist. Gemeint war damit zunächst nur die kirchliche Feier (Vigilia) am Vorabend des Sonntags. Aber bald wurde der ganze Tag mit dem Namen bezeichnet, der eigentlich nur seinem Ausklang galt. (Eggers 1986: 140)

Bemerkenswert scheint an dem Argumentationsgang nun zweierlei, zum einen die Annahme einer offenbar recht frühen – südlichen? – Bereitschaft, den altheidnischen, offenbar als nicht besonders volkstümlich erachteten Namen ‚Saturntag' gegen einen ‚Sabbattag' auszutauschen, zum anderen das offenkundige Bedürfnis letzterem ‚Sonderwort' eine eigenständig kirchliche Bezeichnung gegenüberzustellen bzw. durch eine solche zu ersetzen. Die Frage nach der Verdrängung der angeblich ältesten Bezeichnung scheint angesichts der – in bestimmten deutschen Landschaften erfolgten – Übernahme des ‚Saturntages' nur auf den ersten Blick leicht zu beantworten: Diese Namensbildung ‚Samstag' erfreute sich – so darf man meinen – keiner großen Volkstümlichkeit; ähnliches mag auch für den ‚Sabbattag', als zweiter Namenschicht sozusagen, gelten, auch hier war der ‚Sonnabend' sicherlich ‚volkstümlicher'. Wenn wir die Volkstümlichkeit der Wochentagenamen mit ihrem altheidnischen Hintergrund erklären, muß die Entstehung des ‚Sonnabends' in vorchristliche bzw. (spät-)heidnische Zeit datiert und damit zeitlich einer Ebene mit dem ‚Saturn(es)tag' zugewiesen werden! Damit erscheint es mir sehr wahrscheinlich, dass es sich bei der Benennung dieses Tages eher um ein komplexes zeitliches Überlappen und Gegeneinanderstellen handelt, als um eine einfache Abfolge.

Mit einer Tendenz zur ‚glatten' Klärung aber, die im weitesten Sinne etwa auch von Eggers in seiner *Deutschen Sprachgeschichte* vertreten wird, scheinen mir die Probleme um den im Westgermanischen in drei Varianten bezeichneten ‚Vor-Sonntag' nicht zu klären. Denn so einleuchtend der Ansatz, mangelnde Volkstümlichkeit habe zur Ersetzung des altheidnischen Namens ‚Satertag' geführt, auf den ersten Blick aber auch sein mag, so befriedigt er doch letztlich nicht. Aus diesem Grunde erscheint mir ein anderer, erweiterter Ansatz zumindest bedenkenswert.

2.2.1 Saturn als ‚Herrscher des Vor-Sonntags'?

Angesichts der Tatsache, dass die Germanen offenkundig darum bemüht waren, die Benennungen der Tage der Woche nach ihren eigenen Gottheiten vorzunehmen, ist es doch erstaunlich, dass der ‚Saturntag' so einfach ‚unübersetzt' übernommen worden sein soll. Dass die Übernahme so problemlos von statten gegangen wäre, weil die Germanen – aus Mangel an namengebenden bzw. namenwürdigen Göttern? – gelegentlich auch profane Tagesbezeichnungen akzeptierten, halte ich für äußerst unwahrscheinlich: Ich denke, dass alle germanischen Wochentagenamen Theophore waren. Um so verblüffender erscheint dann der scheinbar vorbehaltlos übernommene Saturntag; nimmt man nicht, wie dies unter Vorbehalt bereits Christian August Vulpius in seiner germanischen Mythologie tut (Vulpius 1987: 112)[15], einen germanischen Gott *Sater an, dann erscheint der ganze Vorgang in der Tat höchst dunkel. Da ich es für abwegig halte, dass im Germanischen eine fremde – und noch dazu im heidnisch-römischen Pantheon der Kaiserzeit nicht mehr besonders bedeutende – Gottheit widerspruchslos übernommen wurde, gibt es grundsätzlich also nur zwei Möglichkeiten: Es handelt sich bei der namengebenden Gottheit um einen ansonsten unbekannten einheimischen Gott, dessen Name allerdings mit dem der römischen Gottheit genetisch zusammenhängen könnte, oder der fremde Name sollte den unaussprechlichen Schrecken einer nicht bezeichneten germanischen Gottheit ‚verhüllen'.

Zur Klärung mag daher vielleicht ein Blick auf die antike Saturn-Mythologie beitragen. Dieser ursprünglich altitalisch-etruskische Vegetations- und Fruchtbarkeitsgott, der wohl weitgehend positive Eigenschaften trug (Lurker 1984: 280), übernahm schließlich viele Züge des griechischen Kronos, der als Vater des Zeus/Jupiter schon generationsmäßig aus der Reihe des ‚regulären' Pantheons herausfiel. Weit schrecklicher allerdings war das Verhalten des Gottes: Zunächst entriss er seinem Vater, dem alten Himmelsgott Uranos, die Weltherrschaft, daraufhin fraß er, um einem ebensolchen Schicksal zu entgehen, die eigenen Kinder bis auf Zeus, an dessen Stelle seine Gattin Rheia ihm einen in Windeln gewickelten Stein reichte. Der versteckt aufgewachsene Zeus/Jupiter entthronte schließlich seinen Vater und stürzte ihn in den Tartaros (Lurker 1984: 177).

Damit weist jene Gottheit in einen archaischen Kontext, der deutliche Züge des Grauenhaften aufweist, wie sie bei den ‚klassischen' Gottheiten weit weniger ausgeprägt gedacht wurden. Interessant ist in diesem Zusammenhang auch die ikonographische Darstellung des Saturn bzw. die Behandlung seiner Statue: „Der

---
[15] Für einen ähnlichen (ae. ‚saeter') Götternamen Grimm (1968: 204–205); dagegen aber etwa Meyer (1910: 136).

Brauch, seine Füße mit Binden zu umwickeln, findet sich nach dem Zeugnis Apollodors auch bei Kronos (!) (…). Es handelt sich überall um die Bindung, die die Anwesenheit des Gottes sichern soll, sei es, dass man seine Kraft der Gemeinde zu erhalten wünscht, sei es, dass man ihm wehren möchte, Unheil zu verbreiten(!)" (Latte 1976: 255). Saturn/Kronos wurde also im antiken Bereich offenkundig zumindest als ambivalente, wenn nicht gar ausschließlich unheilbringende Gottheit verehrt und gefürchtet.[16] Damit wäre nicht auszuschließen, dass gerade sein Name in anderen geographischen – und sprachlichen! – Breiten zur Bezeichnung bzw. Verhüllung eines Tabu-Namens herangezogen worden sein könnte.

Wie bereits oben angedeutet steht zu vermuten, dass es – vielleicht aus gemeinsamem altem indogermanischem Erbe schöpfend – eine vergleichbare Gottheit auch im germanischen Bereich gegeben hat, mit der dem Kronos-Kult entsprechende Tabuvorstellungen und -regelungen verbunden waren. Die Besonderheit dieser Gottheit kann, wie beim römischen Saturn, in ihrer schreckenerregenden Natur gelegen haben, wodurch der Verlust des alten Namens in der übrigen Überlieferung möglicherweise erklärt wäre, und auch der Mangel an kultischer Verehrung. Dass sie überhaupt im Wochentag erschien, mag am lateinischen Vorbild gelegen haben. Hier könnte also, so scheint mir, eine Deutungsmöglichkeit für das Phänomen, das scheinbar auf eine kritiklose Entlehnung hinweist, aber auch das problemlose Verschwinden des ‚Saturntages' liegen: Der ‚fremde' (vielleicht ehemals tatsächlich aus einem nichtgermanischen Pantheon übernommene), ‚schreckliche' Saturn mag – zumindest in einigen Regionen – als Noa-Name für eine schreckliche, unaussprechliche Gottheit gedient haben. Es stellt sich nun die Frage, ob eine bzw. welche ‚ungenannte' germanische Gottheit sich hinter Saturn verbirgt. Wenn tatsächlich auf den von Christian August Vulpius im frühen 19. Jahrhundert angeführten hypothetischen Gott *Sater zurückgegriffen werden soll, wären eventuelle lautliche Veränderungen zu erwägen, die dem anscheinend so eindeutig antiken Gottesnamen vielleicht eine doch mehr westgermanischen Idiome angepasste Lautform verleihen könnten. Denkbar wäre eine sprachliche Entwicklung germ. *Sathrun aus id. *Satrun über *saththr und *sadr schließlich zur Form Sat(e)r, wie sie dem westfälischen ‚Saterdag' entspräche; dieser ‚germanische' Gott führte dann auf eine gemeinindogermanische oder zumindest dann alteuropäisch-voreinzelsprachliche Wurzel zurück.

---

[16] Bei der Suche nach einer Entsprechung in germanischem Kontext ist darüber hinaus auch auf mögliche ähnliche gottesdienstliche Rahmenbedingungen zu achten. Bemerkenswert ist im römischen Bereich die Fesselung der Götterstatue, die auf Grund ihrer sonst üblichen Form der Verehrung des Numinosen als archaischer Zug aufzufassen ist, der womöglich weit in die Frühzeit der entsprechenden religiösen Vorstellungen zurückverweist.

Interessant ist die Tatsache, dass sowohl das Englische (saturday), als auch das Niederländische (zaterdag) den Vor-Sonntag bis in die Gegenwart ‚altheidnisch' – d. h. in einer der christlichen Tradition nicht angeglichenen Benennungsform – beibehalten haben. Möglicherweise war *‚Sater(n)' daher ein ursprünglich niederrheinisch-belgischer Gottesname, der als indogermanisches Erbe mit dem lateinischen ‚Saturnus' urverwandt war und dann – sprachlich unverschoben – am Niederrhein von den dortigen Germanen erst nach der 1. Lautverschiebung übernommen wurde, so dass die sprachlich ungewöhnliche Form beibehalten wurde. Der Name dieses germanischen Gottes könnte dann in der Tat *Sater(n) gewesen sein. Im Sinne einer Analogie vergleichbar hierzu wären etwa die Flussnamen Pader und Peine; hier könnten sprachliche Reflexe des von Kuhn postulierten und hier noch exkursiv dargestellten Nordwestblocks, genauer gesagt: einer alten und sehr engen germanisch-belgischen Nachbarschaft,[17] die auch gewisse kulturell-religiöse Wechselwirkungen mit sich brachte, vorliegen. Die Gottheit müsste zumindest bei einigen germanischen Völkern – vermutlich in der Niederrheinzone – eine entsprechend herausgehobene Bedeutung besessen haben, die in christlicher Zeit den – weitgehend vergeblichen – Versuch einer Ersetzung durch einen weniger anstößigen Namen nahelegte.

Allerdings gibt es auch durchaus bodenständige, d. h. durch binnengermanische religiöse Traditionen fundierte Erklärungsansätze für diese Benennungstradition: Reinhard Wenskus formulierte vor einem Vierteljahrhundert das Problem des (nord-)westgermanischen Saturn-Namens des Vor-Sonntags wie folgt: „Wie dem auch sei, es bleibt das Faktum, dass im nördlichen Westeuropa Saturn z. T. schlechthin zum Repräsentanten des Heidentums geworden ist. (...) eine solche Überlieferung legt den Verdacht nahe, dass hier im Umkreis der Nordsee besondere Verhältnisse anzunehmen sind" (Wenskus 1994: 231). Damit ist natürlich noch keine weitergehende Erklärung geboten, und ich halte es auch für fraglich, inwieweit die von Wenskus im selben Aufsatz angebotene Gleichsetzung von Saturn-Dionysos-Friga trägt;[18] damit wäre der ‚Vor-Sonntag' dann eigentlich ein ‚Nach-Freitag' und ließe sich unter Berücksichtigung alter Saturnnamen-Überlieferung als genuin germanisch und nicht als später Import aus dem römischen Kulturbereich herleiten. So könnte die von Reinhard Wenskus postulierte enge Anbin-

---

17 Vgl. hierzu Kuhn (1962: 108); Allerdings äußert sich Kuhn nicht explizit über die Frage der Beibehaltung eines ‚-t-' als einer Besonderheit bzw. eines Erbes des ‚belgischen' Nordwestblocks. Zur Frage eines altüberlieferten ‚kelto-germano-belgischen' siehe die bei Wenskus (Religion abârtardie, 231) zitierte Nachricht Varros, Saturnus sei der Hauptgott der Gallier gewesen.
18 Wenskus (1994: 231–234); hier stellt Wenskus, den Nachrichten Gregor von Tours (Zehn Bücher der Geschichten II: 29) folgend, auch die herausragende Rolle Saturns im fränkischen Pantheon heraus.

dung der Saturnverehrung (bzw. Friga-Verehrung) an den fränkischen Raum das Aufkommen des also entsprechenden Wochentagsnamen erklären. Allerdings erscheint mir das von Wenskus postulierte System religiöser Beziehungen bis in den vorderasiatischen Raum hinein nur bedingt tragfähig – und für die vorliegende Fragestellung auch nicht wesentlich!

Auch ohne weitgespannte Beziehungen religiöser Art ließe sich meines Erachtens ein durchaus schlüssiges Bild annehmen: Ein aus dem Bewusstsein verschwundener nordseegermanischer bzw. westgermanisch-rheinischer (oder dann auch fränkischer) ‚Hochgott' *Satrun mit vermutlich besonders ausgeprägt archaisch-schrecklichen Zügen könnte also unter diesem oder einem ähnlichen Namen zumindest im rheingermanischen Bereich durchaus existiert haben, und damit wäre der ‚Saturntag' nicht ein Beispiel für die kommentarlose Übernahme antiker religiöser Namen, sondern eines religiösen Archaismus und ‚Provinzialismus'. Die Übernahme des Wortes ist demzufolge auch am Niederrhein anzusetzen, wobei vielleicht der ‚Saturn'-Name auch aus dem Zusammenfall der einheimischen Gottheit mit antik-mythologischen Überlieferungen seine einschüchternd-schaurige Attraktivität bezog. Diese archaische Natur des Gottes mag neben der Charakterisierung der Gottheit als besonders mächtig und schrecklich zur weitgehenden Verteufelung auch des entsprechenden Wochentagsnamens im deutschen Sprachbereich beigetragen haben.

Daneben ist allerdings auch daran zu denken, dass tatsächlich eine frühe Beeinflussung aus dem antiken Bereich vorliegt.[19] Diese konnte gerade in der Niederrheinzone – durch griechische Kaufleute etwa – bereits relativ früh erfolgt sein. Interessant sind in diesem Zusammenhang die Ausführungen des Tacitus, der in seinem dritten Buch der Germania davon spricht, dass einige germanische Traditionen vom Besuch des Herkules bei den Germanen berichten; dieser sei daher einer der am höchsten verehrten Helden.[20] Mag diese Nachricht im weitesten Sinne noch der *Interpretatio romana* entsprechen, macht der an gleicher Stelle von Tacitus ebenfalls berichtete Besuch des irrfahrenden Odysseus, dem sogar die Gründung einer Stadt zugeschrieben wurde, doch nachdenklich. Hier mögen echte Erinnerungen vorliegen, die auf tatsächliche Kontakte mit griechischen Kaufleuten bzw. Forschern vom Schlage eines Pytheas von Marseille verweisen. Durch solcherlei Beziehungen mögen dann auch griechische bzw. großgriechisch-italische religiöse Vorstellungen in den belgisch-germanischen Bereich gelangt sein und entsprechende Adaptionen an vorhandene eigenständige Traditionen erfahren haben. Die von Tacitus erwähnten griechischsprachigen Weihesteine und

---

[19] Vgl. Tacitus (2005: Germania Buch 3).
[20] Vgl. grundsätzlich Timpe (1992: 448).

Grabhügelinschriften im Grenzgebiet zwischen Germanien und Rätien kann es durchaus auch im Niederrheingebiet gegeben haben. Es erhebt sich in diesem Zusammenhang natürlich die Frage nach der germanischen Entsprechung zu der angedeuteten Übernahme des antiken ‚Saturn'. Hierbei bieten sich verschiedene Deutungswege an, die etwa über genealogische Zusammenhänge in der antiken Mythologie geklärt werden könnten.[21] Allerdings lassen sich über nordwestliche Sprachgegebenheiten wie erwähnt womöglich auch eher bodenständige Wege der Ableitung aus voreinzelsprachlichen Kulturkontakten erkennen. Hierzu scheint die Theorie des ‚Nordwestblocks' zu passen.

---

21 Zunächst könnte die Genealogie der antiken Gottheiten zur Deutung herangezogen werden. In Parallelsetzung zur Generationenfolge Uranus-Saturn/Kronos-Jupiter/Zeus könnte als germanische Entsprechung an Mannus, den Abkömmling des Tuisto, gedacht werden; außer der Position in der zweiten Generation erscheinen die mythologischen Gemeinsamkeiten allerdings nur bedingt tragfähig. Ich halte es daher als weiteren Lösungsansatz für denkbar, dass sich hier der – namentlich nicht benannte! – ‚*regnator omnium deus*' (oder vielleicht eher eine diesem verwandte Gottheit!) verbirgt, den Tacitus im 39. Abschnitt seiner *Germania* als geheimnisvollen Hauptgott der Sueben bzw. Semnonen, den diese in einem heiligen Hain verehren, beschreibt: „Zu festgesetzter Zeit kommen in einem Hain, der geweiht ist durch die Opferhandlungen der Väter und uralte Scheu, alle Stämme desselben Blutes mit Gesandtschaften zu einer Versammlung und feiern, nachdem sie öffentlich einen Menschen hingeschlachtet haben, den schaudererregenden Beginn eines barbarischen Gottesdienstes. Auch noch eine andere Form der Verehrung zollt man diesem Hain: jeder betritt ihn nur mit Fesseln gebunden, im Bewußtsein der Unterlegenheit und die Macht der Gottheit offen zur Schau tragen" (Tacitus, Germania: 39). Sollte die unveränderte Beibehaltung des Saturn-Namens ein Hinweis auf ein religiöses Tabu sein, wäre eine schreckliche Gottheit, wie sie Tacitus beschreibt, als Trägerin dieses Namens durchaus vorstellbar. (Für die Frage eines Vergleichs zwischen römischen und germanischen Verhältnissen nicht uninteressant erscheint mir auch das Motiv der Fesselung, wenngleich hier die Gläubigen, dort die Statue der Gottheit gebunden ist.) Da der geheimnisvolle und grauenerregende Hain der Semnonen nicht am Rhein lag, der als Kontaktzone für die erste Ausprägung der germanischen Wochentagenamen anzusehen ist, ist zu vermuten, dass es sich bei dem gemeinten Gott nicht um den semnonischen ‚regnator', sondern eine artverwandte numinose Macht gehandelt haben wird; dies gilt vor allem dann, wenn die weite Verbreitung des Phänomens ‚Heiliger Hain' im germanischen Bereich berücksichtigt wird. Für die über den semnonischen Bereich hinausgehende, weite geographische Verbreitung entsprechender kultischer Räume spricht auch die Erwähnung des Fjöturlundr (‚Fesselwaldes') in der Edda. Damit nun scheint mir eine über den bei Tacitus erwähnten semnonischen Bereich hinausreichende kultische Fesselung, die dann auch im Bereich der Rheinmündung praktiziert worden sein könnte, für kultische Praxis der Germanen durchaus vorstellbar. So wäre auf religionsphänomenologischer Ebene etwas zum geheimnisvollen ‚Saturn' ausgesagt, deren – namentliche – Herkunft, wie gesagt, nicht allein aus der antik-römischen Welt angenommen werden muß.

2.2.2 Exkurs: Der geheimnisvolle ‚Nordwestblock'

Auch der zwischenzeitlich im Forschungsdiskurs etwas aus der Mode gekommene Ansatz eines ‚Nordwestblocks', wie er bereits vor einem knappen halben Jahrhundert von Hans Kuhn (1972) postuliert wurde, der zumindest für einen Teil des entsprechenden Gebietes auch bereits die ‚Belger' ins Spiel brachte, scheint mir im vorliegenden Zusammenhang zumindest hinsichtlich einiger seiner grundsätzlichen Komponenten durchaus noch diskutabel. Wesentlich ist hier die zwischen Kelten und Germanen angenommene besondere ‚Sprachgruppe', die sich von den beiden anderen, gewissermaßen ‚überlebenden' Sprachen unterscheidet. Bei Hans Kuhn heißt es hierzu:

> Ich vermute, dass die Stämme, die da in dem erörterten Zeitraum Germanen und Kelten trennten, die letzten Reste der westlichen Indogermanengruppe sind, aus der sich nach und nach die Kerne der großen bekannten Einzelgruppen ausgesondert hatten, als letzte die der Kelten und Germanen (und wenig vorher vielleicht der Römer). (Kuhn 1972: 230)

Unterscheidungsmerkmal wäre hier das beibehaltene indogermanische anlautende ‚p', das im Festlandskeltischen verlorenging und im Germanischen zu einem ‚F-Laut' verschoben wurde. Historisch sind die Sprechenden dieser Gruppe womöglich den bei Cäsar beschriebenen Belgern zuzuordnen. Auffällig sind hier aber geographische ‚Ausreißer', wie etwa der Name der weit im gallischen Kernland belegten ‚Parisii', die nach keltischem Wegfall des anlautenden ‚p' eigentlich ‚Ar-Isii'[22] heißen müßten, gleichwohl ist es wenig wahrscheinlich, eine entsprechende Ausbreitung des dann eben nicht mehr nordwestlichen ‚Nordwestblocks' anzunehmen. Helmut Birkhan verwies hier unter Bezugnahme auf Pokorny auf den durch keltische p-Doublette bedingten Lautstand (Birkhan 1970: 215; Anm. 397). Tendenziell deutet der erhaltene P-Anlaut also auf sprachlichen Konservatismus, der dann womöglich das entscheidende Kennzeichen des ‚Nordwestblock-Idioms' wäre.[23]

Wolfgang Meid wies in seiner Thematisierung des ‚Nordwestblocks' in den achtziger Jahren noch einmal explizit auf das ‚P-Phänomen' hin. Hier heißt es:

> Das Kriterium idg. p reicht bis in den Keltischen hinein. Auch in diesem Raum gibt es – in Kontrast zum normalen keltischen p-Verlust – Fälle von erhaltenem idg. p, was auf die gleichzeitige Anwesenheit von Sprachträgern hinweist, die nicht keltisch sprachen und da-

---

22 Dieser erläuternde Name bedeutet ‚Menschen an der Oise'.
23 Als ein Zeichen dieses Konservatismus deutet Birkhan auch die eher einfache Keramik, ohne daraus jedoch zwingend eine direkte Verbindung zu einer eigenständigen ‚Nordwestblock-Population' abzuleiten.

her nicht dem p-Schwund unterlagen. Diese Wörter und Namen konnten nach dem Untergang dieser Sprache(n) im Gallischen weiterleben, da diesem inzwischen ein neues p (aus idg. k^u) erwachsen war. Dieses p-Substrat auf keltischem Boden kann mit dem p-Substrat des NW-Blocks in Verbindung gestanden haben. (Meid 1986: 200–201)

Wolfgang Meid bezieht sich damit auf den im Gallischen weggefallenen P-Anlaut. Es gilt in unserem Zusammenhang hinzuzufügen, dass Vergleichbares auch für den Erhalt eines unverschobenen anlautenden p im germanischen Sprachbereich anzunehmen ist und sich somit insbesondere Phänomene aus dem Bereich der Hydronymie wie beispielsweise der Flussname ‚Pader' erklären lassen.

Interessant sind insbesondere auch die großen Argumentationslinien, die Wolfgang Meid vor knapp dreißig Jahren in seiner Diskussion der Thesen Kuhns dargelegt hat. Als eine wesentliche Grundkomponente wurde die Existenz einer eigenständigen Sprachgemeinschaft, die weder dem Keltischen noch dem Germanischen zuzuordnen ist, postuliert. Ich halte es daher für wahrscheinlich, dass es sich bei dieser idiomatischen Sondergruppe hier um die späteren durch Cäsar erwähnten historischen ‚Belgae/Belger' handelt, oder diese doch – wie bereits Kuhn ausführte – zumindest ein historisch greifbarer Teil dieser Sprachgruppe waren.

Wie bereits oben angedeutet, erfreut sich der ‚Nordwestblock' als Konstrukt einer eigenständigen Sprach- und Kulturgruppe ‚zwischen Kelten und Germanen' in jüngerer Zeit keiner sonderlich großen Beliebtheit.[24] Jüngst hat Wolfgang Laur diese Kritik wieder aufgegriffen:

> Wir [...] verweisen aber darauf, dass Bildungen mit -st-Suffix, die ihrem Ursprung nach wohl in voreinzelsprachliche Zeit zurückgehen können, neben anderen Sprachen auch im Germanischen durchaus verbreitet sind. Bei mit einem p anlautenden Ortsnamen [...] kommen [...] nur einstämmige Bildungen in Frage, und auch da ist Kritik angebracht. (Laur 2004: 208)

Welche Rolle dieser letztlich immer noch hypothetische Block einer Kultur- bzw. Sprachgemeinschaft, die in der westlichen Kontaktzone zwischen Germanen und Kelten anzusiedeln wäre, in Hinsicht auf ‚Sprachvermittlung', oder besser vielleicht ‚Übermittlung' gespielt haben mag, sei dahingestellt, kommt doch eine solche Gruppe in einer diachronischen Betrachtung von sprachlichen Prozessen im späten West-Indogermanisch bestenfalls peripher, eben im Sinne eines Verweises auf die Ansätze von Kuhn, vor. Auffällig ist allerdings, dass es in dem zu vermutenden Siedlungsgebiet dieser Gruppe in der Tat gerade auch im Feld der Toponymie eine Reihe von P-anlautenden Namen gibt, die ohne die Annahme eines wie

---

24 So etwa bei Udolph (1994: 939–941).

auch immer gearteten bzw. welchem historischen Volk bzw. welcher Gruppe von Ethnien zugrundeliegenden ‚Nordwestblocks' zumindest nicht ohne weiteres zu erklären sind.

In diesen Kontext gehören im später germanischsprachigen Raum unter anderem Namen wie ‚Pader' oder ‚Peine', für den keltischen Bereich ist ein Völkername wie ‚Parisii' aus vergleichbarem Grund auffällig. Diese Zuordnungen einer ersten Ebene sind in gewisser Hinsicht ‚statusneutral', d. h. ihr Weiterbestehen deutet darauf hin, dass womöglich zunächst kleinere Gruppen in den ‚Nordwestblock' mit seinen ‚P-Namen' vordrangen, die die entsprechenden Namen der Vorbevölkerung beibehielten. Auch im Kontext der Benennung der Wochentage, d. h. konkret im Fall des ‚Saturn-Tages' ließe sich womöglich ein Hinweis auf diesen geheimnisvollen ‚Nordwestblock' finden.[25]

Hier steht zu vermuten, dass es einen nicht zu kurz anzusetzenden Zeitraum gegeben haben muss, während dem die später militärisch wie schließlich gesellschaftlich so erfolgreichen Invasoren in zahlenmäßig überschaubarer Größenordnung einsickerten – und noch nicht so exorbitant überlegen agierten.

Aus den späteren Erfolgen keltischer, aber auch germanischer Expansion heraus, also einer gewissermaßen zweiten Phase des Kontakts, scheint sich die Situation allerdings dahingehend geändert zu haben, dass die vorgefundenen Sprachvarietäten gewissermaßen einer ‚Abwertung' unterzogen wurden. Für eine Gruppe, deren Idiom dann vor allen Dingen als eine Art ‚unterlegenes' Substrat in das germanische – und sicherlich auch keltische – Superstrat eingebunden wurde, spricht meiner Ansicht nach nicht zuletzt auch der Umstand, dass zumindest einige der mit ‚p' anlautenden Wörter vor allem im Kontext der Standardsprache als zumindest zweifelhaft im Sinne von vulgärsprachlich konnotiert werden. Eine radikale Doppelung dieser Art wäre etwa der ‚Piss-Pott'.[26] Die Sprachen bzw. Sprachgewohnheiten dieser nordwestlichen Völker wurden von den erfolgreicheren Sprachgruppen keltischer wie germanischer Provenienz inkorporiert, dabei jedoch in vielen Fällen – die Sprache diente in diesem Zusammenhang als so-

---

[25] Im niederdeutsch-westfälischen Sprachraum hat sich der ansonsten ungebräuchliche ‚Saternes-Tag' mundartlich bis in die Gegenwart erhalten. Aus meinen Überlegungen zur Wochentageproblematik heraus rechne ich dort mit einer frühen Übernahme bzw. Tradierung des ‚Satertag'Namen – der möglicherweise auf einen heidnisch-germanischen, aus einem nichtverschiebenden niederrheinisch (‚belgischen') Kulturraum stammenden Gott mit Namen *Sater (verwandt mit Saturnus) o. ä. zurückgeführt werden kann – insbesondere in der Niederrheinregion, die offenbar so tiefe Wurzeln schlagen konnte, dass spätere christliche Neuprägungen wie Sonnabend keine durchschlagende Wirksamkeit entfalteten (Füllgrabe 2014: 142; Füllgrabe 2003: 310).
[26] Diese beiden ‚niederdeutschen' Wörter verweisen wohl auf den ‚Nordwestblock' und haben neben ihrer Präsenz im Deutschen auch Entsprechungen im Belgischen und Französischen.

zialer Marker – einem gesellschaftlich eher niederen resp. ‚provinziellen' Niveau zugeordnet. In jedem Fall kann hier nicht von einer ‚Wanderung' vom keltischen in den germanischen Raum die Rede sein.

2.2.3 Eine Abfolge der ‚Vor-Sonntage'

Hinter dem Namengeber des ‚Saturntages' steckt meiner Ansicht nach eine schreckliche und geheimnisvolle Gottheit. Die im Altenglischen belegte Bezeichnung ‚saeternesdaeg' galt in der entsprechenden Form sicherlich auch im Bereich des Rheingermanischen, die nur geringfügig veränderte Übernahme aus dem Lateinischen wiese die Tagesbezeichnung demnach als Noa-Namen aus. Allerdings war auch die Mythologie um Saturn/Kronos von Aspekten des Schreckens geprägt. Unter dieser Prämisse ist es dann jedoch auch gut verständlich, dass sich, als es mit der Alternative eines christlichen Wochentagsnamens eine Möglichkeit gab, dieses schreckenerregenden Namens einer zum Teil unbekannten Gottheit entledigt wurde. Sicherlich ist damit noch nicht geklärt, um welche dunkle und grausame germanische Gottheit es sich hierbei gehandelt haben könnte; sie wird vermutlich in einen ausgesprochen archaischen Bereich verweisen, so dass wohl auch schon in heidnischer Zeit die Tendenz einer Ersetzung auftrat, die sich dann mit dem heidnischen ‚Sonnabend' verbinden ließe. In späterer, wohl auch schon christlich beeinflußter Zeit wird diese namenlose Schreckensgottheit vielleicht schon weitgehend vergessen worden sein: So mag es relativ bald keinen Grund mehr für die Beibehaltung des Saturn-Namens – als verhüllender Bezeichnung sozusagen – gegeben und vielleicht gerade auf Grund dieses Unverständnisses kirchlicherseits keine Veranlassung vorgelegen haben, gegen diese Bezeichnung vorzugehen.

Damit nun konnte in christlicher Zeit die Wochentagsbenennung nach diesem Gott beibehalten werden oder wegfallen; beides ist im westgermanischen Sprachbereich geschehen. Allerdings ist bemerkenswert, dass sich die Bezeichnung *Saturntag* lediglich im Englischen und Niederländischen erhalten hat, hier liegen alt-westfriesisch *saterdei* und mittelniederländisch *saterdach* vor; auch im Mittelniederdeutschen liegt mit *sâter(s)dach* (Wijk 1971: 812) eine Tradierung des heidnischen Gottesnamens vor. Insgesamt scheint jedoch im germanischen Bereich die Scheu vor dieser Gottheit größer gewesen zu sein, denn auch die skandinavischen Sprachen haben den Namen der Gottheit durch das unverfängliche ‚Wasch'- bzw. ‚Badetag' – etwa im Schwedischen *lördag* – ersetzt. Die Annahme, dass, wie die Forschung meint, der ‚Sabbattag', der von *sambaton* hergeleitete Samstag als Vertreter einer zweiten Schicht der Wochentagsbezeichnungen dann in einigen Regionen wiederum durch den ‚Sonnabend' ersetzt werden konnte, scheint mir auf der Beobachtung zu beruhen, dass dieser quasi bibelkonforme Wochentagsname den ‚gelehrten Schichten' zwar einleuchtend war, allerdings nicht überall besondere Volkstümlichkeit genoss; der volksnähere Sonnabend hätte die gelehrte Bildung dann verdrängt. Allerdings halte ich es für wahrscheinlicher, dass ‚Sonnabend' bereits in heidnischer Zeit geprägt wurde, um den – unverstandenen oder von der Aura des Schreckens umgebenen – ‚Saturn(es)tag' zu ersetzen. Zunächst scheinen die etwa von Eggers vertretenen Ersetzungs-Thesen durchaus einleuchtend.

Genaueres Hinsehen allerdings lässt meines Erachtens die Möglichkeit aufscheinen, dass auch hier die Dinge anders liegen: Denn ähnlich wie für das Paar ‚Ostern-Paschen' (Füllgrabe: 2003) möchte ich auch in diesem Fall zu bedenken geben, ob nicht *Sonnabend* der ältere, schon heidenzeitliche Ersatz für *Saturnestag* gewesen sein könnte, der wegen seiner Anlehnung an den vom heidnischen Ruch nicht freien *Sonntag* durch die Nachbarschaft mit den Romanen bedingt – vgl. *samedi* – regional durch den ‚Sabbattag'/‚Samstag' verdrängt wurde. Dann wäre ‚Sonnabend' eine zumindest relativ alte und damit ursprünglich durchaus bodenständig-heidnische Variante, die alsbald christlich konnotiert werden konnte. Dass das derlei späteren, dann rigoros kirchlich ausgerichteten Kreisen nicht zu genügen schien, ist dann eben durch die Übernahme bzw. Prägung des ‚Samstag' erkennbar. Hier sind Mechanismen einer Tilgung des möglicherweise oder besonders Anstößig-Heidnischen erkennbar, die in verdrängender Benennungstradition vielleicht vergleichbar der Benennung von ‚Paschen' – nur teilweise in bestimmten geographischen Räumen erfolgreich ein ‚Samstag' sozusagen aufgepfropft wurde, wobei die Anstöße zur Ersetzung möglicherweise in bzw. aus anderer Richtung verliefen. Gerade vor dem Hintergrund des synkretistischen Charakters des frühen germanischen Christentums erscheint es mir sehr viel wahrscheinlicher, dass zunächst die volkstümliche Bildung ‚Sonnabend' den als heidnisch-anstößig empfundenen ‚Saturnestag' ersetzte, bis gelehrte kirchliche Kreise mit dem ‚Samstag' (ursprünglich natürlich Sabbattag!) eine quasi bibelgerechte Benennung durchzusetzen suchten, was allerdings nicht flächendeckend gelang, wie der Lautwandel zeigt aber durchaus nicht völlig ‚unvolkstümlich' gewesen sein kann. Denkbar wäre auch, dass beide Bezeichnungen etwa gleichalt sind. Aus all dem geht hervor, dass die Wochentagsbenennungen offenkundig recht konservative Tendenzen aufwiesen; heidnisches und synkretistisches Namenmaterial konnte sich bis in unsere Tage halten!

Jenseits dieser Wertungen bleibt die bemerkenswerte Tatsache, dass die Wochentagsbezeichnungen zu einem überwiegenden Teil altheidnische Bezeichnungen tragen, die sie offenkundig bereits in der Zeit vor der – zumindest weitgehenden – Christianisierung sowohl des Imperium Romanum als auch des germanischen Bereichs erhalten haben müssen, wenigstens teilweise scheint ihr

Ursprung in den vorderasiatisch-ägyptischen Bereich zu verweisen.[27] In Hinblick auf dieses Phänomen soll zunächst Hans Eggers zu Wort kommen, der zu Recht die Übernahme spätestens für das vierte Jahrhundert, ihren Beginn jedoch bereits im zweiten Jahrhundert sieht:

> Es gibt kaum eine Gruppe von Bezeichnungen, in denen eine so hochaltertümliche Vorstellungswelt bis heute erkennbar geblieben ist wie in einem Teil unserer Bezeichnungen der Wochentage. Macht man es sich auch nur selten klar, so sind doch in den Bezeichnungen Donnerstag, Freitag und weniger deutlich in Dienstag altheidnische germanische Götternamen bewahrt geblieben. Diese Namen der Wochentage haben eine lange Vorgeschichte. Im alten vorchristlichen Orient war die Einteilung des Jahres in Wochen und die der Woche in sieben Tage entstanden, und schon seit alters war jeder Tag einem Gott geweiht. Bei den Babyloniern genossen die sieben Planeten der altorientalischen Astronomie und Astrologie, zu denen auch Sonne und Mond gerechnet wurden, göttliche Verehrung, und die Babylonier scheinen es gewesen zu sein, die zuerst die sieben Wochentage den Planeten zuordneten. Auf verschiedenen Wegen gelangte die siebentägige Woche in das Abendland. (...) Dabei wurden die orientalischen Namen gegen einheimische ausgetauscht. (Eggers 1986: 136)

Eine gewisse Ergänzung scheint mir, wie weiter unten noch ausgeführt, in Bezug auf die Bezeichnungen Sonntag bzw. Montag unabdingbar; auch hier scheint es mir notwendig, eine germanische Vergöttlichung der beiden Gestirne, wie sie bei Cäsar belegt ist (Cäsar 1972: 6, 21) als Voraussetzung anzunehmen (die Bezeichnung des Sater(nes)tages bzw. Sonnabends/Samstags wirft im Reigen der den Göttern geweihten Tage zunächst noch die meisten Probleme auf)! Es ist grundsätzlich kaum zu bezweifeln, dass auch im germanischen Bereich die Wochentagenamen als Theophore entstanden. Nach alledem erscheint es mir naheliegend, dass im Feld der Wochentagenamen nicht vollkommen fremde Systeme aufeinandertrafen, sondern, dass gewissermaßen von einer germanischen Prädisposition ausgegangen werden kann, die sich jedoch nicht genau wird fassen lassen. Zumindest die auf die indogermanische Verwandtschaft zurückgehenden Gemeinsamkeiten der germanischen und römischen Religion werden eine entsprechende Entwicklung erleichtert haben.

Dabei werden natürlich sprachhistorische wie kulturgeschichtliche Entwicklungen fassbar oder diese sind zu extrapolieren. Wenn ‚Wörter und Sachen' ihren Weg von einer (Sprach-)Kultur in die andere finden sollen, ist zumindest vorauszusetzen, dass es die entsprechenden Unterschiede gibt, d. h. es gilt meines Erachtens zu hinterfragen, ob manches, was als Kulturtransfer erscheint, nicht womöglich gemeinsames sprachliches bzw. kulturelle Erbe darstellt (Speyer 2007: 13–18). Hinsichtlich der (indo)europäischen Sprachgeschichte bedeutete

---

27 So etwa Gundel (1936: 252).

das, dass Bezeichnungen für gleichartige Vorstellungsmuster gegebenenfalls aus voreinzelsprachlicher Zeit stammen könnten. Gleichwohl mögen sich die entsprechenden Vorgänge auch später vollzogen haben, als einzelsprachliche Differenzierungsvorgänge schon begonnen hatten. Im Kontext der ‚Altersbestimmung' der germanischen Sprachen sind gerade in der Forschung nach 1945 eher späte Datierungsansätze zur sprachlichen Ausgliederung diskutiert worden, die den in der früheren Forschung vertretenen Meinungen somit deutlich entgegenstehen. Deutlich gegen diese Entwicklung hat sich etwa Wolfgang Meid artikuliert, der eben auch im Sinne resp. im Kontext einer zur Sprachgeschichte analogen Argumentation der von mir oben angeführten ‚archäologisch-kulturgeschichtlichen' Tradition eines ‚germanischen Komplexes' ausführt:

> Die Geschichte des Germanischen als eines eigenständigen sprachlichen Verbandes ist mindestens um 1000 Jahre älter als seine früheste Bezeugung in literarischen Denkmälern. Zu Beginn seiner sprachlichen Eigenständigkeit war das Germanische noch ein gut indogermanisches Idiom. Auch die Lautverschiebung hat zunächst keine besondere Differenzierung verursacht, ebenso wenig wie die lautlichen Veränderungen der benachbarten Idiome. Den Sprechern spätindogermanischer Idiome mußten die sich ausbildenden Lautveränderungen zunächst als allophonische Variationen ihres eigenen Standards oder der zugrunde liegenden älteren gemeinsprachlichen Norm erscheinen, und im sprachlichen Verkehr miteinander vermochten sie diese Abweichungen für sich zu korrigieren, wenn es ein bekanntes Vokabular betraf oder wenn das Wort etymologisch durchsichtig war. Es kann dann Sprachgut die Dialektgrenzen passieren und rezipiert werden, ohne dass es in der Folge als Fremdelement erkannt werden kann. (Meid 2012: 319)

Dieser Hinweis mag zunächst belanglos erscheinen, kann aber meines Erachtens durchaus ein Indiz dafür liefern, warum eine bestimmte Variante der ‚Vor-Sonntag-Bezeichnung' – und zwar eben die älteste – eine vergleichsweise archaische Struktur erkennen lässt. Und es mag gerade diese Form neben den oben diskutierten Gründen zur Ersetzung herausgefordert haben, weil sie als grundsätzlich nicht mehr zeitgemäß empfunden wurde.

3 Fazit

Sprache dient der Vermittlung von Ideen und Inhalten. Unter diesem Gesichtspunkt – Kommunikation muss sinnvoll und sinntransportierend sein – lassen sich etwa auch die Wochentagebezeichnungen nicht nur exakt etymologisch herleiten und damit in einen insgesamt gesehen durchaus abgesicherten Rahmen stellen. Aber es scheint so, daher der Umweg über das Kinderbuch, als würden auch Etymologisierungen sich immer wieder neu erfinden bzw. neu erfunden werden. Immerwährende Veränderungen in der historischen wie kulturellen Entwicklung schlagen sich – und das ist letztlich der Kern von Pragmatik – in der Veränderung von Sprache nieder. In diesen – zunächst äußeren – Bereich gehören die sprach- und mentalitätsgeschichtlichen Beeinflussungen, denen Germanen und germanische Sprache im Kontext der Konfrontation bzw. Begegnung mit dem Imperium Romanum ausgesetzt waren. Komplexer und letztlich nicht so eindeutig auszudeuten erscheinen hingegen innere Befindlichkeiten – oder ‚Mentalitäten', wie es in jüngerer Zeit formuliert wird – und auch deren Bezeichnungen und Beziehungen. Die Eindeutigkeit der Zuordnung von Tagen zu ‚ihren' Göttern ging schon mit der Christianisierung verloren, so dass – wenngleich zunächst wohl kaum ausgefüllt – Leerräume der Interpretation entstehen konnten.

Und darum aber leuchtet das Erklärungsmodell ‚Sams' zumindest auf den ersten Blick so unmittelbar ein: Unter der Hand werden auf anschaulich-pragmatische Weise Kindern, aber auch jugendlichen oder erwachsenen Lesern Erklärungen für die Namen der Wochentage geliefert, die vermutlich allgemein oder zumindest auf einen ersten Blick auch auf Akzeptanz stoßen werden; eine Ausnahme ist in dieser Reihung wohl lediglich der Montag, da ein ansonsten offenbar unauffälliger Zeitgenosse kaum zum Namenspatron eines Wochentages werden dürfte.[28] Gleichwohl fällt auf, und das macht sicherlich auch die in dem Kinderbuch en passant gelieferten Erklärungen so gut nachvollziehbar, dass die Namen der entsprechenden Tage sich – mit Ausnahme des Samstages eben, der ja nach dem Wunderwesen Sams benannt zu sein scheint – ‚natürlichen' Ursprungs sind, d. h. sich auf Naturphänomene oder in der profanen Welt vorkommende Ereignisse wie etwa die Freizeit bezieht.

Die Entwicklung der Handlung ist so glatt, dass kaum zu bezweifeln sein dürfte, dass Paul Maar das Misstrauen der Erwachsenen einkalkuliert, und damit eine Kindern nicht zugängliche Interpretationsebene geschaffen hat: Wir wissen oder haben zumindest eine vage Vorstellung davon, dass es anders als dargestellt ist, denn die Bezeichnungen unserer Wochentage haben eine längere und andere Geschichte, die bis zu den Sprachkontakten in der Spätantike zurückreicht. Und natürlich soll sich der vorliegende Text mit den entsprechenden (sprach-) geschichtlichen Entwicklungen auseinandersetzen.

Die Bezeichnungen der Wochentage im Deutschen sind ein Erbe aus einer um die 2000 Jahre zurückliegenden heidnisch-römisch geprägten Vergangenheit. Bereits mit der Durchsetzung des Christentums waren zunächst Verdrängungspro-

---

[28] Allerdings ist auch hier mit jener Spielerei auf mehreren Ebenen zu rechnen, und möglicherweise mutet Paul Maar seinem – dann allerdings erwachsenen – Publikum zu, ‚Mon' als Pseudonym des unter seinem bürgerlichen Namen Franz Löffelholz wohl weniger bekannten Schriftstellers und Träger etwa der Goethe-Plakette der Stadt Frankfurt aufzulösen.

zesse in Gang gekommen, die – mit Ausnahmen wie etwa auch dem Mittwoch – allerdings weitgehend erfolglos blieben. Das hatte sicherlich mit der synkretistisch geprägten Welt dieser Umbruchszeit zu tun, sie waren aber auch – das ist dann der erfolgreiche Aspekt dieser religiösen Veränderungen – durch das Vergessen der alten Gottheiten bedingt, so dass von einer theophoren Benennung letztlich keine ‚Gefahr' mehr ausgehen konnte. Auch das gehört in den Bereich der Sprachlebendigkeit.

‚Lebendige' Sprachen sind, das ist ebenso trivial wie zutreffend, einem steten, mitunter allerdings nicht unbedingt schnellem Wandel unterworfen, der auch nicht immer von Verdrängung und Verlust geprägt ist: Worte verändern sich bzw. die Art, wie sie wahrgenommen werden und damit letztlich auch ihre – zumindest auf ihre Wertung bezogene – Bedeutung .

Gerade das Feld der Wochentagenamen zeigt einerseits auf, wie langlebig Benennungen sein können, andererseits wie sie trotz dieser Langlebigkeit auch ihre Bedeutung verlieren bzw. nicht mehr ihren ursprünglichen Motiven und Konnotationen gemäß erkennbar sind. Dass ich mich hier gleichwohl ausgerechnet auf den Wochentag bezogen habe, von dem es im deutschen Sprachraum drei mehr oder minder verbreitete Varietäten gibt, ist natürlich primär der Faszination des zugrundeliegenden Phänomens von Beharrung und Verdrängung, dann aber eben auch dem eingangs zitierten Kinderbuch geschuldet, das ja auf charmante Art und Weise mit der modernen (Um-)Deutung der Tagebezeichnungen spielt.

Um es noch einmal zu sagen: Die heute noch (er)fassbare Benennung der Wochentage reicht also zumindest bis ins erste Jahrhundert zurück, ist aber vielleicht auch älter. Dabei ist der Vor-Sonntag, um den es hier primär ging, wegen der erkennbaren Schichtung, die sprachliche wie gesellschaftliche Prozesse erkennen lässt, besonders interessant. Die Spanne reicht von der Widmung an eine schwer fassbare, womöglich spätindogermanisch-alteuropäische Gottheit bis zur Bibelkonformität der gegenwärtig in der Bundesrepublik häufigsten Bezeichnung des Samstags, der sich auf den jüdischen ‚Sabbattag' bezieht. Die Vorgänge und etymologischen Fakten hierfür sind unumstößlich, auch wenn gerade die älteste Bezeichnung meiner Ansicht nach durchaus noch Fragen aufwirft.

Diese definitiv nicht sonderlich buntschillernden Faktoren und Vorgänge werden selbstverständlich vor den Augen derjenigen, die genau wissen, wie bzw. warum Wochentage in der gegenwärtig bekannten Form benannt wurden, keine Gnade finden können: Der Donnerstag hat zwar noch mit dem Phänomen des Donnerns zu tun, aber ebensowenig eine Anbindung an germanische Gottheiten, wie das auch für den Freitag der Fall sein sollte, und im Fall des Vor-Sonntag finden dann eben weder der *Sater(nes)tag noch der Sonnabend Berücksichtigung, es gibt nur den Samstag – und der ist bekanntlich nach einem koboldartigen Wesen benannt, dessen zahlreiche Sommersprossen dafür gut sind, die verschiedensten Wünsche zu erfüllen. Eine vielleicht gar nicht so unattraktive Vorstellung übrigens.

Bibliographie

Adamzik, Kirsten (^{3}2012): *Sprache: Wege zum Verstehen*. Tübingen, Basel: Francke.
Baatz, Dietwulf (^{2}1989): Das Leben im Grenzland des Römerreiches. In Dietwulf Baatz & Fritz-Rudolf Herrmann (Hrsg.), *Die Römer in Hessen*, 84–156. Stuttgart: Konrad Theiss.
Bach, Adolf (^{6}1965): *Geschichte der deutschen Sprache*. Heidelberg: Winter.
Bergmann, Rolf, Peter Pauly & Claudine Moulin-Fankhänel (^{9}1999): *Alt- und Mittelhochdeutsch*. Göttingen: Vandenhoeck & Ruprecht.
Bickerton, Derek (2004): Der Faktor X – Über den Entstehungszusammenhang von Sprache und Denken. In Ludwig Jäger & Erika Linz (Hrsg.), *Medialität und Mentalität*, 111–130. München: Wilhelm Fink.
Birkhan, Helmut (1970): *Germanen und Kelten bis zum Ausgang der Römerzeit. Der Aussagewert von Wörtern und Sachen für die frühesten keltisch-germanischen Kulturbeziehungen*. Wien, Köln, Graz: Hermann Böhlau Nachf.
Cäsar, Gaius Julius (1972): *Der Gallische Krieg*, (übers. Curt Woyte) Stuttgart: Reclam.
Eggers, Hans (1986): *Deutsche Sprachgeschichte* Bd.1 (Das Althochdeutsche und das Mittelhochdeutsche). Reinbek: Rowohlt.
Ernst, Peter (2012): *Deutsche Sprachgeschichte*. Wien: Facultas Verlags- und Buchhandels AG.
Fleischer, Wolfgang & Irmhild Barz (^{4}2012): *Wortbildung der deutschen Gegenwartssprache*. Berlin, Boston: De Gruyter.
Frings, Theodor (1948): *Grundlegung einer Geschichte der deutschen Sprache (I)*. Halle: Niemeyer.
Füllgrabe, Jörg (2003): *Die Christianisierung der westgermanischen Stämme und Stammessprachen*. Hamm: Roseni.
Füllgrabe, Jörg (2014): Ein Beispiel für einen interkulturellen ‚switch-over' in früher Zeit – Die Prägung germanischer Wochentagenamen. In Ewa Zebrowska, Mariola Jaworska & Dirk Steinhoff (Hrsg.), *Materialität und Medialität der sprachlichen Kommunikation*, 135–146. Frankfurt, New York: Peter Lang.
Grimm, Jacob (1968): *Deutsche Mythologie* (Nachdruck der vierten Auflage, eingeleitet von Leopold Kretzenbacher). Graz: Akademische Druck- und Verlagsanstalt.
Gundel, Wilhelm (1936): *Dekane und Dekansternbilder*. Glückstadt, Hamburg: Augustin.
Hermann, Fritz (2011): Sprachkritik und Mentalität. In Jürgen Schiewe (Hrsg.), *Sprachkritik und Sprachkultur*, 21–34. Bremen: Hempen.
Jäger, Agnes & Katharina Böhnert (2018): *Sprachgeschichte*. Tübingen: Narr Francke Attempto.
Kuhn, Hans (1962): Das Zeugnis der Namen. In Rolf Hachmann, Georg Kossack & Hans Kuhn (Hrsg.), *Völker zwischen Germanen und Kelten*, 105–128. Neumünster: Wachholtz.
Kuhn, Hans (1972): Völker zwischen Germanen und Kelten. Das Zeugnis der Namen. In Dietrich Hofmann (Hrsg.), *Hans Kuhn: Kleine Schriften III. Aufsätze und Rezensionen*, 202–232. Berlin, New York: De Gruyter.
Latte, Kurt (^{2}1976): *Römische Religionsgeschichte*. München: Beck.

Laur, Wolfgang (2004): Die Herkunft des Germanischen im Spiegel der Orts- und Gewässernamen. In Astrid van Nal, Lennart Elmevik & Stefan Brink (Hrsg.), *Namenwelten. Orts- und Personennamen in historischer Sicht*, 201–212 Berlin, New York: De Gruyter.
Lurker, Manfred (1984): *Lexikon der Götter und Dämonen*. Stuttgart: Kröner.
Maar, Paul (1973): *Eine Woche voller Samstage*. Hamburg: Friedrich Oetinger.
Meid, Wolfgang (1986): Hans Kuhns „Nordwestblock"-Hypothese. Zur Problematik der „Völker zwischen Germanen und Kelten". In Heinrich Beck (Hrsg.), *Germanenprobleme in heutiger Sicht*, 183–212. Berlin, New York: De Gruyter.
Meid, Wolfgang (2012): Bemerkungen zum indogermanischen Wortschatz des Germanischen. In Wolfgang Meid (Hrsg.), *Ausgewählte Schriften zum Indogermanischen, Keltischen und Germanischen*, 309–322. Innsbruck: Institut für Sprachen und Literatur der Universität Innsbruck.
Meineke, Eckhardt & Judith Schwerdt (2001): *Einführung in das Althochdeutsche*. Paderborn: Schöningh.
Meyer, Richard M. (1910): *Altgermanische Religionsgeschichte*. Leipzig: Teubner.
Moser, Hugo (^{6}1969): *Deutsche Sprachgeschichte*. Tübingen: Narr.
Nübling, Damaris, Fabian Fahlbusch & Rita Heuser (2012): *Namen. Eine Einführung in die Onomastik*. Tübingen: Narr.
Schwarz, Monika & Jeannette Chur (^{5}2007): *Semantik*. Tübingen: Narr.
Speyer, Augustin (2007): *Germanische Sprachen*. Göttingen: Vandenhoeck & Ruprecht.
Speyer, Augustin (2010): *Deutsche Sprachgeschichte*. Göttingen: Vandenhoeck & Ruprecht.
Tacitus, Publius Cornelius (2005): *Germania*. Herausgegeben von Manfred Fuhrmann. Stuttgart: Reclam.
Timpe, Dieter (1992): Tacitus' Germania als religionsgeschichtliche Quelle. In Heinrich Beck, Detlev Ellmers & Kurt Schier (Hrsg.), *Germanische Religionsgeschichte – Quellen und Quellenprobleme* (Ergänzungsband 5 zum Reallexikon der Germanischen Altertumskunde 5), 448–477. Berlin, New York: De Gruyter.
Udolph, Jürgen (1994): *Namenkundliche Studien zum Germanenproblem*. Berlin: De Gruyter.
Vulpius, Christian August (1987): *Handbuch der Mythologie der deutschen, verwandten, benachbarten und nordischen Völker* (Nachdruck der Ausgabe Leipzig: Lauffer 1826). Wiesbaden Fourier.
Wenskus, Reinhard (1994): Religion abârtardie – Materialien zum Synkretismus in der vorchristlichen politischen Theologie der Franken. In Hagen Keller & Nikolaus Staubach (Hrsg.), *Iconologia Sacra, Mythos, Bildkunst und Dichtung in der Religions- und Sozialgeschichte Alteuropas* (Festschrift für Karl Hauck zum 75. Geburtstag), 179–248. Berlin, New York: De Gruyter.
Wijk, Nicolaus van (1971): *Franck's Etymologisch Woordenboek der Nederlandsche Taal*, S'Gravenhage2: Nijhoff.

Brikena Kadzadej
Polysemie von *fjalë* ("Wort") in den Lexika der albanischen Sprache

Vorüberlegungen

In diesem Beitrag werde ich anhand der eher albanischen Wörterbücher den Versuch unternehmen, die Polysemie des Lexems *fjalë* ("Wort") im Albanischen zu beschreiben und zwar vor allem hinsichtlich der Frage, ob sich im Laufe der historischen, sozialen, politischen und wirtschaftlichen Veränderungen die Bedeutung dieses Wortes gewandelt hat.

Für die vorliegende Untersuchung werde ich nicht nur wissenschaftliche Grundlagenliteratur zu Rate ziehen, sondern mich auch auf drei albanische Wörterbücher stützen, die die Geschichte und Gegenwart der albanischen Lexikographie ausmachen, d. h. auf die Wörterbücher von Frang Bardhi (1635) und von Kostandin Kristoforidhi (1904) sowie auf das Wörterbuch der albanischen Gegenwartssprache von der Albanischen Akademie der Wissenschaften (1980), die auch die Grundlage für diese Untersuchung bilden.

1 Frang Bardhis *Dictionarium latino-epiroticum* (Rom 1635)

Frang Bardhi (1606–1643) stammte aus dem in der Zadrima-Ebene gelegenen Dorf Kallmet, unweit von Lezha (Albanien). Er studierte Theologie zunächst am Illyrischen Seminar in Loreto bei Ancona, wo er auf die Idee eines Wörterbuches kam. Danach besuchte er die *Propoganda Fide* in Rom. Hier fing er an, sich mit den Wörtern und Ausdrücken der albanischen Sprache auseinanderzusetzen und sie aufzulisten (Bihiku 1980: 14).

1636 wurde er zum Bischof von Sapa und Sarda ernannt. Obwohl er – religiös geprägt – dem kirchlichen Weg gefolgt war, versuchte er sich für Albanien und die Albaner einzusetzen, die unter der türkischen Herrschaft litten. Bardhi hielt wenig von fremdsprachigen Missionaren in der Pfarrseelsorge. Er zielte hingegen sehr darauf, genügend albanische Priesteramtskandidaten auszubilden (Elsie 2005: 25).

Über sein kirchliches Wirken hinaus ist Bardhi daher als eine bedeutende Persönlichkeit der albanischen Kultur- und Sprachgeschichte zu betrachten.

Frang Bardhi ist vor allem für sein lateinisch-albanisches Wörterbuch *Dictionarium latino-epiroticum* bekannt, das er 1635 in Rom drucken ließ (womit ich mich im Folgenden ausführlicher auseinandersetzen werde) und auch für die Skanderbeg-Apologie (*Georgius Castriottus Epirensis vulgo Scanderbegh, Epirotarum Princeps fortissimus ac invictissimus suis et Patriae restitutus*), die 1636 in Venedig erschien. Die Apologie über Skanderbeg war eine Gegenreaktion auf eine 1631 erschienene Schrift des bosnischen Klerikers Tomko Mrnavić, der – wie ich bereits oben erwähnt habe – Skanderbeg als slawischen Fürsten bezeichnet hatte. Hierbei setzt sich Bardhi mit den Vertretern der albanischen Abstammung des Fürsten von Kruja, Skanderbeg, auseinander und versucht dadurch (wie die meisten Autoren dieser Literaturepoche) das Bewusstsein seiner Landsleute zu wecken, damit sie genauso erfolgreich gegen die Türken kämpfen konnten wie sie es unter der Führung Skanderbegs getan hatten (Elsie 2005: 27).

Durch diese zwei Werke gilt Frang Bardhi nicht mehr als Vertreter der religiösen Literaturepoche, sondern auch als Vorgänger des Humanismus. Frang Bardhi leistete durch seine Werke einen sehr bedeutenden Beitrag sowohl bezüglich der Auskünfte über die Lebensweise der bäuerlichen Bevölkerung, als auch über die Einwohner und deren Religionszugehörigkeit, die heute als Grundlage für geographische und ethnographische Untersuchungen über die damalige Zeit gelten.

Durch das *Dictionarium latino-epiroticum* gilt Frang Bardhi als der erste albanische Lexikograph überhaupt und weist mit diesem Werk auf den Entwicklungsstand der albanischen Sprache im 17. Jahrhundert hin.

Wie oben erwähnt wurde, beschäftigte er sich erst bei den Räumen der *de Propoganda Fide* in Rom hauptsächlich mit den albanischen Entsprechungen lateinischer Wörter. Frang Bardhi fängt sein Wörterbuch mit einer Widmung an die Albaner an und erläutert dann das Ziel, warum er es verfasst hat. So schreibt Bardhi:

> Ve paffune dite e perdite (te dafcunite e mij, mbaffi hina nde College) cuituem me ghifc zoppe libre chefce me ndimuem mbe gna ane ghiuhene tane ghi po bdarete, e po bastatardhohet saa maa pare te vé; e maa fort me ndimuem gith e atyne ghi iane ndurdhenite tine zot, e Scintesse Kisce Cattoliche, e sdijne ghiuhene Latine [...] (Bardhi 1635: 12–13)[1]

---

[1] Eigene Übers.: „Seitdem ich im Collegium bin, denke ich jeden Tag einerseits an ein Buch über die albanische Sprache, die sich ja verdirbt und andererseits an die allen jenen, die im Dienst Gottes und der heiligen katholischen Kirche stehen und kein Latein können..."

Dieses Wörterbuch sollte dem jungen albanischen Theologen bei der Ausübung seiner Mission als katholischer Kirchenvertreter helfen. Es enthält über 5600 lateinische Einträge und fast die Hälfte von ihnen (2500) verfügen über albanische, d. i. gegische Entsprechungen.[2] Im Anhang des Wörterbuches kommen einige Listen mit albanischen Personen- und Ortsnamen, kurze Dialoge als Anwendungsbeispiele und über 100 albanische Sprichwörter vor.

Bedingt durch den Umgang mit diesen Fremdsprachen im albanischen Gebiet tritt in diesem Wörterbuch neben dem albanischen Wort auch dessen italienische oder türkische Entsprechung auf. Laut Bardhis Wörterbuch steht dem lateinischen Wort die albanische Entsprechung gegenüber, z. B.:

- Verbosè – me ſcume fiale, *heute*: me shumë fjalë ‚mit vielen Wörtern' (Bardhi 1635: 181, 10),
- Verbofus – plot me fiale, *heute*: plot me fjalë ‚voll von Wörtern' (Bardhi 1635: 181, 11),
- Verbum – fiale, *heute*: fjalë ‚Wort' (Bardhi 1635: 181, 12),
- Obloquor – me raam nde fialete, *heute*: me rām ndë fialëtë, me u dakortësuar ‚sich auf etwas einigen' (Bardhi 1635: 72; 22),
- Permanere – me mbetune mbe fialet ‚das Wort halten' (Bardhi 1635: 92, 12),
- Perorare – me mberſcele fialete, *heute*: me mbërshelë fialëtë ‚viel reden' (Bardhi 1635: 93, 7),
- Obrogare – me thyem fialene, *heute*: Me thyer fjalën ‚das Wort nicht halten' (Bardhi 1635: 73, 11),

Im Kapitel VIII (über die albanischen Sprichwörter und Redewendungen) finden wir Ausdrücke, in denen das Wort mit seinen entsprechenden Bedeutungen vorkommt, wie z. B.:

- Loquendo verba labor crefcunt – Tue fole fialete e fediga rittene, *heute*: Tue folë fialëtë e fëdiga ritenë, Sa më shumë keq të flasësh, e keqja rritet ‚Je mehr man Böses sagt, desto mehr nimmt das Böse zu' (209, 11),
- Le parole sono femine, i fatti sono maschi – Fialette iane graa, maa te bamette burra, *heute*: Fialëtë janë gra, ma të bametë burra ‚die Wörter sind weiblich, die Taten jedoch männlich' (209, 16),
- Quilibet de sua, non de aliorum professione loqui debet – Gna nierij ghi kaa scume fiale gna i e mund, *heute*: Nja njeri gji kā shumë fialë, nja i shurdhënë e mund ‚Eine taube Person siegt über eine vielredende Person' (209, 20).

---

[2] Die albanische Sprache verfügt über zwei Mundarten: das Gegische und das Toskische. Als Grenze für diese Einteilung gilt der Fluss Shkumbini. In den Gebieten nördlich des Flusses wird gegisch gesprochen und südlich des Flusses toskisch.

2 Kostandin Kristoforidhis *Lexikon tis alvanikis glossis* (Athen 1904)

Nach mehr als zwei Jahrhunderten voller Bemühungen von Vertretern der Renaissance für die albanische Sprache stellte Kostandin Kristoforidhi (1827 – 1895) das albanisch-griechische Wörterbuch *Lexikon tis alvanikis glossis* zusammen. Kostandin Kristoforidhi war ein albanischer Sprachforscher und Übersetzer. Neben der Übersetzungstätigkeit widmete sich Kristoforidhi zwei sehr wichtigen Bereichen der albanischen Kultur und Sprache. Deshalb wird er als Vater der albanischen Sprache bezeichnet (Elsie 1997: 98).

So veröffentlichte er im Jahre 1867 eine Fibel auf Gegisch (d. i., in dem albanischen Norddialekt) und ein Jahr später die gleiche auch auf Toskisch (d. i., in dem albanischen Süddialekt). Gemeinsam mit anderen Gelehrten leistete er einen großen Beitrag zu dem aktuellen Alphabet des Albanischen, das bis zu dieser Zeit nicht existierte. Kristoforidhis Übersetzungen haben entscheidend zur Bildung einer albanischen Literatursprache beigetragen (Elsie 1997: 99).

Von besonderer Bedeutung ist Kristoforidhis albanisch-griechisches Wörterbuch *Lexikon tis alvanikis glossis* mit 11.675 Wörtern aus dem Jahre 1904, post mortem gedruckt in Athen. Dieses Wörterbuch war von so großer Bedeutung für die albanische Sprache, dass es im Jahr 1961 in Tirana wieder aufgelegt wurde und seitdem als wichtigste Grundlage für zahlreiche weitere Wörterbücher gilt. Der bedeutende albanische Sprachwissenschaftler Aleksandër Xhuvani schreibt darüber:

> …âsht i pari Fjalor i shqipes i punuem me kriter e me kujdes dhe i krahasuem me dy fjalorët e mëparshëm, me ate të Frangut të Bardhë latinisht shqip (Dictionarium Latino-Epiroticum), të botuem më 1935, dhe me ate të Rossit, shqip-italisht e italisht-shqip (Vocabolario della lingua epirotico-italiano e italiano-epirotico), të botuem më 1875, del shumë mâ i naltë e mâ i plotë. (Kristoforidhi 1961, 5)[3]

Dieses zweisprachige albanisch-griechische Wörterbuch von Kristoforidhi wurde aus Mangel an einem albanischen Alphabet – wie auch seine anderen im Toskischen verfassten und veröffentlichten Werke – mit griechischen Buchstaben verfasst.

---

[3] Es ist das erste albanische Wörterbuch, das auf linguistischen Kriterien basiert und woran der Autor auch sorgfältig gearbeitet hat. Es ist vollständiger und besser als die zwei eher erschienenen Wörterbücher, das lateinisch-albanische Wörterbuch *Dictionarium Latino-Epiroticum* von Frang Bardhi 1935 und das albanisch-italienische und italienisch-albanische Wörterbuch *Vocabolario epirotico-italiano e italiano-epirotico* von Rossi aus dem Jahre 1875.

Der Hauptgrund, weshalb er das zweisprachige Wörterbuch verfasst hat, hängt mit der Tatsache zusammen, dass er dadurch den Albanern das Albanische beibringen wollte. Als Vertreter der *Rilindja Kombëtare Shqipëtare*, der albanischen Nationalrenaissance, wollte er die Albaner auf die albanische Sprache als identitätsstiftendes Merkmal einer Nation aufmerksam machen. Grund- und Redewendungsbedeutungen von ‚Fjalë' nach Kristoforidhis zweisprachigem Lexikon (Kristoforidhi 1961, 104) sind z. B. folgende Lexeme bzw. Sätze:

- Fjalë-a – ‚(das) Wort', Pl. fjalë-të ‚Wörter',
- fjal' e vjetërë – ‚altes Wort',
- fjal' e randë – ‚beunruhigende Wörter',
- më foli fjalë të rënda – ‚er hat beleidigende Wörter verwendet',
- fjalë për fjalë – ‚Wort für Wort',
- mbaj fjalënë, a ruaj fjalënë – ‚das Wort halten',
- jam me një fjalë me atë – ‚ich bin mit jemandem einverstanden',
- bënj fjalë – ‚sich mit jemandem streiten',
- nxjerr a hap fjalë – ‚Wörter über jemanden verbreiten (Gerüchte verbreiten)',
- u hap fjala, duel fjala – ‚das Wort hat sich verbreitet',
- pa fjalë – ‚ruhig', ‚still', ‚kein Wort',
- âshtë pa fjalë – ‚ruhig', ‚halte still', ‚sag kein Wort/Ton',
- kyj vent është me fjalë – ‚in diesem Ort setzten sich die Leute mit Gerüchten (durch)',
- më duelnë fjalë – ; jemand hält nicht das Wort',
- ap fjalë — ‚das Wort geben',
- asnjeri s'mund t'i api fjalë ati – ‚niemand redet mit ihm',
- lâ fjalë – ‚jemandem Bescheid sagen',
- lâ fjalë me gojë a një fjalë goje – ; jemanden mündlich etwas wissen lassen',
- lâ fjalë të shkruarë – ‚jemand hat etwas Schriftliches hinterlassen',
- i këpus fjalënë – ‚jemanden unterbrechen',
- mos ma këput fjalënë – ‚jemandem nicht ins Wort fallen',
- i shkon fjala – ‚jemand, der Einfluss auf die anderen hat',
- nuk i shkon fjala – ‚keine Macht haben',
- qysh e latë fjalënë? – ‚Wie haben Sie sich darauf geeinigt'?
- Fjalëtoj – ‚sich unterhalten'. (Kristoforidhi 1961, 104)

3 *Fjalori i Gjuhës së Sotme Shqipe* (1980)

Nach vielen wichtigen politischen, wirtschaftlichen und gesellschaftlichen Entwicklungen, sowohl in Albanien als auch in der ganzen Welt, regierte in Albanien nach dem Zweiten Weltkrieg der Sozialismus. Während dieser Zeit wurde auf alle Bereiche des Lebens und besonders auf Bildung und Wissenschaft großer Wert gelegt.

Eben aus diesen Gründen wurde das Wörterbuch der albanischen Gegenwartssprache (*Fjalori i Gjuhës së Sotme Shqipe*, 1980) von der Akademie der Wissenschaften veröffentlicht, das noch heute – trotz zahlreicher Versuche, ein weiteres Wörterbuch zu verfassen – als das beste Wörterbuch der albanischen Standardsprache gilt. Auch die später veröffentlichten Wörterbücher beziehen sich auf dieses Wörterbuch und es erlebt immer noch Auflagen.

Im Jahre 1972 hatte der Rechtschreibkongress stattgefunden, der die Norm für die albanische Standardsprache festlegte, so dass im Jahre 1980, darauf basierend, das erste Wörterbuch für die albanische Standardsprache erscheinen konnte.

Hier kommt die erste Definition von *fjalë* in sprachwissenschaftlichen Kontexten vor. Sie wird nach sprachwissenschaftlichen Kriterien definiert und durch Wortgruppenbeispiele belegt. Aus dem Akademie-Wörterbuch (hrsg. von der Akademia e Shkencave të RPSSH, *Fjalori i Gjuhës së sotme shqipe*, 479) können also folgende Belege aufgeführt werden:

1. Sprachwissenschaftlich definierbare Belege:
   - Fjalë shqipe – ‚albanisches Wort',
   - Fjalë e huaj – ‚Fremdwort (huazuar-Lehnwort)',
   - Fjalë e re (e rrallë, krahinore, e vjetëruar) – ‚Neues Wort' (; seltenes Wort', aus einer Region stammendes Wort', ‚veraltetes Wort'),
   - Fjalë ndërkombëtare, ndërkombëtarizëm – ‚Internationales Wort', ‚Internationalismus',
   - Fjalë librore (diturore) – ‚ausgewähltes Wort' (‚wissenschaftliches Wort'),
   - Fjalë e parme (e prejardhur, e përngjitur) – ‚Einfache (abgeleitete und zusammengesetzte) Wörter',
   - Fjalë shënuese (emërtuese, ndihmëse) – ‚Funktionswörter' (; Benennungs-, Hilfswörter'),
   - Fjalë e ndërmjetme – ‚Zwischenwort',
   - Fjalë e ndryshueshme (e pandryshueshme, e palakueshme) – ‚Verändertes Wort' (‚unveränderbares bzw. undeklinierbares Wort'),
   - Fjalë me shumë kuptime — ‚Wörter mit vielen Bedeutungen',
   - Kuptimi i fjalës – ‚Wortbedeutung',
   - Trajta e fjalës – ‚Wortbestimmung',
   - Theksi i fjalës – ‚Wortakzent',
   - Përdorimi i fjalës – ‚Wortverwendung',
   - Formimi i fjalëve – ‚Wortbildung',
   - Prejardhja e fjalës – ‚Ursprung des Wortes',

- Çerdhe fjalësh – ‚Wortfamilie',
- Rendi i fjalëve në fjali – ‚Stellung der Wörter im Satz',
- Mbledhja e fjalëve – ‚Wörter sammeln',
- I ha fjalët i shqipton fjalët në mënyrë jo të plotë – ‚Die Wörter nicht deutlich aussprechen'.
2. Ndaj fjalën në rrokje – ‚Das Wort in Silben zerlegen'.
3. Semantische Bedeutungspräzisierung und/oder Redewendungen:
    - Diçka që i thuhet një tjetri – ‚Es wird jemandem etwas gesagt'
    - Thënie – ‚Äußerung',
    - Pohim – ‚Bejahung',
    - Bisedë – ‚Gespräch',
    - Fjalë të ngrohta (të ëmbla, të buta, përkëdhelëse) – ‚Warme (süße, weiche) Wörter' und ‚Kosewörter'),
    - Fjalë të ashpra (të rënda, fyese, të ndryra, poshtëruese) – ‚Harte (beleidigende, anstößige, entwürdigende) Wörter'.
    - Fjalë mashtruese (joshëse) – ‚Betrügerische (anlockende) Wörter'.
    - Fjala e mësuesit – ‚das Wort des Lehrers',
    - Fjalë pas fjale – ‚Ein Wort nach dem anderen',
    - Fjalë me vend – ‚vernünftiges Wort',
    - Thuaj një fjalë! – ‚Sag ein Wort'!
    - Jemi në një fjalë me atë – ‚Wir sind einig',
    - Bëj (shkëmbej) fjalë, bisedoj – ‚Wörter austauschen', ‚sich unterhalten'.
    - Fjala nxjerr (sjell, pjell) fjalën gjatë bisedës dalin gjëra gjëra të reja, duke biseduar për diçka tjetër – ‚In einem Gespräch von einem entsteht ein neues Wort und so erfolgen dadurch neue Meinungen',
    - Fjala është më e rëndë se plumbi – ‚Das Wort tötet, es hat die Gewalt von Kugeln',
    - Zihej (grindej, hahej) me fjalë – ‚Mit Worten streiten' (‚fetzen'),
    - I ktheu fjalë – ‚Das Wort nicht halten',
    - S'tha as gjysmë fjale s'foli fare – ‚Kein einziges Wort sagen',
    - E mori fjalën prapa – ‚Keine Antwort erhalten' (‚nicht antworten'),
    - S'e kthen fjalën (mbrapsht) – ‚jemadem nicht widersprechen'.
4. Redewendungen:
    - Këshillë a porosi që i jepet dikujt: udhëzim, urdhër, vendim – ‚Einen Rat (einen Auftrag, eine Anweisung, einen Befehl), den/die man jemandem erteilt',
    - Fjala e Partisë – ‚Das Wort der Partei',
    - I shkon (i ecën, I zë vend, I ngjit) fjala e dëgjojnë të tjerët – ‚Sein Wort hat Gewicht', ‚es gehört dazu', ‚das Wort sitzt',

- I zbatojnë këshillat, udhëzimet a dëshirat e tij – ‚Den Ratschlägen (den Anweisungen und den Wünschen) einer Person nachgehen',
- Fjala e tij ishte ligj – ‚Sein Wort ist Gesetz',
- Ia dëgjojnë fjalën – ‚Man hört auf ihn',
- Nuk ia bën fjalën dy e zbaton menjëherë atë që i thotë dikush, i bindet menjëherë – ‚An dem Wort von jemandem nicht zweifeln, sondern seinen Worten Taten folgen lassen',
- Ia ktheu fjalën nuk u bind, e kundërshtoi – ; Jemandem wiedersprechen' (‚nicht gehorchen'),
- E çoi në vend fjalën e komandantit – ‚Das Wort des Kommandanten befolgen'.

5. Semantisch relevante Redewendungen zu Ehre und Anstand:
   - Premtim apo zotim për të bërë diçka – (*Versprechen*) ‚das versprechende Wort';
   - Fjala e nderit – ‚Ehrenwort';
   - Fjala dhe vepra – ‚Wörter und Taten';
   - Njeri i fjalës njeri që e mban zotimin – ‚Jemand, der das Wort hält';
   - Fjalë të mira e gurë në trastë (në torbë, thes) përdoret kur dikush bën të kundërtën e asaj që thotë – ‚Schöne Wörter, aber keine Taten folgen (lassern)'; .
   - E ka dhënë fjalën – ‚Jemand gibt das Wort';
   - E mban fjalën – ‚Jemand hält das Wort'.
   - E ktheu (e hëngri, e shkeli) fjalën – Das Wort brechen.

6. Redewendungen mit semantischer Punktualisierung:
   - Marrëveshje ndërmjet dy a më shumë njerëzve ose ndërmjet dy palëve – ‚Eine Absprache zwischen zwei oder mehreren Personen';
   - Besë – Vertrauen;
   - Fjalë trimash (burrash) – ‚Männerwort';
   - Prenë fjalën, caktuan ditën kur do të bëhej martesa a diçka tjetër – ‚Man einigt sich auf einen Termin, oder über eine Sache';

7. Redewendungen für die Kommunikation:
   - Bisedë që bëhet me një tjetër, diçka që thuhet a që tregohet; muhabet – ‚Gespräch', ‚Unterhaltung';
   - edhe në një varg njësish frazeologjike – ‚Es folgt eine Reihe von Phraseologismen (vor, nach)'.
   - Në fjalë e sipër duke folur, gjatë bisedës – ‚Im Laufe des Gesprächs', ‚bei der Unterhaltung';
   - Lërini fjalët! – ‚Schluss mit den Worten'! ‚Hört auf'!
   - Ngas fjalën nxis bisedën – ‚Ein Gespräch anregen'.

8. Volksweisheiten, volkstümliche Redewendungen:
   - Diçka e thënë që s'duhet të bisedohet me të tjerë; diçka që thuhet vesh më vesh nga njëri tek tjetri; thashetheme – ‚Etwas Gesagtes, das weiteren Personen nicht gesagt werden soll'; ‚etwas jemandem ins Ohr flüstern', ‚Gerüchte verbreiten';
   - U hap fjala – ‚Das Wort verbreiten';
   - I nxorrën fjalë – ‚Jemanden in Verruf bringen'.
9. Kommunikationsfähige Ausdrücke bzw. Bedeutungen:
   - Njoftim, lajm – ‚Mitteilung', ‚Nachricht';
   - Dërgoj (çoj) fjalë, lë fjalë, i bëj fjalë dikujt e njoftoj, e lajmëroj – ‚Jemandem über etwas Bescheid sagen', ‚jemandem etwas mitteilen';
   - Pruri fjalë – ‚Jemanden etwas wissen lassen'.
10. Auf Kommunikation hinweisende Bedeutung:
    - Fjalim a ligjëratë që mbahet para të tjerëve; pjesë nga ky fjalim – ‚Eine Rede halten';
    - E drejta për të folur, për të shfaqur mendimet para të tjerëve – ‚Das Recht sich zu äußern und die eigene Meinung zum Ausdruck zu bringen';
    - Fjala e hapjes (e mbylljes) – ‚Begrüßungsworte und Schlussworte', usw.
11. Erklärende, erläuternde Bedeutung:
    - Aftësia për të shprehur diçka me gojë ose me shkrim; të folurit; gjuha, ligjërimi – ‚Die Fähigkeit etwas schriftlich oder mündlich zum Ausdruck zu bringen'; ‚das Sprechen', ‚die Sprache', ‚die Rede';
    - Fjala artistike gjuha që përdoret nga një shkrimtar në një vepër letrare – ‚Die bildliche Sprache, die in einem literarischen Werk verwendet wird.'
12. Spezifische Wortbedeutungen:
    - Teksti i një kënge ose i një pjese muzikore; Fjalët muzikore – ‚Der Text eines Liedes oder eines musikalischen Werkes'; ‚Wörter der Musik'.

4 Zusammenfassung

In Bezug auf die Darstellung der Bedeutung von „fjalë" in diesen drei Wörterbüchern lässt sich feststellen, dass das erste albanische Wörterbuch von Bardhi, das die Grundlage für die albanische Lexikologie darstellt, „fjalën" (das Wort) in einem engen sozialen Bereich, d. h. in Zusammenhang mit den familiären Verhältnissen darstellt. Das ist durch die damaligen Zeitverhältnisse und den Verfassungszweck des Wörterbuchs bedingt. Aus diesem Grund wird hier nur *fjalë* und seine Entsprechung im Lateinischen und Türkischen angegeben, ohne auf seine semantischen Bedeutungsdifferenzierungen einzugehen, was man von diesem Wörterbuch auch nicht erwarten konnte.

Die albanischen Ausdrücke zum Begriff „fjalë" stammen aus dem albanischen Volksmund. Von Bedeutung ist es, dass Bardhi „fjalën" (das Wort) in Ausdrücke einbettet, um dadurch einen Rahmen für die Verwendung, den Gebrauch und die unterschiedlichen Bedeutungen von „fjalë" (Wort) in die jeweiligen Zusammenhänge einbettet.

In die Fußstapfen von Bardhi trat Kristoforidhi, der sich als Vertreter der albanischen Wiedergeburt (Renaissance) für die albanische Sprache als einendes Merkmal der albanischen Nation einsetzte. Hier kommt ‚fjalë' in der Einzahl - und Mehrzahlform vor, was eher der Struktur eines Wörterbuches entspricht und ‚fjalës' (dem Wort) viele Attribute zugeschrieben werden. Dadurch erhält es verschiedene Bedeutungen im alltäglichen sozialen Kontext. In Kristoforidhis Vorlage fehlt weiterhin eine kurze Erläuterung zu ‚fjalë' selbst. Und auch hier, so wie bei Frang Bardhi, geht es um einige Ausdrücke im sozialen Gebrauch.

Es ist jedoch in jedem Falle zu betonen, dass die zwei Wörterbücher in den Varianten der albanischen Sprache, das erste (Bardhi) auf Gegisch und das zweite (Kristoforidhi) im Toskischen, geschrieben wurden. Beide Wörterbücher weisen auf den Entwicklungsstand der albanischen Sprache im 17. Jahrhundert und im 19. Jahrhundert und auf die Ausweitung des Gebrauchs von *fjalë* (Wort) hin.

Das Wörterbuch der albanischen Gegenwartssprache hingegen erscheint in der albanischen Standardsprache und es ist ein Produkt der Akademie der Wissenschaften. Hier wird *fjalë* erläutert und in verschiedene Lebensbereiche eingebettet und dem Wortkörper sind im Laufe der neuen historischen, sozialen, politischen und wirtschaftlichen Veränderungen elf semantisch relevante Bedeutungsspezialisierungen zugeordnet, so dass jeder Bereich über seine fachlichen Ausdrücke und Redewendungen verfügt.

Die anfangs formulierte Arbeitshypothese, dass die Polysemie des Lexems ‚fjalë' (‚Wort') im Albanischen sich im Laufe der historischen, sozialen, politischen und wirtschaftlichen Veränderungen in seiner Bedeutung gewandelt habe, habe ich mit Hilfe der Lexika von Frang Bardhi, Kostandin Kristoforidhi, aber auch unter Einbezug des Lexikons der albanischen Sprache (1980) der Akademie der Wissenschaften Tirana überprüft. Dabei habe ich vor allem festgestellt, dass die Ergebnisse der Untersuchung mit wichtigen Forschungsergebnissen übereinstimmen, so dass die Aussage von Herrn Riecke, wonach Wörter wirklich als Zeichen der Veränderung betrachtet werden können, eine weitere wissenschaftliche Bestätigung erfahren konnte.

Primärliteratur

Akademia e Shkencave të RPS (1980): *Instituti i Gjuhësisë dhe i letërsisë: Fjalor i gjuhës së sotme Shqipe*. Tiranë.

Blanchvm, Franciscvm (Bardhi, Frank) (1635): *Dictionarivm Latino Epiroticvm, Roma, Typis Sacrae Congregationis de Propaganda Fide*.

Kristoforidhi, Kostandin (1977): *Fjalor greqisht-shqip*, Rilindja. Prishtinë.

Sekundärliteratur

Bartl, Peter (1974): Bardhi, Frang. In Mathias Bernath & Felix von Schroeder (Hrsg.), *Biographisches Lexikon zur Geschichte Südosteuropas*, (1) 136. München: Oldenbourg.

Bartl, Peter (2007): Pjetër Bogdani und die Anfänge des alb. Buchdrucks. In Bardhyl Demiraj (Hrsg.), *Nach 450 Jahren: Buzukus „Missale" und seine Rezeption in unserer Zeit. 2. Deutsch-Albanische kulturwissenschaftliche Tagung in München 14. bis 15. Oktober 2005*. (Albanische Forschungen 25), 267–288. Wiesbaden: O. Harrassowitz.

Bihiku, Koço (1980): *A history of Albanian literature*. Tiranë: 8 Nëntori.

Demiraj, Bardhyl (2008): *Dictionarium latino-epiroticum (Romæ 1635) per R. D. Franciscum Blanchum*. Shkodër: Botime Franceskane.

Elsie, Robert (1997): *Histori e letërsisë shqiptare*. Tiranë: Dukagjini.

Elsie, Robert (2005): *Albanian Literature. A Short History*. New York: Tauris.

Lloshi, Xhevat (1997): Të dhëna dokumentare të reja mbi veprimtarinë e V. Meksit, G. Gjirokastrit dhe K. Kristoforidhit. *Studime Filologjike* 11/1974 1/2, 97–147; 127–161.

Shuteriqi, Dhimitër S. (1950): Konstantin Nelko-Kristoforidhi (1830–1895). Monografi mi jetën dhe botimet e tij. *Buletin i Institutit të Shkencave Tiranë* 4/1950 1/2, 3–37; 3–22.

Zamputi, Injac (1965): *Relacione mbi gjendjen e Shqipërisë veriore e të mesme në shek*, XVII. 2. Tiranë: Universiteti Shtetëror .

Teil II: **Kodifikation historischer Wortschätze:
　　　　　Lexikographie und Grammatikographie**

Herbert Schmidt
Fremde, ausländische, verlateinte, korrumpierte lateinische Wörter. Bezeichnungen für Fremdwörter im 16. Jahrhundert

1 Fremdwort – Begriff und Ausdruck

Die Geschichte des Begriffs ‚Fremdwort', für deren Gesamtdarstellung sich bislang noch kein Historiograph gefunden hat, reicht im deutschsprachigen Raum zurück bis (mindestens) ins frühe 13. Jahrhundert und umfasst damit gut 800 Jahre. In jener Zeit werden erste Reflexe eines Bewusstwerdens dieses lexikalischen Sondertyps innerhalb des deutschen Wortschatzes fassbar: Wörter aus fremden Sprachen, die ins Deutsche entlehnt werden. Mit ihnen soll der Deutsche, so stellt Thomasin von Zerklære es ihm in seinem *Welschen Gast* frei, ruhig das einfarbige Gewand seiner „tiusche" mit bunten Streifen verschönern, da er dadurch „der spæhen worte harte vil" lernen kann.[1] Französische Modewörter aus der Sphäre der höfischen Kultur erfreuen sich in deutschen literarischen Texten des Hochmittelalters wachsender Beliebtheit, und dass dies bereits um die Mitte des 13. Jahrhunderts nicht nur registriert, sondern auch verhalten kritisch bewertet wurde, lässt sich aus persiflierenden Stellen wie der oft zitierten aus dem dritten Leich des Tannhäusers[2] erschließen. Nur wenig später macht sich Wernher der Gärtner in seinem *Helmbrecht* die durch unangebrachten (und noch dazu falschen) Fremdwortgebrauch entstehenden Missverständnisse zur Erzielung komischer Effekte zunutze[3]: Wörter und Wendungen aus fremden Sprachen (oder auch nur

---

[1] *Der wälsche Gast* des Thomasin von Zirclaria. V. 39–45: „daz ensprich ich dâ von niht / daz mir missevalle iht / swer strîfelt sîne tiusche wol / mit der welhische sam er sol; wan dâ lernt ein tiusche man, / der niht welhische kan, / der spæhen worte harte vil" (Hinweis bei Jones 1995: 4). Obwohl Thomasin den Gebrauch romanischer Fremdwörter in deutschen Texten empfiehlt, verzichtet er selber ausdrücklich darauf. V. 33–36: „Hie wil ich iuch wizzen lân, / swie wol ich welhische kan, / sô wil ich doch in mîn getiht / welhischer worte mischen niht."
[2] Tannhäuser: *Der winter ist zergangen*, Strophe 7 (100): „Ein rifîere ich dâ gesach · / durch den fôres gieng ein bach · / ze tal über ein plâniure · / ich sleich ir nâch, unz ich si vant · die schœnen crêâtiure · / bî dem fontâne sas diu clâre, diu süese von faitiure."
[3] Wernher der Gartenære: *Helmbreht*, V. 717–768 pass.

fremden Mundarten), diese Erfahrung war unter den Zeitgenossen offenbar schon verbreitet, werden von den Einheimischen oft nicht oder falsch verstanden und erschweren die Kommunikation. Und wenn sich ungebildete, d. h. nicht lateinkundige Sprachteilhaber einmal an der Wiedergabe stark fremdworthaltiger (etwa juristischer) Verlautbarungen versuchen, dann entstehen leicht Verballhornungen wie *doxer, lotari, bappeliert* (für *doctor, notari, appelliert*), die der Gebildete, wie es der Freiburger Drucker Friedrich Riederer 200 Jahre später, am Ende des 15. Jahrhunderts tut, als „Barbarolexis" bezeichnen muss.[4] So war also das (vorwissenschaftliche) Konzept des Fremdworts mit vielen seiner integrierenden inhaltlichen Elemente – Herkunft aus einer Fremdsprache, hohes Sprachprestige, Verwendung überwiegend durch die sprachlichen Eliten, Schwerverständlichkeit und Gebrauchsschwierigkeit für Ungebildete – schon recht früh ausgebildet und hatte bereits jahrhundertelang sowohl gelehrte Reflexion wie leidenschaftliche Polemik erfahren, bevor der Ausdruck überhaupt entstanden war, mit dem wir es heute bezeichnen.

Der Ausdruck *Fremdwort* ist erst im frühen 19. Jahrhundert, also vor gut 200 Jahren, aufgekommen. Die neuere Forschung führt seit Weigand[5] dieses Kompositum auf Jean Paul und das Jahr 1819, seit von Polenz[6] auf Friedrich Ludwig Jahn (1816) und seit Kirkness[7] auf Karl Christian Friedrich Krause (1815) zurück, wobei bis in die jüngste Zeit die „Erfindung" dieses Ausdrucks entweder einem oder mehreren der drei genannten Autoren zugeschrieben wird.[8] Demgegenüber lässt sich heute – dank der immer zahlreicheren Digitalisate historischer Texte im Internet – die Verwendung des Kompositums *Fremdwort* durch den bereits erwähnten

---

[4] Friedrich Riederer: *Spiegel der waren Rhetoric*, 1493, fol. XLIIIIb/XLVa: „Das ander laster wenn einer die wort gebrechenhafft vßdruckt Als sprech er. *der doxer ist Atzolons vnd moses wirmer fürsprech gewesen gegen den frowen zun rüwernun vnd het durch ein lotari von der vrteil bappeliert So er sprechen sölt. Der doctor ist absolons vnd moyses widmeyer fürsprech gewesen gegen frowen zun rüwern vnd hett durch ein notari von der vrteil appelliert:* Dis laster wenn einer die wort in einer frömbden sprach übel vßtruckt als so ein tütscher latinisch wort namlich *lotari* vnd *bapaellieren* gebrochen redt wirdt genannt Barbarolexis." Zitiert nach Rössing-Hager (1992: 363) (mit den dort vorgenommenen Hervorhebungen durch Kursivierung. Im Original steht fol. XLVa allerdings nicht *Barbarolexis*, sondern *Baralexis*).
[5] Weigand ([5]1909: 582).
[6] von Polenz (1999: 265).
[7] Kirkness (1975: 234f).
[8] So etwa Jahn und Jean Paul (Wiegand 2001: 62, Heier 2012: 29), nur Krause (Paul [10]2002: 351), nur Jean Paul (DWB Neub. IX 2006: 991), nur Jahn (Eisenberg [2]2012: 114) sowie Krause und Jahn (Kremer 2013: 196).

Krause, aber auch durch Christian Moritz Pauli, Christian Hinrich Wolke u. a. bis ins Jahr 1811 zurückverfolgen.[9]

An älteren, bis zum Anfang des 19. Jahrhunderts gebräuchlichen Bezeichnungen für Fremdwörter nennt die neuere Literatur *fremde Wörter*[10], *ausländische Wörter*[11], *undeutsche Wörter*[12], *ausheimische Wörter*[13], *Welschwörter*[14]; deren Aufkommen wird meist vage in die Mitte des 17. Jahrhunderts datiert und mit dem sprachpuristischen Diskurs der Sprachgesellschaften in Verbindung gebracht[15]. Die von Rössing-Hager[16] und Jones[17] mitgeteilten deutschsprachigen Texte meist humanistischer Autoren, die bereits im späten 15. und im 16. Jahrhundert die Übernahme von Fremdwörtern ins Deutsche kommentierten, machen allerdings klar, dass diese Datierung zu kurz greift: schon vor dem 17. Jahrhundert waren Fremdwörter ein Thema und mussten bezeichnet werden können, und diesem Zweck dienten damals auch einige der erwähnten Wendungen, aber nicht nur diese.

2 Fremdwortreflexion im 16. Jahrhundert

Im 16. Jahrhundert beginnen sich die Äußerungen und Stellungnahmen zu Fremdwörtern allmählich zu mehren, und erste lexikographische Zusammenstellungen von Fremdwörtern wurden geschaffen: zunächst noch in Form kürzerer Glossare in Handbüchern unterschiedlicher Thematik, dann aber auch, nämlich von Simon Roth in den siebziger Jahren des Jahrhunderts, in einem eigenständigen *Teutschen Dictionarius*, der heute als „erstes deutsches Fremdwörterbuch" gehandelt wird.[18] Eine Sammlung und Sichtung aller auffindbaren Textzeugnisse des 16. Jahrhunderts unter der Fragestellung, wie dort Fremdwörter bezeichnet

---

9 Näheres hierzu demnächst in Herbert Schmidt, Zur Entstehung des Ausdrucks *Fremdwort* im 19. Jahrhundert (Ms., noch unveröff.).
10 So Kluge (^{9}1921–^{21}1975), Paul (^{5}1966–^{9}1992), Kirkness (1976: 230), Duden Fremdwörterbuch (^{5}1990–^{7}2001), Kremer (2013, a. a. O.)
11 Ebd.
12 von Polenz (1999, a. a. O.), Kremer (2013, a. a. O.)
13 Duden Fremdwörterbuch (^{7}2001: 524).
14 von Polenz (1999, a. a. O.), Kremer (2013, a. a. O.)
15 Etwa bei Kluge (^{9}1921–^{21}1975), Bußmann (1990: 253), Duden Fremdwörterbuch (^{5}1990: 9).
16 Rössing-Hager (1992).
17 Jones (1995).
18 Simon Roth: *Ein Teutscher Dictionarius*. Augsburg: Manger 1571 (VD16 R 3265). Dazu Kremer (2011) und Kremer (2013).

werden und was damit über die Einstellung zu Fremdwörtern jeweils ausgesagt wird, erscheint umso wünschenswerter, als diese Vor- und Frühphase des Fremdwortdiskurses (im Gegensatz zu dessen Höhepunkten im 17. und besonders 19. Jahrhundert) von der Forschung bisher noch wenig beachtet wurde. Im Vergleich zur intensiven Erörterung der Fremdwortproblematik im 17. Jahrhundert handelt es sich bei den Stellungnahmen des 16. Jahrhunderts noch um sporadische, nicht im Zusammenhang einer strukturierten Debatte stehende Äußerungen.[19] Das erschwert das Auffinden dieser weit verstreuten Textstellen erheblich, und eine noch so extensive Konsultation der Quellen wird immer nur einen mehr oder weniger großen Ausschnitt aus dem Gesamtspektrum des Einschlägigen ans Licht bringen können. Die nachfolgend aufgeführten Fundstellen, ein rundes Dutzend, stammen nur zum kleineren Teil aus den erwähnten Anthologien von Rössing-Hager und Jones. Mehrheitlich sind sie entweder das Ergebnis gezielter Suche in thematisch einschlägigen Texten, in denen das Vorkommen von Fremdwortbezeichnungen erwartbar ist, oder das Resultat von Online-Recherchen in Digitalisaten zeitgenössischer Texte nach Ausdrücken, die aus späteren Zeiten als Fremdwortbezeichnungen bekannt oder grundsätzlich als solche denkbar sind. Bei einigen handelt es sich auch um reine Zufallsfunde. Abweichend vom differenzierteren modernen Fremdwortbegriff (der z. B. auch Lehnwortbildungen einschließt) werden hier als Objekte dieser Bezeichnungen schlicht deutsche Wörter verstanden, die aus fremden Sprachen stammen. Die verschiedenen Bezeichnungen werden in der chronologischen Reihenfolge ihres Auftretens vorgestellt.

3 Fremdwortbezeichnungen im 16. Jahrhundert

Unter den verschiedenen Bezeichnungen für Fremdwörter im 16. Jahrhundert findet sich kein einziges Kompositum (wie etwa das spätere *Welschwort* eines ist), sondern es handelt sich immer um die Verbindung des frühneuhochdeutschen Substantivs *wort* mit einem Adjektiv oder einem Partizipialattribut. Das Syntagma *fremd(es) wort* (das Adjektiv wird damals im Nom./Akk. Sg. meist unflektiert verwendet), aus dem dann später in einem wortschöpferischen Akt von eher bescheidener Originalität das Kompositum *Fremdwort* gebildet wurde, taucht gleich als frühestes und danach noch mehrfach auf, aber nur als eines unter vielen anderen. Eine echte Favoritenrolle dieser Wendung ist für den Untersuchungszeitraum noch nicht nachweisbar.

---

[19] Jones (1995: 5).

3.1 *fremd*

Das Syntagma *fremd wort* ist im Frühneuhochdeutschen (und noch lange darüber hinaus) grundsätzlich mehrdeutig, da *fremd* neben ‚ausländisch, auswärtig, nicht einheimisch' auch ‚unbekannt, nicht vertraut, neu' oder auch ‚ungewöhnlich, auffallend, seltsam, wunderlich, wunderbar, sonderbar, unerhört, befremdlich'[20] bedeuten kann (und noch einiges mehr). Ein *fremd wort* kann also ebenso gut ein ‚ausländisches, fremdsprachliches Wort' sein wie ein ‚unbekanntes, nicht geläufiges Wort' oder ein ‚seltsames, merkwürdiges, ungewöhnliches, befremdliches Wort'. Wann genau in einem historischen Text, in dem dieses Syntagma vorkommt, die Rede von einem Fremdwort im heutigen Sinne ist, kann also nur aus dem jeweiligen Kontext erschlossen werden, und der ist nicht in jedem Fall eindeutig. So kann nur für einen Teil der nachfolgenden Fundstellen mit einiger Sicherheit angenommen werden, dass damit ein Wort aus einer Fremdsprache bezeichnet wird.

Den frühesten Beleg für das Syntagma *fremd wort* im 16. Jahrhundert liefert ein Werk Martin Luthers aus dem Jahr 1522.[21] Der Autor äußert sich darin (fol. 80a) zur Aufeinanderfolge der beiden synonymen Ausdrücke „Abba pater" im Neuen Testament (Gal. 4,6):

> das hat villeicht sant Paulus auch gewölt / da er Abba / das hebreysch vnbekant frembd wort / zuuor an setzt / vnd darnach pater / das kriechisch bekant heymisch wort / die weil er vff kriechisch schreibt vnd den kriechen prediget.

Luther stellt hier in einem Parallelismus die Syntagmen *das hebreysch vnbekant frembd wort* und *das kriechisch bekant heymisch wort* einander gegenüber, sodass man einigermaßen sicher sein kann, dass *frembd* an dieser Stelle als Antonym zu *heimisch* verwendet wird und somit ‚ausländisch, fremdsprachlich, aus einer fremden Sprache stammend' bedeutet. Hier liegt also gleich ein Fall vor, wo man fnhd. *frembd wort* tatsächlich mit nhd. *Fremdwort* übersetzen kann.

Anders verhält es sich mit Textstellen wie der folgenden. Philipp Melanchthon interpretiert 1524 in seiner Auslegung des Johannes-Evangeliums[22] die Selbstaussage Johannes des Täufers gegenüber den Pharisäern (Joh 1,23 mit den

---

[20] Vgl. DWb IV.1.1 (1878): 125–128, DWb Neub. IX (2006): 979–985 (*fremd*) und 991 (*Fremdwort*). Vgl. auch Lexer III (1878): 500f. s. v. *vremde, vremede; vrömde, vrömede*.
[21] Martin Luther: *AVszlegung der Epistelen vnd Euangelien / die nach brauch der kirchen gelesen werden durch den Aduent / vnd dannenthyn vom Christag biß vff den Sontag nach Epiphanie* [...] Basel 1522 (VD16 L 4551).
[22] *Verzaichnung vnd kurtzliche antzaigung in das Euangelium Joannis Philippi Melanchthons.* [Augsburg: Grimm] 1524 (VD16 M 2485), fol. 17b.

Worten von Jes 40,3: „Ich bin eine Stimme eines Predigers in der Wüste"), indem er zunächst den Ausdruck *Stimme* explaniert:

> Vnnd zum ersten / nimbt er die zeügknuß seiner berieffung vnnd des worts / auß dem propheten Esaia darmit er antzaige / [...] das sein wort sey das wort gottes. Ich bin ain [...] rieffende stimm / oder ain verkünder / Ich bin ain stimm / nit das liecht. Item ain stimm / dann ich verkünd ain frembd wort / ich erdicht oder ler kain new wort.

Hier liegt wohl auf der Hand, dass *frembd wort* kaum die Bedeutung ‚Wort aus einer Fremdsprache' haben kann, sondern eher ‚merkwürdiges, seltsames, unerhörtes Wort' bedeuten dürfte (*Wort* metonymisch zu verstehen als ‚Lehre, Botschaft').

Seit 1528 ist in einem oft nachgedruckten medizinischen Traktat mit dem Titel *Kleine Wundartzney*[23] die Wendung „verlateinete und fremde wörter" als Bezeichnung für Fremdwörter belegt; mit diesem Syntagma werden wir uns unten in Abschnitt 3.3 noch näher befassen. Die so bezeichneten (vor allem medizinischen) Fachwörter können (außer als *verlateinet*, was auch immer das bedeuten mag) ebensogut als fremdsprachlich wie als unbekannt oder auch als merkwürdig charakterisiert werden. Was genau der Autor hier gemeint hat, lässt sich nicht mit letzter Sicherheit bestimmen. Die Wahrscheinlichkeit ist am größten, dass hier in erster Linie von fremden i. s. v. fremdsprachlichen, aus einer fremden Sprache stammenden Wörtern gesprochen wird, doch es ist nicht ausgeschlossen, dass für den Autor an dieser Stelle eine der anderen Bedeutungen überwogen hat (oder auch die beiden anderen bewusst mitschwingen sollten).

Klare Fremdwortbezeichnungen wiederum liegen wohl an den folgenden Stellen vor, die aus Texten dreier anderer Autoren stammen: Caspar Hedio, Johannes Turmair (Aventinus) und Valentin Ickelsamer. Caspar Hedio gibt in der *Chronica der Alten Christlichen Kirchen* von 1530[24] für die Wesensgleichheit von Gott Vater und Jesus Christus das griechische theologische Fachwort an:

> Also wenig außgnomen / sind viler gmütter betrogen worden / wider die erkantnis der vetter in Nicea / die do gsagt vnd erkant haben / Man solt das vnbekant vnd frömbd wort Homousion in aller geschrift nit lassen bleiben in der außlegung des glaubens / diese haben ir gmeinschaft / mit der ketzer geselschaft vermaßgett.

Wie schon Luther das hebräische Wort *abba* (s. o.) nennt Hedio griech. *Homousion* nicht nur ein „frembd wort", sondern ein „vnbekant vnd frömbd wort". Damit

---

[23] S. u. Fußnote 31.
[24] Caspar Hedio: *Chronica der Altenn Christlichen kirchen*. Straßburg: Georg Ulrich 1530 (VD 16 E 4286), fol. 85a.

zieht er ein weiteres Adjektiv heran, das in Fremdwortbezeichnungen jener Zeit wiederholt auftritt (s. u. 3.4). Es bleibt hier allerdings offen, ob Hedio den griechischen Terminus als Fremdwort im heutigen Sinne (von fremder Herkunft, aber mehr oder weniger integriert und geläufig) oder eher als fremdsprachliches Zitatwort auffasst.

Aventinus und Ickelsamer lassen sich jeweils ausdrücklich über Fremdwörter im Deutschen aus, wodurch ihr Verständnis des Syntagmas *frembd wort* hier in aller wünschenswerten Eindeutigkeit feststeht. Aventinus beklagt in der Vorrede seiner *Bayerischen Chronik* (1533), dass viele lateinkundige Autoren seiner Zeit die deutsche Sprache über Gebühr nach lateinischem Vorbild ummodeln, und schreibt in dieser sprachkritischen Passage (auf die wir unten noch einmal zurückkommen werden):[25]

> Es laut gar übel [...] wo man das teutsch vermischt mit frembden worten, verändert's auf ein frembde sprach.

Ickelsamer wiederum weist in seiner *Teutschen Grammatica* (um 1535) auf Fremdwörter hin, die im deutschen Wortschatz bereits verbreitet sind, und führt dafür auch einige Beispiele an:[26]

> [D]ie teütschen [...] solten sich auch nit schämen etwa frembder wörter bedeütung zů lernen vnnd zůerfaren / dieweil sy auch deren vil in der teütschen sprach eben so gemain als die teütschen wörter selbs von allerlay dingen / gebrauchen / Dann welcher brauchet vnd redet nit Supplicatz / Citatz / Policey / Syndicus / Vocat? In der Artzney / Recept / purgatz / Clystier / von Kranckhaiten / Podagra / Colica Feber vnd des gleichen vil / Welches doch nit teütsche wort sein / sonder Lateinisch vnd Ghriechisch.

Es ist wohl kein Zufall, dass die von Ickelsamer aufgezählten Fremdwörter aus den Fachsprachen der Jurisprudenz und der Medizin stammen – erweisen sich doch genau diese beiden akademischen Fächer im 16. Jahrhundert geradezu als Einfallstore für (gelehrte) Fremdwörter in den deutschen Wortschatz. Anders als Aventinus vertritt Ickelsamer einen fremdworttoleranten Standpunkt und scheint die bereits aufgekommenen Fremdwörter als unabdingbar und ‚eingebürgert' zu akzeptieren. Auffällig ist auch, dass er die *frembden wörter* ungeachtet ihrer in den meisten Fällen erkennbaren morphologischen Integriertheit kurzerhand als lateinische und griechische Wörter bezeichnet (s. u. 3.7).

---

[25] *Johannes Turmair's genannt Aventinus Bayerische Chronik.* Erster Band. Erste Hälfte. 1882: 6. Vgl. unten Abschnitt 3.6.
[26] Valentin Ickelsamer: *Teutsche Grammatica.* [Augsburg, um 1535] (VD16 I 26), fol. D4b.

Während sich bei Hedio und Ickelsamer für das Syntagma *frembd wort* die Bedeutung ‚ausländisches, aus einer Fremdsprache stammendes Wort' mehr oder weniger zwingend aus den beigegebenen fremdsprachigen Beispielwörtern ergibt, erhellt dies im nachfolgenden letzten Fall, wie schon bei Aventinus, zweifelsfrei aus dem Kontext. Hier wird die Frage erörtert, warum und wie Fremdwörter ins Deutsche gekommen sind. Das Zitat stammt aus Simon Roths Vorrede zum *Teutschen Dictionarius* von 1571, und es stellt bezeichnenderweise die einzige Stelle dar, an der in diesem „ersten deutschen Fremdwörterbuch" die Wendung *frembd wort* auftritt:[27]

> Darumb halt kain wunder / das schon vil Gelerten wöllen / das die Teutsche sprach / den maisten theil ein gesamlete sprach / auß allerley sprachen sey. Vnd geben des solche vrsach für / Dieweil die Teutschen etwa gar ein Kriegpar volck gewesen / ja sonst schier anders nichts gethan / dann dem selben obgelegen / Darumb sie dann von andern Nationen auffgemanet / vnnd zu gehilffen seind bestelt worden / vnnd also in frembde Landt kriegen nachzogen / vnnd auß denselben nit allein frembde sitten / geberdt vnd kleider / sonder auch vil frembde wort haim in jr Landt gebracht.

An der exponiertesten Stelle des *Dictionarius*, im Titel, beschreibt der Autor naheliegenderweise den Wortschatz, der in diesem Wörterbuch gesammelt und erläutert wird. Hier spielt, wie gesagt, das Syntagma *frembd wort* keine Rolle. Stattdessen tauchen dort andere Adjektive auf, die im Weiteren noch zu betrachten sein werden (s. u. 3.4 und 3.5).

3.2 *ausländisch*

Das Syntagma *außlendige wörtter* findet sich bereits 1523 in einem Basler Druck von Luthers *Newem Testament*[28], bezeichnet dort aber strenggenommen nicht das, was wir heute unter Fremdwörtern verstehen. Der Drucker Adam Petri bezieht sich damit vielmehr auf rund 200 mitteldeutsche Luther-Wörter, die er zum besseren Verständnis für seine einheimischen Leser in einem beigegebenen Glossar mit oberdeutschen Entsprechungen versieht.[29] Es handelt sich hier also

---

[27] Simon Roth: *Ein Teutscher Dictionarius*. 1571. Vorrede, fol. A6a.
[28] [Martin Luther:] *DAs neuw Testament recht grüntlich teutscht*. Basel: Adam Petri 1523 (VD16 B 4325).
[29] Auf dem Titelblatt heißt es bereits (fol. A1a): „Die außlendigen wörtter / auff vnser teutsch angezeygt." Das Glossar folgt auf drei Seiten ab fol. A3b und wird von Petri eingeleitet: „Lieber Christlicher Leser / So ich gemerckt hab / das nitt yederman verston mag ettliche wörtter im yetzt gründtlichen verteutschten neuwen testament / […] hab ich lassen die selbigen auff vnser hoch teutsch außlegen vnd ordenlich in ein klein register wie du hie sihest / fleißlich verordnet."

um Wörter nicht aus einer Fremdsprache, sondern aus einer anderen deutschen Mundart, und bei dem in *außlendig* anklingenden „Ausland" lediglich um eine andere deutsche Dialektregion.

Auf „echte", aus Fremdsprachen entlehnte Fremdwörter dagegen beziehen sich knapp fünfzig Jahre später zwei Stellen in dem bereits erwähnten *Teutschen Dictionarius* von 1571[30], wo der Autor Simon Roth *außlendische wort* erwähnt. In der Vorrede heißt es am Ende eines längeren Exkurses über den entlehnungsaffinen Nationalcharakter der Deutschen (fol. A6b):

> Nun wol solches [...] etwas zu weitschwaiffig geacht möcht werden / hab ich es doch wöllen melden / damit man wiß / auß was vrsach souil Barbarische oder außlendische wort in Teutsche sprach kommen sind.

Und im Wörterbuchteil wird das Lemma *Nunn* bzw. *Nonna* charakterisiert als „Ein außlendisch wörtel / das in die Lateinisch sprach nit gehört" (fol. L3a).

Die Kombination mit dem Adjektiv *barbarisch* im ersten Textausschnitt verleiht *außlendisch* für heutige Ohren ein eher pejoratives Gepräge. Es ist aber zu bedenken, dass der Autor dieses Textes ein humanistisch gebildeter Lateinschulmeister ist, der seine lateinisch- oder griechischstämmigen Fremdwörter automatisch so versteht, wie deren Etyma in der klassischen Antike verstanden wurden. Die Grundbedeutung von lat. *barbarus* aber ist ‚ausländisch, fremd', ohne negative Wertung (erst in metonymischer Verwendung wird daraus ‚roh, unkultiviert, ungeschliffen, wild'), sodass die Wendung *Barbarische oder außlendische wort* hier als synonyme Doppelformel anzusprechen ist. An der zweiten Stelle dient *außlendisch wörtel* offenbar zur Kennzeichnung eines Ausdrucks, der im Gegensatz zur großen Mehrheit der Roth-Lemmata nicht aus dem Lateinischen, sondern aus einer anderen (lebenden?) Fremdsprache stammt.

3.3 *verlateinet*

Seit 1528 ist im Wortfeld der Fremdwortbezeichnungen das Adjektiv *verlateinet* belegt. In Otto Braunfels' deutscher Übersetzung von Lanfranks *Kleiner Wundartzney*[31] wird schon auf dem Titelblatt unter dem Titelholzschnitt auf ein Fremdwortglossar am Ende des Werks hingewiesen: „Der verlateineten vnd frembden wörter außlegung sůch am end". Dort, fol. F3b, werden dann unter der Überschrift „Auß-

---

30 S. o. Fußnote 18; Näheres s. u. Abschnitte 3.4 und 3.6.
31 *Kleine Wundartzney* des hochberümptenn Lanfranci [...] / durch Othonem Brunfels verteutscht. [Augsburg: Heinrich Steiner 1528] (VD16 L 245).

legung der verlateineten vnd frembden wörter" insgesamt 34 überwiegend medizinische und mehrheitlich lateinischstämmige Fachwörter samt Eindeutschung aufgelistet:

Abstergiern abtrücknen	Incarniern zů fleisch bringen
Accidens zůfall	Mundificiern reynigen
Apostemirn schweren	Maturirn zeytigen.
Curiern heylen	Opilieren stopffen
Cicatrisiern vergentzen	Puluerisiern puluern.
Confortiern stercken	Procediern faren
Coliern seygen	Principia anfang
Consolidiern gantz machen	Pacient siech / kranck
Collyrium augen salb	Putrificiern feülen
Compositum zůsamen gethan	Repercutirn hinderschlagen
Cauteriziern brennen	Resoluiern zerlassen
Constringiern stopffen	Simplicia eynfachen.
Corrodiern etzen	Suppositoria ars zapffen
Diet regiment	Trocisci seind kügelin
Euacuirn außreynigen	Temperiern einmachen
Embrociern reüchen oben ab.	Vngent salb
Fomentiern bähen vnden auf.	Ventosen schrepff hörnlein.

In den späteren Ausgaben dieses Werks (Straßburg 1528 [2], Erfurt 1529, Zwickau 1529, Erfurt 1530 und 1534[32]) bleibt die Überschrift des Glossars zunächst gleich[33], doch mit der Frankfurter Ausgabe von 1552[34] wird sie ersetzt durch eine andere, die in den weiteren Ausgaben bis zum Ende des Jahrhunderts (Magdeburg 1585, Frankfurt 1594[35]) beibehalten wird. Dort heißt es nun: „Verteutschung Latinischer Wörter inn diesem Büchlein" (Frankfurt 1552, fol. 29a) bzw. „Verteudschung der Lateinischen Wörter in diesem Buch" (Magdeburg 1585, fol. A2b). Das hier zudem mit *frembd* (s. o. 3.1) kombinierte Adjektiv *verlateinet* wird also in der zweiten Jahrhunderthälfte zugunsten des unmittelbar die Herkunftssprache bezeichnenden *lateinisch* (s. u. 3.7) aufgegeben; vielleicht ein Indiz dafür, dass es den Druckern der späteren Ausgaben nicht mehr geläufig war oder sogar miss- oder unverständlich erschien. Auch heute bereitet im vorliegenden Kontext sein Verständnis eher Schwierigkeiten: *verlateinet* kann nur ‚ins Lateinische übersetzt/übertragen' be-

---

32 Straßburg: Christian Egenolph 1528 (VD16 L 247); Straßburg: Johann Schott 1528 (VD16 L 248); Erfurt: Melchior Sachs 1529 (VD16 L 249); Zwickau: Gabriel Kantz 1529 (VD16 L 253); Erfurt: Melchior Sachs 1530 und 1534 (VD16 L 254 und L 255).
33 Der Hinweis auf dem Titelblatt dagegen verschwindet schon in den ersten Nachdrucken.
34 Frankfurt am Main: Hermann Gülfferich 1552 (VD16 L 256).
35 Magdeburg: Johann Francke 1585 (VD16 L 260); Frankfurt am Main: Peter Kopf, Johannes Sauer 1594 (VD16 L 261).

deuten.³⁶ Inwiefern lässt sich das aber von den aufgeführten Fremdwörtern sagen? Sie stammen so gut wie alle direkt aus dem Lateinischen und wurden wohl kaum aus zugrunde liegenden deutschen Wörtern (im Sinne von Lehnwortbildungen) latinisiert. Einige dieser lateinischen Wörter allerdings gehen ihrerseits aufs Griechische zurück, wie etwa lat. *diaeta*, mlat. *dieta* (das dem hier an 14. Stelle auftretenden Fremdwort *Diet* zugrunde liegt) auf gleichbedeutend griech. *díaita* ‚vom Arzt vorgeschriebene Lebensweise'³⁷. Für diese Wörter (auch *Apostemirn* und *Collyrium* gehören wohl dazu) gilt also in der Tat, dass sie einst (nämlich aus dem Griechischen) ins Lateinische übertragen worden sind. Aber das ist eine Aussage über die Etymologie des lateinischen Ausgangsworts, die an dieser Stelle nicht unbedingt notwendig erscheint. Die Überschrift kündigt eine Liste „der verlateineten vnd frembden wörter" an, und auch diese Doppelformel wirft Probleme auf: soll der Leser unter den *verlateineten* Wörtern wirklich diejenigen verstehen, die übers Lateinische weiter aufs Griechische zurückgehen, und unter den *frembden* Wörtern die übrigen, die ursprünglich aus dem Lateinischen stammen? Das würde bedeuten, dass die beiden Ausdrücke hier nicht als Synonyme verstanden, sondern komplementär gebraucht werden, sodass für jedes Fremdwort entschieden werden muss, ob es nun *verlateinet* oder *frembd* ist. Die meisten zeitgenössischen Leser dürften von dieser Aufgabe überfordert gewesen sein.

Die Fremdwortbezeichnung *verlateinet* taucht noch in einem weiteren naturwissenschaftlichen, nämlich alchimistischen Text des 16. Jahrhunderts auf: Das anonym erschienene, Georg Agricola zugeschriebene Werk *Rechter Gebrauch der Alchimei* (1531)³⁸ weist ebenfalls schon auf seinem Titelblatt auf das (sehr kurze) Glossar der „Alchimistischen verlateineten wörtter" hin, das dann auf fol. 1b folgt:

¶ Etlich verlateinet Alchimistische wörter.

Calx puluer
Calcinirn zů puluer oder kalck machen.
Corpus / ein iedes metal oder Materi.
Soluirn / zertreiben / zerscheyden.

Preparirn bereyten.
Purgirn reynigen.
Recipe oder ℞ / heyßt / Nim.

Die späteren, ausnahmslos in Frankfurt am Main erschienenen Ausgaben (um 1535, 1540, 1549, 1566 und 1574³⁹) erweitern das Glossar ab 1566 zwar geringfü-

---

36 DWB XII.1 (1956): 737 s. v. *verlateinen*: ‚ins lateinische übersetzen', ex lingua alia in latinam transferre.
37 Deutsches Fremdwörterbuch (Neubearb.) IV (1999): 520.
38 [Georg Agricola?:] *Rechter Gebrauch der Alchimei / Mitt vil bißher verborgenen / nutzbaren vnnd lustigen Künsten /* [...] ¶ *Der Alchimistischen verlateineten wörtter außlegung.* [...] [Frankfurt am Main: Christian Egenolff d. Ä. 1531] (VD 16 R 492).
39 VD16 R 494 / R 497 / R 498 / R 500 / R 501.

gig um zwei weitere Lemmata[40], ändern an seiner Überschrift aber nichts. Das darin enthaltene Attribut *alchimistisch* macht die Zugehörigkeit der aufgelisteten Wörter zum entsprechenden Fachwortschatz klar, der Ausdruck *verlateinet* aber bleibt hier mindestens so problematisch wie in der *Wundartzney* (zumal hier die meisten Wörter nur aufs Lateinische, nicht aber aufs Griechische zurückführen). Vielleicht auch deshalb ist er im Zusammenhang mit Fremdwortbezeichnungen im 16. Jahrhundert sonst nicht mehr nachweisbar.

3.4 *unbekannt*

Der vollständige Titel von Simon Roths Wörterbuch von 1571 lautet (Titelblatt, fol. A1a):

> Ein Teutscher Dictionarius / das ist ein außleger schwerer / vnbekanter Teutscher / Griechischer / Lateinischer / Hebraischer / Wälscher vnd Frantzösischer / auch andrer Nationen wörter / so mit der weil inn Teutsche sprach kommen seind / vnd offt mancherley jrrung bringen: hin vnd wider auß manicherley geschrifften / vnd gemainer Red zusamen gelesen / außgelegt / vnd also allen Teutschen / sonderlich aber denen so zu Schreibereien kommen / vnd Ampts verwaltung haben / aber des Lateins vnerfarn seind / zu gutem publiciert.

Hier wird einigermaßen ausführlich Auskunft gegeben über die Quellen und Adressaten des Wörterbuchs, vor allem aber über den darin erklärten („ausgelegten") Wortschatz: schwere und unbekannte Wörter, die oft zu Missverständnissen (*jrrung*) führen, und zwar nicht nur solche aus fremden Sprachen, sondern auch (native) deutsche Wörter.[41] Die Fremdwörter werden wieder, wie bei Ickelsamer, schlicht als griechische oder lateinische Wörter bezeichnet, dazu kommen hier noch hebräische, welsche – das bedeutet in diesem Kontext: italienische –, französische sowie Wörter „andrer Nationen". Doch wichtiger als das, was hier über die Gebersprachen gesagt wird, ist vor der Hand die auch bei Luther und Hedio vorkommende Charakterisierung als „unbekannt". Damit wird ein Aspekt angesprochen, den viele Sprachbenutzer (auch heute noch, wenn auch wohl in geringerem Maße als damals) mit Fremdwörtern in Verbindung bringen. Als allei-

---

40 „Coagulirn / schmeidig machen" und „Reducirn / widerbringen".

41 Dass auch erklärungsbedürftige deutsche Wörter im *Dictionarius* behandelt werden, scheint dessen typologische Zuordnung zu den Fremdwörterbüchern in Frage zu stellen. Doch ist die Anzahl der deutschen Lemmata verschwindend gering; Roth betrachtet von allen rund 2.450 Lemmata eigentlich nur *Mar* ‚Ross' als nativ deutsch, allenfalls noch *Voit* ‚Beschützer'. (Darüber hinaus gibt es noch weitere 20 Lemmata, die heute als nicht-entlehnt gelten, die Roth aber fälschlich auf fremdsprachliche Etyma zurückführt, doch kommt es hier ja nur auf Roths eigene Einschätzung an.) Vgl. Kremer (2013: 113–115).

niges Merkmal dieses Worttyps ist er für die Autoren des 16. Jahrhunderts aber zur Kennzeichnung offenbar nicht ausreichend: Luther und Hedio sprechen jeweils von einem „vnbekant (vnd) frembd wort", und Roth kombiniert *unbekannt* mit „schwer".

3.5 *schwer*

In allen derzeit bekannten Textstellen mit Fremdwortbezeichnungen aus dem 16. Jahrhundert taucht das Adjektiv *schwer* nur einmal auf, nämlich hier im Titel von Simon Roths *Dictionarius*. Auch dies ist eine typische Eigenschaft von Fremdwörtern: ihre Verwendung bietet Schwierigkeiten, sie sind schwer zu schreiben, auszusprechen, zu verstehen, richtig zu gebrauchen – besonders für die nicht lateinkundigen Sprachteilhaber, an die Roth als Adressaten seines Wörterbuchs vor allem denkt. Trotzdem wird auf dieses grundlegende Merkmal bei der Fremdwortbezeichnung zu seiner Zeit anscheinend nicht öfter abgehoben. Eine Pointe der metalexikographischen Forschungsgeschichte ist es, dass sich die moderne Typisierung des *Dictionarius* der ursprünglichen Charakterisierung durch den Autor inzwischen wieder angenähert hat. In ihren neuen *Dictionarius*-Studien diskutiert Anette Kremer die Berechtigung der traditionellen Einstufung als (erstes) Fremdwörterbuch und gelangt dabei, mit Blick auf den aus der angelsächsischen Lexikographie bekannten Wörterbuchtyp des *hard word dictionary*, zu einer differenzierteren Beschreibung: der *Teutsche Dictionarius* sei „ein Vorläufer heutiger Fremdwörterbücher [...], angelegt als Wörterbuch der schweren Wörter".[42]

3.6 *korrumpiert / zerbrochen*

Eine der im 16. Jahrhundert auffälligsten Definitionen von Fremdwörtern ist die, sie seien mehrheitlich „lateinisch / wiewol sie in Teutsch corrumpirt werden". Diese Wendung findet sich zum ersten Mal in dem 1536 erschienenen juristischen Handbuch *Gerichtlicher Proceß* von Justinus Göbler[43], das breit rezipiert wurde und bis in die siebziger Jahre des Jahrhunderts noch sieben weitere Auflagen er-

---

[42] Kremer (2013: 204). So auch bereits Kremer (2011: 215–218).
[43] Justinus Göbler: *GErichtlicher Proceß* / auß grund der Rechten vnd gemeyner übung / zum fleissigsten in drei theyl verfasset. Das Erst Theyl / Nach erklerung aller vnd ieder sonderen vnd eygenen wörter / so in den Rechten vnd Gerichten gebraucht werden / Die Termin des Gerichtlichen Proceß / wie die nach ordenung der Rechten zuhalten seien / [...]. Getruckt zu Franckfurt am Mayn / Bei Christian Egenolff. [1536] (VD16 G 2296).

lebte.⁴⁴ Göbler fügt ins 2. Kapitel seines Handbuchs ein Glossar ein, in dem er die wichtigsten Fachtermini des Gerichtswesens auflistet: „Erklerung deren sondern vnnd eygenen wörter / so inn dem Gerichtlichenn Proceß / vnd sunst im Rechten gebraucht werden / wie die im Latein vnd Teutschen zuerstehen seien" (fol. 3b). Dieses Glossar ist dreigeteilt und behandelt in den ersten beiden Teilen die Bezeichnungen für das am Gericht agierende Personal und die dort verwendeten Schriftstücke. Die Lemmata sind hier durchweg lateinische Substantive, die in ihren lateinischen Flexionsformen (im Nom. Sg. oder Plur.) angesetzt werden, die Interpretamente sind deutsch. Im dritten Teil des Glossars werden dann die Bezeichnungen der verschiedenen Gerichtshandlungen erklärt, und dabei geht es nun um (insgesamt 49⁴⁵) Verben, die aus dem Lateinischen stammen, aber mittels des Lehnsuffixes *-i(e)r(e)n* eingedeutscht worden sind:

> Nun ist noch übrig das dritteyl / nemlich die besondere vnd eygne wörter der handlungen / Actuum, zuerkleren (…) Nun sein dieselbigen der mehrerteyls Lateinisch / wiewol sie in Teutsch corrumpirt werden.⁴⁶

Dieser Teil des Glossars beginnt mit den Lemmata *Citirn, Comparirn, Constituirn, Substituirn, Reuocirn, Ratificirn* und endet zweieinhalb Seiten weiter mit *Deponirn, Iustificirn, Euincirn, Succedirn, Inuentiren* und *Qualificirn*.

Inwiefern sind diese Lemmata nun „lateinisch" und „im Deutschen korrumpiert"? Ihnen allen liegen lateinische Verben aus unterschiedlichen Konjugationsklassen zugrunde: *citare, comparare, constituere, substituere, revocare, ratificare* usw. In dieser Hinsicht, was ihre Herkunft betrifft, sind die Lemmata des Glossars mithin lateinisch. Im Zuge ihrer Verwendung als Fremdwörter der deutschen Rechtssprache wurden sie allerdings, anders als die zuvor aufgezählten Substantive, flexionsmorphologisch ans Deutsche angeglichen, indem an die Stelle der alten lateinischen Infinitivendungen *-are* und *-ere* das deutsch flektierbare Lehnsuffix *-ieren* getreten ist. Diese Angleichung ans deutsche Flexionssystem, die sich positiv auch als Integration beschreiben ließe, wird hier nun dezidiert negativ als „Korruption" bezeichnet: es handele sich um (eigentlich) lateinische Verben, die als Fremdwörter „in Teutsch corrumpirt", also verderbt werden. Diese stark wertende Wortwahl gibt im Hinblick auf den Autor Anlass zu Vermutungen. Es könnte sich um jemanden handeln, für den Latein einen deutlich höheren Status hat als das Deutsche, und der jede morphologische Veränderung eines

---

44 Frankfurt am Main: Christian Egenolff 1538, 1542, 1549, 1555, 1562, 1567, 1578 (VD16 G 2297–2303).
45 Seit der Ausgabe von 1562 ist die Liste dieser Verben um 13 weitere auf 62 vermehrt.
46 Göbler 1536, fol. 7a.

lateinischen Worts im Interesse seiner Integration ins Deutsche als sprachfrevelnde Entwertung, Herabminderung, Beschädigung empfindet. Oder es geht um jemanden, der sprachpuristische Ansichten vertritt und, ohne der einen oder der anderen Sprache einen höheren Wert beizumessen, einfach die Verwendung von Mischformen wie diesen aus teils lateinischen, teils deutschen Bestandteilen gebildeten Fremdwörtern ablehnt, der also jede Sprache rein und unvermischt und klar voneinander getrennt verwenden will.

Göbler scheint die Wendung „in Teutsch corrumpirt" mit Bezug auf Fremdwörter als erster gebraucht zu haben. Ob er die dahinterstehende Vorstellung auch selbst aufgebracht hat, erscheint zweifelhaft. Kehren wir noch einmal zu der drei Jahre früher, 1533, verfassten Vorrede von Aventinus' *Bayerischer Chronik*[47] zurück. Der Humanist begründet dort, warum er die deutsche Übersetzung seiner ursprünglich lateinisch geschriebenen Chronik in einer alltäglichen, allgemeinverständlichen Sprache gehalten hat, und spricht sich bei dieser Gelegenheit gegen die Gewohnheit seiner lateinkundigen Zeitgenossen aus, ihre deutschen Texte nach lateinischem Muster zu „verbiegen" und zu „verkrümmen" und mit „zerbrochenen lateinischen Wörtern" zu verfälschen:

> [...] in dieser verteutschung brauch ich mich des alten lautern gewönlichen iederman verstendigen teutsches; dan unser redner und schreiber, voraus so auch latein künnen, biegen, krümpen unser sprach in reden, in schreiben, vermengens, felschens mit zerbrochen lateinischen worten, machens mit grossen umbschwaifen unverstendig ziehens gar von irer auf die lateinisch art mit schreiben und reden, das doch nit sein sol, wan ein ietliche sprach hat ir aigne breuch und besunder aigenschaft.
> Es laut gar übel und man haist es kuchenlatein, so man latein redt nach ausweisung der teutschen zungen: also gleichermaß laut's übel bei solcher sach erfarnen, wo man das teutsch vermischt mit frembden worten, verändert's auf ein frembde sprach, demnach's zerbrochen und unverstendig wirt. (5/6)

Hier taucht die Partizipialform *zerbrochen* gleich zweimal auf: das Deutsche wird unzulässig „mit zerbrochen lateinischen worten", also Fremdwörtern, verfälscht, und so, „vermischt mit frembden worten", wird es „zerbrochen und unverstendig". Aventinus, der humanistisch gebildete versierte Lateiner, vertritt hier einen entschieden sprachpuristischen Standpunkt und wendet sich gegen die Verwendung lateinischstämmiger Fremdwörter in deutschen Texten; sowohl diese Fremdwörter als auch die damit versetzten Texte klassifiziert er abwertend als „zerbrochen". Der zunächst etwas merkwürdig erscheinende Ausdruck *zerbrechen* ist natürlich die etymologisierende, wörtliche deutsche Entsprechung von

---

[47] Vgl. oben Fußnote 25. Die Chronik erschien erst 1556 im Druck, wurde aber bereits in den Jahren 1526–1533 verfasst.

lat. *corrumpere*, das wir heute in diesem Kontext eher mit *verderben* übersetzen würden: Aventinus polemisiert hier gegen Fremdwörter als „verderbte lateinische Wörter" und gegen das latinisierte Deutsch als „verderbte und unverständliche" Sprache. Damit drückt er sich im Grunde genauso aus wie Göbler später mit seinen „lateinischen, aber im Deutschen korrumpierten Wörtern".

Ob Göbler die zu seiner Zeit noch ungedruckte *Bayerische Chronik* des Aventinus mit ihrer Vorrede gekannt und seine Fremdwortbezeichnung von dort übernommen hat, steht dahin. Zumindest belegt die Aventinus-Stelle, dass es zu dieser Zeit in humanistischen Gelehrtenkreisen (in welchem Ausmaß auch immer) eine Haltung gegeben hat, die den Fremdwortgebrauch ablehnt und Fremdwörter solchermaßen, als korrumpierte/zerbrochene lateinische Wörter, auffasst und bezeichnet.

Göblers juristisches Fachglossar wurde im 16. Jahrhundert in Werken ähnlicher Thematik immer wieder aufgegriffen und nachgedruckt, sowohl als Ganzes wie mit einzelnen seiner Worterklärungen. Dabei wurde auch die Redeweise von den korrumpierten Wörtern mehrfach mitübernommen. In einem ab 1538 anonym erscheinenden, verbreiteten Handbuch des Notariatswesens mit dem Titel *Notariat vnnd Teutsche Rhetoric*[48] taucht das komplette Glossar samt der Binnenüberschrift mit der einschlägigen Fremdwortbezeichnung seit der Ausgabe von 1561[49] auf, sie lautet hier (fol. 15b):

> Besondere vnd eygene wörter der handlungen / Actuum, seind der mehrertheyls Lateinisch / wiewol sie in Teutsch Corrumpiert werden / wie folget.

Auch in der verbreiteten Synonymik von Leonhard Schwartzenbach[50] findet sich seit deren 1564 erschienenen dritten Auflage diese Wendung, und hier sogar schon im Titel des Werks (fol. A1a):

> SYNONYMA. Formular, Wie man ainerley rede vnd mainung / mit andern mehr worten / auff mancherley art vnd weise / zierlich reden / schreiben / vnd außsprechen sol. Item /

---

48 *Notariat vnnd Teutsche Rhetoric.* Frankfurt am Main: Christian Egenolff 1538 (VD16 N 1870).
49 *Notariat / vnd Teutsche Rhetoric.* Frankfurt am Main: Chr. Egenolffs Erben 1561 (VD16 N 1874). Glossar hier fol. 12a–16b. Weitere Ausgaben (mit Glossar) Frankfurt am Main bei Egenolffs Erben 1565, 1571, 1578 (VD16 N 1875, VD16 ZV 20783 / N 1876, VD16 N 1877).
50 Leonhard Schwartzenbach: *Synonyma.* Formular, Wie man ainerley rede vnd mainung / mit andern mehr worten / auff mancherley art vnd weise / zierlich reden / schreiben / vnd außsprechen sol. Frankfurt am Main: Feyerabend und Hüter 1564 (VD16 S 4677). Die ersten beiden Auflagen erschienen 1554 und 1556 (beide in Nürnberg bei Georg Merckel (Claes 1977: 118, Nr. 451 und 122, Nr. 466)), spätere Ausgaben 1571 und 1580 (Frankfurt am Main bei Hieronymus bzw. Sigmund Feyerabend, VD16 S 4678 und 4679). Vgl. dazu Haß (1986) mit faksimiliertem Nachdruck der Ausgabe 1564; Müller (2001: 252–258).

> Bericht vnd Außlegung etlich Lateinischer wörter / so täglich inn vnd ausserhalb Gerichts gebraucht / vnd zum theil im Teutschen corrumpiert werden. Auch vnterschied derselben / daneben vermeldet vnd angezeigt. Für die jungen noch vngeübten Schreiber gestellet.[51]

Schwartzenbach löst die dreigeteilte Struktur des Göbler'schen Glossars komplett auf und verteilt dessen Lemmata so, wie sie semantisch passen, unter die Synonyme seiner rund 1.100 alphabetisch geordneten eigenen Lemmata. Die Interpretamente der Göbler-Lemmata aber übernimmt er so wortgetreu aus seiner Vorlage, dass deren Verwendung außer allem Zweifel steht.[52] Im Anschluss an die Wörterbuchstrecke folgt dann (ebenfalls seit der 3. Auflage 1564) auf dem letzten Blatt noch ein zweiseitiges Register der in den *Synonyma* vorkommenden Fremdwörter (vgl. die Abb. 1 und Abb. 2), und dessen Überschrift lautet bezeichnenderweise:

> Die Corrumpierte Lateinische Wort / davon anfangs gemeldet / vnd bey disen Synonymis verteutscht vnd außgelegt / sind dise (fol. 101a).

Das Register führt insgesamt 160 Fremdwörter (ganz überwiegend der Rechtssprache) auf, von denen im Werk 43 als Lemmata angesetzt, 117 als Synonyme nativ deutscher Lemmata genannt werden. Nach den typographischen Gepflogenheiten der Zeit sind die Fremdwörter meist, aber nicht immer in Antiqua (statt der Fraktur-Normaltype) gesetzt.[53] Zählt man die in den *Synonyma* tatsächlich auftretenden Fremdwörter genau aus, ergibt sich eine höhere Anzahl, nämlich insgesamt 209; rund 65 davon sind im Register nicht erfasst. Dieses Fremdwortregister ist ein klarer Beleg dafür, dass dem Autor Schwartzenbach, sieben Jahre vor Simon Roth, der lexikalische Sonderstatus des deutschen Fremdwortschatzes bereits bewusstgeworden ist. Zwar gibt er durch die Übernahme der pejorativen

---

[51] Ähnlich nochmals in der Widmungsvorrede fol. A2b: „Hab ich mit so viel weniger reuwe / diß Formular (...) an viel enden verneuwert / mit zuthuung etlich Lateinischer wörter / so im Teutschen corrumpiert / vnd täglichs in vnd ausserhalb Gerichts gebraucht werden / auff daß ein junger Schreiber auch dieselben (...) desto leichter verstehen möge."
[52] Die 49 Lemmata der Göbler-Strecke *Citirn – Qualificirn* greift Schwartzenbach zudem so vollständig auf (es fehlt kein einziges), und die 13 seit der 6. Auflage des *Gerichtlichen Proceß* von 1562 hinzugekommenen Lemmata (vgl. oben Fußnote 45) fehlen bei Schwartzenbach so eindeutig (11 fehlen ganz, bei den übrigen zwei haben die Interpretamente einen völlig anderen Wortlaut als bei Göbler), dass sich daraus die benutzte Göbler-Ausgabe auf eine der ersten fünf Auflagen (1536–1555) eingrenzen lässt. Haß dagegen geht davon aus, Schwartzenbach habe für die dritte Auflage der *Synonyma* von 1564 die 6. Auflage des *Proceß* von 1562 benutzt; vgl. Haß (1986: 223–231).
[53] Sieben der 43 Fremdwort-Lemmata sind in Fraktur gesetzt, doch sollte dieser Befund (hier wie andernorts) nicht zu mechanisch als Indiz für die Einschätzung des Integrationsgrads der betreffenden Lexeme durch den Autor interpretiert werden.

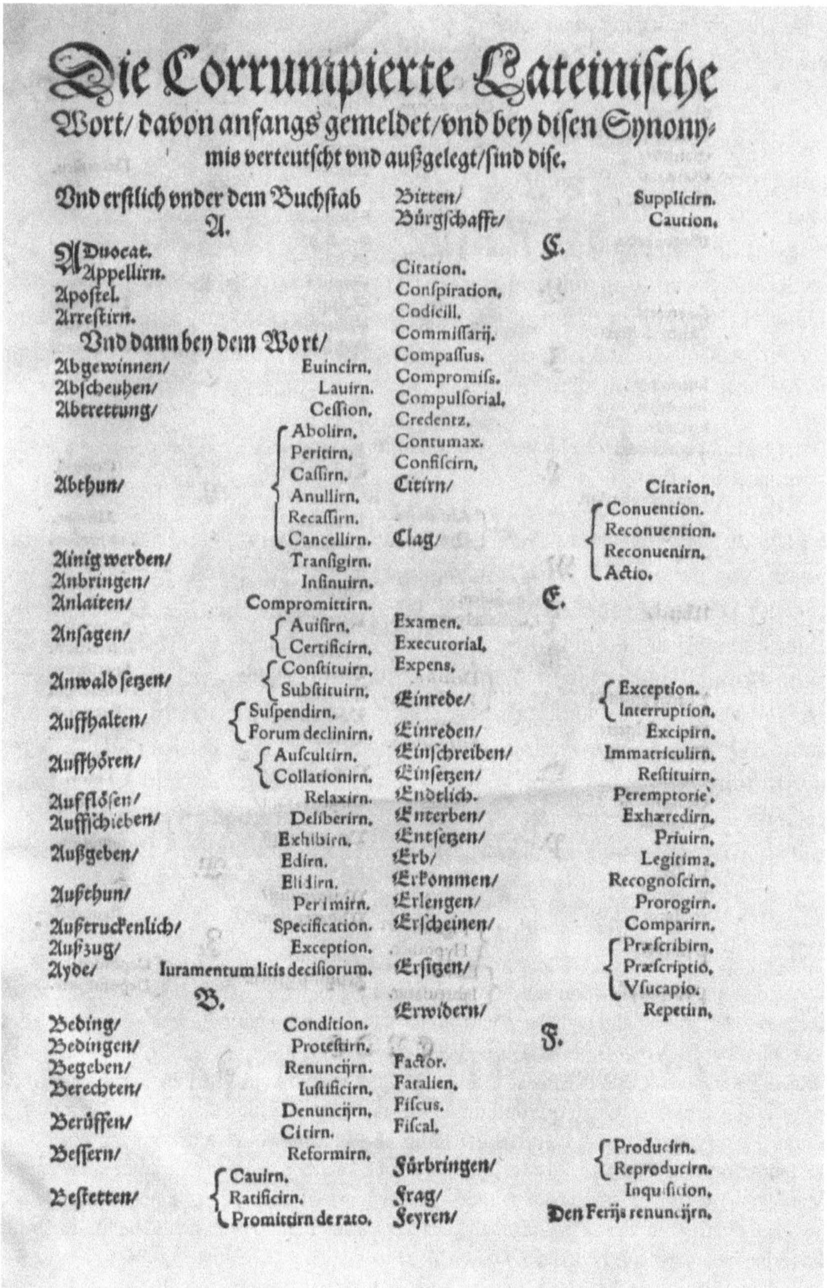

Die Corrumpierte Lateinische
Wort/ davon anfangs gemeldet/vnd bey disen Synony-
mis verteutscht vnd außgelegt/sind dise.

Vnd erstlich vnder dem Buchstab A.

Aduocat.
Appellirn.
Apostel.
Arrestirn.

Vnd dann bey dem Wort/

Abgewinnen/ — Euincirn.
Abscheuhen/ — Lauirn.
Abtrettung/ — Cession.

Abthun/ — { Abolirn. Peritirn. Cassirn. Anullirn. Recassirn. Cancellirn.

Ainig werden/ — Transigirn.
Anbringen/ — Insinuirn.
Anlaiten/ — Compromittirn.

Ansagen/ — { Auisirn. Certificirn.

Anwald setzen/ — { Constituirn. Substituirn.

Auffhalten/ — { Suspendirn. Forum declinirn.

Auffhören/ — { Auscultirn. Collationirn.

Aufflösen/ — Relaxirn.
Auffschieben/ — Deliberirn.

Außgeben/ — { Exhibirn. Edirn. Elidirn.

Aufthun/ — Perimirn.
Außtruckenlich/ — Specification.
Auffzug/ — Exception.
Ayde/ — Iuramentum litis decisiorum.

B.

Beding/
Bedingen/ — Condition.
Begeben/ — Protestirn.
Berechten/ — Renuncijrn.
 — Iustificirn.
Berüffen/ — Denuncijrn.
 — Citirn.
Bessern/ — Reformirn.

Bestetten/ — { Cauirn. Ratificirn. Promittirn de rato.

Bitten/
Bürgschafft/ — Supplicirn. Caution.

C.

Citation.
Conspiration.
Codicill.
Commissarij.
Compassus.
Compromiss.
Compulsorial.
Credentz.
Contumax.
Confiscirn.

Citirn/ — Citation. { Conuention. Reconuention. Reconuenirn. Actio.

Clag/

E.

Examen.
Executorial.
Expens.

Einrede/ — { Exception. Interruption.

Einreden/ — Excipirn.
Einschreiben/ — Immatriculirn.
Einsetzen/ — Restituirn.
Endtlich. — Peremptorie.
Enterben/ — Exhæredirn.
Entsetzen/ — Priuirn.
Erb/ — Legitima.
Erkommen/ — Recognoscirn.
Erlengen/ — Prorogirn.
Erscheinen/ — Comparirn.

Ersitzen/ — { Præscribirn. Præscriptio. Vsucapio.

Erwidern/ — Repetirn.

F.

Factor.
Fatalien.
Fiscus.
Fiscal.

Fürbringen/ — { Producirn. Reproducirn.

Frag/ — Inquisition.
Feyren/ — Den Ferijs renuncijrn.

Abb. 1: Leonhard Schwartzenbach: *Synonyma* (Frankfurt am Main 1564), fol. 101a.

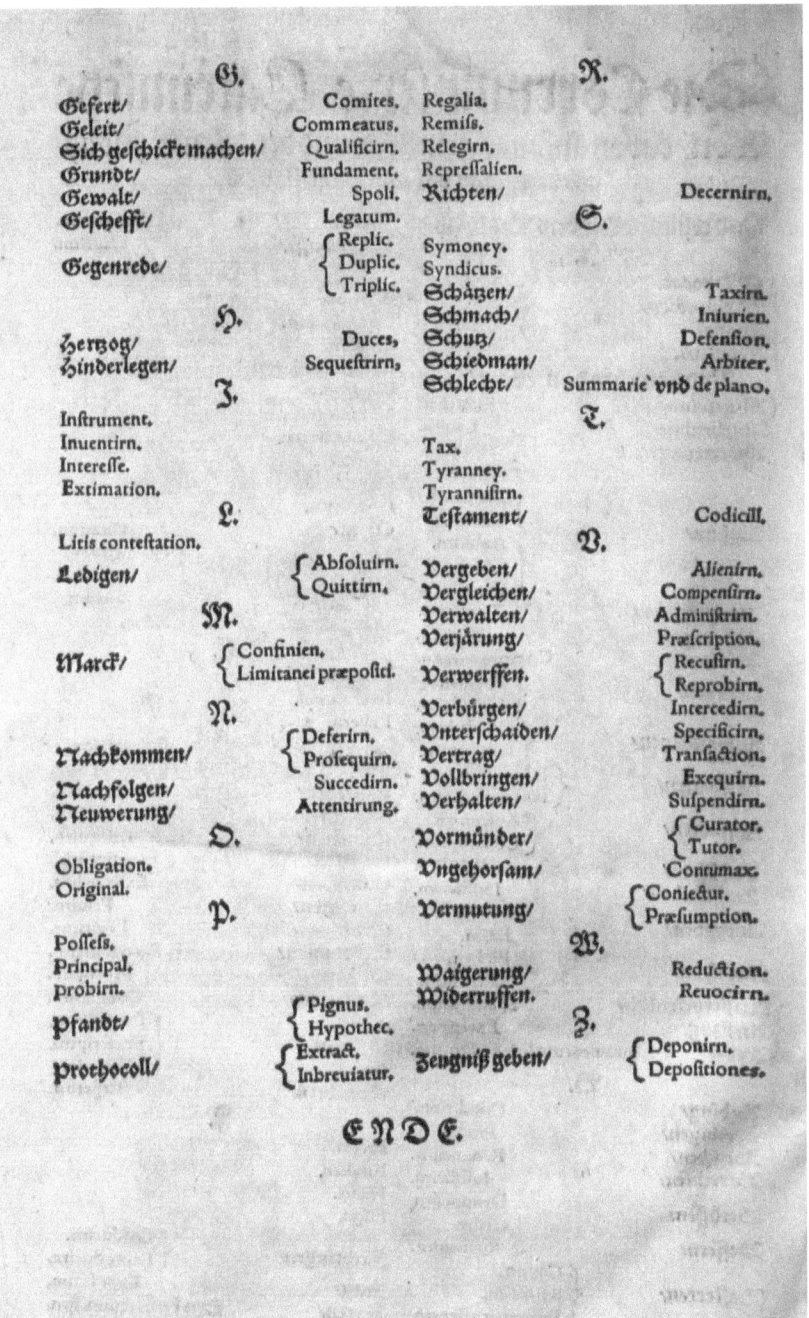

Abb. 2: Leonhard Schwartzenbach: *Synonyma* (Frankfurt am Main 1564), fol. 101b.

Göbler'schen Bezeichnung die darin angelegte ablehnende Haltung weiter, doch würdigt er mit seinem Register immerhin die Sonderstellung der Fremdwörter im Deutschen und trägt ihr lexikographisch Rechnung. Von hier aus ist der Schritt zum „ersten Fremdwörterbuch" nicht mehr allzu groß.

Eine hochinteressante Weiterentwicklung erfährt die Redeweise von den korrumpierten lateinischen Wörtern schließlich ebenda, bei Simon Roth. In seinem *Teutschen Dictionarius* von 1571 bezeichnet er in einigen seiner Wortartikel das jeweils behandelte Fremdwort zwar, dem Wortgebrauch seines Lehrers Aventinus folgend, als „zerbrochens Lateinisch wort"[54] (einmal sogar als „corrumpirts Lateinisch wort"[55]) bzw. als „zerbrochens Griechisch wort"[56]. Dann aber beschließt er, ganz ähnlich wie Schwartzenbach, das Wörterbuch ebenfalls mit einem (hier: vierseitigen) Glossar, das „korrumpierte" Wörter auflistet (fol. R2a–R3b). In der Überschrift heißt es: „Volgen etlich Bawren Latein / das ist / wie der gemain Mann die Lateinischen wort corrumpirt." (fol. R2a). Danach beginnt die Wortliste:

Für	
Appellation,	papalo oder apelo.
Aufinuentirn,	Aufuentirn.
Apostem,	Pockstern.
Clauicordi,	Clauigur.
Comum	Comaun.
Cantzler,	Catzler.
Commissari	Pisari vl' milssari.
Commission,	Miscampm oder campmis.
Dedit,	Derigit.
Defension,	Refention. VVepsion. Refens schrifft.
Dialtea	Die alt ehe.
(...)	

Hier wird klar: Roth geht es in diesem Glossar nicht, wie Schwartzenbach, einfach um gängige Fremdwörter, die er als verderbte Formen ihrer fremdsprachigen

---

[54] Fol. C5a: Cantzler, *ist ein zerbrochen Lateinisch wort / vnd haist auff gůt Teutsch / der mann im gätter* (...); K8a: Most, *Ist ein zerbrochens Lateinisch wörtel / gantz* Mustum, *Ein newer vnuergerter wein* (...); M2a: Pass, *Ist ein zerbrochens Lateinisch wort / gantz* passus, *Ein schritt* (...); M7a: Pfister. *Ein zerbrochens Lateinisch wort /* pistor */ darein ein f nach art der Teutschen sprach gesetzt wirt* (...).

[55] Fol. N2a: Probst, *Ein corrumpirts Lateinisch wort / gantz* præpositus, *Ein furgesetzter* (...)

[56] Fol. L6b: Orgl, *Ein zerbrochens Griechisch wörtel / gantz heist es* Organon, *Ein instrument.* (...); O8b: Schem, *Ein zerbrochens Griechisch wort / gantz* Schema, *Ein form / gstalt / kleydung* (...). Statt „zerbrochen" oder „corrumpirt" tritt hier auch einmal „abgebrochen" auf: fol. J4b: Kyrch, *vom Griechischen wort* Kyrios, *Ein Herr / daruon* Kyriaci */ oder abgebrochen* kyrch */ das dem Herren zugehört* (...).

Etyma betrachtet, sondern vielmehr um korrumpierte – im Sinne von: entstellte, verstümmelte, verballhornte – Formen von solch „regulären", lateinisch- oder griechischstämmigen, flexionsmorphologisch ins Deutsche integrierten Fremdwörtern – lexikalische Korruptelen, wie sie der ungebildete „gemain Mann" gelegentlich unfreiwillig produziert. Solche Verballhornungen sind dem Lateinschulmeister Roth ein Gräuel, sie stellt er in diesem Glossar als „Bawren Latein" an den Pranger.[57] Gegen die ihnen zugrundeliegenden Fremdwörter dagegen hat Roth – auch wenn er sie mit Aventinus gelegentlich als „zerbrochen" bezeichnet – nichts einzuwenden. Im Gegenteil: schon in der Vorrede zum *Dictionarius* gibt er sich als emphatischen Befürworter lateinischer Fremdwörter im Deutschen zu erkennen, die er als Bereicherung der deutschen Sprache und ihrer Ausdrucksmöglichkeiten willkommen heißt.[58] Diese so segensreichen Fremdwörter empfindet Roth als wahrhaft „korrumpiert" eigentlich erst dann, wenn sie im Mund der einfachen „Bauern" monströse Gestalt annehmen.

Das ist eine ganz andere Einstellung als bei Aventinus oder Göbler, und keine, die in den folgenden Perioden immer wieder aufflammender Fremdwortfeindlichkeit besonders populär gewesen wäre. Trotzdem hat ausgerechnet Roth mit seinem kurzen Glossar „Bawren Latein" eine lexikographische Nebentradition ins Leben gerufen, die ihn um Jahrhunderte überdauert hat und erst im frühen 19. Jahrhundert zum Erliegen gekommen ist. Roth ist mithin nicht nur der „Erfinder" des deutschen Fremdwörterbuchs (oder Wörterbuchs der schweren Wörter), sondern auch eines lexikographischen Kuriosums: des Bauern-Lexikons.

Nicht wenige der von Roth mitgeteilten Verballhornungen von Fremdwörtern haben in den Ohren der sattelfesten Lateiner, also der Bildungselite, einen komischen Klang. Für *Cantzler* sagt der „Bauer", wie wir bereits gesehen haben, *Catzler*. Für *Orgl* sagt er *Gurgl* (fol. R2b). Aus *Principal* kann gleich ein ganzes

---

[57] Allerdings gibt Roth auch im alphabetischen Wörterbuchteil gelegentlich solche korrumpierten Formen an: Armar, *oder corrupte* almar (…) (fol. C1b); Clistir, *oder wie man* corrupte *spricht* / Cristir (…) (C8b); Dom *oder corrupte* Thům (…) (F3a); Prouision, *oder corrupt* Prouison (…) (N5a); Pulpit, *oder zerbrochen* Pulpret (…) (N6a); vgl. Kremer (2013: 108) (ohne *Dom* und *Pulpit*).
[58] Roth 1571, fol. A4a/b: „Nein du mein Lieber / Eben darumb / das die Teutsch sprach so zierlich worden / ist die Lateinisch vnnd Griechisch dester werder vnd fleissiger zuhalten vnd zu studiren / ohn welche solche zierligkeit nit recht kan verstanden werden / dieweil sie darauß jren vrsprung hat. […] Man sagt von den Latinern / *Quid Latini haberent, si Græci non fuissent*. Das ist / Was hetten wol die Lateiner / oder wie gar ein arme vnnd spröre sprach wer es / wenn die Griechen nit gewesen? Eben das mag man auch jetzundt von vns Teutschen sagen. Was hetten wir noch zumal für ein sprach / wann die Latein nit wär / welches dem Teutschen nit ein kleine zier gibt / Ich wil hie […] allein sagen vnnd einem zuerwegen fürgeben haben / was zier die Teutsch sprach allein auß den einzelligen wörtern / so auß dem latein eingemengt werden / bekommen habe / welche neben der zier auch grossen nutz mit bringen."

Feuerwerk grotesker Korruptelen entstehen: *Sprintzupalg, Parcifal, Runcifal, Paxifal* oder gar *Belzebock* (fol. R3a). All diese himmelschreienden Entstellungen, als Zeugnisse gescheiterter Kommunikationsteilhabe durch bildungsferne Sprachbenutzer eigentlich nicht frei von einer gewissen Tragik, bieten Angehörigen der privilegierten Sprachelite, je nach persönlicher Veranlagung, durchaus Anlass zu selbstzufriedener Erheiterung.[59] Vermutlich ist schon Roths kurzes Glossar von manchen so gelesen und goutiert worden. Zwar lässt Bernhard Heupold in seinen beiden kaum veränderten Nachdrucken des *Dictionarius* in den Jahren 1602 und 1620[60] das Glossar mit dem Bauernlatein weg, doch im frühen 18. Jahrhundert wird diese Art der Korruptelenlexikographie wieder aufgegriffen.

1728 erscheint von einem Autor, der sich hinter dem Pseudonym *Belemnon* versteckt, ein *Curiöses Bauern-Lexicon*, in dem „Die meisten in unserer Teutschen Sprache vorkommende fremde Wörter erkläret- so dann, wie Ketzerlich solche von vielen ausgesprochen, angedeutet- und endlich bey jedem Wort eine lächerliche Bäuerisch- oder Jüdische Redens-Art beygefüget wird".[61] Hier werden zu rund 800 Fremdwörtern rund 2.000 Abusivformen aufgeführt, deren irrtümliche Verwendung durch „Bauern" der Autor als „corrupte pronunciation" (Vorr.: [7]) bezeichnet – es geht aber meist nicht um falsch ausgesprochene, sondern um falsch verstandene und völlig falsch verwendete Fremdwörter, jeweils belegt durch vorgeblich authentische Verwendungsbeispiele, die oft verdächtig komische Anekdoten oder (Herren-)Witze ergeben.[62] Diese Art humoristischer Lexikographie falsch gebrauchter Fremdwörter findet dann im 18. Jahrhundert noch hier und da Wider-

---

[59] Dass ihm der komische Nebeneffekt dieser Korruptelen bewusst ist, räumt Roth in seiner Vorrede ein (fol. A7a): „Nun muß ich melden / das ich zu endt dises *Dictionarij* etliche *corrupte* wort / welche man Paurn latein haist / angehengt hab / Welches eins theils von nutz wegen / dann solche wort auch offt den Gelerten ein jrrung vnd nachsinnen machen / darneben aber auch zu eim possn vnd lächerlichem schwanck geschehen / damit man sehe / wie der gemein vngelert man / ein böser nachthur ist".

[60] Bernhard Heupold: *Teutsches DICTIONARIOLVM* Welches außlegt vnnd erklärt etliche schwere vnbekande / Teutsche / Grichische / Lateinische / Hebraische / Welsche vnd Frantzösische / auch anderer Nation Wörter / so mit der weil in Teutsche Sprach kommen seind. Frankfurt: Egenolff 1602 (VD17 23:314328Z); Bernhard Heupold: *DICTIONARIVM*: Erklärend Allerley schwäre / vnbekandte / Teutsche / Griechische / Latinische / Hebraische / Italiänische / Frantzösische / auch anderer Nationen Wörter / so mit der weil in die Teutsche Spraach eingerissen / [...] auffs new vnd fleissigst zusammen getragen / vnd vmb viel verbessert. Basel: Genath 1620; vgl. Kremer (2013: 205–222).

[61] Belemnon: *Curiöses Bauern-LEXICON* [...]. Denen Unwissenden zu wohlmeynenden Unterricht, andern aber zur Ergötzlichkeit zusammen getragen und zum Druck befördert Von BELEMNON. Freystatt 1728. Vgl. dazu Schmidt (2008).

[62] Schmidt (2008: 8f.).

hall[63], um schließlich mit zwei Fremdwörterbüchern des frühen 19. Jahrhunderts auszuklingen.[64] Auch wenn die Autoren der meisten dieser Wörterbücher von Simon Roth vielleicht nie etwas gehört haben, stehen ihre lexikographischen Werke mit ihrem Fokus auf korrumpierte Fremdwörter doch letztlich in der Tradition von dessen Glossar *Bawren Latein* im *Dictionarius* von 1571.

3.7 *lateinisch (griechisch, hebräisch* usw.)

Eine weitere Art schließlich, wie das 16. Jahrhundert Fremdwörter bezeichnet, besteht darin, sie nach ihrer Herkunftssprache zu benennen, als gehörten sie dieser nach wie vor an. Lateinischstämmige Fremdwörter werden dann also schlicht als lateinische Wörter bezeichnet, ungeachtet ihrer womöglich eingedeutschten Flexionsendungen, Orthographie oder Aussprache. Simon Roth verfährt so mehrfach, einmal in der bereits betrachteten Überschrift seines Glossars mit *Bawren Latein*, wo er die Korruptelen von Fremdwörtern als korrumpierte Formen von lateinischen Wörtern bezeichnet (s. o.), dann aber auch in seiner Vorrede, wo er (fol. A5a/b) ausführt:

> Doch gib ich hie nit für / verheiß auch nit / das man alle vnd jede Lateinische wörter / so im Teutschen bißher gebraucht seind worden / inn disem *Dictionariolo* finden werde / dann deren noch täglich mehr vnd mehr herfür kommen. Ich hab hie nur das maist vnd gebreuchlichest wöllen einführen.

Auch in seinen Wortartikeln weicht Roth von der bei ihm häufigeren (und korrekteren) Ausdrucksweise, ein Fremdwort komme von einem bestimmten Etymon her (Muster: „*Falck*, von dem Lateinischen wort *falco*"; fol. G2a) nicht selten ab zugunsten der verkürzten Aussage, dass das Fremdwort ein Wort der Fremdsprache sei („*Lai*, Ein Griechisch wort / Einer auß dem gemeinen Volck"; fol. J5b).

Im Falle der *Kleinen Wundartzney* (s. o. 3.3) hat sich bereits gezeigt, dass das ursprüngliche Syntagma *verlateinete vnd frembde wörtter* in den ersten zehn Auf-

---

63 Nachdruck 1752 in leicht gekürzter Form in dem ebenfalls unter Pseudonym und mit fingiertem Druckort erschienenen Werk *Ludwig Tölpels ganz funkel nagel neue BaurenMoral mit einem lächerlichen Wörterbuch vermehrt und in das Teutsche übersetzt von Palato, Kamtschacka*, darin 99–272 unter dem Titel *Critisches Bauren-Wörterbuch* (Schmidt 2008: 5).
64 Christian Anton August Slevogt: *Alphabetisches Wörter-Buch besonders für Unstudirte*: zur Erklärung der gewöhnlichsten in der deutschen Sprache vorkommenden fremden Wörter und Redensarten; nebst Beyspielen und Anecdoten. 4 Bände. Jena 1801; Eucharius Ferdinand Christian Oertel: *Gemeinnüzziges Wörterbuch zur Erklärung und Verteutschung der im gemeinen Leben vorkommenden fremden Ausdrükke*. Dritte, sehr verbesserte und vermehrte Auflage, Ansbach 1816 (EA 1804, 2. Aufl. 1806, weitere Ausg. 1826, 1831, 1840).

lagen (1528–1534) beibehalten, dann aber von 1552 an durch *lateinische Wörter* ersetzt wurde. Auch Ickelsamer betont in seiner *Teutschen Grammatica* an der bereits betrachteten Stelle (s. o. 3.1), dass die von ihm aufgezählten elf Beispiele für Fremdwörter „nit teütsche wort sein / sonder Lateinisch vnd Ghriechisch".

Gegen Ende des 16. Jahrhunderts erscheinen noch zwei weitere notarielle Handbücher, die das Göbler-Glossar mehr oder weniger unverändert übernehmen, aber nun von den Fremdwörtern nur noch als lateinischen Wörtern (ohne den Zusatz „im Deutschen korrumpiert") reden. Das erste ist das 1584 erschienene *Manual, oder Handbüchlin der Notariatkunst* von Anton Hatzger[65]; das darin enthaltene 30-seitige Fremdwortglossar (152–182) ist überschrieben:

> Erclärung Etlicher Latinischen wörter / so in Gerichten / Contracten / Testamenten / vnnd allerhand Schrifften gemeinlich im brauch sind / den Notarijs zu wissen von nöten. (152)

Ganz ähnlich findet sich im anonym herausgebrachten *Manuale Instrumentorum* von 1589[66] im sehr langen, auf eine Inhaltsangabe des Bands hinauslaufenden Titel folgende Passage (mit Bezug auf das Fremdwortglossar am Ende des Bandes):

> weitter angehenckt ein kurtze erklärung etlicher Lateinischer wörter vnd phrases / so jm Rechten vnd Gericht / so wol mündelich also schrifftlich / in gerichtlichen Recessen / Producten / auch allen andern Concepten / vnd Formularien sehr gebreuchig / allen Schreibern / Notarien / Procuratorn / auch Gerichts vnd dergleichen Amptspersonen / zuwissen sehr notwendig (fol.)(1a).

Auf fol. 6a–7a gibt es zudem ein Verzeichnis von anderthalb Seiten für „etliche höfliche Teutsche vnd Lateinische Wörter / gleicher bedeutung" mit synonymen Doppel- und Mehrfachformeln, die jeweils mindestens ein Fremdwort enthalten (das somit ebenfalls als lateinisches Wort bezeichnet wird): „Inuestiert vnd belehnet worden", „Reuociren und in Recht fordern möge", „Hat statuirt vnd gebotten", „Contract vnd handlungen", „Resoluirung / erörterung vnd erledigung" usw. Das Fremdwortglossar am Bandende schließlich umfasst zwölf Seiten und beginnt fol. 58a mit folgender Überschrift (einer gekürzten Fassung der Ankündigung im Titel, mit einer Wendung am Anfang, die wieder stärker an Göbler erinnert):

> Sondere vnd eigene Wörter / so im Rechten vnd Gericht / in Gerichtlichen Producten / vnd allen andern Concepten vnd Formularien sehr gebraucht werden / wie die im Latein vnd

---

[65] Anton Hatzger: *MANVAL, Oder Handbüchlin der Notariatkunst.* Speyer: Bernhard Dalbin 1584 (VD16 ZV 7452).

[66] (anonym): *MANVALE INSTRVMENTORVM*, Allerley Offenlicher vnd Privat Instrumenten Brief- Vnd schrifften (...). Frankfurt am Main: Martin Lechler in Verlegung Christian Egenolphs Erben 1589 (VD16 M 671 / N 1865).

Teutschen zu verstehen seyn / allen Schreibern / Notarien / Procuratorn vnd andern Gerichtspersonen / zuwissen nötig.

Es folgen, weitgehend unverändert, die ersten beiden Teile des Göbler-Glossars, der dritte Teil aber mit den Verben zeigt etliche Neuerungen: er ist strikt alphabetisch sortiert, enthält nun neben Verben auch Substantive, Adverbien und Syntagmen, hat deutlich kürzere Interpretamente und beginnt mit einer neuen Überschrift, die den meisten dieser Änderungen Rechnung trägt (fol. 60a):

> Vnd dann folgen andere Wörter / vnd zum theil auch gantze Phrases, so vor Gericht in denselben einkommen Producten vnnd sonsten andern Schrifften zu reden vnd zu schreiben sehr gebräuchig / vnd derohalben zu wissen von nöhten / nach dem Alphabet verzeichnet.

Nach wie vor sind nur die Verben mit ihren -i(e)r(e)n-Endungen eingedeutscht und als Fremdwörter im heutigen Sinne anzusprechen, die übrigen Wortarten und die Syntagmen sind durchweg lateinisch; das ganze Glossar ist somit eine Mischung aus Fremdwörterbuch und zweisprachigem (lateinisch-deutschem) Wörterbuch. Die Überschrift verzichtet denn auch auf irgendeine genauere Bezeichnung des behandelten Wortschatzes.

Ein letzter Beleg aus Ickelsamers *Teutscher Grammatica* von 1534 (s. o. 3.1) soll diese Sammlung von Textstellen beschließen; er gehört vielleicht als (vereinzelter?) Sonderfall zu diesem Typ von Fremdwortbezeichnungen dazu. Ickelsamer beschäftigt sich auf fol. D1a mit der Worttrennung und bemerkt über das Fremdwort *Cistern* ‚Zisterne': „Also auch das lateinisch teütsch wort / Cistern / lautet lieblicher also getailt / Ci-stern". Wie hier die Aufeinanderfolge von *lateinisch* und *deutsch* gemeint ist, wird nicht restlos klar: ist es die additive Aufzählung der sprachlichen Bestandteile dieses Worts, die heute am besten durch eine Schreibung mit Bindestrich wiedergegeben würde, oder stehen die beiden Sprachbezeichnungen einfach unverbunden nebeneinander, weil sich auch Ickelsamer nicht entscheiden konnte, ob er dieses Wort als lateinisches oder deutsches ansprechen soll?

4 Fazit und Ausblick

Geht man die oben präsentierte Sammlung von Textstellen, in denen von Autoren des 16. Jahrhunderts Fremdwörter bezeichnet werden (eine, wie gesagt, unvollständige und vorläufige Sammlung) Stück für Stück durch, ergibt sich der Eindruck eines onomasiologischen Felds, in dem noch vieles in Bewegung und unfest ist. Im Zentrum stehen einige Ausdrücke, die öfters auftauchen, ohne dass einer die anderen schon deutlich überwiegen würde. An der Peripherie finden sich selten oder nur einmal gebrauchte Wendungen, die zum Teil noch im 16. Jahrhundert wieder verschwinden (*verlateinete Wörter*), zum Teil länger überdauern, aber auch in späteren Jahrhunderten (soweit sich das bei einem noch flüchtigen Blick auf diese bereits sagen lässt) selten bleiben: *schwere Wörter*, *unbekannte Wörter*, *ausländische Wörter* (erst an der Wende vom 18. zum 19. Jahrhundert wieder häufiger belegt), und, oben nur gestreift, *barbarische Wörter* (oder auch beiläufig anfallende, oben nicht eigens besprochene Ausdrücke, die auf weitere Nebenaspekte von Fremdwörtern abheben, wie z. B. *sonder* und *eigen*). Interessant, weil eben besser belegt, sind die wenigen Syntagmen im Zentrum des Wortfelds. Vergröbernd und strenggenommen unzutreffend, dabei aber doch relativ verbreitet sind die Wendungen, die statt des Fremdworts eigentlich sein Etymon bezeichnen, wie *lateinisches Wort*, *griechisches Wort* usw. Das (aus heutiger Sicht) zukunftsträchtigste Syntagma *fremde Wörter* erscheint schon relativ häufig, aber noch nicht so oft, wie man vielleicht hätte erwarten können, zumal es an vielen Stellen mehrdeutig bleibt und nur selten wirklich mit letzter Sicherheit Fremdwörter bezeichnet. *Korrumpierte lateinische Wörter* schließlich ist ein Syntagma, dessen Verwendungsgeschichte weitgehend aufs 16. Jahrhundert beschränkt geblieben zu sein scheint.[67] Als Bezeichnung für Fremdwörter ist es offenbar in den dreißiger Jahren entstanden und noch vor Ende des Jahrhunderts wieder ausgegangen, doch in diesen fünfzig, sechzig Jahren ist es relativ häufig nachzuweisen. Es ist der wohl am negativsten wertende Ausdruck von allen, die oben betrachtet wurden, und man könnte sich darüber verwundern, dass er im viel fremdwortkritischeren 17. Jahrhundert von sprachpuristischer Seite nicht weiterverwendet wurde. Offenbar kam hier ein bezeichnender Perspektivenwechsel zum Tragen, der den „mitfühlenden" Blick vom Lateinischen aufs Deutsche umlenkte: im 16. Jahrhundert konnten die humanistischen Lateiner im Fremdwort noch das verderbte lateinische Wort beklagen, hundert Jahre später wurden Fremdwörter (vor allem wenn sie in Massen auftraten und aus dem Französischen kamen) eher als verderblich für das Deutsche empfunden. Nur als Bezeichnung für verballhornte Fremdwörter

---

67 Einen späten, vom Anfang des 18. Jahrhunderts datierenden Nachhall dieser Bezeichnung für Fremdwörter stellt allenfalls das Syntagma „verstümmelte lateinische Wörter" dar, das sich im Titel eines von Christian Juncker verfassten *Nouvellen-Lexicon*, einem in Christian Weises Traktat *Curieuse Gedancken von den Nouvellen oder Zeitungen* (Frankfurt, Leipzig 1703) enthaltenen selbständigen Fremdwörterbuch, findet: *Curieuses Nouvellen-LEXICON, Oder Kurtze und deutliche Erklärung/ wo nicht aller/ jedoch der meisten und vornehmsten in denen Zeitungen vorkommenden und nicht jederman so gleich verständlicher Deutscher/ Frantzösischer und Italiänischer/ auch zum Theil verstümmelter Lateinischer Wörter und Redens-Arten/ Deren Übersetzung auf Begehren einiger Freunde/ der Studierenden und Politischen Jugend zum Besten/ auch in die Lateinische Sprache beygefüget worden* (ebd. 607; das Fremdwörterbuch erstreckt sich im Weise-Traktat von 607–876).

überlebte der Ausdruck *korrumpiert* noch für eine gewisse Zeit, was immerhin als Indiz für eine neue (und zaghafte?) Wertschätzung des Fremdworts interpretiert werden könnte. Doch waren – und blieben – die bekennenden Befürworter vom Schlage eines Simon Roth die seltene Ausnahme, und eine – wie man heute vielleicht sagen würde – „Willkommenskultur" gegenüber fremden Wörtern wollte in den in sprachlichen Dingen tonangebenden Kreisen Deutschlands nie so recht aufkommen.

Quellen

(anonym): *MANVALE INSTRVMENTORVM, Allerley Offenlicher vnd Privat Instrumenten Brief- Vnd schrifften / so in hohen Fürstlichen vnd Herrn Hoff-Cantzeleyen / auch andern geringern Stände vnd Städte Schreibereyen / Consistorien / vnd dergleichen Amptsverwaltungen / [...] gefertigt vnd gestellet werden.* [...] Frankfurt am Main: Martin Lechler in Verlegung Christian Egenolphs Erben 1589 (VD16 M 671 / N 1865).

(anonym): *Notariat vnnd Teutsche Rhetoric*. Frankfurt am Main: Christian Egenolff 1538 (VD16 N 1870). Weitere Ausgaben: Frankfurt am Main: Chr. Egenolffs Erben 1561 (VD16 N 1874), 1565 (VD16 N 1875), 1571 (VD16 ZV 20783 / N 1876), 1578 (VD16 N 1877).

[Agricola, Georg (angebl.):] *Rechter Gebrauch der Alchimei / Mitt vil bißher verborgenen / nutzbaren vnnd lustigen Künsten [...] ¶ Der Alchimistischen verlateineten wörtter außlegung. [...]* [Frankfurt am Main: Christian Egenolff d. Ä. 1531] (VD 16 R 492). Weitere Ausgaben: Frankfurt am Main um 1535 (VD16 R 494), 1540 (VD16 R 497), 1549 (VD16 R 498), 1566 (VD16 R 500) und 1574 (VD16 R 501).

[Aventinus:] *Johannes Turmair's genannt Aventinus Bayerische Chronik*. Herausgegeben von Dr. Matthias Lexer. Erster Band. Erste Hälfte. München 1882 (Johannes Turmair's genannt Aventinus Sämmtliche Werke. Herausgegeben von der K. Akademie der Wissenschaften. Vierter Band. Erste Hälfte).

Belemnon: *Curiöses Bauern-LEXICON, Worinnen Die meisten in unserer Teutschen Sprache vorkom‹m›ende fremde Wörter erkläret / so dann, wie Ketzerlich solche von vielen ausgesprochen, angedeutet / und endlich bey jedem Wort eine lächerliche Bäuerisch- oder Jüdische Redens-Art beygefüget wird. Denen Unwissenden zu wohlmeynenden Unterricht, andern aber zur Ergötzlichkeit zusammen getragen und zum Druck befördert Von BELEMNON*. Freystatt 1728.

[Göbler, Justinus:] *GErichtlicher Proceß / auß grund der Rechten vnd gemeyner übung / zum fleissigsten in drei theyl verfasset*. Frankfurt am Main: Christian Egenolff [1536] (VD16 G 2296). Weitere Ausgaben: Frankfurt am Main: Christian Egenolff 1538, 1542, 1549, 1555, 1562, 1567, 1578 (VD16 G 2297–2303).

Hatzger, Anton: *MANVAL, Oder Handbüchlin der Notariatkunst. Allen vnd ieden / sonderlich den angehenden jungen vnd vngeübten Notarien, Offenen Schreibern vnd Gerichtschreibern / sehr dienstlich vnnd nützlich*. Speyer: Bernhard Dalbin 1584 (VD16 ZV 7452).

Hedio, Caspar: *Chronica der Altenn Christlichen kirchen auß Eusebio / Ruffino / Sozomeno / Theodoreto / Tertulliano / Justino / Cypriano / vnd Plinio / durch D. Caspar Hedio verteutscht*. Straßburg: Georg Ulrich 1530 (VD 16 E 4286).

Heupold, Bernhard: *Teutsches DICTIONARIOLVM Welches außlegt vnnd erklärt etliche schwere vnbekande / Teutsche / Grichische / Lateinische / Hebraische / Welsche vnd Frantzösische / auch anderer Nation Wörter / so mit der weil in Teutsche Sprach kommen seind / vnd offt mancherley Jrrung bringen [...]*. Frankfurt: Egenolff 1602 (VD17 23:314328Z). Weitere Ausgabe: Bernhard Heupold: *DICTIONARIVM: Erklärend Allerley schwäre / vnbekandte / Teutsche / Griechische / Latinische / Hebraische / Italiänische / Frantzösische / auch anderer Nationen Wörter / so mit der weil in die Teutsche Spraach eingerissen / vnd offt mancherley jrrung bringen [...]*. Basel: Genath 1620.

Ickelsamer, Valentin: *Teutsche Grammatica. Darauß ainer von jm selbs mag lesen lernen / mit allem dem / so zum Teütschen lesen [...] zů wissen gehört*. [Augsburg, um 1535] (VD16 I 26).

[Lanfrank / Braunfels:] *Kleine Wundartzney des hochberümptenn Lanfranci [...] / durch Othonem Brunfels verteutscht*. [Augsburg: Heinrich Steiner 1528] (VD16 L 245). Weitere Ausgaben: Straßburg: Christian Egenolph 1528 (VD16 L 247); Straßburg: Johann Schott 1528 (VD16 L 248); Erfurt: Melchior Sachs 1529 (VD16 L 249); Zwickau: Gabriel Kantz 1529 (VD16 L 253); Erfurt: Melchior Sachs 1530 und 1534 (VD16 L 254 und L 255); Frankfurt am Main: Hermann Gülfferich 1552 (VD16 L 256); Magdeburg: Johann Francke 1585 (VD16 L 260); Frankfurt am Main: Peter Kopf, Johannes Sauer 1594 (VD16 L 261).

Luther, Martin: *AVszlegung der Epistelen vnd Euangelien / die nach brauch der kirchen gelesen werden durch den Aduent / vnd dannenthyn vom Christag biß vff den Sontag nach Epiphanie [...]*. Basel 1522 (VD16 L 4551).

[Luther, Martin:] *DAs neuw Testament recht grüntlich teutscht*. Basel: Adam Petri 1523 (VD16 B 4325).

[Melanchthon, Philipp:] *Verzaichnung vnd kurtzliche antzaigung in das Euangelium Joannis Philippi Melanchthons*. [Augsburg: Grimm] 1524 (VD16 M 2485).

Oertel, Eucharius Ferdinand Christian: *Gemeinnüzziges Wörterbuch zur Erklärung und Verteutschung der im gemeinen Leben vorkommenden fremden Ausdrükke, nach ihrer Rechtschreibung, Aussprache, Abstammung und Bedeutung aus den alten und neuen Sprachen erläutert. Ein tägliches Hülfsbuch für Beamte, Schullehrer, Kaufleute, Buchhändler, Künstler, Handwerker und Geschäftsmänner aus allen Klassen. Dritte, sehr verbesserte und vermehrte Auflage*. Ansbach: Gassert 1816. Weitere Ausgaben: 1804, 1806, 1826, 1831, 1840.

Riederer, Friedrich: *Spiegel der waren Rhetoric, Vß M. Tulio C. Vnd andern getütscht*. Freiburg im Breisgau: Riederer 1493 (GW M38173).

Roth, Simon: *Ein Teutscher Dictionarius / das ist ein außleger schwerer / vnbekanter Teutscher / Griechischer / Lateinischer / Hebraischer / Wälscher vnd Frantzösischer / auch andrer Nationen wörter / so mit der weil inn Teutsche sprach kommen seind / vnd offt mancherley jrrung bringen*. Augsburg: Manger 1571 (VD16 R 3265).

Schwartzenbach, Leonhard: *Synonyma. Formular, Wie man ainerley rede vnd mainung / mit andern mehr worten / auff mancherley art vnd weise / zierlich reden / schreiben / vnd außsprechen sol*. Frankfurt am Main: Feyerabend und Hüter 1564 (VD16 S 4677). Weitere Ausgaben: Nürnberg: Georg Merckel 1554 und 1556 (Claes 1977:118, Nr. 451 und 122, Nr. 466), Frankfurt am Main: Hieronymus Feyerabend 1571 (VD16 S 4678), ebd.: Sigmund Feyerabend 1580 (VD16 S 4679).

Slevogt, Christian Anton August: *Alphabetisches Wörter-Buch besonders für Unstudierte: zur Erklärung der gewöhnlichsten in der deutschen Sprache vorkommenden fremden Wörter und Redensarten; nebst Beyspielen und Anecdoten. 4 Bände*. Jena: Stahl 1801.

Tannhäuser. Die Gedichte der Manessischen Handschrift. Mittelhochdeutsch / Neuhochdeutsch. Einleitung, Edition, Textkommentar von Maria Grazia Cammarota. Übersetzungen von Jürgen Kühnel. Göppingen: Kümmerle 2009.

[Thomasin von Zerklære:] *Der wälsche Gast des Thomasin von Zirclaria.* Hrsg. von Heinrich Rückert. Mit einer Einleitung und einem Register von Friedrich Neumann. Berlin 1965.

Weise, Christian: *Curieuse Gedancken von den NOUVELLEN oder Zeitungen / Denen / ausser der Einleitung / wie man Nouvellen mit Nutzen lesen solle / annoch beygefügt sind / Der Kern der Zeitungen vom Jahr 1660. bis 1702. Eine kurtzgefaste Geographie, Eine Compendieuse Genealogie aller in Europa regierenden hohen Häuser / und dann Ein sehr dienliches Zeitungs-Lexicon, also verfasset von M. C. J.* Frankfurt und Leipzig: Pfotenhauer 1703 (VD18 10354441).

Wernher der Gartenære: *Helmbrecht.* Hrsg. von Friedrich Panzer. 8., neubearbeitete Auflage besorgt von Kurt Ruh (Altdeutsche Textbibliothek; Nr. 11). Tübingen: Niemeyer 1968.

Literatur

Bußmann, Hadumod ([2]1990): *Lexikon der Sprachwissenschaft* (Kröners Taschenausgabe; 452). Stuttgart: Kröner.

Claes, Franz (1977): *Bibliographisches Verzeichnis der deutschen Vokabulare und Wörterbücher, gedruckt bis 1600.* Hildesheim, New York: Georg Olms.

Deutsches Wörterbuch von Jacob Grimm und Wilhelm Grimm (hier: 1878; 1956). Leipzig: Hirzel.

Deutsches Wörterbuch von Jacob Grimm und Wilhelm Grimm. Neubearbeitung (2006). Hrsg. von der Berlin-Brandenburgischen Akademie der Wissenschaften und der Akademie der Wissenschaften zu Göttingen. 9. Band, F–Fux. Stuttgart: Hirzel.

Duden Fremdwörterbuch ([5]1990). Bearbeitet vom Wissenschaftlichen Rat der Dudenredaktion. Duden Band 5. Mannheim et al.: Dudenverlag.

Duden. Das große Fremdwörterbuch. Herkunft und Bedeutung der Fremdwörter ([2]2000). Herausgegeben und bearbeitet vom Wissenschaftlichen Rat der Dudenredaktion. Mannheim et al.: Dudenverlag.

Duden Fremdwörterbuch ([7]2001). Herausgegeben von der Dudenredaktion. Duden Band 5. Mannheim et al.: Dudenverlag.

Eisenberg, Peter ([2]2012): *Das Fremdwort im Deutschen.* Berlin, New York: De Gruyter.

GW: *Gesamtkatalog der Wiegendrucke.* Hrsg. von der Kommission für den Gesamtkatalog der Wiegendrucke. Bd. I–VIII Lfg.1, Leipzig: Anton Hiersemann 1925–1940; Bd.VIIIff. hrsg. von der Deutschen Staatsbibliothek zu Berlin. Stuttgart, Berlin, New York 1972ff. Benutzt über die *Datenbank Gesamtkatalog der Wiegendrucke* (URL: https://www.gesamtkatalogderwiegendrucke.de/ [23.3.2020])

Haß, Ulrike (1986): *Leonhard Schwartzenbachs „Synonyma". Beschreibung und Nachdruck der Ausgabe Frankfurt 1564. Lexikographie und Textsortenzusammenhänge im Frühneuhochdeutschen* (Lexicographica. Series Maior; 11). Tübingen: Max Niemeyer.

Heier, Anke (2012): *Deutsche Fremdwortlexikografie zwischen 1800 und 2007. Zur metasprachlichen und lexikografischen Behandlung äußeren Lehnguts in Sprachkontaktwörterbüchern des Deutschen* (Lexicographica. Series Maior; 142). Berlin, Boston: De Gruyter.

Jones, William Jervis (1995): *Sprachhelden und Sprachverderber. Dokumente zur Erforschung des Fremdwortpurismus im Deutschen (1478–1750)*. Berlin, New York: De Gruyter.

Kirkness, Alan (1975): *Zur Sprachreinigung im Deutschen 1789–1871. Eine historische Dokumentation* (Forschungsberichte des Instituts für deutsche Sprache Mannheim; 26). Tübingen: Gunter Narr.

Kirkness, Alan (1976): Zur Lexikologie und Lexikographie des Fremdworts. In Probleme der Lexikologie und Lexikographie. Jahrbuch 1975 des Instituts für deutsche Sprache (Sprache der Gegenwart 39), 226–241. Düsseldorf: Schwann.

Kluge, Friedrich ([9]1921): *Etymologisches Wörterbuch der deutschen Sprache*. Berlin und Leipzig: Vereinigung wissenschaftlicher Verleger De Gruyter.

Kluge, Friedrich ([21]1975): *Etymologisches Wörterbuch der deutschen Sprache*. Bearbeitet von Walther Mitzka. Berlin, New York: De Gruyter.

Kremer, Anette (2011): Simon Roths *Ein Teutscher Dictionarius* zwischen Fremdwörterbuch und hard word dictionary. *Sprachwissenschaft* 36 (2/3), 197–223.

Kremer, Anette (2013): *Die Anfänge der deutschen Fremdwortlexikographie. Metalexikographische Untersuchungen zu Simon Roths* Ein Teutscher Dictionarius *(1571)*. Heidelberg: Winter.

Lexer, Matthias (1878): *Mittelhochdeutsches Handwörterbuch*. Dritter Band. Leipzig: Hirzel.

Müller, Peter O. (2001): *Deutsche Lexikographie des 16. Jahrhunderts. Konzeptionen und Funktionen frühneuzeitlicher Wörterbücher*. Tübingen: Max Niemeyer.

Paul, Hermann ([5]1966): *Deutsches Wörterbuch*. Bearbeitet von Werner Betz. Tübingen: Max Niemeyer.

Paul, Hermann ([9]1992): *Deutsches Wörterbuch*. Bearbeitet von Helmut Henne und Georg Objartel unter Mitarbeit von Heidrun Kämper-Jensen. Tübingen: Max Niemeyer.

Paul, Hermann ([10]2002): *Deutsches Wörterbuch. Bedeutungsgeschichte und Aufbau unseres Wortschatzes*. Bearbeitet von Helmut Henne, Heidrun Kämper, Georg Objartel. Tübingen: Max Niemeyer.

Polenz, Peter von (1999): *Deutsche Sprachgeschichte vom Spätmittelalter bis zur Gegenwart. Band III: 19. und 20. Jahrhundert*. Berlin, New York: De Gruyter.

Rössing-Hager, Monika (1992): „Küchenlatein" und Sprachpurismus im frühen 16. Jahrhundert. Zum Stellenwert der „Latinismen" in frühneuhochdeutscher Prosa. In Nikolaus Henkel & Nigel F. Palmer (Hrsg.), *Latein und Volkssprache im deutschen Mittelalter 1100–1500. Regensburger Colloquium 1988*, 360–386. Tübingen: Max Niemeyer.

Schmidt, Herbert (2008): Belemnons Curiöses Bauern-LEXICON (1728): Ein Wörterbuch des falschen Fremdwortgebrauchs im frühen 18. Jahrhundert. Lexeminventar und Text. In Thomas Gloning, Iris Bons & Dennis Kaltwasser (Hrsg.), *Fest-Platte für Gerd Fritz*. Gießen (URL: http://www.festschrift-gerd-fritz.de/files/schmidt_2008_belemnons-curioeses-bauern-lexikon.pdf [23.3.2020]).

VD16: *Verzeichnis der im deutschen Sprachbereich erschienenen Drucke des 16. Jahrhunderts*. Hrsg. von der Bayerischen Staatsbibliothek in München in Verbindung mit der Herzog August Bibliothek in Wolfenbüttel. I. Abteilung. Stuttgart 1983ff. Online-Datenbank (URL: https://www.bsb-muenchen.de/sammlungen/historische-drucke/recherche/vd-16/ [23.3.2020]).

VD17: *Verzeichnis der im deutschen Sprachbereich erschienenen Drucke des 17. Jahrhunderts*. Online-Datenbank (URL: http://www.vd17.de/ [23.3.2020]).

VD18: *Verzeichnis der im deutschen Sprachraum erschienenen Drucke des 18. Jahrhunderts.* Online-Datenbank (URL: https://gso.gbv.de/DB=1.65/SET=1/TTL=1/START_WELCOME [23.3.2020]).

Weigand, Friedrich Ludwig Karl (⁵1909): *Deutsches Wörterbuch.* Nach des Verfassers Tode vollständig neu bearbeitet von Karl von Bahder, Herman Hirt & Karl Kant. Hrsg. von Herman Hirt. Erster Band (A bis K). Gießen: Alfred Töpelmann.

Wiegand, Herbert Ernst (2001): Fremdwörterbücher und Sprachwirklichkeit. In Gerhard Stickel (Hrsg.), *Neues und Fremdes im deutschen Wortschatz. Aktueller lexikalischer Wandel* (Institut für Deutsche Sprache. Jahrbuch 2000), 59–88. Berlin, New York: De Gruyter.

Oliver Pfefferkorn
Etliche bei Handelsleuten gebräuchliche und übliche Wörter

Fremdwortglossare mit Handelswortschatz im 17. und zu Beginn des 18. Jahrhunderts

1 Vorbemerkung

Die Fremdwortlexikographie des 17. Jahrhunderts zeichnet sich vor allem dadurch aus, dass nur wenige selbständige Wörterbücher, dafür aber zahlreiche Listen oder Glossare mit fremden Wörtern existieren, die anderen Texten beigegeben sind. Ein erster Überblick über einige dieser Werke findet sich bei Jones (1977: 97–105).[1] Dort werden diese Listen einzelnen Sachbereichen zugeordnet. Jones nennt den militärischen, den kaufmännischen und den journalistischen Bereich und stellt jeweils einige ausgewählte Beispiele kurz vor. Eine ausführlichere Analyse einzelner Glossare erfolgte bisher nicht.

Dieser Beitrag widmet sich den Wortlisten, die Handels- oder Kaufmannswortschatz enthalten, wobei folgende Probleme im Mittelpunkt stehen: Welchen Fremdwortschatz bieten diese Glossare? Enthalten sie tatsächlich ausschließlich Handels- oder Kaufmannswortschatz, wie die entsprechenden Überschriften suggerieren, oder nebenher Lexik anderer Bereiche? Welche Funktion besitzen diese Glossare? Dienen sie primär der Erklärung der im Bezugstext auftretenden (fachsprachlichen) Fremdwörter oder führen sie davon unabhängig in die Lexik der Handelssprache ein?

Unter einem Fremdwort wird im Folgenden ein aus einer anderen Sprache stammendes, als solches an phonetischen, graphischen und/oder morphologischen Merkmalen deutlich zu erkennendes und in deutschen Texten verwendetes Lexem verstanden. Allerdings lässt sich im Prozess der Übernahme eines Wortes ins Deutsche nicht immer eindeutig entscheiden, ob dieses Wort zunächst nur zitiert wird, um seinen Gebrauch in der anderen Sprache zu dokumentieren, oder ob es bereits als Bestandteil der deutschen Sprache gelten kann. Gerade mit Bezug auf die kontextlosen Glossare fällt eine solche Zuordnung schwer; die Übergänge sind fließend.

---

[1] Vgl. außerdem die kappen Bemerkungen von Kirkness (1988: 708–709).

2 Quellengrundlage

Glossare mit Kaufmannstermini wurden Texten ganz verschiedener Textsorten angefügt.[2] Hier lassen sich fünf Gruppen differenzieren. Zur ersten Gruppe zählen Briefsteller. Genannt seien Gebhard Overheides *Teutsche Schreibkunst* (Braunschweig 1654), Georg Philipp Harsdörffers *Teutscher Secretarius* (1. Aufl. Nürnberg 1655), Kaspar von Stielers *Teutsche Sekretariat=kunst* (Nürnberg 1674), Tobias Schrödters *Sonderbares Neues Brieff=Schräncklein* (Leipzig 1678) und Heinrich Volck von Wertheims *Allzeit=fertiger Brieff=Steller und allgemein Titular-Büchlein* (Chemnitz 1711), die unter anderem Beispielbriefe für die Kaufmannskorrespondenz enthalten. Ausschließlich dem Briefverkehr der Kaufleute widmet sich der *Allzeit=fertige Handels=Correspondent* von Paul Jacob Marperger (1. Aufl. Ratzeburg 1699). Eine weitere Gruppe bilden Wortlisten, die Einführungen in die doppelte Buchhaltung, dem sog. Italienischen Buchhalten, beigegeben wurden. Hierher gehören *Die Gülden Schul / Von Jnstruction vnd Vnterrichtung des Jtaliänischen Buchhaltens* von Magnus Kuhmann (Hamburg 1639), die *General Instruction Der Arithmetischen und Politischen Kunst [...] Des Buchhaltens* von Georg Nicolaus Schurtz (Nürnberg 1662), das *Neu Vollkommene Buchhalten* von Nicolaus Beusser (Frankfurt 1679), das *Vollkommene Buchhalten* von Paul Hermling (Danzig 1685), die *Gründtliche Beschreibung des so genanten Jtaliänischen Kauffmännischen Buchhaltens* von Nicolaus Dibber (Kopenhagen 1692) und die *Nutzbare Richtschnur Der löblichen Kauffmannschafft* von Georg Nicolaus Schurtz (Nürnberg 1695). Glossare zum Kaufmannswortschatz finden sich daneben in drei Rechenbüchern: in Arnold Möllers *Ernewerter Gründlicher Anweisung in die Nutzbare Rechenkunst auff alle gebräuchliche Kauffmanschafft* (Lübeck 1635), in Johann Hemelings *Arithmetischer Anfang: Oder: Kleines Rechnebuch* (Hannover 1669), das als dritten Teil noch eine Einführung in die doppelte Buchhaltung umfasst, und in David Zellers *Schola Mercatorio-Arithmetica* (Hirschberg und Zittau 1718). Eine Liste mit Fremdwörtern enthält weiterhin das *Straßburgische Kauff= und Handels=Büchlein* von Simon Paulli (Straßburg wohl 1672). Dieses Werk lässt sich am ehesten als Handelspraktik charakterisieren. Es enthält neben einer kurzen tabellenartigen Einführung in das kleine und große Einmaleins und in die Quadrat- und Kubikzahlen hauptsächlich Umrechnungstafeln zu ganz verschiedenen Münzen, Maßen und Gewichten. Schließlich sei noch auf das Glossar mit Handelswörtern in Georg Liebes *Teutschem Wörter=Büchlein* (Freyberg 1701) verwiesen. Es bildet insofern eine Ausnahme, als es das einzige Glossar ist, das nicht einem irgendwie auf den Handel bezogenen Text beigegeben wurde, sondern ei-

---

[2] Die Texte wurden ermittelt über Hoock & Jeannin (1991 und 1993) und Jones (1977 und 2000).

nem Wörterbuch, das neben einem deutschen Wörterbuchteil einen allgemeinen Fremdwortteil besitzt.

Die Autoren erwähnen in den Überschriften nicht immer, dass die sich anschließende Liste nahezu ausschließlich aus Fremdwörtern besteht. Einige Verfasser heben den fachlichen Aspekt dieser Glossare hervor und verweisen lediglich auf die folgenden *bei HandelsLeuten gebräuchlichen und üblichen Wörter* (so etwa Möller, Kuhmann, Hemeling, Paulli, Schurtz (1662), Liebe, Dibber, Volck von Wertheim und Zeller). Dass die Lexik der Kaufleute stark von Fremdwörtern geprägt ist, scheinen sie als normal zu betrachten und nicht für erwähnenswert zu halten. Die Fremdheit des aufgelisteten Kaufmannswortschatzes betonen ausdrücklich, aber wertfrei Overheide, Stieler, Hermling und Schrödter, wobei mit *fremd* gelegentlich eher ‚unbekannt', weniger ‚aus einer anderen Sprache stammend' gemeint sein kann; so bei Hermling: *Erklär= und Außlegung aller Fremd= und unbekanten Kauffmanns=Wörter / welche theils in diesem Buch zufinden / oder doch sonsten bey den Kauffleuten gewöhnlich gebrauchet werden.*

Harsdörffer und Marperger thematisieren die Relevanz von fremden Wörtern für die Kaufmannsprache ausführlich im Vorfeld ihrer Wortlisten (vgl. 4.2. und 4.3.). Vorsichtige Kritik an der Benutzung von aus anderen Sprachen stammenden Wörtern äußert sich in der Überschrift in Schurtz (1695), wo von *Misbrauch* gesprochen wird: *Hochnutzliche Erkärung Etlicher Halb-Lateinisch-Frantzösisch- und Jtaliänischer Wörter / welche Durch langen Brauch oder Misbrauch / in der Kauffmannschafft / und vornemlich in Correspondentz oder Handels=Stylo üblich worden.*[3]

Die Verfasser der meisten genannten Werke kommen selbst nicht aus der kaufmännischen Praxis. In der Mehrzahl handelt es sich um städtische Schreib- und Rechenmeister, die zumindest eine indirekte Beziehung zur Sphäre des Handels hatten, indem sie in ihren Schreib- und Rechenschulen an der Ausbildung des

---

[3] Am Ende der Wortliste warnt ein mit M. K. bezeichneter Verfasser in einer Anmerkung vor dem Gebrauch der im Glossar aufgelisteten Fremdwörter: *Zum Beschluss soll ein ungestudirter Leser wissen / daß dieses Register eigentlich nur darzu angesehen / daß man anderer Leute Reden und Schrifften / welche dergleichen unter das Teutsche mischen / verstehen; nicht aber / daß mans ihnen nach thun lerne; als welches ein höchstschändlicher Mißbrauch ist* (Rrr iiiv). Vgl. auch Jones (1995, 593–594), der hinter den Initialen den Lexikographen Matthias Kramer vermutet. Im Kontrast zu dieser Warnung steht die Aufforderung David Zellers an die Rezipienten seines Glossars in der *Schola Mercatorio-Artithmetica*, sich den gebotenen Wortschatz einzuprägen: *zuvorhero wollen wir noch etliche Terminos oder Wörter, derer sich die Herren Kauff=Leute in ihren Handels=Geschäfften mit Nutzen bedienen, hieher setzen, in der Hoffnung, daß man sich es nicht werde verdrüssen lassen, durch fleißiges memoriren und repetiren dieselben sich aufs beste bekannt zu machen* (331).

kaufmännischen Nachwuchses mitwirkten. Eine Ausnahme bildet der Danziger Kaufmann und Buchhalter Paul Hermling.

3 Kaufmännische Bildung und Kaufmannswortschatz

Für die thematische Beurteilung des Wortschatzes der Glossare stellt sich die Frage, was man unter Handelssprache und insbesondere Handelswortschatz (oder Kaufmannssprache und Kaufmannswortschatz) in der Frühen Neuzeit überhaupt verstehen will. Die Definition der Handelssprache von Warnke (2016) hebt ihre Bedeutung für die überterritoriale Verständigung der Kaufleute hervor: „Als funktional stark eingeschränkte Varietät dient die Handelssprache als Kontaktmedium zur Kommunikation verschiedener Muttersprachen. Handelssprachen sind instrumentell auf Zwecke der Geschäftstätigkeit gerichtet." Diese Funktion der Handelssprache als Kontaktmedium steht letztlich (vor allem mit Bezug auf die Sprache der Hanse) außer Frage. So betont z. B. Georg Philipp Harsdörffer im ersten Band des *Teutschen Secretarius* in den seiner Wortliste vorangestellten Bemerkungen den länderüberschreitenden Aspekt der kaufmännischen Kommunikation: *Es ist aber sonderlich zu beobachten / daß die Kauffleute / welche in Franckreich handlen / frantzösische Wörter mit einmischen: Die in Jtalien ihr Gewerb haben / welche* [= Welsche] *Wörter zugebrauchen pflegen: viel aber gebrauchen sich beederley Sprachen und noch etlicher Lateinischen reden darzu / welches alles ins gemein beliebet worden / wie nachgehendes zue versehen.* (417)

Die Kontaktfunktion spiegelt sich allerdings nicht generell in den hier behandelten Texten wider. Diese führen in das Gebiet der Handelstätigkeit in deutscher Sprache für deutsche Rezipienten ein und sind nicht hauptsächlich auf die Verständigung von Kaufleuten unterschiedlicher Sprachen gerichtet. Dazu können selbst die Fremdwortglossare nur wenig beitragen.[4] Allenfalls erleichtern diese Listen das Verstehen fremdsprachlicher Kaufmannstexte, indem sie partiell wohl international gebräuchliche Handelstermini erklären.[5] Zur „Grundausbildung" eines Kaufmanns gehört aber seit jeher die Erlernung fremder Sprachen, die oft im Rahmen der Auslandslehre vor Ort geschieht.

---

4 Das Glossar in Tobias Schroedters *Brieffschräncklein* bildet vielleicht eine Ausnahme (vgl. 4.4.).
5 Diese Funktion des Glossars betont Gebhard Overheide in seiner *New Vermehrten Schreib=Kunst*: *Kauff= und HandelsLeute müssen sich etzlicher frembder Wörter in Handlung nohtwendig gebrauchen / wo sie sonst mit Fremden und Außländischen correspondiren / und wie dieselbe ihre Wahre nennen / recht einschreiben wollen* (222).

Warnke nennt noch das Stichwort der Geschäftstätigkeit, das weiterführt, wenn man Kaufmannsprache stärker thematisch erfassen möchte. Doch welche Bereiche umfasst diese Geschäftstätigkeit des Kaufmanns? Diese Frage soll auf der Basis des für den Kaufmannsberuf nötigen professionellen Wissens beantwortet werden, das in der frühen Neuzeit nicht zuletzt in speziellen Handbüchern und Traktaten tradiert wird. Mit diesem Themenkreis befasst sich ausführlich die wirtschaftshistorische Literatur, in der die folgenden Wissensbereiche hervorgehoben werden[6]:
- Kenntnisse in der doppelten Buchhaltung,
- Kenntnisse über die Organisation eines Kaufmannsbetriebes,
- Kenntnisse im Bank- und Kreditgeschäft,
- Kenntnisse im Versicherungswesen,
- Kenntnisse im Führen der kaufmännischen Korrespondenz,
- Kenntnisse im kaufmännischen Rechnen (einschließlich der Umrechnung von Maßen, Münzen und Gewichten),
- Warenkenntnisse,
- Kenntnisse zu Handelsgebräuchen und -techniken (einschließlich der Kenntnisse zu rechtlichen Rahmenbedingungen für die kaufmännische Tätigkeit),
- (handels-)geographische Kenntnisse (einschließlich landeskundlicher und logistischer Kenntnisse),
- Kenntnisse zu Normen des sozialen Verhaltens (Standesethik).

Damit sind insgesamt zehn für die kaufmännische Tätigkeit relevante (partiell sehr komplexe und weiter differenzierbare) Wissensfelder genannt, die in der Ausbildung der zukünftigen Kaufleute im Zentrum stehen und in den Handelspraktiken des 16. bis 18. Jahrhunderts thematisiert werden. Der gesamte auf diese Wissensfelder bezogene Wortschatz wird im Folgenden zum Handelswortschatz gerechnet.

Die Lexik der einzelnen kaufmännischen Wissensgebiete zeichnet sich nun durch eine differenzierte fachliche Prägung aus. Das soll an dieser Stelle nur kurz angedeutet werden. Ausschließlich zur Handelssprache gehören die Lexeme der doppelten Buchführung und der Organisation des Kaufmannbetriebes. Sie zählen zu den intrafachlichen Fachwörtern, die allein in der betreffenden Fachsprache zu finden sind (vgl. Roelcke 2012: 57). Der auf sämtliche andere Wissensfelder bezogene kaufmännische Wortschatz weist Überschneidungen mit weiteren

---

[6] Ausgewertet wurden speziell die Arbeiten von Bruchhäuser (1989), Reinisch (2014), Reinisch & Götzl (2011), dazu die Register zu den Inhaltskategorien der Kaufmannshandbücher in Hoock & Jeannin (1991, 402–403) und Hoock & Jeannin (1993, 712–718).

Fachgebieten auf. Es liegen dann in mehreren Fachsprachen verwendete interfachliche Fachwörter vor (vgl. Roelcke 2010: 57). So entwickeln sich das Bank- und Kreditgeschäft und das Versicherungswesen in der frühen Neuzeit zwar in enger Verbindung mit der Handelssphäre, sie bilden jedoch unabhängig davon eigene fachsprachliche Systeme aus. Die Handelsgebräuche und -techniken besitzen zusätzlich eine juristische Dimension, so dass ihre Lexik außerdem dem Rechtswortschatz angehört. Die Terminologie des kaufmännischen Rechnens ist zugleich Bestandteil der mathematischen Fachsprache; die kaufmännischen Korrespondenzmuster orientieren sich am Geschäftsbrief der Kanzleien und nehmen die entsprechenden Termini auf. Die Handelsgeographie ist u. a. eng mit der frühneuzeitlichen Kosmographie verknüpft und teilt sich mit ihr zumindest partiell die Terminologie.

Roelcke (2010: 57) nimmt noch einen extrafachlichen Fachwortschatz an, zu dem er solche Fachwörter zählt, „die anderen fachsprachlichen Systemen zugehören, aber dennoch in Fachtexten des betreffenden Faches geäußert werden". Hier würde am ehesten die aus der allgemeinen Ethik stammende Lexik zu Normen des kaufmännischen Verhaltens einzuordnen sein, die an der Peripherie der Handelslexik anzusiedeln ist, daneben vielleicht noch die landeskundliche Lexik, wenn man sie nicht als Teil der kosmographischen oder geographischen Terminologie verstehen will.

Schwierig einzuordnen sind die Warenbezeichnungen. Einerseits zählen sie zum Zentrum des kaufmännischen Wortschatzes, da die Waren den Gegenstand des Handels bilden. Sie können aber in weiteren Fachsprachen auftreten und gehören aufgrund ihrer Verwendung im Alltag noch zur Gemeinsprache. Gleiches gilt für die vielfältigen Bezeichnungen von Münzen, Maßen, und Gewichten.

4 Charakteristik der Glossare

Im Folgenden können natürlich nicht alle der bisher genannten Glossare ausführlich besprochen werden. Vielmehr sollen einige typische Beispiele herausgegriffen werden.

Generell differieren die Glossare zunächst in ihrem Umfang. Neben recht kurzen Wortlisten, die zwischen 52 Lemmata (Liebe) und etwas über 200 Lemmata (Hemeling: 206 Lemmata; Zeller: 227 Lemmata) umfassen, finden sich schon (Kurz-)Wörterbücher mit 1978 Lemmata (Marperger), 2392 Lemmata (Hermling) und 2445 Lemmata (Schurtz 1695). Mit diesem unterschiedlichen Umfang geht zugleich eine inhaltliche Differenzierung einher, wie noch zu zeigen ist.

4.1 Magnus Kuhmann: *Die Gülden Schul / Von Jnstruction vnd Vnterrichtung des Jtaliänischen Buchhaltens.*

Eines der frühen Glossare, die laut ihrer Überschrift Handelslexik bieten, befindet sich in einer 1639 in Hamburg erschienenen kurzen Einführung in die doppelte Buchhaltung und richtet sich ausdrücklich an die angehenden Buchhalter. Es umfasst 318 aus dem Französischen, Italienischen und Lateinischen stammende Lemmata und steht den kürzeren Zusammenstellungen nahe. Der Autor des Buches, Magnus Kuhmann, war Schreib- und Rechenmeister an der Hamburger St. Nicolai-Schule.

Kuhmanns Glossar besteht im Wesentlichen aus Einzellexemen, wobei in seltenen Fällen für ein Lemma verschiedene (Laut-)Formen angesetzt sind:

Banco, oder Banquio,
Bilantz, od' Balantz,
Rabattiren, oder rebattiren.

Gelegentlich erscheinen kurze Wortgruppen oder Wendungen als Lemmata, die vorrangig aus dem Bereich der Buchhaltung stammen:

Conto pro diverse, Rechnung von mehrerley.
Mio Conto Couranti, mein laufende Rechnung / von bahr außgegeben / oder eingenommen.
Pro Contant, für Bahr Geldt.

Die Bedeutung der Stichwörter erklärt Kuhmann meist durch ein, seltener durch zwei in der Regel heimische Äquivalente, manchmal durch eine kurze Paraphrase:

Acceptiren, annehmen.
Saldiren, vergleichen / schliessen.
Corresponent, der / mit dem man Brieff wechselt.
Inventarium, ein Beschreibung der bahren Gelder / Schulden vnd Gegenschulden / vnd der Güter.

In Ausnahmefällen kombiniert er beide Methoden:

Navale, ein Meerhafe / Ort da die Schiffe stehen.

Die Bedeutungsangabe kann interessanterweise weitere Fremdwörter aus dem Handelsbereich als Äquivalente enthalten:

Agent, ein Factor od' Verwalter.
Brutto, vnlauter so nit thariret.
Committent, denen man Factorirt.
Deposito, als man Gelder auff Interesse gibt oder nimbt.

> *Furniren, in ein Compagnia mit einlegen.*

Factor und *Compagnia* erscheinen selbst als Lemmata in diesem Glossar, *Interesse, thariren* und *factoriren* dagegen nicht.

Oft erlaubt die semantische Beschreibung keine Zuordnung des Lemmas zum Bereich des Handels, so in den folgenden Beispielen:

> *Condition, Abredung oder Bedingung.*
> *Formiren, stellen.*
> *Præsentiren, anbieten / zeigen.*

Diese Lexeme besitzen im Bereich des Handels eine spezifische Bedeutung, worauf das *Wörterbuch der deutschen Kaufmannssprache* (Schirmer 1911) verweist. *Condition* wird für die ‚Zahlungsbedingung' (Schirmer 1911: 103) verwendet, *formieren* bedeutet als Ausdruck der Buchhaltung ‚Posten bilden' (Schirmer 1911: 65) und *präsentieren* meint im kaufmännischen Bereich ‚einen Wechsel zur Akzeptation oder zur Zahlung vorlegen' (Schirmer 1911: 146).

Ebenso ergibt sich aus der Definition von *Largo* ausschließlich durch *weitleufftig* kein Bezug zum Handel. Auf diesen stößt man bei Friedrich Gladov im Artikel *Stretto* seiner *A la-Mode Sprach der Teutschen* (Nürnberg 1727):

> *Stretto ... Bey denen Kauf-Leuten wird es gebraucht, wann Mangel am Gelde, oder eine Waare rar ist, dargegen largo, wann dessen überflüßig vorhanden.* (687)

Allerdings stammen nur etwa 60 % der aufgeführten Lemmata in Kuhmanns Glossar nachweisbar aus dem Handelswortschatz. Zum überwiegenden Teil lassen sie sich den kaufmännischen Kernbereichen der doppelten Buchhaltung und der kaufmännischen Organisation zuordnen, daneben dem interfachlichen Wortschatz des Bank- und Kreditwesens, der Versicherung, der Handelspraktiken und der kaufmännischen Korrespondenz. Nur am Rande vertreten sind der Wortschatz des kaufmännischen Rechnens und des Warentransports. Lexik zur Warenkunde, zu Münzen, Maßen und Gewichten, zur Länderkunde und zur Standesethik fehlt völlig.

Neben diesem kaufmännischen Wortschatz beinhaltet das Glossar besonders Lexeme aus dem Rechtsbereich; auch hier wird der juristische Bezug nicht immer durch die Bedeutungsangabe deutlich:

Arbitrium, Willkür.[7]
Graviren, beschwären / belästigen.[8]
Obtiniren, erhalten.[9]

Ein großer Teil der weiteren enthaltenen Lexik lässt sich fachlich nicht festlegen. Es handelt sich um einen allgemeinen in gelehrten und gebildeten Kreisen verwendeten Wortschatz, der in Texten der verschiedensten Bereiche auftreten kann:

Informiren, vnterrichten.
Mansuetus, Sanfftmütig.
Narriren, erzehlen.
Opinion, Meinung.

Zu dieser Gruppe zählen zahlreiche Adverbien und Funktionswörter:

Aparti; besonder; Certus, gewiß; Circiter, ohngefehrlich; Nempe, nemlich; Nuflatenus, keines wegs; Nunc, jetzt.
Ad, zu; Apud, bey; Atque, und; Atqui, aber; De, von; Erga, gegen; Ergo, darumb; Nunquid, nicht also.

In welcher Beziehung steht nun der vorausgehende Text zu diesem Glossar mit Fremdwörtern aus dem Handelsbereich? Der Text selbst bietet eine kompakte Instruktion in die Methode der doppelten Buchhaltung. Der erste Teil beschreibt die dafür nötigen Bücher, der zweite Teil führt in Frage- und Antwortform in Probleme der Rechnungsführung ein. Dieser Teil enthält zudem das Glossar zum fremden Handelswortschatz. Der dritte und letzte Teil umfasst Beispielaufgaben aus dem Bereich des kaufmännischen Rechnens. Im gesamten Text einschließlich der Vorrede kommen insgesamt 224 Fremdwörter und fremdsprachliche Wendungen vor, also etwa 100 Lexeme weniger, als das Glossar enthält. Von diesen 224 Wörtern und Wendungen finden sich nur 57 (etwa 25 %) im Glossar und werden dort erläutert. Damit besitzen 166 Lemmata des Glossars keinen Bezug zum Text.

Vorwiegend im ersten Teil seines Buches führt Kuhmann Fremdwörter ein, indem er sie mit heimischen Entsprechungen koppelt (mit *und* oder *oder*) und glos-

---

[7] Vgl. die Bedeutungsangabe im *Manuale Juridico-Politicum* von Johann Christoph Nehring: *Arbitrium ... der Ausspruch / Belieben / die Ermessigung / der Wille / die Willkühr / eine Wahl Entscheidung. Jt. das Urteil des Schied=Richters* (100).
[8] Vgl. die Bedeutungsangabe im DFWB 6 (549): ‚jmdm. etwas zur Last legen, ihn mit etwas belasten', insbes. im juristischen Zusammenhang ‚jmdn./eine Institution mit einer Schuld, einem Gerichtsurteil einem (politischen) Verdacht belasten; beschuldigen, anklagen'.
[9] Vgl. Nehring: *Obtinére, obtiniren ... behaupten / bekommen / erhalten / erlangen / erwerben / gewinnen / den Sieg erhalten / als da ist in Rechts=Sachen* (528).

siert. Dies geschieht auch dann, wenn die entsprechenden Lexeme in der Wortliste vorhanden sind, wie in den folgenden Textstellen:

> Kürtzlicher zu fassen: Jst Buchhalten nichts anders / dann ein Aequilibrum, vnd gleichmässige Zusammenhalt: oder Vergleichung eines Debitores, oder Schuldeners / gegen seinen Creditoren oder Gläubigern / welches dann fürnemlich / durch ein gebräuchliche Wage demonstrirt werden kan. (1)
> Vnd werden im berürten Buche / allemahl zwo seiten oder paginen / nemlich diese so gegen einander überstehen / vnd zugleich miteinander gesehen werden / für ein gantze Chartam oder Blath gerechnet. (10)

Während bei *Debitor*, *Creditor* und *Pagina* die Bedeutungsangaben im Text mit denen im Glossar übereinstimmen, kommt es bei *Aequilibrium* und *Charta* zu Differenzen:

> Æquilibrium, Wagrecht / einstehen Gewicht.
> Charta, die seite eines Blats.

Weitere Beispiele für solche Abweichungen sind *Factor* und *Negotiant*. Im Text werden sie als *Handelere* (3) und *Buchhalter* (4) eingeführt. Das Glossar macht die folgenden Angaben:

> Factor, HandlungsVerwalter.
> Negotiant, Handelsmann.

Mitunter bietet Kuhmann in seinem Buch recht ausführliche Erläuterungen, die weit über das im Glossar Gebotene hinausgehen. Als Beispiel sei auf *Cassa* verwiesen, das dort mit *bahr Gelder* definiert wird. Im Kapitel *Vom Schuldbuch* verweist Kuhmann hinsichtlich dieses Lexems zusätzlich auf die metonymische Beziehung zwischen Gefäß und Inhalt:

> Desgleichen wird auch im Eingang dieses Buchs gehalten Conto de Cassa, das ist / die Rechnung von bahrem Gelde / nemblich alles bahren Geldes einnahmen / dergestalt / was du für bahr Geldt in deine Truhe / oder Cassa legest / das setze / vnd schreib zur lincken Handt / Dargegen aber was du aus der Cassa nimmest / vnd ausgibest / das schreibe zur rechten Handt. Das Wörtlein / Casa aber ist an ihm selber so viel bedeutender als ein Truhe / oder Kist / alhie aber wird das Contentum pro Continendo verstanden / gleich als wenn einer von dem andern den Krug begehret / nur daß sein meinung vnd intent ist / das Getränck / so in dem Kruge verhanden ist. (11)

Andererseits fehlen im Text verwendete zentrale und nicht genauer definierte Termini der Handelssprache im Glossar, z. B. *Copia* (18), *Copierbuch* (4), *Interesse* (1), *Jornal* (3), *Panquerotta* (14), *Post* (6), *postiren* (5), *Practica* (59), *probiren* (14), *profitiren* (13), *restiren* (21).

Als Fazit lässt sich festhalten, dass Text und Glossar zwar nicht völlig losgelöst, aber doch relativ unabhängig voneinander existieren. Für das Verständnis des Fremdwortschatzes im Text wird es nicht benötigt, da einerseits ein großer Teil dieser Wörter im Glossar nicht vorkommt, andererseits ein Teil der Lemmata des Glossars im Text bereits erläutert wird. Das Glossar hat wohl primär die Funktion, unabhängig vom Kontext des Buches und aufgrund des Fehlens eines entsprechenden Nachschlagewerkes einen Grundbestand in der Handelssprache und darüber hinaus gebräuchlicher Fremdwörter für den Schüler zu dokumentieren, damit er sie verstehen und später selbst benutzen kann.

4.2 Georg Philipp Harsdörffer: *Ein Teutscher Secretarius*.

Die erste Auflage des *Teutschen Secretarius* publizierte der Nürnberger Patrizier und Literat Georg Philipp Harsdörffer 1655 in Nürnberg. Für diese Studie wurde die erweiterte dritte Auflage von 1656 benutzt.

An verschiedenen Stellen dieses Briefstellers geht Harsdörffer auf die aus fremden Sprachen stammenden Wörter in der Handelssprache ein. In einem Brief des ersten Bandes, der sich allgemein mit der *Sprachverderbung* des Deutschen beschäftigt, bemerkt er:

> Ferners haben zu dieser Sprachverderbung nit wenig geholfen die Kauff und Handelsleute / welche frembde Wahren / Frembde Wörter / das Jtaliänische Buchhalten / Bancho, conto belanciren, trassiren, commitiren, ein cassiren, transsumiren, &c. eingeführet / und eine besondere Art zuschreiben angenommen / und also das alte Teutsche so zermartet / daß manche Wörter nur auff den letzten teutschen Sylben daher steltzen. (143)

Durchaus im Widerspruch zu dieser negativen Einschätzung des Gebrauchs entlehnter Wörter rechtfertigt Harsdörffer im Anhang des zweiten Bandes zunächst die Verwendung spezieller Termini in der Sprache der Kaufleute und empfiehlt darauf dem angehenden Kaufmann, Latein zu erlernen, um die fremdsprachlichen Fachwörter auch innerhalb der Kommunikation von Kaufleuten verschiedener Sprachen besser verstehen und verwenden zu können:

> WJe die Philosophie ihre terminos, die Poeten ihre besondere Redarten / die Handwercker ihrer Kunstwörter / rc. Also haben auch die Herren Kaufleute ihre besondere und in Handelssachen übliche terminos technicos / und Gewonheit / welche man verstehen und gleich ihnen gebrauchen muß / wann man von ihnen wider mündlich oder schrifftlich will verstanden werden ... Nach dem nun ein Kauffmann in ein Land handelt / nach dem miscbt er von derselben Sprache etliche Wörter mit unter / als wenn er in Franckreich handelt / so ist sein Händelsbrief zuweilen halb Frantzösisch / oder wann er in Jtalien handelt / so ist er meinsten Theils Jtalianisch / deßwegen sehr zuträglich / daß die Knaben / welche zu der Handlung gezogen werden sollen/

> einen kleinen Grund in Latein legen / also / daß sie einen casum setzen können / und hernach
> die frembden Wörter / welche meinsten Theils von Latein herkommen leichter verstehen / mercken und correct schreiben / sich in alle Handelsverrichtungen besser finden können. (720)

Für Fachsprachen lässt Harsdörffer somit andere Maßstäbe gelten als für die Gemeinsprache (vgl. Lange 2008: 116–121). Solche widersprüchlichen Aussagen finden sich nicht nur bei Harsdörffer. So stellt Gardt (2007: 400) generell für das 17. und 18. Jahrhundert fest, „daß einer ideologischen Position in sprachpflegerischen Fragen oft eine recht pragmatische Sicht der Erfordernisse des sprachlichen Alltags gegenübersteht."

Der 6. Teil des ersten Bandes des *Teutschen Secretarius* widmet sich den *Kauff- und Handels=Briefen*. Den entsprechenden Korrespondenzmustern vorangestellt ist eine Liste mit 89 aus dem Italienischen, Französischen und Lateinischen stammenden Lemmata des kaufmännischen Bereichs, deren konkrete Herkunft nicht extra gekennzeichnet ist. Bezeichnenderweise sind darin einige im obigen Zitat als Beispiele für die *Sprachverderbung* vorgebrachte Lexeme enthalten: *Banco*, *Conto*, *Trassiren*, wodurch nochmals Harsdörffers inkonsequente Haltung zum fremden Wortschatz deutlich wird. Hinsichtlich des Lemmaansatzes und der Art der Bedeutungsangaben stimmt Harsdörffers Liste weitgehend mit dem Glossar Kuhmanns überein. Auch bei Harsdörffer sind die meisten Lemmata Einzellexeme (gelegentlich mit lautlichen Lemmavarianten), daneben erscheinen nur wenige Mehr-Wort-Lemmata (z. B. *Conto corrente*, *Conto del tempo*, *In continenti*, *Pro cento*). Die Bedeutungserläuterung geschieht durch ein oder zwei, seltener drei indigene Äquivalente, gelegentlich mit einem zusätzlichen Fremdwort als Synonym:

> *Cambio, Wechsel / Change.*
> *Factor, Handels=Bedienter / institor.*

Bei einzelnen Lemmata verwendet Harsdörffer zur semantischen Beschreibung kurze Paraphrasen, vereinzelt in der Form der Kopplung eines Oberbegriffs mit einem differenzierenden Merkmal, manchmal fügt er knappe sachliche Erläuterungen hinzu:

> *Deposito, Gelder auff Zinse geben / oder zu getreuen Händen vertrauen.*
> *Journal, Handbuch darein man schreibet / was täglich gehandelt wird.*
> *Evictio, Gewärschaft / daß eine Sache Kauffmanns=Gut / nicht gestohlen / rc. und der Kauffer in würcklichem Besitz überlassen wird.*

Wie bei Kuhmann wird bei Harsdörffer durch die Bedeutungserläuterung nicht immer verständlich, dass ein Lexem aus der Kaufmannsprache vorliegt, so bei den bereits erwähnten Beispielen *Condition* und *largo*. *Largo* tritt jedoch in den Korrespondenzmustern des *Teutschen Secretarius* auf:

> *Geld ist largo, Wechsel werden gemacht / à 62. Kreutzer / auff Uso Doppio, N.N. hat den Rest der 8000. Thaler noch nicht ganz zahlt.* (456)

Bei *Obligation* zeigt die Bedeutungsangabe *Handschrifft oder Verpflichtung* ebenfalls nicht den Bezug zur Sphäre des Handels und des Bankwesens auf.[10]

Die in Harsdörffers Glossar aufgelisteten Lexeme stammen thematisch in der Mehrzahl wiederum aus dem Kernbereich der Handelssprache, dem intrafachlichen Wortschatz der doppelten Buchhaltung und der Organisation des Handelsbetriebes. Vertreten ist weiterhin die interfachliche Lexik des Bank- und Kreditwesens, der Handelsgebräuche und -techniken und des Versicherungswesens. Weit weniger vorhanden sind die Bereiche Warentransport und kaufmännische Korrespondenz. Gerade ein einziges Lemma bezieht sich auf den Münzbereich: *Species, grosse Stück Müntze als Reichsthaler*.

Gänzlich fehlt die Lexik zum kaufmännischen Rechnen, zu Maßen und Gewichten, zur Länderkunde und zur kaufmännischen Standesethik. Außerdem werden keine Waren einbezogen und das gilt nicht nur für Harsdörffer, sondern für die meisten kürzeren Glossare. Möglicherweise wurden die Warenbezeichnungen der Alltagssprache zugerechnet und als bekannt und nicht erklärungsbedürftig angesehen.

Inwieweit spiegelt sich die Lexik des Glossars im Wortschatz der unmittelbar folgenden 50 Kaufmannsbriefe wider? Fungiert sie als Verständnishilfe für diese Beispielkorrespondenz? Von den 89 Lemmata des Glossars erscheinen nur 31 im Text, der insgesamt 145 Wörter fremder Herkunft enthält. Somit bleiben 114 dieser Wörter unerklärt, darunter Lexeme, die eindeutig dem Handelswortschatz zuzurechnen sind, z B. *addressieren* (432), *emploiren* (438), *Expressen* (464), *Factura* (458), *Ordre* (443), *Proba* (433), *Sortiment* (432).

Das Glossar beschreibt wiederum nicht ausschließlich und primär die Bedeutung der im folgenden Text verwendeten Fremdwörter, sondern bietet unabhängig davon Beispiele für Lexeme aus der Handelssprache. Glossar und Text stehen, wie bei Kuhmann, nur in einer losen Verbindung.

Harsdörffer übernahm für seine Wortliste nahezu vollständig das zuerst 1654 erschienene, 70 Lemmata umfassende Verzeichnis von Gebhard Overheide[11] und

---

10 Vgl. die Definition bei Schirmer (1911: 136): ‚Schuldverschreibung, Schuldschein'.
11 Schon Jones (1977: 101) vermutete diese Abhängigkeit Harsdörffers von Overheide, konnte sie aber nicht beweisen, da die erste Auflage von Overheides *Teutscher Schreibkunst* verschollen war und ihm nur die zweite Auflage von 1657 vorlag. Mittlerweile verfügt die Staatsbibliothek Berlin,

veränderte oder erweiterte zumindest partiell die semantischen Beschreibungen. Diese Wortliste von Overheide und Harsdörffer ging mit jeweils nur wenigen Abstrichen in die meisten der kürzeren Glossare ein, ohne dass wohl immer ein regelrechtes Plagiieren vorliegt. Sie enthielt einen gewissen kaufmännischen Grundwortschatz, auf den in einer Zusammenstellung von Kaufmannstermini einfach nicht verzichtet werden konnte. Nur Stielers Liste stimmt recht weitgehend mit der von Harsdörffer überein, so dass ein direkter Einfluss anzunehmen ist.

Die folgende Zusammenstellung der Einträge zum Lemma *Provision* zeigt recht anschaulich Gemeinsamkeiten und Unterschiede in den Bedeutungserläuterungen an und lässt weitere Abhängigkeiten zwischen den einzelnen Glossaren vermuten, auf die in dieser Studie nicht genauer eingegangen werden kann:

Overheide 1654:	*Provision, der Factoren Gebühr /*
Harsdörffer 1656:	*Provision, bedingter Nutz / der Factoren Gebühr /*
Schurtz 1662:	*Provision, Versehung / oder Nothdurfft ein Factorn, oder wer er sey / nach Gebür zu thun / oder der Factorn Besoldung.*
Beusser 1669:	*Provision, der Factoren Besoldung / oder auch etwan Vorrath.*
Hemeling 1669:	*Provision, Factors gebühr.*
Paulli [1672]:	*Provision, der Factoren Gebühr / Besoldung / oder etwan Vorrath.*
Stieler 1676:	*Provision, bedingter Nutz / der Factoren Gebühr.*
Zeller 1718:	*Provision, Besoldung eines Factors, der Factoren=Gebühr.*

4.3 Paul Jacob Marperger: *Der allzeit=fertige Handels=Correspondent*

Paul Jacob Marperger gilt als der führende deutsche Schriftsteller auf dem Gebiet der *Handlungswissenschaft* zwischen Spätbarock und Frühaufklärung. Sein *Handels-Correspondent* erschien 1699 in Ratzeburg zum ersten Mal. Dieser Untersuchung liegt die vierte, 1717 in Hamburg herausgegebene Auflage zugrunde. Am Ende des 2. Kapitels, in dem Marperger die verschiedenen Arten von Briefen vorstellt, die im Handel notwendig sind, geht er auf die Bedeutung des fremden Wortschatzes innerhalb dieses Bereichs ein und nimmt dazu, ähnlich wie schon Harsdörffer, eine ambivalente Haltung ein. Einerseits erkennt er an, dass fremde Wörter in der Kaufmannsprache durchaus sinnvoll sein können,

---

Preußischer Kulturbesitz, wieder über ein Exemplar der ersten Auflage (Signatur Yb 2451 ‹a›), welches Jones' Vermutung bestätigt.

> da man sich dann hier und dar zu derselbigen Redens=Arten und Terminis, welche etwann eine Waare oder Kauffmännische Handlung (der eingebildeten Meynung nach) besser als unsere Teutsche Sprache vorstellen und beschreiben / gewöhnet / nicht zwar so gantz und gar ohne Nutzen / in Ansehung / daß noch theils ausländische Wörter so beschaffen / daß sie eine Sache sehr kurtz exprimiren / welche im Teutschen weitläufftig müste umschrieben werden. (40)

Andererseits prangert er ihren Missbrauch an,

> daß insonderheit unsere Teutsche Contoristen meynen / daß sie keine verständige Zeile in den Brief schreiben können / wo sie nicht allerhand fremde / ungereimte / und bey den Haaren herbey gezogene / Lateinische / Frantzösische oder Jtaliänische Wörter mit einmengen. (41)

Sein Wörterverzeichnis soll dazu dienen, den *rechten Gebrauch fremder Handels=Wörter* (42) aufzuzeigen.[12]

Marpergers Glossar umfasst knapp 2000 Lemmata, sowohl Einzellexeme als auch kurze Wendungen (z. B. *Ope & consilio, mit Hülffe und Raht; Res creditæ, anvertraute Sachen; Restitution in integrum, die Einsetzung im vorigen Stande*). Bei den Einzellexemen können, wie bei Marpergers Vorgängern, verschiedene (Entlehnungs-)Formen als Lemmata auftreten (*Advis, Avis, oder Adviso; Fameux, famos; Marchand, Mercante*). Zur Bedeutungsbeschreibung verwendet der Verfasser sowohl ein oder mehrere heimische Äquivalente als auch kürzere Paraphrasen (häufig in der Form eines Oberbegriffs mit spezifizierendem Merkmal). Gelegentlich fügt er Beispielwendungen hinzu oder verweist auf den spezifischen Gebrauch des Wortes in der Kaufmannsprache:

> *Amicus*, ein Freund. Bey den Kauffleuten ist es gewöhnlich / daß sie ihren Correspondenten ihren Freund oder ihren Mann nennen.

Im Falle von *honoriren*, das in vielen anderen Glossaren zwar erscheint und meist nur mit ‚ehren' glossiert wird, zeigt erst eine Beispielwendung den kaufmännischen Gebrauch an:

> *Honoriren* / beehren; Jch will des Herrn Wechsel mit Acceptation honoriren.[13]

Vom Lemma abgeleitete Wortbildungen integriert Marperger gewöhnlich in den entsprechenden Artikel; sie erscheinen nicht als eigenes Stichwort. Bei zahlrei-

---

[12] Dementsprechend lautet auch die Überschrift: *Nöthige Erklährung und Gebrauch der fremden Handels=Wörter* (42).
[13] So verzeichnet das DFWB 7 (373) eine kaufmännische Spezialbedeutung dieses Lemmas: „Seit späterem 17. Jh. unter Einfluss von gleichbed. ital. *onorare* in der kaufmännischen Bed. ‚ein Wertpapier, einen Wechsel aus-/bezahlen, (zurück-)erstatten, decken, einen Scheck einlösen'".

chen Lemmata finden sich mehr oder weniger ausführliche Sachinformationen (z. B. bei *Agent, Agio, Arbiter, Contract, Courtier*). Interessanterweise treten vereinzelt indigene Lexeme als Stichwörter auf, was Marperger nicht extra begründet. Sie können ebenso der Handelslexik zugeordnet werden:

> *Fahrzeuge / seynd allerley Schiffs=Geräth.*
> *Gespannschafft / wenn etliche Fuhrleute mir einander fahren.*
> *Rauchfutter / ist Haber / Heu / und Stroh vor die Pferde.*
> *Rheide / ist eine gewisse Höhe / auf der See / vor einen Hafen / wo die Schiffe schon so gut als sicher liegen.*

Die eindeutig zum Handelswortschatz gehörenden Lexeme machen in Marpergers Glossar nur etwa 25 % aller Lemmata aus. Das ist für eine Zusammenstellung, die sich ausdrücklich auf *fremde Handels=Wörter* bezieht, recht wenig. Es sind jedoch alle Bereiche des Handelswortschatzes vertreten, wobei die Lexik der doppelten Buchführung, des Bank- und Kreditwesens, des Güterverkehrs und der kaufmännischen Korrespondenz dominiert. Eine Besonderheit im Vergleich zu den kürzeren Glossaren stellt die Aufnahme von Lexemen dar, die sich auf Gegebenheiten fremder Länder beziehen:

> *Aga, ein Türckischer Obrister und Hauptmann.*
> *Escurial, ist ein Pallast oder Lust=Haus des Königs in Spanien.*
> *Gendarmerie, eine Frantzösis. Art der Königl. Leib=Compagnien.*
> *Lido, ist das Ufer zu Venedig gegen der See hinaus / woselbst die grösten Schiffe liegen / und die Soldaten exerciret werden.*
> *Saimick, ein Land= und Cräys=Tag bey den Pohlen.*

Zum landeskundlichen Bereich müssen gleichfalls die aufgelisteten Bezeichnungen für Münzen gerechnet werden, da sie sich auf fremde Währungen beziehen:

> *Criusados, Spanische und Portugis. Müntz.*
> *Livres, Frantzösische Pfund / Gülden oder Marckstücken.*
> *Rubel, ist in Moscow so viel als 2. Rthlr.*
> *Sterling / eine Englische Müntze.*
> *Zecchini, Venetianische Ducaten.*

Der Wortschatz der anderen kaufmännischen Wissensfelder tritt seltener auf, so z. B. Bezeichnungen für Waren:

> *Chocolate, ist gemachet aus Cocos-Nüssen / oder Bohnen die gebrannt / hernach mit Zucker zugericht / in Wasser gesotten / und getruncken werden.*
> *Meubles, allerhand Hausgeräht.*
> *Parmesan-Käse / wird in der Jtaliänischen stadt und Herzogthum Parma gemacht.*

Den Hauptteil der Wortliste bilden Lexeme aus nicht zum Handel gehörenden, relativ breit gefächerten Sachgebieten. Aufgenommen wurden besonders Lexeme der folgenden Bereiche:
- Architektur/Bauwesen (z. B.: *Architectur, Balcon, Construiren, Machine*),
- Bildungswesen (z. B.: *Academicus, Dociren, Gymnasium, Immatriculiren, Methode, Præceptor*),
- Chronologie (z. B.: *Annales, Annus intercalaris, Biennium, Decendium, Hora, Seculum, Tempo, Triduum*),
- Höfische Sitten/Unterhaltung/Mode (z. B. *Baldachin, Ball, Celebriren, Courtisan, Garderobe, Grand mode, Noblesse, Parade*),
- Kirche/Religion (z. B.: *Apostasia, Capitul, Cardinalis, Clerus, Monstrantz, Parochie, Pietist, Protestant*),
- Medizin (z. B. *Anatomie, Antidotum, Diæt, Specificum, Sterilis, Vena*),
- Militärwesen (z. B.: *Artillerie, Barricade, Battaillon, Bombardiren, Caserne, Munition*),
- Naturwissenschaften (z. B.: *Concav, Echo, Falcon, Physica, Oval*),
- Philosophie (z. B.: *Causa efficiens, Essentia, Object, Ratio, Substantz, Theoria*),
- Politik/Gesellschaft (z. B. *Anarchie, Democratia, Guberniren, Officium, Policey*),
- Sprach- und Schriftkunde/Literatur (z. B.: *Allegoria, Concept, Dictum, Epigramma, Etymologia, Glossa, Lingua, Litera, Præloquium, Sermon, Stylus, Vocabulum*),
- Verwaltung/Gerichtswesen (z.B.: *Citiren, Compulsoriales, Constitutio, Criminaliter, De Jure, Judiziren, Sportulæ*).

Ein nicht unbeträchtlicher Teil der verzeichneten Lexeme lässt sich, nicht zuletzt aufgrund ihrer Kontextlosigkeit, nicht eindeutig auf ein gesondertes Sachgebiet beziehen. Bei diesen handelt es sich um einen allgemeinen Bildungswortschatz, der in vielen Bereichen verbreitet war. Nur wenige Beispiele seien aufgeführt:

> *Accumuliren, Action, Affection, Agiren, Applausus, Brutal, Directe, Discretion, Exact, Extremität, Gratuliren, Heros, Human, Ignorant, Inclusive, Offeriren, Parat, Pariren, Perfection, Reserviren, Respectiren*

Aufgrund dieses Befundes kann die Zusammenstellung von Marperger, auch im Kontrast zu seinen eigenen Bemerkungen im *Handels=Correspondenten*, nicht als Spezialglossar zur Kaufmannsprache gelten. Es liegt vielmehr ein allgemeines (Kurz-)Fremdwörterbuch vor, das zwar Handelswortschatz bietet, aber ebenso die Lexik vieler anderer Sachgebiete einbezieht und sogar indigene Lexeme auflistet.

4.4 Weitere Glossare

In gleicher Weise bieten die anderen längeren Glossare nicht nur Handelswortschatz. So enthält die von C. S.[14] zusammengestellte, der *Nutzbaren Richtschnur Der Löblichen Kauffmannschaft* von Georg Nicolaus Schurtz angefügte, 2445 Lemmata umfassende Liste beinahe nur am Rande Kaufmannswortschatz, während ihre Überschrift andere Erwartungen weckt und speziell auf die kaufmännische Korrespondenz verweist. Nur etwa 15 % aller Einträge lassen sich eindeutig als Handelslexik identifizieren.[15]

In diesem Kontext ist eine Äußerung Paul Hermlings in seinem *Vollkommenen Buchalten* (Danzig 1685) aufschlussreich. In der Überschrift zu seinem Glossar kündigt er an, alle *Fremd= und unbekanten Kauffmanns=Wörter / welche theils in diesen Buch zufinden / oder doch sonsten bey den Kauffleuten gewöhnlich gebrauchet werden*, zu erklären und auszulegen. Das relativiert er wieder in der *Vorrede des AUTHORIS an den Geneigten Leser*, wenn er schreibt: *ich gestehe zwar gerne daß einige Wörter nicht eben Kauffmännisch sind / weil sie aber im gemeinen Leben offt vorfallen / und einem Kauffmann doch allerley vorkompt / als habe ich sie lieber mit dabey setzen wollen* ( )( )( )(r). Bei der Aufnahme von Lexemen in sein Verzeichnis war Hermling somit recht großzügig. Sein Glossar lässt sich eher als allgemeines Fremdwörterbuch charakterisieren.[16]

Das mit 490 Einträgen deutlich kürzere Glossar im 1687 in Leipzig gedruckten *Sonderbarem Neuen Brieff-Schräncklein* von Tobias Schrödter, der auf dem Titelblatt als kaiserlicher Notar und Kämmerer am erzbischöflichen Kollegiatsstift St. Nicolai in Magdeburg bezeichnet wird, weist mit etwa 35 % zwar einen etwas höheren Anteil an Kaufmannswortschatz auf, kann aber ebenfalls nicht als Glossar zur Handelslexik gelten. Schroedters Zusammenstellung fällt durch einen sehr hohen Anteil aus dem Italienischen stammender Lemmata auf. Schon Jones (1977: 102) betonte, dass sich der starke Einfluss des Italienischen auf die deutsche Handelssprache in Schrödters Verzeichnis widerspiegele.[17]

Neben Einzellexemen listet der Verfasser eine Vielzahl italienischer Wendungen als Stichwörter auf, die keinen erkennbaren Bezug zur Handelssprache haben, in deutschsprachigen Handelstexten wohl nicht auftreten und in der kaufmännischen Beispielkorrespondenz des *Brieff-Schräncklein* fehlen:

---

[14] Jones (1977: 108) hält es für möglich, dass sich hinter den Initialen C. S. Kaspar Stieler verbirgt.
[15] So auch Jones (1977: 107–108). Ebenso ordnet er das Glossar von Nicolaus Dibber zwischen Handelsglossar und allgemeinem Fremdwörterbuch ein.
[16] Vgl. auch die Kurzcharakteristik von Hermlings Glossar in Jones (2000: 414–415).
[17] Vgl. zum italienischen Einfluss auf den Handelswortschatz auch Wilhelm (2013).

> *attendere le promesse*, sein Wort halten.
> *d' altra maniera*, auf eine andere Weise.
> *huomo di buona vita*, ein ehrlicher aufrichtiger Mann.
> *tema ill Sogetto*, der Inhalt der Materien.

Durchaus vorstellbar ist, dass sie in der (mündlichen und schriftlichen) Kommunikation zwischen deutschen und italienischen Kaufleuten (oder überhaupt zwischen Deutschen und Italienern) verwendet werden können. Möglicherweise verfolgte Schrödter mit seinem Glossar die Intention, dem Kaufmann für eine Reise nach Italien einige typische, im Alltag zu verwendende Wörter und Wendungen bereitzustellen. Dafür spricht die Aufnahme des folgenden nichtterminologischen Wortschatzes in seiner fremdsprachlichen morphologischen Form:

> *altra volta*, ein ander mahl; *attendissimo*, überaus fleißig; *del ordine*, nach Ordnung; *de tutto*, gantz und gar; *di repente*, geschwind; *eccellente*, herrlich / köstlich; *eccessivamente*, überschwenglich; *forse*, vielleicht; *molta bene*, sehr gut; *molto piu*, viel mehr; *præsto*, prompto, eilend; *succinto*, kurtz und gut.

Bei diesen Lemmata handelt es sich nicht um Fremdwörter des Deutschen, sondern um italienische Zitatwörter und Wendungszitate, für die es im Deutschen genügend heimische Äquivalente gibt. An eine Integration dieses Wortschatzes ins Deutsche hat wohl der Verfasser keinesfalls gedacht. Über einzelne Strecken besitzt Schrödters Wortzusammenstellung nicht den Charakter eines deutschen Fremdwortglossars, sondern vielmehr den eines italienisch-deutschen Kurzwörterbuchs.

5 Resümee

Die Sprache des Handels zeichnet sich als fachsprachliche Varietät des Deutschen schon immer durch eine gewisse Offenheit gegenüber Entlehnungen aus anderen Sprachen aus. Da Kaufleute während ihrer Berufsausübung regelmäßig Kontakt zu Sprechern anderer Sprachgemeinschaften haben, erscheint dieser daraus folgende sprachliche Austausch nahezu selbstverständlich. Speziell in der frühen Neuzeit übernehmen deutsche Kaufleute viele Innovationen aus Italien und mit ihnen die entsprechenden Bezeichnungen, so z. B. im Bank-, Kredit- und Wechselwesen, im Versicherungswesen, in der Organisation der Handelsgesellschaften und in der doppelten Buchführung (vgl. Wilhelm 2013: 41–50), partiell über das Französische vermittelt oder in der ursprünglichen (mittel-)lateinischen Variante. Im Einzelfall ist das oft nicht eindeutig zu entscheiden. Die diese Inhalte erläuternden fremdsprachigen (meist italienischen) Handelspraktiken werden allmählich ins Deutsche übersetzt und durch Werke einheimischer Verfasser ergänzt. Im 17. Jahrhundert wächst zunehmend das Bedürfnis, diesen fachlichen Fremdwortschatz der Handelssprache in separaten Listen zu dokumentieren und zu erklären; solche Zusammenstellungen werden ganz verschiedenen auf den Handel bezogenen Texten beigegeben. Die bis etwa 220 Lemmata enthaltenden kürzeren Glossare beinhalten tatsächlich beinahe ausschließlich Handelswortschatz, der vorwiegend aus den Bereichen der doppelten Buchführung, der Organisation im Handelsbetrieb, des Bank-, Kredit- und Wechselwesens, des Versicherungswesens und der Korrespondenzmuster stammt. Je umfangreicher diese Glossare werden, desto stärker beziehen sie fremdsprachliche Lexik anderer Bereiche ein, vorzugsweise aus dem Rechtswesen, dem militärischen Bereich und aus Politik und Gesellschaft, außerdem einen allgemeinen bildungssprachlichen Fremdwortschatz, obwohl das die Verfasser selbst nicht thematisieren und nur kaufmännischen Wortschatz ankündigen. Verwiesen sei auf die Zusammenstellungen bei Hermling, Dibber, Schurtz 1695 und Marperger. Diese Glossare können kaum noch als Spezialverzeichnisse zum Handelswortschatz betrachtet werden, mit ihnen liegen vielmehr allgemeine (Kurz-)Fremdwörterbücher vor.

Sämtliche Glossare, sowohl die kürzeren als auch die umfassenderen, berücksichtigen den Fremdwortschatz des Werkes, dem sie beigegeben sind, nur sporadisch. Sie fungieren gerade nicht als Verständnishilfe für einen konkret vorliegenden Text. Vom Wörterverzeichnis selbst lässt sich nicht ableiten, ob es aus einer Einführung in die doppelte Buchhaltung, einem (kaufmännischen) Briefsteller oder einem (Kaufmanns-)Rechenbuch stammt. So weist ein Glossar zu einem Rechenbuch keinesfalls mehr mathematische Lexik auf als z. B. ein Glossar zu einem Briefsteller. Die Verfasser und Kompilatoren wollen vielmehr unabhängig vom konkreten Kontext über den grundlegenden Fach- und Fremdwortschatz der Handelssprache und partiell weiterer Gebiete informieren und (so die mitunter geäußerte Vorstellung) nebenher die Kommunikation mit fremden Kaufleuten etwas erleichtern. Auch wenn sich einzelne Autoren bisweilen kritisch mit dem Fremdwortgebrauch in der Handelssprache auseinandersetzen, folgen sie mit ihren Wortlisten keinen puristischen oder sprachpflegerischen Tendenzen.

Quellen: Texte mit Glossaren zur Handelssprache

Beusser, Nicolaus: *Neu Vollkommenes Buchhalten.* Frankfurt 1669 (23–26).[18]
Dibber, Nicolaus: *Gründliche Beschreibung des so genannten Jtaliänischen Kauffmännischen Buchhaltens über Ein= und Außländischen= Proper-Handlungen.* Copenhagen 1692 ( )(r–])( )(iir]).
[Harsdörffer, Georg Philipp:] *Der Teutsche SECRETARIUS: Das ist: Allen Cantzleyen / Studier= und Schreibstuben nutzliches / fast nohtwendiges / und zum drittenmal vermehrtes Titular= und Formularbuch.* Nürnberg 1656 (417–419).
Hemeling, Johannes: *Arithmetischer Anfang: Oder: Kleines Rechnebuch. Das ist: Kurtze= doch grundliche Abfassung welcher gestalt / die edle Rechnekunst einem begierigen Liebhaber derselben / gründlich und bald anzulehren. Nuhn mit allerhand nützlichen Dingen / besonders / dem Jtaliänischen Buchhalten und einigen echsel= und HandelsBrieffen gemehret / und zum zweiten Druck herfürgegeben / Durch / obgedachten Aucthoris ältisten Sohn: Johannem Benedictum Hemelingium.* Hannover 1669 (262–270).
Hermling, Paul: *Vollkommenes Buchhalten / Das ist Deutliche und Eigentliche Anweiß= und Vnterrichtung der Hochlöblichen Wissenschaft des Kauffmännischen Buchhaltens.* Dantzig 1685 (24–64).
Kuhmann, Magnus: *Die Gülden Schul / Von Jnstruction vnd Vnterrichtung des Jtaliänischen Buchhaltens.* Hamburg 1639 (41–48).
Liebe, Georg: *Teutsches Wörter=Büchlein / Nach welchem Die liebe Jugend zum Buchstabieren und Lesen / auch zur ORTHOGRAPHIA oder Recht=Schreibung desto geschwinder angeführet werden kann / Mit Beyfügung vieler bey der teutschen Sprache eingeführten Lateinischen und Frantzösischen Wrter / Jngleichen Einem Anhange von etlichen Brief= und andern Formularien / auch unterschiedenen Tituln zusammen getragen / revidiret / Und Zum fünfften mahl ausgefertigt.* Freyberg 1701 (P2r–P3r).
Marperger, Paul Jakob: *Der allzeit=fertiger Handels=Correspondent Worinnen Die gantze Handels=Wissenschaft / mit deroselben Scripturen, Briefen / und Cautelen, Samt Allerhand Arten Rechnungs=Formularien und anderen Nothwendigkeiten enthalten ... zum viertenmahl ausgefertiget.* Hamburg 1717 (42–172).
Möller, Arnold: *Ernewerte Gründliche Anweisung in die Nützbare Rechenkunst auff alle gebräuchlichen Kauffmannschaft.* Lübeck 1635 (222–224).
Overheide, Gebhard: *Teutsche Schreib=Kunst / Vom Rechtschreiben / Brieffstellen / Titulgeben /und was dem anhengig ist.* Braunschweig 1654 (160–163).
Paulli, Simon: *Straßburgisches Kauff= und Handelsbüchlein. Jn allen und jeden Handlungen / oder Gewerben / nützlich zu gebrauchen. ... Mit Fleiß nachgerechnet / und übersehen / durch Joh. Heinrich Heinrici.* Straßburg [1672] (332–338).
Schrödter, Tobias: *Sonderbares Neues Brieff=Schräncklein.* Leipzig 1678 (341–362).
Schurtz, Georg Nicolaus: *GENERAL INSTRUCTION, Der Arithmetischen und Politischen Kunst Der Hochlöblichen Wissenschaft der Kauff= und Handelsleuth Des Buchhaltens.* Nürnberg 1662 (67–70).

---

18 Die genauen Seitenzahlen der Glossare befinden sich am Ende der jeweiligen bibliographischen Angabe in Klammern.

Schurtz, Georg Nicolaus: *Nutzbare Richtschnur Der Löblichen Kauffmannschafft. Das ist: Neuvermehrt=volkommenes Buchhalten / Oder: Gründliche Anweisung dieser preiß=würdigen Wissenschaft / in Dreyen absonderlichen Haupt Büchern.* Nürnberg 1695 (Ooor–Rrr iiiv).

Stieler, Kaspar [der Spahte]: *Der Zweyte Band oder Der Vierte Teil Der Teutschen Sekretariat=kunst.* Nürnberg 1676 (223–225).

Volck von Wertheim, Heinrich: *Ein allzeit=fertiger Brieff=Steller, und allgemein Titular-Büchlein / bey Hohen und Niedrigen zugebrauchen / samt einem kurtzen Begriff der ietzo üblichen Höfflichkeit und allerley mündlichen Complimenten / benebst einem Anhange derer vornehmsten Kauffmanns= Jäger= und Bergwercks=Terminorum.* Chemnitz 1711 (171–186).

Zeller, David: *SCHOLA MERCATORIO-ARITHMETICA, Das ist: Kaufmännische Rechen=Schule.* Hirschberg / Zittau 1718 (331–344).

Weitere Quellen

[Harsdörffer, Georg Philipp:] *Des Teutschen SECRETARII: Zweyter Theil: oder Allen Cantzleyen / Studier= und Schreibstuben dienliches Titular und Formularbuch.* Nürnberg 1659.

Nehring, Johann Christoph: *Manuale Juridico-Politicum, Diversorum Terminorum, Vocabulorum, &c. Oder Hand=Buch Der fürnehmsten erklährten Juristischen / Politischen / Kriegs= Kaufmanns= und anderer fremden im gemeinen Gebrauch vorkommenden Redens Arthen, Wörter und dergleichen [...] Denen angehenden Studiosis, Kriegs= Jägerey= und Handels=Bedienten / Scribenten / und andern zum besten heraus gegeben.* Franckfurth und Gotha 1687.

Overheide, Gebhard: *Neu vermehrte Schreib=Kunst / Vom Rechtschreiben / Brieffstellen / Titulgeben / und was dem anhengig ist.* Braunschweig 1657.

Sperander [Friedrich Gladov]: *A la-Mode Sprach der Teutschen / Oder Compendieuses Hand-LEXICON, Jn welchem die meisten aus fremden Sprachen entlehnte Wörter und gewöhnliche Redens-Arten, So in denen Zeitungen, Briefen, und täglichen Conversationen vorkommen, Klar und deutlich erkläret werden.* Nürnberg 1727.

Sekundärliteratur

Bruchhäuser, Hanns-Peter (1989): *Kaufmannsbildung im Mittelalter. Determinanten des Curriculums deutscher Kaufleute im Spiegel der Formalisierung von Qualifizierungsprozessen.* Köln, Wien: Böhlau (Dissertationen zur Pädagogik 3).

Deutsches Fremdwörterbuch (DFWB). Begonnen von Hans Schulz, fortgeführt von Otto Basler. 2. Aufl., völlig neu erarbeitet im Institut für Deutsche Sprache. Bd. 6: Gag – Gynäkologie. Bearbeitet von Gerhard Strauß et al. Berlin, New York: De Gruyter 2008. Bd. 7: habilitieren – hysterisch. Bearbeitet von Herbert Schmidt et al. Berlin, New York: De Gruyter 2010.

Gardt, Andreas (2007): Das Fremdwort in der Sicht der Grammatiker und Sprachtheoretiker des 17. und 18. Jahrhunderts. Eine lexikographische Darstellung. *Zeitschrift für deutsche Philologie*. 117. Band/3. Heft. 388–412.

Hoock, Jochen & Pierre Jeannin (Hrsg.) (1991): *Ars Mercatoria. Handbücher und Traktate für den Gebrauch des Kaufmanns, 1470–1820. Eine analytische Bibliographie*. Band 1: 1470–1600. Paderborn et al.: Schöningh.

Hoock, Jochen & Pierre Jeannin (Hrsg.) (1993): *Ars Mercatoria. Handbücher und Traktate für den Gebrauch des Kaufmanns, 1470-1820. Eine analytische Bibliographie*. Band 2: 1600–1700. Paderborn et al.: Schöningh.

Jones, William Jervis (1977): German Foreign-Word Dictionaries from 1571 to 1728. In *Modern Language Notes* 72. 93–111.

Jones, William Jervis (2000): *German Lexikography in the European Context. A descriptive bibliography of printed dictionaries and word lists containing German language (1600–1700)*. Berlin, New York: De Gruyter (Studia Linguistica Germanica 58).

Kirkness, Alan (1988): Deutsche Fremdwörterbücher: Eine historische Skizze. In Alan Kirkness (Hrsg.), *Deutsches Fremdwörterbuch*. Begonnen von Hans Schulz, fortgeführt von Otto Basler, weitergeführt im Institut für deutsche Sprache. 7. Bd. Quellenverzeichnis, Wortregister. Nachwort, 707–719. Berlin, New York: De Gruyter.

Lange, Maria Barbara (2008): *Sprachnormen im Spannungsfeld schriftsprachlicher Theorie und Praxis. Die Protokolle der Commerzdeputation Hamburg im 17. Jahrhundert*. Berlin: De Gruyter (Studia Linguistica Germanica 93).

Reinisch, Holger (2014): Kaufmännische Bildung: Eine Betrachtung vor dem Hintergrund der Geschichte der Kaufleute und ihrer Qualifizierungsstruktur sowie der didaktisch-curricularen Diskussionen in der Wirtschaftspädagogik. In H.-Hugo Kremer, Tade Tramm & Karl Wilbers (Hrsg.), *Kaufmännische Bildung? Sondierungen zu einer vernachlässigten Sinndimension*, 10–28. Berlin: epubli. (Texte zur Wirtschaftspädagogik und Personalentwicklung 10).

Reinisch, Holger & Mathias Götzl (2011): *Geschichte der kaufmännischen Berufe. Studie zur Geschichte vornehmlich der deutschen Kaufleute, ihrer Tätigkeiten, ihrer Stellung in der Gesellschaft sowie ihrer Organisation und Qualifizierungsstrukturen von den Anfängen bis zum Ausgang des 19. Jahrhunderts*. Bonn: Bundesinstitut für Berufsbildung (Wissenschaftliche Diskussionspapiere 125).

Roelcke, Thorsten (2010): *Fachsprachen*. 3., neu bearb. Aufl. Berlin: Erich Schmidt (Grundlagen der Germanistik 37).

Schirmer, Alfred (1911): *Wörterbuch der deutschen Kaufmannssprache auf geschichtlichen Grundlagen*. Strassburg: Karl. J. Trübner.

Warnke, Ingo (2016): *Handelssprache*. In Wörterbücher zur Sprach- und Kommunikationswissenschaft (WSK) online: Historische Sprachwissenschaft. Hrsg. v. Ilse Wischer und Mechthild Habermann. Berlin, Boston: De Gruyter https://www.degruyter.com/view/WSK/wsk_id_wsk_artikel_artikel_15609?rskey=aWKwZz-&result=1&dbq_0=Handelssprache&dbf_0=wsk-fulltext&dbt_0=fulltext&o_0=AND (22.1.2019).

Wilhelm, Eva-Maria (2013): *Italianismen des Handels im Deutschen und Französischen. Wege des frühneuzeitlichen Sprachkontakts*. Berlin, Boston: De Gruyter (Pluralisierung & Autorität Bd. 34).

Albrecht Greule
Historische Valenz
Wege und Ziele der Erforschung des Valenzwandels

1 Valenz, historische Grammatik und historische Lexikographie

Unter „historischer Valenz" werden Forschungen zusammengefasst, die durch die Übertragung des Konzepts der Verb-Valenz auf die deutsche Sprachgeschichte und sich daraus ergebende neue Fragestellungen gekennzeichnet sind (vgl. Greule & Braun 2010: 64–69). Die Valenztheorie operiert zwischen Lexikographie und Grammatik, das heißt, zunächst wird im Valenzwörterbuch (vgl. Schumacher et al. 2004) – pro Verb – die inhaltliche und semantische Umgebung der Verben erfasst und beschrieben. Danach werden die als Argumente zu dem Prädikatsverb festgestellten Satzglieder (Komplemente, Ergänzungen) in formalen und semantischen Satzbauplänen zusammengefasst und bilden ein in die Grammatik integrierbares Inventar (vgl. Wöllstein 2016: 931–934).

Im Fall der historischen Grammatik muss die Valenz – pro Verb – zuerst aus den überlieferten historischen Texten und historischen Wörterbüchern ermittelt werden. Daraus kann das Satzbauplan-Inventar in die Grammatik für jedes Sprachstadium (Althochdeutsch, Mittelhochdeutsch, Frühneuhochdeutsch, Älteres Neuhochdeutsch) integriert werden und in Beziehung zum Satzbauplan-Inventar des Gegenwartsdeutschen gesetzt werden.

Die diachrone Perspektive betrifft den Vergleich der Entwicklung der morphosyntaktischen und semantosyntaktischen Umgebung jeweils eines Verbs im Verlauf der Sprachgeschichte (s. u. das Fallbeispiel *bieten*). Auf dieser Grundlage ist der Valenzwandel je eines Verbs erfassbar. Eine erwünschte Typologie des Valenzwandels insgesamt kann erst projektiert werden, wenn der Valenzwandel für hinreichend viele Verben beschrieben ist.

2 Valenzwandel

Die Beschreibung des Valenzwandels bezieht sich nicht nur auf den Wandel der Zahl der Argumente eines Verbs, sondern auch auf die Änderungen der Ausdrucksform und der Kategorie der (semantischen) Tiefenkasus – und im Falle von Polysemie (beim Vorhandensein mehrerer Sememe pro Verb-Formans) besonders auf Veränderungen der durch die Sememe „gesteuerten" formalen und semantischen Qualität der Argumente (das sind die geforderten Satzglieder).

Die für den Valenzwandel vorausgesetzten historischen Valenzwörterbücher sind, abgesehen vom Althochdeutschen (ergänzt durch Riecke 2016), noch nicht vorhanden. Ein mittelhochdeutsches Valenzwörterbuch ist über das Stadium, ein solches zu fordern, nicht hinausgekommen (Greule & Braun 2010: 69–74). Es gibt allerdings in dem Handbuch „Dependenz und Valenz" Abrisse der Valenzgrammatik der deutschen Sprachstadien, einschließlich des Altsächsischen, und einen Artikel zum Valenzwandel (Ágel 2006) sowie eine kleine diachrone Valenzgrammatik (Schmid 2017: 185–238).

Inzwischen liegen die wichtigsten historischen Wörterbücher (teils noch unvollständig) sowie historische Textkorpora digitalisiert und online vor. Die Neubearbeitung des Deutschen Wörterbuchs (DWB, A–F) ist hingegen nur im Druck zugänglich. Aus den historischen Wörterbüchern und Textkorpora müssten, um den Valenzwandel beschreiben zu können, für jedes Verb auf jeder historischen Sprachstufe die Satzbaupläne einschließlich der Kasusrahmen, die die semantischen Rollen erfassen, „destilliert" werden. Die Methodik wird unten am Beispiel von *bieten* erläutert. Das Ziel wäre, für jede Sprachstufe (althochdeutsch, mittelhochdeutsch, frühneuhochdeutsch, älterneuhochdeutsch) auf gleicher methodischer Basis je ein Valenzwörterbuch zu verfassen. Auf deren Grundlage könnte beschrieben werden, welcher Valenzwandel sich vom Althochdeutschen bis zum Neuhochdeutschen vollzogen hat. Da dies ein zu aufwendiges, langwieriges Verfahren darstellt, sind Ideen zu einem einheitlichen historisch syntaktischen Verbwörterbuch (HSVW) entwickelt worden (Greule & Korhonen 2016).

3 Historische Valenzlexikographie und Digital Humanities

Die Idee zu einem historisch syntaktischen Verbwörterbuch (HSVW) wird wesentlich befördert durch die Zusammenarbeit mit der Medieninformatik im Rahmen von Digital Humanities (vgl. Wolf 2018). Das heißt, der PC steht sowohl am Anfang der Auswertung der historischen Wörterbücher online und digitaler Belegrepositorien (Prinz 2016) als auch am Zielpunkt, insofern die Ergebnisse der Valenzanalysen in Datenbanken zur Verfügung gestellt werden sollen (Burghardt & Reimann 2016). Da im Rahmen eines durch Drittmittel geförderten, limitierten Projekts unmöglich die Valenzgeschichte aller deutscher Verben auf diese Weise erfasst werden kann, muss eine Auswahl getroffen werden, die sich auf die starken Verben, auf Simplicia oder andere „wichtige" Verben beschränkt.

Vorgesehen ist dabei folgende computergestützte Vorgehensweise: Aus den online verfügbaren und zugänglichen Wörterbüchern des Althochdeutschen, Mittelhochdeutschen, Frühneuhochdeutschen und Älteren Neuhochdeutschen, dem das Goethe-Wörterbuch zugeordnet ist, wird die Valenz eines neuhochdeutschen Verbs im diachronen Verlauf herausgearbeitet und als Word-Dokument, wie unten gezeigt wird, abgespeichert. Der Signifikant dieses Verbs wird dabei als im Verlauf der Sprachgeschichte konstant angesehen bzw. kann durch regelmäßigen Lautwandel erklärt werden.

4 Aus den Wörterbüchern erhobene Sememe, Kasusrahmen und Satzbaupläne am Beispiel von althochdeutsch. *biotan*, mittelhochdeutsch, frühneuhochdeutsch, älterneuhochdeutsch und neuhochdeutsch *bieten*

In der folgenden Übersicht werden aus den digitalisierten Wörterbüchern die Sememe zum Verb neuhochdeutsch. *bieten* und zu seinen historischen Entsprechungen exzerpiert. Auf der Grundlage der Belegsätze werden für jedes Semem der Tiefenkasusrahmen (TKR), die Satzbaupläne (SBP) und jeweils ein aussagekräftiger Beispielsatz (in dem die Aktanten fett ausgezeichnet sind) aufgeführt und nummeriert. Die Aktanten werden nach der Morphologie ihrer Hauptvertreter durch eine Sigle markiert (NG = Nominalgruppe, NS = Nebensatz, PräpG = Präpositionalgruppe, IK = Infinitivkonstruktion) und durch Kasus (nom, gen, dat, akk), Präpositionen oder Konjunktionen indiziert.

Althochdeutsch biotan

1. ‚etw. zur Kenntnis bringen, bekannt machen; das Bieten vollzieht sich in Worten, Begriffen u. ä.'

    (a) ‚*verkündigen, lehren*'

TKR: Agens (Mensch) – Inhalt (Worte, Begriffe)
SBP: NGnom – NGakk

Beispiel: in dhem dhrim heidim scal **man** ziuuare **eina gotnissa** beodan *in eis personis una divinitas praedicanda est* I 21,10.

(b) ,voraussetzen, als Voraussetzung (beim Schließen) vorbringen'

TKR: Agens (Mensch) – Inhalt
SBP: NGnom – NGakk

Beispiel: propositio est. taz **man ze êrist** piutet Ns 606,20/21.24/25.

(c) ,zum Vergleich darbieten, als Vergleich setzen'

TKR: Agens (Mensch) – Inhalt – zu Vergleichendes
SBP: NGnom – NGakk – PräpG *ze/zuo*

Beispiel (Passiv): ube **ein stunda** geboten uuirt. **ze zên dusent iaren** . so habet si an in etelichen teil *si enim conferatur mora . unius momenti . decem milibus annis* Nb 115,15 [126,1].

2. ,etw. entgegenstrecken, entgegenhalten, ohne daß damit ein Besitzwechsel eintritt;
   (a) ein Glied, einen Körperteil (zu einem besonderen Zweck) darbieten;
   (b) etw. als Lockmittel vorhalten, darbieten'

TKR: Agens (Mensch) – Objekt (konkret) – (Adressat)
SBP: NGnom – NGakk / NGnom – NGakk – NGdat

Beispiel: 1) tho bot **si** mit gilusti **thio kindisgun brusti** O 1,11,37. 2); **Ethiopia** ile **iro hende** bieten **gote** . ile sih imo irgeben *manus dare deo* Np 67,32.

(c) ‚etw. zu oder vor jdn. bringen'

TKR: Agens (Mensch) – Zielort – Patiens (Verb der Fortbewegung!)
SBP: NGnom – PräpGbifora – NGakk

Beispiel: saar butun **imo bifora laman licchen***t***an in baru** ... *offerebant ei paralyticum* F 1,7.

3. ‚etw. anbieten, darreichen; das Angebotene ist etw. Reales und soll in den Besitz oder die Nutzung des andern übergehen;
   (a) Speise und Trank;
   (b) ein Entgelt; ein Dankopfer; ein Ersatz; der Kaufpreis oder das Lösegeld in einem Handel'

TKR: Agens (Mensch) – Adressat (Mensch) – Objekt (real) (Verb des Besitzwechsels)
SBP: NGnom – NGdat – NGakk

Beispiel: thin kind thih bitte brotes, thaz **thu mo steina** bietes O 2,22,32.34.35.

4. ‚erzeigen, erweisen; das Angebotene äußert sich in einer menschlichen Haltung (*minna*)'

TKR: Agens (Mensch) – Adressat (Mensch) – Patiens
SBP: NGnom – NGdat – NGakk

Beispiel: **sie** buten **mir ubel** umbe guot . unde **haz** umbe mina minna *posuerunt adversum me mala pro bonis* 5.

Zusammenstellung der mit althochdeutsch *biotan* verwendeten, im Wörterbuch verzeichneten Satzbaupläne

Semem 1 (Nr.1a) ‚etw. zur Kenntnis bringen, bekannt machen; verkündigen, lehren'

TKR: Agens (Mensch) – Inhalt (Worte, Begriffe)
SBP: NGnom – NGakk

Semem 2 (Nr.1b) ‚voraussetzen, als Voraussetzung (beim Schließen) vorbringen'

TKR: Agens (Mensch) – Inhalt
SBP: NGnom – NGakk (2x belegt bei Notker, fachsprachlich)

Semem 3 (Nr.1c) ‚zum Vergleich darbieten, als Vergleich setzen'

TKR: Agens (Mensch) – Inhalt – zu Vergleichendes
SBP 1.3: NGnom – NGakk – PräpG *ze/zuo*

Semem 4 (Nr.2a–b) ‚etw. entgegenstrecken, entgegenhalten, ohne dass damit ein Besitzwechsel eintritt; ein Glied, einen Körperteil (zu einem besonderen Zweck) darbieten; etw. als Lockmittel vorhalten, darbieten'

TKR: Agens (Mensch) – Objekt (konkret) – (Adressat)
SBP: 1) NGnom – NGakk, 2) NGnom – NGakk – NGdat

Semem 5 (Nr.2c) ‚etw. zu oder vor jdn. bringen'

TKR: Agens (Mensch) – Zielort – Patiens (Verb der Fortbewegung!)
SBP: NGnom – PräpGbifora – NGakk

Semem 6 (Nr.3a–b) ‚etw. anbieten, darreichen; das Angebotene ist etw. Reales und soll in den Besitz oder die Nutzung des andern übergehen: Speise und Trank; ein Entgelt; ein Dankopfer; ein Ersatz; der Kaufpreis oder das Lösegeld in einem Handel'

TKR: Agens (Mensch) – Adressat (Mensch) – Objekt (real)
SBP 3: NGnom – NGdat – NGakk

Semem 7 (Nr.4) ‚erzeigen, erweisen; das Angebotene äußert sich in einer menschlichen Haltung'

TKR: Agens (Mensch) – Adressat (Mensch) – Patiens
SBP 4: NGnom – NGdat – NGakk.

Mittelhochdeutsch bieten

1. ‚(jdm.) etw. (Speise, Trank usw.) darreichen, geben'[1]

    TKR: Agens (Mensch) – Adressat (Mensch) – Objekt (Speise, Trank)
    SBP: NGnom – NGdat – NGakk

    Beispiel: **trinken unde spîse ich in** güetlîchen bôt NibB 2159,3; Parz 33,13; Wh 134,1; Tr 11681

    (a) ‚jdm. etw. (Land, Besitz, Belohnung usw.) anbieten'

    TKR: Agens (Mensch) – Adressat (Mensch) – Objekt (Land, Besitz, Belohnung; Dienst, Minne, Schadenersatz)
    SBP: NGnom – NGdat – NGakk

    Beispiele: **der wirt** bôt **im sîn guot** Iw 4841. **der iu sînen dienest** sô güetlîchen bôt NibB 288,2; Iw 6300

    (b) ‚etw. zum Kauf anbieten'

    TKR: Agens (Mensch) – Objekt – Wert/Grad
    SBP: NGnom – NGakk – Adv/PräpG*umb*

    Beispiele: **der sînen kouf ze hôhe** biutet Eracl 764. 3392; **dû** biutest **in** [Edelstein] **umb ein kleine guot** ebd. 1026.

    (c) [‚etw. in eine bestimmte Richtung halten, lenken']

        i. ‚etw. hinstrecken, hinhalten'

---

[1] Von mittelhochdeutsch *bieten* ist formal-reflexives mittelhochdeutsches *sich bieten* zu unterscheiden.

> TKR: Agens (belebt) – (Adressat) – Objekt (konkret) – Ziel
> SBP: NGnom – NGdat - NGakk – Adv/PräpG*vür/gein*

Beispiele: **swelher in den schilt engegen** bôt, / den was geraite der tot Rol5029; **den** [Schild] bôt **ich für den ritter mîn** Parz 414,25.

ii. ‚etw. wohin führen, bewegen'

> TKR: Agens (Mensch) – Objekt – Zielort
> SBP: NGnom – NGakk – PräpG *ze/gein*/Adv

Beispiel: sô **si** [Eva] **ez** [**obez**] **ze dem munde** bôt Gen 352.

iii. [Die im Mhd. Wb. online hier zusammengefassten Belege sind – wie die dort unter Punkt 5 aufgeführten – phraseologische Wendungen.]

iv. ‚jdm. etw. gebieten, befehlen'

> TKR: Agens (Mensch) – Adressat (Mensch) – Inhalt
> SBP: NGnom – NGdat – NS*daz*

Beispiel: so di wip swanger sint, so sal **man ir** buten, **daz** si ich [=iht] ungewar springen oder uallen SalArz 65,18

v. ‚etw. zum Vergleich darbieten'

> TKR: Agens – Inhalt – zu Vergleichendes
> SBP: NGnom – NGakk – PräpG*ze*

Beispiel (Passiv): ein burc alsô guot, / **ze der niht** ze bietenn ist UvZLanz 5037

2. ‚in einer bestimmten Weise mit jdm. umgehen, ihn behandeln'

TKR: Agens (Mensch) – Objekt (affiziert, Mensch) – Modus
SBP: NGnom – NGdat – Adv

Beispiel: her sprach **man** butit **vns** hi unrechte Roth 1003

3. ‚auf etw. bieten' (eine Geldsumme auf/für etwas bieten)

TKR: Agens (Mensch) – Objekt (das Angebotene, Geldsumme) – Ziel
SBP: NGnom – (Adv) – (PräpG*ûf*)

Beispiele: swer ouch ûf ein pfant bietet daz ûf dem markte gêt StRMeran 420; wie hôhe ir wellent bieten *'einen hohen Einsatz im Spiel machen'* Flore 5069.

Zusammenstellung der mit mittelhochdeutsch *bieten* verwendeten, im Wörterbuch verzeichneten Satzbaupläne

Semem 1 (Nr.1.1) ‚(jdm.) etw. (Speise, Trank usw.) darreichen, geben'

TKR: Agens (Mensch) – Adressat (Mensch) – Objekt (Speise, Trank)
SBP: NGnom – NGdat – NGakk

Semem 2 (Nr.1.2) ‚jdm. etw. anbieten'

TKR: Agens (Mensch) – Adressat (Mensch) – Objekt (Land, Besitz, Belohnung; Dienst, Minne, Schadenersatz)
SBP: NGnom – NGdat – NGakk

Semem 3 (Nr.1.3) ‚etw. zum Kauf anbieten'

TKR: Agens (Mensch) – Objekt – Wert/Grad
SBP: NGnom – NGakk – Adv/PräpG*umb*

Semem 4 (Nr.1.4.1) ‚etw. hinstrecken, hinhalten'

TKR: Agens (belebt) – (Adressat) – Objekt (konkret) – Ziel
SBP: NGnom – NGdat - NGakk – Adv/PräpG *vür/gein*

Semem 5 (Nr.1.4.2) ‚etw. wohin führen, bewegen'

TKR: Agens (Mensch) – Objekt – Zielort
SBP: NGnom – NGakk – PräpG *ze/gein*/Adv

Semem 6 (Nr.1.4.5) ‚jdm. etw. gebieten, befehlen'

TKR: Agens (Mensch) – Adressat (Mensch) – Inhalt
SBP: NGnom – NGdat – NS*daz*

Semem 7 (Nr.1.4.6) ‚etw. zum Vergleich darbieten'

TKR: Agens – zu Vergleichendes – Inhalt
SBP: NGnom – PräpG*ze* – NGakk

Semem 8 (Nr.2) ‚in einer bestimmten Weise mit jdm. umgehen, ihn behandeln'

TKR: Agens (Mensch) – Objekt (affiziert, Mensch) – Modus
SBP: NGnom – NGdat – Adv

Semem 9 (Nr.3) ‚auf etw. bieten' (eine Geldsumme auf/für etwas bieten)'

TKR: Agens (Mensch) – Objekt (das Angebotene, Geldsumme) – Ziel
SBP: NGnom – (Adv) – (PräpG*ûf*).

Frühneuhochdeutsch *bieten*

1. ‚(jdm.) etw. (die hand / speise / wange, das brot / gelt) darbieten, anbieten, geben'

    TKR: Agens (Mensch/Gott) – (Adressat) – Objekt (konkret)
    SBP: NGnom – (NGdat) – NGakk

Beispiele: Buch Weinsb. 2, 352, 3 (rib., 1577): **Die burger** botten **ein veirzich tausent gulden und etlich lacken**, die wolten sie nit, sonder wulten uffbezalt sin.
Kehrein, Kath. Gesangb. 1, 352, 4 (Mainz 1605): Er speiß vns mit dem Himmelbrodt, | **Das Gott seinen zwölff Jůngern** both.

2. ‚(jdm.) etw. (z. B. Anerkennung, Ehre, Liebe) entgegenbringen, erweisen, entbieten'

TKR: Agens (Mensch) – Adressat (Mensch/Gott) – Patiens
SBP: NGnom – NGdat – NGakk

Beispiel: Helm, H. v. Hesler. Apok. 19589: Und daz wir in [Got] von herzen minnen | Mit allen unseren sinnen | Und daz **wir im ere** bieten.[2]

3. ‚jdn., etw. in eine bestimmte Richtung lenken, an einen bestimmten Ort schicken; sich an einen bestimmten Ort begeben'

TKR: Agens (Mensch) – Objekt – Zielort/Richtung
SBP: NGnom – NGakk/dat – PräpG*zu/gên/vor/in*/Adv

Beispiele: Reissenberger, Väterb. 934 (md., Hs. 14. Jh.): Sin herze grozeliche irschrac, | Do jener also vor im lac, | Wand er in irsach vur tot. | **Zu im** mit tugenden **er sich** bot. Ebd. 5438: Der wirt der edele, sůze | Bot sich vor sine vůze, | Die er im lieblichen twůc.
Chron. Nürnb. 2, 258, 13 (nobd., 1449/50): wann dann dazselb firteil pei einander was, so fürt sie dann der genannt an die stat, **dohin man** boten het, zusammen. Chron. Augsb. 4, 423, 1 (schwäb., zu 1495): da **man im, dem alten Ulrich Walther, in die zunft** hatt poten, do hat man ainen Vetter [...] auch in ain zunft gepoten.

---

2 Unter 2: Ütr. zu 1., ist **bieten** *Funktionsverb*: in Verbindung mit unterschiedlichen Objekten, die die Bedeutung des Verbs bestimmen; den dienst b. ‚zum Dienen bereit sein'; den eyd b. ‚schwören'; den grus b. ‚grüßen'; hilfe b. ‚zur Hilfe bereit sein'; den kampf b. ‚zum Kampf herausfordern'; ein opfer b. ‚ein Opfer bringen'; die rede b. ‚entgegnen'; das recht b. ‚zu einer rechtlichen Auseinandersetzung bereit sein'; den spiegel b. ‚den Spiegel vorhalten'; den weg b. ‚den Weg zeigen'; das wort b. ‚reden'; die unschuld b. ‚die Unschuld beteuern').

4. ‚jdn. [bezüglich einer Sache] um Vermittlung bitten, js. Entscheidung fordern, sich auf jdn. berufen' (rechtssprachlich)

TKR: Agens (Mensch) – Adressat (Mensch) – Inhalt (Sachen)
SBP: NGnom – NGakk – NGgen / NGnom – PräpG*uff/von* – NGakk

Beispiele: Große, Schwabensp. 96, a, 20 (Hs. ⌜nd./md., um 1410⌝): Vnde ist eyn man also wis, daz her gûten rad geben kan, vnde bûtet **in des eyn mensche, daz** her ime rate zû siner sache, her en darp ime nicht raten vmme sus. Thiele, Chron. Stolle 419, 7 (thür., 3. Dr. 15. Jh.): was sie dorfften, das holten **sie**, unnd boten **alle ore sache uff den fursten**. Opel, Spittendorf 181, 24 (osächs., um 1480): so die pfenner im anefange des irthumbs ehre, gleich und recht uff das capittel und uff bischoff Johan und auch uff die von Magdeburg botten.

5. ‚(jdm.) etw. empfehlen, befehlen, gebieten, vorschreiben'

TKR: Agens – (Adressat, Mensch) - Inhalt
SBP: NGnom – (NGdat) – IK/NS*das*

Beispiele: Chron. Nürnb. 4, 174, 18 (nobd., 15. Jh.): Anno dni 1449 jar do pot **man pfert zu halten ein gantz jar**. Ebd. 4, 291, 2: darnach ließ **man den pfenter** von rats wegen pieten, **das** iederman vor seiner tür raumen must. Grosch u. a., Schöffenspr. Pössneck 43, 6 (thür., 1474): Daz obirleye unde waz sy sust gelaßin hat, buth **her yn zcu antwertin**.

6. ‚etw. zum Verkauf anbieten, verkaufen'

TKR: Agens (Mensch) – Objekt – (Adressat) – Wert (Geldsumme)
SBP: NGnom – NGakk – (NGdat) – PräpG*vur/umbe*/Adv/Adj

Beispiele: Tiemann, E. v. Nassau-S. Kgn. Sibille 150, 24 (rhfrk., um 1435): **Der fischer** bot sy [die fische] **yme vor zwentzig schillinge**. Quint, Eckharts Pred. 2, 611, 7 (E. 13./A. 14. Jh.): Sant Dionysius sprichet, daz **got sîn himelrîche** biutet **veile**. *Kummer*, Erlauer Sp. 3, 790 (m/soobd., 1400/40): Wie pist du so gar ungeheur, | **du** peuczst **uns di salben gar teuer**.

Zusammenstellung der mit frühneuhochdeutsch *bieten* verwendeten, im Wörterbuch verzeichneten Satzbaupläne

Semem 1 ‚(jdm.) etw. darbieten, anbieten, geben'

TKR: Agens (Mensch/Gott) – (Adressat) – Objekt (konkret)
SBP: NGnom – (NGdat) – NGakk

Semem 2 ‚(jdm.) etw. entgegenbringen, erweisen, entbieten' → Funktionsverb (s. u.)

TKR: Agens (Mensch) – Adressat (Mensch/Gott) – Patiens
SBP: NGnom – NGdat – NGakk

Semem 3 ‚jdn., etw. in eine bestimmte Richtung lenken, an einen bestimmten Ort schicken; sich an einen bestimmten Ort begeben'

TKR: Agens (Mensch) – Objekt – Zielort/Richtung
SBP: NGnom – NGakk/dat – PräpG*zu/gên/vor/in*/Adv

Semem 4 ‚jdn. um Vermittlung bitten, js. Entscheidung fordern, sich auf jdn. berufen'

TKR: Agens (Mensch) – Adressat (Mensch) – Inhalt (Sachen)
SBP: NGnom – NGakk – NGgen / NGnom – PräpG*uff/von* – NGakk

Semem 5 ‚(jdm.) etw. empfehlen, befehlen, gebieten, vorschreiben'

TKR: Agens – (Adressat, Mensch) – Inhalt
SBP: NGnom – (NGdat) – IK/NS*das*

Semem 6 ‚etw. zum Verkauf anbieten, verkaufen'

TKR: Agens (Mensch) – Objekt – (Adressat, Mensch) – Wert (Geldsumme)
SBP: NGnom – NGakk – (NGdat) – PräpG*vur/umbe*/Adv/Adj

Älterneuhochdeutsch *bieten* (im Goethe-Wörterbuch)

1. (a) ‚(jdm.) etw. (als Gegenwert) anbieten, in Aussicht stellen', i. S. v. ‚antragen'; auch idWdg ‚sich zu etw. b.' i. S. v. ‚sich zu etw. erbieten'

   TKR: Agens (Mensch) – Adressat (Mensch) – Objekt
   SBP: NGnom (Mensch) – (NGdat) – NGakk

   Beispiel: [*Omar zu Sopir:*] Nimm | Den Frieden an, **den er** [*Mahomet*] **euch** bieten [*proposer*] mag! 9,286 Mahomet 224. [*idWdg 'jdm seine Hand b.' iSv einer Frau die Ehe antragen* [*Fabrice zu Marianne:*] Wenn sich nun aber einer fände, der es auf alles das hin wagen wollte, Ihnen seine Hand zu b. [›anzubieten 9,132,3] 9,506 Geschw Var *uö*]

   (b) ‚(jdm.) etw. als Gegenleistung, Belohnung, Entschädigung u. ä. versprechen, zusichern'

   TKR: Agens (Mensch) – (Adressat) – Objekt – Gegenleistung
   SBP: NGnom – (NGdat) – NGakk – PräpG*für*

   Beispiel: **Thyrsis bot ihr für ein Mäulchen** | **Zwei, drei Schäfchen** gleich am Ort ... | Und ein andrer bot ihr Bänder | Und der dritte bot sein Herz 1,20 Die Spröde 6u11f

   (c) ‚im Handel u. Zahlungsverkehr: eine Ware anbieten', auch ‚etw. zum Verkauf b.'; ‚für eine Ware, Immobilien ua ein Kaufgebot machen'; auch absol.; ‚bei einer Auktion ein Gebot machen', mehrf idWdg ‚auf etw. b.'; ‚in einer Wette dagegensetzen'; als Ausdruck der Bereitschaft, die Wette einzugehen

   TKR: Agens (Mensch) – Objekt – Wert (Preis, Geldsumme) / Agens (Mensch) – Objekt –Wert
   SBP: NGnom – NGakk – PräpG*zu* / NGnom – PräpG*auf* – PräpG*bis*/NGakk

   Beispiele: **Er** biete **das edle Kunstwerk** [*antike Statue*] **zu einem auf alle Fälle höchst mäßigen Preise von dreihundert Zechinen** 32,329,4 ItR *uö*. Da das Schnitzwerk ... von großer Schönheit seyn soll, so wird **Herr Schütz** hierdurch ermächtigt, **auf dasselbe** bis zu der ausgesprochenen

Summe zu b. ... Die zwey Bronzen betreffend wird Herr Schütz gleichfalls ... **die angesetzte Summe** zu b. beauftragt B31,118,3u7 Schlosser 9.4.19 K B12,223,5 Voigt 10.8.9.

2. (a) ‚(jdm.) etw. reichen, hinhalten' (mehrf. im Bild); hin-, zu-, darreichen; idWdgn ‚Hand, Hände, Arm(e) b.': als konventionelle Gebärde im geselligen Verkehr; metaphor. als Ausdruck der Versöhnung, bes der Unterstützung, des Mit-, Zusammenwirkens; idVbdg ‚seinen Hals b.' i. S. v. ‚mit seinem Leben einstehen'

TKR: Agens (Mensch) – (Adressat, Mensch) – Objekt (konkret)
SBP: NGnom – (NGdat) – NGakk

Beispiel: [*Prozession armer Kinder*] **einer der älteren und bekleideten Knaben** ... bot **uns einen Teller** und verlangte ... bescheiden eine Gabe 32,302,1 ItR

(b) ‚entgegenhalten'; meist metaphor. idWdgn ‚Brust, Stirn, Spitze, Trotz b.' i. S. v. ‚sich gegen etw. behaupten, Widerstand entgegensetzen'

TKR: Agens – Adressat (negativ) – Objekt
SBP: NGnom – NGdat – NGakk

Beispiel: [*betr Riemers Professur am Weim Gymnasium*] Sein trefflicher Charakter so wie seine vorzüglichen Talente offenbaren sich jetzt in ihrer völligen Schönheit, da **er** in eigner entschiedenen Thätigkeit **der Welt Brust und Angesicht** b. muß B23,175,12 Eskeles [26.11.12] K.

3. ‚geben, gewähren, darbringen'

TKR: Agens – (Adressat) – Objekt
SBP: NGnom – (NGdat) – NGakk

Beispiel: [*Faust:*] Das ist die **Brust, die Gretchen mir** geboten, | Das ist der süße Leib, den ich genoß Faust I 4197 3,63 Verschwiegenheit 2

[*mehrf abgeblaßt iVbdgn wie* 'Raum, Gelegenheit, Hilfe b.' *uä* daß der untere Saal ... zu manchen Aufstellungen Raum bietet B33,273,11 Coudray 1.10.20 K 34¹,140,24 KuARheinMain 20,168,3 Wv I 16 B48,7,3 Ehrenbg 6.11.30 K *uö*]

4. ,(einen Gruß) entbieten, Ehre erweisen'

TKR: Agens (Mensch) – Adressat – Inhalt (positiv)
SBP: NGnom – NGdat – NGakk

Beispiel: [*Arkas:*] **Der König** sendet mich hierher und beut [entbeut 39,325,4 Iph¹ I 2] | **Der Priesterin Dianens Gruß und Heil** Iph² 54

5. ,zeigen, vor Augen stellen', auch ,einen Anblick b.'

TKR: Agens – Adressat (Mensch) – Objekt
SBP: NGnom – NGdat – NGakk

Beispiel: ein Naturphänomen das uns verschiedene Seiten bietet, in seiner ganzen Totalität zu erkennen N4,46,24 FlH VI [*für:* φανερος] 49¹,93,19 Philostrat [*für: présenter*] N4,154,23 FlH VI 31,32,1 ItR *uö*

6. i. S. v. ,gebieten, Anweisungen geben' (nur in Götz u. Werth II Ossian)

TKR: Agens (Mensch) – Adressat (Mensch) – Inhalt
SBP: NGnom – NGdat – NS

Beispiel: [*Zigeunerhauptmann:*] sagt Wolfen, **ich** biet **ihm er soll den Zauber auftuhn** 39,143,23 Götz¹ V

Zusammenstellung der mit älterneuhochdeutsch *bieten* verwendeten, im Goethe-Wörterbuch verzeichneten Satzbaupläne

Semem 1 (Nr.1a): ,(jdm.) etw. (als Gegenwert) anbieten', ,in Aussicht stellen', i. S. v. ,antragen'; auch idWdg ,sich zu etw. b.' i. S. v. ,sich zu etw. erbieten'

TKR: Agens (Mensch) – Adressat (Mensch) – Objekt
SBP: NGnom (Mensch) – (NGdat) – NGakk

Semem 2 (Nr.1b): ‚(jdm.) etw. als Gegenleistung, Belohnung, Entschädigung u. ä. versprechen, zusichern'

TKR: Agens (Mensch) – (Adressat) – Objekt – Gegenleistung
SBP: NGnom – (NGdat) – NGakk – PräpG*für*

Semem 3 (Nr.1c): ‚im Handel u. Zahlungsverkehr: eine Ware anbieten,, auch ‚etw. zum Verkauf b.'; ‚für eine Ware, Immobilien u. a. ein Kaufgebot machen'; auch absol; ‚bei einer Auktion ein Gebot machen', mehrf idWdg ‚auf etw. b.'; ‚in einer Wette dagegensetzen'; ‚als Ausdruck der Bereitschaft, die Wette einzugehen'

TKR: Agens (Mensch) – Objekt – Wert (Preis, Geldsumme) / Agens (Mensch) – Objekt –Wert
SBP: NGnom – NGakk – PräpG*zu* / NGnom – PräpG*auf* – PräpG*bis*/NGakk

Semem 4 (Nr.2a): ‚(jdm.) etw. reichen, hinhalten' (mehrf im Bild); ‚hin-, zu-, dar- reichen'; idWdgn ‚Hand, Hände, Arm(e) b.': als konventionelle Gebärde im gesel- ligen Verkehr; metaphor. als Ausdruck der Versöhnung, bes. der Unterstützung, des Mit-, Zusammenwirkens; idVbdg ‚seinen Hals b.' i. S. v. ‚mit seinem Leben ein- stehen'

TKR: Agens (Mensch) – (Adressat, Mensch) – Objekt (konkret)
SBP: NGnom – (NGdat) – NGakk

Semem 5 (Nr.2b): ‚entgegenhalten'; meist metaphor. idWdgn ‚Brust, Stirn, Spitze, Trotz b.' i. S. v. ‚sich gegen etw. behaupten', ‚Widerstand entgegensetzen'

TKR: Agens – Adressat (negativ) – Objekt
SBP: NGnom – NGdat – NGakk

Semem 6 (Nr.3): ‚geben, gewähren, darbringen'

TKR: Agens – (Adressat) – Objekt
SBP: NGnom – (NGdat) – NGakk

Semem 7 (Nr.4): ‚(einen Gruß) entbieten, Ehre erweisen'

TKR: Agens (Mensch) – Adressat – Inhalt (positiv)
SBP: NGnom – NGdat – NGakk

Semem 8 (Nr.5): ‚zeigen, vor Augen stellen', auch ‚einen Anblick b.'

TKR: Agens – Adressat (Mensch) – Objekt
SBP: NGnom – NGdat – NGakk

Semem 9 (Nr.6): i. S. v. ‚gebieten, Anweisungen geben'

TKR: Agens (Mensch) – Adressat (Mensch) – Inhalt
SBP: NGnom – NGdat – NS

Neuhochdeutsch *bieten*

(Nach E-Valbu: Kategorialsymbole nach der in diesem Beitrag verwendeten Notation umgeschrieben, Kasusrahmen ergänzt)

1. ‚jd. stellt jdm. etw. zur Verfügung; zur Nutzung anbieten'

   TKR: [Agens – Objekt (konkret) – (Adressat)]
   SBP: NGnom – NGakk – (NGdat)

   Beispiel: Die „Tafel" bietet armen Menschen eine warme Mahlzeit und Lebensmittel.

2. ‚jd. bietet jdm. irgendwieviel für etw.'

   TKR: [Agens – Adressat– Objekt (affiziert) – Menge]
   SBP: NGnom – (NGdat) – PräpG*für*+akk/ADV*dafür* – NGakk

   Beispiel: Er hat mir für den alten Wagen noch 1.000 Euro geboten.

3. ‚jd./etw. stellt jdm. bzw. für jdn. etw. dar'

TKR: [Agens – Objekt – Adressat]
SBP: NGnom – NGakk – (NGdat/PräpG*für*+akk)

Beispiele: Blühende Hecken bieten mit Blüten, Blättern und Beeren der Tierwelt das ganze Jahr hindurch ein reichhaltiges Nahrungsangebot. Diese Arbeit bietet sogar für einen erfahrenen Techniker Einiges an Herausforderung.

4. ‚jd. gewährt jdm. etw.'

TKR: [Agens – Objekt – Adressat]
SBP: NGnom – NGakk – NGdat

Beispiel: Er bietet ihr ein bildschönes Heim, finanzielle Freiheit und Liebe.

5. ‚jd. stellt jdm. etw. in Aussicht; versprechen'

TKR: [Agens – Objekt – (Adressat)]
SBP: NGnom – NGakk – (NGdat)

Beispiel: Frau Köhler bietet demjenigen, der ihren Hund zurückbringt, eine Belohnung von 25 Euro.

6. ‚jd. zeigt jdm. jdn./etw.; darbieten'

TKR: [Agens – (Objekt) – Adressat]
SBP: NGnom – NGakk – (NGdat)

Beispiel: Beide Teams schenkten sich nichts und boten den Zuschauern ein temporeiches, allerdings von vielen Fehlern geprägtes Spiel.

7. ‚jd./etw. hat etw. als Erscheinungsbild' [geh]

TKR: [Agens – Objekt (effiziert)]
SBP: NGnom – NGakk

Beispiel: Die Kleine stand weinend im Regen und bot ein Bild der Verzweiflung.

5 Valenzwandel und Valenzgeschichte

Aus althochdeutsch *biotan*, mittelhochdeutsch, frühneuhochdeutsch, neuhochdeutsch *bieten* wird im Vergleich mit gotisch *-biudan*, altwestnordisch *bióða*, altenglich *bēodan*, altfriesisch *biada*, altsächsisch *biodan* ein urgermanisches starkes Verb der 2. Ablautreihe **beud-a-* erschlossen (Seebold 1970: 108–110). Obwohl germanisch **beud-a-* problemlos auf indogermanisch **bʰéudʰ-e-* (Präsens) ‚wach werden, aufmerksam werden' (LIV: 82f.) zurückgeführt werden kann, stellt die Bedeutung ‚bieten' des germanischen Verbs demgegenüber eine Neuerung dar, die sich aus dem Bedeutungskomplex ‚zur Aufmerksamkeit veranlassen, kundtun, gebieten, darbieten' entwickelt haben soll (Pfeifer 1989: 169).

Im Verlauf der deutschen Sprachgeschichte fällt das Verb *bieten* durch eine Bedeutungsvielfalt sowohl in den einzelnen historischen Sprachstadien als auch in der gesamten Sprachgeschichte auf. Zeitweise wird das Verb sogar als Funktionsverb (Bildung von Streckformen) grammatikalisiert (DWB Neubearbeitung: 209f.; Frühneuhochdeutsches Wörterbuch *bieten* Bedeutung. 2; auch Mittelhochdeutsches Wörterbuch, *bieten* 5. Phraseologische Wendungen)

Die Bedeutungsentfaltung lässt sich auf eine Grundbedeutung zurückführen, in der verschiedene Aspekte einer "Szene" hypothetisch zusammengefasst sind und aus der heraus sich die einzelnen Sememe (frames) als Perspektivierung und Fokussierung eines Teilaspekts erklären lassen (vgl. Welke 2011: 154–155). Wir gehen davon aus, dass die (germanische) Ursprungsbedeutung von *bieten* einen Aspekt der (durch Fillmore) bekannt gewordenen Kaufszene (oder Tauschszene) abbildete, nämlich dass ein Mensch x ein Objekt y einem Menschen z zum Kauf oder Tausch anbietet. Es handelt sich dabei gleichsam um die Eröffnungsphase des ganzen Tausch- oder Kaufvorgangs, die durch ein „dreiwertiges" Verbsemem mit dem Kasusrahmen oder den Rollen Agens („Anbietender") – Objekt („Angebotenes") – Adressat versprachlicht ist.

Der Ursprungsbedeutung kommt die im Deutschen Wörterbuch (Neubearbeitung 2013: Sp. 206–213) als „hauptgebrauch" an die Spitze gestellte Bedeutung am nächsten:

Semem A

'jdm. etw. anbieten, übergeben (wollen); jdm. etw. in Aussicht, zur Verfügung stellen, gewähren (wollen)'

Das Semem A ist in allen Wörterbüchern verzeichnet und wird wie folgt beschrieben: 'etw. anbieten, darreichen; das Angebotene ist etw. Reales und soll in den Besitz oder die Nutzung des andern übergehen: Speise und Trank; ein Entgelt; ein Dankopfer; ein Ersatz; der Kaufpreis oder das Lösegeld in einem Handel'; 'etw. entgegenstrecken, entgegenhalten, ohne dass damit ein Besitzwechsel eintritt; ein Glied, einen Körperteil (zu einem besonderen Zweck) darbieten; etw. als Lockmittel vorhalten, darbieten' (Althochdeutsches Wörterbuch); 'jdm. etw. anbieten', '(jdm.) etw. (Speise, Trank usw.) darreichen, geben' (Mittelhochdeutsches Wörterbuch); '(jdm.) etw. darbieten, anbieten, geben' (Frühneuhochdeutsches Wörterbuch); '(jdm.) etw. (als Gegenwert) anbieten, in Aussicht stellen; zeigen, vor Augen stellen; (jdm.) ,etw. reichen, hinhalten' (mehrfach im Bild); 'hin-, zu-, darreichen; geben, gewähren, darbringen' (Goethe-Wörterbuch); 'jemand stellt jemandem etwas zur Verfügung; zur Nutzung anbieten', 'jemand gewährt jemandem etwas', 'jemand zeigt jemandem jemanden/etwas; darbieten' (neuhochdeutsch/Valbu).

Kasusrahmen und Satzbaupläne:

Althochdeutsch

TKR: Agens (Mensch) – Adressat (Mensch) – Objekt (real)
SBP: NGnom – NGdat – NGakk

Mittelhochdeutsch

TKR: Agens (Mensch) – Adressat (Mensch) – Objekt (konkret)
SBP: NGnom – NGdat – NGakk

Frühneuhochdeutsch

TKR: Agens (Mensch/Gott) – (Adressat) – Objekt (konkret)
SBP: NGnom – (NGdat) – NGakk

Älterneuhochdeutsch

TKR: Agens (Mensch) – Adressat (Mensch) – Objekt
SBP: NGnom (Mensch) – (NGdat) – NGakk

Neuhochdeutsch

TKR(a): [Agens – Objekt (konkret) – (Adressat)]
SBP(a): NGnom – NGakk – (NGdat)
KR(b): [Agens – Objekt – Adressat]
SBP(b): NGnom – NGakk – NGdat
KR (c): [Agens – (Objekt) – Adressat]
SBP(c): NGnom – NGakk – (NGdat).

Das **Semem B** kommt durch Spezifikation (Bedeutungsverengung) der Grundbedeutung zustande, indem das Angebotene auf den Verkauf fokussiert ist und der Verkaufspreis als eine Kasusrolle WERT hinzukommt. Es ist – außer im Althochdeutschen – in allen Sprachperioden belegt und wird im DWB (Neubearbeitung 2013: Sp.206f–207) in zwei Subsememen (1.c und 1.d) ausformuliert. Durch die Aufnahme einer weiteren Rolle (WERT) wird die Grundvalenz vierwertig (vgl. das frühneuhochdeutsche Semem B), wird aber fast immer nur dreiwertig unter Aussparung der Adressaten-Rolle gebraucht.

‚zum Verkauf anbieten, einen (bestimmten) Kaufpreis verlangen', ‚eine Summe als Kaufpreis, Lösegeld u. dgl. nennen; Gebot (bei einer Auktion) abgeben'

Beschreibungen in den Wörterbüchern: ‚etw. zum Kauf anbieten', ‚auf etw. bieten (eine Geldsumme auf/für etwas bieten)' (Mittelhochdeutsches Wörterbuch);

‚etw. zum Verkauf anbieten, verkaufen' (Frühneuhochdeutsches Wörterbuch); ‚im Handel u. Zahlungsverkehr: eine Ware anbieten', ‚etw. zum Verkauf bieten'; ‚für eine Ware, Immobilien und anderes ein Kaufgebot machen; bei einer Auktion ein Gebot machen, in einer Wette dagegensetzen; als Ausdruck der Bereitschaft, die Wette einzugehen' (Goethe-Wörterbuch); ‚jemand bietet jemandem irgend wieviel für etwas' (neuhochdeutsch/Valbu).

Kasusrahmen und Satzbaupläne:

Mittelhochdeutsch

TKR(a): Agens (Mensch) – Objekt – Wert/Grad
SBP(a): NGnom – NGakk – Adv/PräpG*umb*
TKR(b): Agens (Mensch) – Objekt (das Angebotene, Geldsumme) – Ziel
SBP(b): NGnom – (Adv) – (PräpG*ûf*).

Frühneuhochdeutsch

TKR: Agens (Mensch) – Objekt – (Adressat, Mensch) – Wert (Geldsumme)
SBP: NGnom – NGakk – (NGdat) – PräpG*vur/umbe*/Adv/Adj

Älterneuhochdeutsch

TKR(a): Agens (Mensch) – Objekt – Wert (Preis, Geldsumme)
SBP(a): NGnom – NGakk – PräpG*zu*
KR(b): Agens (Mensch) – Objekt – Wert
SBP(b): NGnom – PräpG*auf* – PräpG*bis*/NGakk

Neuhochdeutsch

TKR: [Agens – Adressat– Objekt (affiziert) – Menge]
SBP: NGnom – (NGdat) – PräpG*für*+akk/ADV*dafür* – NGakk.

Bei **Semem C** wechselt die Perspektive vor dem Hintergrund der Ausgangsbedeutung von *bieten* vom Zahlenwert auf den immateriellen (ideellen) Wert des Angebotenen, das sich in einer Haltung des Anbieters äußert. Außer im Nhd. wird das Semem C in allen deutschen Sprachperioden versprachlicht. Das Deutsche Wörterbuch (DWB, Neubearbeitung 2013: 209–210) formuliert dazu zwei Subsememe (3.a und 3.c):

‚jdm. oder etw. ein bestimmtes Verhalten entgegenbringen; Huld, Ehre erweisen, in einer bestimmten Weise mit jdm. umgehen, ihn behandeln; jdn. (zu etw.) herausfordern, gegen jdn. oder etw. Widerstand leisten'

Beschreibungen in den Wörterbüchern: ‚erzeigen, erweisen; das Angebotene äußert sich in einer menschlichen Haltung' (Althochdeutsches Wörterbuch); ‚in einer bestimmten Weise mit jdm. umgehen, ihn behandeln' (Mittelhochdeutsches Wörterbuch); ‚(jdm.) etw. entgegenbringen, erweisen, entbieten' (Frühneuhochdeutsches Wörterbuch); ‚(einen Gruß) entbieten, Ehre erweisen' (Goethe-Wörterbuch).

Kasusrahmen und Satzbaupläne:

Althochdeutsch

TKR: Agens (Mensch) – Adressat (Mensch) – Patiens
SBP: NGnom – NGdat – NGakk

Mittelhochdeutsch

TKR: Agens (Mensch) – Objekt (affiziert, Mensch) – Modus
SBP: NGnom – NGdat – Adv

Frühneuhochdeutsch

TKR: Agens (Mensch) – Adressat (Mensch/Gott) – Patiens
SBP: NGnom – NGdat – NGakk

Älterneuhochdeutsch

TKR: Agens (Mensch) – Adressat – Inhalt (positiv)
SBP: NGnom – NGdat – NGakk

Der Fokus kann auch auf dem Aspekt liegen, dass der Darbietende in der Kauf-/Tauschszene mit verschiedenen Zwecksetzungen sich sprachlich äußert, was semantosyntaktisch zur Folge hat, dass zur Grundvalenz die Kasusrolle INHALT (des Geäußerten) hinzukommt. Bis auf die spezifizierende Weiterführung zum Semem E ‚befehlen, gebieten' ist dieser Frame nur in einzelnen Sememen unterschiedlicher Sprachperioden und aufgrund von Erfordernissen in den Fachsprachen, vor allem im Althochdeutschen, vorhanden. Zusammen mit Semem E gehört Semem D zum Wortfeld der Mitteilung (Sprachproduktion) (Sommerfeld & Schreiber 1996: 144–146).

Semem D1:

‚etw. zur Kenntnis bringen, bekannt machen; verkündigen, lehren'

Althochdeutsch

TKR: Agens (Mensch) – Inhalt (Worte, Begriffe)
SBP: NGnom – NGakk

Semem D2:

‚zum Vergleich darbieten, als Vergleich setzen',,etw. zum Vergleich darbieten'

Althochdeutsch

TKR: Agens (Mensch) – Inhalt – zu Vergleichendes
SBP: NGnom – NGakk – PräpG *ze/zuo*

Mittelhochdeutsch

TKR: Agens – zu Vergleichendes – Inhalt
SBP: NGnom – PräpG*ze* – NGakk

Semem D3:

‚voraussetzen, als Voraussetzung (beim Schließen) vorbringen'

Althochdeutsch

TKR: Agens (Mensch) – Inhalt
SBP: NGnom – NGakk

Semem D4:

‚jdn. um Vermittlung bitten, jds. Entscheidung fordern, sich auf jdn. berufen'

Frühneuhochdeutsch

TKR: Agens (Mensch) – Adressat (Mensch) – Inhalt (Sachen)
SBP(a): NGnom – NGakk – NGgen
SBP(b): NGnom – PräpG*uff/von* – NGakk.

Bei **Semem E**, das seit dem Mittelhochdeutschen in den Texten dreier Sprachperioden vertreten ist (und in der gotischen Bibel mit dem Präfixverb *anabiudan* wiedergegeben wird), wird der Frame von Semem D dadurch spezifiziert und verengt, dass der Inhalt der Rede von einem Agens, das jemandem gebieten/befehlen kann, geäußert wird. Das Deutsche Wörterbuch (DWB, Neubearbeitung 2013: 210–211) formuliert dazu drei Teilsememe (4, 4.a und 4.b)

‚jdm. etw. befehlen, gebieten oft rechtlich; jdn. an einen bestimmten Ort beordern, etwas anordnen, bestimmen; jdm. etwas vorschreiben'

Beschreibungen in den Wörterbüchern: ‚jdm. etw. gebieten, befehlen' (Mittelhochdeutsches Wörterbuch); ‚(jdm.) etw. empfehlen, befehlen, gebieten, vorschreiben' (Frühneuhochdeutsches Wörterbuch.); ‚gebieten, Anweisungen geben' (Goethe-Wörterbuch). Im Nhd. wird die Bedeutung von Semem E vom Präfixverb *gebieten* übernommen und dadurch verdrängt.

Kasusrahmen und Satzbaupläne:

Mittelhochdeutsch

TKR: Agens (Mensch) – Adressat (Mensch) – Inhalt
SBP: NGnom – NGdat – NS*daz*

Frühneuhochdeutsch

TKR: Agens – (Adressat, Mensch) – Inhalt
SBP: NGnom – (NGdat) – IK/NS*das*

Älterneuhochdeutsch

TKR: Agens (Mensch) – Adressat (Mensch) – Inhalt
SBP: NGnom – NGdat – NS.

Aus der Verkaufsszene kann schließlich abgeleitet werden, dass der Anbietende das angebotene Objekt zum Käufer hinbewegt. Auf diese Weise erklärt sich das im Alt- und Mittelhochdeutschen belegte **Semem F,** in dessen Kasusrahmen ein Ort bzw. ein Ziel, zu dem hin das Objekt bewegt wird, aufgenommen wird. Erfasst werden damit

- das **althochdeutsche** Semem 5 ‚etw. zu oder vor jdn. bringen', mit

    TKR: Agens (Mensch) – Zielort – Patiens
    SBP: NGnom – PräpG*bifora* – NGakk;

- das **mittelhochdeutsche** Semem 4 ‚etw. hinstrecken, hinhalten'

    TKR: Agens (belebt) – (Adressat) – Objekt (konkret) – Ziel
    SBP: NGnom – NGdat – NGakk – Adv/PräpG *vür/gein*

- das **mittelhochdeutsche** Semem 5 ‚etw. wohin führen, bewegen', mit

    TKR: Agens (Mensch) – Objekt – Zielort
    SBP: NGnom – NGakk – PräpG *ze/gein*/Adv, sowie

- das **älterneuhochdeutsche** Semem 3 ‚jdn., etw. in eine bestimmte Richtung lenken, an einen bestimmten Ort schicken; sich an einen bestimmten Ort begeben', mit

TKR: Agens (Mensch) – Objekt – Zielort/Richtung
SBP: NGnom – NGakk/dat – PräpG*zu/gên/vor/in*/Adv.

Vereinzelt und ohne direkte diachrone Vergleichsmöglichkeit sind:

- das **älterneuhochdeutsche** Semem 2: ‚(jdm.) etw. als Gegenleistung, Belohnung, Entschädigung u. ä. versprechen, zusichern', mit

TKR: Agens (Mensch) – (Adressat) – Objekt – Gegenleistung
SBP: NGnom – (NGdat) – NGakk – PräpG*für*;

- das **neuhochdeutsche** Semem 3

‚jemand/etwas stellt jemandem bzw. für jemanden etwas dar', mit TKR: [Agens – Objekt – Adressat]
SBP: NGnom – NGakk – (NGdat/PräpG*für*+akk),

und

- das **neuhochdeutsche** Semem 7 ‚jemand/etwas hat etwas als Erscheinungsbild' [gehoben], mit

TKR: [Agens – Objekt (effiziert)]
SBP: NGnom – NGakk.

Tab. 1: Verteilung der Sememe auf die Sprachstadien.

Semem	A	B	C	D	E	F
Althochdeutsch	x	x	x	x	-	x
Mittelhochdeutsch	x	x	x	x	x	x
Frühneuhochdeutsch	x	x	x	x	x	-
Älterneuhochdeutsch	x	x	x	-	x	x
Neuhochdeutsch	x	x	-	-	-	-

6 Ergebnisse und Ausblick

Die Beschreibung und Erklärung des Bedeutungswandels bei Verben verlangt die Berücksichtigung der Valenz (Valenzwandel), d. h. die Konstellation der in den Sememen verankerten semantischen Rollen (Tiefenkasus), die durch spezifische morphologische Marker in den historischen Texten zum Ausdruck kommen. Der Valenzwandel ist eine Konstante in der Wortgeschichte von Verben. Da Valenzwörterbücher für fast alle Perioden des Deutschen fehlen und die großen historischen, z. T. noch im Entstehen begriffenen historischen Wörterbücher valenzrelevante Informationen nur spärlich und andeutungsweise geben, ist die Abfassung eines Historisch syntaktischen Verbwörterbuchs (HSVW), aus dem auch die historische Grammatikographie Gewinn ziehen könnte, ein dringendes Forschungsdesiderat. Es lässt sich – zumindest für eine repräsentative Auswahl deutscher Verben – relativ leicht unter Heranziehung der online gestellten Wörterbücher erfüllen. Auf der Grundlage des HSVW ist es dann möglich Valenzgeschichten zu verfassen, die den Verbwandel nicht nur beschreiben, sondern auch zu begründen versuchen müssten. Eine Typologie des Valenzwandels kann allerdings erst projektiert werden, wenn der Valenzwandel für hinreichend viele Verben beschrieben ist.

Literatur

Ágel, Vilmos et al. (Hrsg.) (2006): *Dependenz und Valenz. Ein internationales Handbuch der zeitgenössischen Forschung.* 2. Halbband, Berlin, New York: De Gruyter.

Burghardt, Manuel & Sandra Reimann (2016): Möglichkeiten der elektronischen Aufbereitung und Nutzung eines historisch syntaktischen Verbwörterbuchs des Deutschen. In Albrecht Greule & Jarmo Korhonen (Hrsg.), *Historisch syntaktisches Verbwörterbuch*, 301–322. Frankfurt am Main: Peter Lang.

DWB (1983–2016)= *Deutsches Wörterbuch der Brüder Grimm. Neubearbeitung,* hrsg. von der Akademie der Wissenschaften der DDR in Zusammenarbeit mit der Akademie der Wissenschaften zu Göttingen, A–F, Leipzig, Göttingen.

Greule, Albrecht & Christian Braun (2010): Stand und Aufgaben der historischen Valenzforschung. In Hans Ulrich Schmid (Hrsg.), *Perspektiven der germanistischen Sprachgeschichtsforschung* (Jahrbuch für germanistische Sprachgeschichte, Band 1), 64–95. Berlin, New York: De Gruyter.

Greule, Albrecht & Jarmo Korhonen (Hrsg.) (2016): *Historisch syntaktisches Verbwörterbuch. Valenz- und konstruktionsgrammatische Beiträge* (Finnische Beiträge zur Germanistik 34). Frankfurt am Main: Peter Lang.

LIV (^{2}2001) = *Lexikon der indogermanischen Verben.* Unter Leitung von Helmut Rix und der Mitarbeit vieler anderer bearbeitet. Wiesbaden: Ludwig Reichert.

Pfeifer, Wolfgang (1989): *Etymologisches Wörterbuch des Deutschen*, 3 Bände. Berlin: Akademie.
Prinz, Michael (2016): Wörterbücher und digitale Belegrepositorien als Quellen für ein historisch syntaktisches Verbwörterbuch. Am Beispiel des benefaktiven Dativs bei mhd. *bachen*. In Albrecht Greule & Jarmo Korhonen (Hrsg.), *Historisch syntaktisches Verbwörterbuch. Valenz- und konstruktionsgrammatische Beiträge*, 17–53. Frankfurt am Main: Peter Lang.
Riecke, Jörg (2016): Die althochdeutschen Verben im Feld von „Heilung und Gesundheit". Überlieferung, Morphologie, Syntax. In Albrecht Greule & Jarmo Korhonen (Hrsg.), *Historisch syntaktisches Verbwörterbuch*, 83–96. Frankfurt am Main: Peter Lang.
Schmid, Hans Ulrich (^{3}2017): *Einführung in die deutsche Sprachgeschichte*. Stuttgart: Metzler.
Schumacher, Helmut, Jacqueline Kubczak, Renate Schmidt & Vera de Ruiter (2004): *VALBU – Valenzwörterbuch deutscher Verben* (Studien zur Deutschen Sprache 31). Tübingen: Narr.
Seebold, Elmar (1970): *Vergleichendes und etymologisches Wörterbuch der germanischen starken Verben*. The Hague & Paris: Mouton.
Sommerfeldt, Karl-Ernst & Herbert Schreiber (1996): *Wörterbuch der Valenz etymologisch verwandter Wörter. Verben, Adjektive, Substantive*. Tübingen: Niemeyer.
Welke, Klaus (2011): *Valenzgrammatik. Eine Einführung*. Berlin, New York: De Gruyter.
Wöllstein, Angelika & Dudenredaktion (Hrsg.) (^{9}2016): *Duden. Die Grammatik*. Berlin: Dudenverlag.
Wolf, Christian (2018): *Neuer Studiengang Digital Humanities. Signat. Regensburger Universitätszeitung*, April 2018, 11.

Online-Quellen

Althochdeutsches Wörterbuch online:
 http://awb.saw-leipzig.de/cgi/WBNetz/wbgui_py?sigle=AWB
DWB. Deutsches Wörterbuch der Gebrüder Grimm, online-Version:
 http://dwb.uni-trier.de/de/die-digitale-version/online-version/
E-VALBU: Das elektronische Valenzwörterbuch deutscher Verben:
 https://grammis.ids-mannheim.de/verbvalenz
Frühneuhochdeutsches Wörterbuch: FWB-online. https://fwb-online.de
Goethe-Wörterbuch online: http://gwb.uni-trier.de/de
Mittelhochdeutsches Wörterbuch: mhdwb-online.de: http://www.mhdwb-online.de

Jochen A. Bär
Virtuelle Wörter?

Anmerkungen zum Problem der Worteinheit aus grammatiktheoretischer Sicht

1 Exposition

Dem Goethe-Kundigen ist der Titel einer kleinen Notiz vertraut: *Bedeutende Förderniß durch ein einziges geistreiches Wort* (Goethe 1823). Nicht jedem ist allerdings wie dem Olympier vergönnt, Anregung zur Einsicht in die besondere Qualität seines bisherigen Denkens zu erfahren; häufiger dürfte die Anregung zur Einsicht in die Defizite desselben sein. Letzteres Erlebnis hatte ich während eines Vortrags von Sarah Kwekkeboom (Vechta) in Heidelberg Ende November 2018, den ich im Beisein Jörg Rieckes hörte. Die Referentin sprach über die Arbeit an und mit historischen Textkorpora, unter anderem über Fragen der Annotation. Eines der vorgeführten – in diesem Fall: konstruierten – Beispiele war das Syntagma *sie machten den Mund auf und zu*, bei dem es um die Frage ging, welches Verb bzw. welche Verben zu lemmatisieren sei(en). Der Lösungsvorschlag war, von zwei „getrennten Partikelverben mit [...] abgetrennten Partikeln" auszugehen (Dipper & Kwekkeboom 2018: 107), d. h. für diesen Fall sowohl einen Beleg für *aufmachen* als auch für *zumachen* anzusetzen.

Der pragmatisch sinnvolle und intuitiv einleuchtende Vorschlag brachte die grammatisch denkenden Zuhörer zum Nachdenken, wie beschaffen ein Grammatikmodell sein müsse, das eine solche Interpretation zuließe. Die vermeintlich einfachste Lösung – die Annahme einer Verb-Ellipse an der ersten Stelle (*auf[machen] und zumachen*) – kommt nicht in Betracht, da man erstens aufgrund der Trennbarkeit und positionalen Flexibilität von Verb und Partikel letztlich willkürlich entscheiden müsste, wo man die Ellipse ansetzt, bei *aufmachen oder bei *zumachen, und da zweitens die flektierte Form (*er/sie/es macht ... auf und zu*) eine solche Lesart nicht plausibel erscheinen lässt: Um sinnvoll eine Ellipse anzusetzen, muss das vermeintlich Weggelassene jederzeit und in jeder möglichen Konstruktion restituierbar sein, und sprachüblich ist eben nicht **man macht den Mund auf und macht zu*, sondern *man macht den Mund auf und zu*. Hier ist durchaus nichts weggelassen.

Man hat daher in dem Kwekkeboom'schen Beispiel, wenn man nicht etwa einen Beleg für *auf- und zumachen* (verstanden als ein einziges Verb) annehmen will, vielleicht einen Beleg für *zumachen*, nicht aber zugleich für *aufmachen*, weil der einzige *machen*-Beleg des Beispiels in dem Partikelverb *zumachen* gebunden ist und nicht gleichzeitig der Kern eines anderen Partikelverbs sein kann. Will man dennoch beide an der genannten Stelle ansetzen, so muss man, was zunächst abenteuerlich klingen mag, bereit sein, so etwas wie virtuelle Wörter anzunehmen, d. h. solche, die als ausdrucksseitig nicht oder zumindest nicht vollständig realisiert erscheinen.[1]

Mein erster Gedanke angesichts der in keiner Weise ausgefallenen, vielmehr völlig sprachüblichen Konstruktion *etwas auf- und zumachen* war der an einen eigenen grammatikographischen Entwurf (Bär 2014; Bär 2015a), dessen Hauptanliegen gerade in der Verbindung grammatischer und semantischer Perspektiven besteht und der die Verflechtung – wohl zu unterscheiden von Einbettung – unterschiedlicher Gefügestrukturen als einen sprachlichen Normalfall ansieht und daher Kategorien zu ihrer Beschreibung entwickelt hat. Dabei ergab sich allerdings: Der Fall lässt sich mit diesem Ansatz grundsätzlich, jedoch ohne Modifikation desselben nicht exakt beschreiben; vielmehr treten anhand seiner einige Inkonsistenzen und theoretische Unschärfen innerhalb des Ansatzes zutage. Ich greife mithin Kwekkebooms geistreiches Beispiel auf zur Fördernis des hermeneutisch-linguistischen Beschreibungsapparates.

2 Einfache Partikelverben

Das grammatische Problem stellt sich folgendermaßen dar: Einfache Partikelverben wie *vortreten*, *aufmachen* oder *abraten* (sogenannte trennbare Verben: *ich trete vor, du machst auf, wir raten ab*) sind jeweils als binäre Subordinationsgefüge

---

[1] Ob es dabei um etwas prinzipiell Ähnliches gehen könnte wie das, was Müller (2015: 208) „Geisterkonstruktionen" nennt, ist nicht ganz klar. Er meint damit „Konstruktionen [...], die weder auf der System- noch auf der Gebrauchsebene der Sprache, sondern nur in der Zwischenwelt der diskursiv geprägten Serialität zu existieren scheinen", mit anderen Worten: die, ähnlich den Figuren eines pointillistischen Gemäldes, „„existieren, wenn man sie [d. h. ihre Bestandteile] nicht sieht, und verschwinden, wenn sie [d. h. die Bestandteile] erscheinen" (ebd.). Ob ‚virtuelle Wörter', deren Vorhandensein ja ebenfalls im Auge des Betrachters liegt, daran unmittelbar anschließbar sind, kann hier nicht entschieden werden; der Unterschied, dass sie nicht „in der Zwischenwelt der diskursiv geprägten Serialität", sondern auf einer bestimmten Interpretation grammatischer Strukturen beruhen, d. h. im Sprachsystem anzusiedeln sind, wird wohl eher dagegen sprechen. Immerhin scheint buchenswert: Es gibt offenbar im Sprachlichen mehr ‚Unsichtbares' – von Nullzeichen (vgl. z. B. Bär 2015a: 289; 361–363; 536) bis zu „Invisible Languages" (Havinga & Langer 2015) – als man gemeinhin zu erwarten geneigt ist.

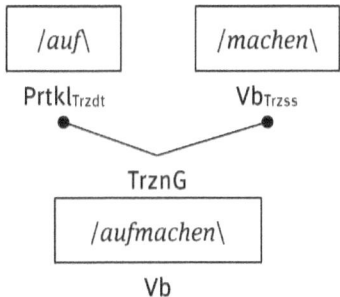

Abb. 1: Konstituentenstruktur von *aufmachen*; Darstellung und Termini nach Bär (2015a). – Legende: Trzdt = Transzedent, TrznG = Transzessionsgefüge, Trzss = Transzess, Prtkl = Partikel, Vb = Verb.

(Bär 2015a: 110–114) mit dem jeweiligen Verb als Kern und der jeweiligen Partikel als Satellit anzusehen, müssen aber ihrer konkreten Gefügestruktur nach unterschiedlich interpretiert werden.

1. Als Supprädikationsgefüge (ebd.: 225–233) erscheinen Partikelverben, bei denen sich die Partikel als Adverbial interpretieren, d. h. als Umstandsbestimmung erfragen lässt: *vortreten* (▸ wohin treten?). – Diese Interpretation setzt voraus, das hermeneutisch-linguistische Regelwerk (HLR, d. i. Bär 2014) dahingehend zu erweitern, dass nicht nur Wortgruppen als Supprädikationsgefüge erscheinen können (so § 35.1b HLR), sondern auch Wörter, nämlich Verben.

2. Als Transzessionsgefüge (Bär 2015a: 271–286) erscheinen Partikelverben, bei denen sich die Partikel als Prädikativ interpretieren lässt, d. h. das Gefüge lässt sich perspektivisch, mit Blick auf das Ergebnis der dadurch ausgedrückten Handlung, in ein Gefüge mit dem Kopulaverb *sein* überführen: *den Mund aufmachen* (Ergebnis: *der Mund ist auf*); vgl. Abb. 1. – Auch für diese Interpretation müsste das hermeneutisch-linguistische Regelwerk (§ 42.1b HLR) erweitert werden, da bislang nur Wortgruppen als mögliche Transzessionsgefüge benannt sind; zu berücksichtigen sind wiederum auch Wörter, nämlich Verben.

3. Als Adverbationsgefüge (Bär 2015a: 238–246) erscheinen Partikelverben, bei denen sich die Partikel weder als Adverbial erfragen noch als Prädikativ deuten lässt. Für Adverbationsgefüge ist die mögliche Zeichenart Wort, genauer: Verb, bereits berücksichtigt (§ 37.1b[I] HLR).

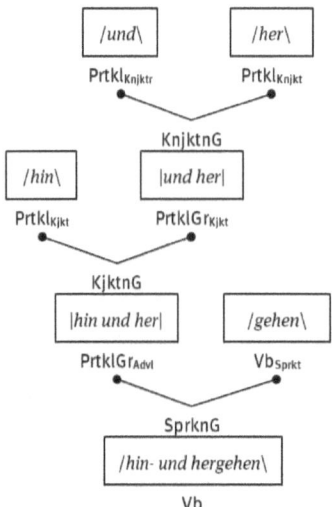

Abb. 2: Konstituentenstruktur von *hin- und hergehen*. – Legende: Advl = Adverbial, Kjkt = Kojunkt, KjktnG = Kojunktionsgefüge, Knjkt = Konjunkt, KnjktnG = Konjunktionsgefüge, Knjktr = Konjunktor, Prtkl = Partikel, PrtklGr = Partikelgruppe, SprknG = Supprädikationsgefüge, Sprkt = Supprädikat.

3 Mehr als eine Partikel

Es scheint zunächst naheliegend, dass auch bei Verben, die von mehr als einer Partikel determiniert werden, eine analoge Struktur anzunehmen ist (s. Abb. 2).

Die Sichtweise in Abb. 2 entspricht der Auffassung im großen Duden, der beispielsweise für *hin- und herbewegen, hin- und hereilen, hin- und herfahren, hin- und hergehen, hin- und herpendeln* und *hin- und herzerren* je eigene Lemmata ansetzt, sie also jeweils als ein Wort interpretiert (Duden 1999: 1824). Demgegenüber spricht der Zweifelsfälle-Duden kryptisch von der „Zusammenfassung zweier zusammengesetzter Verben", lässt also offen, ob es sich bei einer derartigen Konstruktion um ein Verb handelt, das die Semantik zweier verschiedener Verben verbindet, oder um zwei verschiedene Verben als solche: „Es sind Waren im Wert von 10 000 € aus- und eingegangen (= ausgegangen und eingegangen)" (Duden 2011: 401).

Wenn es sich tatsächlich um zwei verschiedene Verben handeln soll, so erscheint die Konstruktion, wie eingangs dargelegt, grammatisch erklärungsbedürftig, denn es sieht dann so aus, als sei ein und derselbe Gefügekern, das Verb, nicht lediglich (was prinzipiell möglich wäre) der Kern zweier Satelliten, die mit ihm zusammen ein einziges Subordinationsgefüge bilden, sondern z u -

g l e i c h der Kern z w e i e r v e r s c h i e d e n e r Subordinationsgefüge. Schwierigkeiten würde in beiden Fällen die Frage bereiten, in welcher Weise die Konjunktorpartikel *und* funktional eingebunden werden soll.

4 Gefügeverflechtungen

Einen Lösungsansatz bietet hier der hermeneutisch-linguistische Grammatikentwurf, der zwei Arten von Zeichengefügen unterscheidet: kompaxive und komplexive. Erstere werden verstanden als Gefüge, „deren unmittelbare Konstituenten zum Teil oder sämtlich zugleich auch unmittelbare Konstituenten anderer – nämlich komplexiver […] – Zeichengefüge sein können (allerdings nicht sein müssen)" (Bär 2015a: 106). Letztere hingegen erscheinen als Gefüge, „deren unmittelbare Konstituenten ausnahmslos zugleich auch unmittelbare Konstituenten anderer – nämlich kompaxiver […] sowie ggf. auch anderer komplexiver – Zeichengefüge sind" (ebd.). Die unmittelbaren Konstituenten eines kompaxiven Gefüges sind „alle auf derselben Hierarchieebene angesiedelt" (ebd.), d. h., sie determinieren sich untereinander: in koordinativen Kompaxivgefügen jeweils wechselseitig (ebd.: 115), in subordinativen der Kern alle seine Satelliten und jeder Satellit seinen Kern (ebd.: 110). Soll eine unmittelbare Konstituente eines kompaxiven Gefüges zugleich unmittelbare Konstituente eines anderen Gefüges sein, so ist dies ausschließlich im Rahmen eines komplexiven Gefüges möglich:

> Ein und dasselbe Zeichen kann die unmittelbare Konstituente sowohl eines kompaxiven als auch eines o d e r m e h r e r e r v e r s c h i e d e n e r komplexiver Gefüge sein. Nicht möglich hingegen ist eine Verflechtung verschiedener kompaxiver Gefüge: Ein und dasselbe Zeichen kann nicht als unmittelbare Konstituente mehrerer verschiedener kompaxiver Gefüge in Erscheinung treten […]. Konstitutive Beziehungen zwischen kompaxiven Gefügen sind nicht durch Verflechtung, sondern nur durch Verschachtelung möglich (indem ein Zeichen, das die unmittelbare Konstituente eines kompaxiven Gefüges ist, als m i t t e l b a r e Konstituente eines anderen kompaxiven Gefüges erscheint). (Bär 2015a: 109)

Die eigentliche Leistungsfähigkeit des Modells ‚Komplexivgefüge' besteht darin, dass es die Verknüpfung sprachlicher Zeichen in Texten und auf transtextueller Ebene und ihr Zusammenwirken in sprachlichen Makrozeichen regelhaft beschreibbar macht (vgl. Bär 2015a: 162–187; Bär 2015b). Es lassen sich mit diesem Modell jedoch auch bestimmte grammatische Phänomene erfassen, die im engeren Sinne in die Morphosyntax fallen, nämlich solche der zeugmatischen Konstruktion von Verben. Bei einem Beispiel wie *es wurde gegessen und getrunken* (Bär 2015a: 150) bezieht sich das Hilfsverb als Flektor auf die Partizipialgruppe *gegessen und getrunken* im Ganzen, nicht auf jedes der beiden Partizipien einzeln, denn die Partizipialgruppe ist ein geschlossenes kompaxives Gefüge, dessen Bestandteile nicht beliebig in weitere kompaxive Gefüge involviert werden können. (Nähme man dies an, so erhielte man anstelle der einfachen Dichotomie ‚Kompaxivgefüge – Komplexivgefüge' einen kaum zu überschauenden Satz von Ausnahmeregeln für die Fügung sprachlicher Zeichen: ein Verstoß gegen das Parsimonitätsprinzip ‚Sei so sparsam wie möglich beim Aufstellen von Regeln', auch bekannt als Ockham'sches Rasiermesser, das die Grundlage jeder Theoriebildung sein sollte.)

Um gleichwohl die offensichtliche Tatsache zur Geltung zu bringen, dass in *es wurde gegessen und getrunken*, obzwar nicht zwei vollständige analytische Verbformen (*wurde gegessen* und *wurde getrunken*), so doch zwei vollwertige Verben (*essen* und *trinken*) vorliegen – d. h. um die hier zu Tage tretende Divergenz zwischen Konstruktion und Lexikalität zu beheben –, lässt sich eine Verschränkung unterschiedlicher Gefügearten annehmen, nämlich eines Kompaxivgefüges, genauer: eines Flexionsgefüges *wurde*$_{\text{Hilfsverb·Flektor}}$ + ⌐*gegessen und getrunken*$_{\text{Verbadjektivgruppe·Flektand}}$⌐, das von zwei Komplexivgefügen durchflochten ist, genauer: zwei Flexionalgefügen (Bär 2015a: 313f.), nämlich *wurde*$_{\text{Hilfsverb·Flexionar}}$ + *gegessen*$_{\text{Verbadjektiv·Flexionat}}$ und *wurde*$_{\text{Hilfsverb·Flexionar}}$ + *getrunken*$_{\text{Verbadjektiv·Flexionat}}$. Ein und dasselbe Hilfsverb erfüllt nach dieser Interpretation verschiedene Funktionen: die eines Kompaxivgefügeglieds (als welches es das Glied, d. h. die unmittelbare Konstituente lediglich eines einzigen Kompaxivgefüges, zudem aber beliebig vieler Komplexivgefüge sein kann) und eines Komplexivgefügeglieds (als welches es zudem das Glied/die unmittelbare Konstituente genau eines Kompaxivgefüges sowie beliebig vieler weiterer komplexiver Gefüge sein kann).

Wörter – genauer: Verben – lassen sich mithilfe dieses Ansatzes also aus komplexeren syntaktischen Strukturen isolieren, ohne dass man letztere in ihrer Spezifik ignorieren muss. Dies kann auch bei weiteren zeugmatischen Konstruktionsarten sinnvoll sein, beispielsweise bei *jemand will und wird etwas tun* (vgl. Bär 2015a: 313), wo ein Modalverb und ein Hilfsverb aus ihrem Kojunktionsgefüge heraus determinative Funktion haben. Nur im Falle des Hilfsverbs, wenn es allein determinativ wäre, läge ein Flexionsgefüge vor (*wird tun*; der Zeichenart nach erschiene das Gefüge als Vollverb *tun*); im Fall des Modalverbs, wäre dieses allein determinativ, wäre eine andere Art von Gefüge (ein Supprädikationsgefüge, Bär 2015a: 225–233) und der Zeichenart nach eine Verbgruppe (*will etwas tun*) anzusetzen. – Die Definition der Gefügeart ‚Flexionalgefüge' lautet:

> F l e x i o n a l g e f ü g e (FlxnlG) sind komplexive [...] Subordinationsgefüge [...] und bestehen aus zwei Gliedern: einem Kern, dem F l e x i o n a r (Flxnr) und einem Satelliten, dem F l e x i o n a t (Flxnt). [...] Flexionalgefüge sind der Zeichenart nach Verben [...]; sie erscheinen als analytische Formen von Verben [...], die komplexiv mit [...] Verbgruppen

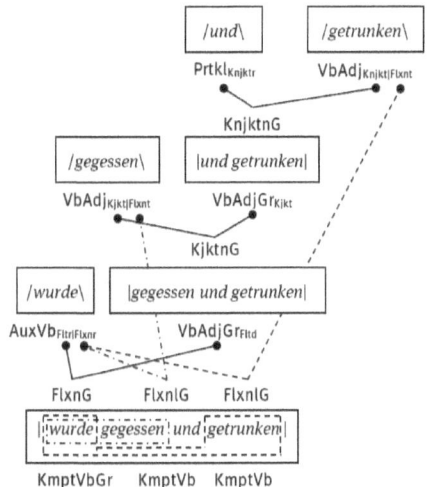

Abb. 3: Konstituentenstruktur von *wurde gegessen und getrunken* mit Ansatz kompaxiver und komplexiver Gefüge (Bär 2015a: 150).

[...] verflochten sind. [...] Der Flexionar ist ein Zeichen, das sich als Flektor [...] verhielte, wenn es mit seinem Flexionat allein ein Gefüge unmittelbar konstituierte. [...] Der Flexionar ist der Zeichenart nach ein Wort, konkret: ein Hilfsverb. [...] Das Flexionat ist der Zeichenart nach ein Wort, konkret: [...] ein Infinitverb [...] oder [...] ein Verbadjektiv. (Bär 2015a: 313)[2]

5 Subordinative komplexive Gefüge

Während bei Bär (2015a) angenommen wird, dass das Flexionalgefüge die einzige Art von Komplexivgefüge sei, die zur Beschreibung bestimmter Erscheinungsformen von Wörtern benötigt werde, gibt der eingangs (Abschnitt 1) geschilderte Phänomentyp Anlass, den semantikogrammatischen Beschreibungsansatz um Möglichkeiten für komplexive Wortstrukturen zu erweitern. Dabei ist von dem Fall einfacher Partikelverben auszugehen, die in ihrer kompaxiven Gefügestruktur als Supprädikationsgefüge, Transzessionsgefüge oder Adverbationsgefüge gefasst werden können (s. Abschnitt 2).

Supprädikationsgefüge, Transzessionsgefüge und Adverbationsgefüge sind kompaxive Subordinationsgefüge, die dissolut sind (ihre unmittelbaren Konstituenten sind nicht fest miteinander verbunden, sondern positional variabel; vgl.

---

[2] Zu weiteren Beispielen vgl. Bär (2015a: 314).

Bär 2015a: 101f.)³ und aus mindestens – was hier genügen kann – zwei bzw. im Fall von Transzessionsgefügen aus genau zwei Gliedern bestehen. Ihr Kern kann – im Fall von Adverbationsgefügen: muss – als Verb oder als Verbgruppe erscheinen (§ 35.2b$^{I\alpha-\beta}$, § 35.2b^{II}, § 37.2b, § 42.2b$^{I\alpha}$, § 42.2b$^{II\alpha}$ HLR), ihr Satellit kann in jedem Fall eine Partikel oder Partikelgruppe sein (§ 35.3b$^{II\alpha\gamma}$, § 35.3b$^{II\beta\delta}$, § 37.3b$^{I\delta}$, § 37.3b$^{II\gamma}$, § 42.3c$^{I\delta}$, § 42.3c$^{II\epsilon}$ HLR).

Analog zu den drei genannten kompaxiven Subordinationsgefügen wären nun komplexive Subordinationsgefüge anzusetzen, die es erlauben, die ‚Überlagerung' von Partikelverben zu beschreiben. Solche komplexiven Subordinationsgefüge fehlen bislang im HLR; lediglich das Flexionalgefüge fällt, wie gesagt, in diese Kategorie (vgl. Bär 2015a: 192). Zwar wurden, primär ausgehend von semantischen Beschreibungsanliegen und der Idee der Wortverbundanalyse (vgl. Bär 2015a: 162–187 u. 314–371; Bär 2015b), mit den Gefügearten Prädikationalgefüge (ebd.: 314–321), Transzessionalgefüge (ebd.: 331–336) und Adverbationalgefüge (ebd.: 321–323) komplexive Analogien zu den kompaxiven Gefügearten Supprädikationsgefüge, Transzessionsgefüge und Adverbationsgefüge entwickelt – in allen drei Fällen handelt es sich aber um koordinative, nicht um subordinative Gefügearten, die zudem, wie erwähnt, nicht auf Wortebene anzusetzen sind (§ 52.1b, § 53.1b, § 56.1b HLR).

Die ins Auge gefasste Verbesserung des HLR müsste, unter Beibehaltung der bisherigen Paragraphenzählung und auch der bisherigen Terminologie, folgende Paragraphen neu einführen[4]:

---

[3] Im Unterschied zu Präfixverben (z. B. *belegen, erlassen, verraten* – sogenannte ‚nicht trennbare Verben': *ich belege, du erlässt, wir verraten*) – sind Partikelverben als Gefüge dissolut; sie können daher, anders als Präfixverben, nicht als Amplifikationsgefüge gedeutet werden (Bär 2015a: 222).
[4] Eine einfache Modifikation der vorhandenen §§ 52, 53, 56 kommt nicht in Betracht, da man zwar definieren könnte, dass Prädikationalgefüge, Adverbationalgefüge und Transzessionalgefüge potentiell nicht nur in Gestalt von Wortverbünden, sondern auch in Gestalt von Wörtern begegnen, jedoch nicht, dass sie entweder koordinativ oder subordinativ strukturiert sein können. Ein Zeichengefüge ist als solches entweder subordinativ oder koordinativ, ebenso wie es entweder kompaxiv oder komplexiv ist; die beiden in Form einer Kreuzklassifikation aufeinander beziehbaren disjunktiven Paare bilden im HLR das allgemeinste Kriterium für die Bestimmung von Gefügearten. – Es ist klar, dass die Implementierung dreier neuer Paragraphen (mit je einem ganzen Bündel neuer Regeln) keinen Anspruch auf besondere Verdienste um das Parsimonitätsprinzip erheben kann. Wissenschaftliche Arbeit folgt aber neben dem Parsimonitätsprinzip auch dem Prinzip der logischen Konsistenz und bringt idealerweise beide miteinander in Einklang; wo das nicht möglich ist, muss ersteres gegenüber letzterem zurückstehen.

§ 51a: Supprädikationalgefüge

1. (a) S u p p r ä d i k a t i o n a l g e f ü g e (SprknlG) sind komplexive § 17.II HLR) Subordinationsgefüge (§ 18 HLR) und bestehen aus zwei Gliedern: einem Kern, dem S u p p r ä d i k a t i o n a t (Sprknt) und einem Satelliten, dem S u p p r ä d i k a t i o n a r (Sprknr).
   (b) Supprädikationalgefüge sind der Zeichenart nach $^{(I)}$Verben § 82.1b^{VII}, § 18.1b$^{2\beta}$, § 51a.2c^I HLR) oder $^{(II)}$Verbgruppen im engeren Sinn (§ 88.4c^{I_1}, § 18.1b^2, § 51a.2c HLR).
2. (a) Das Supprädikationat steht zu seinem Supprädikationar in der Relation der S u p p r ä d i k a t u r.
   (b) Das Supprädikationat ist ein Zeichen, das sich als Supprädikat § 35.2b$^{I\alpha}$ HLR) verhielte, wenn es mit seinem Supprädikationar allein ein kompaxives Gefüge unmittelbar konstituierte.
   (c) Das Supprädikationat ist der Zeichenart nach $^{(I)}$ein Wort, konkret: $^{(\alpha)}$ein Vollverb (§ 82.5α^{I_1} HLR) oder $^{(\beta)}$ein Modalverb (§ 82.5δ$^{I\gamma}$ HLR) oder $^{(II)}$eine Verbgruppe im engeren Sinn (§ 88.4c^{I_1} HLR).
3. (a) Der Supprädikationar steht zu seinem Supprädikationat in der Relation der S u p p r ä d i k a n z.
   (b) Der Supprädikationar ist ein Zeichen, das sich $^{(I)}$als Objekt (§ 35.3b^I HLR) oder $^{(II)}$als Adverbial (§ 35.3b^{II} HLR) verhielte, wenn es mit seinem Supprädikationat allein ein kompaxives Gefüge unmittelbar konstituierte.
   (c) $^{(1)}$Der Supprädikationar kann in denselben Zeichenarten vorliegen wie ein Objekt (§ 35.3b^I HLR) oder Adverbial (§ 35.3b^{II} HLR). $^{(2)}$Er ist der allgemeinen Zeichenart nach $^{(\alpha)}$ein Wort oder $^{(\beta)}$eine Wortgruppe.

§ 51b: Adverbionalgefüge

1. (a) A d v e r b i o n a l g e f ü g e[5] (AdvlG) sind komplexive (§ 17.II) Subordinationsgefüge (§ 18) und bestehen aus zwei Gliedern: einem Kern, dem A d v e r b a t i o n a t (Advnt) und einem Satelliten, dem A d v e r b a t i o n a r (Advnr).

---

[5] Die Abweichung von der terminologischen Analogie, die hier *Adverbationalgefüge* erwarten ließe, ist unumgänglich, wenn man vorhandene Termini nicht ändern will: Der Ausdruck *Adverbationalgefüge* ist bereits anderweitig in Gebrauch (vgl. § 53 HLR).

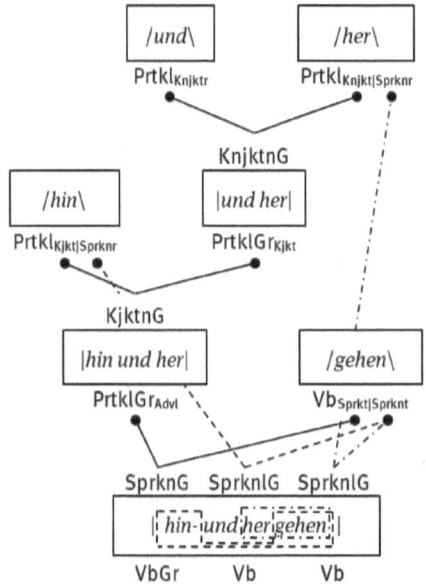

Abb. 4: Konstituentenstruktur von *hin- und hergehen* mit Ansatz kompaxiver und komplexiver Gefüge (vgl. Abb. 2).

    (b) Adverbionalgefüge sind der Zeichenart nach [(I)]Verben (§ 82.1b^{VIII}, § 18.1b$^{2\beta}$, § 51b.2c HLR) oder [(II)]Verbgruppen im engeren Sinn (§ 88.4c^{Ix}, § 18.1b$^{2\alpha}$, § 51b.2c HLR).

2. (a) Das Adverbationat steht zu seinem Adverbationar in der Relation der A d v e r b a t u r.

    (b) Das Adverbationat ist ein Zeichen, das sich als Adverband (§ 37.2b^I HLR) verhielte, wenn es mit seinem Adverbationar allein ein kompaxives Gefüge unmittelbar konstituierte.

    (c) Das Adverbationat ist der Zeichenart nach ein Wort, konkret: [(I)]ein Vollverb (§ 82.5α^{Ix} HLR) oder [(II)]ein Funktionsverb (§ 82.5ζ^{I*} HLR).

3. (a) Der Adverbationar steht zu seinem Adverbationat in der Relation der A d v e r b a n z.

    (b) Der Adverbationar ist ein Zeichen, das sich als Adverbat (§ 37.3 HLR) verhielte, wenn es mit seinem Supprädikationat allein ein kompaxives Gefüge unmittelbar konstituierte.

    (c) [(1)]Der Adverbationar kann in denselben Zeichenarten vorliegen wie ein Adverbat (§ 37.3b HLR). [(2)]Er ist der allgemeinen Zeichenart nach [(α)]ein Wort oder [(β)]eine Wortgruppe.

§ 51c: Transzedentalgefüge

1. (a) T r a n s z e d e n t a l g e f ü g e[6] (TrzlG) sind komplexive (§ 17.II) Subordinationsgefüge (§ 18) und bestehen aus zwei Gliedern: einem Kern, dem T r a n s z e s s i o n a t (Trznt) und einem Satelliten, dem T r a n s z e s s i o n a r (Trnr).
   (b) Transzedentalgefüge sind der Zeichenart nach Verbgruppen im engeren Sinne (§ 88.4cb$^{I\lambda}$, § 18.1b$^{2\beta}$, § 51c.2c HLR).
2. (a) Das Transzessionat steht zu seinem Transzessionar in der Relation der T r a n s z e d e n t u r.
   (b) Das Transzessionat ist ein Zeichen, das sich als Transzess (§ 42.2b HLR) verhielte, wenn es mit seinem Adverbationar allein ein kompaxives Gefüge unmittelbar konstituierte.
   (c) Das Transzessionat ist der Zeichenart nach [(I)]ein Wort, konkret: ein Vollverb (§ 82.5α$^{I\lambda}$ HLR) oder [(II)]eine Verbgruppe (§88.4c^{Ix} HLR).
3. (a) Der Transzessionar steht zu seinem Transzessionat in der Relation der T r a n s z e d e n z.
   (b) Der Transzessionar ist ein Zeichen, das sich als Transzedent (§ 42.3 HLR) verhielte, wenn es mit seinem Transzessionat allein ein kompaxives Gefüge unmittelbar konstituierte.
   (c) [(1)]Der Transzessionar kann in denselben Zeichenarten vorliegen wie ein Adverbat (§ 42.3c HLR). [(2)]Er ist der allgemeinen Zeichenart nach [(α)] ein Wort oder [(β)] eine Wortgruppe.

Die Annahme subordinativer Komplexivgefüge erscheint nicht nur hilfreich, um verschränkte Partikelverben separat als Wörter analoger Gefügestruktur betrachten zu können (das Verb als Kern, die Partikel als Satellit), sondern wann immer es darum geht, die Bestandteile zeugmatischer Konstruktionen als analog zu vergleichbaren Bestandteilen nicht zeugmatischer Konstruktionen strukturierte zu beschreiben. Beispiele für solche Verschränkungen finden sich bei Bär (2015a: 286–289), wo sie als „Anzeptionsgefüge" bezeichnet werden; es handelt sich um Konstruktionen wie *Sie nahm Seife, Schwamm und ein Bad* (Duden 2011: 289), bei denen „mindestens zwei der satellitischen Koordinate sich zum Kern des Subordinationsgefüges vergleichbar den Satelliten u n t e r s c h i e d l i c h e r Kompaxivgefüge verhalten" (Bär 2015a: 286). Will man aus dem Beispiel *Sie nahm Seife, Schwamm und ein Bad* das Phraseolexem *ein Bad nehmen* isolieren, so kann man ein Adverbionalgefüge ansetzen, innerhalb dessen das Abverbationat *neh-*

---

[6] S. Anm. 5: Der Ausdruck *Transzessionalgefüge* ist bereits besetzt (§ 56 HLR).

men identisch ist mit dem Anzept (§ 43.2b[I] HLR) und der Adverbationar *ein Bad* identisch mit dem Anzepsadverbat (§ 43.3c[III] HLR). Für $\emptyset_{\text{Art}}$ *Seife nehmen* und $\emptyset_{\text{Art}}$ *Schwamm nehmen* kann man ebenfalls je ein komplexives Subordinationsgefüge, nämlich je ein Supprädikationalgefüge ansetzen (vgl. Abb. 5). Dadurch wird es möglich, jedem der drei Bestandteile des Syntagmas für sich eine Zeichenart zuzuschreiben: den ersten beiden die Zeichenart Wortgruppe (Verbgruppe), *ein Bad nehmen* jedoch die Zeichenart Wort (Verb).

Die Ergänzung des Regelwerks um die drei genannten subordinativen Komplexivgefüge erscheint notwendig, da mittelbare Konstituenten des Anzeptionsgefüges (Anzepsobjekt, Anzepsadverbial, Anzepsadverbat, Anzepsattribut und Anzepstranszedent: § 43.3c HLR) als solche nicht unmittelbar auf das Anzept – als unmittelbare Konstituente – bezogen werden können, wie es nötig wäre, um ein Gefüge zu bilden, das strukturell einem Lexem (im Fall von Partikelverben wie *aufmachen* und *zumachen*) oder einem Phraseolexem (im Fall von *ein Bad nehmen*) entspricht. Unmittelbar als Satelliten auf die als Anzept erscheinende Einheit als Kern beziehen lassen sie sich nur im Rahmen eines komplexiven Gefüges, das dann sozusagen die Liane darstellt, an der man sich von einem Ast des kompaxiven Strukturbaums zum anderen schwingt.

Es stellt sich unter diesem Aspekt die Frage, ob die terminologische Fassung der mittelbaren Konstituenten von Anzeptionsgefügen überhaupt erforderlich ist. Zumindest sind die Erläuterungen zum Anzeptionsgefüge bei Bär (2015a: 288f.) dahingehend zu präzisieren, dass nicht der Eindruck entstehen kann, Anzept und Anzepskonstituente bildeten als solche gemeinsam ein Gefüge mit Zeichencharakter. Dasselbe gilt übrigens für ein weiteres zeugmatisches Gefüge: das Dekussationsgefüge (§ 44 HLR), bei dem nicht der Satellit, sondern der Kern als Verschränkung (nämlich als eine solche von Modalverb und Hilfsverb) erscheint: z. B. *ich will und werde etwas tun*. Auch Gefüge dieser Art lassen sich mittels der vorstehend beschriebenen subordinativen Komplexivgefüge hinsichtlich der Spezifik ihrer mittelbaren Konstituenten (§ 44.2b HLR) beschreiben.

Zu modifizieren ist dann gleichfalls § 26.1a[III] HLR, in dem bislang nur die Möglichkeit benannt wird, dass bestimmte Formen von Wörtern, nämlich analytische Verbformen, als komplexiv strukturiert beschrieben werden können: Dieselbe Bestimmung muss auch für zeugmatisch gefügte Partikelverben und Phraseolexeme gelten.

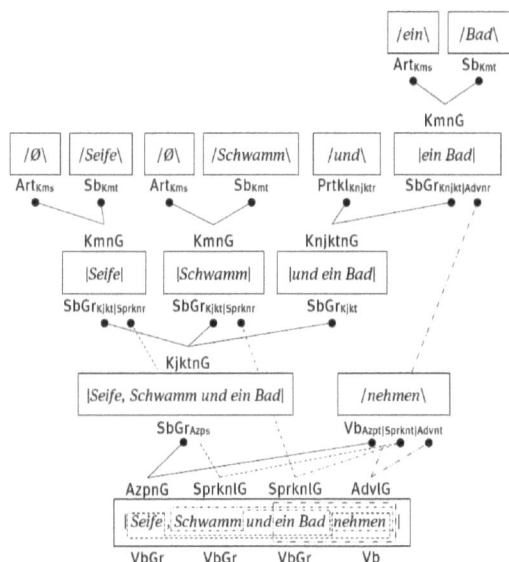

Abb. 5: Konstituentenstruktur von *Seife, Schwamm und ein Bad nehmen*. – Legende: AdvlG = Adverbionalgefüge, Advnr = Adverbationar, Advnt = Adverbationat, Art = Artikel, AzpnG = Anzeptionsgefüge, Azps = Anzeps, Azpt = Anzept, Kjkt = Kojunkt, KjktnG = Kojunktionsgefüge, KmnG = Komitationsgefüge, Kms = Komes, Kmt = Komitat, Knjkt = Konjunkt, KnjktnG = Konjunktionsgefüge, Knjktr = Konjunktor, Prtkl = Partikel, Sb = Substantiv, SbGr = Substantivgruppe, SprknlG = Supprädikationalgefüge, Sprknr = Supprädikationar, Sprknt = Supprädikationat, Vb = Verb, VbGr = Verbgruppe.

6 Ausblick

Mit den vorstehenden Überlegungen ist keine Entscheidung oder Entscheidungshilfe bezüglich der Frage impliziert, ob Partikelverben oder plurilexikalische Verbkomplexe wie Funktionsverbgefüge und verbale Phraseologismen in historischen Textkorpora als Wortgruppen oder als Wörter zu interpretieren sind. Diese Frage ist für jede historische Periode und letztlich für jeden Einzelfall gesondert zu diskutieren; ob sie letztlich überhaupt gültig zu beantworten ist – ob man also im Fall des Eingangsbeispiels zwei Lexeme *aufmachen* und *zumachen* oder nicht doch eher drei (*auf*, *zu* und *machen*) ansetzen soll[7] –, kann hier offen bleiben. Worum es lediglich ging, war die Reflexion eines grammatischen Modells,

---

[7] Dieser Fall wäre strukturtheoretisch unproblematisch, weil man ein einfaches Supprädikationsgefüge mit einem Objekt (*den Mund*) und einem kojunktiv gefügten Adverbial (*auf und zu*) ansetzen könnte; vgl. Abb. 2.

mit dessen Hilfe sich virtuelle Wörter – d. h. solche Wörter, die erwartbaren lexikalischen Mustern entsprechen, aber grammatisch nicht oder zumindest nicht vollständig sichtbar sind – annehmen lassen, wenn man sie annehmen will.

Einschränkend ist zu betonen, dass das zugrunde gelegte und leicht erweiterte Modell auf der Basis eines Quellenkorpus des mittleren und jüngeren Neuhochdeutschen (ca. 1750 bis ca. 1950) entwickelt wurde (vgl. Bär 2015a: 18). Dass es eins zu eins beispielsweise auf alt- oder mittelhochdeutsche Texte anzuwenden ist, darf bezweifelt werden. Ob es für die ältere Sprachgeschichte überhaupt applikabel ist, und falls ja, in welchen Punkten es modifiziert werden müsste, kann hier mit Blick auf den vorgegebenen Umfang des Beitrags gleichfalls nicht diskutiert werden.

Zitierte Literatur

Bär, Jochen A. (2014): *Hermeneutisch-linguistisches Regelwerk. Grammatik und Semantik.* Vechta. www.baer-linguistik.de/hlr (1.12.2018).

Bär, Jochen A. (2015a): *Hermeneutische Linguistik. Theorie und Praxis grammatisch-semantischer Interpretation. Grundzüge einer Systematik des Verstehens.* Berlin et al.: De Gruyter.

Bär, Jochen A. (2015b): Literarische Wortverbundanalyse. Ein literaturlinguistischer Interpretationsansatz am Beispiel des Gewitter-Motivs in Thomas Manns „Tod in Venedig". In Jochen A. Bär, Jana-Katharina Mende & Pamela Steen (Hrsg.), *Literaturlinguistik – philologische Brückenschläge,* 99–127. Frankfurt am Main et al.: Peter Lang.

Dipper, Stefanie & Sarah Kwekkeboom (2018): Historische Linguistik 2.0. Aufbau und Nutzungsmöglichkeiten der historischen Referenzkorpora des Deutschen. In Marc Kupietz & Thomas Schmidt (Hrsg.), *Korpuslinguistik,* 95–124. Berlin, Boston: De Gruyter.

Duden (^{3}1999): *Duden. Das große Wörterbuch der deutschen Sprache in zehn Bänden.* Hrsg. vom Wissenschaftlichen Rat der Dudenredaktion. Mannheim et al.: Dudenverlag.

Duden (^{7}2011): *Richtiges und gutes Deutsch. Das Wörterbuch der sprachlichen Zweifelsfälle.* Hrsg. u. überarb. v. der Dudenredaktion unter Mitwirkung v. Peter Eisenberg & Jan Georg Schneider. Mannheim, Zürich: Dudenverlag.

Goethe, Johann Wolfgang (1823): Bedeutende Fördernis durch ein einziges geistreiches Wort. In *Goethes Werke. Herausgegeben im Auftrage der Großherzogin Sophie von Sachsen.* II. Abt., Bd. 11. Weimar 1893, 58–64.

Havinga, Anna & Nils Langer (Hrsg.) (2015): *Invisible Languages in the Nineteenth Century.* Oxford et al.: Peter Lang.

HLR = Bär 2014.

Müller, Marcus (2015): Geisterkonstruktionen. Zum Beispiel PPER ADV ADV. In Alexander Ziem & Alexander Lasch (Hrsg.), *Konstruktionsgrammatik IV. Konstruktionen als soziale Konventionen und kognitive Routinen,* 207–224. Tübingen: Stauffenburg.

Teil III: **Fachwortschätze und politisch geprägte Sprache**

Marcus Müller und Ruth M. Mell
Zwischen Fach und Wort
Fragen, Methoden und Erkenntnisse der Terminologiedynamik

1 Einleitung

Dieser Beitrag beschäftigt sich mit Wörtern, die im Kontext akademischer Fächer verwendet werden und dort als Termini markiert sind. Dabei interessiert uns die Frage, wie es passiert und was der Fall sein muss, dass ein Wort als ein wissenschaftlicher Terminus verstanden wird. Es geht uns also weder darum, die Eigenschaften zu beschreiben, die Termini haben sollen, noch möchten wir diese auf Systemebene varietätenlinguistisch einordnen. In den akademischen Feldern, die von den Kolleginnen und Kollegen, die empirisch zum wissenschaftlichen Sprachgebrauch geforscht haben, und von uns selbst überblickt werden, ist es unangemessen, Termini als Repräsentationsformate unveränderlicher Begriffe mit klarer Extension zu charakterisieren. Besser beschreibt man Termini als Wörter, deren Bedeutung in mehr oder weniger regulierten Diskursen fixiert wird. Das geschieht nicht selten in vielfachen Anläufen der Bedeutungsfixierung (Felder 2006: 36f.), von denen die meisten wirkungslos bleiben. Auch diejenigen akademischen Wörter, deren Bedeutung als festgelegt allgemein anerkannt ist, tendieren dazu, umso unschärfer zu denotieren, je erfolgreicher sie sind. Oft bedingen begriffliche Unschärfe und Erfolg eines Terminus einander solange wechselseitig, bis die Unschärfe dazu genutzt wird, den Terminus anzugreifen und durch einen anderen zu ersetzen. Zur Veranschaulichung geben wir hier zwei Belege zum Gebrauch des linguistischen Terminus *Lexem*.[1] Der erste (a) stammt aus einer älteren Arbeit von Püschel:

> a) Zu diesem Zweck werden die semantischen Paraphrasen, die die Teilbedeutungen repräsentieren, in den Kontext anstelle von Lexem L_1 eingefügt und über die Zulässigkeit des Ergebnisses entschieden. (= Kommutationsprobe der Teilbedeutungen von Lexem L_1 mit dem Ausgangskontext). (Püschel 1975: 145)

---

1 In den metasprachlichen Äußerungen dieses Textes verwenden wir Kursivierung (*Lexem*), wenn wir die Ausdrucksseite von Wörtern und Termini meinen. Wenn wir die Inhaltseite bzw. den konzeptuellen Aspekt meinen, verwenden wir einfache An- und Ausführungszeichen (‚Lexem').

Hier operiert der Verfasser mit dem Vokabular der strukturalen Sprachbeschreibung. Darauf weisen die Wörter *Paraphrase, Teilbedeutung, Kommutationsprobe* ebenso hin wie die Formalisierung L1. ‚Lexem' fügt sich hier nicht nur nahtlos ein, es gibt mit seiner markanten Herkunft aus dem strukturalen Wortbildungsnest der *em*-Termini (‚Phonem', ‚Morphem', ‚Phrasem', ‚Monem' ...) die sprachideologische Richtung vor und verortet die behandelten Sachverhalte auf der Systemebene der Sprache. 30 Jahre später operiert Haderlein (2005) recht zwanglos mit zwei Begriffen von ‚Lexem' und präsupponiert damit, dass beide in der lexikalischen Semantik gängig sind, grundsätzlich nebeneinander bestehen können und situativ zweckorientiert zu wählen sind:

> b) Die Frage nach der Selektion und Darstellung von Polysemen hängt eng mit der Frage danach zusammen, was man als ein Lexem betrachtet. Geht man von einem weiter gefassten Lexembegriff aus, bei dem ein Lexem die Einheit einer Wortform und einer oder mehrerer Lesarten ist, dann ist die Zuordnung mehrerer Bedeutungen zu einem Eintrag in zu erstellenden zentralen Wortschätzen zulässig. Geht man von einem enger gefassten Lexembegriff aus, bei dem ein Lexem die Einheit einer Wortform und nur einer Bedeutung oder Lesart ist, dann muss man, will man konsequent sein, für jede neue Lesart eines Polysems einen separaten Eintrag annehmen. (Haderlein 2005: 21)

Der Ausdruck *Lexem* steht in diesem Beleg im Zusammenhang mit dem strukturalistischen Terminus *Polysem* und dem para-strukturalistischen *Selektion*.[2] An die strukturalistische Gedankenwelt angelehnte, aber theorietranszendierende Begriffe sind *Lesart, Wortform* und auch *Wortschatz*. Der Terminus ‚Lexem' wird hier als im Gebrauch nicht zu streng delimitierter Begriff einer Arbeitssprache der praktischen Lexikographie aufgefasst.

Dass das Wort *Lexem* den strukturalistischen Zusammenhang endgültig überlebt hat und ein Dasein als unverwüstlicher Teil des linguistischen Wiegenvokabulars führt, zeigt der folgende, aktuelle Beleg aus dem Kontext der korpuslinguistischen Diskursanalyse:

> c) Als (kleiner) Teil eines (großen) Puzzles trägt auch ein niedrigfrequent-musterhafter Sprachgebrauch dazu bei, die Bedeutung, also den Frame des jeweiligen Ausgangslexems zu erschließen, da er sich inhaltlich mit anderen (niedrigfrequent-musterhaften) Lexemen bzw. Clustern und deren Inhalten ergänzt. (Lautenschläger 2017: 126)

---

[2] Der darwinistische Begriff ‚Selektion' wurde prominent von Jakobson (1979: 94) in die strukturalistische Gedankenwelt eingeführt, taucht aber in der Valenztheorie und an anderen Stellen wieder auf und scheint gegenwärtig seinerseits ein theorieneutraler linguistischer Arbeitsbegriff zu sein.

Hier fügt sich *Lexem* zwanglos in das Vokabular der Korpuslinguistik („niedrigfrequent-musterhaft", „Cluster") und der Frame-Semantik. Daraus lässt sich ableiten: ‚Lexeme' sind in diesem Beleg als Gegebenheiten des Sprachgebrauchs zu verstehen, sie haben eine Frequenz und einen Inhalt, der sich als *Frame* erschließen lässt. Das ist offensichtlich ein Begriff von ‚Lexem', der mit der strukturalen Idee des Sprachsystems zumindest nicht ohne Weiteres in Einklang zu bringen ist. Eine Möglichkeit bestünde nun darin, der Autorin eine unsaubere, oberflächliche oder gar falsche Begriffsverwendung vorzuwerfen. Das wäre aber insofern unangemessen, als solche Belege sich zahlreich in der einschlägigen Literatur finden lassen. Das wiederum könnte zu einer linguistischen Weltklage über den Sittenverfall bei der Begriffsverwendung und die Anything-Goes-Attitüde in vielen zeitgenössischen Texten der Linguistik führen. Der hier vorgeschlagene Weg würde darin bestehen, nachzuzeichnen, wie sich der strukturalistische Terminus ‚Lexem' am gedanklichen Vorbild der Phonetik formt, in der Erwartung von Wissenschaftlichkeit und Methodenstrenge auf die lexikalische Semantik, dann in die Morphologie übertragen und schließlich zur hochfrequenten Grundvokabel der Linguistik wird. Wenn ‚Lexem' im strukturalistischen Kontext nicht nur eine definitorisch fixierte Bedeutung hatte, sondern auch eindeutig den wissenschaftssozialen Kontext seiner Verwendung markiert hat, so steht er in Belegen wie (b) (als Alternative zu dem Wort *Wort)* eher dafür, generisch den Kontext ‚akademische Linguistik' anzuzeigen und von Alltags- oder Vermittlungskontexten abzugrenzen. Diese Studie wollen und können wir hier nicht durchführen, wir möchten mit dieser Skizze aber die Forschungsperspektive illustrieren, um die es uns im folgenden Beitrag geht.

Das Forschungsgebiet vom Werden und Vergehen wissenschaftlicher Termini nennen wir *Terminologiedynamik*. Das wiederum ist ein Begriff, der – eher nebenbei und offensichtlich ohne bedeutungsfixierende Ambitionen – von Gloning in dem von Riecke herausgegebenen Band „Sprachgeschichte und Medizingeschichte" eingebracht wurde:

> Wenn man Verwendungsweisen für Körperteile bzw. für anatomische Einheiten [in historischen Wörterbüchern, MM & RM] markiert hat, dann kann die Dokumentation auch ein Forschungsinstrument werden, mit dem sich die Entwicklung anatomischer Erkenntnisse im Spiegel der Terminologiedynamik verfolgen lässt. (Gloning 2017: 291)

Auch wenn das Wort *Terminologiedynamik* hier offensichtlich nicht selbst terminologisch gemeint ist, ist an Glonings Aussage gut abzulesen, dass sich ein Interesse an der Entwicklung, Transformation und Unschärfen von Terminologie gleichsam von selbst ergibt, wenn man nur hinreichend lange den Gebrauch von

Termini in den Blick nimmt.[3] Um dabei synchrone und diachrone Variation festzustellen und auf den Gedanken zu kommen, dass der von einer kanonischen Definition ggf. abweichende Gebrauch von Termini nicht zwangsläufig mit einem laxen Verständnis von Fachlichkeit bzw. Wissenschaftlichkeit einhergeht, sondern auch ein Indiz für z. B. die Veränderung oder Ausdifferenzierung eines wissenschaftlichen Paradigmas sein kann, ist es notwendig, eine nicht zu geringe Anzahl an Gebrauchsbelegen zu betrachten. Diese Mengenbedingung der Terminologiedynamik mag der Grund sein, wieso deren Entwicklung recht eng mit digitalen und quantifizierenden Methoden einhergeht. Darauf verweist der – nun dezidiert programmatische – Buchtitel *The dynamics of terminology* des Informatikers Kyo Kageura (2002), der einen sprachstatistischen Zugang wählt und viel Aufmerksamkeit in der empirischen Terminologieforschung erhalten hat. Auch Glonings Zitat steht im Kontext der Erörterung eines digitalen Wörterbuchsystems für die historische Medizin. Andererseits ist es offensichtlich, dass die reine Messung von Terminusverwendungen über deren Gebrauchsdynamik wenig aussagt. Insofern finden sich unter den Referenzwerken der Terminologiedynamik gehäuft solche, die das Verstehen von Sprachgebrauch mit dem Messen desselben verbinden.

In unserem Beitrag stellen wir die Frage, wie sich Terminologie unter dem Paradigma einer empirischen Terminologieforschung fassen, d. h. definieren und analysieren, lässt. Ausgehend von der Hypothese, dass es sich bei Termini um Wörter handelt, die in spezifischen fachlichen Kontexten dazu verwendet werden, Perspektiven auf Sachverhalte sprachlich zu präzisieren und sie in institutionalisierte Traditionen der Wissensherstellung einzubetten, will man im Rahmen der Terminologiedynamik untersuchen, wie Wörter in ihrem Gebrauch zu Termini werden. Im Folgenden skizzieren wir zuerst den Arbeitsstand der empirischen Terminologieforschung. Diese beschäftigt sich also mit qualitativen und quantitativen Analysen solcher Wörter, die zu einem bestimmten Zeitpunkt und von einer bestimmten Gruppe als wissenschaftliche Termini verstanden werden. Außerdem geben und diskutieren wir eigene Beispiele.

2 Nägel, Zellmembrane und semantische Kämpfe

Die Beschäftigung mit Terminologie ist nicht zuletzt eine Folge der Industrialisierung: Mit Einsetzen der industriellen Fertigung seriell hergestellter Objekte und

---

[3] Was unseren Gebrauch dieses Labels angeht, so sind wir Michael Bender zu großem Dank verpflichtet, der im Rahmen unserer Arbeitsgruppe *Terminologiedynamik* als passende Bezeichnung für unsere Forschungsperspektive eingebracht hat.

der Etablierung diverser Maschinen in alltägliche und spezialisierte Arbeitsabläufe erwächst mehr und mehr die Notwendigkeit der Standardisierung und Normierung zur konkreten Benennung und funktionierenden Kommunikation: Denn nur spezielle Nägel oder Schrauben passen je an die entsprechenden Stellen und können nur mit geeignetem Werkzeug angebracht werden. Der daraus resultierende Bedarf an Regelungen für eine normierte Benennung der unterschiedlichen Artefakte ist nachvollziehbar und führt zur so genannten *Terminologiearbeit*, lange bevor die Linguistik die Fachsprachen als Untersuchungsgegenstand in den Blick nahm oder gar von einer Fachsprachforschung gesprochen werden konnte. In Deutschland ist die wichtigste Institution auf diesem Feld das „Deutsche Institut für Normung – DIN", das 1917 gegründet wurde (vgl. Adamzik 2018: 12–13).

In den 1930er Jahren konzipiert Eugen Wüster eine *Allgemeine Terminologielehre*. Seine Dissertation über die nationale Sprachnormung gilt noch heute als Standardwerk. Wüster war Begründer der so genannten Wiener Schule, deren Grundsätze heute noch in weiten Teilen der Terminologielehre als gültig anerkannt werden (vgl. Schmitz 2011). Als Ingenieur ging Wüster von Tätigkeiten aus, bei denen die Normung von Gegenständen und Produkten von Nutzen war (vgl. Temmerman 2000: 11). Die Standardisierung von Begriffen (‚Lexem') erfolgt seitdem im Anschluss an die Standardisierung von Objekten (z. B. ‚Drahtstift mit Senkkopf Form B, DIN EN 10230-1'). In der Welt der Wiener Schule hat die Terminologienormung den Zweck, Konzepte und Begriffssysteme zu vereinheitlichen, Konzepte zu definieren, Homonymität zu reduzieren, Synonymien zu beseitigen und gegebenenfalls neue Termini nach terminologischen Prinzipien zu schaffen:

> [Terminology] has the purpose to unify concepts and systems of concepts, to define concepts, to reduce homonymy, to eliminate synonymy, and to create if necessary new terms in line with terminological principles. (Wüster 1984: 15, zitiert nach Temmerman 2000: 11)

Terminologie ist demnach die Grundlage für eine effiziente und eindeutige Kommunikation mittels monosemer, eindeutiger Begriffe. Diese eindeutigen Begriffe werden klar abgegrenzten Konzepten zugeordnet (Temmerman 2000: 26). Die Terminologiearbeit in den 1930er Jahren entsteht also aus den Bedürfnissen einer fachkommunikativen Praxis heraus: Gegenstände, die verwendet werden, um bestimmte Objekte zu bearbeiten resp. mit ihnen zu arbeiten, müssen in technischen Kontexten eindeutig zuzuordnen sein, da ohne scharfe Abgrenzung der Begriffe keine erfolgreiche Kommunikation und damit keine sinnvolle und gelingende Arbeit denkbar ist:

> Jede Terminologiearbeit geht von den Begriffen aus. Sie zielt auf scharfe Abgrenzung zwischen den Begriffen. Das Reich der Begriffe wird in der Terminologie als unabhängig vom Reich der Benennungen angesehen. Daher sprechen die Terminologen von ‚Begriffen', wo

die meisten Sprachwissenschaftler in bezug auf die Gemeinsprache von ‚Wortinhalten' sprechen. Für die Terminologen besteht eine Benennungseinheit aus einem ‚Wort', dem ein Begriff als Bedeutung zugeordnet ist. (Wüster 1991: 1)

Ziel dieser ersten Beschäftigung mit Terminologie ist also ihre Systematisierung zum Zwecke der Benutzbarkeit, welche aber vor allem von Fachleuten und nicht von Linguisten betrieben wird. Bis in die 1970er Jahre wird Fachsprachlichkeit in erster Linie als Eigenschaft von Fach- und Spezialwortschätzen gesehen und untersucht. Terminologielehre unterscheidet sich von sprachwissenschaftlichen Untersuchungen insofern, als sie die fachliche gegenüber der allgemeinsprachlichen Lexik streng abgrenzt. In diesem Kontext ist die strenge Systembezogenheit der Terminologielehre zu sehen, die die Verwendungsaspekte der Sprache dezidiert ausklammert (Fraas 1998: 428).

Innerhalb der Terminologieforschung hat sich eine stärker deskriptive sprachvergleichende zweite Richtung entwickelt, welche sich ursprünglich aus den „methodologischen Bedürfnissen des Fremdsprachunterrichts" (Fraas 1998: 428) ergab. Doch auch hier stehen kontextfreie Terminologien im Zentrum des Interesses: Ein Fach bzw. eine Wissensdomäne (wie etwa die Sprache des Rechtswesens oder die der Medizin) sind über ihre Lexik zugänglich. Die Menge an spezifischem und relevantem Vokabular, dem so genannten Fachwortschatz, fungiert hier in gewisser Weise als Brennglas (Fraas 1998: 435). In diesem Sinne ist auch die bekannte Definition von Lothar Hoffmann zu verstehen:

> Fachsprache - das ist die Gesamtheit aller sprachlichen Mittel, die in einem fachlich begrenzbaren Kommunikationsbereich verwendet werden, um die Verständigung zwischen den in diesem Bereich tätigen Menschen zu gewährleisten. (Hoffmann 1976: 170)

Mit dieser Definition wird Fachsprache erstmals als ein genuin linguistisches Untersuchungsobjekt konstituiert (Adamzik 2018: 29). Und so sind auf Basis dieser Definition auch die lexikalische Forschung über Fachwortschätze angelegt: bei lexikalischen Analysen von Termini werden diese zunächst systematisch auf gesamte Fachwortschätze bezogen bzw. von der Allgemeinsprache abgegrenzt. Der Fachwortschatz einer Sprache wird dabei in der Lexikographie und Lexikologie folgerichtig als Varietät, Sprachstil bzw. Subsystem des allgemeinen Wortschatzes angesehen (Fraas 1998: 428). Die Bestimmung von Fachwörtern[4] folgt dabei,

---

4 In der Fachsprachenforschung wird für gewöhnlich zwischen Fachwort und Terminus unterschieden. Ein Fachwort hat den Status eines Terminus dann erlangt, „wenn seine Bedeutung durch eine Definition genau festgelegt ist" (Fraas 1998: 429). Wir verwenden beide Bezeichnungen synonym und schließen uns hier der DIN-Norm 2324 an: „Ein Terminus ist als Element einer Terminologie die Einheit aus einem Begriff und seiner Benennung (auch: Fachwort)" (DIN 2324,

so beim Deutschen Universalwörterbuch (DUW), Regularien, welche dem eigenen Sprachempfinden entstammen. So werden dort Lexeme, wie etwa *Zellmembran* immer dann mit der Markierung ‚fachspr.' (= fachsprachlich) versehen, wenn sie dem Benutzer oder der Benutzerin nicht als „normalsprachlich – weil dem eigenen vertrauten Lebens- und Sprachalltag entstammend" erscheinen (DUW 2015, Anlage und Aufbau der Artikel). Die Markierung eines Ausdrucks als Terminus beruht damit offensichtlich einzig auf dem „individuellen Sprachgefühl" (DUW 2015, Anlage und Aufbau der Artikel).

Die Zweckmäßigkeit, die einem Ding in der Welt einen Ausdruck zuweisen muss, um Abläufe operationalisierbar zu machen und Kommunikation zu gewährleisten, ist also die ursprüngliche und zentrale Funktion von Terminologie. Dies trifft in der Regel auf Fachwortschätze technischer Disziplinen zu, die gemeinhin wesentlich strenger organisiert sind als die Lexik der Geisteswissenschaften. Daher vermag der Fachwortschatz dort die Systematik des Faches in seiner sprachlichen, lexikalischen Gliederung abzubilden. Die möglichst genaue Abbildung der „Fachsystematik in der Wortschatzsystematik" gilt in der Terminologielehre als besonders erstrebenswert. (Fraas 1998: 429)

So wurden traditionell den „Termini Gütemerkmale wie *Klarheit, Exaktheit, Eindeutigkeit, Genauigkeit, Explizitheit, Wohldefiniertheit* und *Kontextunabhängigkeit* zugewiesen" (Fraas 1998: 429). Eine so verstandene Arbeit mit Termini, im Sinne Wüsters und Hoffmanns, führt folgerichtig aus lexikalischer Perspektive zu Untersuchungen, die sich mit Fragen von Termini als Ausdruck mit eindeutiger Definition beschäftigen. Zu dieser Forschung bietet Roelcke (2013: 1–18) einen sehr guten Überblick.

Eine dezidiert sprachgebrauchsorientierte Perspektive auf Terminologie hat zuerst Juan C. Sager (1990) vorgeschlagen (vgl. Temmerman 2000: 23ff.). Er propagiert, dass zum Verständnis von Terminologien neben der kognitiven und linguistischen auch deren kommunikative Dimension zu beachten sei und dementsprechend Termini als Wörter in Texten zu analysieren seien (Sager 1990: 46). Ausgehend davon hat sich eine empirische Terminologieforschung als dezidiert linguistische Forschungsrichtung entwickelt: Studien zur Terminologie und zum Fachvokabular (Pearson 1998, Gledhill 2000, Temmerman 2000, Bertels 2014) haben seit Ende der 1990er Jahre den Weg eingeschlagen, Termini als Ausdrücke zu begreifen, die eine spezifische Verteilung und ein spezifisches Kotextprofil haben und in Texten vorkommen, deren Produktion sich dem Kontext eines be-

---

1986, 6). Nach dieser Definition ist einzig die Zugehörigkeit zu einer bestimmten Terminologie dasjenige Merkmal, welches einen Terminus von einem Wort der Allgemeinsprache unterscheidet (Fraas 1998: 429).

stimmten Fachdiskurses verdankt. Wissenschaftliche Termini werden dort nicht anders behandelt als Vokabulare der alltäglichen Sprachverwendung. Die Definition des Terminus ‚Terminus' erfolgt weder normativ, also von der gewünschten Funktion, noch varietätenlinguistisch, von Merkmalen der Fachsprache her. Die Eigenschaften von Termini werden vielmehr als Gebrauchseigenschaften formuliert und aufsteigend durch Kohortenanalyse des Auftretens eines Ausdrucks in einer bestimmten Wissens- und Handlungsgemeinschaft von Kommunizierenden (*Community of Practice*, Wenger 1998) eruiert. Damit kommt man zu Einschätzungen wie sie hier Gerhard Budin (2007: 70) formuliert:

> [...], terms are not necessarily fixed in their meanings. Their conceptual content may also depend on situations in which they are used. Conceptual development in a domain is driven by the dynamics of knowledge, which in turn is driven by the constant interaction of people who follow common goals in organizations. Language change is a function of conceptual change and in turn inspires further conceptual change.

Die textpragmatische Terminologieforschung ist einem Forschungsfeld zuzuordnen, das den akademischen Diskurs im Spannungsfeld von Wissen, Sprache und institutionellem Kontext untersucht (z. B. Hyland 2004) und das maßgeblich aus der Didaktik der englischen Wissenschaftssprache heraus vorangetrieben wird. Eine große Rolle spielt dabei die Korpuslinguistik. In diesem Rahmen werden z. B. Termini über Kollokationsprofile bestimmt (Gledhill 2000). Termini werden gleichsam profanisiert und in eine Reihe etwa mit Routineformeln in akademischen Texten gestellt (Hyland 2008). Erhöhte Aufmerksamkeit erhält auch die Frage, welche Rolle Metaphorizität bei der Bildung und beim Gebrauch von Termini spielt. Es ist eher die Regel als die Ausnahme, dass Termini aus anderen Wissensdomänen in Fachdiskurse importiert werden. Die Quelldomänen können dabei erstens selbst Fachdiskurse sein, wie etwa im oben bereits genannten Fall des linguistischen Terminus ‚Selektion', beim weiter unten ausgeführten Terminus ‚Regime', der aus dem französischen politischen Diskurs über das internationale Seerecht in die Politikwissenschaft wandert, oder bei dem erfolgreichen chemisch-linguistischen Begriff ‚Valenz'. Zweitens können die Herkunftsbereiche metaphorischer Termini aus der Alltagssprache stammen, wie z. B. ‚Zahndamm', ‚Zellmembran', oder ‚DNAse footprinting' (Kaushansky 2002: 495). Die Wanderwege wissenschaftlicher Termini stehen allerdings in den meisten einschlägigen Studien nicht im Fokus, vielmehr knüpft man meist an die kognitive Metapherntheorie an und fokussiert entsprechend die epistemischen Möglichkeiten und Gefahren metaphorischer Termini. Zu Metaphern im akademischen Diskurs gibt Hermann (2013) einen guten Überblick. Die Studie Temmermans (2000) zur Metaphorizität der biomedizinischen Terminologie ordnet das Forschungsfeld in die Terminologieforschung nach Wüster ein. Sie zeigt die Prozesshaftigkeit und den

Wandel von Terminologie in dynamischen und diskursiven Prozessen innerhalb fachsprachlicher Kommunikation und diskutiert das Zusammenspiel von Sprachgebrauch, kreativem Denken und Verstehen domänenspezifischer Phänomene. Temmerman wendet Lakoffs „Metaphoric Idealised Cognitive Model" auf eine Reihe prominenter genetischer Termini an, z. B. auf die Konzeptualisierung von DNA als „LANGUAGE", „ATLAS OF MAPS", „SOFTWARE" oder „FILM" (Temmerman 2000: 184ff.).

In diese Reihe heuristischer Sprachbilder gehört auch die metaterminologische Metapher des „semantischen Kampfes", die wohl erstmals von Koselleck (1979: 113) auf die politische Kommunikation angewendet wurde (vgl. dazu Dipper 2017). In Felder (2006) wird diese Metapher auf den Terminologiegebrauch in verschiedenen Fächern übertragen und damit eine diskursanalytische Perspektive in die Terminologieforschung eingeführt, welche auf die soziale Interaktion von Akteuren im Wissenschaftsbetrieb und deren Spuren zielt. Damit hat sich ein produktives Untersuchungsfeld ergeben, in dem nun vor allem die soziokommunikativen Bedingungen der akademischen Begriffsbildung in den Vordergrund gerückt wurden.[5] Diese interaktionale Perspektive lässt auch die Bedeutung sozialer Rollen bei der Terminologiebildung erkennen, in interdisziplinären Gesellschaftsdebatten wie z. B. der Bioethik-Debatte (Müller 2015), dem Protestdiskurs der Jahre 1967/68 (Mell 2015) und in der mündlichen Fachinteraktion, z. B. auf interdisziplinären Tagungen (Müller & Becker 2016).

Damit können wir bis hierher folgende Perspektiven der Terminologiedynamik unterscheiden:

- die textanalytische Perspektive: Wie werden Termini in Texte eingeführt? Durch welche Kombinatorik von Termini ergeben sich wissenschaftliche Genres?
- die gesprächsanalytische Perspektive: Wie werden Termini in mündlichen Situationen (in Prüfungen, Unterrichtsgesprächen, auf Tagungen) verwendet?
- die soziolinguistische Perspektive: In welchen institutionellen Kontexten und unter welchen gesellschaftlichen Bedingungen werden Termini verwendet? Wie variieren Termini relativ zu Genres und Sprechergruppen?
- die kognitive Perspektive: Auf welche Weise instruieren und delimitieren Termini wissenschaftliche Erkenntnis und ihre Vermittlung? Was sollen Termini bewirken und was bewirken sie tatsächlich?

---

5 Die diskursanalytisch-interaktionale Perspektive auf Fachlexik in unterschiedlichen Wissensdomänen ist in zahlreichen Qualifikationsschriften ausgearbeitet, von denen viele auf der Graduiertenplattform des *Forschungsnetzwerks Sprache und Wissen* dokumentiert sind (http://graduiertenplattform.sprache-und-wissen.de/; zuletzt am 23.03.2020). Einen Überblick über das gesamte Feld gibt das Handbuch Sprache und Wissen (Felder & Gardt 2015).

– die didaktische Perspektive: Worauf muss ich achten, wenn ich mit Termini operiere? Wie lerne ich (in einem neuen Fachdiskurs, einer fremden Sprache) auf angemessene Weise Fachvokabular zu verwenden?

3 In-Vitro-Fertilisation oder künstliche Befruchtung?

Ein überaus ergiebiges Untersuchungsgebiet der Terminologiedynamik ist die Bioethik, da sie nicht nur unterschiedliche wissenschaftliche Subdiskurse wie Medizin, Philosophie oder Politik umfasst, sondern als „expertengeleitete[...] Debatte, die gleichwohl öffentlich stattfindet" (Gehring 2006: 113), sehr gut geeignet ist, um Terminologie in unterschiedlichen Kommunikationssituationen, etwa in der Fachkommunikation zwischen Experten, aber auch in der Kommunikation zwischen Experten und Laien zu untersuchen (Wichter 1994). Zur Illustration wählen wir den Vorgang der extrakorporalen Entstehung menschlichen Lebens, welcher durch die Termini ‚künstliche Befruchtung', ‚In-vitro-Fertilisation' oder ‚IVF' ausgedrückt werden kann.[6] Die folgenden Belege zu ‚In-vitro-Fertilisation' entstammen jeweils der Kommunikation im *Nationalen Ethikrat*. Dass dabei auch terminologische Hybridbildungen möglich sind, zeigt Beleg (a):

a) Problematisch sind jedoch die Themen In-vitro-Befruchtung und Leihmutterschaft. Im Jahr 2004 wurden zwei älteren Frauen in einem Krankenhaus in Fujian nach **In-vitro-Fertilisation** Zygoten eingesetzt, und beide Frauen wurden mit Zwillingen schwanger. Gegen Ende des Jahres starben beide Frauen trotz Einleitung lebensrettender Maßnahmen bei der Niederkunft an Blutverlust und multiplem Organversagen. Dies warf zum einen die Frage auf, inwieweit man bei älteren Frauen **In-vitro-Befruchtung** durchführen dürfe und solle, und zum anderen stellte sich die Frage, wie man bei Mehrlingsschwangerschaften verfahren solle. (Nationaler Ethikrat – Text 12828, 2006 – Hervorhebung von uns, MM & RM)

b) Wenn ich ein Haar oder eine Speichelzelle in einen undifferenzierten Zustand zurückversetze, dann verspüre ich nicht dieselbe Schutzintuition und das Bedürfnis das zu schützen wie es der Fall ist, wenn ich einen für eine **In-vitro-Fertilisation** erzeugten Embryo in vitro habe. (Nationaler Ethikrat – Text 176, 2003 – Hervorhebung von uns, MM & RM)

---

6 Zur Begriffsbildung und ihren Bedingungen in der Bioethik-Debatte entstehen zur Zeit weitere Analysen auf Basis größerer Datenmengen (vgl. Forschungsprojekt zur „Terminologie der Bioethik", Ansprechpartnerin Ruth M. Mell). Als Datengrundlage dient aktuell das Heidelberg-Darmstädter Bioethik-Korpus (https://www.discourselab.de/cqpweb/, zuletzt am 23.03.2020).

Man sieht hier an beiden Belegen, wie der medizinische Fachterminus *In-vitro-Fertilisation* in einem Textzusammenhang mit einerseits weiteren medizinischen Termini (*Zygote, multiples Organversagen, in vitro*), andererseits im Kontext alltagsprachlich geprägter Textmuster gestellt wird. Diese Textmuster sind Narration in Beleg (a) und enthymemische Argumentation aus der hypothetischen Ich-Perspektive in Beleg (b). In beiden Fällen wird der Terminus als ‚vertraut' präsupponiert. In Beleg (a) finden wir eine partielle Wiederaufnahme des Terminus, indem der alltagssprachlich durchsichtige Begriff ‚Befruchtung' in die lateinische Phrase integriert wird. In stärker restringierten Fachkontexten (z. B. im *Deutschen Ärzteblatt*) lässt sich neben *In-vitro-Fertilisation* auch die Abbreviatur *IvF* oder *IVF* für den zu bezeichnenden Vorgang finden. So wird innerhalb der Gruppe der Mediziner dann in der Kommunikation auf die Abkürzung zurückgegriffen, wenn es um den Misserfolg bzw. den Erfolg eines extrakorporal erzeugten Embryos geht. Nicht selten ist der Kontext von *IVF* durch andere terminologische Abkürzungen, wie z. B. *PID* oder *PGD*, geprägt. Hier steht jeweils der erfolgreich erzeugte Embryo als wissenschaftlicher Gegenstand im Vordergrund.

Daneben wird derselbe Vorgang auch mit der aus dem Alltagswortschatz gewonnenen Phrase *künstliche Befruchtung* thematisiert:

> c) Bei der **künstlichen Befruchtung** werden nach einer etwa zweiwöchigen Hormongabe unter Ultraschallkontrolle mehrere Eizellen entnommen (Follikelpunktion). Diese werden mit Spermien über etwa 20 Stunden inkubiert mikroskopisch kontrolliert und im sogenannten Vorkernstadium (Pronucleusstadium gekennzeichnet durch die noch unvollständige Verschmelzung von Ei - und Samenzelle) kältekonserviert. In Deutschland werden maximal drei Eizellen weiter kultiviert und in die Gebärmutter eingesetzt. (Stellungnahme zur Präimplantationsdiagnostik – Text 12610, 2001 – Hervorhebung von uns, MM & RM)

> d) Bedacht werden muss weiterhin das (sic!) eine Präimplantationsdiagnostik obligatorisch an eine **künstliche Befruchtung** gebunden ist. Die Erfolgsraten eines Embryotransfers betragen im allgemeinen (sic!) nur etwa 20 % so dass eine routinemäßige Anwendung für die Pränataldiagnostik allein aus diesem Grund schon nicht in Frage kommt. (Bürgervotum zur Gendiagnostik – Text 10740, 2001 – Hervorhebung von uns, MM & RM)

Interessanterweise findet sich die Phrase nicht etwa per se in weniger fachlich geprägten Zusammenhängen. Vielmehr lässt sich ableiten, dass sich in der Bioethik-Debatte fast für jede typische Kommunikationssituation eine Art neuer Mikrofachsprache herausbildet, in der die alltagssprachlichen und fachsprachlichen Ausdrücke jeweils auf spezifische Art kombiniert sind und in der Narrative der Fachsprache mit Elementen der Allgemeinsprache neue spezifische Muster ausbilden.

Wie wir mit diesen Belegen andeuten möchten, verweist die empirische Terminologieanalyse auf die Systematik von Kontexten, wie sie sowohl im Kotext, also der Typik miteinander auftretenden Vokabulars, als auch in Sprecherkonstellationen und situativen Einbettungen von Fachkommunikation zu finden ist. Solche Kontextualisierungsstudien (vgl. Müller 2015: 62–92) bilden die Basis dafür, terminologische Extensionsverschiebung und ihre Funktionen feingliedrig nachzeichnen zu können. Entsprechend variieren die Eigenschaften von Termini in der Weise, in der sich die soziokommunikativen Gegebenheiten in akademischen Fachdiskursen voneinander unterscheiden. Das Fachvokabular in einem Bereich wie beispielsweise der Politikwissenschaft (aufgrund seines spezifischen Gegenstands und der Beziehung des Forschers zu seinem Gegenstand; siehe hier unter anderem Taylor 1971) kann nicht analog zu technischen Fachbegriffen beschrieben werden, die eindeutig, nicht metaphorisch, explizit definiert, standardisiert und von Institutionen kontrolliert sein sollen (vgl. Motos 2013: 9). Es ist eine alltägliche Erfahrung von Geistes- und Sozialwissenschaftlern, dass es über die Terminologie ihrer Disziplin in vielen Fällen keinen Konsens gibt. Das kann entweder als nicht weiter problematisch oder sogar funktional hingenommen werden (wie im Falle von ‚Lexem', s.o.) oder aber zu semantischen Kämpfen führen. Unterschiedliche Denkschulen und theoretische Ansätze prägen die eigenwillige Terminologie und sogar den Fachjargon, obwohl sie oft die gleichen Problemfelder und Phänomene ansprechen. Auf der anderen Seite wandern sehr gebräuchliche Begriffe wie ‚Struktur', ‚System' oder ‚Norm' zwischen Theorien und akademischen Disziplinen und verlieren ihre Genauigkeit oder werden sogar als Passepartout-Wörter verwendet, welche die Unbestimmtheit von Ideen und Konzepten vorenthalten. Wir möchten jedoch nicht behaupten, dass Mehrdeutigkeit immer eine negative Eigenschaft wissenschaftlicher Begriffe ist. Mehrdeutigkeit, aber auch die metaphorische Verwendung von Begriffen, können eher dazu beitragen, Wissen zu schaffen und die Forschung voranzubringen, da sie auf Konzepte hinweisen, die auf neue Forschungskontexte angewendet werden (Temmerman 2000: 155–218). Auf der anderen Seite ist es zweifellos unerlässlich, dass Handelnde in wissenschaftlichen Diskursen sich an den Maximen der intersubjektiven Deutlichkeit und der explikativen Transparenz orientieren, wenn sie mit wissenschaftlichen Termini umgehen. Dieses Wissenschaftlichkeits-Prinzip des akademischen Wortgebrauchs bildet ein Leitmotiv der Verhandlung von Terminologie in Texten.

4 Terminologiedynamik als Wortgeschichte

In allen empirischen Arbeiten zur Terminologie wird dabei mehr oder weniger deutlich präsupponiert, dass Termini eine Geschichte haben und sprachlichem Wandel im Hinblick auf Form, Bedeutung und Gebrauchskontexte unterworfen sind. Das gilt sicherlich für den „Drahtstift mit Senkkopf Form B, DIN EN 10230-

1", also für genormte Bezeichnungen für konkret beschriebene Gegenstände und technische Sachverhalte, in ganz anderer Weise als z. B. für transdisziplinär erfolgreiche Wissenschaftsvokabeln wie *Schicht, Netzwerk, Gestalt* oder *Struktur*. Dennoch steht die Geschichtlichkeit von Termini in den bisher genannten Studien nicht im Vordergrund, meist spielt sie keine Rolle. Die Dynamik von Fachwortschätzen wird in der Variation beim Bilden, Kontextualisieren und Verstehen von Termini gesehen. Das mag damit zusammenhängen, dass die methodologischen Leitparadigmen dieser Arbeiten – die kognitive Linguistik, die Korpus- und die Variationslinguistik – die Forschenden auf eine synchronische Heuristik festlegen. Selbstverständlich gibt es aber eine sprachhistorische Forschung zur Fachlexik, welche allein durch den größeren zeitlichen Abstand zu ihrem Gegenstand und die Verfügbarkeit von Belegen zu mehreren Zeitstufen zur terminologiedynamischen Perspektive tendieren. So zeigt Riecke (2004 und 2007) in synchronischen und diachronischen Zugriffen die Entstehung eines medizinischen Fachwortschatzes im Althochdeutschen und skizziert Tendenzen seiner Entwicklung zur frühen Neuzeit (2004: 495ff.). Schiewe (1996) untersucht Kontinuitäten und Brüche im Bereich der Fachlexik im Übergang von der lateinischen zur deutschen Wissenschaftssprache. Die historische Dynamik von Fachwortschätzen ist auch in Schiewes (1999) Untersuchungen zum terminologischen Inventar im Deutschen Wörterbuch gut abzusehen. Einen Überblick über die Geschichte der deutschen Fachlexik gibt Seibicke (2003) im Rahmen des Handbuchartikels zur Geschichte der deutschen Fachsprachen. Den oben aufgeführten Perspektiven der Terminologiedynamik ist also selbstverständlich die historische hinzuzufügen: Wie entstehen, entwickeln und verändern sich Termini in Fachdiskursen (,Lexem'), in Fachdiskurse hinein (,footprint'), aus Fachdiskursen heraus (,Ozonloch') und von einem Fachdiskurs in den nächsten hinein (,Valenz')?

Ein lohnendes und noch weitgehend unbeackertes Forschungsfeld eröffnet sich, wenn diese Fragen im Sinne einer Mikrosprachgeschichte an seriellen Terminusverwendungen in kurzen Zeiträumen gestellt werden, wenn man also beobachtet, wie sich der Gebrauch von Wörtern als Termini über z. B. zehn Jahre in einem eng begrenzten sprachlichen Handlungsfeld entwickelt. In einer Pilotstudie im Rahmen eines Forschungsprojekts zu Entwicklung und Transformation der zentralen politikwissenschaftlichen Fachtermini im Feld der Internationalen Beziehungen haben Müller, Steffek und Behr (2019) diese mikrohistorische Perspektive auf die Entwicklung des Ausdrucks *regime* in einer der wichtigsten Fachzeitschriften des Feldes, *International Organization*, von 1976 bis 1985 angewendet.[7] Das politikwissenschaftliche Forschungsgebiet *Internationale Beziehungen* untersucht Verbindungen und Interaktionen zwischen politischen Institutionen (z. B. Staaten, zwischenstaatliche Organisationen, NGOs) und deren Einfluss auf internationale politische Systeme. Unter dem Gesichtspunkt der Terminologiedynamik ergibt sich hier ein interessantes Forschungsgebiet, da es sich sowohl um einen theoretisch erschlossenen akademischen Diskurs als auch um ein Feld der praktischen Politikanalyse handelt, was einen hybriden Kontext der Terminologiebildung konstituiert. Politikwissenschaftler kennen zum Terminus ‚regime' für gewöhnlich folgende Definition von Krasner (1982: 186): „Regimes can be defined as sets of implicit or explicit principles, norms, rules, and decision-making procedures around which actors' expectations converge in a given area of international relations." ‚Regime' in diesem Sinne begegnet uns in *International-Organization*-Artikeln seit Beginn der Untersuchungsperiode, also seit 1976. Allerdings gibt es am Anfang eine ganze Reihe von Definitionsversuchen, z. B. „'regimes' or institutionalized patterns of behavior and expectations" (Hopkins 1976: 408) oder „regimes, definable as governing rule systems or productive, causally effective rule structure" (Alker 1977).

Nachdem Krasner im Jahr 1981 in Palm Springs eine Konferenz über *International Regimes* organisiert hatte (vgl. dazu Krasner 2000), auf der sich die Teilnehmer in einer Abschlusserklärung auf eine Definition von ‚regime' geeinigt hatten (nämlich auf Krasners), erscheint im Jahr 1982 ein Sonderheft von *International Organization* zu *International Regimes*, herausgegeben von Stephen Krasner. Dieses Heft bildet den Durchbruch von Krasners Definition, wie etwa Haas in seinem Beitrag explizit macht:

> The contributors to this volume have agreed to define regimes as sets of implicit or explicit principles, norms, rules, and decision-making procedures around which actors' expectations converge in a given area of international relations. (Haas 1982: 211)

Allerdings findet sich *regime* in *International Organization* über den gesamten Untersuchungszeitraum auch in der alltagssprachlich bekannten Bedeutung von ‚autoritäre Regierung' und außerdem – in kleinerem Ausmaß – in weiteren terminologischen Spezialverwendungen. Wir haben alle 2852 Belege für *regime* mit den Kategorien ‚everyday language use', ‚term' und ‚deviant specific use' annotiert und die Okkurrenzen der jeweiligen Gebrauchsweisen gemessen (Abb. 1). Dabei zeigt sich, dass der alltagssprachliche Gebrauch von *regime* offensichtlich von der

---

[7] 303 Artikel, 271.861 Wortformen; Preprocessing: Lemmatisierung, POS-Tagging, NER (Stanford Core NLP); Lagerung und Analyse in CQPWeb auf discourselab.de; eine ausführliche begriffsgeschichtliche Studie zu ‚regime' legen Steffek, Müller & Behr (2020) vor.

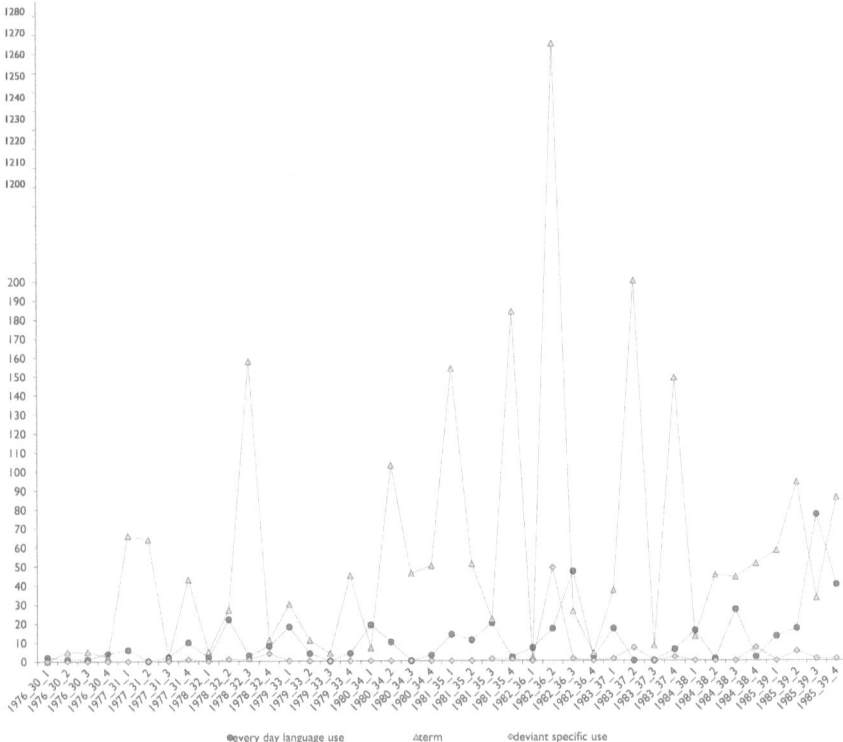

Abb. 1: Verschiedene Gebrauchsweisen von *Regime* in der Zeitschrift *International Organization* (absolute Häufigkeiten).

Konjunktur des Krasnerschen Terminus mit angeregt wird. Immer wenn in einer Ausgabe der Term häufig belegt ist, findet sich auch – auf deutlich niedrigerem Niveau – *regime* im Sinne von ‚autoritäre Regierung'. Gegen Ende der Untersuchungsperiode pendeln sich Terminus und Alltagswort auf etwa dem gleichen Niveau ein. Abweichende Terminologisierungen können sich nicht durchsetzen.

Wir hoffen, mit diesem Beitrag nicht zuletzt auf die Notwendigkeit einer induktiv angelegten Aufarbeitung von Mikro-Wort-Geschichten in ihren spezifischen Kontexten hingewiesen haben zu können. Wichtig ist bei Studien dieser Art, Verfahren der deskriptiven und schließenden Statistik mit der Textanalyse und der Hintertreppensicht auf Terminologisierung sowie der Analyse der sozialen Praktiken im akademischen Diskurs auf angemessene Weise zu verbinden. So erhoffen wir uns wertvolle Einblicke in die Mikrogeschichte und Dynamik wissenschaftlicher Termini, die nicht nur für die Fachlexikologie und -lexikographie von

Interesse sind, sondern gleichsam aus der Schlüsselloch-Perspektive Einblicke in die Praxis des akademischen Miteinanders verheißen.

Zitierte Literatur

Adamzik, Kirsten (2018): *Fachsprachen. Die Konstruktion von Welten*. Tübingen: Francke.

Alker, Hayward R. (1977): A methodology for design research on interdependence alternatives. *International Organization* 31/01, 29–63.

Bertels, Ann (2014): The dynamics of terms and meaning in the domain of machining and metalworking terminology in French and English. In Rita Temmerman & Marc van Campenhoudt (Hrsg.), *Dynamics and Terminology: An interdisciplinary perspective on monolingual and multilingual culture-bound communication*, 259–280. Amsterdam, Philadelphia: John Benjamins.

Budin, Gerhard (2007): Epistemological Aspects of Indeterminacy in Postmodernist Science. In Bassey E. Antia (Hrsg.), *Indeterminacy in Terminology and LSP*, 61–71. Amsterdam, Philadelphia: John Benjamins.

DUW – Duden – Deutsches Universalwörterbuch (2015). Hrsg. von der Dudenredaktion. Mannheim: Bibliographisches Institut.

Felder, Ekkehard (2006): Semantische Kämpfe in Wissensdomänen. Eine Einführung in Benennungs-, Bezeichnungs- und Sachverhaltsfixierungs-Konkurrenzen. In Ekkehard Felder (Hrsg.), *Semantische Kämpfe. Macht und Sprache in den Wissenschaften*, 13–71 Berlin, New York: De Gruyter.

Felder, Ekkehard & Andreas Gardt (Hrsg.) (2015): *Handbuch Sprache und Wissen*. Berlin, Boston: De Gruyter.

Fraas, Claudia (1998): Lexikalisch-semantische Eigenschaften von Fachsprachen. In Lothar Hoffmann, Hartwig Kalverkämper & Herbert Ernst Wiegand (Hrsg), *Fachsprachen. Ein internationales Handbuch zur Fachsprachenforschung und Terminologiewissenschaft*. Bd.1, 428–438. Berlin, New York: De Gruyter.

Gehring, Petra (2006): *Was ist Biomacht? Vom zweifelhaften Mehrwert des Lebens*. Frankfurt am Main: Campus.

Gledhill, Christopher J. (2000): *Collocations in Science Writing*. Tübingen: Narr.

Gloning, Thomas (2017): Ein digitales Wörterbuchsystem zur älteren Medizin. Textkorpus, Darstellungsformen, Kollaborationsformate. In Jörg Riecke (Hrsg.), *Sprachgeschichte und Medizingeschichte. Texte, Termini, Interpretationen*, 275–298. Berlin, Boston: De Gruyter.

Haas, Ernst B. (1982): Words can hurt you; or, who said what to whom about regimes. *International Organization* 36/02, 207–243.

Haderlein, Veronika (2005): Semantik bei der Arbeit mit zentralen Wortschätzen. Anforderungen und Möglichkeiten. In Stefan Langer & Daniel Schnorbusch (Hrsg.), *Semantik im Lexikon*, 9–32. Tübingen: Narr.

Hermann, Berenike (2013): *Metaphor in academic discourse. Linguistic forms, conceptual structures, communicative functions and cognitive representations*. Amsterdam: LOT.

Hoffmann, Lothar (1976): *Kommunikationsmittel Fachsprache. Eine Einführung*. Berlin: Akademie.

Hopkins, Raymond F. (1976): The International Role of "Domestic" Bureaucracy. *International Organization* 30/03, 405–432.
Hyland, Ken (2004): *Disciplinary Discourses. Social Interactions in Academic Writing.* Ann Arbor: The University of Michigan Press.
Hyland, Ken (2008): As can be seen: Lexical bundles and disciplinary variation. *English for Specific Purposes* 27(1), 4–21.
Jakobson, Roman (1979): Zwei Seiten der Sprache und zwei Typen aphasischer Störungen. In Roman Jakobson, *Aufsätze zur Linguistik und Poetik*, 117–141. Berlin: Ullstein
Kageura, Kyo (2002): *The Dynamics of Terminology. A descriptive theory of term formation and terminological growth.* Amsterdam, Philadelphia: John Benjamins.
Kaushansky, Kenneth (2002): Glossary of Molecular Biology Terminology. *ASH Education Book* 1, 490–509.
Krasner, Stephen D. (1982): Decision-making procedures are prevailing practices for making and implementing collective choice. *International Organization* 36/02, 185–205.
Krasner, Stephen D. (2000): International Law and International Relations: Together, Apart, Together? *Chicago Journal of International Law* 1/01, Article 10. Online unter: https://chicagounbound.uchicago.edu/cjil/vol1/iss1/10/ [zuletzt abgerufen am 23.03.2020].
Lautenschläger, Sina (2017): *Geschlechtsspezifische Körper- und Rollenbilder: Eine korpuslinguistische Untersuchung.* Berlin, Boston: De Gruyter.
Mell, Ruth M. (2015): *Vernunft, Mündigkeit, Agitation. Eine diskurslinguistische Untersuchung zur Generierung und Strukturierung von Wissen über das Konzept 'AUFKLÄRUNG 1968'.* Bremen: Hempen.
Motos, Raquel M. (2013): The role of interdisciplinarity in lexicography and lexicology. In Isabel Balteiro (Hrsg.), *New Approaches to Specialised English Lexicology and Lexicography*, 3–13. Newcastle upon Tyne: Cambridge Scholars Publishing.
Müller, Marcus (2015): *Sprachliches Rollenverhalten. Korpuspragmatische Studien zu divergenten Kontextualisierungen in Mündlichkeit und Schriftlichkeit.* Berlin, Boston: De Gruyter.
Müller, Marcus & Maria Becker (2016): Wissenskonflikte im Gespräch. In Janine Luth, Stefaniya Ptashnyk & Friedemann Vogel (Hrsg.), *Linguistische Zugänge zu Konflikten in europäischen Sprachräumen. Korpus – Pragmatik – kontrovers*, 119–138. Heidelberg: Winter.
Müller, Marcus, Hartmut Behr & Jens Steffek (2019): The discursive formation of key terms in International Relations. In Øivin Andersen, Klaus Schubert & Ingrid Simonnæs (Hrsg.), *Proceedings from the 21st Conference on Language for Specific Purposes 2017*, 105–120. Berlin: Frank & Timme.
Pearson, Jennifer (1998): *Terms in Context.* Amsterdam: John Benjamins.
Püschel, Ulrich (1975): *Semantisch-syntaktische Relationen: Untersuchungen zur Kompatibilität lexikalischer Einheiten im Deutschen.* Tübingen: Niemeyer.
Riecke, Jörg (2004): *Die Frühgeschichte der mittelalterlichen medizinischen Fachsprache im Deutschen.* 2 Bde., Bd. 1: Untersuchungen. Bd. 2: Wörterbuch. Berlin, New York: De Gruyter.
Riecke, Jörg (2007): Gesund und krank im Mittelalter: Beiträge zum mittelalterlichen deutschen Wortschatz der Heilkunde. In Andreas Meyer & Jürgen Schulz Grobert (Hrsg.), *Gesund und krank im Mittelalter. Marburger Beiträge zur Kulturgeschichte der Medizin*, 89–108. Leipzig: Eudora.
Roelcke, Thorsten (2013): *Definitionen und Termini. Quantitative Studien zur Konstituierung von Fachwortschatz.* Berlin, Boston: De Gruyter.

Sager, Juan C. (1990): *A Practical Course in Terminology Processing*. Amsterdam: John Benjamins.
Schiewe, Jürgen (1996): Kontinuität und Wandel des akademischen und wissenschaftlichen Wortschatzes im Übergang der Universitäten vom Lateinischen zum Deutschen. In Horst Haider Munske & Alan Kirkness (Hrsg.), *Eurolatein. Das griechische und lateinische Erbe in den europäischen Sprachen*, 47–64. Tübingen: Niemeyer.
Schiewe, Jürgen (1999): Die Fachlexis im Deutschen Wörterbuch von Jacob Grimm und Wilhelm Grimm. In Lothar Hoffmann, Hartwig Kalverkämper & Herbert Ernst Wiegand (Hrsg.), *Fachsprachen. Ein internationales Handbuch zur Fachsprachenforschung und Terminologiewissenschaft*, 1669–1676. Berlin, New York: De Gruyter
Schmitz, Klaus-Dirk (2011): Terminologiearbeit und Terminographie. In Karlfried Knapp et al. (Hrsg.), *Angewandte Linguistik. Ein Lehrbuch*, 491–512. Tübingen, Basel: Francke (UTB).
Seibicke, Wilfried (2003): Fachsprachen in historischer Entwicklung. In Werner Besch, Anne Betten, Oskar Reichmann & Stefan Sonderegger (Hrsg.), *Handbuch Sprachgeschichte*. 3. Teilband, 2377–2391. Berlin, New York: De Gruyter.
Steffek, Jens, Marcus Müller & Hartmut Behr (2020): Terminological Entrepreneurs and Discursive Shifts in International Relations: How a Discipline Invented the "International Regime". *International Studies Review*, viaa003, https://doi.org/10.1093/isr/viaa003.
Taylor, Charles (1971), Interpretation and the Sciences of Man. *The Review of Metaphysics* 25/01, 3–51.
Temmerman, Rita (2000): *Towards new ways of terminology description. The sociocognitive approach*. Amsterdam, Philadelphia: John Benjamins.
Wenger, Etienne (1998): *Communities of practice. Learning, meaning, and identity*. Cambridge: Cambridge University Press.
Wichter, Sigurd (1994): *Experten- und Laienwortschätze. Umriss einer Lexikologie der Vertikalität*. Tübingen: Niemeyer.
Wüster, Eugen (1991): *Einführung in die allgemeine Terminologielehre und terminologische Lexikographie*. Bonn: Romanistischer Verlag.

Andreas Deutsch
Vom Kammergerichtspfennigmeistereiinterimsverwalter zur Immobiliarkreditwürdigkeitsprüfungsleitlinienverordnung

Mehrfachkomposita in der Geschichte der Rechtssprache

Bis heute hat die deutsche Rechtssprache eine gewisse Vorliebe für superlange Mehrfachkomposita wie beispielsweise die *Grundstücksverkehrsgenehmigungszuständigkeitsübertragungsverordnung* (67 Buchstaben) von 2003. Jahr für Jahr finden sich derartige Wortmonster im Bundesgesetzblatt, der amtlichen Sammlung der Gesetze des Bundes. Bei einem Blick in die Ausgabe von 2018 etwa (um nur einen jüngeren Jahrgang herauszugreifen) springen neben einer Neufassung der *Präzisionswerkzeugmechanikerausbildungsverordnung* und der Änderung der *Metallverfahrenstechnologenausbildungsverordnung* unter anderem die *Rückbaurückstellungs-Transparenzverordnung*, die *Wertpapierdienstleistungs-Verhaltens- und Organisationsverordnung*, die *Umsatzsteuerschlüsselzahlenfestsetzungsverordnung*, die *Flachglastechnologenausbildungsverordnung* sowie die *Immobiliarkreditwürdigkeitsprüfungsleitlinienverordnung* (55 Buchstaben) ins Auge. Es handelt sich jeweils um Kurzbetitelungen der entsprechenden Regelwerke, denn so paradox es im ersten Augenblick klingen mag: die Superkomposita dienen vornehmlich zwei aus juristischer Sicht vorrangigen Zielen: Der Kürze und Präzision. Die jeweilige Verordnung ist durch das Mammutwort eindeutig bezeichnet. Zugleich ist das Kompositum deutlich kürzer als jede andere Form der Wiedergabe desselben Inhalts. Es handelt sich mithin um eine „Komprimierung des sprachlichen Ausdrucks" (Brandt 1988: 128; ähnlich von Polenz 2000: 88f.). Die *Umsatzsteuerschlüsselzahlenfestsetzungsverordnung* mit ihren 49 Buchstaben etwa lautet in ihrer vollständigen Überschrift: „Verordnung über die Festsetzung der Länderschlüsselzahlen und die Ermittlung der Schlüsselzahlen für die Aufteilung des Gemeindeanteils am Aufkommen der Umsatzsteuer nach § 5a des Gemeindefinanzreformgesetzes" (184 Buchstaben und Zeichen).

Ohne Zweifel geht die mit den Superkomposita erzielte „sprachökonomische Effizienz für den Kommunikator" mit einer Verständnis-Erschwerung für den Rezipienten einher, der die „logische Verkettung der Kompositumglieder" entschlüsseln muss (Brandt 1988: 128; Huk 1983: 135). Dies wird in der Rechtssprache insbesondere bei derartigen Betitelungen bewusst in Kauf genommen. Ja, die Rechtspraxis geht vielfach noch einen Schritt weiter, indem sie den Kurztitel auch noch mit einer – möglichst eindeutigen – Buchstabenfolge abkürzt. So wird aus der *Umsatzsteuerschlüsselzahlenfestsetzungsverordnung* die *UStSchlFestV*. Und *ImmoKWPLV* steht nach amtlicher Festlegung für die *Immobiliarkreditwürdigkeitsprüfungsleitlinienverordnung*, die auch in der etwas inkonsequenten Schreibung *Immobiliar-Kreditwürdigkeitsprüfungsleitlinien-Verordnung* begegnet, wobei die Bindestriche vermutlich zur Erhöhung der Lesbarkeit eingefügt sind.

Blickt man in die Geschichte, so zeigt sich, dass es in der deutschen (und westgermanischen) Rechtssprache schon seit frühester Zeit Mehrfachkomposita gab. Extrem lange Wortzusammensetzungen namentlich von Substantiven begegnen insbesondere seit dem 17. Jahrhundert. Mehrfachkomposita scheinen ab dieser Zeit geradezu den besonderen Merkmalen der rechtlichen Wissenschafts- und vor allem Verwaltungssprache zuzugehören (ähnlich Sonderegger 1979: 255ff.; von Polenz 2000: 88). Ähnliches gilt für andere Textsorten der Rechtssprache (zu den Textsorten: Deutsch 2017). Wolfgang Brandt (1988: 127), der die lexikalischen Tendenzen der Gesetzessprache seit dem 18. Jahrhundert untersucht hat, kam zum Ergebnis: „Ein Charakteristikum der Textsorte Gesetz ist der hohe Durchschnittswert der Wortlänge." Die Zahl der Silben ist nach Brandts Studie im Schnitt deutlich höher als bei allen anderen Textsorten. Brandt errechnete in seinem Gesetzeswort-Corpus mit mehreren Texten aus dem 18. bis 20. Jahrhundert einen Durchschnittswert von 2,05 Silben pro Wort, gegenüber einem Wert von nur 1,63 Silben pro Wort in der Allgemeinsprache, 1,75 in der Erzählprosa und 1,96 in der wissenschaftlichen Prosa. Hauptgrund für diese Besonderheit der Gesetzessprache ist ihr hoher Anteil an Komposita. Tendenziell lässt sich im Verlauf der Jahrhunderte nicht nur eine Zunahme der Anzahl der zusammengesetzten Wörter feststellen, sondern auch eine markante Zunahme ihrer Länge.

1 Das Deutsche Rechtswörterbuch

Grundlage der nachfolgenden Untersuchung ist die online frei verfügbare Datenbank des Deutschen Rechtswörterbuchs (DRW, www.deutsches-rechtswoerterbuch.de, s. auch Bedenbender 2014, Deutsch 2016a). Das Großwörterbuch zur historischen deutschen und westgermanischen Rechtssprache trägt in alphabetischer Ordnung den rechtlich bedeutsamen Wortschatz vom Beginn der schriftlichen Aufzeichnung in der Spätantike bis ins 19. Jahrhundert zusammen – fertiggestellt sind bislang die Buchstabenbereiche „A" bis „St". Darin findet sich eine erhebliche Anzahl sehr langer Komposita nachgewiesen (hierzu kurz bereits

Deutsch 2016b: 111–112), nämlich derzeit rund 2800 Wörter mit mehr als 25 Buchstaben, fast 600 Wörter mit wenigstens 30 Buchstaben und immerhin noch 140 Wörter mit 34 oder mehr Zeichen.

Um Platz zu sparen, erhielt freilich manches selbsterklärende Kompositum keinen Wörterbuchartikel. Jüngere Komposita haben ohnehin keine Chance zur Aufnahme ins DRW: Die absolute Zeitgrenze für das Wörterbuch liegt im Jahr 1815; seit einer Reform des Projekts im Jahre 1971 dürfen zudem Wortzusammensetzungen nur dann aufgenommen werden, wenn sie vor 1700 zum ersten Mal belegt sind. Es sind folglich bei weitem nicht alle Mehrfachkomposita der Rechtssprache im DRW aufzufinden. Immerhin werden seit dem Buchstaben „M" für Wörter, die erst zu spät im Material nachgewiesen sind oder aus anderen Gründen keinen Artikel erhielten, sog. Wortbelegungen für die Internetversion des DRW angefertigt, sofern das Wort vor 1835 zum ersten Mal vorkommt. Bislang gibt es rund 50.000 derartiger Kurzartikel, die nur das Lemma und die Erstbelegung des betreffenden Worts mit Jahr und Fundstelle abbilden. Zum Auffinden extrem langer Mehrfachkomposita der Rechtssprache sind gerade diese Wortbelegungen eine große Hilfe.

Dem Ansatz des DRW folgend, werden in dieser Studie für Frühbelege neben der deutschen Sprache auch die weiteren westgermanischen Sprachen miteinbezogen, also etwa das Altenglische, Altfriesische und Mittelniederländische, das dem Mittelniederdeutschen in vielem sehr nahe ist. Wenn keine Quelle angegeben ist, sind die Belege den jeweiligen Artikeln und Wortbelegungen des DRW entnommen. Für spätere Belege wurden zudem die einschlägigen amtlichen Gesetzessammlungen, namentlich das Reichsgesetzblatt und das Bundesgesetzblatt herangezogen.

2 Anfänge im Mittelalter

Ganz wie in der Allgemeinsprache (Splett 2000: 1213ff.; Meier & Möhn 2000: 1270ff.; Zanni 1985: 1094ff.) lassen sich zusammengesetzte Wörter auch in der deutschen Rechtssprache seit den frühesten Zeiten nachweisen. Gleich eines der beiden ältesten derzeit im DRW belegten westgermanischen Rechtswörter ist ein Kompositum, das Wort *Mundburt* (Schutzgewalt eines Herrn), das erstmals in einer Königsurkunde vom Jahr 479 vorkommt: „ut sub nostra emunitate et mundiburdio nostrorumque successorum regum semper maneat". Erwähnt seien ferner die seit 502 in verschiedenen Leges und Kapitularien belegte *Morgengabe* sowie aus der Lex Salica (507/11) *Mordleodi* (Mordwergeld), *Rachinbürge* (eine Art Schöffe) und *Seelendefa* (Lebensgefährdung). Vergleichsweise selten erscheinen Adjektive wie *landhabend* (688/95), *hundzwölfig* (7. Jh.) oder *mordtot* (712/25). Frühe Beispiele für zusammengesetzte Verben sind *stabsagen* (772) und *mahlhaupten* (8. Jh.).

Auch Dreifachkomposita lassen sich in frühester Zeit vereinzelt nachweisen, genannt sei nur der 601/04 in einem altenglischen Gesetz erwähnte *Leitringmann* (wohl ein best. Geleitsmann bei Hofe): „gif cyninges ambihtsmið oþþe laadrincmannan ofslehð, meduman leodgelde forgelde" und der in derselben Quelle vorkommende *Freihalsgebe* („freolsgefa", Herr, der jemanden freilässt). Bereits in mittelalterlichen Texten finden sich wiederholt Mehrfachkomposita, die vier und mehr Silben umfassen, etwa *Sedelhofstatt* (1240), *Münzerhausgenosse* (13./14. Jh.), *Schultheißenamt* (Anfang 14. Jh.), *Kirchspielpfaffe* (1319), *Steinwarterschaft* (1358), *Schultheißenanrecht* (1393), *Pfistermeistereiamtgeld* (1397), *Markscheidstempel* (Ende 14. Jh.?), *Ehelichlandteiding* (kontrahiert aus: Ehelichlandtageding, 1401/11), *Stegreifarmbrust* (1404), *Pferdemarschallzins* (1412), *Stadtinsiegelverfertigung* (1417?), *Freiweichbildgut* (1465), *Kurfürstenbotschaft* (1470), *Pfaffennonnenfastenabendtag* (1472), *Schweinschneidersgeschlecht* (1483), *Statthalterschaftgenerale* (1488) und – so man den Beleg noch dem Mittelalter zurechnen will – *Sammenkaufmannsverhandlung* (1499).

Auffallend oft handelt es sich bei den Mehrfachkomposita um Amts- und Berufsbezeichnungen, etwa *Roggenerpfistermeister* (1325), *Kürschenwürchtenmeister* (in der Schreibung „korsenwerchtemester" um 1370, noch ältere Belege auf dem Weg zum Kompositum), *Salztonnenmacher* (um 1430), *Schöffenfürsprecher* (1437), *Schöffenbürgermeister* (1450) und *Kammerprokuratorfiskal* (15. Jh.). Außerdem häufen sich komplexe Wortzusammensetzungen zur Bezeichnung von Bruderschaften, Zünften oder sonstigen Korporationen sowie allgemein zur Benennung eines Berufszweiges: *Kannengießerhandwerk* (1399), *Müllerknechtgesellschaft* (1411), *Leinenweberhandwerk* (1430), *Salzmutterbruderschaft* (1454), *Gottesleichnambrüderschaft* (1477).

Auch Mehrfachkomposita zum Ausdruck von Verwandtschaftsverhältnissen begegnen früh. So finden sich im Rechtsbuch des Ruprecht von Freising (1328) das *Alterenkelkindeskind* („aldereninchelchindeschint", Kind des Ururenkels) und das *Geschwistertekindeskind* („geswistreitchindeschint", Enkel eines Geschwisters). Noch auf das Mittelalter zurück gehen Wortbildungen wie *Schwestertochtertochter* (zuerst belegt als sicheres Kompositum 1464) und *Mutterschwestertochter, Mutterbruderenkelin, Stiefschwestersohn, Stiefschwesterenkelein, Stiefbrudertochter* (alle als eindeutiges Kompositum belegt erst 1563). Im 16. Jahrhundert treten ferner hinzu *Seitwärtsblutsverwandte* (1583) und *Kindeskindskindskind* (1594). Noch später folgen *Schwestertochtertochtersohn, Schwestersohnstochtersohn* und *Schwestersohnssohnssohn*.

Als längstes auf das Mittelalter zurückgehende Kompositum im Material des DRW erscheint der mittelniederländische *Schöffenhielichsvorwortbrief* (Schöffenurkunde über einen Ehevertrag) mit 29 Buchstaben in der quellengetreuen Schreibung („scepenehilicxevoirwairdebrief"), belegt in einem Leidener Rechtstext von 1434.

3 Aufblühen in der Frühen Neuzeit

Ein gegenüber dem späten Mittelalter kaum verändertes Bild ergibt sich für die erste Hälfte des 16. Jahrhunderts. Wortbildungen wie *Seinselbsverschuldung* (1503), *Herrenbauweingarten* (1532), *Schuhmacherpfundzoll* (1543) und *Stillheimratswahrheit* (1. Hälfte 16. Jh.) ähneln denen früherer Jahrhunderte. Wie schon in den Jahrzehnten zuvor lässt sich eine Zunahme der vielsilbigen Amts- und Berufsbezeichnungen konstatieren, etwa *Ratstrafeeinbringer* (1501/02), *Kammermeisteramtsverweser* (1521), *Hofmarschallamtsverwalter* (1530), *Hofkammerkanzleiregistrator* (1537), *Sondersiechenprobiermeister* (1541), *Statthalteramtsverwalter* (1542) und *Hofzahlmeisteramtskontrollor* (1544). Umständliche Einwortbezeichnungen begegnen ferner für bestimmte, besonders amtliche Schriftstücke (etwa *Kanzleiregistraturbuch*, 1510; *Stadtgerichtsordnungbuch*, 1526; *Priesterbruderschaftbrief*, 1543) und spezielle Privilegien (*Kirchendienergerechtigkeit*, vor 1531; *Schafhaltungsgerechtigkeit*, 1539?).

Untersuchungen zur Kompositabildung in der Allgemeinsprache markieren eine Zäsur um die Mitte des 16. Jahrhunderts: Danach erfuhren Zusammensetzungen und auch Mehrfachkomposita einen markanten Aufschwung, zugleich setzte sich die Zusammenschreibung immer mehr durch (Pavlov 1972: 82ff. und 108–109; ders. 2009: 54–55; von Polenz 2013: 307; Wegera 1985: 1351). In der Rechtssprache scheint sich diese Entwicklung spätestens schon um 1540 anzudeuten. Im Laufe der letzten Jahrzehnte des Jahrhunderts kam es dann aber nochmals zu einer deutlichen Zunahme der Beliebtheit von Mehrfachkomposita. Im Zentrum standen weiterhin komplexe Amts- und Berufsbezeichnungen. Sie zeugen nicht nur von einer sich immer weiter ausfächernden Verwaltung, sondern auch von der Hierarchisierung der ständischen Gesellschaft, in welcher auf Amtstitel zur Illustration einer irgend gearteten höhergestellten Position immer mehr Wert gelegt wurde:

> Gerichtspfandschaftherr (1553), Reichshofkanzleischreiber (1559), Reichshofratstürhüter (1559), Schulsuperintendent (1559), Schultheißenamtsverwalter (1562), Kantoreiknabenpräzeptor (1564), Hofkriegsratspräsident (1564), Fleischhaueramtsgenosse (1568), Kammerprokuratorfiskal (1571), Reichshofkanzleischreiber (1571), Kammergerichtsamtsverweser (1569), Hauszeugmeisteramtsverwalter (1572), Kannengießerhandwerksmeister (1572), Bürgermeisteramtsträger (1576), Silberbrenneramtsverweser (1580), Freierzkauferamtsgegenschreiber

(1588), Pfannhausamtsholzvordinger (1588), Schuhmacheramtsgenosse (1591), Regimentsquartiermeister (1595), Statthalteramtsverweser (1595), Schuhmacherhandwerksmeister (1595), Fleischhaueramtsmeister (1597) und Hofkammerkanzleischreiber (16. Jh.).

Auch berufliche Zusammenschlüsse und Bruderschaften wurden häufig durch Mehrfachkomposita benannt (z. B. *Herrenstubengesellschaft*, 1575; *Massenbläserbruderschaft*, 1586; *Harnischmacherbruderschaft*, 1589). Daneben erhielten komplexe herrschaftliche oder administrative Vorgänge, Tätigkeiten, Institutionen oder Gerätschaften immer öfter eine in einem Wort zusammengefasste Bezeichnung:

Kammergerichtsamtsverwaltung (1558/66), Kirchspielswaldzeichen (1560), Rentschreiberamtsreitung (1565), Reichskreisversammlungstag (1567), Achtexekutionkriegskosten (1567), Hälftenscheiterkastenmaß (um 1573), Muntatkellnereigericht (1574), Baumeisteramtsverwaltung (1574), Schmiedamtsbuchbesichtigung (1582), Baumeisteramtsbesoldung (1585), Hofzahlmeisteramtsreitung (Wien 1592), Stadtguardiaoberstenbefehl (1597), Kammergerichtsvisitationsabschied (1598), Oberstschiffmeisteramt (1598), Ordinarmünzprobationswesen (1599), Landschadenbundsverbindung (1599) und Jungfrauenzuchtschule (16. Jh.).

Zudem waren Mehrfachkomposita wie gehabt zur Betitelungen spezieller Amtsbücher, Privilegien, Urkunden oder sonstiger Schriftstücke beliebt, etwa:

Futtermarschallregisterlein (1555), Hauptgeneralhüttenhandelsrechnung (1563), Schadloshaltungsverschreibung (1563), Stadtgerichtskummerbuch (1571), Originalrentmeisterbrief (1573), Kapitularjungfernpräbende (1583) und Hufengerichtsgerechtigkeit (1584).

Bemerkenswert erscheint das seit der zweiten Hälfte des 16. Jahrhunderts vermehrte Auftreten von Mehrfachkomposita zur Bezeichnungen bestimmter Gesetzestexte und Verordnungen. So ist das Wort *Reichshalsgerichtsordnung* zur Betitelung der Constitutio Criminalis Carolina (1532) im 16. Jahrhundert erstmals belegt. Die 1495 auf dem Wormser Reichstag beschlossene und danach wiederholt erneuerte Gerichtsordnung des Reichskammergerichts wird in einem Beleg von 1559 erstmals *Reichskammergerichtsordnung* genannt, was sich bis heute als Fachterminus durchgesetzt hat. 1594(?) folgt die nicht weniger wichtige *Reichshofratsordnung*. Aber auch weniger zentrale Regelwerke werden mit Mehrfachkomposita betitelt, etwa die *Selbbotengerichtsordnung* (1560), die *Hofbuchhaltereiordnung* (1568) und die *Pfandumzuschlagensordnung* (1588, eine Regelung über die Pfandverwertung).

4 Freude an Komposita im 17. Jahrhundert

Von der *Eisenbergwerksgemeinschaftsvereinigung* (1608, 38 Buchstaben) über das *Haupteisenhandlungsgewerkschaftswesen* (1670, 37 Buchstaben) bis hin zur *Schultheißernennungsscheinerteilunganmahnung* (17. Jh., 44 Buchstaben): Eine besondere Vorliebe für (komplexe) Komposita lässt sich im 17. Jahrhundert beobachten (Kühnhold 1985: 1618; allg. zur Zunahme der Substantivkomposita Solms 1999: 236). Ein Grund dafür mag in der barocken Neigung zu Verzierungen und Verschnörkelungen liegen, wie sie beispielsweise in der Kirchenarchitektur der Zeit deutlich vor Augen tritt. Die Sprachpraxis in der Anwalts- und Gerichts-Korrespondenz war zum einen geprägt von einem bunten Mischmasch von deutschen, lateinischen, französischen oder italienischen Elementen. Zum anderen wurde der oftmals verschwurbelte Satzbau gerne durch eine komplexe Wortwahl ergänzt; einfache Wörter wurden durch komplizierte ersetzt, vielfach im Wege der Neu- oder Umbildung. So wurde aus dem *Schein* die *Bescheinigung*, aus *besonders* wurde *insbesondere*. Aus einem *Vergleich* wurde ein *Originalhauptvergleich* (1652), aus dem *Schweinemetzger* der *Schweinschlachtmetzger* (1663), aus dem *Landrichter* ein *Landgerichtsrichter* (1697), aus dem *Kirchenpfleger* ein *Pfarrkirchenbaupfleger* (1669), aus einem *Pfandherrn* ein *Pfandgütereigentumsherr* (1687), aus einer *Stadtrechnung* eine *Stadtbürgermeisteramtsrechnung* (1678?), aus einem *Erbvertrag* ein *Haupterbvergleichungsrezess* (1680) und aus einer *Verfassung* ein *Reichsuniversalverfassungswerk* (1664). Erwähnenswert erscheint in diesem Zusammenhang auch die im 17. Jahrhundert augenscheinlich wachsende Vorliebe für mehrfach zusammengesetzte Adjektive: *freireichshochedelgeboren* (1611), *freireichswohledelgeboren* (1611), *hofkriegszahlmeisterisch* (1681), *reichsabschiedsmäßig* (1686), *hochobrigkeitlicherweise* (1687), *reichskonstitutionsmäßig* (1692) und *oberthofmarschallisch* (17. Jh.).

Als zweiter, den Barockverschnörkelungen allenfalls partiell entgegenwirkender Faktor ist die Arbeit der sog. Sprachgesellschaften anzusprechen. Die Eliten der Zeit fanden sich in diesen Vereinigungen zusammen, um sich für die eigene Muttersprache einzusetzen, sie zu erforschen, weiterzubilden und von fremden Einflüssen zu reinigen. 1617 bereits war die „Fruchtbringende Gesellschaft" entstanden, ihr folgten namentlich die 1643 durch *Philipp von Zesen* mitbegründete „Teutschgesinnte Genossenschaft" und der 1644 von *Georg Philipp Harsdörffer* und *Johann Klaj* ins Leben gerufene „Pegnesische Blumenorden" (Gardt 1998; Kirkness 1975: 16ff.; Schmid 2017: 51; von Polenz 2013: 116–143; Hattenhauer 1987: 14–33; Deutsch 2013: 61–68). Einer der ersten Wortführer der Bewegung, der Dichter *Martin Opitz*, erläuterte in seinem „Buch von der Deutschen Poeterey" (1624) zunächst für die deutsche Dichtungstheorie (Kirkness 1975: 20), worauf es bei der Sprachreinigung ankommen sollte: Dialektale Einflüsse seien zu meiden, vornehmlich aber, dass „allerley Lateinische, Französische, Spanische unnd Welsche wörter in den text unserer rede geflickt werden" (Opitz 1624: Bl. E r.). Derlei Forderungen blieben nicht ohne Einfluss auf die Rechtssprache, zumal sich einige zentrale Werke namhafter Sprachreiniger unmittelbar an die Rechtsanwender wendeten, so etwa *Georg Philipp Harsdörffers* „Der Teutsche Secretarius" (1655), ein – wie es im Untertitel heißt – „Allen Cantzley-, Studir- und Schreibstuben nützliches und fast nohtwendiges Formular- und Titularbuch". Formularbücher dienten seit Jahrhunderten den Notaren, Stadt- und Kanzleischreibern als Handreichung für ihre tägliche Arbeit (vgl. etwa: Deutsch 2008: 43–45). Da „man ohne Noht unsere teutsche Sprache mit frembden Worten nicht verunehlichen soll" (Harsdörffer 1655: 4), suchte Harsdörffer in seinem Werk Optionen für einen fremdwortfreien Diskurs am Beispiel unterschiedlicher Fachsprachen aufzuzeigen. So kritisierte er beispielsweise die „Latein- und Italiänischverfremdvermischte Sprache" der Kaufleute (1655: 551) und bot für deren bisherige Fachtermini deutsche Alternativen an. Des Öfteren stand hierbei allerdings kein kurzes und prägnantes Äquivalent zur Verfügung, sodass Harsdörffer nur die Bildung neuer Komposita blieb. Daher übersetzte er beispielsweise (1655: 555–556): „Factor – Handels-Bedienter", „Negotien – Handels-Verrichtung", „Poliz – Versicherungs-Brief" und „Senseria – Unterkäuffels-Lohn".

Bereits Opitz hatte die Bildung neuer Komposita durchaus in Erwägung gezogen; zur Vermeidung fremder Wörter empfahl er ausdrücklich, „Newe wörter", welche „von andern wörtern zuesammen gesetzt sind, zue erdencken". Dies bewirke – bei mäßigem Einsatz – eine „sonderliche anmutigkeit" (1624: Bl. E r.–E II r.). Demgegenüber warnte der einflussreiche Literaturtheoretiker *August Buchner* (1591–1661; zu diesem: Kirkness 1975: 20) davor, auf etablierte Fremdwörter ohne Not zu verzichten, „weil man sonst andere nicht wol haben kann" (Buchner 1665: 34). Bei der Schöpfung neuer Wörter sei darauf zu achten, dass sie „nicht allzuviel Sylben haben." Überhaupt könne es nicht jedem freistehen, neue Wörter zu ersinnen (Buchner 1665: 46–47). Einige spätere Sprachreiniger sahen daher in der Schaffung neuer Komposita nur eine ultima ratio.

Andere verteidigten hingegen gerade die Bildung neuer zusammengesetzter Wörter, so etwa *Justus Georg Schottel* (1612–1676), der in seiner „Teutschen Sprachkunst" von 1641 argumentierte, die Ersetzung fremder Termini durch neu geschaffene Komposita (sog. „Verdoppelungen" oder „verdoppelte Wörter") sei unproblematisch, denn „wenn solches durch verdoppelte Wörter geschieht: so heissen solche gar nicht neugemachte, ja so wenig als Griechische Composita neugebakkene Wörter seyn" (1641: 19). In seinem Hauptwerk „Von der Teutschen Haubtsprache" ließ Schottel gar eine „Lobrede" auf Komposita und ihre „wunderreichen Eigenschaften" abdrucken: „die Verdoppelung" sei „das vornehmste Stük einer jeden

Sprache" (1663: 72–74; vgl. auch ebd. 398–533). Da „eine jede Sprache [...] nur eine wenige Anzahl Stammwörter habe, gegen der grossen Menge derer Dinge, so da unterschiedlich zubenahmen seyn", müsse „ihnen die hülfliche Hand" der „abgeleiteten und verdoppelten Wörteren" stets geboten werden. Für Schottel bestachen diese zusammengefügten Wörter durch Klarheit und Präzision. In keiner anderen Sprache könnten Dinge „so kurz und gründlich [...] ausgeredet werden" (1663: 77). Als Beispiele für Komposita „aus dreyen Stammwörteren" nannte Schottel vornehmlich Rechtstermini wie „Landfriedbruch, Oberschutzherr, Landhauptmann, Reichspfennigmeister [...]". Ebenso möglich seien Wörter „welche ferners von vier Stammwörtern verdoppelt werden, als Oberberghauptmann, Ertzhauptbößwicht, Oberlandrentmeister, Biederhandwerksleute, Erblandhofmeister, Obergerichtsherr, Erbtruchsessenamt, Erbküchenmeisterambt, Untererbkammeramt [...]" (1663: 78). Auch vor noch längeren Wörtern schreckte Schottel nicht zurück. In Bezug auf die Ahnenreihe der „Vorfahren" etwa entwickelte er eine eigene Aufteilung, wobei die Urgroßeltern *Ältervater* und *Ältermutter* heißen sollten, die darüber liegende Generation *Großältervater* und *Großältermutter* – und so weiter fort bis hin zu *Hochvorobergroßältervater* und *Hochvorobergroßältermutter* (=Urururururgroßeltern) (1663: 258).

Ein besonderes Plädoyer für Mehrfachkomposita findet sich auch bei *Johann Christoph Gottsched* (1700–1766) in dessen „Grundlegung einer deutschen Sprachkunst" (1748: 138–139):

> In diesen Zusammensetzungen nun ist unsere Sprache sehr reich und glücklich [...]. Denn wir sind nicht nur im Stande, zwey, sondern wohl drey, vier und mehr verschiedene Wörter zusammen zu setzen, und dadurch unendlich viele Begriffe auszudrücken: z. E. Oberberghauptmann, Oberlandjägermeister.

Für längere, sonst schwer verständliche Mehrfach-Komposita, „die wohl noch gar aus fremden Sprachen her sind" (1748: 138–139), empfahl Gottsched die Schreibung mit Bindestrich, etwa: „Reichs-General-Feldmarschall-Leutnant".

Blickt man nun auf das Material des DRW für das 17. Jahrhundert, so springt im Vergleich zum 16. Jahrhundert eine nochmalige deutliche Zunahme der neu entstandenen Mehrfachkomposita ins Auge. Die Themenfelder bleiben hingegen weitgehend konstant. So sind zahlreiche neu auftretende Amts- und Berufsbezeichnungen nachweisbar, z. B.:

> Großschafferamtsverwalter (1606), Gewandmacheramtsmeister (1613), Reichshofratsprotonotar (1617), Hofeinkäuferamtsgehilfe (1627), Rentkammerexpeditionsrat (1628), Hofkammerkanzleiverwandter (1630), Landeshauptmannschaftsverwalter (1631), Gemeindehochgerichtsherr (1635), Bergwerksbestandsinhaber (1644), Salzmeieramtsgegenschreiber (1655), Pfennigwerthandelsverwalter (1661), Reichshofratsvizepräsident (1662), Reichskriegsratskondirektor (1664), Reichserbkammertürhüter (1664), Spezialkirchspielseinneh-

mer (1668), Ritterlehenrichteramtsverweser (1676), Hofkriegszahlamtskontrollor (1681), Pfannhausamtswaldmeister (1685), Handgrafenamtsüberreiter (1691) und Rentkammerrechenbanksbuchhalter (17. Jh.?).

Wie im Vorjahrhundert finden sich zudem zahlreiche Termini aus dem Bereich des Handwerks, beispielsweise:

Nachbarschaftsgehalttruhe (1601), Steinhauerhandwerk (1622), Handwerkszusammenkunftstag (1630), Schwertfegersilbergeschmeide (1636), Seifensiederbruderschaft (1638), Schneideramtsgesellenmahner (1643), Sockenstrickerhandwerk (1651), Rauchfangkehrermeister (1688), Riemerhandwerksordnung (1696) und Nachbarschaftsmahlzeit (1696).

Einen zentralen Bereich bilden ferner Verwaltung und Gericht, etwa:

Schuldienerbestallungspunkt (1601), Stadtrichteramtsjurisdiktion (1610), Bürgermeisterdieneruntertrunk (1614), Obersthofpostmeisteramt (1624), Kellereinlagzeichengebühr (1628), Hoflehenrechtsitzerstelle (1647), Richteramtsbedienungszeit (1653), Partikularkreispolizeiwesen (1655), Pfannhausamtsherrschaft (1656), Pfingstlandsalgericht (1659), Ebenhöhsabgehungsstreitigkeit (1663), Partikularkreisdefensionsanstalt (1664), Jahresrechnungszusammenkunft (1669), Kriminalunterkriegsgericht (1672), Haupterbvergleichungsrezess (1680), Lagmanngerichtshegung (1680), Statthaltereikanzleiregistratur (1683), Salzmeieramtsrechnungsaufnahme (1684), Partikularkreiseinnehmerrechnung (1688), Hauptwaldbereitungskommission (1694).

Besonders oft geht es dabei um Reichsinstitutionen:

Reichspfennigmeisteramtsgefälle (1606), Reichshofkanzleireformation (1612), Reichserbmarschallamt (1614), Reichshofratsinstruktion (1635), Reichshofratsgutachten (1650), Reichsfürstenratsstube (1653?), Reichshofkanzleiregistratur (1654), Ordinarreichsdeputationstag (1656), Reichshofkanzleitaxamt (1658), Reichshofkanzleitaxordnung (1658), Reichsverwesungsgerechtsame (1658), Reichsgeneralitätsunterhaltungsrechnung (1665), Reichsafterlehenherrschaft (1668), Reichserzjägermeisteramt (1668), Reichsfürstenratsconsessus (1689) und Reichserbgeneralobristpostmeisteramt (17. Jh.).

Hinzu kommen Schriften, Urkunden und Privilegien:

Originalfundationshauptbuch (1611), Originalledigzählungsbrief (1613), Schaffneischlussrechnungsrezess (1650), Stadtkammeramtsquittung (1652), Schweinemastgerechtigkeit (1654), Branntweinschanksgerechtigkeit (1680) und Gotteshausurbarschrannenrecht (17. Jh.).

Auch als Gesetzes- oder Verordnungstitel begegnen lange Komposita weiterhin:

Pachtschäfereienordnung (1644), Kammergerichtskanzleiordnung (1654), Steckenfahrerreiheordnung (1661), Originallandtagsabschied (um 1665), Hofhalsgerichtsordnung (1668), Spezialkirchspielskonstitution (1668) und Reichsfundamentalgesetz (1685).

Nur auf den ersten Blick scheint die Vorliebe der Juristen (und Verwaltungsleute) für lange Wörter mit der im 17. Jahrhundert ebenfalls aufkeimenden Forderung nach klaren und kurzen Formulierungen in der Rechtssprache im Widerspruch zu stehen. Zwar hatte *Hermann Conring* 1665 (cap. 35, p. 243) gefordert, Gesetze sollten kurz, klar und in der Sprache des Vaterlands verfasst sein und *Samuel von Pufendorf* 1672 betont, es obliege „denen Gesetz-Gebern, daß sie sich soviel nur möglich der Deutlichkeit befleißigen", damit in den Gesetzeswerken nach Möglichkeit nichts „dunkel" erscheine (zitiert nach der deutschen Ausgabe 1711: 171). Derlei Äußerungen bezogen sich allerdings primär auf die Gesamtlänge der Gesetze, vielleicht noch auf den Satzbau; die Mehrfachkomposita hatte man nicht im Blick. Soweit es den Juristen überhaupt um eine *deutsche* Rechtssprache ging, stand die Sorge um die Fremdwortgeladenheit des Wortschatzes klar im Fokus (z. B. Leibniz 1697: 538–539).

Die von den Sprachgesellschaften betriebene Etablierung des Deutschen als Wissenschaftssprache und die damit einhergehende Zurückdrängung des Lateinischen musste für die Jurisprudenz besondere Auswirkungen haben. War doch seit der Rezeption des römisch-kanonischen Rechts in Deutschland (und weiten Teilen Kontinentaleuropas) im späten Mittelalter die gesamte Fachterminologie lateinisch geprägt. Die Ersetzung des lateinischen Rechtswortschatzes durch die Neubildung von möglichst eindeutigen und doch verständlichen sog. *Kunst-Wörtern*, also deutschen Fachausdrücken, war eine Herausforderung, die sich am einfachsten und besten durch Wortzusammensetzungen bewältigen ließ, wie etwa ein Blick auf die Wortlisten von *Christian Wolff* (1679–1754) und seinen Schülern zeigt: Dort findet sich beispielsweise *Unterlassungstat* statt *factum omissionis*, *Vergeltungsschenkung* statt *donatio remuneratoria*, *Versprechungsannehmer* statt *promissarius*, *Wiederzeugnung* statt *vindicatio* (Wolff 1754). In der Praxis scheinen derartige deutschsprachige Rechtswortschöpfungen zur unmittelbaren Ersetzung lateinischer Termini allerdings eher selten gewesen zu sein. Zwei Beispiele sind die *Schadloshaltungsverschreibung* (1688, statt *promissio emtoris*) und das *Oberkirchenvorsteheramt* (1694, statt *Generalsuperintendentur*). Insgesamt darf der direkte Einfluss der Sprachreiniger auf die Rechtssprache daher wohl nicht überschätzt werden (Hattenhauer 1987: 19f.).

5 Steigerung im 18. Jahrhundert

Es gibt bis dato keine zuverlässige Berechnungsgrundlage für die Veränderung der Gesamtzahl der rechtssprachlichen Mehrfachkomposita im Verlauf der Zeit. Betrachtet man aber das Material des DRW, so scheint die Anzahl der mehrfach zusammengesetzten Wörter in der Rechtssprache im 18. Jahrhundert nochmals zugenommen zu haben – und die Wortbildungen scheinen tendenziell nochmals länger und komplexer geworden zu sein. Eindrucksvolle Beispiele sind die *Partikularbrandschadenversicherungsgesellschaft* (Erstbeleg 1773, 47 Buchstaben), die *Generallandespolizeiministeriumsoberdirektion* (Erstbeleg 1764, 45 Buchstaben) und der *Kammergerichtsvisitationsberatschlagungspunkt* (Erstbeleg 1764, 45 Buchstaben). Überhaupt stehen erstaunlich viele im 18. Jahrhundert zum ersten Mal belegte Mehrfachkomposita mit dem Reichskammergericht in Zusammenhang, so beispielsweise:

> Kammergerichtsgemeinbescheid (1711), Kammergerichtsunterhaltungsgeld (1713), Kammerzieleranschlagsmoderation (1726), Kammergerichtspräsidentencharge (1728), Kammergerichtskanzleiverwalter (1734), Kammergerichtsmoderationssache (1735?), Kammergerichtskanzleitaxordnung (um 1750), Kammergerichtsusualmatrikel (um 1750), Kammergerichtspräsentationssache (1754), Kammergerichtssportelkassenrendant (1756), Kammergerichtsdepositenkasse (1761), Kammergerichtsbesoldungserhöhungssache (1774), Kammerrichteramtsverweserei (1774), Kammergerichtsassessoratsstelle (1774), Kammergerichtskanzleireglement (1774), Kammergerichtsmatrikularanschlag (1774), Kammergerichtssustentationswesen (1774), Kammergerichtsvisitationsdeputation (1780), Kammergerichtsvollziehungskonklusum (1791).

Diese Häufung sehr langer Substantive zum kaiserlichen Kammergericht ist zum einen dem Umstand geschuldet, dass der Name des Gerichts selbst schon relativ lang ist. Zum anderen ist zu beachten, dass dieses Reichsgericht im beschaulichen Wetzlar im 18. Jahrhundert nochmals eine regelrechte Blütezeit erlebte – und in der Reichspublizistik daher auch vielfältig thematisiert wurde. Zum Teil könnte die Häufung allerdings auch auf die Quellenauswahl des DRW zurückzuführen sein.

Im Übrigen stehen die Themenfelder, aus welchen die Mehrfachkomposita stammen, in klarer Kontinuität zu den Vorjahrhunderten. Sehr viele gehören in den Bereich von Gericht, Regierung oder Verwaltung, herausgegriffen seien nur:

> Hauptbürgermeisterrechnung (1702), Kammerkanzleisekretinsiegel (1705), Hunnschaftbauergerichtsnachbarbuch (1710), Hofkammerreitbuchhalterei (1714), Kammerschuldeneinhandlung (1717), Regimentsquartiermeistersadjutant (1720), Reiseunterstallmeisterbereiterknecht (1720), Kammerzahlamtswochenrechnung (1729), Erblandsilberkämmereramt (1732), Jahrrechnungstagsatzung (1736), Gotteshausrechnungsabhör (1740), Kammerschreibereirechnungssache (1745), Soldateninvalidenhofkommissionsaufstellung (1759), Eisenkammergutssystemalverfassung (1759), Hofzehrgademgegenschreiber (1761), Reichsgeneralerbpostmeister (1761), Kammerkreditkassenbuchhalter (1767), Feldgerichtsteidigungsprotokoll (1770), Hofrechenkammerpräsident (1774), Kammerschreibereischafweidbeständer (1782), Kameralwaldungsforstwesen (1787) und Regimentskinderpflegegelderkasse (1792).

Daneben finden sich wie zuvor Abgaben (z. B. *Erdbuchkorngefälle*, 1703), spezielle Privilegien und Dokumente (z. B. *Burgrechtspfenniggerechtigkeit*, 1721; *Fundamentalerbrechtsverleihbrief*, 1721; *Burgfriedsausmarkungsbeschreibung*, 18. Jh.) sowie Termini aus dem Bereich des Handwerks (z. B. *Handwerksiegelmeister*, 1706; *Handwerkshauptlade*, 1747; *Handwerksobleutestelle*, 1739). Hervorzuheben sind ferner die zahlreichen Mehrfachkomposita zur Betitelung von Gesetzen und Verordnungen, so etwa:

> Oberwegekommissionsausschreiben (1725), Generalkriegskommissionsverordnung (1727), Deserteursanhaltungspatentenerfrischung (1743), Schneidermeisterschaftenersetzungsordnung (1744), Sterbrechtstotenpfundgeldspatentsabänderung (1756), Kannengießerhandwerksordnung (1776), Steuerregulierungsoberkommissionsverordnung (1790), Kandelgießerhandwerksordnung (1791) und Schulkandidatenexaminationsordnung (1797).

Weiterhin dominieren die Substantive unter den Mehrfachzusammensetzungen klar. Neben Adjektive wie *kanzleischriftsässig* (1709), *edelmannsfreiheitsfähig* (1753), *kammergerichtsverwandt* (1774) und *reichsabschiedsmäßig* (1774) tritt mit *hofmarschallamtswegen* (1754) zur Jahrhundertmitte immerhin auch ein Adverb.

Wolfgang Brandt (1988) stellte in seiner Studie über die lexikalischen Tendenzen der Gesetzessprache seit dem 18. Jahrhundert eine markante Zunahme der Wortlängen im Laufe seines Untersuchungszeitraums fest. Für Brandts ältesten Vergleichstext, das Hohenloher Landrecht von 1738, errechnet sich in den von ihm untersuchten scheidungsrechtlichen Passagen eine durchschnittliche Wortlänge von 1,91 Silben pro Wort; bei der BGB-Novelle zum Scheidungsrecht aus dem Jahre 1976 beträgt der entsprechende Wert hingegen stolze 2,29 Silben pro Wort (Brandt 1988: 121, 127). Hauptgrund hierfür ist die deutliche Zunahme der Komposita, deren Anteil bei Substantiven in Brandts Texten aus dem 18. Jahrhundert bei 18,9 % liegt und im 19. Jahrhundert auf 24,6 % steigt, um bei den Texten des 20. Jahrhunderts auf annähernd 30 % zu klettern. Gleichzeitig steigt übrigens auch der Anteil der Substantive markant an: Waren im Hohenloher Landrecht noch 19,3 % aller Wörter Substantive und im Codex Maximilianeus Bavaricus Civilis von 1756 rund 21,7 %, stieg die Zahl im Familiengesetzbuch der DDR von 1965 auf 29,3 %, in einzelnen modernen Gesetzen erreicht der Substantivanteil sogar fast ein Drittel (Brandt 1988: 132–133). Lange Wörter mit mehr als vier Silben sind im Hohenloher Landrecht und im Codex Maximilianeus Bavaricus Civilis von 1756 noch äußerst selten (laut Brandt nur 2,2 % aller Wörter), überlange Wörter mit mehr als sechs Silben kommen fast gar nicht vor (0,1 %); beide Zahlen nehmen dann aber im Laufe der Zeit kontinuierlich zu. Im Familiengesetzbuch der DDR von 1965 und in der BGB-Novelle von 1976 hat sich die Zahl der langen Wörter dann annähernd verdreifacht (6 %), die Zahl der überlangen Wörter sogar beinahe verzehnfacht (rund

1 %) (Brandt 1988: 127–128). Extrem lange Komposita wie die hier vorgestellten finden sich in Brandts Texten indes kaum.

Zu einem sehr ähnlichen Ergebnis kommt Paul Roessler (1994: 207): In seiner Untersuchung zu österreichischen Studiengesetzen und -verordnungen aus der Zeit von 1790 bis 1989 stellt er einen fast kontinuierlichen Anstieg der Substantive von 24 % auf 38 % fest. Gleichzeitig steigt die Zahl der Komposita markant an – sind es 1790 noch 19 % aller Substantive, liegt die Anzahl in den untersuchten Studienordnungen des 19. Jahrhunderts bei konstant rund einem Fünftel, um dann ab 1930 auf ein Drittel anzuschwellen. In der letzten untersuchten Ordnung aus dem Jahre 1989 liegt der Wert bei 36 %, gleichzeitig nimmt der Anteil der drei- und mehrgliedrigen Zusammensetzungen mit rund einem Viertel der Substantivkomposita einen Rekordwert ein, wobei sehr lange Wörter wie „Hochschulstudienjahresverordnung" auch in Roesslers Quellen äußerst selten sind (Roessler 1994: 209–210).

6 Zur Entstehung der Mehrfachkomposita

In der Sprachwissenschaft herrscht weitgehend Einigkeit, dass die meisten Mehrfachkomposita aus Sicht des Formulierenden letztlich nur als Zusammensetzung von zwei Wörtern angesehen werden. So meint Peter von Polenz (2013: 311): „Mehrfachkomposition ist in den meisten Fällen im Grunde ebenfalls ein zweigliedriger Wortbildungsvorgang, indem in institutionalisierten Wortschatzbereichen bereits terminologisierte Zusammensetzungen für neue Zusammensetzungen verwendet werden (Dekomposita)". Anders als bei den oben eingangs erwähnten (künstlich gebildeten) Beispielen der modernen Gesetzgebungssprache scheint diese These auf den Wortschatz der historischen Rechtssprache typischerweise zuzutreffen, wie sich exemplarisch am *Kammergerichtspfennigmeistereiinterimsverwalter* illustrieren lässt: Während *Gericht* seit althochdeutscher Zeit nachweisbar war, ist das Wort *Kammer* im DRW um 1150 zum ersten Mal belegt. Der älteste Beleg zum einfachen Kompositum *Kammergericht* stammt von 1425. 1495 wurde das *Kammergericht* oder auch *kaiserliche Kammergericht* zur landläufigen Bezeichnung für das in diesem Jahr gegründete Reichskammergericht, das von da ab als höchstes Gericht des Alten Reichs fungierte. 1400 kommt der *Pfennigmeister* (als Bezeichnung für einen Schatzmeister, Kämmerer) erstmals vor. Vom *Kammergerichtspfennigmeister* ist erst 1654 in § 9 des Jüngsten Reichsabschieds (einem der Reichsgrundgesetze) die Rede, dort allerdings noch mit Getrenntschreibung: „zu des cammergerichts pfennig-meisters einnahm". 1725 ist das Wort dann zusammengeschrieben: „kayserl. cammergerichts-pfennigmeister". Kaum später, 1727, begegnet die „cammergerichtspfennigmeisterey" in einem Reichsabschied. Eine Bezeichnung für den übergangsweisen Leiter der Kammergerichtpfennigmeisterei ist dann 1732 gefunden: Der „cammergerichtspfennigmeisterey-intrims-verwaltr".

7 Weitere Entwicklung

Im Laufe des 18. Jahrhunderts war die Distanz zu den Ideen der Sprachreiniger gewachsen (Hattenhauer 1987: 19–23). Die Kodifikationsbewegung der Aufklärungszeit hatte die seit *Conring* populäre Forderung nach knapper und klarer Formulierung der Gesetze in den Vordergrund gestellt. Nun ging es auch um die einzelnen Termini. Dezidiert warnte etwa *Paul Johann Anselm Feuerbach* (1804: 20) vor „philosophischen Kunstwörtern" und ermahnte zwecks Allgemeinverständlichkeit zu „Simplicität" und „Präcision". Dass einfache Wortwahl und Exaktheit des Ausdrucks hierbei in einem Widerstreit stehen, also nur eines davon wirklich erreicht werden kann, war den Zeitgenossen bewusst (Deutsch 2012). Die Schöpfer der großen Naturrechts-Kodifikationen (v.a. Preußisches Allgemeines Landrecht von 1794, Österreichisches Allgemeines Bürgerliches Gesetzbuch von 1811) stellten hierbei explizit die Allgemeinverständlichkeit in den Vordergrund (Deutsch 2013: 68–73).

Einen Sonderweg wählte *Johann Nikolaus Friedrich Brauer* mit dem von ihm geschaffenen „Badischen Landrecht" von 1809: Obgleich im Kern eine Übersetzung des napoleonischen Code civil, sollte das Landrecht ohne alle Fremdwörter auskommen (Brauer 1809: 9–10; vgl. Deutsch 2011). Selbst etablierte lateinische Termini technici wurden daher durch oft neu geschaffene deutsche Wörter ersetzt. Um dem kundigen Leser den Zugang zu erleichtern, setzte Brauer ans Ende seines Landrechts ein Register, das Fachtermini und „nach ihrer Verdeutschung minder bekannte Rechts-Ausdrücke" gegenüberstellt. Neben ohne weiteres einleuchtenden Übersetzungen wie „Bigamia – Doppel-Ehe" oder „Deliberandi jus – Erbentschliessungsrecht" oder „Fictio juris – Rechtsdichtung" finden sich dort auch mehrere aus heutiger Sicht umständlich wirkende Mehrfachkomposita. So wird aus „Gratuitus contractus" ein „Freigebigkeitsvertrag", aus „Nunciatio novi operis" eine „Bau-einsprachsansage", aus dem „acceptans" ein „Wechselwerterstatter" und aus den „Vitalitia bona" werden „Schupflehenleibgedingsgüter". Brauer nahm solche komplexen Wortbildungen bewusst im Kauf, um einerseits Fremdwörter zu vermeiden, andererseits aber nichts an Präzision einzubüßen. Abgesehen von Brauer scheint jedoch kaum ein Jurist der Epoche mit der Bildung komplexer Komposita die Vermeidung von Fremdwörtern bezweckt zu haben. Zusammensetzungen mit einem oder gar mehreren Fremdwörtern sind jedenfalls Legion, genannt seien nur:

> Skortationsstrafennachlaßakkord (1804), Seehandlungssozietätsseparationssache (1806), Provinzialsteuerrektifikationskommission (1807), Reklamationsliquidationskommissionsbürger (1818), Immobiliarbrandversicherungssozietät (1828), Oberkammeramtsaerarialobligation (1848), Elbeschifffahrtsrevisionskommission (1852), Kirchensilberlieferungsobligation (1855).

Überhaupt unterscheidet sich die rechtssprachliche Praxis jenseits der großen Gesetzbücher kaum von derjenigen der vorhergehenden Jahrhunderte: Weiterhin blieben extrem lange Komposita verbreitet. Zumindest im Material des DRW erscheinen die mehrfachzusammengesetzten Adjektive sogar etwas häufiger als zuvor, genannt seien nur aus dem Anfang des Jahrhunderts: *schuldenwerkskonstitutionswidrig* (Erstbeleg 1803), *stiftklösterlichsteuerbar* (1803), *reichsdeputationsschlußmäßig* (1805), *hundaufstockungspflichtig* (1809), *patrimonialgerichtsherrlich* (1818) und *reichsdeputationshauptschlußmäßig* (1815). Nach wie vor kaum belegt sind hingegen mehrgliedrige Verben wie *pfarrfabrikrechnungabhören* (1809). Im Bereich der Nomen bleiben extrem lange Berufsbezeichnungen namentlich zur Kennzeichnung von Rechtsberufen sehr beliebt, so beispielsweise:

> Johanniterritterordensehrengroßkreuzherr (1802), Obervormundschaftsamtskonkommissar (1802), Stempelpapierverschleißkassenbeamter (1804), Patrimonialobervogteiamtsverweser (1808), Reichsdirektorialgesandtschaftssekretär (1817), Stiftungshofbuchhaltungsrechnungsoffizial (1829), Kammergerichtsinquisitoriatsdirektor (1829), Oberappellationsgerichtschefpräsident (1833), Oberlandesgerichtschefpräsident (1835), Oberlandesgerichtsarchivsassistent (1835), Gesamtoberappellationsgerichtspräsident (1860), Reichsoberhandelsgerichtsvizepräsident (1873) und Reichsoberhandelsgerichtspräsident (1874).

Der 1882 erstmals belegte *Obergerichtsvollzieher* schlägt die Brücke zu heute (mehr oder weniger) noch geläufigen Berufsbezeichnungen, wie etwa

> Kreissparkassendirektor (1894), Handwerkskammervizepräsident (1927), Polizeirevieroberwachtmeister (1936), Gewerbepolizeiwachtmeister (1941), Bundesverfassungsgerichtspräsident (1952), Bundesverfassungsgerichtsvizepräsident (1964), Landesbausparkassendirektor (1970), Bundesnachrichtendienstmitarbeiter (1994), Landesverfassungsschutzpräsident (1999).

Besondere Relevanz kam und kommt den Mehrfachkomposita indes zur Betitelung von Gesetzen und Verordnungen zu. Die – wie erwähnt – in der Mitte des 16. Jahrhunderts anhebende Entwicklung immer längerer Wortbildungen in diesem Bereich setzte sich im 19. und 20. Jahrhundert unvermindert fort. So kam es 1803 zum Zwecke der Neuordnung des Alten Reichs infolge der napoleonischen

Eroberungen bekanntlich zum *Reichsdeputationshauptschluss* als letztem Reichsgrundgesetz des Alten Reichs. Ihm folgte 1805 der *Reichsentschädigungsdeputationsschluss* und 1815 – als ein Ergebnis des Wiener Kongresses – der *Reichsfriedensdeputationshauptschluss*.

Die 1811 beschlossene *Immobiliarbrandversicherungsordnung* begegnet seit den 1830er-Jahren fast durchgängig unter dieser Bezeichnung. Von der *Hofkammerpräsidialverordnung* (1832) über den *Nationalversammlungsbeschluss* (1848) bis hin zur *Gerichtsvollziehergebührenordnung* (1870): die Liste der langen Gesetzesbezeichnungen lässt sich auch in den folgenden Jahrzehnten problemlos fortschreiben. Zu einer gewissen Häufung kam es dann in der Phase nach Gründung des Kaiserreichs (1871), die sich durch eine besonders umfangreiche Gesetzgebungstätigkeit auszeichnete. Der Reichsetat wurde nun Jahr für Jahr in einem *Reichshaushaltsetatgesetz* beschlossen. 1874 wurde die *Reichsstrafprozessordnung* erstmals erwähnt, die 1879 zusammen mit der *Reichszivilprozessordnung* und weiteren Reichsjustizgesetzen in Kraft trat. Auf das *Reichsstempelabgabengesetz* von 1881 folgten u. a. das *Reichskrankenversicherungsgesetz* (1883) und das *Reichsunfallversicherungsgesetz* (1884), das damals auch *Arbeiterunfallversicherungsgesetz* (Erstbeleg 1881) genannt wurde. Für das Internationale Übereinkommen über den Eisenbahnfrachtverkehr vom 14. Oktober 1890 etablierte sich die Bezeichnung *Eisenbahnfrachtverkehrsübereinkommen*.

Folgende Beispiele aus amtlichen Gesetzblättern vom frühen 20. Jahrhundert bis in unsere Zeit sind nur exemplarisch herausgegriffen. Sie illustrieren die bemerkenswerte Tendenz zu immer längeren Wortbildungen. Dieser bis heute anhaltende Trend verstärkte sich ab den 1980er-Jahren, weil man seit dieser Zeit Abkürzungen in den Verordnungsüberschriften zu vermeiden suchte und zugleich verstärkt auf eindeutige Verordnungskurzbezeichnungen achtete:

Reichsfrachturkundenstempelgesetz (1906), Reichszuwachssteuergesetz (1910), Wasserstraßenpolizeiverordnung (1917), Reichskraftfahrzeugsteuergesetz (1921), Reichserwerbslosenfürsorgeverordnung (1926), Arbeitslosenversicherungsgesetznovelle (1930), Reichsverwaltungsgerichtsordnung (1936), Reichsstraßenverkehrszulassungsordnung (1938), Bundesbahnbudgetsanierungsgesetz (1940), Bundesverfassungsgerichtsgesetz (1951), Bundesrechtsanwaltsgebührenordnung (1957), Körperschaftsteuerdurchführungsverordnung (1965), Tierseuchenerregereinfuhrverordnung (1971), Bundesausbildungsförderungsgesetz (1971), Geflügelfleischmindestanforderungenverordnung (1976), Angestelltenversicherungsneuregelungsgesetz (1978), Unfallversicherungsanpassungsverordnung (1980), Krankenhauskostendämpfungsgesetz (1981), Nitrosaminbedarfsgegenständeverordnung (1981), Lichtreklameherstellerausbildungsverordnung (1984), Kindererziehungsleistungserstattungsverordnung (1987), Büroinformationselektronikerausbildungsverordnung (1987), Auslandstelekommunikationsgebührenordnung (1989), Kulturpflanzenausgleichszahlungsverordnung (1993), Beförderungsvorbehaltsbefreiungsgebührenverordnung (1995), EG-Hochschuldiplomanerkennungsverordnung (1995), Auslandsverwendungszuschlagsverordnung (1999), Unternehmenssteuerfortentwicklungsgesetz (2001), EG-Verbraucherschutzdurchsetzungsgesetzermächtigungsübertragungsverordnung (2006; 74 Zeichen), Anwendungszeitpunktverschiebungsverordnung (2010), Kleinstkapitalgesellschaftenbilanzrechtsänderungsgesetz (2012), Sonderbundesbeteiligungsfestlegungsverordnung (2014), Weinkonsumauswirkungssachverständigenausschussverordnung (2014; 56 Zeichen), Unfallversicherungsanzeigeverordnungänderungsverordnung (2016) und Wehrsoldempfängermehrarbeitsvergütungsverordnung (2016).

8 Fazit

Baukastensysteme sind derzeit in Mode. Als Baukästen gibt es u. a. Wohnzimmermöbel, Herrenanzüge, elektrische Antriebsachsen und Waschmittel. Den faszinierendsten Baukasten bietet indes die deutsche Sprache mit ihrer Möglichkeit der Wortzusammensetzungen. Diesen speziellen Baukasten hat namentlich der bundesdeutsche Verordnungsgeber in den letzten Jahrzehnten für sich entdeckt, um immer längere Betitelungen für neu erlassene Normen zu bilden. Aber auch sonst ist die Rechtssprache reich an Mehrfachkomposita. Ob *Bundesverfassungsgerichtsentscheidung*, *Schadensersatzanspruchsgrundlage* oder *Immobiliarzwangsvollstreckungsverfahren* – zumeist handelt es sich hierbei um Substantive, was in Anbetracht der Nomenlastigkeit der Rechtssprache nicht verwundert. Komposita finden sich in der deutschen und westgermanischen Rechtsterminologie seit frühester Zeit. Dreifachzusammensetzungen sind ab dem 7. Jahrhundert belegt. Schon im Mittelalter sind Mehrfachkomposita für Amts- und Berufsbezeichnung beliebt. Ab dem 16. Jahrhundert begegnen lange Wortzusammensetzungen auch als (Kurz-)Betitelung von Gesetzen und Verordnungen. Seit dieser Zeit werden die Komposita auch immer länger und komplexer. Dieses Phänomen lässt sich zum Teil damit erklären, dass Komposita nach einer gewissen Zeit ihres Gebrauchs als eigenständiges (eingliedriges) Wort (z. B. *Schadensersatz*) und nicht mehr als Wortzusammensetzung begriffen werden, sodass für den Sprecher oder Schreiber die Hemmschwelle sinkt, noch ein weiteres Wort anzufügen, selbst wenn dieses ebenfalls ein – längst etabliertes – Kompositum ist (z. B. *Anspruchsgrundlage*). Einige Superkomposita zur (Kurz-)Bezeichnung von Gesetzen und Verordnungen wurden freilich artifiziell aus mehreren Gliedern zusammengefügt. Ihr Zweck ist allein die eindeutige und möglichst knappe Bezeichnung des jeweiligen Regelwerks, hierbei wird zum Teil bewusst in Kauf genommen, dass sie vom Rezipienten nur noch mit gewisser Mühe entschlüsselt werden können – wie im Falle der *Immobiliarkreditwürdigkeitsprüfungsleitlinienverordnung*.

Literatur

Bedenbender, Almuth (2014): Das Deutsche Rechtswörterbuch im Netz. In Andrea Abel & Lothar Lemnitzer (Hrsg.), *Vernetzungsstrategien, Zugriffsstrukturen und automatisch ermittelte Angaben in Internetwörterbüchern*, 22–28. Mannheim: Institut für Deutsche Sprache.
Brandt, Wolfgang (1988): Lexikalische Tendenzen in der Gesetzessprache des 18. bis 20. Jahrhunderts, dargestellt am Scheidungsrecht. In Horst H. Munske, Peter von Polenz, Oskar Reichmann & Reiner Hildebrandt (Hrsg.), *Deutscher Wortschatz – Lexikologische Studien. Ludwig Erich Schmitt zum 80. Geburtstag von seinen Marburger Schülern*, 119–150. Berlin, New York: De Gruyter.
Brauer, Johann Nikolaus Friedrich (1809): *Erläuterungen über den Code Napoleon und die Großherzogliche Badische bürgerliche Gesezgebung*, Bd. 1, Karlsruhe: C. F. Müller.
Buchner, August (1665): *Anleitung Zur Deutschen Poeterey: Wie Er selbige kurtz vor seinem Ende selbsten übersehen, an unterschiedenen Orten geändert und verbessert hat, heraus gegeben von Othone Prätorio. P.P.*, Wittenberg, In verlegung der Erben. Wittenberg: Wend.
Conring, Hermann (1665): *De Origine Iuris Germanici commentarius historicus*, 3. Aufl. Helmstedt: Henning Müller.
Deutsch, Andreas (2008): Die „Rethorica und Formulare teütsch" des Pforzheimer Stadtschreibers Alexander Hugen – ein juristischer Bestseller des 16. Jahrhunderts. In Christian Groh (Hrsg.), *Neue Beiträge zur Pforzheimer Stadtgeschichte 2*, 31–75. Heidelberg: Verlag Regionalkultur.
Deutsch, Andreas (2011): Die Rechtssprache des Badischen Landrechts im Vergleich mit anderen deutschen Fassungen des „Code civil". In Christian Hattenhauer & Klaus-Peter Schroeder (Hrsg.), *200 Jahre Badisches Landrecht von 1809/1810*, 245–283. Frankfurt am Main: Peter Lang.
Deutsch, Andreas (2012): „Billig streitet die Vermuthung, daß ein Gesetz bedachtsam abgefaßt" – Zu Wortwahl und Gesetzessprache im ABGB. In Barbara Dölemeyer & Heinz Mohnhaupt (Hrsg.), *200 Jahre ABGB (1811–2011): Die österreichische Kodifikation im internationalen Kontext*, 375–407. Frankfurt am Main: Klostermann.
Deutsch, Andreas (2013): Historische Rechtssprache des Deutschen – Eine Einführung. In Andreas Deutsch (Hrsg.), *Historische Rechtssprache des Deutschen*, 21–80. Heidelberg: Winter.
Deutsch, Andreas (2016a): Auf Wortschatzsuche – das Deutsche Rechtswörterbuch in einer digitalen Welt. In *Rechtsgeschichte – Legal History. Zeitschrift des Max-Planck-Instituts für europäische Rechtsgeschichte* 24, 358–360.
Deutsch, Andreas (2016b): Wenn die Maus wissen will, was Schirmherr heißt. Rechtssprachgeschichte im Deutschen Rechtswörterbuch und ihre Vermittlung auch an nichtwissenschaftliche Zielgruppen. In Volker Harm, Holger Runow & Leevke Schiwek (Hrsg.), *Sprachgeschichte des Deutschen. Positionierungen in Forschung, Studium, Unterricht*, 103–115. Stuttgart: Hirzel.
Deutsch, Andreas (2017): Schriftlichkeit im Recht: Kommunikationsformen/Textsorten. In Ekkehard Felder & Friedemann Vogel (Hrsg.), *Handbuch Sprache im Recht*, 91–116. Berlin, Boston: De Gruyter. (Reihe Handbücher Sprachwissen (HSW) 12).
Deutsches Rechtswörterbuch (DRW). Wörterbuch der älteren deutschen Rechtssprache (1914ff.): bis Bd. 3 hrsg. von der Preußischen Akademie der Wissenschaften, Bd. 4 hrsg. von der Deutschen Akademie der Wissenschaften, ab Bd. 5 hrsg. von der Heidelberger Akademie

der Wissenschaften (bis Bd. 8 i.V.m. der Akademie der Wissenschaften der DDR). Weimar: Böhlaus Nachfolger.

Feuerbach, Paul Johann Anselm (1804): *Kritik des Kleinschrodischen Entwurfs zu einem peinlichen Gesetzbuche für die Chur-Pfalz-Bayrischen Staaten*, Gießen: Tasché & Müller.

Gardt, Andreas (1998): Die Sprachgesellschaften des 17. und 18. Jahrhunderts. In Werner Besch, Anne Betten, Oskar Reichmann & Stefan Sonderegger (Hrsg.), *Sprachgeschichte: ein Handbuch zur Geschichte der deutschen Sprache*, 2. Aufl., Bd. 2, 332–348, Berlin, New York: De Gruyter.

Gottsched, Johann Christoph (1748): *Grundlegung einer deutschen Sprachkunst*, Leipzig: Breitkopf.

Harsdörffer, Georg Philipp (1655): *Der Teutsche Secretarius. Das ist: Allen Cantzley- Studir- und Schreibstuben nützliches Formular- und Titularbuch*, Bd. 1, Nürnberg: Wolfgang Endter.

Hattenhauer, Hans (1987): *Zur Geschichte der deutsche Rechts- und Gesetzessprache*, Berichte aus den Sitzungen der Joachim-Jungius Gesellschaft der Wissenschaften e.V. 5 (1987) H.2. Hamburg: Joachim-Jungius Gesellschaft.

Huk, Ernst (1983): Sprachliche Innovationen. In Amt der NÖ Landesregierung (Hrsg.), *Bürgernahe Gesetzestexte in Niederösterreich. Ein interdisziplinäres Projekt. Dokumentation*, 134–138, Wien: Amt der NÖ Landesregierung.

Kirkness, Alan (1975): *Zur Sprachreinigung im Deutschen – Eine historische Dokumentation 1789–1871*, Teil 1. Tübingen: Narr.

Kühnhold, Ingeborg (1985): Wortbildung des Neuhochdeutschen seit dem 17. Jahrhundert. In Werner Besch, Oskar Reichmann & Stefan Sonderegger (Hrsg.), *Sprachgeschichte: ein Handbuch zur Geschichte der deutschen Sprache*, Bd. 2, 1614–1622. Berlin, New York: De Gruyter.

Leibniz, Gottfried Wilhelm (1697): Unvorgreiffliche Gedancken betreffend die Ausübung und Verbesserung der Teutschen Sprache (mit Ergänzungen bis 1712), abgedruckt in Gottfried Wilhelm Leibniz, *Sämtliche Schriften und Briefe*, hrsg. von der Leibniz-Editionsstelle Potsdam, 4. Reihe: Politische Schriften, Bd. 6 (2008), 528–656. Berlin: De Gruyter.

Meier, Jürgen & Dieter Möhn (2000): Wortbildung des Altniederdeutschen (Altsächsischen). In Werner Besch, Anne Betten, Oskar Reichmann & Stefan Sonderegger (Hrsg.), *Sprachgeschichte: ein Handbuch zur Geschichte der deutschen Sprache und ihrer Erforschung*, 2. Aufl., Bd. 2, 1270–1275. Berlin, New York: De Gruyter.

Opitz von Boberfeld, Martin (1624): *Buch von der deutschen Poeterey, in welchem alle ihre eigenschafft… erzehlet und mit exempeln ausgeführet wird*. Brieg: Augustinus Gründer.

Pavlov, Vladimir M. (1972): *Die substantivische Zusammenschreibung im Deutschen als syntaktisches Problem*. München: Hueber.

Pavlov, Vladimir M. (2009): *Deutsche Wortbildung im Spannungsfeld zwischen Lexikon und Syntax*. Frankfurt (Main): Peter Lang.

Polenz, Peter von (2000): *Deutsche Sprachgeschichte vom Spätmittelalter bis zur Gegenwart, Bd. 1: Einführung, Grundbegriffe, 14. bis 16. Jahrhundert*, 2. Aufl., Berlin, New York: De Gruyter.

Polenz, Peter von (2013): *Deutsche Sprachgeschichte vom Spätmittelalter bis zur Gegenwart, Bd. 2: 17. und 18. Jahrhundert*, bearb. von Claudine Moulin, 2. Aufl. Berlin, Boston: De Gruyter.

Pufendorf, Samuel von (1711): *Acht Bücher, Vom Natur- und Völcker-Rechte. Mit des Weitberühmten ICti. Johann Nicolai Hertii, Johann Barbeyrac, und anderer Hoch-Gelehrten Män-*

ner außerlesenen Anmerckungen erläutert, und in die Teutsche Sprach übersetzet, Frankfurt: Knoch.

Roessler, Paul (1994): *Entwicklungstendenzen der österreichischen Rechtssprache seit dem ausgehenden 18. Jahrhundert, eine syntaktische, stilistische und lexikalische Untersuchung von Studiengesetzen und –verordnungen.* Frankfurt am Main et al.: Peter Lang.

Schmid, Hans Ulrich (2017): *Einführung in die deutsche Sprachgeschichte*, 3. Aufl., Stuttgart: J.B. Metzler.

Schottel, Justus Georg (1641): *Teutsche Sprachkunst: Darinn die Allerwortreichste, Prächtigste, reinlichste, vollkommene, Uhralte Hauptsprache der Teutschen auß jhren Gründen erhoben.* Braunschweig: Balthasar Gruber.

Schottel, Justus Georg (1663): *Ausführliche Arbeit Von der Teutschen HaubtSprache ... Abgetheilet In Fünf Bücher.* Braunschweig: Zilliger.

Solms, Hans-Joachim (1999): Der Gebrauch uneigentlicher Substantivkomposita im Mittel- und Frühneuhochdeutschen als Indikator kultureller Veränderung. In Andreas Gardt, Thorsten Roelcke & Ulrike Haß (Hrsg.), *Sprachgeschichte als Kulturgeschichte*, 225–246. Berlin: De Gruyter.

Sonderegger, Stefan (1979): *Grundzüge der deutschen Sprachgeschichte. Diachronie des Sprachsystems*, Bd. 1. Berlin, New York: De Gruyter.

Splett, Jochen (2000): Wortbildung des Althochdeutschen. In Werner Besch, Anne Betten, Oskar Reichmann & Stefan Sonderegger (Hrsg.), *Sprachgeschichte: ein Handbuch zur Geschichte der deutschen Sprache und ihrer Erforschung*, 2. Aufl., Bd. 2, 1213–1222. Berlin, New York: De Gruyter.

Wegera, Klaus-Peter (1985): Wortbildung des Frühneuhochdeutschen. In Werner Besch, Oskar Reichmann & Stefan Sonderegger (Hrsg.), *Sprachgeschichte: ein Handbuch zur Geschichte der deutschen Sprache und ihrer Erforschung*, Bd. 2, 1348–1355. Berlin, New York: De Gruyter.

Wolff, Christian von (1754): *Grundsätze des Natur- und Völckerrechts, worinn alle Verbindlichkeiten und alle Rechte aus der Natur des Menschen hergeleitet werden*, Halle (Saale): Renger.

Zanni, Roland (1985): Wortbildung des Altniederdeutschen (Altsächsischen). In Werner Besch, Oskar Reichmann & Stefan Sonderegger (Hrsg.), *Sprachgeschichte: ein Handbuch zur Geschichte der deutschen Sprache und ihrer Erforschung*, Bd. 2, 1094–1102. Berlin, New York: De Gruyter.

Sebastian Rosenberger
Von Gobineau bis Rosenberg.
Rassenkonzepte der völkischen Bewegung

1 ‚Rasse' in der völkischen Bewegung

Die von Jörg Riecke mitherausgegebene *Chronik des Gettos Lodz / Litzmannstadt* (Feuchert, Leibfried & Riecke 2007) ist ein erschütterndes Dokument des systematischen Völkermords an den europäischen Juden durch die Nationalsozialisten. Von 1941 bis zur Auflösung des Gettos 1944 wurden dort auf etwa vier Quadratkilometern ca. 200.000 Juden untergebracht. Die Chronik gibt detaillierten Aufschluss aus erster Hand über die unmenschlichen Bedingungen, unter denen die Menschen dort leben mussten. Nach der Auflösung des Gettos wurden die noch verbliebenen etwa 70.000 Juden in die Vernichtungslager deportiert, nur wenige Bewohner überlebten.

Der Grund für dieses Martyrium der Juden liegt in ihrer vermeintlichen Zugehörigkeit zur ‚jüdischen Rasse'. In diesem Konzept wurden die Traditionen des Antijudaismus und Antisemitismus[1] mit denen des Rassismus, d. h. der Fiktion der Überlegenheit der ‚weißen Rasse' über die anderen, verwoben. Diese durch die Akteure der ‚völkischen Bewegung' hervorgebrachte Verknüpfung wurde im Laufe der Zeit so stark, dass Antisemitismus und Rassismus ein bikonditionales Verhältnis eingingen, also das eine Konzept das andere bedingte und beide Konzepte untrennbar miteinander verbunden waren (vgl. Mosse 2006: 8). Dies war jedoch keineswegs immer so. Noch in der Mitte des 19. Jahrhunderts konnte man Antijudaist bzw. Antisemit sein, ohne notwendig Rassist zu sein und umgekehrt. Es wird eine Aufgabe dieses Aufsatzes sein, diesen Prozess nachzuzeichnen.

Dabei wird der Beitrag seinen Gegenstand weitgehend aus der Perspektive der Entwicklung des Rassebegriffs entfalten. Es wird sich jedoch zeigen, dass auch von vielen völkischen[2] Denkern der Rassebegriff in starker Abhängigkeit von antisemitischen Vorstellungen entwickelt wird, so dass sich diese einseitig anmutende Perspektive rechtfertigen lässt.

---

[1] Zur Geschichte des Antisemitismus vgl. Bergmann (2010), Nirenberg (2015), Aly (2011 und 2017) sowie Arendt (2016: 17–272).
[2] Zum Begriff des ‚Völkischen' vgl. meine Ausführungen in Rosenberger (2020).

Die ‚völkische Bewegung', deren Vorläufer bis in die Zeit der antinapoleonischen Publizistik des frühen 19. Jahrhunderts zurückreichen (prominente Vertreter sind Johann Gottlieb Fichte oder Ernst Moritz Arndt), ist genau genommen eine Sammelbezeichnung für ideologisch heterogene Gruppen, deren gemeinsamer Nenner in der Kritik an der Moderne, in der Betonung des Vorrangs eigener, nationaler Interessen und in der publizistischen Bekämpfung von (imaginierten) inneren und äußeren Feinden der eigenen Nation besteht. Abhängig von Autoren und Institutionen (Vereinen und Verbänden), in denen sich die Autoren zusammengeschlossen hatten (vgl. dazu grundlegend Fahlbusch, Haar & Pimwinkler 2017), werden dabei religiöse, philosophische, historische, soziologische, ökonomische, biologische oder anthropologische Perspektiven eingenommen, häufig finden sich Mischformen. Entsprechend komplex fällt Uwe Puschners knappe Beschreibung der ‚völkischen Bewegung' aus:

> Ihrem Charakter einer heterogenen nationalistisch-reformistischen Protestbewegung, deren überwiegend männliche und protestantische Klientel ein vornehmlich (bildungs-) bürgerliches, aber auch vom alten und neuen Mittelstand geprägtes Sozialprofil zeigt, entspricht die synkretistische völkische Weltanschauung. Sie hatte auf rassenideologischer – v. a. antisemitischer, zudem antislawischer und antiromanischer – Grundlage [...] die Schaffung einer antiegalitären, männerzentrierten, (berufs-)ständisch organisierten, von einer germanisch-christlichen bzw. neuheidnischen ‚arteigenen' Religion fundierten Gesellschaft mit germanenideologischem Wertesystem zum Ziel sowie einen Rassestaat mitteleuropäischen bzw. einen Staatenbund pangermanischen Zuschnitts. (Puschner 2005: 383–384; die Abkürzungen wurden um der besseren Lesbarkeit willen aufgelöst)

Das Rassenkonzept gehört zu den zentralen Ideologemen der ‚völkischen Bewegung'. Die ‚Rasse' „muss als Dreh- und Angelpunkt [...] der völkischen Weltanschauung betrachtet werden" (Lobenstein-Reichmann 2008: 116). Insbesondere in den Jahren nach 1900 findet sich kaum ein der ‚völkischen Bewegung' zuzurechnender Autor, der nicht in irgendeiner Form die ‚Rasse', vor allem die Ungleichheit der Rassen, in seine Überlegungen mit einbezogen hätte. Als Existenzpräsupposition ist die ‚Rasse' auch außerhalb der rassentheoretischen Abhandlungen allgegenwärtig. Zahlreiche Deutungen der Weltgeschichte wie einzelner Ereignisse oder gesellschaftlicher Zustände wurden unter der Prämisse der Rassenungleichheit dargelegt. Dabei werden die ‚Rassen' durchgehend als Kollektiv behandelt, einzelne Personen spielen nur eine Rolle, wenn sie als *Persönlichkeiten* oder *Genies* besonders hervorgehoben werden (vgl. unten). In vielen Darstellungen wurde die deutsche und insbesondere die ‚germanische' Vergangenheit verklärt, in der die ‚weiße', ‚germanische', ‚nordische' oder ‚arische Rasse' aufgetreten sei. Auf der anderen Seite wurden fremde ‚Rassen' als der eigenen ‚Rasse' schädlich oder gar feindlich gesinnt gebrandmarkt. Als ‚rassischer' Gegenspieler der ‚Arier' wurde sehr schnell die ‚semitische Rasse' ausgemacht, deren prominenteste Vertreter die Juden waren. So wurde einerseits an die seit dem Mittelalter bestehende Tradition des Antijudaismus angeknüpft und andererseits ein ‚innerer Feind' ausgemacht, der durch die Emanzipationsbestrebungen seit Anfang des 19. Jahrhunderts immer weniger von der ‚arischen' Bevölkerung zu unterscheiden war und somit als umso gefährlicher eingestuft wurde.

Doch ‚Rasse' ist nicht gleich ‚Rasse'. Vielmehr lassen sich zahlreiche Rassentheorien mit unterschiedlichen Schwerpunkten und Kategorisierungen voneinander unterscheiden (vgl. dazu detailliert Puschner 2001: 49–201). Gemeinsam ist den meisten von ihnen der – affirmative oder kritische – Bezug auf die Rassentheorie Gobineaus und die Evolutionstheorie nach Darwin, die Verherrlichung der ‚nordischen' oder ‚arischen' Rasse und die Konstitution eines Feindes, mit dem es sich im ‚Rassenkampf' zu messen gelte.

In diesem Beitrag sollen die Rassenkonzepte von fünf Autoren dargelegt und linguistisch analysiert werden. In der Analyse liegt der Schwerpunkt auf den Referenzierungen und den Prädikationen, mit denen die verschiedenen ‚Rassen' und ihre Angehörigen in den Rassentheorien belegt werden, was bedeutet, dass der Fokus auf die lexikalisch-semantischen Beziehungen gelegt werden wird. Zuerst wird die Rassentheorie Gobineaus vorgestellt, die zwar bereits zur Mitte des 19. Jahrhunderts publiziert wurde, in Deutschland ihre Wirkung aber erst gegen Ende des Jahrhunderts zu entfalten begann. Zwar war Gobineau keineswegs der erste Rassentheoretiker, doch er war, wie oben bereits erwähnt, höchst einflussreich und seine Wirkungsgeschichte lässt sich bis 1945 klar verfolgen. Die völkischen Autoren Houston Stewart Chamberlain, Adolf Bartels und Ludwig Woltmann, auf deren Rassenkonzepte in den folgenden Abschnitten näher eingegangen wird, publizierten allesamt um die Jahrhundertwende und bauten auf Gobineaus Theorien auf. Abschließend sollen die Einflüsse auf Alfred Rosenberg, einen der führenden Ideologen des Nationalsozialismus, näher beleuchtet werden.

2 Gobineau: Rassenmischung und Verfall

Joseph Arthur Comte de Gobineau (1816–1882) publizierte seinen vierbändigen *Essai sur l'inégalité des races humaines* in den Jahren 1853–1855. In Deutschland, wo er Kontakt zu Richard Wagner und zum Bayreuther Kreis fand, erfuhr er vor allem durch die Arbeiten Ludwig Schemanns, der nicht nur alle literarischen und publizistischen Werke Gobineaus ins Deutsche übersetzte, sondern auch sein sonstiges schriftstellerisches Leben der Gobineau-Exegese widmete, breitere Rezeption und konnte auf diese Weise seine Wirkung entfalten.³

Bereits im allerersten Absatz der vier Bände des *Essai* offenbart Gobineau seine pessimistische Sicht auf die Entwicklung des Menschen: Mit einem gewissen „Erschrecken" erkenne man,

> daß jede menschliche Vereinigung, mag sie auch unter dem Schutze der sinnvollsten Verflechtung socialer Bande stehen, an dem nämlichen Tage, da sie sich bildet, unter den Urbestandtheilen ihres Lebens versteckt den Ursprung eines unvermeidlichen Todes in sich aufnimmt. (Gobineau 1922: 2)

Den Grund für den notwendigen *Tod* der menschlichen Zivilisation sieht er in der durch *fortwährende Vermischungen* ausgelösten Degeneration:

> Ich meine also, daß das Wort *degenerirt*, auf ein Volk angewandt, bedeuten muß und bedeutet, daß dieses Volk nicht mehr den inneren Werth hat, den es ehedem besaß, weil es nicht mehr das nämliche Blut in seinen Adern hat, dessen Werth fortwährende Vermischungen allmählich eingeschränkt haben; anders ausgedrückt, weil es mit dem gleichen Namen nicht auch die gleiche Art, wie seine Begründer, bewahrt hat, kurz, weil der Mensch des Verfalles, derjenige, den wir den *degenerirten* Menschen nennen, der unter dem ethnographischen Gesichtspunkte von dem Helden der großen Epochen verschiedenes Subject ist. (Gobineau 1922: 31–32; Hervorhebungen im Original)

Auch wenn der Ausdruck *Rasse* hier noch nicht fällt, verweist das *Blut*, dessen Wert durch stetige Vermischung eingeschränkt werde, auf dieses Konzept. Dies bedeutet im Umkehrschluss, dass nur durch möglichste Reinerhaltung des *Blutes*, also die Vermeidung der Mischung mit den Bestandteilen fremden *Blutes*, der Verfall einer Zivilisation aufgehalten werden kann. Und in der Tat behauptet Gobineau, dass „ein Volk niemals sterben würde, wenn es ewig aus denselben nationalen Bestandtheilen zusammengesetzt bliebe" (Gobineau 1922: 42). Aus diesem Grund habe „die Menschheit in allen ihren Zweigen einen geheimen Widerwillen gegen die Kreuzungen verspürt" (Gobineau 1922: 37).⁴ Wo es aber zur Blutmischung komme, dort stelle sich der Verfall unweigerlich ein:

> Er [der Mensch], und seine Civilisation mit ihm, wird unmittelbar an dem Tage sterben, wo der ursprüngliche Racenbestand sich derartig in kleine Theile zerlegt und in den Einlagen fremder Racen verloren erweist, daß seine Kraft fortan keine genügende Wirkung mehr ausübt. (Gobineau 1922: 32)

---

3 Zu Gobineaus Werk vgl. Mosse (2006: 76–82); zur Wirkung Gobineaus vgl. Puschner (2001: 77–82).
4 Dieser Gedanke wird in der völkischen Literatur stetig wieder aufgenommen, so auch durch Chamberlain und Woltmann.

Gobineaus Rassenbegriff bleibt insgesamt sehr vage. Letztlich scheint er in bestimmten, nicht näher erläuterten Eigenschaften des *Blutes* zu bestehen, das Aussehen, geistige und körperliche Fähigkeiten sowie die seelische Disposition seines Trägers determiniert. Anja Lobenstein-Reichmann beschreibt Gobineaus Begriff der ‚Rasse' so:

> Auch für Gobineau ist *Race* ein Kollektivum für eine bestimmte Gruppe von Menschen oder Tieren, die durch ein biologisches Kriterium, nämlich dasjenige der Blutsverwandtschaft bzw. der Abstammung, konstituiert wird und durch dessen Gebrauch es überhaupt erst möglich wird, Menschen und Tiere jeglicher Vorkommensform voneinander zu unterscheiden und zu hierarchisieren. (Lobenstein-Reichmann 2008: 504)

Nachdem Gobineau mögliche Einflüsse von Staats- und Gesetzesorganisationen, lokalen und klimatischen Bedingungen oder Religionen auf Aufstieg und Verfall der Völker zurückgewiesen hat, kommt er zu dem Ergebnis, dass notwendig die Entwicklung der Rassen und ihrer Vermischungen für die Wechselfälle der Menschheitsgeschichte verantwortlich seien. Konsequenterweise konstituiert er in den folgenden Bänden des *Essais* die Menschheitsgeschichte als Rassengeschichte.

Grundsätzlich unterscheidet er drei Grundrassen, die schwarze, die gelbe und die weiße.[5] Mit der Reihenfolge ist auch eine Hierarchisierung verbunden, die Rassen sind prinzipiell ungleich. Sowohl in der äußeren Erscheinung als auch bezüglich der geistigen Befähigung gebe es erhebliche Unterschiede. In Bezug auf Körperbau und Physiognomie könne man sehen,

> daß von dem gewissermaßen rudimentären Bau und Gesicht des Australnegers und Pescherähs bis zu dem hohen Wuchs und edlen Ebenmaaß Karls des Großen, bis zu der geistvollen Regelmäßigkeit der Züge Napoleons, bis zu der Ehrfurcht gebietenden Hoheit, die in dem königlichen Antlitze Ludwigs XIV. lebt, eine Stufenreihe vorliegt, nach welcher die Völker, die nicht vom Blute der Weißen sind, sich der Schönheit wohl nähern, sie aber nicht erreichen. (Gobineau 1922: 202)

Selbst ein langer Aufenthalt in einem Land mit ‚andersrassiger' Bevölkerung kann diese Unterschiede nicht nivellieren: „Die deutschen Juden sind insgemein klei-

---

5 Diese Einteilung der Menschheit in drei Grundrassen ist nicht Gobineaus Erfindung. So ging etwa Carl von Linné schon 1735 von vier Grundtypen des Menschen aus, nämlich von Europäern, Asiaten, Afrikanern und amerikanischen Indianern (die Gobineau wiederum zu Mischtypen erklärt; vgl. Gobineau 1922: 195, Anm. und Gobineau 1907: 232–233). Obwohl Linné explizit keine Hierarchien zwischen diesen Grundtypen herstellte, war für ihn der Europäer intelligent und einfallsreich, der Afrikaner verschlagen, träge und nachlässig (vgl. Fredrickson 2011: 77).

ner und zeigen einen hagereren Bau, als die Menschen europäischer Race, unter denen sie sei [sic!] Jahrhunderten leben" (Gobineau 1922: 164).[6]

Auf der niedrigsten Stufe steht nach Gobineau die schwarze Rasse. Diese habe sich von Afrika aus über einen Großteil Asiens bis hin nach China und Japan ausgebreitet und sei sogar bis an den Nordpol gelangt.[7] Doch trotz ihrer weiten Verbreitung habe sie nirgends eine „Spur einer vorhandenen oder auch nur denkbaren Zivilisation" hinterlassen (Gobineau 1939: 3). Gobineau fährt fort:

> Die Sitten der ihr angehörenden Völkerschaften waren anscheinend die brutal-grausamsten. Der Vernichtungskrieg, das war ihre Politik; die Menschenfresserei ihre Moral und ihr Kultus. Nirgends sieht man weder Städte noch Tempel, noch irgend etwas, das auf die geringste Empfindung für Geselligkeit deutet. Es ist die Barbarei in ihrer ganzen Häßlichkeit und der Egoismus der Schwäche in seiner ganzen Wildheit. Der Eindruck, welchen die ersten Beobachter von anderem Blute [...] davon empfingen, war überall der gleiche, aus Verachtung, Schrecken und Widerwillen gemischte. Die Raubtiere schienen von zu edlem Wesen, um als Vergleichsobjekte mit diesen scheußlichen Stämmen zu dienen. Affen genügten, um ihr leibliches Bild vorzustellen, und für ihr geistiges Wesen glaubte man die Erinnerung an die Geister der Finsternis wachrufen zu müssen. (Gobineau 1939: 3–4)

Die der schwarzen ‚Rasse' zugehörigen Menschen werden demnach auf der Stufe des primitivsten menschlichen Daseins herabgeführt und als in äußerer Erscheinung, geistigen Fähigkeiten und sozialem Leben gänzlich unzivilisiert dargestellt. Und damit nicht genug: Im letzten Teil des Zitats wird die Dehumanisierung aufs Äußerste getrieben, indem die Schwarzen mit *Affen* und finsteren *Geistern* verglichen und sogar auf eine Stufe unter die Raubtiere gestellt werden.

Auf der anderen Seite beschreibt Gobineau die ‚germanischen Arier' als die „auserlesensten aller Wesen" (Gobineau 1907: 42). Sie seien allen anderen Rassen an Schönheit, Intelligenz und Energie überlegen, weshalb sie auch über bessere Anlagen zu prosperierendem Staatswesen und ethisch-moralischer Sittlichkeit verfügten und durch ihre Lebenskraft in der Lage seien, die anderen Rassen zu dominieren. Gobineau drückt das so aus:

---

[6] In Gobineaus Darstellung sind die Semiten ein ursprünglich weißes (= ‚weißrassiges') Volk, das sich mit dem degenerierten Blut der Hamiten, die sich zuvor mit den Schwarzen vermengt hätten, vermischten (vgl. Gobineau 1939: 22). Sie entstammen also grundsätzlich derselben ‚Urrasse' wie die Arier, stehen aber aufgrund dieser Mischung im Vergleich zu diesen auf deutlich niedrigerer Stufe. Verglichen mit dem, was spätere Autoren über den ‚Rassenstatus' der Semiten äußern, ist Gobineau moderat.

[7] Die Eskimos sind Gobineau zufolge eine Mischrasse mit schwarzen, gelben und weißen Elementen (vgl. Gobineau 1907: 234–235).

> Die arischen Völker Europas und Asiens, in ihrer Gesammtheit genommen, in ihren gemeinsamen und typischen Eigenschaften betrachtet, haben uns allesammt durch jene gebieterische Herrscherhaltung in Erstaunen gesetzt, welche sie beständig gegen die anderen Völker, selbst gegen die gemischten und die weißen, inmitten deren oder neben denen sie lebten, einnahmen. (Gobineau 1907: 66)

Die gelbe Rasse steht, was Intelligenz, äußere Erscheinung und Lebenskraft angeht, zwischen der weißen und der schwarzen Rasse, wobei sie in Gobineaus Augen den Schwarzen näher zu stehen scheint als den Weißen.

Letztlich sei nur die weiße Rasse in der Lage, eine Hochkultur zu begründen. Der Reihe nach geht Gobineau die Hochkulturen im Alten Orient, in Ägypten, Indien, China, Japan, Griechenland und Italien durch und findet überall einen Anteil an ‚weißem Blut', das diese Kulturen erst ermöglicht hätte. Die Stagnation und den Verfall jeder dieser Kulturen erklärt er damit, dass durch fortwährende Blutmischung das weiße Element im Blut dieser Völker immer schwächer werde und damit seinen kulturfördernden Einfluss nicht mehr ausüben könne. Ausdrücklich lobt Gobineau das indische Kastenwesen, das solche Blutmischungen zu vermeiden trachte und die indische Kultur damit zu höchster Stufe geführt habe (vgl. Gobineau 1939: 226–227).

Gleichwohl sei keine der drei Urrassen mehr in ihrer Reinheit zu finden. Durch Vermischungen, ausgelöst durch Wanderbewegungen, Eroberungen oder Handelsbeziehungen, hätten sich die verschiedenen Rassen einander angenähert. Diese Annäherung erfolgte jedoch asymmetrisch: Während die höheren Rassen durch Vermischung mit einer niederen, etwa mit der schwarzen, einen „Krebsschaden" (Gobineau 1939: 52) erleiden und zwangsläufig degenerieren, profitierten die niederen Rassen von der Vermischung mit höheren; so habe etwa erst die Mischung von ‚weißem' und ‚gelbem' Blut die Gründung des chinesischen Reiches ermöglicht (vgl. Gobineau 1939: 309–310). Grundsätzlich entstünden durch Rassenmischung neue Völker, die sich möglicherweise neue Lebensräume suchten, wanderten und sich mit anderen Völkern vereinigten. Da dies, wenn es nicht durch ein strenges Kastensystem, wie es in Indien viele hundert Jahre lang herrschte, verhindert würde, unvermeidlich sei, steuere die Menschheit letztlich auf ein „Rassenchaos" zu (Gobineau 1907: 315), das sich über den gesamten Erdball verbreite. Die Annäherung der Rassen setze sich immer weiter fort, bis es schließlich keine unterschiedlichen und ungleichen Rassen mehr gebe, sondern alle Menschen nur einer Rasse angehörten. Dies ist für Gobineau jedoch kein wünschenswerter, sondern vielmehr ein Zustand der vollendeten Degeneration, da die Menschheit dann „den äußerste[n] Grad der Mittelmäßigkeit" erreicht habe, in dem ihm Leibeskraft, Schönheit und Intelligenz völlig fehlten. In ihrem letzten Zustand würden „die Völker, nein, die Menschenheerden [...] alsdann, von düsterer Schlafsucht übermannt, empfindungslos in ihrer Nichtigkeit dahinleben, wie die wiederkäuenden Büffel in den stagnirenden Pfützen der pontinischen Sümpfe" (Gobineau 1907: 319).

Mit diesem wenig ermunternden Bild endet Gobineaus Version der Rassengeschichte. Seine pessimistische Vision fortschreitender Degeneration bis hin zur völligen ‚Vertierung' des Menschen enthält jedoch einen versteckten, quasi nur ex negativo zu erkennenden utopischen Kern. Dieser liegt in einem tiefen Grundbedürfnis nach klarer gesellschaftlicher und nationaler Trennung, nach der Möglichkeit eindeutiger Zuordnung eines jeden Menschen zu einer bestimmten Rasse und Klasse. Daher wird das segregierende indische Kastensystem verherrlicht und jegliche Mischung als Keim des notwendigen Verfalls gebrandmarkt. Als Adliger, der Mitte des 19. Jahrhunderts den Aufstieg des Bürgertums und die zunehmend prekäre Lage des Adels wahrnahm, fürchtete er die Annäherung der Stände und den Verlust der adligen Sonderstellung. Somit lässt sich der *Essai* auch als Kompensation einer Angst vor dem gesellschaftlichen Abstieg lesen. Doch Gobineaus Thema sind weniger Stände und Klassen, sondern Rassen, er erweitert die ihn beherrschende Untergangsstimmung auf die gesamte Menschheit. Die Verbindung liegt nach Hannah Arendt darin, dass er „mit einer gewissen Naivität [...] ohne weiteres nahezu wörtlich die zentralen Thesen des aristokratischen Rassebegriffs des 18. Jahrhunderts" übernimmt (Arendt 2016: 378).[8]

Obwohl Gobineaus Ausführungen weder natur- noch sprachwissenschaftlich[9] haltbar sind und auch im völkischen Diskurs deshalb vielfach kritisiert wurden, entfaltete er gerade in Deutschland eine kaum zu überschätzende Wirkung. Zwar war die 1894 von Schemann gegründete Gobineau-Vereinigung niemals besonders groß, da sie jedoch durch den Bayreuther Kreis unterstützt wurde, gewann sie dennoch großen Einfluss (vgl. Mosse 1991: 102). Dies ist umso erstaunlicher, als nach Gobineau die deutschen Völker seit dem 8. Jahrhundert durch die Mischung mit den Slaven ihrer germanischen Elemente weitgehend beraubt wurden und stattdessen in England, begünstigt durch die Insellage, die germanische Rasse am reinsten erhalten geblieben sei (vgl. Gobineau 1907: 177 und 198–199). Doch derartige Feinheiten wurden einfach ignoriert. Gobineau bot dem Bayreuther Kreis und nicht zuletzt Houston Stewart Chamberlain die „ideo-

---

[8] Henri de Boulanvillier (1658–1722) hatte bereits in seiner 1727 erschienenen Geschichte des französischen Adels einen Rassenkampf zwischen Adel und Volk postuliert. Mit den Ereignissen der Französischen Revolution wurden diese Ideen bis weit ins 19. Jahrhundert weitergetragen (vgl. Geulen 2017: 53–54).

[9] Viele Beziehungen zwischen Völkern ‚beweist' Gobineau durch vielfach abenteuerliche etymologische Spekulationen, die selbst sein Übersetzer und Apologet Ludwig Schemann als „gewagtes, ja halsbrechendes Kunststück" bezeichnet (Gobineau 1907: 364).

logischen Fundamente", auf denen diese aufbauen konnten. Diese waren vor allem die Fokussierung auf die Rasse als „Dreh- und Angelpunkt jeglicher Kulturtätigkeit und Zivilisation", die Prämisse der Ungleichheit der Rassen und die Mischung ursprünglich reiner Urrassen, die zum Untergang von Rassen, Völkern und Zivilisationen führen (Lobenstein-Reichmann 2008: 500–501).

3 Chamberlain: Rassengeschichte und Zukunft durch Eugenik

Houston Stewart Chamberlain (1855–1927) war seinen Anlagen nach das, was man einen Kosmopoliten nennt: Als Sohn eines englischen Admirals in Portsmouth geboren, verbrachte er seine Jugend in Versailles, später in England, Italien, Frankreich, Deutschland und der Schweiz. Nach botanischen Studien und einer gescheiterten Doktorarbeit wandte er sich der Publizistik zu. Englisch, Französisch und Deutsch bezeichnete er als seine Muttersprachen, darüber hinaus beherrschte er Latein, Griechisch, Hebräisch, Kroatisch und einige weitere Sprachen (vgl. Bermbach 2015: 12). Bald jedoch begann er, trotz seines bis zu seinem Lebensende breiten Horizonts, mehr und mehr national zu denken. Mit dieser Entwicklung hatte auch wesentlich Richard Wagner zu tun, dessen *Ring des Nibelungen* Chamberlain in einer Münchner Aufführung 1878 erstmals hörte. Schnell wurde er zum Wagnerianer und knüpfte Kontakte zum Bayreuther Kreis.

> Aus seiner ästhetischen Begeisterung für das Ideal eines neuen Theaters wurde eine lebenslange ideologische Anhängerschaft an den Bayreuther Kreis und vor allem an die Bayreuther Idee von der Erlösung des Menschen durch die Kunst. Wagners antijüdische und nationalkonservative Vorgaben brauchten vom heimatlosen nationalen Konvertiten Chamberlain in vielerlei Hinsicht nur aufgegriffen und verarbeitet zu werden. (Lobenstein-Reichmann 2008: 14)

Auch wenn er Wagner selbst niemals persönlich kennenlernte, blieb dieser für Chamberlain ein lebenslanges Faszinosum. 1896 publizierte er eine Wagner-Biographie, die zahlreiche Auflagen erlebte und so für etliche Jahrzehnte zur meistgelesenen Darstellung von Wagners Leben und Werk avancierte, wodurch sie das Wagner-Bild im deutschen Bildungsbürgertum nachhaltig prägte (vgl. Bermbach 2015: 68–69). Drei Jahre später erschien sein Hauptwerk, die *Grundlagen des XIX. Jahrhunderts*, dessen Wirkungsgeschichte noch zu thematisieren sein wird. 1908 heiratete er in zweiter Ehe Wagners Tochter Eva und wurde damit neben Cosima Wagner zur bestimmenden Figur des Bayreuther Kreises. Mit Kaiser Wilhelm II. korrespondierte er regelmäßig. Während des Ersten Weltkriegs,

1916, nahm Chamberlain die deutsche Staatsbürgerschaft an und demonstrierte damit wie mit propagandistischen Aufsätzen seine Parteinahme für das Deutsche Reich. In seinen letzten Lebensjahren war er, schon immer von schwacher Gesundheit geplagt, ans Bett gefesselt, wo er unter anderem Joseph Goebbels und Adolf Hitler empfing und in letzterem eine „charismatische Führergestalt" erkannte, „die das Deutschtum wie einen Phoenix wieder aus der Asche ziehen werde" (Lobenstein-Reichmann 2008: 33). Zu seinem Begräbnis im Januar 1927 erschienen neben einem Vertreter des abgedankten Kaisers auch Vertreter des Alldeutschen Verbandes, der SA und des Stahlhelms sowie Hitler und Goebbels (vgl. Lobenstein-Reichmann 2017: 114).[10]

Chamberlains Rassentheorie stützt sich vor allem auf zwei Vorläufer: Auf Charles Darwin und auf Gobineau. Von jenem übernahm er die evolutionistischen Ansichten, die zu seinen Ideen zur Eugenik und Rassenzüchtung führten (vgl. unten), von diesem den Rassengedanken als Erklärungsgrundlage für die Ereignisse der Geschichte und den Begriff des Ariers, den Chamberlain adaptierte und zum Gegenbegriff des Juden machte (vgl. Lobenstein-Reichmann 2008: 500).

Chamberlain modifiziert allerdings Gobineaus Theorie in einigen entscheidenden Punkten. Am auffälligsten ist der Umstand, dass er dessen Pessimismus nicht teilt, sondern vielmehr den ‚Germanen' oder ‚Arier'[11] als Lichtgestalt ansieht, die die *Nacht des Mittelalters* erhellte:

> An die Stelle dieser Schemen, welche Irrtümer ohne Ende erzeugen, wird dann die einfache und klare Erkenntnis treten, dass unsere gesamte heutige Civilisation und Kultur das Werk einer bestimmten Menschenart ist: des *Germanen*. Es ist unwahr, dass der germanische Barbar die sogenannte „Nacht des Mittelalters" heraufbeschwor; vielmehr folgte diese Nacht auf den intellektuellen und moralischen Bankrott des durch das untergehende römische Imperium grossgezogenen rassenlosen Menschenchaos; ohne den Germanen hätte sich ewige Nacht über die Welt gesenkt. (Chamberlain 1935: 8–9; Hervorhebung im Original)

Im Gegensatz zu Gobineau sieht Chamberlain im Arier-Germanen denjenigen Menschentypus, der dem Zustand des *Menschenchaos* abhelfen kann. Er habe das *Völkerchaos*, das ein Resultat der Spätphase des Römischen Reiches und vor allem seines Untergangs gewesen sei, überwunden. Damals hätte die vollkommene „Abwesenheit von Rasse, d. h. also das Chaos unindividualisierter, artenloser Menschenagglomerate" geherrscht (Chamberlain 1935: 350), durch die intensiven Kontakte mit den unterworfenen Völkern hätten die Römer ihre ursprünglichen Tugenden verloren und seien mehr und mehr in den ‚Völkermassen'

---

10 Zu Chamberlains Biographie vgl. ausführlich Lobenstein-Reichmann (2008: 10–34) und Bermbach (2015).
11 Chamberlain verwendet beide Wörter nahezu synonym.

untergegangen. Chamberlain sieht darin, nicht zufällig mit christlicher Terminologie versehen (vgl. unten), etwas Naturwidriges, denn dieses „rassen- und nationalitätsloses Völkerchaos des spätrömischen Imperiums bedeutete einen unheilvollen, Verderbnis bringenden Zustand, eine Versündigung gegen die Natur" (Chamberlain 1935: 371). Doch der Germane hätte die Rettung gebracht: „Nur *ein* Lichtstrahl glänzte über jene entartete Welt. Er kam aus dem Norden: *Ex septentrione Lux*!" (Chamberlain 1935: 371; Hervorhebungen im Original).

Chamberlain ersetzt damit Gobineaus Verfallshypothese durch eine Apotheose des Germanen, der wie ein neuer Christus die Menschheit erlöst. Ein weiterer Unterschied zu seinem Vorgänger liegt darin, dass Chamberlain erheblich mehr als Gobineau die Einzelpersönlichkeit in den Vordergrund schiebt. Während für diesen die Reinheit der Rasse anzustreben ist und nur ganze Völker ‚arisch' sein können, setzt jener eine fortgeschrittene Rassenmischung voraus, in der einzelne Persönlichkeiten wie Kant, Goethe, Wagner und vor allem Jesus Christus als *Genies* zu Exponenten der arischen Rasse werden (Breuer 2008: 112).[12]

Von Darwin übernimmt Chamberlain die Metapher des ‚Kampfs ums Dasein', den er zum Kampf zwischen Germanen und Semiten bzw. zwischen Ariern und Juden uminterpretiert. Die Juden sind für Chamberlain der lange unterschätzte Feind, der die Nation infiltriert und schwächt:

> Von idealen Beweggründen bestimmt, öffnete der Indoeuropäer in Freundschaft die Tore, wie ein Feind stürzte der Jude hinein, stürmte alle Positionen und pflanzte – ich will nicht sagen auf den Trümmern, doch auf den Breschen unserer echten Eigenart die Fahne seines uns ewig fremden Wesens. (Chamberlain 1935: 382)

Chamberlain baut die Drohkulisse einer ‚rassereinen' jüdischen Nation auf, welche die Germanen in ihren Grundfesten gefährde. Die jüdische ‚Rassenreinheit' wird mit den alttestamentlichen Gesetzen und ihrer jahrhundertelangen Segregation von der christlichen Mehrheitsbevölkerung in der Diaspora begründet (vgl. Chamberlain 1935: 384–395). Religiöse Motive werden somit in rassische umgedeutet (vgl. Lobenstein-Reichmann 2008: 195–200). Auf diese Weise kann Chamberlain die althergebrachten antijüdischen Stereotypen (vgl. dazu Rosenberger 2017, dort mit weiterer Literatur) mit dem modernen Rassismus Gobineauscher Prägung verknüpfen und so den für die Folgezeit so fatalen rassistischen Antisemitismus mitbegründen (vgl. Fredrickson 2011: 125).

In diesen Kontext passt auch die an Paul de Lagarde angelehnte Behauptung, dass Christus in seiner Eigenschaft als „Erscheinung einer neuen Menschenart"

---

12 Zu Chamberlains Begriffen der *Persönlichkeit* und des *Genies* vgl. ausführlich Lobenstein-Reichmann (2008: 125–142).

(Chamberlain 1935: 239; im Original gesperrt), als „das absolute religiöse Genie" (Chamberlain 1935: 892–893) und Verkörperung des Reichs Gottes und des ewigen Lebens (vgl. Chamberlain 1935: 235) niemals ein Jude gewesen sein könne. Chamberlain versucht dies mit den Bevölkerungsstrukturen in Galiläa während der Zeit um Christi Geburt nachzuweisen und kommt schließlich zu dem Ergebnis:

> [I]n jenem ganzen Weltteile gab es eine einzige *reine Rasse*, eine Rasse, die durch peinliche Vorschriften sich vor jeder Vermengung mit anderen Völkerschaften schützte – die jüdische; dass Jesus Christus ihr nicht angehörte, kann als sicher betrachtet werden. Jede weitere Behauptung ist hypothetisch. (Chamberlain 1935: 257)

Vielmehr liege nahe, dass Christus ein Arier gewesen sei. Auf diese Weise kann Chamberlain – wieder in Anlehnung an Lagarde – behaupten, dass das Christentum eine ‚arische Religion' sei, die jedoch durch den Umstand, dass Christi Jünger allesamt Juden waren, in jüdischem Sinne ‚verfälscht' wurde. Somit werde es zur Pflicht, die ‚wahre arische Religion' von den jüdischen Elementen zu ‚reinigen' (vgl. dazu Puschner 2001: 216–217). Auf diese Weise wird der ‚Kampf' gegen das Judentum sowohl rassisch als auch religiös begründet.

Dieser ‚Kampf' ist jedoch hart, „denn es ist ebenso schwer, die semitische Weltauffassung aus einem frühzeitig damit inokulierten [›von Krankheitserregern befallen‹; S. R.] Geiste gänzlich zu entfernen, wie Metalle aus dem Blutumlauf" (Chamberlain 1997: 26). Daher entwickelt Chamberlain, um im ‚Rassenwettkampf' (vgl. Lobenstein-Reichmann 2008: 515) gegenüber den Juden eine möglichst gute Ausgangsposition zu erhalten, ein Konzept der Rassenzüchtung, der Eugenik, nach dem bevorzugt die besten Individuen einer Rasse sich zur Steigerung des allgemeinen rassischen Zustands paaren und vermehren sollen. In starker Anlehnung an Darwin nennt er fünf Bedingungen zur Züchtung edler Rassen: 1) „das Vorhandensein vortrefflichen Materials"; 2) Inzucht als „Erzeugung von Nachkommenschaft ausschliesslich im Kreise der engeren Stammesgenossen mit Vermeidung jeder fremden Blutmischung"; 3) Zuchtwahl nach dem Vorbild der Pflanzen- und Tierzüchtung; als Beispiel nennt Chamberlain das Aussetzen schwächlicher Kinder bei Griechen, Römern und Germanen; 4) Blutmischung, um die guten Eigenschaften anderer Völker aufnehmen zu können (vgl. Chamberlain 1935: 326–328) und 5) die Einschränkung der Blutmischung auf sorgfältig ausgewählte Individuen, nur zur „Veredelung einer Rasse" (Chamberlain 1935: 334). Gerade diese Gedanken zu Rassenzucht und ‚Rassenhygiene' sollten im völkischen Diskurs eine wichtige Rolle spielen (vgl. dazu Puschner 2001: 173–187), und sie reichten weit in die Ideologie des Nationalsozialismus hinein.

Anja Lobenstein-Reichmann fasst Chamberlains Rassenbegriff in einer lexikographischen Bedeutungsbeschreibung als

›entscheidendes, lebens-, kultur- und kraftspendendes Prinzip der Welt, Antriebskraft für Geschichte, Kunst und Kultur; durch die Zugehörigkeit zu einer bestimmten Gruppe bedingte, von Gott kommende bzw. gottähnliche Trieb- und Schöpferkraft im Individuum wie im Kollektiv, eine Art rassebedingtes Über-Ich, das im Menschen Handelnde, wichtigste Triebkraft des Individuums und jedes Kollektivs‹. Metonymisch dazu: ›Gruppe von Menschen und Tieren, die sich durch gemeinsame, über biologisch-genetische, körperliche, geistige und seelische Merkmale sowie durch eine damit wechselseitig verbundene Sprache von anderen Gruppen unterscheidet.‹ (Lobenstein-Reichmann 2008: 113)

Zu den Merkmalen einer Rasse gehören demnach sowohl das äußere Erscheinungsbild als auch die charakterlichen und moralischen Veranlagungen. Positive Zuschreibungen erhalten die west- und mitteleuropäischen Nationen (Engländer, Spanier usw.), präsupponierte ‚historische' Völkerschaften wie die Indogermanen, die Germanen und die indischen Arier sowie die durch Rassenzucht erst zu erschaffenden Arier; negativ werden die Juden, die Römer und weitere ‚niedere' Rassen charakterisiert, ihnen wird im Gegensatz zu den erstgenannten keine Entwicklungsfähigkeit zugeschrieben (vgl. Lobenstein-Reichmann 2008: 113–114). *Rasse* verhält sich bei Chamberlain partiell synonym zu Ausdrücken wie *Nation, Volk, Volkscharakter* oder *Volksseele* und antonym zu *Chaos, Völkerchaos, Charakter- und Individualitätslosigkeit* oder *Mestize*, worunter letztlich alle aus Rassenmischung hervorgegangenen Individuen zu zählen sind (Lobenstein-Reichmann 2008: 114–116).[13]

Damit kommt der Rassentheorie Chamberlains der Status einer „rassistische[n] Prädestinationslehre" (Lobenstein-Reichmann 2008: 119) zu, da sie Anlagen und Entwicklungsfähigkeit des Individuums unveränderlich vorherbestimmt. Auf diese Weise wird eine Möglichkeit geschaffen, Menschen ohne Rücksicht auf das Individuum zu kategorisieren und als ‚edel' oder ‚minderwertig' einzustufen. Ein einzelner Jude kann noch so begabt sein, aufgrund seiner Zugehörigkeit zur ‚jüdischen Rasse' ist er trotzdem Teil der nicht entwicklungsfähigen, feindlichen jüdischen Rasse, die es zu bekämpfen gilt. Damit war der Ausgrenzung, Verfolgung und schließlich Ermordung der Juden in den 1930er und 40er Jahren gedanklich bereits Vorschub geleistet.

Auch wenn Hannah Arendt relativiert, dass „nicht die hochtrabende Wissenschaftlichkeit von Gobineau und Chamberlain, sondern die *Protokolle der Weisen von Zion* [...] die Inspiration für die Neudeutung der abendländischen Geschichte" lieferten (Arendt 2016: 713–714), muss konstatiert werden, dass die *Grundlagen des XIX. Jahrhunderts* überaus erfolgreich waren: Bis 1944 erlebte das Werk 30 Auflagen und wurde in mehrere Sprachen übersetzt (Lobenstein-Reichmann 2008:

---

13 Dort auch weitere bei Chamberlain belegte paradigmatische und syntagmatische Vernetzungen des Ausdrucks *Rasse*.

25). Zu seinen Lesern gehörten neben Schriftstellern wie Thomas Mann, George Bernard Shaw, Hugo von Hofmannsthal und Karl Kraus vor allem völkische und rassistische Autoren wie Arthur Moeller van den Bruck, Ludwig Wiesner, Willibald Hentschel oder Hans F. K. Günther und führende Nationalsozialisten wie Dietrich Eckart, Baldur von Schirach, Heinrich Himmler, Joseph Goebbels und Adolf Hitler. Auch die drei im Folgenden zu behandelnden Autoren gehörten zu den eifrigen Chamberlain-Lesern (vgl. Lobenstein-Reichmann 2008: 24–25). Somit war Chamberlain nicht nur einer der „wichtigsten Wegbereiter der völkischen Weltanschauung" (Puschner 2001: 280), seine *Grundlagen* wurden auch „zur Bibel rassischer Wahrheit, rassischen Denkens und Siegens" (Mosse 1991: 109).

4 Adolf Bartels: Rassistischer Antisemitismus

Der Schriftsteller und Literaturwissenschaftler Adolf Bartels (1862–1945) war einer der führenden publizistischen Köpfe der völkischen Bewegung, „eine der stimmgewaltigsten völkischen Autoritäten im wilhelminischen Reich" (Puschner 2001: 50). In seinen Schriften proklamierte er seine Vorstellungen von Heimatverbundenheit, von der Abwehr des Fremden und des ‚Modernen'[14] und vor allem seinen pathologischen Antisemitismus. Dabei bleiben seine Ausführungen keineswegs auf das Gebiet der Literatur und Kunst beschränkt[15], vielmehr weitet er sie auf die gesellschaftlichen Verhältnisse aus und macht, obwohl er diesbezüglich seinen Laienstatus explizit betont (vgl. Bartels 1909: 62, 73), auch Vorschläge zur praktischen „Rassen-Forschung". Mit diesen Vorschlägen knüpft er an die Rassentheorien Gobineaus und Chamberlains an. Während des Ersten Weltkriegs war er Mitglied der 1914 gegründeten „penetrant rassenantisemitischen" Deutschvölkischen Partei (vgl. Puschner 2001: 52–53), die nach Kriegsende in der DNVP aufging. 1925 wurde er zum Ehrenmitglied der NSDAP-Ortsgruppe Weimar ernannt, und obwohl er niemals offiziell in die NSDAP eintrat (vgl. Breuer 2008: 207), sah er im Nationalsozialismus „Deutschlands Rettung" (Bartels 1924), gehörte bis zu

---

14 Diese Abwehr geht bis in die Wortbildungen. Einen seiner Aufsätze tituliert er mit dem Ausdruck *Modernitis*, dessen Endung *-itis* normalerweise für die Bezeichnung von Krankheiten (*Gastritis*, *Hepatitis*, *Endokarditis* usw.) verwendet wird (Bartels 1899); unter *Modernitis* versteht er dabei das krankhafte Geltendmachen alles Neuen und Modernen als einzig Wahrem (vgl. dazu Kiesel 2004: 21).
15 Die avantgardistischen Tendenzen der Literatur um die Jahrhundertwende werden von Bartels durchgehend kritisch bewertet oder komplett abgelehnt; meist wird ihre Entwicklung mit dem Einfluss jüdischer Autoren verbunden; vgl. etwa Bartels (1921: 18), wo er hervorhebt, dass der „Wiener Jude Arthur Schnitzler" einen wesentlichen Teil der Wiener Moderne charakterisiere.

seinem Tod zu dessen „glühenden Anhängern" (Puschner 2001: 11) und wurde im Dritten Reich als einer der ‚Vorkämpfer' der ‚Bewegung' hoch geehrt.

Auch wenn Bartels keine originäre Rassentheorie entwickelt hat, ist er mit seinen radikalantisemitischen Polemiken und seinen in vielem an Paul de Lagarde erinnernden Aussagen zu Mängeln und Zukunftsmöglichkeiten der deutschen Nation sowie seinen Vorschlägen zur ‚Rassenforschung' ein wichtiger Multiplikator völkischen Gedankenguts. Im Folgenden sollen deshalb drei Aufsätze von Bartels zum Thema ‚Rasse' auf ihren Rassenbegriff hin analysiert werden. Es handelt sich um die Texte *Rassenstolz* (erstmals erschienen in *Deutsche Welt*, 14. September 1902), *Zur Rassenforschung* (*Deutsche Welt*, 10. und 17. April 1904) und *Rassenzucht* (November 1908). Sie alle wurden von Bartels selbst in eine 1909 erschienene Sammlung seiner Aufsätze unter dem Titel *Rasse* aufgenommen, und zwar in chronologischer Reihenfolge auf den Seiten 23–29, 61–73 und 183–199.

Für Bartels gibt es keine ‚Urrasse', aus der alle anderen hervorgegangen seien; vielmehr nimmt er die gleichzeitige Entstehung verschiedener „Menschenherden" an weit voneinander getrennten Orten an, auf welche die verschiedenen Rassen zurückzuführen seien (Bartels 1909: 25). Durch den Einfluss geographischer Umstände würden in jahrhundertelanger Entwicklung Rassen gezüchtet.

Wenn die Stämme ihre Heimat verließen, träfen sie zwangsläufig auf andere Gruppen und träten mit diesen in Kontakt.

> Und erst jetzt tritt die Rassenmischung, -vermischung ein, da der Landerwerb nicht notwendig die Ausrottung früherer Bewohner in sich schließt. Die Mischung kann natürlich sehr verschiedener Art sein, das aber müssen wir festhalten, daß, wenn eine Mischung bestehen soll, *ein* Blut vorwiegen muß; es gibt kein Volk, in dem nicht ein bestimmter Rassencharakter herrschend wäre, überall ist die Rasse [...] das nationale Ferment. (Bartels 1909: 25; Hervorhebung im Original)

Mit dem aus der Medizin stammenden Ausdruck *Ferment*, den Bartels in diesem Zusammenhang mehrfach verwendet (so auch Bartels 1909: 61 und 73), deutet er einen biologistischen Rassenbegriff an, der sich dadurch bestätigt, dass er sie, dem Vorbild Gobineaus, Chamberlains und anderer folgend, eng an das *Blut* bindet: „Das Wesen der Rasse ist Reinheit des Blutes [...]. Daß Blut ein besonderer Saft sei, hat man lange gewußt, aber erst in neuerer Zeit ist den Völkern Europas die klare und genauere Erkenntnis gekommen" (Bartels 1909: 26).[16] *Blut* sei eine „natürliche Gruppe (kein bloßes Konglomerat) von körperlichen und weiter geistig-seelischen Eigenschaften [...], die immer wieder in zahlreichen Individuen *typisch* hervortreten und zuletzt das Wesen der Volksindividualität ausma-

---

16 Das Goethezitat (*Faust*, V. 1740) ist bei Bartels mehrfach belegt, so auch Bartels (1909: 69).

chen" (Bartels 1909: 26; Hervorhebung im Original). *Rasse* liegt für Bartels nicht in gemeinsamer Herkunft, Geschichte oder Sprache, auch wenn er deren große Wichtigkeit unterstreicht, sondern im gemeinsamen *Blut*, sie fungiert als Lebensprinzip für jegliches Volk:

> Der Besitz der gemeinsamen Volksheimat, gemeinsamen Sprache, gemeinsamen Geschichte bedeutet für ein Volk natürlich auch unendlich viel, wichtiger für den nationalen Zusammenhalt und die nationale Fortentwicklung ist aber doch die Erhaltung der nationalen Kraft, und diese fließt aus der Rasse, ist die Fähigkeit, möglichst viele Individuen, in denen das Rassenhafte verkörpert ist und sich in Energie umsetzen kann, hervorzubringen. (Bartels 1909: 26)

Daher müsse bei der Rassenmischung, die unvermeidlich[17] sei, mit Vorsicht vorgegangen werden: „Ein Volk, d. h. ursprünglich rassenreine Stämme, mögen sich mit anderen, rassenfremden vermischen, aber das darf niemals vollständig geschehen, es müssen starke rassenreine Teile nachbleiben, es muß in der Mischung selbst ein Blutbestandteil vorwiegen" (Bartels 1909: 25). Große Künstler von Rang, hier ist sich Bartels mit Chamberlain einig, können letztlich nur *Rassemenschen*, also ‚Reinrassige' sein: „Auf künstlerischem Gebiet sollen nach vielfacher Annahme die Mischungen von besonders großer Bedeutung sein, doch ergeben sie nach meiner ziemlich großen Erfahrung nur aesthetische Naturen, während die elementarsten Schöpfer meist Rassemenschen sind" (Bartels 1909: 73).

Dass Bartels von der grundsätzlichen Ungleichheit der Rassen ausgeht, wird anhand vieler Stellen ersichtlich, ohne dass er sie im Einzelnen begründet. Stattdessen verweist er auf seine Vorgänger und stellt, jeden Widerspruch als *Unkenntnis* disqualifizierend, fest, dass „die verschiedene geistige und sittliche Beanlagung der verschiedenen Rassen [...] so über allen Zweifel erhaben [ist], daß man dem, der sie leugnet, einfach Unkenntnis vorwerfen darf" (Bartels 1909: 67).

In früheren Zeiten, so Bartels, hätten die Menschen nur ein „naives Rassengefühl" besessen, in dem eine Rasse ihre Abstammung an Götter geknüpft hätte. Mit dem Bewusstwerden der Rasse in neuerer Zeit aber entstehe das, „was man Nationalgefühl, Nationalstolz usw. nennt, und was dann auch neben den immer noch unbewußt fortwirkenden Rasseneigenschaften ein historischer Faktor wird". So

---

[17] „Als ganzes hat sich [...] im Laufe der Entwicklung keine Rasse rein erhalten, wohl aber gibt es noch immer, trotz des modernen Verkehrs, zahlreiche verhältnismäßig reine Rassenteile, und die Rasseneigenschaften treten in zahllosen Individuen wieder rein hervor" (Bartels 1909: 25–26). An anderer Stelle vergleicht Bartels die Rassen mit den Elementen und gibt ihnen damit den Status grundlegender Prinzipien: „Mögen sie selten ungemischt vorkommen, sie sind doch ewig und alles besteht aus ihnen, auch haben sie rein hergestellt erst Wert. Wie kann man glauben, von der Rasse, vom Blut jemals absehen zu können?" (Bartels 1909: 26).

wird die *Rasse* semantisch eng mit der *Nation* verknüpft und Bartels behauptet schließlich: „Nationalstolz ist im Grunde immer Rassenstolz" (Bartels 1909: 26).

Das deutsche Volk sei, auch hier folgt Bartels seinen Vorgängern, zwar nicht rasserein, aber aufgrund des Vorwiegens der ‚germanischen' Elemente mit großen Anlagen gesegnet, so dass ihm, bei entsprechender Förderung (vgl. unten), eine große Zukunft bevorstehe:

> Macht man nun die nähere Anwendung dieser Auseinandersetzungen auf das deutsche Volk, so ist zunächst ohne weiteres zuzugeben, daß dieses, als Ganzes gesehen, reine Rasse nicht ist. Aber an dem Vorwiegen der germanischen Rasse (Unterrasse der Arier) darf auch nicht im geringsten gezweifelt werden, und deren Eigenschaften sind es, die dem deutschen Volkstum sein Hauptgepräge geben. [...] So viel ist sicher, daß uns die Verbindung mit anderen arischen Unterrassen eine gewaltige nationale Mannigfaltigkeit der Begabungen gebracht hat, doch ist der germanische Rassencharakter unseres Volkes dadurch nicht unterdrückt worden. [...] Sind wir Deutschen aber eine Nation mit ausgeprägtem Rassencharakter, so haben wir auch Ursache zum Rassenstolz, brauchen nur dafür zu sorgen, daß er in unserer edlen Rasse würdigen Formen auftritt. (Bartels 1909: 27–28)

Der Appellcharakter dieser Passage besteht im Gebrauch der Pronomina: Bartels gebraucht die 1. Person Plural (*wir, uns*), bezieht also seine Leser ebenso wie sich selbst in die ‚deutsche Nation' mit ein und fordert sie mit impliziter Deontik auf, seinen *Rassenstolz* zu teilen.

Seinen Ausführungen zur ‚Rassenwissenschaft' oder ‚Rassenforschung' legt Bartels direkt von Gobineau übernommene Prämissen zugrunde. Dieser wird als einer der „genialen Köpfe[]" bezeichnet (Bartels 1909: 62), als derjenige, der nicht nur die Rassenwissenschaft theoretisch begründet, sondern auch ihr eine historische Grundlage zu geben versucht habe (vgl. Bartels 1909: 63). Zwar stehe die Rassenwissenschaft noch in ihren Anfängen (vgl. Bartels 1909: 62), doch wenn sie fortgeschritten sei,

> so würden wir wahrscheinlich in einigen Jahrzehnten eine Rassenwissenschaft haben, deren Hauptergebnisse niemand mehr bestreiten könnte, ohne sich lächerlich zu machen. Und diese Rassenwissenschaft würde den sicheren Untergrund einer neuen, der nationalen Weltanschauung abgeben, die bestimmt ist, die zerfallene humanistisch-demokratische abzulösen. (Bartels 1909: 73)[18]

Diese Rassenwissenschaft soll auch die Grundlagen für die Erneuerung des Deutschen und die Abwehr der ‚jüdischen Gefahr' liefern. Seinen Aufsatz *Rassenzucht*

---

[18] Anhand dieses Zitats wird deutlich, dass Bartels die *humanistisch-demokratische Weltanschauung* für *zerfallend*, also für sich auflösend und überlebt hält, und ihr eine neue *nationale Weltanschauung* entgegensetzt, die folglich weder humanistisch noch demokratisch sein kann. *National* verhält sich für ihn demnach antonym zu *demokratisch* und *humanistisch*.

beginnt Bartels mit einem langen Zitat aus Chamberlains *Grundlagen* (vgl. Chamberlain 1935: 382–387). Aus diesem Zitat sei hier nur ein kurzer Ausschnitt wiedergegeben:

> [I]nzwischen werden aber Tausende von Seitenzweiglein abgeschnitten und zur Infizierung der Indoeuropäer mit jüdischem Blute benutzt. Ginge das ein paar Jahrhunderte so fort, es gäbe dann in Europa nur noch ein einziges rassenreines Volk, das der Juden, alles Uebrige wäre eine Herde pseudohebräischer Mestizen, und zwar ein unzweifelhaft physisch, geistig und moralisch degeneriertes Volk. (Chamberlain 1935: 383; hier zitiert bei Bartels 1909: 183)

Bartels kommentiert diese Passagen mit dem Hinweis, dass sie für gebildete Deutsche zwar nichts Neues enthielten, man jetzt aber wisse, dass es sich genau so verhalte (vgl. Bartels 1909: 184).

Chamberlain lieferte Bartels die ‚rassentheoretischen' Begründungen für seinen eigenen Antisemitismus, den er in fast allen seinen Schriften zur Geltung bringt, weshalb ihn Puschner treffend als „manische[n] Antisemit[en]" bezeichnet (Puschner 2001: 66). Er bezeichnet die Juden als „Schmarotzervolk" (Bartels 1909: 64), spricht von der „vom Judentum geübte[n][19] Zersetzung" (Bartels 1909: 186) und, in deutlicher Anlehnung an Chamberlain, vom „jüdische[n] Mestizentum" (Bartels 1909: 198) und nimmt die spätestens seit Heinrich von Treitschke (vgl. Treitschke 1880: 2) im antisemitischen Diskurs kursierende Unterscheidung zwischen west- und osteuropäischen Juden auf, wobei er die beiden Gruppen hierarchisiert und die Ostjuden, mit Angaben zur Rassenmischung Gobineauscher Prägung versetzt, herabwürdigt:

> Aber daß Israeliten und Juden nicht ohne weiteres dasselbe sind, wissen wir jetzt [durch die Rassenforschung; S. R.] ganz bestimmt […] und ebenso wissen wir, daß die spanischen und portugiesischen Juden, die Sephardim, sich vor den russischen und polnischen, den Aschkenasim durch Rassenreinheit auszeichnen, daß sich die letzteren stark mit mongolischen Elementen (Chasaren) gemischt haben und als Mischlinge die schlechteren Juden sind. (Bartels 1909: 65)

Bartels ist von seinem rassistischen Antisemitismus so überzeugt, dass er behauptet, Juden nur an ihrem Aussehen erkennen zu können und prahlt mit der „Sicherheit", mit der „Leute" (mit denen er wohl sich selbst meinen dürfte), „die auf Rassenunterschiede zu achten pflegen, beispielsweise die jüdische Blutmischung feststellen" (Bartels 1909: 67).

Aufgrund seiner ‚arisch-germanischen' Anlagen hat, wie bereits erwähnt, das deutsche Volk für Bartels enormes Potenzial. Dieses sieht er jedoch in höchster

---

19 Mit dem Handlungsverb *üben* unterstellt Bartels implizit, dass diese *Zersetzung* intentional erfolge.

Gefahr, wenn keine Gegenmaßnahmen eingeleitet würden. In diesem Fall malt er die Zukunft in schwärzesten Farben:

> Unsere Kultur geht dem sicheren Untergang entgegen, und wir werden schließlich den mongolischen Rassen weichen müssen, wenn wir die abschüssige Bahn nicht verlassen, die durch das Sinken der Ehefrequenz und der Geburtenziffer bei den romanischen und den germanischen Völkern bezeichnet ist. (Bartels 1909: 186)

Schuld daran seien „die Freizügigkeit, die auch in die Gegenden, die sonst als Reservoire germanischen Volkstums dienten, schlechte Elemente gebracht hat, das übermäßige Anwachsen der Großstädte, das gerade in den höheren Kreisen herrschende Zweikindersystem" und die großen deutschen Kriege seit dem Dreißigjährigen Krieg (Bartels 1909: 185).[20] Hinzu kommen der von Bartels immer wieder beklagte wachsende Einfluss der Juden und die Zuwanderung von slavischen Arbeitern, weshalb er konstatiert, dass man „die russisch- und galizischpolnischen Arbeiter, die trotz aller Verfügungen vielfach im Lande bleiben und unsere Rasse stetig verderben, nicht auf lange mehr ins Reich lassen" könne und dürfe. Die „Polengefahr" setzt Bartels als ebenso groß an wie die „Judengefahr", „denn wenn das Judentum unser Volkstum zersetzt, so schiebt ihm das Polentum nach und nach eine andere Basis unter und unterbindet den natürlichen Aufstieg" (Bartels 1909: 196). Er warnt vor dem „*Finis Germaniae*"[21], da „mit einem so schlechtrassigen, dazu noch stockkatholischen Untergrund [...] das deutsche Volk nicht existieren [kann], zumal wenn dazu noch die oberen Klassen jüdisch gemischt sind" (Bartels 1909: 196–197). Letztlich kleidet Bartels sein Schreckensszenario in eine rhetorische Frage: „Soll die gelbe oder die weiße Rasse die Vorhand bekommen, droht der europäischen Kultur die Ueberschwemmung durch die asiatische?" (Bartels 1909: 198).

Aus der Politik erhofft sich Bartels keine Unterstützung, da „unsere Staatsmänner [...] leider immer noch wenig Verständnis für Rassenpolitik [haben], sie huldigen immer noch, trotzdem sie oft konservativ zu sein glauben, den liberalen Grundsätzen des ‚laisser faier, laisser aller', die wahrhaft völkerkraftmordend gewesen sind" (Bartels 1909: 66). Dennoch hält er eine organisierte ‚Rassenzucht' mit dem Ziel, den Gefahren besser gewappnet entgegenzutreten, sowohl für möglich als auch für nötig. Zunächst formuliert er noch vorsichtig:

---

20 Mit der Ablehnung der zunehmenden Urbanisierung und ihren Begleiterscheinungen ist ein wichtiges Element völkischer Ideologie angesprochen, auf die hier aber nicht weiter eingegangen werden kann. Jörg Lanz von Liebenfels etwa bezeichnete die Großstadt als „das seelische und wirtschaftliche Grab der blonden und germanischen Rasse" (zitiert nach Puschner 2001: 115).

21 Auf den Widerspruch zwischen der Behauptung, die Rasse sei das *nationale Ferment* und der Warnung vor dem *Finis Germaniae* weist Breuer (2008: 119) hin.

> Aber vielleicht könnten wir doch in einem beschränkten Maße Rassenzucht treiben, wenn nicht das ganze Volk, doch bestimmte Kreise desselben unter die Herrschaft des Rassegedankens stellen. Es ist, darüber sind wir nationalgesinnten Deutschen uns alle einig, je länger, desto mehr nötig; denn unzweifelhaft hat eine Verschlechterung unserer Rasse stattgefunden, genauer ausgedrückt, das deutsche Volk ist nicht mehr in so hohem Grade germanisch rassenhaft bestimmt wie früher. (Bartels 1909: 185)

Auch hier ist die durch den Gebrauch des Personalpronomens *wir* implizierte Deontik greifbar: Alle Leser sind dazu aufgefordert, den nun folgenden Vorschlägen zur Rassenzucht zu folgen und so den imaginierten Gefahren zu trotzen.

Neben Forderungen nach der Förderung der Ehe und der Geburtensteigerung (die selbstverständlich nur beiderseits ‚germanische' Ehepaare betrifft)[22] sowie nach der „Reinhaltung des Blutes" (Bartels 1909: 193) spricht sich Bartels auch für die Erhaltung der Stände und damit gegen die Demokratisierung aus, die er als „Ideal der allgemeinen und radikalen Gleichheit" geißelt, die „außer bei den Verbohrten" ziemlich verschwunden sei (Bartels 1909: 188). Dem Adel kommt dabei eine besondere Rolle zu:

> Nicht nur besitzt er [Adel] einen verhältnismäßig bedeutenden Teil des nationalen Bodens, er hat im allgemeinen auch die höheren Stellungen im Heer und in der Beamtenschaft inne und übt auf die Fürsten in der Regel einen nicht geringen Einfluß. Seine Stellung beruht zuletzt auf der Reinheit seines Blutes, auf seiner edlen Rasse: Nur, weil er den edelsten Extrakt des rassenhaften Volkstums darstellt, hat man ihm die Stellung unmittelbar am Thron eingeräumt. (Bartels 1909: 189)

Gerade hier ist die Vermischung der Rassen für Bartels besonders zu verurteilen: Die Verbindung junger Adliger mit „Judentöchtern" sei eine unentschuldbare „Bastardisierung", die irreparable Folgen habe: „[D]ie Rasse, wenn sie denn fortbesteht, ist ein für alle Mal verdorben, ein Edelmann hat das Vergnügen, als Kinder und Enkel Judensprößlinge aufzuweisen; denn bekanntlich schlägt in der Regel das stärkere jüdische Blut durch und ist auf keine Weise wieder auszuschalten" (Bartels 1909: 189). Deshalb fordert Bartels das Verbot einer solchen ‚Missheirat' und die Bestrafung des ‚Täters' durch Verlust des Adels- und Offiziersranges (vgl. Bartels 1909: 190). Des Weiteren spricht er sich für die Entfernung der „Judengenossen und Halbjuden aus dem Heere" aus (Bartels 1909: 190). Insgesamt sei somit „Rassenzucht [...] überall nur bei Unschädlichmachung des Judentums möglich" (Bartels 1909: 192).

---

[22] „Hier fehlt noch der Gedanke, daß nur die unter der Berücksichtigung des Rasseprinzips geschlossene Ehe national wirklich ersprießlich sein kann" (Bartels 1909: 187).

Um solche Forderungen praktisch durchführen zu können, dessen ist sich Bartels bewusst, müssen Rechtsnormen geschaffen werden, in denen die Menschen nach ihrer ‚Rassenzugehörigkeit' klassifiziert werden können; es habe also „die gesetzliche Festlegung des Judentums als eines fremdrassigen Bevölkerungsbestandteils in die Verfassungen der deutschen Staaten [...] zu erfolgen" (Bartels 1909: 190). Zur „reinliche[n] Scheidung vom Judentum" fordert er einen „Judenparagraphen" (Bartels 1909: 191). Außerdem empfiehlt er als Maßnahme gegen den wachsenden Einfluss der Juden im öffentlichen Leben, dass diese „bestimmte, ihnen zugewiesene Namen führen und [...] geistige Tätigkeit nicht mehr unter dem Schleier der Anonymität üben" dürften. Dies gehe damit einher, dass der „Uebertritt zum Christentum [...] weder zur Namensänderung noch zum Austritt aus der Judenschaft" berechtige (Bartels 1909: 192).

Mit diesem Maßnahmenkatalog knüpft Bartels nahtlos an die oben angedeuteten Ideen Chamberlains zur Eugenik und Rassenzüchtung an und geht über ihn hinaus, indem er die Ausgrenzung ‚fremdrassiger' Menschen, vor allem der Juden, aus der Gesellschaft fordert, die zudem gesetzlich legitimiert und sanktioniert werden soll. Sowohl sprachlich als auch inhaltlich nimmt Bartels damit wesentliche Elemente der Nürnberger Rassengesetze von 1935 vorweg. Mit der Behauptung, dass man die Mitgliedschaft am Judentum weder durch Namensänderung noch durch Austritt (sprich: Konversion) aufgeben könne, spricht Bartels dem Judentum den Status einer Religionsgemeinschaft ab und erklärt sie zur ‚Rasse', die man weder ablegen noch verleugnen oder unterdrücken kann. Die Konsequenz ist ein durch das Gesetz geschaffener rassistischer Antisemitismus. Und als sei dies nicht genug, fordert er zudem eine obrigkeitliche Zuweisung von ‚Judennamen', die ihre Träger sofort als Mitglieder der ‚jüdischen Rasse' erkennbar machen. Auch diese Idee wurde durch die Namensänderungsverordnung vom 17. August 1938 Wirklichkeit, als Juden, deren Vorname nicht eindeutig als jüdisch zu erkennen war, den Namenszusatz Israel oder Sara eintragen mussten.

Letztlich blickt Bartels, in schroffem Widerspruch zu den oben zitierten Bedrohungsszenarien, optimistisch in die Zukunft, einerseits aufgrund der immer noch ausreichenden Anzahl an ‚reinen Germanen' in der deutschen Bevölkerung, andererseits, weil er an den Erfolg der von ihm ins Spiel gebrachten rassenpolitischen Maßnahmen glaubt:

> Ich für mein Teil glaube, wenn ich auch das Verschlingen der germanischen Rassebestandteile unseres Volkes durch die Großstädte nicht zu bestreiten vermag, doch daran, daß die Bevölkerung, wie sie heute ist, auch in Zukunft immer hinreichend ‚Germanen' produzieren wird, um den Grundcharakter unseres Volkes, das Germanentum als nationales Ferment aufrecht zu erhalten. (Bartels 1909: 72–73)

> Hätten wir den Rassegedanken überhaupt nur erst auf einigen Gebieten unseres nationalen Lebens angewandt, beispielsweise auch bei der Versetzung der Beamtenschaft, so würde er bald auch auf anderen auftauchen, würde nach und nach in Fleisch und Blut unseres Volkes übergehen, und die edle germanische Rasse wäre gerettet, das deutsche Volk bliebe auf Jahrhunderte hinaus germanisch rassenhaft bestimmt und wäre damit einer großen Zukunft sicher. (Bartels 1909: 197)

Bartels schließt mit einem Ausblick auf die Zukunft eines Deutschlands, das seine *Sendung* in die Welt tragen und zur Verjüngung der Welt beitragen könne, verbunden mit der Mahnung, die eigene Rasse zu *stärken*, damit nicht noch einmal der *Mongole* (gemeint sind hier die Hunnen) nach Europa vordringen könne. Dies ist garniert mit der Vision einer Gründung von Militärkolonien im Osten als Schutz gegen die *andringende gelbe Gefahr*, die wie eine Vorwegnahme der NS-Propaganda zum Russlandfeldzug wirkt; lediglich das Ideologem vom ‚jüdischen Bolschewismus' fehlt aus naheliegenden Gründen:

> Im besonderen unserer deutsch-germanischen Rasse gestehe ich noch eine große Zukunft zu – nicht, daß ich die Deutschen, wie die Juden sich selber, für das auserwählte Volk Gottes und zur Weltherrschaft berufen hielte, aber als das geistig und seelisch bewegteste und als das im Kern gerechteste Volk der Welt sehe ich die Deutschen an und glaube, daß ihre Sendung auf Erden die höchste ist, die man sich denken kann, die, die Welt immer wieder zu verjüngen. Vielleicht stellt uns das Schicksal sehr bald vor eine große Aufgabe, vielleicht kracht der russische Koloß, revolutionszersetzt, wie er jetzt ist und bei der vollständigen Erschöpfung seiner herrschenden Kreise wohl auch bleiben wird, einmal wirklich zusammen, und uns fällt die Aufgabe zu, Krieger und Kolonisten, wie schon einmal im Mittelalter, nach Osten zu senden, das ungeheure Land bis zum Stillen Ozean und bis zum Pamirr-Plateau [sic!] mit Militärkolonien zu durchsetzen, damit ein Widerstand gegen die andringende gelbe Gefahr möglich ist. Dazu ist es dringend nötig, daß wir unser Rassenbewußtsein und unsere Rasse selbst stärken, damit nicht, wie auch schon einmal, der Mongole bis in das Herz Europas dringe und im Bunde mit den schlechtrassigen Elementen unter uns nicht nur unsere jetzige Kultur vernichtet, sondern auch noch die höhere, die wir wie alle edlen Rassen ersehnen, für ewige Zeiten unmöglich mache. (Bartels 1909: 198–199)

5 Ludwig Woltmann: Evolutionistischer Rassismus

Der Arzt, Anthropologe und Philosoph Ludwig Woltmann (1871–1907) war bis 1902 Sozialdemokrat, bevor er sich dem völkischen Lager zuwandte und mit seinen Werken *Politische Anthropologie* (1903) und *Die Germanen und die Renaissance in Italien* (1905) erheblichen Einfluss ausübte. Von 1902 bis zu seinem frühen Tod bei einem Badeunfall war er gemeinsam mit Hans K. E. Buhmann Gründer und Herausgeber der Zeitschrift *Politisch-Anthropologische Revue*, die sich das Ziel gesetzt hatte, die Einflüsse der biologischen Entwicklungslehre auf die Rassen und Staaten zu erforschen (vgl. Puschner 2001: 95-97; vgl. außerdem Mosse 1991: 111-116). In seinen Arbeiten versuchte er, Kant, Marx, Darwin, Gobineau und den französischen Rassentheoretiker Georges Vacher de Lapouge (1854-1936) in einer Theorie zu vereinigen und war an der Verbreitung von Lapouges Theorien in Deutschland entscheidend beteiligt. Zudem „trug er maßgeblich dazu bei, dem imperialistischen Charakter der völkischen Rassenideologie eine parawissenschaftlich legitimierte Grundlage zu schaffen" (Puschner 2001: 98). Dabei machte er vor allem die von Lamarck und Darwin ausgehende Evolutionstheorie und die Vererbungslehre für rassenpolitische Zwecke fruchtbar. Wie Chamberlain, Otto Ammon und andere übertrug er naturwissenschaftliche Prinzipien „durch Vereinfachung und Verallgemeinerung, durch Vermengung von Spekulation und Tatsachen und durch Aufstellung von Kausalketten auf die menschliche Zivilisation" und verschmolz diese „zu einer pseudowissenschaftlich legitimierten rassistischen Weltanschauung" (Puschner 2001: 86). Daher gehört er trotz seiner vergleichsweise schmalen publizistischen Hinterlassenschaft zu den zentralen Autoren des völkischen Diskurses.

Die folgende Darstellung beschränkt sich auf Woltmanns *Politische Anthropologie* und die dortigen Ausführungen zu einer evolutionistischen Rassentheorie, die, wie vorweggenommen werden kann, auf einer einseitigen Interpretation der Theorie Darwins von der natürlichen Auslese beruht.

Der Text beginnt mit der grundsätzlichen Feststellung, dass für Menschen die gleichen Gesetze gelten wie für jedes andere Lebewesen: „Die Menschenrassen sind aber denselben allgemeinen biologischen Naturgesetzen der Veränderung und Vererbung, Anpassung und Auslese, Inzucht und Vermischung, Vervollkommnung und Entartung unterworfen, wie alle anderen Organismen der Tier- und Pflanzenwelt" (Woltmann 1903: 1). Die Entwicklung der einzelnen Menschenrassen sei das Ergebnis ineinandergreifender Ursachen, die Woltmann als *Differenzierung*, *Anpassung*, *Vererbung* und *Auslese im Daseinskampf* (vgl. Woltmann 1903: 4) bezeichnet. Unter günstigen Bedingungen führten diese Vorgänge zur Vervollkommnung, unter ungünstigen zur Entartung und Vernichtung der Rassen (Woltmann 1903: 5).

Notwendig für die Bildung und Erhaltung einer reinen Rasse seien „Gleichmäßigkeit der Naturbedingungen, strenge Ausmerzung aller abartenden Individuen und strenge Inzucht durch natürliche oder soziale Schranken" (Woltmann 1903: 105). Diese drei Bedingungen, vor allem die mittlere, gehören zum Kern von Woltmanns Rassentheorie.

Reine Rassenelemente seien aber nur noch bei wenigen Menschengruppen zu finden, es gebe jetzt nur noch „kleinere geschlossene Abteilungen der kaukasischen, Mongolen- und Negerrasse, die als rasserein angesehen werden können" (Woltmann 1903: 105). Die übrigen Rassen seien durch Wanderungen, Kriege und Eroberungen vermischt worden. Im Gegensatz zu Gobineau sieht Woltmann in der Rassenmischung per se noch keine Ursache für den Verfall; im Gegenteil könne eher sogar allzu starke Inzucht innerhalb einer Rasse zu Erbkrankheiten führen. Als Beispiel dienen ihm die Juden, die in größerer Zahl nur in engeren Kreisen heirateten: Ein Viertel aller Diabetiker seien Juden und man finde „unter den Juden mehr Irrsinnige als sonst im Durchschnitt" (Woltmann 1903: 107).

Zur Steigerung und Verbesserung der einzelnen Rassen seien deshalb planvolle Kreuzungen nach dem Vorbild der Tier- und Pflanzenzucht notwendig – planvoll deshalb, weil Woltmann die Prämisse Gobineaus und anderer Rassentheoretiker, die Rassen seien ungleich und von verschiedenartigem Wert, übernimmt. Auch er nimmt eine steigende Hierarchie von schwarzen, gelben[23] und weißen Rassen an. So habe etwa die Mischung von Weißen und Schwarzen immer eine physische und moralische Verschlechterung sowie eine Zunahme der Sterblichkeit zur Folge. Zugleich hierarchisiert er die Geschlechter, er gibt dem Mann eindeutig den rassischen Vorzug vor der Frau (vgl. Woltmann 1903: 110–111).

Ungünstige Kreuzungen führten dazu, dass die Mischlinge die Laster ihrer Eltern und nicht deren Tugenden ausbildeten; meist habe die Rassenkreuzung „eine Entartung der menschlichen Typen zur Wirkung"; das ‚Blutchaos' habe daher Disharmonien in der körperlichen und geistigen Bildung zur Folge. Vor allem die Kreuzung der farbigen Rassen mit dem „begabteste[n] Menschentypus, [der] nordeuropäische[n] helle[n] Rasse" sei gefährlich, denn obwohl es manche Mischlinge wie Luther, Goethe, Beethoven, Michelangelo oder Raffael gegeben habe, die höchste Begabung gezeigt hätten, sei sogar schon die Mischung der nordeuropäischen mit dem mediterranen brünetten Typus auf Dauer verderblich: „Die germanische Rasse verliert in diesen Kreuzungen die hervorragende Körpergröße und Langschädeligkeit, was in letzter Hinsicht eine physische und geistige Verschlechterung bedeutet" (Woltmann 1903: 112–113).

Die Behauptung Gobineaus, dass die künstlerische Begabung aus der Verbindung der weißen mit der schwarzen Rasse entsprossen sei, weist Woltmann zurück: Die germanische Rasse werde durch die Mischung mit dem alpinen und mediterranen Typus „entschieden verschlechtert", die Erhaltung geistiger Eigenschaften wie etwa künstlerischer Genialität sei nicht erwiesen und zwei der genialsten Künstler der Renaissance, Leonardo da Vinci und Canova, seien rein ger-

---

23 Ein Beispiel: „Von den gelbbraunen Mischlingen an der westafrikanischen Küste heißt es, daß sie in der Regel nur alle schlechten Charakterzüge von ihren verschiedenfarbigen Eltern geerbt haben. Heimtücke, Hinterlist, raffinierte Bosheit, Falschheit, Feigheit, dabei ein freches und unverschämtes Wesen legt man ihnen zur Last" (Woltmann 1903: 112).

manischen Typs. „Im großen und ganzen hatten es die Germanen nicht nötig, von anderen Rassen verbessert und veredelt zu werden" (Woltmann 1903: 113).

Jede Kultur erfährt nach Woltmann je nach Rassenveranlagung eigene Entwicklungen: „Die Kultur des Menschengeschlechts bewegt sich nicht in geradliniger fortschreitender Richtung, sondern ist mit einem vielverzweigten Baum zu vergleichen, an dessen Spitze die begabtesten Rassen mit ihren höchsten Kulturen stehen" (Woltmann 1903: 159). Daher seien die Theorien von Gobineau und anderen Autoren nicht nur Vermutungen, sondern Tatsachen, die sich aus der vergleichenden Betrachtung der politischen und kulturellen Entwicklung der Nationen unweigerlich ergäben (Woltmann 1903: 226). Auch hier wird also jeder Zweifel an der Richtigkeit der Behauptungen als haltlos zurückgewiesen.

Die physiologischen Unterschiede zwischen den Rassen verursachen, so Woltmann weiter, vor allem die Leistungsfähigkeit des Nervensystems und des Gehirns. Auf der Gehirnkraft beruhe die spontane Fähigkeit zu Erfindungen, Entdeckungen und Unternehmen, die Fähigkeit, fremde Ideen aufzunehmen, sie zu assimilieren und weiter auszubilden, die Fähigkeit, erworbenen Besitz festzuhalten, zu vererben und zu vermehren. Es gebe spezifische Kulturrassen, welche aus eigenem Antrieb in kurzen Zeiträumen ihnen eigentümliche höhere Kulturen hervorbringen könnten; diese unterschieden sich von den kulturarmen Stämmen besonders durch ihre Variabilität und differenzierte Gesellschaftszustände, die wiederum neue Variationen durch Auslese und Anpassung schüfen (vgl. Woltmann 1903: 226).

Vor allem an der Formung des Schädels und den daraus folgenden Strukturen des Gehirns macht Woltmann seine Hierarchisierung der Rassen fest. Aus längeren morphologischen und physiologischen Ausführungen schließt er, „daß der großgewachsene und großschädelige Mensch mit frontaler Dolichocephalie und heller Pigmentierung, also die nordeuropäische Rasse, den vollkommensten Repräsentanten des Menschengeschlechts und das höchste Produkt der organischen Entwicklung darstellt" (Woltmann 1903: 254; im Original gesperrt). Das Gehirn der niedrigsten Rassen sei hingegen „psychologisch durch Unstetigkeit, Flüchtigkeit und Erregbarkeit durch augenblickliche Affekte und sinnliche Eindrücke gekennzeichnet" (Woltmann 1903: 254–255). Diese benennt er als die gemeinsamen Merkmale der schwarzen Menschenrassen, der Mongolen und des alpinen Typus Europas.

Innerhalb der heller gefärbten ‚dolichokephalen Rasse' zeichne sich die nordeuropäische durch besonders hervorragende Kulturfähigkeit aus, weshalb die bedeutendsten Genies der Menschheit Vertreter dieser Rasse oder zumindest Mischlinge seien, deren Blut vorwiegend germanisch gewesen sei:

> Die ausgezeichnetsten Menschen der neueren Geistesgeschichte waren zum größten Teil Vollblutgermanen, wie Dürer, Leonardo da Vinci, Galilei, Rembrandt, Rubens, van Dyck, Voltaire, Kant, Wagner.[24] Andere zeigen Beimischungen der brünetten Rasse, sei es, daß sich dieselbe namentlich in der dunkleren Pigmentierung oder seltener in einer Verbreiterung des Schädels zeigt, wie bei Dante, Raffael, Michelangelo, Shakespeare, Luther, Goethe, Beethoven. (Woltmann 1903: 255)

Bei derartigen Unterschieden seien Maßnahmen zur Trennung und Segregation der Rassen nur natürlich. Auch hier stimmt Woltmann in den Chor seiner Vorgänger ein. Sklaverei und das Kastenwesen seien „soziale Schutzmittel in Form von rechtlichen Institutionen, politischen und religiösen Vorrechten, um das Blut der edleren Schichten rein zu erhalten und die für die höhere Kultur notwendigen organischen Träger durch Rassen-Inzucht zu erhalten und zu vermehren" (Woltmann 1903: 199–200). Die strenge Kasten- und Eheordnung der Inder werde, so Woltmann, durch die Erfahrung aus der Geschichte diktiert, dass jeder Staat, in dem die Reinheit der überlegenen Rasse zerstört werde, zugrunde gehe:

> Das starke Gefühl der Ueberlegenheit der arischen Rasse und eine festgegründete Vorstellung von der strengen Gesetzmäßigkeit der natürlichen Vererbung und der Verschlechterung der Rasse durch Einmischung fremden minderwertigen Blutes ist der Grundzug, der durch das ganze Gesetzbuch der Inder hindurchgeht. In keinem Gesetzbuch anderer Völker finden wir eine so genau und streng durchgeführte Rassenhygiene und Rassenpolitik in der inneren Gesetzgebung, wie in dem des Manu. (Woltmann 1903: 202)

Gleichwohl seien die Rassen keine statischen, sondern höchst dynamische Gebilde. Deshalb betreibt Woltmann erheblichen Aufwand, um die den Rassen förderlichen wie die schädlichen Faktoren zu beschreiben, mit dem unausgesprochenen Appell an die Leser, diese Ausführungen besonders zu beherzigen. Hierbei wird die bereits erwähnte soziale Auslese virulent.

Das differenzierte gesellschaftliche und geistige Leben der Kulturmenschen schafft, so schreibt Woltmann, neue Bedingungen, was Auslese und Vermischung betrifft. Diese können im Vergleich zum Naturzustand zum Teil einen Fortschritt, zum Teil einen Rückschritt bedeuten. Der durch die sozialen, hygienischen und medizinischen Fortschritte verursachte Mangel an physischer Auslese habe Folgen für die körperliche Beschaffenheit der zivilisierten Menschen, er führe notwendig zur ‚erblichen Entartung', die vor allem das Knochensystem, die Sinnesorgane und bestimmte physiologische Funktionen beträfen.

---

[24] Die Auswahl gleicht mit nur geringen Variationen der anderer völkischer Autoren wie etwa Chamberlain, Julius Langbehn oder auch Oswald Spengler.

In der Natur seien etwa die Zähne für wilde Tiere und ‚Naturmenschen' Hauptwaffen im Kampf ums Dasein. Individuen mit schlechten oder kranken Gebissen seien deshalb benachteiligt, blieben in ihrer Entwicklung zurück und gingen entweder früh zugrunde oder würden von der Fortpflanzung ausgeschlossen. Daher vererbten sich bei wildlebenden Tieren nur die bestgebauten Gebissstrukturen. Das gleiche gelte prinzipiell auch für den Menschen, nur habe die kulturelle Entwicklung ein starkes Gebiss entbehrlich gemacht, weshalb kulturell weniger entwickelte Völker auch immer noch ein gutes Gebiss hätten: „Neger, Malayen und die Schädel unserer Vorfahren aus der Steinzeit haben darum weit bessere Zähne als die heutigen Europäer" (Woltmann 1903: 118). Kulturmenschen hingegen könnten ihre schlechten Zähne hingegen ausgleichen, sei es durch feinere Nahrung oder durch künstliche Gebisse; somit seien diese kein Nachteil und schlechtbezahnte Menschen könnten sich fortpflanzen und den Mangel weitervererben. Dies habe aber zur Folge, dass sich die Gebisse insgesamt mangels natürlicher Auslese verschlechterten, vor allem in den Kulturländern habe es eine enorme Zunahme von Zahnerkrankungen, insbesondere von Karies gegeben (Woltmann 1903: 117).

Des Weiteren werden Krankheiten wie Syphilis und Tuberkulose oder ungehemmter Alkoholkonsum[25], der zu einer Verschlechterung sowohl der individuellen als auch der Gesundheit der Nachkommenschaft führe, als Degenerationsmerkmale beschrieben (vgl. Woltmann 1903: 122–127). Der Alkoholismus etwa „erzeugt Schwachsinn, Epilepsie, nervenleidende und zu Verbrechen neigende Konstitution, kurz eine verschlechterte und minderwertige Nachkommenschaft" (Woltmann 1903: 124). Woltmann stellt sogar einen Zusammenhang zwischen guten Weinjahren und periodisch häufigerem Auftreten von ‚angeborenem Schwachsinn' her, weil in diesen Jahren mehr Alkohol konsumiert werde (vgl. Woltmann 1903: 124). Frauen verlören bei übermäßigem Alkoholkonsum die Fähigkeit zu stillen und diese sei für die weiteren Generationen unwiederbringlich verloren. Außerdem wiesen Nachkommen von Alkoholikern mangelnde Resistenz gegen Krankheiten wie Tuberkulose, Nervenleiden oder Karies auf. Da die Kinder schlechter ernährt würden, steigere sich die ‚Entartung' von Generation zu Generation „und führt schließlich nach endlosen Qualen zum Untergange des Geschlechts" (Woltmann 1903: 125). Bezeichnend ist, dass Woltmann den Hang zum Alkoholismus in der Vererbung sucht und soziale Umstände nicht berücksichtigt.

---

25 Diese werden fälschlicherweise als Erbkrankheiten bezeichnet, obwohl etwa der bakterielle Tuberkuloseerreger bereits 1882 durch Robert Koch entdeckt wurde, was Woltmann hätte bekannt sein müssen.

Auch die Gründe für solche Degenerationserscheinungen werden genannt: In zivilisierten Gesellschaften seien die hygienischen und sanitären Maßnahmen besonders weit fortgeschritten, mit weitreichenden Folgen, denn durch die Maßnahmen gegen Infektionskrankheiten und Epidemien würde verhindert, dass diejenigen „ausgemerzt" würden, die an diesen Krankheiten litten. „Besonders ist die Einschränkung der *Kindersterblichkeit* zu nennen, die eine derartige Verschlechterung der Rasse verursachen kann", da verkümmerte oder kranke Kinder nicht mehr notwendigerweise stürben (Woltmann 1903: 152; Hervorhebung im Original).

Damit erwachsen, so Woltmann weiter, aus der Philanthropie und der Armengesetzgebung große Gefahren durch das Entstehen erblicher Entartungen, da so die Selbstreinigung der Rasse durch natürliche Auslese verhindert werde. Überall, wo es soziale Hilfen gebe, welche die individuelle Leistungsfähigkeit und Verantwortlichkeit ersetzten, gebe es die Möglichkeit, dass bestimmte Organe degenerierten und der natürlichen Kontrolle durch Auslese entgingen. Daher seien „physische Verschlechterungen der Rasse [...] mit komplizierten Kulturverhältnissen notwendig verknüpft". Diese können letztlich zu einem „organischen, politischen und geistigen Niedergang der Völker" führen (Woltmann 1903: 153).

Beschleunigt werde dieser Prozess durch die Verstädterung[26] und die Industrialisierung. Die durch Landflucht entstehenden personellen Mängel müssten durch eine „fremdartige minderwertige Bevölkerung aufgefüllt" werden (Woltmann 1903: 273). Durch Überanstrengung und Überreizung gerate das Nervensystem des Stadtmenschen in einen Zustand der Erschöpfung, der wiederum die körperliche und geistige Gesundheit schädige, „denn daß höhere Kultur mit einer Zunahme der Nerven- und Geisteskrankheiten verbunden ist, muß als eine unzweifelhafte Tatsache angesehen werden, ebenso, daß der *Alkoholismus* einer [sic!] der wichtigsten Ursachen der erblichen Nervosität, des erblichen Schwachsinns und Irreseins ist" (Woltmann 1903: 275; Hervorhebung im Original).

Dass Woltmann so sehr auf die Degenerationserscheinungen der modernen Gesellschaft abhebt, hat seinen Grund im Konkurrenzkampf der hohen und ebenbürtigen Rassen:

> Es ist ein biologisches Naturgesetz, daß die Rassen, welche am nächsten verwandt sind und um dieselben Mittel der Existenz und Entwicklung ringen, den heftigsten Daseinskampf miteinander zu bestehen haben. *Die folgenschwersten Ereignisse in der Geschichte der Weltaristokratie und Weltcivilisation sind aus dem Gegensatz und Kampf zwischen germanischen Stämmen und Helden geboren worden.*" (Woltmann 1903: 298; Hervorhebung im Original)

---

26 Woltmann nennt die Städte „die Massengräber der Völker", weil sie besonders in Antike und Mittelalter Brutstätten für Seuchen gewesen seien (Woltmann 1903: 273).

Um ihren eigenen imperialistischen Führungsanspruch auch wahrnehmen zu können, müssten die ‚germanischen Rassen' diese Degeneration überwinden. „Die germanische Rasse ist dazu berufen, die Erde mit ihrer Herrschaft zu umspannen, die Schätze der Natur und der Arbeitskräfte auszubeuten und die passiven Rassen [d. h. die farbigen Rassen] als dienendes Glied ihrer Kulturentwicklung einzufügen" (Woltmann 1903: 298).

Auch wenn Woltmann Gobineau in einigen Punkten widerspricht, übernimmt er im Grunde dessen Theorie und integriert sie in seine eigene. Chamberlain wird in diesem Buch nirgends namentlich erwähnt, doch immer wieder wird die Kenntnis der *Grundlagen* stillschweigend vorausgesetzt, etwa wenn Woltmann die Frage aufwirft, „ob David und Jesus blonde Amoriter gewesen sind" (Woltmann 1903: 289). Schärfer noch als jener betont Woltmann die Notwendigkeit der Selektion und der natürlichen Auslese und prangert die degenerativen Entwicklungen wie Erbkrankheiten oder Alkoholmissbrauch als eine Folge von Urbanisierung, Industrialisierung und unvorteilhafter Rassenkreuzung an. Und besonders bei einem ehemaligen Sozialdemokraten lassen die Äußerungen über soziale Fürsorge als Hemmnis der natürlichen Auslese sowie die von Darwin übernommene und trivialisierte Kampfmetaphorik den menschenverachtenden Sozialdarwinismus in der Ideologie des Nationalsozialismus vorweggenommen erscheinen.

Dennoch sahen die Nationalsozialisten Woltmann kritisch, erstens, weil sie große Teile des Darwinismus ablehnten und zweitens, weil Woltmann ihnen nicht antisemitisch genug war (vgl. Mosse 1991: 115). Hier standen ihnen Chamberlain und Bartels näher.

6 Alfred Rosenberg: Aufnahme und Verschärfung

Alfred Rosenberg (1893–1946) war einer der führenden Ideologen des Nationalsozialismus. Ab 1923 war er Hauptschriftleiter, ab 1937 Herausgeber des *Völkischen Beobachters* (vgl. Breuer 2008: 238), er nahm am Putschversuch vom November 1923 teil, wurde 1930 Abgeordneter der NSDAP im Reichstag, war ab 1933 Leiter des Außenpolitischen Amtes und während des Krieges Reichsleiter im Reichsministerium für die besetzten Ostgebiete, in welcher Position er nicht nur für den Raub umfangreicher Kunstschätze, sondern vor allem für die Ghettoisierung und Ermordung der Juden mitverantwortlich war. Nach dem Krieg wurde er vor dem Nürnberger Hauptkriegsverbrechertribunal angeklagt und schließlich zum Tode verurteilt. Am 16. Oktober 1946 wurde er hingerichtet (zu Rosenbergs Biographie vgl. Piper 2005).

Sein *Mythus des 20. Jahrhunderts* (1930) gilt neben Hitlers *Mein Kampf* als die wichtigste Darstellung der NS-Ideologie von Seiten eines führenden Parteimitglieds. Das Buch ist, wie bereits der Titel andeutet, stark von Chamberlains *Grundlagen* beeinflusst, knüpft also an ein zentrales Werk des völkischen Diskurses unmittelbar an.[27] Daher lohnt es sich, einen, wenn auch aus Umfangsgründen nur sehr oberflächlichen Blick auf das Weiterleben der völkischen Rassentheorien in der nationalsozialistischen Weltanschauung zu werfen.

Dass Chamberlain für Rosenberg eine zentrale Stellung einnimmt, wird daran deutlich, dass er diesem das Verdienst zuschreibt, die Menschen auf die Gefahr des *Untergangs der Kultur des Abendlandes* aufmerksam gemacht und somit erst eigentlich die Rassenforschung begründet zu haben:

> Daß alle Staaten des Abendlandes und ihre schöpferischen Werte von den Germanen erzeugt wurden, war zwar schon lange allgemeine Redensart gewesen, ohne daß vor H. St. Chamberlain daraus die notwendigen Folgerungen gezogen worden wären. Denn diese begreifen in sich die Erkenntnis, daß beim vollständigen Verschwinden dieses germanischen Blutes aus Europa (und nach und nach folglich auch beim Hinsiechen der von ihm gezeugten typen- und nationenschaffenden Kräfte) die gesamte Kultur des Abendlandes mit untergehen müßte. (Rosenberg 1943: 81)

Während Chamberlain den *Eintritt der Germanen in die Weltgeschichte* mit ausgeprägter Lichtmetaphorik beschreibt (vgl. oben), greift Rosenberg auf Wassermetaphorik zurück, hier in Gestalt einer (Flut-)*Welle*, die ganz Europa ,überschwemmt'; dieser Metaphernkomplex durchzieht den *Mythus* in großen Teilen wie ein roter Faden:

---

[27] Dies war bereits den Zeitgenossen bewusst. Victor Klemperer etwa zieht eine klare Linie von Gobineau über Chamberlain bis zu Rosenberg: „Verfolgt man ihren [der deutschen Grundeigenschaft der Maßlosigkeit] theoretischen Ausdruck rückwärts, so geht die gerade Linie in ihren Hauptetappen von Rosenberg über den Wahldeutschen Chamberlain auf den Franzosen Gobineau zurück. Dessen *Essai sur l'inégalité des races humaines* [...] lehrt als erster die Überlegenheit der arischen Rasse, den höchsten und eigentlich alleinigen Menschenrang des unvermischten Germanentums, und seine Bedrohtheit durch das überall eindringende ungleich schlechtere, kaum noch menschlich zu nennende semitische Blut. Hier ist alles gegeben, was das Dritte Reich zu seiner philosophischen Begründung und für seine Politik braucht; alles spätere vornazistische Ausbauen und Anwenden der Lehre geht immer wieder auf diesen einen Gobineau zurück, er allein ist oder scheint – ich lasse es noch offen – der verantwortliche Urheber der blutigen Doktrin" (Klemperer 2001: 175). Ob man Gobineau nun tatsächlich alleine für die gesamten Auswüchse der rassistischen Ideologie verantwortlich machen kann – die Verbindung von Rassismus und Antisemitismus z. B. wurde durch andere, etwa durch Chamberlain, geleistet –, sei dahingestellt. Gleichwohl lässt sich mit diesem scharfsinnigen Beobachter der Sprache des Nationalsozialismus der Beginn dieser Darstellung mit Gobineau rechtfertigen.

> [W]enn auch heute noch, rund 2000 Jahre nach dem Auftreten der Germanen, irgendwo Nationalkulturen, Schöpferkraft und wagemutiger Unternehmungsgeist wirken, so verdanken diese Kräfte, selbst wenn sie sich untereinander noch so sehr befehden sollten, ihr Dasein einzig und allein der neuen nordischen Welle, die alles überziehend und befruchtend in stürmischen Fluten über das ganze Europa hinwegging (Rosenberg 1943: 83).

Diese *Welle* wird jedoch durch das *Völkerchaos* der Spätantike (auch dies ist eine Übernahme von Chamberlain) wenn nicht gebrochen, so doch wesentlich aufgehalten. Daher wird die gesamte europäische Geschichte seit Beginn des Mittelalters als ‚Rassen-*Kampf*' interpretiert: „In ganz großer Linienführung betrachtet, besteht die Geschichte Europas im Kampf zwischen diesem neuen Menschentum und den Millionenmassen der bis zum Rhein, über die Donau hinausreichenden Kräfte des römischen Völkerchaos." (Rosenberg 1943: 83)

Doch nicht nur Chamberlain stand Pate für Rosenbergs Ausführungen. Ohne sie explizit zu nennen, schreibt er die Kritik an der Urbanisierung, wie sie Bartels, Woltmann und viele andere völkische Autoren geübt hatten, fort und verschärft sie, indem er die Weltstadt als *rassenvernichtend* und als *Rassenchaos* beschreibt:

> Die Weltstadt begann ihre rassenvernichtende Arbeit. Die Nachtcafés der Asphaltmenschen wurden zu Ateliers, theoretische, bastardische Dialektik wurde zum Begleitgebet immer neuer ‚Richtungen'. Das Rassenchaos aus Deutschen, Juden, naturentfremdeten Straßengeschlechtern ging um. Die Folge war Mestizen‚kunst'. (Rosenberg 1943: 298)

Hier fällt nicht nur die Wiederaufnahme von Chamberlains *Mestizen* (vgl. oben) auf, sondern auch das Kompositum *Asphaltmensch*. Der *Asphalt* als „künstliche Decke, die den Großstadtbewohner vom natürlichen Boden trennt" (Klemperer 2001: 308) gehörte zu den zentralen Schlagwörtern der NS-Propaganda und sollte den intellektualistischen, jüdisch-demokratischen und ‚rasselosen' Großstädter vom ‚natur- und bodenverbundenen' Landbewohner negativ abgrenzen (vgl. Schmitz-Berning 2007: 71–73).

Seinen Rassismus und Antisemitismus verbindet Rosenberg mit einer Volte gegen die als ‚jüdisch' diffamierte Frauenemanzipation, indem der den Frauen die Verantwortung für die *Erhaltung unserer Rasse* durch das Gebären von ‚arischen' Kindern zuweist:

> [I]n der Hand und in der Art der Frau liegt die Erhaltung unserer Rasse. Aus politischer Knechtung kann sich noch jedes Volk aufraffen, aus rassischer Verseuchung nicht mehr. Gebären die Frauen einer Nation Neger- oder Judenbastarde, geht die Schlammflut von Nigger‚kunst' weiter so ungehindert über Europa hinweg wie heute, darf die jüdische Bordell-Literatur weiterhin noch ins Haus gelangen, wird der Syrier vom Kurfürstendamm auch fernerhin als ‚Volksgenosse' und ehemöglicher Mann betrachtet, dann wird einmal der Zustand eintreten, daß Deutschland (und ganz Europa) in seinen geistigen Zentren nur von Bastarden bevölkert sein wird. Mit der Rede von der erotischen ‚Wiedergeburt' greift der Jude heute

> – und zwar mit Hilfe der Lehren der Frauenemanzipation – an die Wurzeln unseres ganzen Seins überhaupt. (Rosenberg 1943: 510–511)

Deshalb erhofft sich Rosenberg, dass „auf Rassen- und Volksverhöhnung, [...] auf Rassenschande einmal Zuchthaus und Todesstrafe stehen werden" (Rosenberg 1943: 512).

In einer Auseinandersetzung mit der Enzyklika *Über die christliche Ehe* durch Papst Pius XI. von 1931 erklärt Rosenberg „Rassenschutz, Rassenzucht und Rassenhygiene" zu „unerläßlichen Forderungen einer neuen Zeit" (Rosenberg 1943: 577) Die folgenden Passagen erinnern stark an Woltmanns Ausführungen zur sozialen Auslese:

> Die hemmungslose Aufzucht der Idioten, der Kinder von Syphilitikern, Alkoholikern, Irrsinnigen als ‚christliche Sittenlehre' hinzustellen, ist zweifellos eine Höhe natur- und volksfeindlichen Denkens. [...] Wer also ein gesundes und seelisch starkes Deutschland will, muß diese auf Aufzucht des Untermenschentums ausgehende päpstliche Enzyklika und damit der Grundlage des römischen Denkens als widernatürlich und lebensfeindlich mit aller Leidenschaft ablehnen. (Rosenberg 1943: 577–578)

Der Befund dieser stichprobenartigen Untersuchung des *Mythus* zeigt deutlich, dass Rosenberg keinen der Grundgedanken selbst entwickelt hat. Er greift auf Chamberlain und andere völkische Autoren zurück und verschärft nur deren Formulierungen und zieht Konsequenzen, die teils weit über die von diesen nur theoretisch geäußerten Forderungen hinausgehen, da er seine Theorien nicht nur beschrieben, sondern später auch in die Praxis umgesetzt hat. Es zeigt sich hier deutlich, wie sehr völkisches Gedankengut in die nationalsozialistische Ideologie Eingang gefunden hat.

7 Zusammenfassung

Ziel dieses Aufsatzes war es, den Einfluss der in negativer Hinsicht ‚epochemachenden' Rassetheoretiker Gobineau und Chamberlain auf den völkischen Diskurs bis hinein in den Nationalsozialismus aufzuzeigen. Weiterhin wurden mit Bartels ein radikalantisemitischer Agitator und mit Woltmann ein sozialdarwinistisch argumentierender Rassentheoretiker mit ihren Weiterentwicklungen der von Gobineau und Chamberlain vorgegebenen Grundgedanken in diesem Licht interpretiert. Schließlich wurde die nationalsozialistische Verschärfung dieser Ideen bei Rosenberg angesprochen.

Selbstverständlich hätten auch andere einflussreiche antisemitische Autoren wie Heinrich von Treitschke, Paul de Lagarde, Julius Langbehn oder Theodor

Fritsch und Rassisten wie Albrecht Wirth, Otto Ammon, Adolf Reinecke oder Jörg Lanz von Liebenfels für diese Darstellung ausgewählt werden können. Es ging jedoch vornehmlich darum, anhand einer klaren Linienführung die zunehmende Verquickung von Rassismus und Antisemitismus aufzuzeigen, weshalb Autoren in den Mittelpunkt gerückt wurden, die beides miteinander verbanden oder – im Falle Woltmanns – einen rigiden Sozialdarwinismus vertraten, der auch antisemitisch angewendet werden konnte.

Bei allen untersuchten Autoren zeigte sich, dass *Rasse* (partiell) synonym zu *Blut* ebenso verwendet wird wie zu *Volk* oder *Nation*. Der Ausdruck wird meist auf Kollektiva angewendet, nur besonders herausgehobene *Persönlichkeiten* oder *Genies* werden als individuelle und herausragende Vertreter einer *Rasse* angesehen. Darüber hinaus bleibt das Denotat recht vage. *Rasse* wird in der Regel an äußeren Merkmalen wie Hautfarbe oder Schädelform festgemacht und mit Prädikaten wie ‚Kulturfähigkeit', geistiger und sittlich-moralischer Disposition und der Fähigkeit zum Aufbau von Staaten, Wirtschaftssystemen usw. verknüpft, wobei in allen Fällen eine klare Hierarchisierung zugunsten der ‚weißen' Rasse vollzogen wird. Schließlich wird mit der Übernahme der Kampfmetapher eine stetige Konkurrenz und Feindschaft der einzelnen Rassen untereinander behauptet, in der die überaus positiv konnotierte ‚nordische', ‚germanische' oder ‚arische' Rasse den Bedrohungen durch die ‚gelbe', die ‚semitische oder ‚jüdische' Rasse gegenübersteht und sich im *Rassenkampf* behaupten muss. Dabei wird die ‚arische' Rasse auf das eigene Volk referenziert und mit zahlreichen positiv wertenden Prädikaten versehen, während die ‚semitische' Rasse als *Fremdvolk* gilt, dem negative Eigenschaften und böse Absichten zugeschrieben werden. Auf diese Weise wird ein Freund-Feind-Schema etabliert, das sowohl der Festigung der eigenen ‚rassischen Einheit' als auch zur Abwehr des ‚Fremdrassigen' dienen soll.

Von Gobineaus Theorie der drei physisch wie psychisch ungleichen Grundrassen, der ebenso unvermeidlichen wie Verderben bringenden Rassenmischung und seinem grundsätzlichen Pessimismus bezüglich der Zukunftsaussichten der Menschheit lässt sich eine Linie in der völkischen Ideologie bis zum Untergang des Nationalsozialismus ziehen. Chamberlain nahm die Grundgedanken Gobineaus auf, verband die Rassentheorie mit dem Antisemitismus und entwickelte, dessen Pessimismus nicht auf sich beruhen lassen wollend, ein Programm der eugenischen ‚Rassenzucht', mit der die Rassenreinheit der ‚Arier' schrittweise wiederhergestellt werden sollte. Bartels polemisierte nicht nur bei jeder Gelegenheit gegen die Juden, sondern er sprach sich auch für rassenpolitische Maßnahmen zum Schutz der eigenen Rasse aus, die neben familienpolitischen Eingriffen auch die systematische Ausgrenzung und Stigmatisierung der ‚Fremdrassigen', vor allem der Juden forderte. Woltmann sprach sich ebenfalls für Eugenik aus und unterfütterte diese mit sozialdarwinistischen Ideen von der sozialen Auslese des Schwachen, Kranken und Gebrechlichen. Mit Rosenberg und dem Nationalsozialismus wurden all diese Ideen noch weiter radikalisiert und schließlich auch in die Tat umgesetzt – von den Nürnberger Rassegesetzen über die ‚Euthanasie'-Aktion an geistig und körperlich Behinderten bis zur Shoah, für die eingangs ein besonders erwähnenswertes Dokument vorgestellt wurde.

Quellen

Bartels, Adolf (1899): Die Modernitis. In *Der Kunstwart* 13/1 (1899/1900), 1. Oktoberheft 1899, 7–12.

Bartels, Adolf (1909): *Rasse. Sechzehn Aufsätze zur nationalen Weltanschauung.* Hamburg: Verlag der Hanseatischen Druck- und Verlagsanstalt.

Bartels, Adolf (1921): *Die deutsche Dichtung der Gegenwart. Die Jüngsten.* Leipzig: Verlag H. Haessel.

Bartels, Adolf (1924): *Der Nationalsozialismus Deutschlands Rettung.* Leipzig: Weicher.

Chamberlain, Houston Stewart (1899, [20]1935): *Die Grundlagen des XIX. Jahrhunderts.* München: Bruckmann.

Chamberlain, Houston Stewart (1905, [21]1912, 1997): *Arische Weltanschauung.* München: Bruckmann.

Feuchert, Sascha, Erwin Leibfried & Jörg Riecke (Hrsg.) (2007): *Die Chronik des Gettos Lodz / Litzmannstadt.* 5 Bde. Göttingen: Wallstein. (Schriftenreihe der Łódzer Getto-Chronik. Herausgegeben von der Arbeitsstelle Holocaust-Literatur (Universität Gießen) und dem Staatsarchiv Łódź)

Gobineau, Joseph Arthur de (1853–1855, [4]1922): *Versuch über die Ungleichheit der Menschenracen.* Deutsche Ausgabe von Ludwig Schemann. Erster Band. Stuttgart: Frommann.

Gobineau, Joseph Arthur de (1853–1855, [5]1939): *Versuch über die Ungleichheit der Menschenrassen.* Deutsche Ausgabe von Ludwig Schemann. Zweiter Band. Stuttgart: Frommann.

Gobineau, Joseph Arthur de (1853–1855, [3]1907): *Versuch über die Ungleichheit der Menschenracen.* Deutsche Ausgabe von Ludwig Schemann. Vierter Band. Stuttgart: Frommann.

Klemperer, Victor (1957, [17]2001): *LTI. Notizbuch eines Philologen.* Leipzig: Reclam.

Rosenberg, Alfred (1930, [7]1943): *Der Mythus des 20. Jahrhunderts. Eine Wertung der seelisch-geistigen Gestaltenkämpfe unserer Zeit.* München: Hoheneichen.

Treitschke, Heinrich von ([3]1880): *Ein Wort über unser Judenthum.* Separatabdruck aus dem 44. und 45. Bande der Preußischen Jahrbücher. Berlin: Reimer.

Woltmann, Ludwig (1903): *Politische Anthropologie. Eine Untersuchung über den Einfluss der Descendenztheorie auf die Lehre von der politischen Entwicklung der Völker.* Eisenach, Leipzig: Thüringische Verlagsanstalt.

Forschungsliteratur

Aly, Götz (²2011): *Warum die Deutschen? Warum die Juden? Gleichheit, Neid und Rassenhass.* Frankfurt am Main: S. Fischer.
Aly, Götz (2017): *Europa gegen die Juden 1880–1945.* Frankfurt am Main: S. Fischer.
Arendt, Hannah (1951, ¹⁹2016): *Elemente und Ursprünge totaler Herrschaft. Antisemitismus, Imperialismus, totale Herrschaft.* München, Berlin: Piper.
Bergmann, Werner (2002, ⁴2010): *Geschichte des Antisemitismus.* München: C. H. Beck.
Bermbach, Udo (2015): *Houston Stewart Chamberlain. Wagners Schwiegersohn – Hitlers Vordenker.* Stuttgart, Weimar: J. B. Metzler.
Breuer, Stefan (2008): *Die Völkischen in Deutschland. Kaiserreich und Weimarer Republik.* Darmstadt: Wiss. Buchgesellschaft.
Fahlbusch, Michael, Ingo Haar & Alexander Pimwinkler (Hrsg.) (²2017): *Handbuch der völkischen Wissenschaften.* Unter Mitarbeit von David Hamann. 2 Bde. Berlin, Boston: De Gruyter.
Fredrickson, George M. (2002, 2011): *Rassismus. Ein historischer Abriss.* Aus dem Amerikanischen von Horst Brühmann & Ilse Utz. Stuttgart: Reclam.
Geulen, Christian (2007, ³2017): *Geschichte des Rassismus.* München: C. H. Beck.
Kiesel, Helmuth (2004): *Geschichte der literarischen Moderne. Sprache, Ästhetik, Dichtung im zwanzigsten Jahrhundert.* München: C. H. Beck.
Lobenstein-Reichmann, Anja (2008): *Houston Stewart Chamberlain. Zur textlichen Konstruktion einer Weltanschauung. Eine sprach-, diskurs- und ideologiegeschichtliche Analyse.* Berlin, New York: De Gruyter. (Studia Linguistica Germanica 95)
Lobenstein-Reichmann, Anja (²2017): Houston Stewart Chamberlain. In Michael Fahlbusch, Ingo Haar & Alexander Pimwinkler (Hrsg.), *Handbuch der völkischen Wissenschaften.* Unter Mitarbeit von David Hamann. 2 Bde, 114–119. Berlin, Boston: De Gruyter.
Mosse, George L. (1964, 1991): *Die völkische Revolution. Über die geistigen Wurzeln des Nationalsozialismus.* Aus dem Amerikanischen von Renate Becker. Frankfurt am Main: Anton Hain.
Mosse, George L. (1978; 2006): *Die Geschichte des Rassismus in Europa.* Aus dem Amerikanischen von Elfriede Burau und Hans Günter Holl. Frankfurt am Main: S. Fischer.
Nirenberg, David (2015): *Anti-Judaismus. Eine andere Geschichte des westlichen Denkens.* Aus dem Englischen von Martin Richter. München: Wiss. Buchgesellschaft.
Piper, Ernst (2005): *Alfred Rosenberg. Hitlers Chefideologe.* München: Blessing.
Puschner, Uwe (2001): *Die völkische Bewegung im wilhelminischen Kaiserreich. Sprache – Rasse – Religion.* Darmstadt: Wiss. Buchgesellschaft.
Puschner, Uwe (2005): Völkische Bewegung. In Axel Schildt (Hrsg.), *Deutsche Geschichte im 20. Jahrhundert,* 383–384. Ein Lexikon. München: C. H. Beck.
Rosenberger, Sebastian (2017): Die Juden und das Geld. Grimmelshausens Umgang mit antijüdischen Stereotypen im *Rathstübel Plutonis. Simpliciana* XXXIX, 201–221.
Rosenberger, Sebastian (2020): Oswald Spenglers „Untergang des Abendlandes". Eine völkische Geschichtsphilosophie? In Michael Fahlbusch, Ingo Haar, Anja Lobenstein-Reichmann & Julien Reitzenstein (Hrsg.), *Völkische Wissenschaften: Ursprünge, Ideologien und Nachwirkungen,* 118–139. Berlin, New York: De Gruyter.
Schmitz-Berning, Cornelia (²2007): *Vokabular des Nationalsozialismus.* Berlin, New York: De Gruyter.

Holger Böning

Sprache und das Wörterbuch der Unmenschen. Jüdische Reaktionen auf antisemitische Propaganda in Deutschland. Einige Miniaturen

> Über die Zugehörigkeit zur Nation entscheidet weniger das Blut als die Sprache. (Klemperer 2007: 2576)[1]

> Juden, ohne den Druck des Antisemitismus oder u. vor allem ohne die Furcht vor diesem Druck, werden in ihrem gesamten Fühlen u. Denken andere Menschen sein. (Klemperer 2007: 2575)

1 1783: Moses Mendelssohns Tora-Übersetzung und die Eroberung des Hochdeutschen

> Leib und Seele, Luft und Sprache, Geist und Empfindung bleiben jedes Menschen unverletzliches Eigenthum. (Zunz 1837: 124)
> Unsere ganze europäische Civilisation und Kunst ist aber dem Juden eine fremde Sprache geblieben. (Wagner 1869: 15)

Das Jahr 1783 ist ein Markstein in der Geschichte der deutschen Juden. Es erschien Moses Mendelssohns Tora-Übersetzung ins Hochdeutsche, gedruckt in hebräischen Lettern. Traditionell gesonnene Juden kritisierten das zentrale Werk der Haskala, der jüdischen Aufklärung, als „deutsche Bibel", mit ihrer Hilfe aber erlernten jiddischsprachige Juden in ganz Mittel- und Osteuropa die deutsche Sprache und schufen sich so einen Zugang zu wissenschaftlicher Literatur. Jener Philosoph, der 1743 durch das einzige Stadttor in das Preußen des aufgeklärten Friedrich nach Berlin gekommen war, das für „Vieh und Juden" geöffnet war, hatte ein

---

[1] Zitiert wird nach der Ausgabe Klemperer (2007), hier 2576. Diese Ausgabe bietet die Tagebücher aus den Jahren von 1933–1945 erstmals vollständig; sie folgt in Schreibweise, Interpunktion und typographischer Darbietung einschließlich der Durchstreichungen und Unterstreichungen der Niederschrift Klemperers, wobei diese typographischen Auszeichnungen hier nicht übernommen sind. Außerdem enthält die Ausgabe, ebenfalls vollständig, die Faksimiles der Manuskripte bzw. Typoskripte dieser Jahre zum Vergleich. Dort auch die Konkordanz zum Manuskript.

Werk von großer sprachbildender Kraft geschaffen. In seiner großes Aufsehen erregenden Schrift *Ueber die bürgerliche Verbesserung der Juden* stellt Christian Wilhelm Dohm den Gebrauch der deutschen Sprache seitens der Juden als wesentliche Voraussetzung der Emanzipation dar (Dohm 1781: bes. 120).

Vom Beginn erster Emanzipationsbestrebungen an also ist in der Geschichte der deutschen Juden die Frage nach dem Verhältnis zur deutschen Sprache zentral.[2] Mit der Übertragung von Kerntexten der jüdischen Tradition ins Deutsche wurde ebenso ein neuer Weg beschritten wie mit der Gründung von deutsch-jüdischen Zeitschriften in deutscher Sprache – beides trug dazu bei, dass Juden wichtige Beiträge zur Geschichte der deutschen Sprache leisteten. War die erste deutsch-jüdische Zeitschrift, *Ha-Meassef – Der Sammler*, 1784 noch in hebräischer Sprache erschienen, enthielt aber von Beginn an deutschsprachige Supplemente in hebräischen Lettern, so entstanden vom frühen 19. Jahrhundert an verschiedene deutschsprachige jüdische Periodika und mit ihnen eine jüdische Öffentlichkeit in deutscher Sprache.[3] Dass damit und mit der Ablehnung des Jüdisch-deutschen bzw. des Westjiddischen von Beginn an auch ein gewisser Zwiespalt verbunden war, ist in diesen Periodika dokumentiert.[4] Deutlich wird der Siegeszug des Hochdeutschen etwa in einem Lobgesang auf Mendelssohns Übersetzung bei Leopold Zunz, dessen Muttersprache das Westjiddische war:

> Schnell verdrängte die neue Uebersetzung alles bisherige der Art, und die grosse Anzahl von Auflagen derselben bezeugte die bleibende Herrschaft des Hochdeutschen [...]. Als nun vollends die Verbesserung des Schulunterrichts, die Einführung guter Lehrbücher und die Verbreitung deutscher Lectüre mit der bürgerlichen Freimachung der Juden, mit civilisirenden, stets die deutsche Sprache begünstigenden Gesetzen zusammentrafen: wurde das Jüdisch-deutsche aus der Umgangssprache, den Schulen, dem Munde der Lehrer und Rabbiner, aus der Literatur und dem Gottesdienste gänzlich verdrängt. Mit diesem wesentlichen Fortschritt war ein größerer Anbau der Wissenschaft, eine Fürsorge für Erziehung und Schulanstalten innig verknüpft. (Zunz 1966: 452–453)

Von Beginn an waren Toleranz und Unterstützung jüdischer Emanzipationsbestrebungen von Seiten christlicher Regierungen und gebildeter Aufklärer regelmäßig mit der Sprachenfrage verknüpft, indem der Gebrauch der deutschen Sprache und die Aufgabe von Hebräisch wie Jiddisch verlangt wurde, beispielhaft in den Reformbestrebungen, die mit dem Toleranzedikt von 1782 durch Joseph II. auf

---

[2] Jörg Riecke hat sich mit der Geschichte der deutschen Sprache ebenso befasst wie in mehreren verdienstvollen Werken mit der Geschichte des europäischen Judentums. Siehe dazu Riecke (2016), Feuchert, Leibfried & Riecke (2002; 2004; 2007), Radziszewska & Riecke (2004).
[3] Zur Geschichte der deutsch-jüdischen Presse und der einschlägigen Forschungsliteratur siehe besonders Nagel (2002); Lappin & Nagel (2008a); Lappin & Nagel (2008b).
[4] Wichtig für das Thema ist die Arbeit von Grit Schorch (2012).

dem Gebiet des Bildungswesens verbunden waren: gleiche Rechte gegen erbrachte Assimilationsleistung, so die grundlegende Tendenz. Dass die Hinwendung zum Hochdeutschen auch von jüdischer Seite zumeist positive Bewertung fand, auch dafür ist Leopold Zunz, der Begründer der „Wissenschaft des Judentums" in seiner Rede zum 100. Geburtstag von Moses Mendelssohn mit dem Satz: „Wie vor dem Deutschen das Jüdisch-deutsche floh, also vor der correcten Sprache der schlechte hebräische Stil" (Zunz 1976: 106) ein Beispiel.

Es ist die Überzeugung von Leopold Zunz, dass erst die sprachschöpferische Leistung Mendelssohns die gesellschaftliche und staatsbürgerliche Emanzipation ermöglicht habe. Dementsprechend mahnte der 1815 in Hamburg geborene Politiker und Pädagoge Anton Rée die deutschen Juden zu Veränderungen ihrer kulturellen und sozialen Verhältnisse, insbesondere ging es ihm darum, sich durch das Erlernen des Hochdeutschen integrationsfähig zu zeigen (vgl. Feiner 1916; Asendorf 1985). Vom 18. und 19. Jahrhundert an datiert eine besonders innige Verbindung deutscher Juden zur deutschen Sprache, Literatur und Kultur (vgl. Kremer 2007). Victor Klemperer berichtet von seinem Vater, der vom orthodoxen Rabbiner zum zweiten Prediger in der seit 1845 bestehenden Berliner jüdischen Reformgemeinde in der Johannisstraße wurde. Über diese Gemeinde schreibt er:

> Hier hat der Wille zum Deutschtum seinen radikalsten Ausdruck gefunden, hier ist nur der religiöse Kern des Judentums bewahrt, er ganz allein – die Strenggläubigen sagen, hier ist das Judentum vernichtet. Der Gottesdienst findet bis auf wenige Worte in deutscher Sprache, er findet am Sonntag, nicht am Sonnabend statt, die Gebete sind alle deutsch, die Orgel spielt zum deutschen Chorgesang. Die Betenden sitzen ohne Kopfbedeckung, Männer und Frauen beisammen. [...] In nichts, wirklich in gar nichts will man von deutscher Sitte abweichen. Die Reformgemeinde war nur klein, aber sie bestand fast ganz aus Angehörigen der Oberschicht, reichen und gebildeten Großkaufleuten, Ärzten, Anwälten, Wissenschaftlern aller Fächer. (Klemperer 1989: 41, Bd.1)

1943 notiert Victor Klemperer bei der Lektüre des von dem bereits 1932 nach Palästina emigrierten Publizisten und Verlegers Gustav Krojanker herausgegebenen Sammelbandes „Juden in der deutschen Literatur" (Klemperer 1922)[5] seine Gedanken über die Bedeutung der Sprache für den Menschen:

> Über die Zugehörigkeit zur Nation entscheidet weniger das Blut als die Sprache. [...] Sprache gehört zum Physischen u. zum Geistigen; aber der geistige Faktor ist der mächtigere (u. menschlichere) in ihr, die physische Physis schmiegt sich an. Nicht das Hineingeborensein, sondern das Ein[senken] als Infans, als „noch nicht Sprechendes" entscheidet. Bei der Biegsamkeit des kindlichen Organismus wird ein in rein deutscher Umgebung aufwachsendes schwarzes oder gelbes Kind genau so rein deutsch, vielmehr so rein Berlinisch od. Münchne-

---

5 Der Welt-Verlag, in dem der Sammelband erschien, wurde von Krojanker geleitet.

risch sprechen wie eines mit lauter Berliner od. Münchener Vorfahren. Im Sprachstrom aber schwimmen sämtliche Kulturelemente, die man bewußt od. unbewußt in sich aufnimmt. Musik, Malerei, Architektur geben Einzelaspekte – Sprache enthält das gesamte Geistige. Und das gesamte Geistige ist von der Sprache nicht zu trennen. ist das Wort, u. λόγος ist das Denken, u. das Denken ist gewollte Tat. (Klemperer 2007: 2576)

2 Jüdische Sprechwerkzeuge

Bis 1933 und mindestens ein volles Jahrhundert hindurch sind die deutschen Juden durchaus Deutsche gewesen und sonst gar nichts. (Klemperer 2007: 1195)
Anschlag am Studentenhaus (ähnlich an allen Universitäten): wenn der Jude deutsch schreibt, lügt er, er darf nur noch hebräisch schreiben. (Klemperer 2007: 117)
Man darf sich nicht damit beruhigen, daß man sagt: ‚Ach, das sind phantastische Tollheiten, die nie verwirklicht werden.': Nein, diese Erörterungen an sich sind schon gefährlich.[6] (Moses 1932: 60)

Es ist kein Zufall, dass der frühe Antisemitismus in Deutschland sich gerade auch auf dem Feld der Sprache äußerte. Seinen Vertretern war es sicher, dass ein Jude es niemals zur Beherrschung der deutschen Sprache bringen werde, da jüdisches Naturell und physische Gestalt der Sprechwerkzeuge dies verhinderten – eine fixe Idee, die recht weit verbreitet war. Aus dem Jahre 1869 stammen die folgenden Worte:

Zunächst muß im Allgemeinen der Umstand, daß der Jude die modernen europäischen Sprachen nur wie erlernte, nicht als angeborene Sprachen redet, ihn von aller Fähigkeit, in ihnen sich seinem Wesen entsprechend, eigenthümlich und selbständig kundzugeben, ausschließen. Eine Sprache, ihr Ausdruck und ihre Fortbildung, ist nicht das Werk Einzelner, sondern einer geschichtlichen Gemeinsamkeit: nur wer unbewußt in dieser Gemeinsamkeit aufgewachsen ist, nimmt auch an ihren Schöpfungen theil. Der Jude stand aber außerhalb einer solchen Gemeinsamkeit, einsam mit seinem Jehova in einem zersplitterten, bodenlosen Volksstamme, welchem alle Entwickelung aus sich versagt bleiben mußte, wie selbst die eigenthümliche (hebräische) Sprache dieses Stammes ihm nur als eine todte erhalten ist. In einer fremden Sprache wahrhaft zu dichten, ist nun bisher selbst den größten Genies noch unmöglich gewesen. Unsre ganze europäische Civilisation und Kunst ist aber für den Juden eine fremde Sprache geblieben; denn, wie an der Ausbildung dieser, hat er auch an der Entwickelung jener nicht theilgenommen, sondern kalt, ja feindselig hat der Unglückliche, Heimathlose ihr höchstens nur zugesehen. In dieser Sprache, dieser Kunst kann der Jude nur nachsprechen, nachkünsteln, nicht wirklich redend dichten oder Kunstwerke schaffen. (Wagner 1869: 14)

---

6 Die Publikation findet sich im Nachlass Julius Moses (1932), Mappe 23, Privatbesitz.

Hier wird variiert, was der Autor Richard Wagner unter dem Pseudonym K. Freigedank schon 1850 in der *Neuen Zeitschrift für Musik* in seinem Aufsatz *Das Judenthum in der Musik* erstmals öffentlich in identischer Form geäußert hatte. Der Jude sei zur künstlerischen Kundgebung unfähig, so hieß es hier, ungleich wichtiger, „ja entscheidend wichtig", sei die Wirkung, die „der Jude durch seine Sprache auf uns hervorbringt", das Deutsche könne er nur als Ausländer sprechen, es sei für ihn eine erlernte, keine angeborene Sprache. (Wagner 1850a: 103) Es ist von ausgemachter Bösartigkeit, was Wagner weiter äußert:

> Im Besonderen widert uns nun aber die rein sinnliche Kundgebung der jüdischen Sprache an. Es hat der Cultur nicht gelingen wollen, die sonderliche Hartnäckigkeit des jüdischen Naturells in Bezug auf Eigenthümlichkeiten der semitischen Aussprechweise durch zweitausendjährigen Verkehr mit europäischen Nationen zu brechen. Als durchaus fremdartig und unangenehm fällt unsrem Ohre zunächst ein zischender, schrillender, summsender und murksender Lautausdruck der jüdischen Sprechweise auf: eine unsrer nationalen Sprache gänzlich uneigenthümliche Verwendung und willkürliche Verdrehung der Worte und der Phrasenconstructionen giebt diesem Lautausdrucke vollends noch den Charakter eines unerträglich verwirrten Geplappers, bei dessen Anhörung unsre Aufmerksamkeit unwillkürlich mehr bei diesem widerlichen Wie, als bei dem darin enthaltenen Was der jüdischen Rede verweilt. […] Hören wir einen Juden sprechen, so verletzt uns unbewußt aller Mangel rein menschlichen Ausdruckes in seiner Rede: die kalte Gleichgiltigkeit des eigenthümlichen „Gelabbers" in ihr steigert sich bei keiner Veranlassung zur Erregtheit höherer, herzdurchglüheter Leidenschaft. (Wagner 1850a: 105)

„Noch wunderbarer", so schrieb Berthold Auerbach zu solchen Worten, „als die zähe Erhaltung der Juden in der Geschichte ist die zähe Erhaltung und der Stoffwechsel des Judenhasses." (Auerbach 1884: 392)

Richard Wagner begründete eine Tradition des Ausschlusses der Juden von allem, was er unter deutsch verstand, die im letzten Drittel des 19. Jahrhunderts zur übereinstimmenden Überzeugung der antisemitischen Parteien wurde, seine feindliche Parole, die zuallererst seinen Komponistenkonkurrenten Felix Mendelssohn Bartoldy und Giacomo Meyerbeer galt, schallte laut: Das Judentum verkörpert Fremdes, keinesfalls gehört es zu Deutschland.

Es war wohl so, wie es Leo Herzberg-Fränkel charakterisierte, dass hier auch jener Hass zum Ausdruck kam, den die politische Reaktion gegen die Juden als liberalem Element in der demokratischen Bewegung um die Mitte des 19. Jahrhunderts hegte – bei dem Alt-1848er Wagner mag eine Prise Selbsthass im Spiel gewesen sein:

> Als im Jahre 1848 die Sonne der Freiheit aufflammte und die Welt erleuchtete, da musste man den Juden, von denen so viele an der Spitze der Bewegung standen […], die Gleichbe-

rechtigung zuerkennen. Doch war dies eine Zangengeburt, das Kind kam siechend zur Welt und blieb immer ein Krüppel. (Moses 2010: 132–135)[7]

Wagners Traktat hatte eine Art Dammbruch zu Folge, endlich konnte man laut und öffentlich sagen, was man dumpf schon lange fühlte. Als eine „Aeußerung wiedergewonnener Preßfreiheit" preist Eduard Krüger 1850 in der *Neuen Zeitschrift für Musik* Wagners Schrift, in den Jahren 1846 bis 1848 habe man sehr leicht Schriften gegen das Christentum auf den Büchermarkt bringen können, aber sehr schwer sei es gewesen, ein offenes Wort über die Juden zu sprechen, von denen jeder wisse, nach welcher Seite diese in der Politik neigten (Krüger 1850: 145)[8] Leicht ist die unheilvolle Bedeutung der in den folgenden Jahrzehnten agierenden einschlägigen Presse für das Erstarken des Antisemitismus zu erkennen, der bis weit in die bürgerlichen und christlichen politischen Kreise reichte:

> Man holte aus alten Arsenalen die rostigen Blutmärchen hervor und man wiederholte sie in Millionen Zeitungen, Broschüren, Predigten und vor Gerichtstischen. Gewissenlose Streber bemächtigten sich der Situation und machten aus dem kräftig keimenden Antisemitismus teils einen Erwerb, teils eine Sprosse zum Hinaufklimmen. Leute ohne jede Begabung und Bedeutung, kaum gekannt und noch weniger beachtet, schnellten zur Popularität empor und gelangten zu Amt und Würden. (Bernsdorf 1850: 165)

Kein Geringerer widersprach dem Traktat Wagners sogleich im Jahr der Wiederveröffentlichung als Gustav Freytag, der sich in den *Grenzboten* 1869 deutlich positionierte: Wer mit erhebendem Gefühl die Fortschritte „unserer Nation in den letzten hundert Jahren betrachten will", so wandte er sich gegen den teutschen Tonsetzer, der möge vor allem auf die Wandlungen blicken, welche unsere jüdischen Mitbürger unter der befreienden Einwirkung moderner Bildung gemacht haben." Es seien nur noch die letzten Überreste alter Tradition und Intoleranz zu überwinden, „um die Herzen und Geister der deutschen Juden völlig in unser Volksthum einzuschließen." (Freytag 1869: 334) Im Sinne seiner Broschüre erscheine Wagner selbst als der größte Jude:

> Die Effecthascherei, das prätentiöse und kalt überlegte Streben nach Wirkungen, welche nicht durch sicheren Kunstgeschmack reguliert werden, der Mangel an Fähigkeit, musikalischer Empfindung ihren melodischen und harmonischen Ausdruck rein und voll zu geben,

---

[7] Hier die Antwort von Leo Herzberg-Fränkel.
[8] Dass es in der Zeitschrift neben Zustimmung auch Widerspruch gab, zeigt ein Beitrag von Bernsdorf (1850: 165), in dem von Ansichten gesprochen wird, „die in würdeloser Art ausgesprochen wurden, oder Meinungen, die man mit den Waffen einer unklaren, von Haß umdüsterten Gesinnung verficht".

die übergroße, nervöse Unruhe, Freude am Seltsamen und Gesuchten, das Bestreben, durch witzigen Einfall und äußerliche Kunstmittel die gelegentlichen Schwäche seiner musikalischen Erfindung zu decken, dazu selbst das große Talent für raffinirte Regie der Effecte. (Freytag 1869: 336)

Gustav Freytag meinte, der Behauptung angeblicher jüdischer Eigenschaften durch Wagner am besten begegnen zu können, indem er den Spieß gegen den Komponisten umkehrte und ihm rhetorisch wirkungsvoll alle jene Eigenarten und Verhaltensweisen zusprach, die der Komponist im Sinne eines rassistischen Antisemitismus den Juden vorgehalten hatte. Die Vorstellung, bestimmte Eigenschaften seien Eigentum einer „Rasse", lehnt Freytag deutlich ab, vielmehr seien sie erklärbar durch die gedrückte Situation einer Minderheit über Jahrhunderte (dazu Jäger 2008). Anders formulierte eine treffende Entgegnung von Ludwig Bischoff sogleich 1850 in der *Rheinischen Musik-Zeitung für Kunstfreunde und Künstler*:

> Zur Sache schlagen wir vor: man gebe diejenigen Stellen, welche man in Mendelssohn und vielen andern tüchtigen Componisten jüdischer Confession für Judenmusik erklärt, genau an, denn mit dem allgemeinen Geschwätz von metrischer Gestaltung und melodischen Tonfällen ist nichts gesagt. Finden sich nun diese charakteristischen Stellen nicht bei allen jüdischen Componisten, so fällt dadurch allein schon die Behauptung, dass sie auf dem Judaismus, beziehungsweise der Judenschule, beruheten, in ihr Nichts zurück, und jene musikalischen Wendungen sind dann nur Eigenthümlichkeiten von Individuen. Stellen wir ihnen nun aber vollends ähnliche Wendungen und Rhythmen aus christlichen Tonsetzern zur Seite, und gelingt uns dies, so ist die ganze Lehre von der sogenannten Judenmusik eine Phantasie, welche eben so aus Vorurtheilen hervorgegangen ist, wie viele andere gehässige Behauptungen ähnlicher Art. Der wahre Kunstfreund wird stets mit Freuden dasjenige anerkennen, was deutsche Männer jüdischer Confession in Kunst und Literatur geleistet haben, und Aeusserungen auf dem Gebiete der ästhetischen Kritik, wie „Gemauschele u. dgl." wird jeder Edelgebildete mit Widerwillen von sich weisen. (Bischoff 1850: 45)

3 Antisemitismus und persönliches Erleben

> Zum erstenmal begegnete ich jenem in den Volkskörper gedrungenen dumpfen, starren, fast sprachlosen Haß, von der der Name Antisemitismus nichts aussagt, weil er weder die Art, noch die Quelle, noch die Tiefe, noch das Ziel zu erkennen gibt. Dieser Haß hat Züge des Aberglaubens ebenso wie der freiwilligen Verblendung, der Dämonenfurcht wie der pfäffischen Verstocktheit, der Ranküne des Benachteiligten, Betrogenen ebenso wie der Unwissenheit, der Lüge und Gewissenlosigkeit wie der berechtigten Abwehr, affenhafter Bosheit wie des religiösen Fanatismus. Gier und Neugier sind in ihm, Blutdurst, Angst, verführt, verlockt zu werden, Lust am Geheimnis und Niedrigkeit der Selbsteinschätzung. Er ist in

solcher Verquickung und Hintergründigkeit ein besonderes deutsches Phänomen. Es ist ein deutscher Haß. (Wassermann 2005: 40)

Bei allem in aller Öffentlichkeit propagierten Antisemitismus gibt es doch gleichwohl zahlreiche Erinnerungen deutscher Juden, die energisch behaupten, von diesem Judenhass in den letzten Jahrzehnten des 19. und den ersten des 20. Jahrhunderts nichts verspürt zu haben. Julius Moses, geboren am 2. Juli 1868 in Posen, war es im Alter wichtig, auf das Fehlen jeglicher judenfeindlicher Gesinnungen bei seinen Greifswalder Schulkameraden hinzuweisen. Nie habe er bei ihnen Antisemitismus erlebt, behauptet er in seinen *Erinnerungen*, und zur Bekräftigung wiederholt und unterstreicht er das Nie.[9] Wie Moses, so gibt auch Walter Eliassow aus einer stark assimilierten Familie zu Protokoll, an seiner Schule, dem Altstädtischen Gymnasium im freisinnigen Königsberg, an dem 10 % der Schüler Juden waren, nie auch nur eine Spur von Antisemitismus bemerkt zu haben, er selbst habe mehr christliche als jüdische Freunde gehabt.[10] Und – ein letztes Beispiel – als Victor Klemperer 1937 im nun an jeder Ecke aushängenden „Stürmer" ein Bild sah, das zwei Mädchen im Seebad im Badekostüm mit der Überschrift „Für Juden verboten" sowie der Unterschrift „Wie schön, dass wir jetzt unter uns sind¡'" sah, fiel ihm „eine längst vergessene Kleinigkeit ein:

> September 1900 oder 1901 in Landsberg. Wir waren in der Unterprima 4 Juden unter 16, in der Oberprima 3 unter acht Klassenschülern. Von Antisemitismus war weder unter den Lehrern noch unter den Schülern Sonderliches zu spüren. Genauer rein gar nichts. Die Ahlwardtzeit und Stöckerei kenne ich nur als historisches Faktum. Ich wusste nur, dass ein Jude weder Verbindungsstudent noch Offizier werde. Aber die beiden Brüder Boas, die auch in der Prima sassen, rechnete ich schon gar nicht zu den Juden, obwohl ihr Protestantismus ganz frischgebacken bei ihnen (nicht bei ihren Eltern) anfing. Am Versöhnungstag nahmen also die Juden nicht am Unterricht teil. Den nächsten Tag erzählten die Kameraden ohne alle Bösartigkeit lachend (so wie das Wort bestimmt auch von dem durchaus humanen Lehrer bestimmt nur scherzend gesprochen wurde), *Kuhfahl der Mathematiker habe zu der verkleinerten Klasse gesagt: „Heut sind wir UNTER UNS". Das Wort nahm in der Erinnerung eine geradezu grausige Bedeutung für mich an: es bestätigte mir den Anspruch der NSDAP, die wahre Meinung des deutschen Volkes auszudrücken. Und immer mehr glaube ich, dass Hitler wirklich die deutsche Volksseele verkörpert, dass er wirklich ‚Deutschland' bedeutet, und dass er sich deshalb halten und zu Recht halten wird. Womit ich denn nicht nur äusserlich vaterlandslos geworden bin. Und auch wenn die Regierung einmal wechseln sollte: mein innerliches Zugehörigkeitsgefühl ist hin. (Klemperer 2007: 950–951)

---

9 Die Publikation findet sich im Nachlass Julius Moses (1931), Mappe 53: 64, Privatbesitz.
10 Walter Eliassow: Erlebtes und Gedachtes. Ms. undatiert, 13 S., auszugsweise in Monika Richarz: Jüdisches Leben 1976–1982, Bd. 2: 365–369, hier 366.

Bedenkt man, dass sich das preußische Erziehungsministerium zu Ermahnungen an die Lehrer genötigt sah, sich bei antisemitischen Äußerungen größerer Zurückhaltung zu befleißigen (Pulzer 2004: 205–206), stellt sich die Frage, ob die Behauptungen, Antisemitismus nie erfahren zu haben, vielleicht glückliche Ausnahmen und verklärte Erinnerungen gewesen sein könnten. Jedenfalls wurden auch solche Erlebnisse erinnert, wie sie etwa Paul Mühsam schildert[11], der davon spricht, er habe sich als Schüler immer „unter Verlust der Harmlosigkeit" überlegen müssen, ob und wie er auf antisemitische Äußerungen der Mitschüler habe reagieren sollen, „ob man eine verletzende Bemerkung als zu dumm oder unbedeutend mit Stillschweigen übergehen oder eine Affäre daraus machen solle." (Mühsam undat.: 357) Und Sammy Gronemann berichtet, ihm sei als Schüler einer jüdischen Schule zunächst jene „Tragik des jüdischen Kindes" erspart geblieben, „die so häufig die schönsten Kinderjahre verbittert", doch seien seine Mitschüler während seiner späteren Gymnasialzeit durchweg antisemitisch eingestellt gewesen. Anrührend die Schilderung seiner Erfahrungen, die er mit vielen jüdischen Kindern geteilt haben dürfte:

> Ich wurde die Zielscheibe allgemeinen Spottes, wurde geistig und körperlich ständig mißhandelt, war aber nicht geneigt, mich darüber zu beklagen. Dabei war jede antisemitische Pöbelei durch die Schulleitung streng verboten. Es herrschte dort die sogenannte Toleranz, d. h. so ziemlich die unwürdigste und beschämendste Einstellung, die man sich vorstellen kann. Ein Beispiel für viele: Dr. Rohrmann – er trug seinen Namen mit Recht, denn er machte von dem spanischen Rohr noch dreizehn-, vierzehnjährigen Knaben gegenüber reichlich Gebrauch – war unversehens Zeuge einer gemeinen antisemitischen Beschimpfung eines Mitschülers gegen mich geworden. Wohl oder übel mußte er einschreiten und hielt dem Schuldigen, einem gewissen Göhmann, eine Strafrede etwa folgenden Inhalts: Schämst du dich gar nicht, deinen Mitschüler sein Judentum vorzuwerfen? Würdest du einem Buckligen seinen Buckel oder einem Blinden seine Blindheit zum Vorwurf machen? Wenn jemand als Jude geboren ist, ist das genau ein solches Unglück, wie verkrüppelt auf die Welt kommen, und es ist eine Rohheit, deswegen den armen Menschen zu beschimpfen. (Gronemann 2002: 46)

Auch wenn man die jeglichen Antisemitismus verneinenden Erinnerungen von Moses und Klemperer nicht in Frage stellen wird, sind doch die Schilderungen bedenkenswert, die Jakob Wassermann in seinem *Mein Weg als Deutscher und Jude* gegeben hat:

> Die meinem Judentum geltenden Anfeindungen, die ich in der Kindheit und ersten Jugend erfuhr, gingen mir, wie mich dünkt, nicht besonders nahe, da ich herausfühlte, daß sie weniger die Person als die Gemeinschaft trafen. Ein höhnischer Zuruf von Gassenjungen, ein gif-

---

11 Auszugsweise in Monika Richarz: Jüdisches Leben 1976–1982, Bd. 2: 357–364.

tiger Blick, abschätzige Miene, gewisse wiederkehrende Verächtlichkeit, das war alltäglich. Aber ich merkte, daß meine Person, sobald sie außerhalb der Gemeinschaft auftrat, das heißt, sobald die Beziehung nicht mehr gewußt wurde, von Sticheleien und Feindseligkeit fast völlig verschont blieb. Mit den Jahren immer mehr. Mein Gesichtstypus bezichtigte mich nicht als Jude, mein Gehaben nicht, mein Idiom nicht. Ich hatte eine gerade Nase und war still und bescheiden. Das klingt als Argument primitiv, aber der diesen Erfahrungen Fernstehende kann schwerlich ermessen, wie primitiv Nichtjuden in der Beurteilung dessen sind, was jüdisch ist, und was sie für jüdisch halten. Wo ihnen nicht das Zerrbild entgegentritt, schweigt ihr Instinkt. (Wassermann 2005: 12–13)

Der Hass sei sich selber Sinn und Ziel, meinte Jakob Wassermann: „Es ist der deutsche Haß." „Was wollen die Deutschen", lässt Wassermann einen Dänen fragen, der ob der in seinem Land fast unbekannten Judenhetze erstaunt ist:

Ich hätte ihm antworten müssen: den Haß. Ich hätte ihm antworten müssen: sie wollen einen Sündenbock. Immer, wenn es ihnen schlecht ergangen, nach jeder Niederlage, in jeder Klemme, in jeder heiklen Situation machen sie die Juden für ihre Verlegenheit verantwortlich. So ist es seit Jahrhunderten. Drohende Erbitterung der Massen wurde stets in diesen bequemen Kanal geleitet, und schon die Kurfürsten und Erzbischöfe am Rhein hatten, wenn ihre Waffengänge mißlungen und ihre Schatzkammer geleert waren, eine sicher funktionierende Regie in der Veranstaltung von Judenmetzeleien. (Wassermann 2005: 124)

Die Deutschen hätten einfach zu wenig Liberalität, lässt Wassermann den Dänen antworten, wenigstens seit der Gründung des Reiches:

Es ist wahrscheinlich so, aber es ist auch das Geringste, was man darüber sagen kann. Es fehlt auch an Phantasie, an Freiheit und an Güte. Ein wesentlicher Defekt muß da sein, wenn ein Volk so leichterdings, so gewohnheitsmäßig, so skrupellos, keine Berufung hörend, keiner redlichen Auseinandersetzung zugänglich, keiner großmütigen Regung in diesem Punkt fähig. (Wassermann 2005: 124–125)

4 1933: Ausschließung von Sprache und nachbarschaftlicher Kommunikation

Ein einzig Volk von Brüdern wollen wir sein! Wir sind Juden und wollen Juden sein und bleiben, wir sind deutsche Juden und Deutsche wollen wir sein mit unserer ganzen Kraft, mit unserem ganzen Empfinden. Hier in unserem deutschen Vaterlande ruhen die Wurzeln unserer Kraft: deutsch ist unser Fühlen und Wissen: die deutsche Sprache ist uns heilig: das deutsche Geistesleben ist unseres Lebens Element. (14.8.1914)[12]

---

[12] Rabbiner Dr. Rosenzweig in der Berliner Synagoge Lindenstraße. Siehe den Bericht über die Gottesdienste in den Berliner Synagogen in: Allg. Zeitung des Judentums, 78. Jg. 1914, Nr. 33.

Ich sagte ihm, ich finge an rot zu sehen, wenn ich bloß das Wort „deutsche Kultur" hörte. (Klemperer 2007: 4613)

In seinem Machwerk *Die Juden und Halbjuden in der deutschen Literatur* nennt Otto Hauser, der durch die Unterstützung von Theodor Herzl während seines Studiums im Feuilleton der *Neuen Freien Presse* mit einigen Erzählungen debütieren konnte, Richard Wagner als Kronzeugen für seine Behauptung: „Nichts scheidet den Juden – *jeden* Juden – so scharf von dem arischen Deutschen wie seine völlige Unfähigkeit, das Deutsche deutsch zu sprechen und zu schreiben." (Hauser 1933: 16) Die Topoi der antisemitischen Presse und Pseudowissenschaften wurden, was Sprache und Gebärdung von Juden anging, nun Staatsdoktrin. Der Rassen„forscher" Günther konstatierte in seiner *Rassenkunde des jüdischen Volks* schon 1930, dass es die „Erbanlagen der orientalischen Rasse" dem Juden unmöglich machten, die deutsche Sprache so zu sprechen, wie dies „arische" Deutsche vermöchten (Günther 1930: 255–257).

Mit der Machtübergabe an die Nationalsozialisten wurde offiziell, was davor insgeheim galt, aber jeder ahnen konnte, der Schlagzeilen von Friedhofsschändungen oder antisemitischen Beleidigungen und Übergriffen, wie man sie bis heute in deutschen Zeitungen lesen muss (vgl. Böning & Ehlers 2015), zur Kenntnis nahm und richtig interpretierte: die Ausschließung der Juden aus der Gemeinschaft der Deutschen und zugleich von allen bürgerlichen und politischen Rechten. Der Antisemitismus habe zwei Gesichter, schreibt der deutsch-jüdische Publizist und Reichstagsabgeordnete Julius Moses 1931 im *8 Uhr Abendblatt*: „Das eine trägt die Züge des ‚Wissenschaftlers', das andere des Rowdys." Der Antisemitismus sei zweifellos eine internationale Erscheinung, in

> dem Kulturland Deutschland aber wird die antisemitische ‚Praxis' zur Tagesordnung. Straßenkrawalle und Mißhandlungen friedlicher jüdischer Bürger werden zum Politikum, die ‚Partei der sittlichen Erneuerer' sieht in ihrem Zukunftsprogramm die Außer-Gesetzstellung der jüdischen Bevölkerung vor. (Moses 1931: 1)

Der Antisemitismus, so heißt es prophetisch,

> der auf die primitivsten menschlichen Instinkte spekuliert, kann in seiner praktischen Verwirklichung die unwürdigsten und unmenschlichsten Formen annehmen. Moralische Wertbegriffe, sittliche Anschauungen, die dem Menschen von Kindesbeinen an anerzogen wurden, werden plötzlich abgeschüttelt, ethische und humane Traditionen gelten nichts mehr, sobald es gegen Juden geht. (Moses 1931: 1)

Was selbst der kaum ahnen konnte, der die deutsch-völkische Propaganda seit dem letzten Drittel des 19. Jahrhunderts sorgfältig beobachtet hatte, war, mit welcher Feindlichkeit die deutsche Sprache, die den deutschen Juden über eineinhalb Jahrhunderte mehr oder weniger unumstritten zur Muttersprache geworden war, dieser Bevölkerungsgruppe entgegentreten würde, wie dies nach 1933 geschah: „Auch weiß ich von keinem Vorübergehenden, Vorüberfahrenden, ob er nicht zur Gestapo gehört, ob er mich nicht beschimpfen, anspucken, verhaften wird." (Klemperer 2007: 1965)

Autobiographien, Briefe und Tagebücher deutscher Juden verraten, wie schmerzlich es war, dass diese Feindlichkeit sich im Laufe der Jahre verstärkt besonders unverhohlen aus Kindermund ergoss: „Auf dem Heimweg kränkten mich Beschimpfungen eines gutgekleideten intelligent aussehenden Jungen von etwa 11, 12 Jahren", berichtet Victor Klemperer. „‚Totmachen! – Alter Jude, alter Jude¡ Der Junge muß doch Eltern haben, die das unterstützen, was ihm in der Schule u. bei den Pimpfen beigebracht wird." (Klemperer 2007: 926) „Ich freue mich immer", notierte Willy Cohn über eine freundliche Behandlung seiner Tochter in sein Tagebuch, „wenn Leute der anderen Rasse zu den Kindern nett sind, damit in Susannes Seele die Haßgefühle nicht zu mächtig werden." (Cohn 2007: 851)

Feindlichkeit äußerte sich nicht zuletzt im Ausschluss von der Kommunikation mit den „arischen" Deutschen und dem Verlust der Nachbarn. Julius Moses ist nur ein Beispiel dafür, wie die Lebenssituation sich 1933 schnell und drastisch änderte, denn nun trat zum gewöhnlichen Antisemitismus die systematisch organisierte Entrechtung, die mit zunehmender Isolierung einherging. Die Kinder emigrieren, was Moses mit Wehmut und Genugtuung zugleich erfüllt, wenigstens sie gerettet zu sehen, Freunde gehen verloren. Schon die Verfolgungen im Februar und März 1933, denen besonders die linken Gegner der neuen Herren ausgesetzt waren, ließen um die eigene Sicherheit fürchten. Der Pogrom vom 1. April 1933 mit den Boykottmaßnahmen und Verhaftungen führte erstmals drastisch vor Augen, dass für Juden künftig kein Recht mehr gelten sollte. Das Leben wurde den deutschen Juden nun schwerer und schwerer gemacht, bis es unerträglich war. Ein ganzes Heer deutscher Verwaltungsjuristen setzte dienstwillig in formelles Recht um, was eine kriminelle Politik befahl. Juristen und Rechtsstaatlichkeit waren schon in den Jahren vor 1933 viel zu oft unvereinbare Gegensätze, aber was jetzt geschah, überstieg alles Vorstellbare, denn nun wurden die deutschen Juden nicht nur ausgestoßen aus der „Volksgemeinschaft", sondern ihnen das Menschsein abgesprochen. Es kommt zu einem Zustand, den Joachim Prinz 1935 in der *Jüdischen Rundschau* als *Leben ohne Nachbarn* beschreibt:

> Daß wir im Ghetto leben, das beginnt jetzt in unser Bewußtsein zu dringen. Dieses Ghetto freilich unterscheidet sich in vielem, im Begriff und in der Wirklichkeit, von dem, was wir bisher darunter verstanden.

Man lebe in einem Land, in dem den Juden versichert werde, „daß dieses unser Leben das deutsche Volk belaste". Sei es im Mittelalter so gewesen, dass man abends aus der Welt in das Ghetto kam, dessen Tore sich sodann unerbittlich schlossen, so sei es nach 1933 umgekehrt: „Wenn sich unsere Haustür hinter uns schließt, kommen wir aus dem Ghetto und gehen in unser Heim."

> Draußen ist das Ghetto für uns. Auf den Märkten, auf der Landstraße, in den Gasthäusern, überall ist das Ghetto. Es hat ein Zeichen. Dieses Zeichen heißt: nachbarlos. Des Juden Los ist: nachbarlos zu sein. Vielleicht gibt es das nur einmal auf der Welt, und wer weiß, wie lange man es ertragen kann: das Leben ohne Nachbarn. Ueberall kennt das Leben den nachbarlichen Menschen. Das ist nicht der Freund, aber einer, der gewillt ist, mit dem anderen das Leben zu tragen, es ihm nicht zu erschweren, sein Mühen und sein Hasten mit freundlichen Augen zu betrachten. Das fehlt. (Prinz 1935: 3)

Zu Recht stellte Joachim Prinz in seinem scharfsinnigen Zeitungsartikel fest, dass ein solches isoliertes, nachbarloses Leben sich in der großen Stadt, dort also, wo Julius Moses zu Hause war, noch nicht in aller Deutlichkeit zeigte,

> aber die Juden der kleinen Städte, die am Marktplatz wohnen ohne Nachbarn, deren Kinder in die Schule gehen ohne Nachbarkinder, spüren die Isolierung, welche die Nachbarlosigkeit bedeutet, die grausamer ist als alles andere, und es ist vielleicht für das Zusammenleben von Menschen das härteste Los, das einen treffen kann. Wir würden das alles nicht so schmerzlich empfinden, hätten wir nicht das Gefühl, daß wir einmal Nachbarn besessen haben. (Prinz 1935: 3)

Für jeden, der sich weiterhin der deutschen Kultur fest verbunden fühlte, kam noch eine gewisse Isolierung von den eigenen Leidensgenossen hinzu: „Mich hält er natürlich für ganz und doppelt verirrt: ins Bürgerliche u. ins Deutsche", so berichtet Victor Klemperer über einen sozialdemokratischen Journalisten, bei dem er eine „grausige Mischung aus Communismus u. Zionismus" konstatiert: „Ich werde, sagt er, ein ganz armer u. bedauernswerter ‚Jid' sein, wenn ich (‚bestimmt in vier Monaten') im polnischen oder russischen Ghetto sitze." (Klemperer 2007: 1726)

Bei all seiner Liebe zur deutschen Kultur und Literatur wusste auch Julius Moses, dass sein Deutschsein auf einer nur dünnen Bodenschicht stand, wie Victor Klemperer dies ausgedrückt hat, der Dresdener Professor und Romanist, dem dies erst 1942 durch die Lektüre der *Geschichte der Juden in Deutschland* wie Schuppen von den Augen fiel (Klemperer 2007: 1848), die 1935 Ismar Elbogen, der Freund von Julius Moses, in Berlin publiziert hatte. Moses hatte dieses und zahlreiche andere Werke zur Geschichte der deutschen Juden studiert; ihm war bewusst, dass die Gleichberechtigung der deutschen Juden keine hundert Jahre alt war, dass das Bemühen darum nach der von ihm geliebten gescheiterten Revolution von 1848 sogleich wieder ins Stocken gekommen war, dass nach ihrer Vollendung und der Reichseinigung in den 1870er Jahren ein aggressiver Antisemitismus entstanden war, der sich dann mit der rechtsextremen Propaganda zu „Dolchstoß" und „Judenrepublik" nach dem Ersten Weltkrieg zum Wahn gesteigert hatte.

Das Schlimmste nach 1933 war für die deutschen Juden, dass sie jetzt gezwungen waren, die einsetzende Versklavung Deutschlands immer durch die Brille des Jüdischen zu besehen. Sich ständig mit „diesem Irrsinn der Rassenunterschiede zwischen Ariern und Semiten" beschäftigen zu müssen. Hier ging es vielen wie Victor Klemperer; ein über ihn „persönlich errungener Sieg der Hitlerei", hatte dieser vermerkt (Klemperer 1975: 41).

Viele deutsche Juden fühlten jetzt wie Jakob Wassermann, der selbst im Verhältnis zu seinen verbliebenen nichtjüdischen Freunden doch immer noch einen Rest des Nichtverstehens verspürte:

> Aber wenn ich mit meiner Qual, mit meiner Bitterkeit, mit meinem unentwirrbaren Problem, mit Hinweis, Frage, Sorge zu einem von ihnen komme, ich supponiere zum Edelsten, Bewährtesten, so faßt er doch nicht die ganze Tragweite des Unglücks und verschlimmert meine Ratlosigkeit nur durch Argumente, die kein Gewicht mehr für mich haben. Er meint mich trösten zu können, wenn er von der Ebbe- und Flutbewegung geistiger Seuchen spricht; er übersieht, daß ich mich darin, gerade darin als Arzt betrachte und die Erfolglosigkeit meiner Bemühung einer Unzulänglichkeit in mir zuschreiben muß. Er meint, daß die Wut der Lärmmacher und Schaumschläger nicht beweisgültig sei für die Gemütsverfassung und sittliche Richtung der Nation; er übersieht aber die Zahl der Opfer; er übersieht die Beredsamkeit von furchtbaren Tatsachen; und er übersieht, daß es müßig ist, wenn ich mich als Gefangener in einem Raum voll Kohlenoxydgas befinde, mich damit zu beruhigen, daß morgen die Fenster geöffnet werden. Endlich fehlt ihm, sogar ihm, das Verständnis dafür, daß ich in allerletzter Linie mehr für die Deutschen als für die Juden leide. [...] Und er fragt wohl, durchdrungen von der Notwendigkeit der Wandlung, dennoch zaghaft: Was soll geschehen? Was soll Deutschland tun? (Wassermann 2005: 129–131)

Jakob Wassermann gab darauf eine Antwort, wie sie Julius Moses vor 1933 gegeben hat, nämlich einzuschreiten mit aller Konsequenz, wo für jeden sichtbar die Hetze gegen Menschen Mord vorbereitete. Er verlangte, das Reden von der Minderwertigkeit anderer Menschen bereits für die mörderische Tat selbst zu nehmen und es mit allen Mitteln zu unterbinden, damit es sich nicht verbreite wie die Pest. Wassermann reagiert resigniert auf die Frage seines Freundes, was zu tun sei:

> Ich vermag es nicht, ihm zu antworten, denn die Antwort liegt zu nahe, und ich schäme mich für ihn. Wenn ich einen Fuhrmann sehe, der sein abgetriebenes Roß mit der Peitsche dermaßen mißhandelt, daß die Adern des Tieres springen und die Nerven zittern, und es fragt mich einer von den untätig, obschon mitleidig Herumstehenden: was soll geschehen? so sage ich ihm: reißt dem Wüterich vor allem die Peitsche aus der Hand. Erwidert mir dann einer: der Gaul ist störrisch, der Gaul ist tückisch, der Gaul will bloß die Aufmerksamkeit auf

sich lenken, es ist ein gutgenährter Gaul, und der Wagen ist mit Stroh beladen, so sage ich ihm: das können wir nachher untersuchen; vor allem reißt dem Wüterich die Peitsche aus der Hand. Mehr kann Deutschland nach meiner Ansicht gewiß nicht tun. Aber es wäre viel. Es wäre genug. (Wassermann 2005: 129–131)

5 Enteignung – Eduard Engels *Deutsche Stilkunst*

> Die unverzeihliche Todsünde des Stils, die Sünde gegen den heiligen Geist in der Menschenrede ist die Unwahrheit. (Engel 2016: 35)

> Reiners zog in Engels Buch ein wie in eine arisierte Wohnung. Er veränderte manches, verschob Möbel, hängte Bilder um und brachte anderes Gut und Hausrat mit; er handelte im Geiste und unter dem Rechtsschutz der Nationalsozialisten. (Stirnemann 2016: XXVII)

Es war der Anarchist Erich Mühsam, der den deutschnationalen Eduard Engel 1931 im *Berliner Tageblatt* zu dessen 80. Geburtstag als „sehr streitbaren und dabei fröhlichen Geist" würdigte. Trotz seines angriffslustigen Charakters sei er gar nicht engherzig, sondern im Streit von „heiterer Geneigtheit, sich besiegt zu erklären". Mühsam fühlt sich „im zornigen Gefühl benachbart" und seelenverwandt mit dem keine Kritik scheuenden Sprachwächter; er prophezeit ihm eine Zeit, die ihm mehr Gerechtigkeit zollen wird.[13]

Seine Ordnungsrufe haben Eduard Engel bei Schriftstellern nicht nur Freunde beschert, weniger noch bei Wissenschaftlern, deren „Gelehrttuerei in Worten" er in seiner *Deutschen Stilkunst* von 1911 rügt (Engel 2016: 5). Von vielen als Sprachpurist und Pedant beschimpft, war er doch ein leidenschaftlicher Freund der deutschen Sprache. Seine Ausfälle gegen das Fremdwort haben während des Ersten Weltkriegs manchmal chauvinistische Anklänge, er bekämpft es aber nicht als Nationalist, sondern weil es einen unpersönlichen Stil zur Folge habe. In Fremdwörtern, ist Engel überzeugt, könne man zwar schreiben, aber weder fühlen noch denken noch träumen. Und noch wichtiger ist ihm die Mauer, die er durch die „Fremdwörterei" zwischen den „Gebildeten und den nach Bildung ringenden Klassen" errichtet sieht. Sein ihm wichtigstes Werk widmete er den um einen guten Stil ringenden Ungelehrten, „die der liebreichen Unterweisung bedürfen und ihr zugänglich sind" (Engel 2016: 6).

---

[13] Berliner Tageblatt, Jg. 1931, Ausgabe vom 12.11.1931. Die folgenden Zeilen folgen weitgehend meinem Beitrag in der Jüdischen Allgemeinen, Ausgabe Nr. 24 vom 4.8.2016: Der jüdische Sprachpapst. Eduard Engels „Deutsche Stilkunst" von 1931 wird in der Anderen Bibliothek neu aufgelegt.

Eduard Engels *Deutsche Stilkunst* sollte bis 1931 nicht weniger als 31 Auflagen erleben. Als Engel sein „Lebensbuch" veröffentlichte, hatte er bereits zahlreiche literaturhistorische Werke publiziert und sich mit Novellen auch in der Schönen Literatur versucht. Als Herausgeber des *Magazins für die Literatur des (In- und) Auslandes* gilt er als Entdecker Fontanes und Lobredner des französischen Naturalisten Zola (dazu Jolles 1984; siehe auch Mojem 1995a). Seine zweibändige Geschichte der deutschen Literatur war von 1906 bis 1929 gut für 38 Auflagen, seine englisch-nordamerikanische wie seine französische Literaturgeschichte zeigen den Liebhaber auch ausländischer Literaturen. Vielseitigkeit verraten Bücher zum Eisenbahnbau, über Kaspar Hauser oder Königin Luise, eine Goethe-Biographie und die Herausgabe von Werken Heinrich Heines (zu seinen Werken siehe Schmidt-Wiegand 1959: 499–500).

Geboren am 12. November 1851 in Stolp, hat Engel in Berlin Sanskrit, Griechisch und Altfranzösisch studiert. 1874 wurde er promoviert, in seinem Hauptberuf wirkte er als amtlicher Stenograf im Deutschen Reichstag. Seine erste Frau Paula Dolores, eine Andalusierin, die 1910 nach 35 Ehejahren stirbt, lehrt ihn „Ehrfurcht vor der Sprache überhaupt, Ehrfurcht vor jeder Sprache" (zu Engels Leben weiter Mojem 1995b). Ein geruhsamer, dem Schreiben gewidmeter Lebensabend wird ihm 1933 durch eine Politik zerstört, deren verbrecherischen Charakter er wohl bis zum Schluss seines Lebens nicht in seiner ganzen Tragweite verstanden hat. Der 82-Jährige, dem sein Jüdischsein nie wichtig war, erhält Publikationsverbot. Seine Werke dürfen weiter verkauft werden, aber die Verlage nutzen die Chance, inzwischen rechtlose Autoren um ihre Honorare zu prellen.

1936 wird Eduard Engel in dem Machwerk *Jüdische und völkische Literaturwissenschaft* verunglimpft: Nie habe er jemals das Interesse des Deutschtums vertreten (Baumann 1936). Aber es kommt noch schlimmer: Er sei mittellos, schreibt er, und lebe mit seiner zweiten Frau Anna unter einem Druck, der jeden vernichte (Stirnemann 2016: XXIII). Nur das Schreiben hält ihn am Leben: Es entstehen ohne Aussicht auf Veröffentlichung 6800 Manuskriptseiten einer deutschen Geschichte zwischen 1815 und 1919; der Autor fühlt sich durch die Arbeit „furchtbar erschüttert" (Stirnemann 2016: XXIIIf.). Zwei Wochen nach den Novemberpogromen stirbt Eduard Engel am 23. November 1938 in Bornim bei Potsdam. Seine Schwester Sophie wurde wahrscheinlich im KZ Majdanek ermordet, seine nichtjüdische Frau erlebte verarmt die Befreiung, bis zuletzt hoffte sie auf ein Wiedererscheinen der Bücher ihres Mannes.

Dass dies nicht geschah, hat Gründe. Nach Eduard Engels Tod schlug die Stunde der Arisierer. 1944 erschien im Verlag C.H. Beck die *Deutsche Stilkunst* eines Ludwig Reiners. Heidi Reuschel kommt in ihrer Dissertation an der Otto-Friedrich-Universität Bamberg 2014 zu dem Schluss, die Fülle von inhaltlichen Übereinstimmungen lasse keinen anderen Eindruck zu, als dass Reiners Engels

Stilkunst als Vorlage benutzt hat (Reuchel 2014 und Sauter 2000). Nach 1945 ließ Reiners sich entnazifizieren und säuberte sein Werk vom Rassismus, den er der Stilkunst Eduard Engels hinzugefügt hatte. Gemeinsam mit seinem Verlag verdiente er nun kräftig. 2004 erschien die letzte Auflage, noch für 2016 war eine Neuauflage angekündigt.

Sie ist unterblieben, denn in einem späten Akt der Gerechtigkeit hat Stefan Stirnemann in der *Anderen Bibliothek* Eduard Engel sein Werk zurückgegeben (Engel 2016). In der nach allen Regeln der Buchkunst ausgestatteten zweibändigen Ausgabe ist jetzt wieder zu lesen, dass allein aus Wahrheit und Wahrhaftigkeit ein guter Stil entstehe und nur eine Todsünde gegen den guten Stil nicht vergeben werden könne, nämlich die Unwahrhaftigkeit.

Die *Deutsche Stilkunst* ist das wichtigste Vermächtnis Eduard Engels. Auf jeder Seite findet der Leser Anregungen, sorgsam und fantasievoll mit der Sprache umzugehen, und spürt, wie sehr Leidenschaft für die Schönheiten der deutschen Sprache die Feder des Autors führte. Auch wenn ihm dies nicht immer gelang, wollte Eduard Engel kein diktatorischer Sprachrichter sein, sondern distanzierte sich von Vorgängern mit ihren im Offizierston vorgetragenen Urteilen voller Dünkel wie „scheußlich, albern, dumm, jüdisch, schauderhaft". Stattdessen begreift er die „gesunde Freiheit der Sprache" und die „Lust fröhlichen Mitschaffens am Kunstwerk der Sprache" als Voraussetzung jeder sprachlichen Weiterentwicklung. Der Leser freut sich an Engels – alles andere als boshafter – Freude, wenn von einem Autor berichtet wird, der an der Überanstrengung gestorben sei, die er beim sprachlichen Ausfeilen seiner Arbeiten erlitten hat (Engel 2016: 83).

6 Victor Klemperers LTI – Lingua Tertii Imperii

> Als parodierende Spielerei zuerst, gleich darauf als ein flüchtiger Notbehelf des Erinnerns, als eine Art Knoten im Taschentuch, und sehr bald und nun für all die Elendsjahre als eine Notwehr, als ein an mich selbst gerichteter SOS-Ruf steht das Zeichen LTI in meinem Tagebuch. (Klemperer 1975: 17)

> [...] schimpfte Gusti auf „die Saujuden" in Palaestina, die kapitalistisch über die Araber herfallen. Erziehung zum Antisemitismus durch Nationalsozialisten! (Klemperer 2007: 223)

> [...] ich glaubte, man müßte wieder einen Versuch mit Zeitunglesen machen – – es ging nicht, mir wird körperlich übel. (Klemperer 2007: 540)

1935 beginnt der Philologe Victor Klemperer seinen bereits früher geäußerten Vorsatz in die Tat umzusetzen, Beobachtungen zur zunehmend verrohenden Sprache in der deutschen Presse, im Rundfunk, in Büchern und nicht zuletzt im öffentlichem Sprechen zu notieren. Für sie gebraucht er sein Geheim-Kürzel „LTI" – Lingua Tertii Imperii –, um sie und sich vor einer eventuellen Entdeckung durch die „Geheime Staats Polizei" zu schützen. Seine sprachkritischen Gedanken können vielleicht als seine wichtigste Forschungsarbeit in einer Zeit betrachtet werden, da ihm der Zugang zu Bibliotheken und Büchern versperrt und er ganz auf sich selbst gewiesen war, sie wird durch eigene Beobachtungen von Beginn an durch seine Frau Eva Klemperer unterstützt. Was bereits 1947 in der Ostzone als Buchausgabe erschien (Klemperer 1947) – erst 1966 folgte eine Publikation in der Bundesrepublik (Klemperer 1966) –, wurde in seinem Fundament eigentlich in den Tagebüchern erarbeitet. Hier ist die Entfremdung von der um ihn herum gebrauchten Sprache zu verfolgen, Klemperer weiß, dass das Wesen des Nationalsozialismus sich auch sprachlich äußert.

Am 9. Juli 1933 notiert Klemperer in sein Tagebuch, dass ihm anders als vielen seiner Leidensgefährten der Weg in praktische Berufe verschlossen sei, ihm wird immer klarer, „wie völlig ich ein nutzloses Geschöpf der Überkultur bin, lebensunfähig […]. nicht einmal Sprachlehrer kann ich sein – nur Geistesgeschichte vortragen, und nur in deutscher Sprache u. im völlig deutschen Sinn" (Klemperer 2007: 148–150). Mehr als er kann niemand in der deutschen Sprache und Geistestradition verwurzelt sein, zum Juden fühlt er sich erst durch die Nazis gemacht.

Am 23. Juli 1934 taucht im Tagebuch erstmals die Notiz „Philologie der N.S." auf: „Göering sagte in einer Rede vor dem Berliner Rathaus: Wir alle vom einfachen SA=Mann bis zum Ministerpraesidenten sind von Adolf Hitler u. durch Adolf Hitler. Er ist Deutschland. Sprache des Evangeliums" (Klemperer 2007: 356–357). Vier Tage später kommt er darauf zurück: „Auch die Studie über die Sprache des 3. Reiches bewegt mich immer mehr. Literarisch auszubauen, etwa Mein Kampf lesen, wo dann die (teilweise) Herkunft aus der Kriegssprache deutlich werden muß. Auf die Kriegssprache (Arbeitsschlacht) weist Eva hin (Klemperer 2007: 360).

In den folgenden Jahren tauchen die Worte „Sprache des 3. Reichs" oder das Kürzel LTI mehrere hundertmal im Tagebuch auf, die Stellen ergeben ein Wörterbuch der Unmenschen. Genauer hat niemand die Vergewaltigung der Sprache beobachtet als Klemperer. Nicht zuletzt fand er seine Belege in der Presse, auch und gerade dort, wo ein politikfreier Raum zu vermuten wäre, in den Familienanzeigen: „Geburt, Zeugung, Tod: das Allgemeinste und animalisch Wichtigste in jedem Menschenleben. Wie sich Trichinen in den Gelenken eines Verseuchten ansammeln, so häufen sich Charakteristika und Klischees der LTI in den Familienanzeigen". (Klemperer 1975: 144) Die eigentliche Arbeit am Buch über die „Sprache des 3. Reichs" sollte erst nach der Errettung beginnen, in den Jahren davor aber war der Gedanke daran allgegenwärtig:

> Die Sprache des 3 Reiches aber ist immer um mich u lässt mich keinen Augenblick los, bei der Zeitungslektüre beim Essen, auf der Tram, mit ihr lebe ich, für sie sammle u registriere ich absichtslos, beim Aufwachen morgens fällt mir ein: da sagte doch gestern der Herr neben mir ... Aus ihrer Sprache ihren Geist feststellen. Das muss den allgemeinsten, den untrüglichsten, den umfassendsten Steckbrief ergeben. So bin ich auf meine alten Tage doch noch zum Philologen geworden. Was ich bisher an Ausdrücken gesammelt, freilich auch immer zu deuten gesucht habe, stammt nur aus der Presse und der Sprache des Alltags, ist in meinem Tagebuch verstreut, erinnert an die Papiersoldaten und ganz wie bei ihnen weiss ich auch gar nicht genau wann ich mit Sammeln angefangen und wann den Plan gefasst habe einmal ein Buch daraus zu machen. Mit der richtigen Arbeit daran werde ich erst beginnen können, wenn ich die wesentlichen Autoren der Bewegung Partei in ihren Büchern studiere, u das bringe ich ohne Brechreiz erst über mich, wenn ich das Ganze überlebt habe, wenn ich nicht mehr Peiniger am Werk betrachte, sondern ihre Gehirne seziere. Aber inzwischen sammle ich doch immerfort, bringe ich doch jeden Tag der mich erreicht mit diesem Zukunftsbuch in Verbindung. Wie wird das Opus einmal aussehen? (Klemperer 2007: 1568)

Kurz vor der Befreiung notiert Klemperer die Beobachtung: „Je desaströser die Lage wird, um so unverschämter wird die Superlativität der natsoc. Sprache." (Klemperer 2007: 3806) Und kurz darauf: „Ich will bis zum letzten Augenblick weiter beobachten, notieren, studieren. Angst hilft nichts, u. alles ist Schicksal. (Klemperer 2007: 3812) Am 21. Juli 1944 kommentiert er die Pressestellungnahmen zum Attentat auf Hitler:

> Sprachlich sind wieder alle Charakteristika der LTI vorhanden: das bedeutende Fremdwort Usurpatoren, das würdelose Schimpfen, die bemühte Vorsehung, die Enge mit der sich alles an Vocabular, Stil, Darstellung des oder der Vorbilder hält. Die allzuleicht übersehbare, die armselige LTI! Nur aus der Betäubung des ersten Augenblicks ist dieser Widerspruch zu erklären: eine kleine Offiziersclique, weggejagte Leute, ist bereits liquidiert oder niedergemacht (beachte diese 2 Verben des Presseschmus, die jetzt in den Maquis-Descriptionen spuken, u. die von da in den neuen Pressestoff kommen.), u. andrerseits wird befohlen, von keiner Dienststelle Befehle entgegenzunehmen – ergo müssen doch die Liquidierten u. Weggejagten noch irgend etwas usurpiert halten. – Im Ganzen eine schlimmere Niederlage als der Verlust einer Schlacht et même einer Provinz. (Klemperer 2007: 3814)

7 Vertreibung aus der Sprache?

Sprache ist mehr als Blut. (Victor Klemperer, Motto der LTI)

Im Juli 1944 liest Victor Klemperer die 1935 im Berliner Schocken Verlag erschienenen Briefe Franz Rosenzweigs; für die 742 Druckseiten benötigt er vierzehn Tage. Die Lektüre ist nach dem 20. Juli von der Hoffnung begleitet, es könnte doch noch von innen Schluss gemacht werden mit dem Nationalsozialismus, doch in

Dresden bleibt es wie überall im Reich ruhig. In sein Tagebuch notiert er die ihm wichtigen Stellen mit den Seitenzahlen der ihm gehörenden Buchausgabe:

> Er ist Deutschland aufs tiefste durch die Sprache verkettet – Sprache ist mehr als Blut 631 – er ist Grimmscher Wörterbuchmensch, zweifelt am Vorhandensein wirklicher Hebraisten 552, aber Deutsch u. Hebräisch sind doch die beiden Geliebten Sprachen 607. (Klemperer 2007: 1125)

„Sprache ist mehr als Blut" – damit hat er das Motto seiner „Lingua Tertii Imperii" gefunden. Gewidmet hat er dieses Werk seiner „arischen" Frau Eva Klemperer: „Denn ohne Dich wäre heute dieses Buch nicht vorhanden und auch längst nicht mehr sein Schreiber". Hier spricht er aus, dass eine Vertreibung aus der eigenen Sprache eine Unmöglichkeit sei:

> Bin ich einmal in einer Sprache aufgewachsen, dann bin ich ihr für immer verfallen, ich kann mich von dem Volk, dessen Geistigkeit in ihr lebt auf keine Weise durch keinen eigenen Willensakt abwenden, durch keinen fremden Befehl absondern lassen. – Im Sinn des Nutrimentum spiritus ist das Sprichwort umzukehren: Weß Lied ich singe, deß Brod ich esse. (Klemperer 2007: 2577)

Victor Klemperer hat sich nicht aus seiner Sprache vertreiben lassen. Im Gegenteil: in seinem Tagebuch und in der *LTI* hat er sie sich in der Auseinandersetzung mit den Notzüchtigern der deutschen Sprache zusätzlich angeeignet.

Literaturverzeichnis

Asendorf, Manfred (1985): *Der Hamburger Pädagoge und Politiker Anton Rée. Ein Beitrag zum Verhältnis von Emanzipation und Bildung*. Hamburg: Landeszentrale.

Auerbach, Berthold (1884): Brief an Jakob Auerbach vom 12.3.1869. In Berthold Auerbach, *Briefe an seinen Freund Jakob Auerbach – Ein biographisches Denkmal*, Band 1, 392–395. Frankfurt am Main: Rütten & Loening.

Baumann, Gerhard (1936): *Jüdische und völkische Literaturwissenschaft. Ein Vergleich zwischen Eduard Engel und Adolf Bartels*. München: Eher.

Bernsdorf, Eduard (1850): K. Freigedank und das Judenthum in der Musik. *Neue Zeitschrift für Musik* 31 vom 15. Oktober 1850, 165–168.

Bischoff, Ludwig (1850): Tu – hoc intrivisti: tibi omne est exedendum. *Rheinische Musik-Zeitung für Kunstfreunde und Künstler* 6 vom 10.8.1850, 43–47.

Böning, Holger (2016): *Volksarzt und Prophet des Schreckens. Julius Moses. Ein jüdisches Leben in Deutschland*. Bremen: edition lumière.

Böning, Holger & Sarah Ehlers (2015): *Es ist eine alte Geschichte* – Schändung jüdischer Friedhöfe und die Verweigerung von Strafverfolgung – Die Publizisten Julius Moses und Wilhelm Michel als Mahner. In Holger Böning & Susanne Marten-Finnis (Hrsg.), *Aufklären, Mahnen und Erzählen. Studien zur deutsch-jüdischen Publizistik, zum Kampf gegen den*

Antisemitismus und zur subversiven Kraft des Erzählens. Mit der Edition einer Denkschrift des Centralvereins deutscher Staatsbürger jüdischen Glaubens e. V. zu Friedhofs- und Synagogenschändungen aus dem Jahre 1929. Festschrift für Michael Nagel, 296–318. Bremen: edition lumière.
Cohn, Willy (2007): *Kein Recht nirgends. Tagebuch vom Untergang des Breslauer Judentums. 1933–1941*. Herausgegeben von Norbert Conrads, Bd. 1–2. Köln et al.: Böhlau.
Dohm, Christian Wilhelm (1781): *Ueber die bürgerliche Verbesserung der Juden*. Berlin, Stettin: Friedrich Nicolai.
Eliassow, Walter (undat.): *Erlebtes und Gedachtes*. Ms., 13 S.
Engel, Eduard (2016): *Deutsche Stilkunst*. Zwei Bände. Berlin: Die andere Bibliothek.
Feiner, Josef (1916): *Dr. Anton Rée, ein Kämpfer für Fortschritt und Recht*. Hamburg: Janssen.
Feuchert, Sascha, Erwin Leibfried & Jörg Riecke (Hrsg.) (2002): *„Im Eilschritt durch den Gettotag…". Oskar Singers Reportagen aus dem Getto Lodz (1942–1944)*. Berlin, Wien: Philo.
Feuchert, Sascha, Erwin Leibfried, Jörg Riecke, Julian Baranowski & Krystyna Radziszewska (Hrsg.) (2004): *Letzte Tage. Die Łódzer Getto-Chronik Juni/Juli 1944*. Göttingen: Wallstein.
Feuchert, Sascha, Erwin Leibfried & Jörg Riecke (Hrsg.) (2007): *Die Chronik des Gettos Lodz/Litzmannstadt 1941–1944*, 5 Bände. Göttingen: Wallstein.
Freytag, Gustav (1869): Der Streit über das Judenthum in der Musik. *Die Grenzboten* 22, Jg. 28., 333–336.
Gronemann, Sammy (2002): *Erinnerungen*. Aus dem Nachlaß hrsg. von Joachim Schlör. Berlin: Philo Litera.
Günther, Hans F. K. (1930): *Rassenkunde des jüdischen Volkes*. München: J. F. Lehmann.
Hauser, Otto (1933): *Die Juden und Halbjuden in der deutschen Literatur*. Danzig et al.: Verlag „Der Mensch" E. Schade.
Jäger, Hans-Wolf (2008): Gustav Freytag und der Journalismus. In Astrid Blome & Holger Böning (Hrsg.), *Presse und Geschichte. Leistungen und Perspektiven der historischen Presseforschung*, 141–258. Bremen: edition lumière.
Jolles, Charlotte (1984): „Dutzende von Briefen hat Theodor Fontane mir geschrieben…". Neuentdeckte Briefe Fontanes an Eduard Engel. *Jahrbuch der Deutschen Schillergesellschaft* 28, 1–59.
Klemperer, Victor (1922): *Juden in der deutschen Literatur. Essays über zeitgenössische Schriftsteller*. Herausgegeben von Gustav Krojanker. Berlin: Welt.
Klemperer, Victor (1947): *LTI. Notizbuch eines Philologen*. Berlin: Aufbau.
Klemperer, Victor (1966): *Die unbewältigte Sprache – LTI. Notizbuch eines Philologen*. Darmstadt: Joseph Melzer.
Klemperer, Victor (1975): *LTI. Notizbuch eines Philologen*. Leipzig: Philipp Reclam.
Klemperer, Victor (1989): *Curriculum Vitae. Erinnerungen eines Philologen 1881–1918*. 2 Bände. Berlin: Rütten & Loening.
Klemperer, Victor (2007): *Die Tagebücher 1933–1945. Kommentierte Gesamtausgabe*. Herausgegeben von Walter Nowojski unter Mitarb. von Christian Löser. Berlin: Directmedia Berlin.
Kremer, Arndt (2007): *Deutsche Juden – deutsche Sprache. Jüdische und judenfeindliche Sprachkonzepte und -konflikte 1893–1933*. Berlin et al.: De Gruyter.
Krüger, Eduard (1850): Judenthümliches. *Neue Zeitschrift für Musik*, Nr. 27 vom 1. Oktober 1850, 145–147.
Lappin, Eleonore & Michael Nagel (Hrsg.) (2008a): *Deutsch-jüdische Presse und jüdische Geschichte. Dokumente, Darstellungen, Wechselbeziehungen / The German Jewish Press and Jewish History, Documents, Representations, Interrelations*, Bd. 1: *Identität, Nation, Spra-*

che; *Jüdische Geschichte und jüdisches Gedächtnis; Der Westen im Osten, der Osten im Westen; Konzepte jüdischer Kultur / Identity, Nation, Language; Jewish History and Jewish Memoirs; The West in the East, the East in the West; Concepts of Jewish Culture*. Bremen: edition lumière.

Lappin, Eleonore & Michael Nagel (Hrsg.) (2008b): *Deutsch-jüdische Presse und jüdische Geschichte. Dokumente, Darstellungen, Wechselbeziehungen / The German Jewish Press and Jewish History, Documents, Representations, Interrelations*, Bd. 2: *Religion und Politik in der europäisch-jüdischen Presse vor der Shoah; Antisemitismus, Faschismus und Nationalsozialismus, 1880–1943; Neuorientierungen nach der Shoah / Religion and Politics in the European Jewish Press prior to the Shoah; Anti-Semitism, Fascism and National Socialism, 1880–1943; Reorientation after the Shoah*. Bremen: edition lumière.

Mojem, Helmuth (1995a): Der gefallene Engel. Leben und Werk des Literaturhistorikers Eduard Engel. *Neue Zürcher Zeitung*, 28./29. Januar 1995.

Mojem, Helmuth (1995b): Literaturbetrieb und literarisches Selbstverständnis. Der Briefwechsel Wilhelm Raabes mit Eduard Engel. *Jahrbuch der Raabe-Gesellschaft*, 27–87.

Moses, Julius (1931): Grabsteine umgestürzt, Leichen geschändet. So sieht der Antisemitismus unserer Tage in der Praxis aus. *8 Uhr Abendblatt vom 28.12.1931*.

Moses, Julius (1932): *Der Kassenarzt* Nr. 5 vom 27.2.1932.

Moses, Julius (2010): *Die Lösung der Judenfrage: Eine Rundfrage von Julius Moses im Jahre 1907 mit Antworten von Eduard Bernstein, Otto Julius Bierbaum, Arthur Fitger, Henriette Fürth, Maxim Gorki, Thomas Mann, Lina Morgenstern, Rainer Maria Rilke und 90 weiteren Persönlichkeiten des öffentlichen Lebens*. Herausgegeben von Astrid Blome, Holger Böning; Hans-Wolf Jäger, Michael Nagel, Stephanie Seul, Momme, Peter Urbán & Janina Vogel. Bremen: edition lumière.

Mühsam, Peter: *Ich bin ein Mensch gewesen*. Ms. undatiert, 2173 S.

Nagel, Michael (Hrsg.) (2002): *Zwischen Selbstbehauptung und Verfolgung. Deutsch-jüdische Zeitungen und Zeitschriften von der Aufklärung bis zum Nationalsozialismus*. Hildesheim et al.: Olms.

Prinz, Joachim (1935): Das Leben ohne Nachbarn. *Jüdische Rundschau*, Nr. 31–32/1935.

Pulzer, Peter G. J. (2004): *Die Entstehung des politischen Antisemitismus 1867 bis 1914*. Göttingen: Vandenhoeck & Ruprecht.

Radziszewska, Krystyna & Jörg Riecke (2004): *Die Germanisierung von Lodz im Spiegel der nationalsozialistischen Presse (1939–1944) / Germanizacja Łodzi w nazistowskiej prasie z lat 1939–1943*, Lodz: Literatura.

Richter, Matthias (1995): *Die Sprache jüdischer Figuren in der deutschen Literatur (1750–1933)*. Studien zu Form und Funktion. Göttingen: Wallstein.

Riecke, Jörg (2016): *Geschichte der deutschen Sprache*. Eine Einführung. Stuttgart: Reclam.

Reuchel, Heidi (2014): *Tradition oder Plagiat? Die „Stilkunst" von Ludwig Reiners und die „Stilkunst" von Eduard Engel im Vergleich*. Bamberg: University of Bamberg Press.

Sauter, Anke (2000): *Eduard Engel. Literaturhistoriker, Stillehrer, Sprachreiniger. Ein Beitrag zur Geschichte des Purismus in Deutschland*. Bamberg: Collibri.

Schmidt-Wiegand, Ruth (1959): Engel, Eduard. In *Neue Deutsche Biographie* (NDB). Band 4, 499f. Berlin: Duncker & Humblot.

Schorch, Grit (2012): *Moses Mendelssohns Sprachpolitik*. Berlin et al.: De Gruyter.

Stirnemann, Stefan (2016): Vorwort. In Eduard Engel, *Deutsche Stilkunst*. Berlin: Die Andere Bibliothek.

Wagner, Richard (1850a): Das Judenthum in der Musik. *Neue Zeitschrift für Musik*, Nr. 19 vom 3.9.1850, 101–107.
Wagner, Richard (1850b): Das Judenthum in der Musik. *Neue Zeitschrift für Musik*, Nr. 20 vom 6.9.1850, 109–111.
Wagner, Richard (1869): *Das Judentum in der Musik*. Leipzig: J.J. Weber.
Wassermann, Jakob (2005): *Mein Weg als Deutscher und Jude. Mit einem Nachwort von Marcel Reich-Ranicki*. Frankfurt am Main: Jüdischer Verlag im Suhrkamp.
Zunz, Leopold (1837): *Namen der Juden. Eine geschichtliche Untersuchung*. 1. Forts. Leipzig: Fort.
Zunz, Leopold (1966): *Die gottesdienstlichen Vorträge der Juden historisch entwickelt. Ein Beitrag zur Altertumskunde und biblischen Kritik, zur Literatur- und Religionsgeschichte*. Hildesheim: Georg Olms.
Zunz, Leopold (1976): Rede, gehalten bei der Feier von Moses Mendelssohns hundertjährigem Geburtstage, den 12. Elul oder 10. September 1829 zu Berlin. In Leopold Zunz, *Gesammelte Schriften*. Herausgegeben vom Curatorium „Zunzstiftung". Hildesheim: Georg Olms.

Teil IV: **Formulierungstraditionen und Pragmatik**

Hans Ramge
Conczels Gredechen und *Kommelhenne*
Zur Entstehung des Eigennamenmusters *Zuname + Rufname* im hessischen Raum

In weiten Teilen Hessens lebt auf dem Lande ein zweifaches Benennungssystem mit zweigliedrigen Eigennamen. Wer beispielsweise im offiziellen Leben *Harald Walbrecht* heißt und eine Autowerkstatt betreibt, ist im Sprachgebrauch seines Dorfes nur der *Kasper Harald*; er trägt einen inoffiziellen „Hausnamen" nach seinem Urgroßvater *Kasper*. Solche Doppelbenennungen werfen eine Reihe interessanter Fragen auf, u. a. die, warum im dörflichen Sprachgebrauch der Vorname an die zweite Stelle rutscht (und damit gar kein „Vorname" ist) und der dörfliche „Familienname" an die erste Stelle tritt, warum also eine Inversion der Standardabfolge stattfindet.

Dieser kleine Beitrag beschäftigt sich mit dem Ursprung und den Gründen für die formale Differenz bei der Bildung zweigliedriger Eigennamen. Dazu gibt es m.W. bisher keine historischen Untersuchungen. Um terminologische Unklarheiten zu vermeiden, verwende ich die Begriffe „Zuname" (für „Beiname", „Nachname", „Familienname") und „Rufname" (statt „Vorname", „Taufname") (vgl. Debus 2012: 103f.). *Rufname + Zuname* nenne ich das „Standardmuster" oder „Zweitstellungsmuster", *Zuname + Rufname* das „Erststellungsmuster".

Die historische Analyse erfolgt auf der Grundlage einiger mittelhessischer Quellen von der Mitte des 14. bis zum Beginn des 16. Jahrhunderts, für die Nähe zum zeitgenössisch mündlichen Sprachgebrauch unterstellt werden darf, also Güterbeschreibungen, Bürger- und Rechnungsbücher. Die Beobachtungen beziehen sich auf den Raum zwischen Main und Lahn, dürften aber zumindest für den gesamten hessischen Raum und große Teile des westlichen Mitteldeutschen cum grano salis ebenfalls zutreffen. Wie weit die noch heute in weiten Teilen des deutschen Sprachraums mündlich übliche Inversion des offiziellen zweigliedrigen Eigennamens auf die gleichen Ursprünge und Motive zurückgeht, ist nicht Gegenstand dieser Untersuchung.

1 Die allmähliche Verfertigung des Musters *Zuname + Rufname* beim Schreiben

1.1 Die Entstehung zweigliedriger Eigennamen im *Arnsburger Urbar*

Bei Rechtsakten gleich welcher Art war und ist es unabdingbar, Gegenstand und Beteiligte des Rechtsaktes so eindeutig zu kennzeichnen, dass eine übersubjektive Situierung des Rechtsakts jederzeit und unabhängig von den aktuellen Beurkundungsumständen möglich ist. Kommunikativer Zweck einer Namensnennung in einem solchen Akt ist also die eindeutige, aus den Handlungsvollzügen herauslösbare Identifizierbarkeit eines Namensträgers. Private und zufällige Wissensbestände der am Akt Beteiligten dürfen keine Rolle spielen. Auch in mittelalterlichen und frühneuzeitlichen Rechtsakten weiß man natürlich grundsätzlich um diese Bedingung und handelt danach, in der Praxis mit vielen Freiheiten.

Wir nehmen als Ausgangspunkt die umfangreichste agrargeschichtliche Quelle für das späte Mittelalter in Hessen, das Arnsburger Urbar (zitiert: AU). Dessen Einträge beginnen 1303 und enden 1549. In der zeitlichen Abfolge kann man den Prozess der zweigliedrigen Eigennamenwerdung sehr genau verfolgen. Neben dem Personennamen als Kern gibt es eine Reihe von Beschreibungselementen, die die Person eindeutiger identifizieren: vorgestelltes *her* und *vir* ‚Frau' und nachgestelltes *armiger / wäpner* ‚Waffenträger', *milites / riter* u. ä. etwa als Kennzeichnung der Zugehörigkeit zum Adel.

Für unseren Zusammenhang entscheidend ist aber, welche beschreibenden Angaben in welcher Weise zu Zunamen (Beinamen) werden können, d. h. das eingliedrige Rufnamen-Modell zu einem zweigliedrigen Eigennamen-Modell erweitern:

Grammatisch sind die beschreibenden Angaben entweder adjektivische oder nominale Attribute, die vor dem Rufnamen stehen, oder als Nominalphrasen gebildete Appositionen, die hinter dem Rufnamen stehen. Aus beiden Positionen können Zunamen werden, deren Integration mit dem Rufnamen zu zweigliedrigen Eigennamen führt.

– Bezeichnungen für eine relative Eigenschaft können (im Gegensatz zu Übernamen) vor oder hinter dem Rufnamen stehen: *(der) kleine Henne* vs. *Henne, der Kleine*. Entsprechend führt der Prozess der Namenbildung zu *Kleinhenn* vs. *Henne Klein*. Im Arnsburger Urbar sind so gebildete Eigennamen bis weit ins 15. Jh. kaum bezeugt. Ein frühes Beispiel ist 1322 *an / bi Groz Johanne* in Nieder-Straßheim (Wüstung Stadt Friedberg, Wetteraukr.). Dabei steht der Zuname in der gleichen Quelle auch schon separat: *an Grozen* (AU: 1f.).

Auch nachgestellte Eigenschaftsbezeichnungen sind bis ca. 1370 selten, zuerst in lateinischer Form 1322 in Burgholzhausen (Hochtaunuskr.) *bi Falkin juniorem, prope Falkin seniorem* (AU: 179). Die Ambivalenz der Stellung vor und nach dem Rufnamen spiegelt sich schön in der wechselnden Benennung eines *Gotzechen* 1379 in der Gemarkung Holzheim (Kr. Gießen), der zunächst mehrfach als der *kleine Gotzechin* (AU: 446ff.) auftritt, dann als Anrainer *zuschen Gotzechin genant kleine...*, auch lateinisch *Gotzechin dicto parvus* heißt bis hin zum integrierten Namen *... unde Gotzechin kleinen vorg(enant)* (AU: 466f.). Wo die Bezeichnungen relativer Eigenschaften wie *jung, alt, groß, klein* an die erste Stelle des Namens treten, verschmelzen sie in der Schriftlichkeit meist untrennbar mit dem Rufnamen (Typ *Junghenn*).

- Auch die Tätigkeits- oder Berufsangabe kann im Prinzip als nominales Attribut vor oder hinter dem Rufnamen stehen: *(der) Schmied Kunz* vs. *Kunz, der Schmied*, woraus bei der Namenbildung *Schmidtkunz* vs. *Kunz Schmidt* wird. Auch dieses namengebende Motiv ist im Arnsburger Urbar vor der 2. Hälfte des 14. Jahrhunderts selten, so zuerst 1337 ein *Conr(ad) smide* in Lang-Göns (Kr. Gießen) (AU: 81). Zunamen aus Berufsbezeichnungen stehen immer im Nominativ und weisen deshalb kein Flexionselement auf. Obwohl die frühen Berufsangaben durchweg als Appositionen auftreten, ist m. E. jedenfalls das Schema Adolf Bachs (1952: § 59) problematisch, der praktisch alle Zunamen aus Appositionen ableitet. Wenn *Kunz* Schmied ist und deshalb *der Schmied* genannt wird, kann er auch *(der) Schmied Kunz / Schmidtkunz* heißen.
- Angaben zum Herkunftsort sind immer nachgestellt und stehen deshalb als Zunamen anfangs in der Regel zusammengerückt in Zweitstellung des Eigennamens. Sie werden als Zunamen aber auch schon früh durch *–er* morphologisch markiert, z. B. 1322 wieder in Nieder-Straßheim (Wüstung Stadt Friedberg, Wetteraukr.) *bi Guden Vechenheimern*, die dort aber auch als *Guden von Vechinheim* auftritt (AU: 1f.).
- Nachgestellte Angaben zur Wohnstätte sind schwieriger zusammenzurücken, weil sie in der Regel durch die syntagmatische Verbindung mit einer Präposition plus Artikel sich zunächst einer Zunamenbildung widersetzen (Typ *am Ende ›Amend*).

Die Zweitstellung des Zunamens ist, wie auch anderswo, von Anfang an die Standardform des zweigliedrigen Eigennamens im Arnsburger Urbar. In der bis in die Mitte des 14. Jahrhunderts noch sehr häufigen *dictus*-Formel gerinnt der Übergang vom einnamigen Rufnamen-Modell zum zweigliedrigen Eigennamen.

1.2 Wes Vaters Kind?

Für unsere Fragestellung interessiert aber besonders das fünfte mögliche namenbildende Beschreibungselement: die Angabe der verwandtschaftlich-familiären Stellung des Rufnamenträgers zu anderen, also formal das Modell *Rufname A + [Rufname B +Verwandtschaftsangabe]*~Apposition~ , z. B. *Henne Rulen son*. Denn hier steht im Syntagma der Angabe *Rulen son* die Bezugsperson, nämlich der Vater *Hennes*, grammatisch im Genitiv, hier mit schwacher Deklination. Wird aus der Angabe ein Zuname, wird bekanntlich andernorts oft das gesamte Syntagma zum Namen (**Henne Rul(en)son*); in den hessischen Quellen ist es hingegen durchweg nur der Bezugsname (Bach 1953: § 351). Es ist aber nicht nur der in der Apposition enthaltene Genitiv, der mit dem Patronym in den zweigliedrigen Namen rücken kann.

Denn die Apposition antwortet u. a. auf die Frage: Wessen Sohn ist *Henne*? Die Antwort ist ein stark oder schwach flektierender Genitiv, der das Besitzverhältnis ausdrückt: *Rulen / Ruls*, dem Rufnamen *Henne* vor- oder nachgestellt. Im Unterschied also zu anderen namengebenden Motiven stellt sich bei diesem Muster eine syntaktische Verbindung zwischen den beiden Namengliedern her: *Rulen Henne*, bzw. *Henne Rulen*. Ich verwende für diesen Zunamen-Typ den üblichen Terminus „Patronym", obwohl es sich durchaus nicht immer um Vaternamen handelt, sondern auch Mutternamen (Metronyme) oder Großelternnamen, also um Verwandtschaftsnamen.

Solche possessiven Genitive können dem Kern der Nominalphrase vor- oder nachgestellt sein (*des Kaisers neue Kleider* vs. *die neuen Kleider des Kaisers*). Damit ist eine Verschiebung des Fokus verbunden: Im ersten Fall liegt er auf *Kaiser*, im zweiten auf *Kleider*. Sind Namen Teil des Syntagmas, steht der Genitiv bevorzugt an erster Stelle; die Zweitstellung ist heute eher fragwürdig: *Kohls Mädchen* vs. ? *(das) Mädchen Kohls / Kohls Angela* vs. ? *(die) Angela Kohls / Fischers Fritze* vs. ? *(der) Fritz Fischers*. Soweit die Apposition eine Verwandtschaftsbeziehung formuliert wie in den historischen Quellen, sind beide Positionen möglich, wobei der genitivische Verwandtenname die Erststellung bevorzugt (Nübling, Fahlbusch & Heuser 2012: 70f., 84f.).

In die Zweitstellung wird der Verwandtenname in der Regel unflektiert gerückt. Ein Belegensemble von 1380 aus Fauerbach (Wetteraukr.) zeigt sehr schön, wie die Integration eines Verwandtennamens funktionieren kann. Es ist hier von einem *gûde* die Rede, *daz Hirburt Hilt von uns hat*, bzw. *daz Herburt Hilt erit*, bzw. *daz Hilt* von uns hat. Wie *Hilt* zu seinem Zunamen kam, verraten uns zwei in der gleichen Güterbeschreibung stehende Angaben: *zuschen ... unde Hirburde filio der Hilten* und – auf gut Deutsch – *an Herburte der Hilten son* (alle AU: 514).

Der wiederholte Artikelgebrauch zeigt übrigens, dass *Hilt* hier eindeutig ein Frauenname ist (vgl. jedoch Kohlheim & Kohlheim 2005: 329). Das wirft die Frage nach der Funktion von Benennungen auf, die nicht auf den Vaternamen, sondern auf Namen anderer Verwandter zurückzuführen sind.

Die meisten Zunamen (später Familiennamen) in Zweitstellung mit einem Rufnamen als Benennungsmotiv werden so entstanden sein. Funktionierte das Prinzip der Zusammenrückung generell, müssten wir aber auch Fälle erwarten, in denen die Genitivmarkierung beim patronymischen Zunamen in Zweitstellung zu finden ist. Um das herauszufinden, gibt es im Arnsburger Urbar bei Namen mit schwacher Flexion jedoch ein Identifizierungsproblem. Haben wir nämlich eines der zahllosen typischen Namenmuster in Anrainer beschreibenden Syntagmen wie z. B. 1375 in Gambach (Wetteraukr.) *an Else Růlen von Buckinheim* (AU: 310 u. ö.), ist nicht zu entscheiden, ob das Flexionselement *–en* den Rektions-Dativ der Präposition *an* (im Zusammenhang der Anrainerbeschreibung) oder einen possessiven Genitiv anzeigt oder gar als genitivisches Relikt einer Ellipse vom Typ *... *an Else, Rulen (frouwen / dohter)* zu verstehen ist. Die Unsicherheit wird dadurch verstärkt, dass im 14. Jh. auch in der Wetterau Flexionselemente sehr variabel eingesetzt werden (Bach 1952: § 63). Bei Textclustern wie z. B. 1378 in Oppershofen / Rockenberg (Wetteraukr.) lässt sich deshalb am ehesten wegen der Aufzählung auf einen namengebenden Vater *Kuno*, also auf ein Patronym, schließen: *und Henne Kůnen / Gipel Kůnen / Gůde Kůnen* (AU: 386f.).

Sehr viel deutlicher zeigen sich die Verhältnisse bei starker Flexion oder (gelegentlich) in lateinischen Formaten. Von letzteren gibt es leider nur einen einzigen, sehr frühen Fall 1322 in Burgholzhausen (Hochtaunuskr.): *apud Gudam Ludewici* und *an Hadewige Theoderici* (AU: 178). Zwar lässt die Genitivstruktur offen, ob der Vater oder der Ehemann gemeint ist; die beiden Belege zeigen jedoch, dass das Namenbildungsverfahren bereits im Anfang des 14. Jahrhunderts möglich war.

Sichere Patronyme in Zweitstellung mit einem erkennbaren *–s* als Reflex der starken Flexion finden sich eigenartigerweise nur in der kurzen Zeitspanne zwischen 1350 und kurz vor 1380. Und es ist nur eine Handvoll; der erste um 1350 *bii Contze Welkers* in Pohlheim (Kr. Gießen) (AU: 226). Manchmal werden solche genitivischen Männernamen weiblichen Rufnamen nachgestellt, z. B. 1354 *zusschin Juttin Herbortis unde ...* in Holzheim (Kr. Gießen) (AU: 252). Der Frauenname weckt allerdings auch hier den Verdacht, dass der Genitiv nicht einer Vater-Tochter-Relation zu verdanken ist, sondern als Ellipse zur ehelichen *frouwen* aufzufassen ist. In einem Fall wird das in einer Güterbeschreibung sogar greifbar. In Bergen (Stadt Frankfurt) tritt 1380 *Gile Eckartis frauwen* als Anrainerin auf, wenig später in der Form *an Gile Eckartis*, danach noch zweimal als *Gile Eckarte* (AU: 511–513).

Zusammenfassend kann man deshalb sagen, dass es im Arnsburger Urbar nur wenige grammatisch klare Fälle von genitivischen Patronymen in Zweitstellung gibt, zudem beschränkt auf den relativ kurzen Zeitraum des dritten Viertels des 14. Jahrhunderts. Patronyme in Zweitstellung entstehen meistens durch unmarkierte Zusammenrückung. Die überaus häufige Angabe der verschiedensten Verwandtschaftsbeziehungen in den Angaben (neben *son* und *frouwen* z. B. *dohter, kind, eiden, swester*, allgemein *erben*) zeigt, dass deren Festlegung das wichtigste, auch rechtlich relevante Identifizierungskriterium in den Güterbeschreibungen ist. Frauen spielen in diesem Identifizierungssystem eine wichtige Rolle.

1.3 Premieren des Musters *Zuname + Rufname*

Wie bereits erwähnt, ist die Entscheidung schwierig, bei schwacher Flexion eines Namens das *–en*-Suffix sicher auf die Morphosyntax des Eigennamens zu beziehen. 1372 liegt z. B. in Eberstadt (Kr. Gießen) ein Grundstück *an Rulen Henckel* (AU: 291). 1379, wenige Jahre später, liegt eines *zuschen Rule Heinckeln unde* … und eines *zuschen … et Ruloni Heinkeln* (AU: 416, 414). Wahrscheinlich ist *Rule* tatsächlich Patronym, aber ganz sicher ist das nicht.

So haben wir bis zum Ende des 14. Jahrhunderts dank der starken Flexion nur einen offenkundigen Fall mit dem Zunamen in der ersten Position. In Berstadt (Wetteraukr.) liegt 1395 ein Grundstück *zuschen … unde Conczels Gredechen* (AU: 566), beides Frauennamen. Aus einer Belegfolge in Muschenheim (Kr. Gießen) von 1380 kann man jedoch auf einen früheren ebenso sicheren Beleg (mit *–en*-Flexion) schließen. In dieser Güterbeschreibung wird häufig ein *Mien Henne* als Anrainer genannt (AU: 496ff.). *Henne* ist also erkennbar durch das (etwas unklare) Metronym *Mia (‹*Maria* oder *Euphemia*; vgl. Seibicke (2000): 318.) erweitert. Jedoch hat *Henne* einen ebenfalls in Muschenheim begüterten Bruder: *zuschen Mien Henne und Gernande von Martorff sime brdere* (AU: 502). Von diesem Bruder aber erfahren wir (zweimal), dass er der Enkel von Frau Mia ist: … *uf Gernanden vir Myen dichtern* (AU: 502). *Henne* ist also keineswegs der Sohn Mias, sondern ihr Enkel. Wir finden mit *Mien Henne* 1380 im Arnsburger Urbar nicht nur den ersten eindeutig zu sichernden Beleg für eine Erststellung des Zunamens, sondern interessanterweise auch einen, der von der gängigen Vorstellung des „Vatersnamens" abweicht, weil Frauen selbst begütert sein konnten und vielfach als Anrainerinnen genannt werden. So ist es im zeitlich nächsten Beleg im Arnsburger Urbar, wo 1403 in Nieder-Hörgern (Wetteraukr.) ein Grundstück *zuschen … und Bechtold(es) Gelen* (AU: 564) liegt.

Mit dem Beginn des 15. Jahrhunderts bricht sich das neue Eigennamenmuster rasch Bahn. In einer umfangreichen Quelle für Ostheim (Main-Kinzig-Kr.) von

1406 werden Eigennamen mit dem Zunamen an erster Stelle schon fast wie selbstverständlich gebraucht. Die grammatische Markierung eines Patronyms in Erststellung wird zusehends optional. So ist in der (lateinischen) Überschrift der Quelle von 1406 die Rede von *Eberhartes Hennen* (AU: 609), im Text von *Eberhart Hennen* (AU: 613) und (wahrscheinlich) mit schwacher Flexion in Zweitstellung *uff Elsen Eberharten* (AU: 618).

Gleichzeitig geraten Berufsbezeichnungen in den Sog der neuen Namenmode. So finden wir 1406 erstmals Berufsnamen vom Typ *unde Beckir Hennen* und *an Habmann Hennen* ('Hofmann'; AU: 609, 611). Angabe und Zuname stehen immer im Nominativ, stellen also ein anderes grammatisches Muster dar.

Bei Herkunftsnamen scheidet diese Erklärung aus, weil man von der regulären Nachstellung der Herkunftsangabe ausgehen muss. Die Ostheimer Güterbeschreibung nennt in der lateinischen Überschrift als Geschworenen *Henr(icus) Keuchen*, wobei der Zweitname als Herkunftsname nach dem Ort *Kaichen* (Wetteraukr.), wenige Kilometer nordwestlich von Ostheim gelegen, zu verstehen ist. Dieser Geschworene wird, erstmals mit morphologisch markiertem Herkunftsnamen in erster Position, auch im Text genannt: *da es wendit uff Keuchener Henne* (AU: 610). (Übrigens ein seltener Fall dafür, dass *Henne* nicht immer auf *Johannes* zurückgeht, sondern mitunter auf *Heinrich*; vgl. Kohlheim & Kohlheim 2005: 323).

Ein weiteres Beispiel betrifft den Schultheiß *Gerlac(us) de Buchen* (AU: 609), benannt nach dem Ort Mittel- oder Wachenbuchen (Main-Kinzig-Kr.), unweit von Ostheim, der im Text mehrfach mit *uff Gerlachen von Bůchen schultheysen* betitelt wird (AU: 614ff.), zweimal aber auch nur *uff Gerlachen Bůchen* (AU: 611) genannt wird. Ein anderer Anrainer, der im Text achtmal vorkommt, heißt hingegen regelmäßig *uff Bůchen Hennen* (AU: 611ff.). Auffällig ist, dass die Erststellung stets mit dem Rufnamen *Henne* verbunden ist. Erst- und Zweitstellung des Zunamens bestehen offenbar als mögliche Optionen.

Namen mit Wohnstättenangaben scheinen noch nicht betroffen zu sein; jedenfalls erkennt man bei *Henne vom Hene* (AU 610: u. ö.) keine Anzeichen von Namenintegration, wahrscheinlich weil das Beschreibungssyntagma mit der Kombination von Präposition und Artikel relativ sperrig ist.

Auch die durch Zusammenrückung aus dem adjektivischen Attribut in die Erststellung gerückten Eigenschaftsnamen fehlen noch am Anfang des 15. Jahrhunderts.

1.4 Zwischenstand 1

Die reichhaltige Namenüberlieferung im Arnsburger Urbar zeigt bis weit in die 2. Hälfte des 14. Jahrhunderts keine Anzeichen dafür, dass das Erststellungsmuster gebräuchlich war. Wir wissen natürlich nicht, wie genau die Schriftlichkeit den mündlichen Namengebrauch spiegelt. Jedoch ändern sich ab der Mitte des 14. Jahrhunderts, besonders ab den 1360er und 70er-Jahren, die Gebrauchsformen von Eigennamen erkennbar und beträchtlich. Es findet in den Einträgen des Urbars eine Modernisierung in mehrfacher Hinsicht statt. Die alten Muster und Formen wie etwa die *dictus*-Formel zur Kennzeichnung eines Beinamens treten deutlich zurück. Neben ersten Belegen für das neue Muster *Zuname + Rufname* fällt, für unsere Frage von erheblichem Gewicht, die Aufnahme der mit dem Suffix *-chen* gebildeten Rufnamen auf. Sie beziehen sich ersichtlich in den meisten Fällen auf Namensträger der bäuerlichen Grundschicht. Ortsbewohner treten immer häufiger als Eigner oder Anrainer auf. Wenn man die beiden Hauptneuerungen im letzten Drittel des 14. Jahrhunderts in Beziehung zueinander setzt, liegt der Schluss nahe, dass das neue Muster im bäuerlich-lokalen Bereich entstanden ist und seine Funktion diesem Milieu verdankt: Ein Namenmuster, das gegen „die da oben" abgrenzt und damit ein Distinktionsmerkmal, das Distanz symbolisiert, das zugleich aber lokale und soziale Nähe jenseits der sozialen und ökonomischen Differenzen der dörflichen Gesellschaftsordnung (Rösener 1991: 198–214) ausdrückt.

Leider bricht 1406 die chronologisch dichte Folge der Arnsburger Güterbeschreibungen ab. Sie setzt erst im letzten Viertel des 15. Jahrhunderts (1472) wieder ein und reicht dann mit Unterbrechungen bis 1549. Die hierbei auftretenden Besonderheiten betrachten wir später in Verbindung mit anderen zeitgenössischen hessischen Quellen (siehe 3.5).

2 Die Einführung des Musters *Zuname + Rufname* in Frankfurt am Main

2.1 Erste Belege in den Frankfurter Bürgerbüchern

Zunächst soll vergleichend untersucht werden, wie sich die Genese des Erststellungsmusters in der wichtigsten Stadt Hessens, in Frankfurt, vollzogen hat.

Die *Bürgerbücher der Reichsstadt Frankfurt* (zitiert: FB) von 1311 bis 1470 stellen die zentrale Quelle für die Entstehung und Entwicklung des Erststellungsmusters dar. In die Bürgerbücher werden die zugezogenen Neubürger aufgenommen, die den Bürgereid geschworen haben, aber auch eingesessene Frankfurter, die durch den Bürgereid das Bürgerrecht erlangen oder wiedererlangen wollen. Zudem gibt es zwei vollständige Verzeichnisse von 1387 und 1440, die die Vereidigung der gesamten (männlichen) Bürgerschaft auflisten, also eine Art Einwohnerverzeichnis darstellen. Die Bürgereinträge enthalten sehr oft die Angabe des Herkunftsorts, ein wichtiger Hinweis, ob ein Name schon mitgebracht ist oder eher als genuines Frankfurter Produkt betrachtet werden kann. Da auch der Beruf häufig angegeben ist, erhalten wir (vage) Hinweise, ob sich Formen des Namengebrauchs schwerpunktmäßig auf bestimmte soziale Gruppen verteilen.

Erleichternd für die Namenanalyse ist der Umstand, dass die Namen, bis auf solche in Appositionen, im Nominativ stehen, wodurch die Flexive im Unterschied zu den textuell-syntagmatischen Einbindungen im Arnsburger Urbar nicht mehrdeutig sind.

Bis zum Jahre 1387, dem Jahr der ersten Vereidigung, finden wir in Frankfurt nur zwei Belege für das Modell Zuname + Rufname: merkwürdig verfrüht und vereinzelt 1345 *Schuttere Hennekin* (FB 1955: 38) (der 1353 und 1357 auch regulär als *Hennekin Schutter* auftritt; FB 1955: 59, 66), sowie 1383 *Fogelhenne von Kiliensteden, Rule in der gaszen von Kyliensteden sind burgere worden* (FB 1955: 120). Nur vier Tage später lesen wir, dass *Irmel Fogeln von Kilianstede ist burgerschen worden* (FB 1955: 121). Da das ‹n› im Frauennamen zweifellos das Femininum bezeichnet, liegt die Verwandtschaft der beiden *Fogel* auf der Hand, vermutlich ein Ehepaar. Merkwürdig ist, dass im einen Fall der Zuname vor dem Rufnamen steht, im anderen dahinter. Es liegt nahe, dass die beiden Namensträger, ob Eheleute oder nicht, mit diesen Namensformen schon in Kilianstädten gelebt haben und sie mit nach Frankfurt gebracht haben; aber sicher ist das nicht.

Die ganz seltenen anderen Belege bis 1387 beruhen auf Zusammenrückung durch Adjektivintegration von Eigenschaften, zuerst 1351 *Groszeiohann*, dann 1362 *Swarcze Concze* (FB 1955: 52, 76). Im ersten großen Einwohnerverzeichnis von 1387 gibt es aber auch nur 12 Namen dieses Typs, meist nach relativen Eigenschaften, z. B. *Grosseiohann* (‹–› *Henne Groysze*) (FB 1955: 155), aber auch – ungewöhnlich – einen *Magerpeter* (FB 1955: 167). Einen nominalen Zunamen in erster Position haben darin gerade einmal 13 Namen, in der Abfolge sind das: *Juttenhenne, Brachteshenne, Federhenne, Iosthenne, Dorffehenne, Lysenhenne, Dyelhenne, Wielehenne, Wisehenne, Fulczenhenne, Heckstadheincze, Alhenne, Brunenheincze, Kruderheincze*.

Trotz seines geringen Umfangs enthält dieses Mini-Korpus einige Auffälligkeiten, die man nur schwer als Zufälle abtun kann:

- Von den 14 Namen haben nicht weniger als 11 den Rufnamen *Henne*, die drei anderen den in der Region auch sehr häufigen Rufnamen *Heincze*.
- Von den Zunamen geht die Hälfte, nämlich sieben, auf Rufnamen zurück, wobei die Genitivmarkierung teils erhalten, teils verschwunden ist.
- Von den namengebenden Motivklassen sind Berufsnamen (drei: *Al-* ‚Aal', *Kruder-*‚Kräuter', vermutlich *Feder-*), Herkunftsnamen (einer: *Heckstad-* ‚Ober-

höchstadt, Hochtaunuskr.') und – etwas unklar – möglicherweise Wohnstättennamen (zwei: *Dorffe-, Wise-*) vertreten; dazu ein Eigenschaftsname (*Lyse-*).

Verortet man dieses Erststellen-Ensemble im Gesamtspektrum des Einwohnerverzeichnisses von 1387, ergeben sich wiederum einige wichtige Hinweise auf die Entstehung des Musters. Die Liste der 1387 schwörenden Bürger umfasst die Namen von 2.904 Männern ab 12 Jahren (Bücher 1886: 60). Da darin weder die Frauen noch die Kinder enthalten sind, hat Karl Bücher (1886: 62–66) eine Einwohnerzahl Frankfurts von etwa 8.000 hochgerechnet, wozu noch ca. 1.600 Dienstboten u. ä. kommen. Die Namen all dieser Menschen kennen wir nicht. Die Namen der aufgezeichneten männlichen Bürgerschaft weisen alle möglichen Eigennamenmuster auf, wobei der Standard bei den zweigliedrigen das Modell *Rufname + Zuname* ist.

Im Verhältnis der 14 Erststellungsnamen zu den gesamten 2.904 Namen lässt sich beobachten:

- Für gerade einmal 0,48 % der Frankfurter (männlichen) Bürger wird das neue Muster verwendet; zusammen mit den Eigenschaftsnamen in Erststellenposition sind es auch nur 0,89 %.
- Die neue Eigennamenbildung mit dem Zunamen an erster Stelle ist offensichtlich noch nicht fest etabliert, ist anscheinend optionale Variante. Ob der oben genannte 1383 zugezogene *Fogelhenne* identisch ist mit einem 1387 als Mitbürger gelisteten *Henne Fogel* (FB 1955: 166, 186), einem Weißgerber, können wir nicht sicher wissen, ist aber doch höchstwahrscheinlich. Der bei der Vereidigung genannte *Wielehenne* hat mit *Henne Wiel* und *Henne Wile* (FB 1955: 161f.) Namenkollegen, zu denen sich wohl als Familienmitglieder noch *Wenczel* und *Heile Wiele* (FB 1955: 168f.) stellen. Ebenso zu vergleichen sind *Wisehenne* mit *Henne Wisse der iunge zum Rebestocke* (FB 1955: 157) und – als Adjektivzusammenrückung – *Groszhenne von Seckbach* mit *Henne Groysze* (FB 1955: 162, 157).
- Bei den Rufnamen herrschen *Concze, Heincze* und – dominierend – *Henne* vor, öfter auch in der Koseform *Henchen*. Von den ca. 3.000 Bürgern tragen ca. 740, d. h. 25 % *Henne* als Rufnamen.
- In namengrammatischer Hinsicht fällt auf, dass patronymische Zunamen in Erststellung die genitivische Flexion des Elternnamens meistens noch erkennen lassen, während sie bei Patronymen in Zweitstellung bereits verschwunden ist. Zu den wenigen Ausnahmen gehören *Henne Pauwels* und *Herman Zippels* (FB 1955: 154f.) und, mit schwacher Flexion, *Henne Fien* (zu *Fye* ‚Sophie', also einem Mutternamen), vielleicht auch gelegentlich aus einem Familiennamen *Wigel* und *Henne Mulchin* (zu mhd. *müelich* ‚schwer umgänglich'; Lexer 1, 2214) (FB 1955: 177).

Die Einträge für die Neuaufnahmen nach 1387 zeigen, dass Namen mit dem Zunamen an erster Stelle zunächst noch vor sich hin tröpfeln. Bis 1400 kommt kein einziger neuer Namensträger dieses Typs hinzu. Erst ab 1411 beginnen allmählich wieder häufigere Einträge. Für 1420 listet Bücher (1886: 71) 22 Namen auf, darunter 9 mit relativen Eigenschaftsbezeichnungen. Die Neuaufnahmen entwickeln sich kontinuierlich mit oft mehreren Einträgen pro Jahr bis zum Jahr 1440, dem Jahr, in dem uns ein wiederum erhaltenes Einwohnerverzeichnis einen vollständigen Einblick vermittelt.

2.2 Zwischenstand 2

Die Befunde in den Frankfurter Bürgerbüchern bis ca. 1400 lassen sich mit denen aus dem Arnsburger Urbar vergleichen, weil sie die Genese des neuen Musters im hessischen Raum dokumentieren, soweit sie schriftlich fassbar ist.

1. Das neue Eigennamenmuster *Zuname + Rufname* im hessischen Raum ist im letzten Drittel des 14. Jahrhunderts entstanden, und zwar offenbar gleichzeitig und parallel im ländlichen und im städtischen Raum. Es gibt keine hinreichend gesicherten Hinweise, dass das neue Muster von einem der beiden Lebensräume in den anderen „gewandert" ist. (Insofern revidiere ich meine Vermutung, dass das Erststellungsmuster von Landbewohnern nach Frankfurt gebracht worden sei (Ramge 2017: 132f.).

2. In beiden Entstehungsräumen herrschen anfangs Patronyme (im weiteren Sinne) stark vor. Die Filiation ist offenbar das auslösende Sachmotiv für die Entstehung des Musters, und zwar in Form einer syntaktischen Konstruktion des Eigennamens mit einem possessiven Genitiv + Rufname.

3. Obwohl das Patronym (oder ein anderer Verwandtschaftsname) durch elliptische Namenzusammenrückung formal leicht in die Zweitstellung rücken konnte, war dennoch die Zweitstellung keine obligatorische Voraussetzung für den Zunamen in Erststellung. Jedoch können Erst- und Zweitstellung variieren, auch beim gleichen Namensträger.

4. Die Namenintegration führt offensichtlich von Anfang an häufig zum Verlust der Genitivmarkierungen. Auch deshalb rücken Zunamen nach der Berufstätigkeit im Nominativ leicht und schnell in die Erstposition ein, seltener Herkunftsnamen. Bei Adjektiven ist die Erstposition in der Regel durch die Stellung des Attributs vor dem Rufnamen bedingt.

5. Von Anfang an ist die Erststellung des Zunamens auffallend und weit überdurchschnittlich häufig mit dem Rufnamen *Henne* verbunden. In den meisten Fällen sind der Zuname in Erstposition und der Rufname zusammengeschrieben, ganz im Gegensatz zum Standardmuster.

Mit diesen ersten empirischen Beobachtungen betrachten wir nun die weitere Entwicklung in Frankfurt und im (mittel)hessischen Raum.

2.3 *Kommelhenne* und die Frankfurter Bürgerschaft 1440

Die Entwicklung des Erststellungsmusters in Frankfurt erschließt sich am besten aus einem unscheinbaren Eintrag im Einwohnerverzeichnis von 1440: *Henne Herdan gnant Kommelhenne kremer* (FB 1978: 137). Der Eintrag enthält die Ingredienzen, anhand derer der Erststellenhype in diesem Bürgerverzeichnis versuchsweise erklärt werden kann:

Der Rufname des Namensträgers ist *Henne*. Er verfügt über einen zweigliedrigen Eigennamen mit einem Zunamen in Zweitstellung ohne besondere namengrammatische Merkmale (der die Funktion eines Familiennamens hat und vermutlich auf den alten Personennamen *Herdegen* zurückgeht; vgl. Kohlheim & Kohlheim 2005: 324). Dieser Name kommt in Frankfurt mehrfach vor, schon 1387: *Jekil, Jekil Herdans son* (FB 1955: 169; auch FB 1978: 166). Henne wird aber anders *gnant* ‚genannt', eine Weiterführung der altehrwürdigen *dictus*-Formel, mit der aber ursprünglich nur die Erweiterung eines Rufnamens verbunden war (Ramge 2017: 129f.). Der *gnant*-Name beruht auf der Berufstätigkeit Hennes, dem Handel mit Kümmel. Das wird durch die Berufsangabe *kremer* gestützt. Der „eigentliche" Name wird getrennt geschrieben, der Nennname hingegen als Einheit.

Was besagt das für die Namen der Einwohner Frankfurts? Die Einwohnerliste (FB 1978: 134–184) verzeichnet 2.106 Bürger, die zum Bürgereid angetreten sind (Bücher 1886: 184); das ist fast ein Drittel Namen weniger als in der Liste von 1387 (u. a. weil 1440 nur Bürger ab dem 14. Lebensjahr schwören).

2.3.1 Der Rufname *Henne* in Frankfurt

Henne, seltener *Henn*, mit der Koseform *Henchen* ist auch in Hessen in der Regel meist aus dem häufigen Taufnamen *Johann(es)*, häufiger aber wohl auch aus *Heinrich* (s. o.) entstanden. *Henne* macht erst in der 2. Hälfte des 14. Jahrhunderts eine steile Karriere. Bei den Einbürgerungen im Bürgerbuch tritt er erst ab 1343 (FB 1955: 31) vereinzelt auf und erreicht im Jahrzehnt 1351–1360 nur einen Anteil von 5,1 %. 1361–70 sind es schon 11,1 %; 1371–80 klettert der Anteil auf 18,1 %, um im Jahrzehnt 1381–90 mit 27,0 % etwa den gleichen Wert zu erreichen, den auch das Einwohnerverzeichnis von 1387 aufzuweisen hat. Darin hießen ca. 25 % der Bürger *Henne*. 1440 sind es fast 30 % (629 von 2.106). Das ist kein übermäßiger Anstieg mehr in den folgenden Jahrzehnten, zeigt aber in der Größenordnung, dass ein kommunikativer Bedarf für die eindeutige Identifizierbarkeit der zahlreichen *Hennes* bestand.

Der Anteil der Erststellungsnamen am Gesamtbestand aller männlicher Bürgernamen beträgt im Jahre 1440 9,0 % (261 Namensträger). Von den 629 *Henne*-Namensträgern werden 236 mit einem Zunamen an erster Stelle genannt, d. h. 37,5 % aller *Hennes*. Das ist mehr als das Vierfache dessen, was nach Wahrscheinlichkeitskriterien zu erwarten ist. Ein Mittel, gerade einen *Henne* eindeutig zu kennzeichnen, bestand also offensichtlich darin, ihn mit einem Zunamen an erster Stelle zu charakterisieren.

Dass *Henne* bei diesem Muster bevorzugt auftritt, ist schon 1387 bei den geringen Vorkommen deutlich aufgefallen und lässt sich auch bei der Entwicklung des Erststellungsmusters in den Bürger-Neuaufnahmen in den Jahrzehnten bis 1440 belegen, in denen es kontinuierlich zunimmt. Gegliedert in Zehn-Jahres-Schritte bleibt der Anteil anderer Rufnamen als *Henne* mit 1–4 geringfügig, während die mit *–henne* gebildeten Erststellungsnamen von 8 (1401–1410) über 20 (1411–1420) und 39 (1421–1430) auf 55 (1431–1440) steigen.

Die rasante Zunahme des *Zuname + -henne*-Clusters ist über die Quantität der *Henne*-Vorkommen hinaus erklärungsbedürftig. Was qualifiziert ausgerechnet *Henne*, zum Leitnamen der neuen Eigennamenform zu werden? Wer heißt eigentlich *Henne*?

Die „besseren Leute" offensichtlich nicht. Gleich am Anfang der Bürgerliste (FB 1978: 134f.) werden die Schöffen, Ratsmänner und auch ein paar Schreiber aufgeführt, also allesamt Mitglieder der führenden Schicht; insgesamt 44 Namen. Das sind etwas mehr als 2 % der Gesamtzahl aller Bürger. Bei einer durchschnittlich gleichmäßigen Verbreitung müssten ungefähr 13 Mitglieder der Stadtregierung *Henne* heißen und etwa 5 einen Zunamen in erster Position haben. Tatsächlich gibt es keinen einzigen Namensträger dieser Art im hochlöblichen Magistrat. Die zweigliedrigen Eigennamen haben alle den Zunamen in der Zweitstellung und 13 Mitglieder tragen den Rufnamen *Johann*, die Vollform von *Henne*. Selbst den Schreiber *Johannes Bechtenhenn* können wir außer Betracht lassen, weil *henn* hier ja Bestandteil eines Erststellungsnamens ist, der als Zuname in zweiter Position fungiert (und im Übrigen unseren Schreiber als Sohn des Trägers eines echten Erststellungsnamens, nämlich *Bechtenhenn der alte* (FB 1978: 175) wahrscheinlich macht. Hier gerinnt der soziale Aufstieg im Namensymbol!)

Umgekehrt tragen von 30 Fischern, die als zünftig konzentriert aufgeführt werden (FB 1978: 180f.), 8 einen Erststellen-*henne*-Namen, vier weitere heißen *Henne*. Nimmt man die zahlreichen Angaben über einfache Berufstätigkeiten wie *sagtreger, bote, arbeidender, portner* usw. sowie Dienstleistungs- und Handwerkstätigkeiten hinzu, sieht man, dass einerseits *Henne*, andererseits das Erststellungsmuster sowie die Kombination beider stark in den einfacheren sozialen Schichten verankert sind. Jedoch tragen auch sehr viele Handwerker einen solchen Namen. Aber Personen in hervorgehobener Position tragen eher auch ‚gehobene' Namen, z.B der *procurator Henrice Suleffel* (FB 1978: 153) (wozu der Familienname Saulöffel allerdings nicht recht passen will; Brechenmacher 1957: 2, 474). Sehr oft wird aber auch – über alle Schichten hinweg – als Vorname *Johann(es)* und auch *Hans* aufgeschrieben.

Damit ergibt sich in Frankfurt eine soziale Differenzierung des Namenmusters (natürlich mit zahlreichen Übergängen) zwischen einem ‚gehobenen' Standardmuster mit dem Vornamen *Johann(es)* und einem vorwiegend von den mittleren und unteren sozialen Gruppen getragenen Erststellungsmuster mit bevorzugtem *–henne*.

2.3.2 Die *gnand*-Formel

Das Standardmuster mit dem Zunamen an zweiter Stelle ist also nicht nur das historisch ursprüngliche, sondern auch das sozial höher bewertete, der offiziellere Name. Er ist in der Regel in dieser Zeit meistens schon ererbt. Während die bis weit ins 14. Jh. gebräuchliche *dictus*-Formel einen Beinamen anführte, der durch Zusammenrückung zum Zunamen und folgend zum Familiennamen werden konnte, führt die *gnand*-Formel mit *Kommelhenne* einen eigenständigen zweigliedrigen Eigennamen an, dessen Zuname durch die Tätigkeit des Namensträgers als Kümmelhändler motiviert ist. Analog zu anderen auf den Beruf bezogenen Namenbildungen wie *Henne Becker, Schmid*, ... könnte er deshalb ohne weiteres auch *Henne Kommel genannt werden. Warum ist das nicht der Fall? Immerhin ist 1377 ein *Concze Kommel* aus Bruchköbel (FB 1955: 102) eingebürgert worden.

Obwohl man natürlich aus der graphischen Form der Schriftlichkeit nur mit großem Vorbehalt auf Modi tatsächlich vollzogener Sprechhandlungen, auch die mit Namen, schließen darf, gibt in diesem Fall die Schreibung der beiden Namenglieder in einem Namen zu denken. Während der Typ *Hennekommel kaum vorstellbar ist und auch in den Quellen nie vorkommt, macht die Zusammenschreibung in *Kommelhenne* durchaus Sinn, wenn man damit im lebenspraktischen Zusammenhang städtischer Kommunikationssituationen just jenen Kümmelhändler benennen will oder muss, von dem man weiß, dass er mit Rufnamen *Henne* heißt. Das ist ein Name wie geschaffen für mündliche Kommunikationssituationen, gesprochen mit betontem Erstglied und dem Zweitglied im Nebenton: /ˈkɔməlˌhɛnə/. Zum realen Marktgeschehen passt dann vorzüglich ein *Lorberhenne* und ein *Pefferhenne* (FB 2, 180.f.), auch wenn der eine als Berufsangabe *fischer*, der andere *lower* (‚Rotgerber') erhält. Das zeigt nur, dass solche Gebrauchsnamen üblich und von einer Generation auf die nächste übertragen werden können, also auch Familiennamen werden können.

Es schält sich also m. E. heraus, dass die Genese dieser Namenbildung nicht nur die Identifizierung erleichtert, sondern darüber hinaus sprachliche Nähe signalisiert, weil sie im alltäglichen Sprachgebrauch verankert ist, zudem bequem mit dem Erstton auszusprechen ist. Hingegen strahlt das Muster *Rufname + Zuname* als ‚gehobener' Namengebrauch mit offiziellerer, formellerer Note sprachliche Distanz aus.

Das Erststellungsmuster funktioniert damit (auch) als formale Hülle, um soziale Nähe anzuzeigen. Fassbar wird das, wenn familiale Zusammenhänge formuliert werden wie bei *Snerrenlencze, Henne Snerren son* und dem kurz darauf genannten *Snerrehenne der junge* (FB 1978: 183). Der Vater *Henne* liefert den beiden Söhnen *Lencze* (‚Lorenz') und *Henne* den Zunamen *Snerr* (< mhd. *snerren* ‚Schwatzen', Lexer 2, 1033), den er hier als Bei- oder Familiennamen in zweiter Position führt. Die Söhne tragen den Zunamen in Erststellung und als zusammengeschriebenes Element; vielleicht auch schon der Vater, falls er mit einem früher genannten *Snerrehenne moller* (FB 1978: 179) identisch ist. Der Zuname wird enger mit dem Rufnamen verknüpft und bildet mit diesem eine sprecherische Einheit. Solche (selten) dokumentierten Fälle knüpfen an die Patronymentradition an, die wir für das Entstehen des Musters im ländlichen Raum ausgemacht hatten. Allerdings wird in Frankfurt fast immer nur auf den Vater Bezug genommen; die reichhaltige Verwandtschaftspalette, die die Angaben im Arnsburger Urbar ausgezeichnet hatte, fehlt fast völlig.

Dass dieser zweigliedrige Name als Einheit empfunden wurde, spiegelt sich graphisch nicht nur in der Zusammenschreibung, sondern vor allem auch in der Tatsache, dass die Konstruktion zum eigenen Zunamen (bzw. später Familiennamen) werden konnte, wie wir schon am Beispiel des Schreibers *Bechtenhenn* (s. o.) gesehen haben oder – ein anderes Beispiel – bei *Cristan Federhenne molner in der stede molen* (FB 2, 161). Ein *Federhenne* als eigenständiger Name ist uns schon 1387 begegnet (s. o.). In den Jahrzehnten nach 1400 kann der Erststellungsname offenbar zum regulären Familiennamen mutieren und dann einen neuen Nähenamen bedingen: *Heysehenne gnant Fetterhen* (FB 1978: 154). Ein **Hennesnerr* (= *Henne Snerr*) hingegen ist ebenso ausgeschlossen wie ein **Hennekommel*. In der Formalie bindet sich m. E. der grundsätzliche Unterschied.

2.3.3 Benennungsmotive

Als Motor für die Entstehung und frühe Entwicklung des Musters *Zuname + Rufname* hatten wir die Patronyme festgemacht, und noch die erste kleine Zusammenstellung von 1387 für Frankfurt bestätigt das. 1440 sieht das schon anders aus. Konzentrieren wir uns wieder auf die dominanten *-henne*-Namen, führen die auf Personennamen zurückgehenden Erststellen-Zunamen zwar noch, aber nur noch leicht vor den Tätigkeitsnamen, während die Herkunfts- und Wohnstättennamen abgeschlagen sind. Einzig die auf einer Eigenheit oder Eigenschaft beruhenden Zunamen haben noch einen nennenswerten Anteil von knapp einem Zehntel.

Es ist offenkundig, dass der sehr hohe Anteil an Berufs- und Tätigkeitsnamen auf den vielfältigen Tätigkeiten in einer sozial und ökonomisch differenzierten Stadtgesellschaft beruht, wofür unser *Kommelhenne* beispielhaft stehen mag. Der Kontrast zwischen Nominativ bei Berufsnamen und Genitiv bei Personennamen spielt keine Rolle, wird zudem dadurch eliminiert, dass den schwach flektierten Patronymen die Genitivmarkierung zusehends abhanden kommt. So haben wir beispielsweise nebeneinander *Dilhenne* und *Dielnhenne* (FB 1978: 177, 183). Dass das Verschmelzen von *Zuname + -henne* die zugrunde liegende Bedeutung des Zunamens als (flektierter) Personenname gewissermaßen verdunsten lässt, wird daran deutlich, dass in den Fällen mit starker Flexion das genitivische *-s* nicht nur erhalten bleibt, sondern auch regelmäßig dazu führt, dass die beiden Namen des Musters getrennt geschrieben werden, z. B. *Hermans Henne, Hammans Henne*, aber auch z. B. *Hofemans Henne* (FB 1978: 178, 182). Das sind immerhin 13,4 % aller Erststellungsnamen, wozu noch 2,3 % unmarkierte Fälle oder solche mit schwacher Flexion kommen, z. B. *Friczen Jeckel* (FB 1978: 173). Das zeigt, dass die Schreiber durchaus zwischen durchsichtiger (erkennbarer) Patronymie und Nennname zu unterscheiden wussten.

2.4 Zwischenstand 3

Aufs Ganze gesehen, kann man sagen, dass das Muster *Zuname + Rufname* in Frankfurt um 1440 wegen der übermäßig häufigen Verbindung mit dem Rufnamen *Henne* zu einem produktiven stadtsprachlichen Generierungsmuster geworden ist. Mit ihm benennt man neben Handwerkern vornehmlich Menschen, die den einfacheren sozialen Schichten angehören. Das *Zuname + -henne*-Muster wird dadurch zu einem Distinktionsmerkmal, bewirkt in der städtischen Kommunikation aber zuvörderst einen nähesprachlichen Namengebrauch. Dabei wird der Name in der Mündlichkeit als Einheit, gewissermaßen als erweiterter Rufname, und nicht als zweigliedriger Eigenname empfunden.

3 Die weitere Entwicklung in Stadt und Land

Wir verfolgen abschließend in aller Kürze, ob und wie sich die Differenzen im Gebrauch der beiden Muster in weiteren und späteren hessischen Quellen entwickeln; besonders unter dem Gesichtspunkt, welche Folgerungen sich daraus für die Funktion des Musters *Zuname + Rufname* als Alternative zum Standardmuster *Rufname + Zuname* ergeben. Dazu betrachten wir einige mündlichkeitsnahe Quellen des 15. und des frühen 16. Jahrhunderts, und zwar jede einzeln, weil sich in jeder Schwerpunkte und Besonderheiten zeigen, die erst am Schluss zu einem Gesamtbild vereinigt werden können.

Dass dazu mittelhessische Quellen herangezogen werden, hat auch einen sachlichen Grund: Die meisten Zuzüge aus dem Frankfurter Umfeld kamen aus dem Raum nördlich des Mains (Bücher 1886: 174, 310). Dabei sind die Einträge der Zuzüge mit dem Erststellungsmodell gegenüber Südhessen überproportional stark in der Überzahl. Womöglich war das neue Muster südlich des Mains noch nicht recht üblich. Jedenfalls finden sich in dem 1426 angelegten Zinsbuch der Herrschaft Breuberg (Schwerpunkt nördlicher Odenwald) unter knapp 2000 Einträgen gerade einmal 10 im Erststellenformat, d. h. nur etwa 0,5 %.

3.1 Stadt Marburg

Anhand der städtischen Hauptrechnungen der Stadt Marburg 1451–1524 erhalten wir Einblicke, ob und wie das „Frankfurter Modell" auch in anderen hessischen Städten funktioniert. In Marburg wird das Erststellungsmuster offenbar eher zögernd angenommen. Es ist in den umfangreichen Rechnungen verhältnismäßig selten bezeugt (nur 43 Belege), in den gleichzeitigen Bede-Listen (ab 1439/40) sogar nur vereinzelt. Aber wie in Frankfurt wird es ebenfalls hauptsächlich mit -*henne* (31 Belege) gebildet und immer zusammengeschrieben. Es bestätigt sich vor allem, dass die meisten Namensträger einfache Berufstätigkeiten wie Bote, Wächter, Schütze, Marktfeger oder Grabenknecht ausüben, nur selten ein Handwerk wie Bierbrauer. Nur ein einziger Angehöriger in einem hohen Amt wird genannt: *Egkelnhen(ne)*, der 1453 und 1458 (Unter-)Bürgermeister der Stadt war (Hauptrechnungen Marburg: 44, 105). Er stammt aus einem Kannengießer-Geschlecht. Den Frankfurter Verhältnissen entspricht auch, dass mit Berufsnamen gebildete Erststellennamen etwa genauso häufig sind wie die patronymischen. Da die städtischen Rechnungen hauptsächlich Zahlungen an städtische Bedienstete betreffen, ist allerdings eine Schlussfolgerung über den Anteil von Handwerkern am neuen

Namengebrauch nicht möglich; die Bedelisten deuten auf einen geringen Anteil hin.

Die Parallelen zwischen den beiden hessischen Städten (abgesehen von der Quantität) sind umso bemerkenswerter, als sie in deutlichem Gegensatz stehen zu Belegstrukturen in gleichzeitigen ländlichen Rechtsquellen der Region.

3.2 Stift Wetter

Am nächsten, auch im wörtlichen Sinne, liegen Rechnungsbücher für das 14 km nördlich von Marburg gelegene Stift Wetter von 1463–1485 und von 1528 (für die Vogtei) vor. Da sich die Einzugsbereiche Marburgs und Wetters teilweise überschneiden, kommen manche Namensträger in beiden Quellen vor.

In den Wetter-Quellen finden sich insgesamt 80 Namensträger mit dem Muster *Zuname + Rufname* (1463–1485: 46 Belege; 1528: 34 Belege). Davon sind 53 mit –*henne* gebildet, aber immerhin 27 mit anderen Rufnamen, ein Verhältnis von 2:1, nicht überragend, aber deutlich ausgeglichener als die Werte in Marburg (31 zu 12 Belege) und vor allem in Frankfurt, wo von den 261 Erststellennamen gerade einmal jeder Zehnte mit einem anderen Rufnamen als *Henne* verbunden war. Wichtiger aber ist, dass die Patronyme in Wetter weiterhin mit der Hälfte aller Vorkommen (41 Belege) dominant gegenüber den Tätigkeitsnamen bleiben, die nur für ein knappes Viertel (18 Belege) der Namenbildungen herangezogen werden. Bei den Patronymen ist in fast allen Fällen (39 von 41 Belegen) die grammatische Kennzeichnung der starken (8 Belege) und der schwachen (31 Belege) Flexion erhalten geblieben, und in immerhin 14 Fällen liegt auch Getrenntschreibung vor. Das ist sogar bei gelegentlichem Schwanken zwischen Erst- und Zweitstellung des Zunamens erkennbar, z. B. 1464 *Gumbrachtes Heyncze* vs. *Heyncze Gumbrachtes* (Stift Wetter: 432). Dass die Erinnerung beim Namengebrauch eine Rolle spielt, zeigt sehr schön ein 1462 in Mittel-Rosphe (Wüstung Stadt Wetter, Kr. Marburg-Biedenkopf) genannter *Rulenhennichen*, der 1464 auch als *Rulenhenn* auftaucht, von dem ein Kaufvermerk von 1474 ausdrücklich betont, dass es sich dabei um *selgen Rulchens son Henn* handelt (Stift Wetter: 390, 431, 422).

3.3 Antoniter Grünberg

Im *Register über die vom Kloster Arnsburg an die Antoniter in Grünberg verkauften Güter, Zinsen und Einkünfte* von 1489 zeigen die 170 Personen mit dem Muster *Zuname + Rufname* in gewisser Hinsicht ein ländliches Gegenmodell gegen die städ-

tischen Gebrauchskonventionen. Drei auffällige Unterschiede sind hier für den Namengebrauch charakteristisch.
- Zwar steht auch in der Grünberger Quelle *Henn* als bevorzugter Rufname an erster Stelle, aber fast die Hälfte der Erststellungsnamen ist mit anderen Rufnamen gebildet.
- Während in Frankfurt fast alle Namen unseres Musters (mit Ausnahme der stark flektierten) als Einheit zusammengeschrieben werden, werden in der Grünberger Quelle über fünf Sechstel der Namen (147 von 170 Namen) getrennt geschrieben.
- Schließlich geht knapp die Hälfte der Zunamen auf einen Verwandtennamen zurück und liegt damit weit vor den Tätigkeitsnamen, die nur ein gutes Viertel (48 Belege) bei den namengebenden Motiven stellen.

Die Rufnamen, die außerordentlich häufig – wie schon in Wetter – mit dem Kosesuffix *-chen* verbunden sind, deuten neben verschiedenen anderen Angaben in den Beschreibungen darauf hin, dass die Träger der Erststellennamen in der Regel der bäuerlichen Grundschicht angehören. Eine (sozial? juristisch?) differenzierte Bewertung der beiden Muster deutet sich darin an, dass in der Quelle der Name des Gutspächters in der Standardform *Rufname + Zuname* angegeben wird, bei der Beschreibung des Guts die Anrainer aber eher mit Erststellungsnamen aufgeführt werden. So folgt in Nieder-Ohmen (Vogelsbergkr.) auf die Nennung des Pächters *Henne Liebermeister* eine Güterbeschreibung in 14 Zeilen, in der ausschließlich Erststellungsnamen verwendet werden, zwölf an der Zahl (Antoniter Grünberg: 19).

Die Grünberger Quelle führt vor, wie die Erststellungsnamen auf dem Lande der Einbindung des Individuums in seine lokale und familiale Tradition verpflichtet sind. Die Identifizierung des Individuums bedarf keiner Erweiterung des Rufnamens wie im städtischen Diskurs, weil das in den übersichtlichen Verhältnissen der dörflichen Kommunikation keine Rolle spielt, wohl aber einer durch die Familientradition gesicherten Einbindung in die Ortsgesellschaft. Deshalb bleibt der Zuname an erster Stelle auch selbstständig und wird nicht mit dem Rufnamen verbunden. Dadurch bleibt im Prinzip auch der Austausch der Stellung an erster oder zweiter Position leicht möglich.

3.4 Kloster Eberbach

Diese Stellungs-Variabilität sei aus Aufzeichnungen des Zisterzienserklosters Eberbach im Rheingau verdeutlicht.

Dem Schreiber der Abrechnungen mit den Rheinschiffern des Klosters 1448–1453 kommt es offenbar nicht so genau auf die Namensform an, und so finden sich auch die zweigliedrigen Benennungsmuster in bunter Mischung. Dabei fällt auf, dass bei mehrfach genannten Schiffern oft die Muster wechseln. Nur einmal beispielsweise heißt es *Leyendeckers Hen*, danach siebenmal *Henchyn Leyendecker* (1452f.) u. ä., umgekehrt siebenmal *Myldenbergershen* u. ä. und nur einmal *Hen Myldenberger* (1451). Auch die Kennzeichnung der Flexion schwankt, so fast hintereinander *Mildenbergerhen* und *Mildenbergershen* (1449); auch bei schwacher Flexion: *Ketternhen* vs. *Ketterhen* (1450): anything goes.

3.5 Noch einmal: Kloster Arnsburg

Werfen wir zum Schluss noch einmal einen Blick auf das Arnsburger Urbar, mit dem unsere kleine Untersuchung begonnen hat. Nach den kontinuierlichen Eintragungen bis 1406 finden sich in großen zeitlichen Abständen zwischen 1472 und 1549 noch wenige, aber meist umfangreiche Güterbeschreibungen (AU: 628-670).

Wir finden hier, mit der üblichen Bandbreite an Variationen, die gleichen Strukturen wie bei den anderen oben betrachteten ländlichen Quellen: Einen hohen Anteil an Erststellungsnamen, der im Extremfall fast alle Namen erfasst wie 1526 in Södel (Wetteraukr.), meist aber mindestens die Hälfte der zweigliedrigen Namen; ein starkes Übergewicht der Patronymika bei meist erhaltener grammatischer Genitiv-Kennzeichnung; zahlreiche Hinweise auf Angehörige der bäuerlichen Grundschicht als Namensträger, vor allem den inflationären Gebrauch der Koseform *-chen*.

Auf eine hypertroph wirkende Sonderform ist jedoch noch hinzuweisen, weil sie aufschlussreich für die Funktion unseres Musters ist. Sie tritt in anderen Quellen nur sporadisch auf, kommt im Urbar aber nach 1500 häufiger vor. So gibt es für Ober-Hörgern (Wetteraukr.) 1488 eine Güterbeschreibung, die durch eine weitere 1535 fortgeführt wird (AU: 644–655).

1488 finden wir darin u. a. *Geberts Gretchin*, also ‚Gretchen, Tochter / Frau Gebhards' (AU: 644). 1535 liegt ein Acker *zwischen ... und Gredenhens Geberten* (AU: 648), also bei ‚Gebhard, Sohn von *Gredenhens*'; d. h. Sohn von ‚Henne, dem Sohn von Grete'. Gebhard ist also ein Enkel Gretes. Ist die Grete von 1488 identisch mit der 1535 als Mutter erwähnten, erklärt sich der in der Region seltene Rufname Gebhards als Teil einer Familientradition. Wichtiger für unseren Zusammenhang ist aber der nahe liegende Schluss, was sich hier in der doppelten Erststellen-Relation spiegelt: nämlich dass die Funktion des Erststellungsmusters im Wesentlichen darin besteht, die soziale und historische Einbindung des Individuums in der Ortsgesellschaft zu sichern. Dass es sich bei *Gredenhen* nicht (wie vergleichbar in Frankfurt) um einen Familiennamen handeln kann, zeigen Belegstrukturen aus Ostheim (Main-Kinzig-Kr.) von 1516: *...und Kryn Contzen Petern; ane Greden Contzen Hanßen* (AU: 629f.), die ähnlich aufzulösen wären.

4 Zusammenfassung und Ergebnis

4.1 Entstehung und Entwicklung des Musters *Zuname + Rufname*

Betrachtet man die untersuchten Quellen, kann man für die Entstehung und Entwicklung des Musters *Zuname + Rufname* im hessischen Raum an empirischen Fakten folgendes festhalten:

- Das Muster kommt in Hessen im letzten Drittel des 14. Jahrhunderts in schriftlichen Quellen zögerlich in Gebrauch und nimmt in der Gebrauchshäufigkeit in den ersten Jahrzehnten des 15. Jahrhunderts allmählich Fahrt auf. Erst um die Jahrhundertmitte wird es zu einem wirklich allgemein gebräuchlichen Verfahren und zum Konkurrenten für das in der Schreibtradition gründende Standardmuster *Rufname + Zuname*. Auf dem Lande wird es ab dem Ende des 15. Jahrhunderts stellenweise deutlich häufiger verwendet als das Standardmuster.
- Das neue Muster ist von den Benennungsmotiven her hauptsächlich an Patronyme (im weiteren Sinne) gebunden, deren genitivische Flexive in der Erststellung unterschiedlich lange erhalten bleiben. Obwohl die Endstellung von Patronymen beim zweigliedrigen Eigennamen zeitlich früher belegt ist, geht deren Erststellung grammatisch nicht auf eine Inversion zurück. Sie ist vielmehr durch die übliche Position des possessiven Genitivs in Erststellung bei Nominalphrasen entstanden.
- Als Benennungsmotive konkurrieren neben den vorherrschenden Patronymen früh einerseits Bezeichnungen für Tätigkeiten, andererseits für Eigenschaften der Person, die grammatisch entweder wie die Patronyme aus Appositionen oder aus der Prä-Stellung durch Zusammenrückung zu Zunamen werden. Sie stehen im Nominativ ohne grammatische Markierung. Berufsbezeichnungen als Zunamen sind in Stadt und Land unterschiedlich wichtig. Herkunfts- und Wohnstättennamen treten zunächst stark zurück.
- In den Urbar-Einträgen ist das neue Muster eingebettet in eine Modernisierung des Verschriftungsformats in den letzten Jahrzehnten des 14. Jahrhunderts, indem die Angehörigen der bäuerlichen Schichten deutlicher hervortreten, u. a. durch die Verwendung von *–chen*-Koseformen.

– Als Besonderheiten fallen auf, dass das neue Muster eine starke Affinität zu dem Rufnamen *Henn(e)* aufweist und dass bei den Erststellungsnamen eine unterschiedlich ausgeprägte, aber insgesamt starke Tendenz zur Zusammenschreibung des Eigennamens herrscht.

4.2 Kommunikative Funktion des Musters *Zuname + Rufname*

Soweit man das nach den untersuchten Quellen einschätzen kann, entwickelt sich das Muster zwar zeitlich und strukturell sehr ähnlich in den hessischen ländlichen und städtischen Orten, weist jedoch zugleich bemerkenswerte Differenzen in der Ausgestaltung und den Gebrauchsmodi auf. Sie erlauben insgesamt eine Einschätzung in Bezug auf seine kommunikativen Funktionen.

In allen ländlichen Quellen dienen die zahllosen beschreibenden Angaben zu einer wie auch immer benannten Person, wessen Sohn (oder allgemeiner: wessen Verwandter) sie ist, nicht nur der rechtssicheren Identifizierung des Namenträgers, sondern verorten sie zugleich in der sozialhistorischen Tradition und im lokalen Umfeld. Indem der Verwandtenname, zumal in erkennbar genitivischer Flexion, an die erste Stelle des Eigennamens gesetzt wird, spiegelt er namensymbolisch in der Ortsgesellschaft genau diese Verortung. Diese Bindungsfunktion betrifft vor allem die, die ohnehin von ihren Lebensverhältnissen her an den Ort gebunden sind, im Wesentlichen also die Angehörigen der bäuerlichen Gruppen und die örtlichen Handwerker. Die lokale soziale Zusammengehörigkeit spiegelt sich vor allem in den zahlreichen Koseformen mit *–chen* seit dem späten 14. Jh., die – bei allen sozialen Differenzierungen innerhalb der Ortsgesellschaft – als Zeichen der Zugehörigkeit von und für Angehörige der Landbevölkerung verwendet werden. Deshalb spielt der Gesichtspunkt der Identifizierbarkeit im kommunikativen Verkehr auf dem Land keine nennenswerte Rolle. In den Sog der lokalen Bindungsfunktion geraten dann auch örtliche Berufsbezeichnungen wie *Bäcker*, *Müller* und *Schmied* sowie Eigenschaftsbezeichnungen wie *groß* und *klein*, *alt* und *jung*, die durch Zusammenrückung an die erste Stelle des Eigennamens treten. Bei letzteren steht aber erkennbar die Identifizierbarkeit durch einfache Differenzierungen stärker im Vordergrund. Das verbindet die Entwicklung auf dem Lande mit der in der Stadt.

Umgekehrt spielt in den städtischen Verhältnissen die lokale Bindung keine große Rolle bei der Namengebung angesichts der großen Zahl der Stadtbewohner. Hier ist die eindeutige Bestimmbarkeit der Person, die Identifizierbarkeit, das wichtigste Kriterium, zumal die Häufigkeit einzelner Rufnamen auch die Eindeutigkeit im normalen Sprechverkehr gefährdete. Deshalb benutzt man das wohl auch in der Stadt zunächst auf der patronymischen Relation gründende neue Muster sehr schnell, um mit dem Erstglied eine differentia specifica zu benennen, die die Verständigung im alltäglichen Leben erleichterte. Soweit es um eine Filiation ging, reichte in der Regel der Hinweis auf den Vater. Genauso wichtig oder wichtiger wurde die Berufstätigkeit in der auf Arbeitsteilung und Zünftigkeit gleichermaßen organisierten Stadtgesellschaft.

Dies gilt vor allem im namentlichen Umgang wiederum von und mit Angehörigen der unteren sozialen Schichten, in denen der Rufname *Henne* besonders verbreitet war. So wird das Erstglied zum bevorzugten Bestimmungselement wie eine Art Eigenschaft für die zahlreichen *Hennes*, wird deshalb als integrierter Bestandteil des Namens aufgefasst und entsprechend zusammengeschrieben. Dadurch erhält das Erststellungsmuster eine Distinktion gegenüber dem formal und sozial gehobeneren Standardmuster; dies aber eher im Sinne einer Abwertung.

Differenzierte Identifizierung in der Stadt und Aufweis der lokalen sozialen Einbindung auf dem Land sind also m. E. die beiden wesentlichen kommunikativen Funktionen des Erststellungsmusters, idealtypisch bezogen auf den Gebrauch in diesen Domänen. Faktisch vermischen sich natürlich beide Funktionen. Dennoch lassen sich die empirisch festgestellten Schwerpunkte und Differenzen m. E. so schlüssig erklären: Als Sozialsymbol wird das Muster auf dem Land deutlich häufiger verwendet als in der Stadt. Deshalb haben auch andere Rufnamen einen erheblichen Anteil, während in der Stadt relativ mechanisch *-henne* vorherrscht. Durch das lebendige Bewusstsein der familialen Bindung (vgl. Rösener 1991: 176–180) wird die Zweigliedrigkeit des Eigennamens auf dem Land betont und gibt den patronymischen Bildungen ein deutliches Übergewicht vor den anderen Benennungsmotiven.

Während sich das Erststellungsmuster gegenüber dem allfälligen Standardmuster in den Städten auf Dauer nicht halten kann, gewinnt es auf dem Land den Status eines Sozialsymbols, mit dem man sich dauerhaft gegen den distanzsprachlichen Druck des Zweitstellen-Musters zur Wehr setzt. Auch hier wird es also zu einem Distinktionsmerkmal. Es lebt in Mittelhessen noch heute in Form der Haus- und Dorfnamen fort. Doch das ist ein anderes Thema.

Quellen

Andernacht, Dietrich & Otto Stamm (Hrsg.) (1955): *Die Bürgerbücher der Reichsstadt Frankfurt 1311–1400 und das Einwohnerverzeichnis von 1387*. Frankfurt am Main: Waldemar Kramer. (= FB 1955)

Andernacht, Dietrich & Erna Berger (Hrsg.) (1978): *Die Bürgerbücher der Reichsstadt Frankfurt 1401–1470*. Frankfurt am Main: Waldemar Kramer. (= FB 1978)

Eckhardt, Albrecht (Bearb.) (1967a): Rechnungsbuch für die Vierherren (zum Teil auch für die Präsenz) des Stifts Wetter von vor 1444–1487 (mit Nachträgen bis 1543). In Albrecht Eckhardt (Hrsg.), *Die oberhessischen Klöster*. Bd.2, 380–448. Marburg: Elwert. (= Stift Wetter)

Eckhardt, Albrecht (Bearb.) (1967b): Einkünfteverzeichnis und Jahresabrechnung für die Vogtei des Stifts Wetter (...) 1528–1529. In Albrecht Eckhardt (Hrsg.), *Die oberhessischen Klöster*. Bd.2, 449–475. Marburg: Elwert. (= Stift Wetter)

Eckhardt, Albrecht (Bearb.) (1988): Register über die vom Kloster Arnsburg an die Antoniter in Grünberg verkauften Güter, Zinsen und Einkünfte. In Albrecht Eckhardt (Hrsg.), *Die oberhessischen Klöster*. Bd. 3, 2. Hälfte, 5–59. Marburg: Elwert. (= Antoniter Grünberg)

Eckhardt, Wilhelm A. (Bearb.) (2017): *Das Arnsburger Urbar*. Marburg: Historische Kommission für Hessen. (= AU)

Küch, Friedrich (Bearb.) (^{2}1991): Die städtischen Hauptrechnungen 1451–1524. In Friedrich Küch (Bearb.), *Quellen zur Rechtsgeschichte der Stadt Marburg* Bd.2, 1–514. Marburg: Elwert. (= Hauptrechnungen Marburg)

Meyer zu Ermgassen, Heinrich (Bearb.) (o. J.): *Nautis quibuscumque ad computum 1448–1453*. (HHSta Wiesbaden, 22, Kloster Eberbach, Nr. 484). Unv. Ms. (von Herrn Dr. Meyer zu Ermgassen freundlich zur Einsicht überlassen.)

Meyer zu Ermgassen, Heinrich (Bearb.) (o. J.): *Rechnungen über Bede, Geschoß und Feuerschilling ab 1439*. (StA Marburg, 330 Marburg A II 4). Unv. Ms. (von Herrn Dr. Meyer zu Ermgassen freundlich zur Einsicht überlassen.)

Wackerfuß, Winfried (Bearb.) (2004): *Das Zinsbuch der Herrschaft Breuberg von 1426*. Breuberg-Neustadt: Breuberg-Bund.

Literatur

Bach, Adolf (1952/1953): *Deutsche Namenkunde I. Die deutschen Personennamen*. Heidelberg: Winter.

Brechenmacher, Josef Karlmann (1957): *Etymologisches Wörterbuch der Deutschen Familiennamen*. Bd 2. Limburg: Starke.

Bücher, Karl (1886): *Die Bevölkerung von Frankfurt am Main im XIV. und XV. Jahrhundert, socialstatistische Studien*. Tübingen: Laupp.

Debus, Friedhelm (2012): *Namenkunde und Namengeschichte. Eine Einführung*. Berlin: Erich Schmidt.

Kohlheim, Rosa & Volker Kohlheim (Bearb.) (2005): *Duden. Familiennamen. Herkunft und Bedeutung*. Mannheim et al.: Dudenverlag.

Kuczera, Andreas (2003): *Grangie und Grundherrschaft. Zur Wirtschaftsverfassung des Klosters Arnsburg zwischen Eigenwirtschaft und Rentengrundherrschaft. 1174–1400*. Darmstadt: Hessische Historische Kommission.

Lexer, Matthias (1872–78): *Mittelhochdeutsches Handwörterbuch*. 3 Bde. Leipzig. Neudruck Stuttgart: Hirzel 1992.

Nübling, Damaris, Fabian Fahlbusch & Rita Heuser (2012): *Namen. Eine Einführung in die Onomastik*. Tübingen: Narr.

Ramge, Hans (2017): *Hessische Familiennamen*. Heidelberg et al.: verlag regionalkultur.

Rösener, Werner (⁴1991): *Bauern im Mittelalter*. München: Beck.
Seibicke, Wilfried (2000): *Historisches Deutsches Vornamenbuch*. Bd. 3. Berlin, New York: De Gruyter.

Sybille Große
Über das Wandern von Worten, Formeln und Traditionen in der west- und mitteleuropäischen Epistolographie des 17. und 18. Jahrhunderts

1 Epistolographie und die Handbuchkultur

1.1 Einführende Gedanken

Die außerordentliche Relevanz von Briefen sowie der Briefkultur im 17. und 18. Jahrhundert mag mit heutigem Blick kaum mehr vorstellbar sein. Dennoch war der Brief zu jener Zeit das wichtigste Medium des schriftlichen Austauschs und zugleich eine Form, in welcher soziale Hierarchien und kulturelle Traditionen in besonderem Maße sichtbar wurden. Briefe in dieser Perspektive zu begreifen heißt, ihren sprachlich-stilistischen Wandel und ihre Normhaftigkeit über Sprachgrenzen hinweg nachzuzeichnen bzw. zu hinterfragen. In einem modesten Beitrag, wie dem hiesigen, kann dies nur in Ausschnitten geschehen. Dafür scheint die immer wieder thematisierte Beeinflussung der deutschen Epistolographie durch die französische in besonderem Maße geeignet zu sein. Wenn man davon ausgeht, dass die deutsche und französische Briefkunst, wie sie in den in der damaligen Zeit äußerst verbreiteten Briefstellern tradiert wurde, im 17. Jahrhundert deutlich differieren, wird der anonyme Übersetzer eines der *Secrétaires* des für die französische Epistolographie im 17. und auch noch im 18. Jahrhundert prägendsten französischen Autors Jean Puget de la Serre vor einer „heiklen Mission" gestanden haben.

War die Formular- und Briefkultur in Europa über Jahrhunderte lateinisch determiniert, greifen die seit dem 15. Jahrhundert in verschiedenen (Sprach-) Regionen Europas veröffentlichten Schreibhandbücher und Briefsteller in der Vernakularsprache, die sich entwickelnden einzelsprachlichen Ausdifferenzierungen nach und nach auf. In welchem Zusammenhang die einzelsprachliche Ausprägung und die soziokulturellen Entwicklungen stehen, die über der jeweiligen Einzelsprache angesiedelt sind, soll im Folgenden gleichfalls im Fokus stehen. Dabei wird auch auf die in der Literatur viel gescholtenen, weil als veraltet und künstlich charakterisierten, Briefsteller oder eben Handbücher zurückgegriffen werden, weil sie aller Kritik zum Trotz wichtige Hinweise auf Umbrüche oder Kontinuitäten in der Epistolographie geben.[1]

1.2 Charakteristika der Briefredaktion in Briefstellern des Deutschen bis zum 18. Jahrhundert

Wie auch in anderen mittel- und westeuropäischen Sprachen wurden die die Epistolographie prägenden lateinischen Anleitungen zur Briefredaktion, die an die Kanzleiproduktion gebunden waren, ab dem 15. Jahrhundert durch deutschsprachige Ausgaben[2] ersetzt (Furger 2010: 41).[3] Möchte man ein bestimmtes Briefbuch als ersten vollwertigen Briefsteller der deutschen Sprache benennen, wäre dies nach Nickisch Johann Rudolf Sattlers *De Epistolis germanicè conscribendis (Libri III. Vom anstell: uvnd verfassung teutscher Episteln / Sendbrieffen / vnd Missiven / Drey Theil).*[4] Sattler gilt als ein Vertreter der kanzleiorientierten Schreibprinzipien. An der Spitze der Stilprinzipien stehen für ihn die Deutlichkeit bzw. Verständlichkeit, ihr dienen die Kürze und der Gebrauch (kanzlei-)üblicher Wörter (Nickisch 1969: 51), wobei sich die Auswahl der Sprachstrukturen nicht vordergründig am Inhalt des Briefes selbst, sondern am sozialen Stand der Briefkorrespondenten orientiert (Nickisch 1969: 53). Die Briefgestalt ist bis ins 17. Jahrhundert in besonderem Maße vom Dispositionsschema (*Salutatio, Captatio Benevolentiae, Narratio, Petitio, Conclusio*) sowie dem barocken Kanzleistil geprägt (Nickisch 1969: 27; Reinlein 2003: 62–64; Furger 2010: 160), welcher sich im Lesepublikum der Briefsteller widerspiegelt das für die deutschen Briefsteller bis zur Mitte des 17.

---

[1] Vgl. dazu auch Furger (2011: 25): „Als Ratgebermedien des frühneuzeitlichen Korrespondenzwesens dienen Briefsteller ebenso als eine Art Seismograf, indem sie den Blick auf die zeitgenössische Schreib- und Lesepraxis freigeben und zugleich Traditionen und Brüche in der Briefkultur sichtbar machen".
Aktuellere Überblicke über Forschungsarbeiten zu Briefstellern vornehmlich in Deutschland geben Furger (2010: 17–20) und für das 19. und 20. Jahrhundert auch Ettl (1984). Reinlein (2003: 59–77) bindet diesen Überblick in ihre Abhandlung zur Epistolartheorie ein.
[2] Diese deutschen Briefsteller wurden in unterschiedlichem Maße wissenschaftlich beschrieben. Für das 17. und 18. Jahrhundert kann die Abhandlung von Nickisch (1969) zweifellos als ein Standardwerk gelten, auf welchen auch hier neben Furger (2010) zurückgegriffen wird.
[3] Ein wichtiger Briefsteller für das Deutsche des 15. und 16. Jahrhunderts ist Anton Sorgs im Jahre 1483 abgefasste *Formulari darinne begriffen sind allerhand brieff auch rethorick* (Nickisch 1969: 20).
[4] Johann Rudolph Sattler (1577 bis 1628) veröffentlichte verschiedene andere Schriften zur deutschen Sprache.

Jahrhunderts vor allem bei Sekretären und Kanzleibeamten zu suchen ist (Furger 2010: 81).[5]

Der Stil in den Briefen wurde von Nickisch (1969) detailliert und „gattungsimmanent" (Arto-Haumacher 1995: 18) beschrieben;[6] er ist insgesamt devot,[7] so gibt es eine Aufeinanderfolge von Adverbien wie *diemutigklich, diemutuf, genädigklich* und in den Eingangs- und Schlussformeln bei höher gestellten Persönlichkeiten reihen sich nicht selten mehrere Adjektive der Wertschätzung aneinander (beispielsweise bis zu fünf bei einem Schreiben an den Bischof) (Nickisch 1969: 23). Hinzu kommt eine extreme Hypotaxe, die das Verständnis und die Lesbarkeit des Briefes übermäßig erschwert (Nickisch 1969: 23). Die Ausdrucksweise der Briefe steht insgesamt in der Tradition der Redaktion von Urkunden sowie juristischen Texten, womit Nickisch auch die Neigung zum Gebrauch repetitiver und unpersönlicher Konstruktionen erklärt (Nickisch 1969: 24, 54).[8]

Briefe mit privatem bzw. intimem Inhalt, etwa Liebesbriefe, gibt es – wie Nickisch in seiner Studie unterstreicht – in keinem der deutschen Briefsteller des 16. Jahrhunderts; in der Redaktion waren sie sprachlich-formal somit theoretisch den anderen Briefsorten relativ gleichgestellt (Nickisch 1969: 40).

Die Modellbriefe der Briefsteller des 16. bzw. 17. Jahrhunderts zeichnen sich demzufolge durch eine in Lexik und Syntax stilisierte Sprache aus; eine pragmalinguistische Annäherung an das Gespräch ist vorerst kaum zu erkennen (Nickisch 1969: 54; Reinlein 2003: 65).[9]

Erst durch die ins Deutsche übertragenen Briefsteller des Franzosen Puget de la Serre hätten sich, so wie es auch Reinlein (2003: 65) formuliert, neue Impulse für die Epistolographie ergäben. Dass derartige Impulse im Nachhinein auch kri-

---

[5] „In den zu Beginn des 17. Jahrhunderts veröffentlichten Brieflehrbüchern wie dem *Werbungs-Büchlein* aus dem Jahr 1633 finden sich grösstenteils formularartige Briefvorlagen. Der Briefschreiber brauchte somit nur die geeignete Vorlage für sein persönliches Schreibproblem auszuwählen, um diese ohne grosse sprachliche Eigenleistungen für sein Anliegen einzusetzen. Ab der Mitte des 17. Jahrhunderts erschienen Briefsteller, die ihre abgedruckten Briefvorlagen zunehmend als Illustrationen ihrer brieftheoretischen Ausführungen sahen" (Furger 2011: 27)

[6] Für einen summarischen forschungskritischen Überblick zur Forschungsliteratur der Transformation der Epistolarkultur durch Gellert siehe Arto-Haumacher (1995: 16–39).

[7] Zur Interrelation von devoter und galanter Ausdrucksweise siehe Nickisch (1969: 87).

[8] „Dabei geht der Eindruck des Unpersönlichen vor allem auf den Gebrauch der formelnahen Wendungen; der des Indirekten insbesondere auf die Wirkung der verschränkten Infinitive und der extrem hypotaktischen Satzkonstruktionen zurück. Beides bewirkt Distanz" (Nickisch 1969: 54).

[9] Auf den Stand des Briefpartners wird im 17. Jahrhundert sowohl im Stil allgemein als auch in der Syntax Rücksicht genommen (Nickisch 1969: 50; Reinlein 2003: 62). Es dominieren „starr geworden[n] Wendungen, die in juristisch-notarieller Hinsicht unumgänglich sind" (Reinlein 2003: 63).

tisch reflektiert wurden, wird spätestens bei Steinhausen (1891: 4–6) deutlich, der aus einer sprachpuristischen und -nationalen Perspektive den Einfluss der französischen Epistolographie im 17. Jahrhundert harsch zurückweist.

Für Reinlein ist die Abkehr vom Kanzleistil als rhetorischem „Ideal" in den deutschen Briefen in besonderem Maße an August Bohses Epistolartheorie geknüpft (Reinlein 2003: 68). Auch Furger betrachtet Bohse und zudem Christian Friedrich Hunold als „einflussreichste" deutsche Brieftheoretiker der Frühen Neuzeit, welche unter starkem Einfluss der französischen Epistolographie gestanden hätten (Furger 2010: 30; 42). Georg Philip Harsdörffer und Kaspar von Stieler bleiben nach Aussagen von Lange (2008: 153) noch dem Kanzleistil verschrieben.

Die größte Umwälzung in der Abfassung von Briefen im Deutschen wird schließlich gemeinhin den brieftheoretischen Arbeiten von Christian Fürchtegott Gellert im 18. Jahrhundert zugeschrieben, wenngleich neben solchen epistolartheoretischen Schriften auch weiterhin zahlreiche Briefsteller mit Modellbriefen veröffentlicht wurden (Reinlein 2003: 69, 73; Furger 2010: 42–43). Im Unterschied zur Mehrzahl der früheren Briefsteller weist Gellert in seinen Betrachtungen zur Epistolographie den deutschen, auch konstruierten Modellbriefen keine primäre Funktion in dem Erlernen der Briefkunst zu (Furger 2010: 65–66; 171). Auch widerstrebt ihm der überkommene formelhafte Kanzleistil der in den Briefstellern gelehrten Modelle im 17. und in Teilen im 18. Jahrhundert, weshalb er sich demgegenüber für die Natürlichkeit,[10] Leichtigkeit sowie Lebhaftigkeit als prägende Stilorientierungen ausspricht (Barner 1988: 11, 16; Reinlein 2003: 56, 70; Furger 2010: 171–172).[11]

1.3 Zur Historie der Briefsteller in Frankreich vom 16. bis 18. Jahrhundert

Der erste vollständige französische Briefsteller *Le Stile et Maniere de composer, dicter, et escrire toute sorte d'Epistres, ou lettres missives, tant par response que autrement. Avec epitome de la poinctuation, et accentz de la langue Françoise*[12] ist

---

10 Allerdings soll darauf verwiesen werden, dass bereits Bohse (1690: 8) eine „natürliche Reinigkeit" für den Briefstil klar einforderte.
11 Reinlein (2003: 74–75) erfasst in ihrer Diskussion von Gellerts Schriften eine Dimension, die in anderen Arbeiten selten so klar herausgearbeitet wird: Wenngleich sich der Brief an das Gespräch in seiner Natürlichkeit und Lebendigkeit anlehnen sollte, bleibe für die Konzeption und Redaktion eines solchen mehr Zeit als für das Gespräch.
12 Für eine umfassende Darstellung der Geschichte der französischen Briefsteller sei auf die Monographie von Große (2017) verwiesen.

auf das Jahr 1553 datiert (vgl. auch Loviot 1916: 343). Dieser steht stark in der Tradition vorangegangener lateinischer (z. B. Britannus 1547) und italienischer Briefsteller und Brieftheorien, so dass er als ein Mosaik bzw. eine Zusammenstellung zuvor veröffentlichter rhetorischer Traktate und Modellbriefsammlungen charakterisiert werden sollte (Große 2017: 145). Im Verlauf der kommenden Jahrzehnte emanzipieren sich die französischen Briefsteller, nicht zuletzt infolge des italienischen Einflusses (Sansovino) (Große 2017: 157–166), immer deutlicher von der vorherrschenden rhetorischen sowie kanzlistischen Tradition. In Frankreich wird der Bruch der Epistolographie mit der Urkundentradition und dem Kanzleistil bereits im 16. Jahrhundert sichtbar und ist spätestens im 17. Jahrhundert vollzogen, wie der Anfang dieses Jahrhunderts mehrfach herausgegebene *Le Secretaire Francois* in besonderem Maße illustriert (Große 2017: 168–170).

Das 17. Jahrhundert ist in Frankreich insgesamt durch Schriften verschiedenen Typs zur Höflichkeit, Galanterie und zu den Umgangs- bzw. Benimmformen insbesondere am französischen Hof geprägt.[13] In eben diese Schriften schreiben sich die Briefsteller der französischen Sprache von Jean Puget de la Serre[14] ein, der wie andere Autoren von Briefstellern auch literarische Arbeiten und Schriften zur *civilité* redigierte (Große 2017: 167).[15] Anders als im bereits erwähnten *Le Secretaire Francois* steht in den Briefstellern de la Serres nicht die praktische Umsetzung im Vordergrund, sondern die Stilisierung bzw. Idealisierung eines höfischen Sprachgebrauchs im Brief (Große 2017: 171). Die Briefsteller Puget de la Serres und seine brieftheoretischen bzw. -praktischen Überlegungen bleiben über das 17. Jahrhundert hinaus weit verbreitet.[16]

Jedoch greifen bereits im 17. Jahrhundert einzelne andere Briefstellerautoren wie François Fenne sprachlich-stilistische Ideale der Briefredaktion auf und unterlegen sie präziser bzw. detailfreudiger als Puget de la Serre mit konkreten sprachlichen Zuweisungen (Große 2017: 187). Der eigentliche Bruch in den Briefstellern und in der Briefredaktion mit dem von Puget de la Serre propagierten höfischen Ideal wird jedoch erst im 18. Jahrhundert vollzogen, als Louis Philipon

---

13 Darunter auch *der Nouveau Traité de la civilité qui se pratique en France parmi les honnêtes gens* (1671) von Antoine de Courtin.

14 Jean Puget de la Serre war Sekretär, Bibliothekar und später Historiograph am königlichen Hofe. Während seine literarischen Schriften im 17. Jahrhundert durchaus eine gewisse Bekanntheit erreichten, sind sie heute kaum mehr präsent: z. B. *Le Bréviaire des Courtisans* (1630) oder *Le Balet des Princes indiens* (1634).

15 Wenngleich seine literarischen Werke von Zeitgenossen wie Boileau kritisiert wurden, erfuhren seine epistolgraphischen Schriften und Briefsteller demgegenüber allgemein große Wertschätzung (Ginzl 1936: 77–78; Andries 2003: 52).

16 Auch dadurch befördert, dass sie als Groschenhefte in die *Bibliothèque Bleue* aufgenommen wurden (Andries 2003: 21, 52).

de la Madelaine seine praxisnahen Briefsteller für ein breites Schreibpublikum veröffentlicht und ähnlich Gellert das Prinzip der Natürlichkeit in das Zentrum seiner epistolären Forderungen stellt (Große 2017: 203–207).[17]

1.4 Die Omnipräsenz von Jean Puget de la Serre in der französischen und deutschen Epistolographie

Nickisch hat als Kenner der deutschen Epistolographie des 17. und 18. Jahrhunderts den Einfluss Puget de la Serres für die deutsche Briefkunst prägnant erfasst, indem auch er ihn zu den „meist geschätzten französischen Epistolographen" (Nickisch 1969: 63) zählte, allerdings war Nickisch dabei – anders als bei Puget de la Serre selbst angelegt (Große 2017: 172) – das Dispositionsschema (*Exorde, Discours, Conclusion*) in besonderem Maße wichtig (Nickisch 1969: 64). Es sind jedoch vor allem die *bienséance* und die stilistischen Ideale der Kürze und Klarheit (*perspicuité*), die die Briefe in ihrer Redaktion nach Puget de la Serre kennzeichnen sollten. Von diesen Idealen sind die deutschen Briefsteller in ihren Empfehlungen gemäß Nickisch (1969) und Furger (2010: 162) vor der Mitte des 17. Jahrhunderts noch weit entfernt. Am ehesten mochten sie vielleicht de la Serre folgen, wenn dieser forderte, dass die Briefe in einer klaren Sprache abzufassen seien; nur was ‚klar' im Einzelnen bedeutet, darin unterscheiden sich offenbar die deutschen und französischen Briefsteller bis in die Mitte des 17. Jahrhunderts (vgl. auch Nickisch 1969: 65).

Bei Puget de la Serre selbst wird die Klarheit nicht an konkrete sprachliche Strukturen oder Parameter geknüpft, sondern primär mit dem pragmalinguistischen Hinweis der adäquaten Berücksichtigung der Kommunikationspartner verbunden (Große 2017: 172–173). Allerdings differiert der Autor mit seiner generellen Forderung, dass der Brief nicht zu sehr von der *langage ordinaire* abweichen solle (Große 2017: 175) eindeutig von den deutschen Brieftheoretikern.

Nun kann in diesem Beitrag nur bedingt der Inhalt und der Wert der einzelnen Briefsteller Puget de la Serres thematisiert werden. Bedeutsamer ist demgegenüber ein anderer Aspekt, nämlich jener der Übersetzungen der Briefsteller Puget de la Serres, die neben dem Italienischen, Spanischen, Niederländischen, Englischen und Russischen auch in das Deutsche vorgenommen wurden (Altman 1992: 153; Joukovskaïa 1999: 668–670):[18]

---

[17] Inwieweit Jean Léonor Le Gallois de Grimarest und René Milleran diesen Prozess vorbereitet haben, zeichnet Große (2017: 192–198) in ihrer Darstellung nach.
[18] Joukovskaïa (1999) zeigt detailliert die Modifikationen des Briefstellers von Puget de la Serre durch die russische Übersetzung auf.

Mit der Übersetzung von De La Serres *Secrétaire de la Cour* bzw. *A la mode* (Leipzig 1638 bzw. Leyden 1645 u. ö.) übt die französische Epistolographie zum ersten Mal einen unmittelbaren Einfluß auf die deutsche aus. (Nickisch 1969: 63)

Für die vorliegende Analyse stellen sich die Fragen, welche Herausforderungen der Übersetzer meistern muss, wenn er die höfisch-galanten französischen Modellbriefe de la Serres ohne konkrete Vorbilder im Deutschen adäquat sprachlich gestalten soll und inwiefern die Diskurstraditionen der Briefredaktion in der deutschen Sprache durch diese Art der Übersetzung möglicherweise modifiziert werden.

2 Briefsteller im Spiegel der Übersetzung

2.1 Diskurstraditionen und Übersetzung

Diskurstraditionen wirken – wie in Arbeiten deutscher Romanisten[19] mehrfach erörtert – auf unterschiedlichen Komplexitätsebenen: auf der Ebene des Diskursuniversums, der Gattung bzw. Textsorte und der Formeln (vgl. Koch 1997, 1998; Oesterreicher 1997; Wilhelm 2011; Große 2017: 49–51). In der Briefredaktion und in den Briefstellern spielen die epistolären Formeln eine besondere Rolle.

Die Formelhaftigkeit der Sprache wurde in den zurückliegenden Jahren bzw. Jahrzehnten in unterschiedlichen Zusammenhängen innerhalb der Sprachgeschichte und Pragmatik erörtert. Während in der deutschen Romanistik die Formelhaftigkeit bzw. formelhaften Wendungen zumeist in den Kontext der diskurstraditionellen Beschreibung eingebunden wurden, spielte diese Perspektivierung in der Betrachtung der historischen Formelhaftigkeit der Sprache in der Germanistik eine geringere Rolle.[20]

Welche Rolle die Diskurstraditionen und die Übersetzung auch für den einzelsprachlichen Wandel haben, macht Albrecht unmissverständlich deutlich:

---

[19] Für die Konzeptualisierung von Diskurstraditionen siehe Koch (1997, 1998) und Oesterreicher (1997).

[20] Siehe zur Formelhaftigkeit in historischer Perspektive – neben der Studie von Lange (2008) – vor allem die Arbeit von Filatkina (2018) und ihren definitorischen Ansatz von formelhaften Ausdrücken (Filatkina 2018: 1, 164), bei der die Konventionalisierung derartiger Ausdrücke ihre Beachtung findet (Filatkina 2018: 4–5). Für die Formelhaftigkeit in der Briefredaktion sei auch auf die germanistische Arbeit von Cherubim (1990) verwiesen, welche die rituelle Formalisierung miteinschließt: „Rituelle Formalisierungen führen leicht zu Musterbildungen, die auch im Bewußtsein der Sprachbenutzer präsent, in Anweisungsbüchern festgeschrieben oder auf andere Bereiche übertragen werden können" (Cherubim 1990: 277–278).

> Ich würde sogar so weit gehen zu behaupten, dass die Imitation von Diskurstraditionen auf dem Wege von Übersetzung im engeren und im weiteren Sinn die üblichste Form der Beeinflussung von Zielsprachen darstellt. Sprachwandel im strengen Sinn liegt erst dann vor, wenn eine sprachliche Innovation nicht nur in den Diskurstraditionen auftritt, innerhalb derer sie entstanden ist. (Albrecht 2003: 51)

Epistoläre Formeln zeigen diskurstraditionelle Entwicklungen in besonderem Maße an und stellen im Übersetzungsprozess durch ihre konstitutiven Eigenschaften wie ihre relative Festigkeit eine außergewöhnliche Herausforderung dar, die bisher kaum systematisch analysiert wurde. Allein Furger (2010: 105) erwähnte in ihrer Abhandlung zu den Briefstellern mit Blick auf die deutschen Titularen bzw. Anreden und ihren französischen Übersetzungen eine deutliche „Verschlankung" der französischen Formeln, wobei offenbleibt, ob diese Veränderung der Schwierigkeit der Übersetzung oder dem Usus zuzuschreiben wären.

2.2 Deutsche Übersetzung von de la Serres *Secrétaire*

Der französische Brief und die französische Hofkultur gewinnen im 17. Jahrhundert in Deutschland an Strahlkraft,[21] so dass die Briefmustermodelle von Jean Puget de la Serre aus „stillschweigender Anerkennung und Bewunderung" (Nickisch 1969: 65) auch in die deutsche Sprache übersetzt werden. Furger (2010: 161) verweist auf die Übersetzung eines Einzelbriefes aus einem der *Secrétaire* de la Serres in Butschkys (1649) *Hoch deutschen Kanzeley-Brieflein* und stellt – wie bereits Nickisch – die auf den ersten Blick erkennbaren Modifikationen heraus, die sie mit den starken Differenzen zwischen den deutschen und französischen Stilprinzipien begründet (Furger 2010: 162–163).

> Wie der direkte Vergleich zeigt, steht das in französischer Sprache verfasste Original mit seinen elegant-preziösen Formulierungen in starkem Kontrast zu dem die deutsche Briefvorlage dominierenden Kanzleistil. (Furger 2010: 162)

Um die Schwierigkeiten der Übersetzung von in einzelnen Sprachen divergierenden Diskursmustern bzw. Diskurstraditionen nachfolgend zu veranschaulichen, wird zur Analyse auf das französische Original von 1627 und auf die deutschsprachige Ausgabe von de la Serre von 1636 zurückgegriffen.[22]

---

21 „Der übermächtige Einfluß der französischen Gesellschaftskultur auf die deutschen Höfe hatte zur Folge, dass nach 1650 allein der französisch geschriebene Brief als gesellschaftsfähig galt" (Nickisch 1991: 40).
22 Ausgangstext des Vergleichs ist der *Le Secretaire de la Covr, ov la Maniere d'efcrire felon le temps* von 1627. Es handelt sich um den *Secretaire de la Cour*, einen Text, den Ginzl in seiner

Die Modellbriefe sind in der Übersetzung ähnlich dem Original in zwei Bereiche untergliedert: zum einen in Bitt-, Dankes-, Entschuldigungs-, Empfehlungs- und Trostschreiben in Teilen mit möglichen Antwortschreiben, zum anderen in Liebesbriefe. Während die erst genannten Briefe in damaliger Zeit deutlicher dem kanzleitypischen Stil im Deutschen unterliegen, welcher auch in der Übersetzung seinen Niederschlag finden müsste, geben die Liebesbriefe dem Übersetzer einen etwas größeren Spielraum, sich den französischen Ausgangsmodellen sprachlich und stilistisch anzupassen.

Modifikationen des Originalbriefstellers finden sich in der Übersetzung sowohl auf der Makro-, als auch auf der Mikroebene. So lässt sich auf der Makroebene zunächst festhalten, dass nicht alle Briefe, die sich im *Secrétaire de la cour* (1627) von de la Serre befinden, in der Ausgabe von 1636 übersetzt werden.[23] Zudem ordnet der Übersetzer die Briefe in anderer Form an. Die Übersetzung enthält darüber hinaus auch Briefe, die im Original von de la Serre nicht nachzuweisen sind.

Die Abweichungen bzw. Modifikationen zwischen den Originalbriefen de la Serres und den anonym angefertigten Übersetzungen, die auf der Mikroebene angesiedelt sind, lassen sich vornehmlich fünf Bereichen zuordnen:
1. Wiederholung synonymer Einheiten, die in Teilen mit einem Sprachwechsel verbunden sind,
2. zahlreiche Entlehnungen aus dem Französischen,
3. stärkere stilistische Ausschmückungen in der Übersetzung, demzufolge die deutschen Passagen nicht nur länger sind, sondern oft weniger prägnant erscheinen,

---

Dissertation von 1936 wie folgt charakterisierte: "La Serre's bereits genannter Briefsteller in der Übersetzung [...] , ein Magazin von Briefmustern über Gegenstände aller Art und gespreizten Komplimenten, das an Geschmacklosigkeit schlechterdings nicht überboten werden kann, erlebte 50 Auflagen, und noch gegen Ende des 18. Jahrhunderts sah das Volk in ihm das Vorbild des guten Briefstils" (Ginzl 1936: 26–27).

23 Nickisch (1969) arbeitete mit einer Übersetzung von de la Serre aus dem Jahre 1645, zeigte aber in einer Fußnote an (Nickisch 1969: 64), dass er nach Fertigstellung der Analyse auch Kenntnis von einer Übersetzung von 1638 erhielt. Er kritisierte stark die angebliche Auslassung des brieftheoretischen Teils in der Übersetzung und motivierte diese Auslassung durch die Verschiedenartigkeit der Briefredaktion in Deutschland und Frankreich. Allerdings gliederte de la Serre eine solch brieftheoretische Einführung erst seit 1644 in seine *Secrétaires* ein (Große 2017: 172), so dass die Übersetzungen bis dahin verständlicherweise nur aus Übersetzungen der Modellbriefe bestehen konnten. Auch Furger (2010: 163) greift die Idee der „fehlenden" Übersetzungen des brieftheoretischen Teils noch einmal auf.

4. eine devotere Ausdrucksweise, verbunden mit Einfügungen, die in der Form bei de la Serre nicht erkenntlich sind, und
5. Einfügung kanzleitypischer Adverbien in die deutsche Übersetzung.

Für alle fünf Bereiche sollen zur Illustration nachfolgend einige Beispiele im Original und der Übersetzung angezeigt werden.[24]

2.2.1 Wiederholung synonymer Einheiten

Syntagmen mit synonymem bzw. pleonastischem Charakter bleiben für einen Großteil der übersetzten Musterbriefe bestimmend und geben der Übersetzung einen eigenen Charakter, wobei die so gedoppelten Syntagmen sich entweder nur aus deutschen Lexemen zusammensetzen oder auch Entlehnungen (als Fremd- oder Lehnwörter, integriert oder nicht) aus dem Französischen oder anderen Sprachen beinhalten.

Synonyme Wiederholungen kennzeichnen keinesfalls nur Übersetzungen, allerdings lassen die Beispiele für die Verwendung in dieser Übersetzung vermuten, dass die doppelte Aufnahme der Struktur aus dem Original zum einen der Verstärkung dient, zum anderen der Unsicherheit des Übersetzers geschuldet ist, den Text der Ausgangssprache adäquat im Deutschen wiederzugeben. Dabei vertraut der Übersetzer der breiten Akzeptanz französischer bzw. fremdsprachlicher Ausdrücke durch die potentiellen Leser der Übersetzung. Es stellt sich jedoch die Frage, ob die fremdsprachlichen bzw. entlehnten Ausdrücke zur Zeit der Übersetzung bereits in anderen Zusammenhängen gebraucht wurden.[25]

Im ersten Beispiel löst der Übersetzer die Verbalphrase des Originals mit *obliger* im Deutschen durch eine Verbalperiphrase mit *machen* + *obligat* sowie *verbindlich* auf. *Obligat* ist sowohl im *Deutschen Textarchiv*[27] als auch bei Kluge (2012) als Entlehnung aus dem Lateinischen ab dem 16. Jahrhundert belegt. Der Übersetzer verstärkt die möglicherweise noch relativ wenig bekannte Form durch *ver-*

---

24 Die detaillierte vergleichende Analyse beschränkt sich, wenn nicht anders ausgewiesen, primär auf die ersten 50 Seiten der Übersetzung.
25 Zur Überprüfung wurde mit den Datenbanken des *Deutschen Textarchivs* (1473 bis 1927), zugänglich über die Seite des DWDS, sowie dem *Etymologischen Wörterbuch der deutschen Sprache* von Kluge (2012) gearbeitet.
26 Im Original wurden die fremdsprachlichen bzw. entlehnten Ausdrücke nicht kursiv, sondern in Antiqua gesetzt, um die Form von der Frakturschrift abzuheben.
27 *Deutsches Textarchiv*, http://www.deutschestextarchiv.de/, zuletzt eingesehen am 11. Januar 2020.

Tab. 1

	Puget de la Serre - Original	Puget de la Serre – Übersetzung
1	Ie ne veux point vous obliger (1627: 1)	gar nicht / Euch *obligat*[26] oder verbuendtlicher zu machen (1636: 1)
2	me laſſer de vous teſmoigner la paſſion que i'ay pour voſtre ſeruice (1627: 2)	werden / euch die *paſſion* und Beunruhigung (ſo ich / euch angenehme und erſprieſzliche *ſervietien* / zu leiſten erleide) zu erkennen zu geben (1636: 2)
3	Ce deuoir ſommera voſtre courtoiſie (1627: 3)	Dieſe meine Pflicht uñ Gebuehr / wird eure Hoeffligkeit und *courtoiſie* anmanen (1636: 2)
4	Ce deuoir vous aſſeurera (1627: 6)	Dieſe meine Pflicht und Schuldigkeit wird euch wegen der andern / ſo ich euch willig dienend zu erweiſen begierig *affecurirn* und verſichern (1636: 4)
5	& mes effects cautionneront ces paroles (1627: 5)	werden dieſe meine Wort *cautioniren* und erhaerten (1636: 4)
6	[...] car l'amitié que ie vous ay voüée m'engage tellement à ſuivre le cours de voſtre fortune quelle qu'elle ſoit, que ie ne puis eſtre content ſi vous ne l'eſtes » (1627: 7)	Dann die euch *votirte* und verbuendlich gemachte Freundſchaft / hat ſolcher geſtalt mich den *Cours* und Lauff euerer *fortun* und Gluecks ([...]) unwegerlich zu folgen *engagirt* und verknuepffet / dafz ich auch zu keiner Zufriedenheit / woſern ihr derer nicht allbereit erfuellet / gelangen und faehig werden kan. (1636: 5)
7	car le ſouuenir en eſt ſi glorieux qu'il annoblit toutes mes penſées (1627: 8)	Dann dieſe andaechtnueſz iſt ſo *glorieux*) und ruhmwuerdig / dafz dardurch auch meine Gedancken gleichſam geadelt werden (1636: 5–6)
8	celle-cy vous ſeruira de teſmoin; & d'ores-en-auant ſera accompagnée de nouuelles aſſeurances (1627: 10)	Dann difz mein Schreiben euch ein Zeugnueſz ſeyn wird / dafz es von nun an mit ſtaerck- und mehrer Verſicherungen *accompagniret* und begleitet (1636: 7)
9	puis qu'en tout temps ie me ſens diſpoſé à vous obeyr (1627: 21)	allweil ich allezeit mich *difponirt* befinde (1636: 14)

bündtlich. Größere Probleme bereitet dem Übersetzer offenbar das französische *passion* (Beispiel 2), welches zwar in religiösen Kontexten seit dem 14. Jahrhundert im Deutschen verwandt wird (Kluge 2012), im vorliegenden Kontext indes nicht unbedingt mit *Beunruhigung* hätte wiedergegeben werden sollen. Anders verhält es sich bei dem Synonympaar *Höflichkeit* und *courtoisie* (Beispiel 3). Das französische Lexem *courtoisie* ist vom 17. Jahrhundert bis ins 20. Jahrhundert als Synonym für das deutsche Lexem *Höflichkeit* im Deutschen gut nachweisbar. Die französische Form nach der deutschen in der Übersetzung nochmals aufzunehmen mag auch dem kulturellen Konzept (,Kulturem') der französischen *courtoisie* geschuldet sein. In den Beispielen 4, 5 und 8 werden die aus dem Französischen entlehnten Verben samt ihrer deutschen Übersetzung gemeinsam verwandt, wobei die entlehnten Formen an die deutsche Verbalmorphologie angepasst werden. *Assecurirn, cautioniren* sowie *accompagniret* sind im *Deutschen Textarchiv* nicht belegt, was einen mündlichen Gebrauch in regionalen Varietäten des Deutschen oder in spezifischen Gesprächssituationen des Deutschen im 17. und 18. Jahrhundert jedoch nicht ausschließt. Schließlich sei noch auf das Synonympaar *fortun* und *Glück* verwiesen; auch hier scheint der Übersetzer der breiten Kenntnis der Entlehnung *fortun*, die nach dem *Deutschen Textarchiv* seit Ende des 16. Jahrhunderts belegt ist, zu misstrauen.[28] Einzelne Synonympaare werden vom Übersetzer innerhalb des Textes immer wieder aufgegriffen, so z. B. das Paar aus Beispiel 6 „*Cours* und Lauff" (1636: 5, 49).

In der deutschen Übersetzung von de la Serres Briefsteller sind jedoch auch nicht wenige Entlehnungen enthalten, bei der eine solche Dopplung, Verstärkung bzw. Absicherung aus Sicht des Übersetzers nicht nötig schien.

2.2.2 Entlehnungen aus dem Französischen

Einige wenige Beispiele sollen genügen, um den Gebrauch zahlreicher Entlehnungen aus dem Französischen in der Übersetzung zu illustrieren. Alle Entlehnungen werden – wie in damaligen Schriften üblich – graphisch abgehoben und darüber hinaus vom Übersetzer zumeist morphologisch, orthographisch oder lautlich und damit graphisch in die deutsche Sprache integriert.

---

28 Solche Paarformeln traten auch in spezifischen fachsprachlichen Kontexten auf, so in der durch das Lateinische geprägten deutschen (Rechts-)Sprache (vgl. Matzinger-Pfister 1972: 98–100). Auch Lange (2008) weist sogenannte Zwillingsformeln nach.
29 Bei Kluge (2012) als Entlehnung aus dem Lateinischen im 16. Jahrhundert angezeigt.

Tab. 2

	Puget de la Serre - Original	Puget de la Serre – Übersetzung
1	proteſtations (1627: 5)	*proteſtations* (1636: 4)
2	qualité (1627: 5)	*qualitet*[29](1636: 4)
3	particulier fouuenir (1627: 8)	*particular* andenckens (1636: 6)
4	reſpect pour voſtre merite (1627: 8)	ſchuldigen *Reſpect* (1636: 6)
5	de le meriter par mes ſeruices (1627: 9)	ſolche durch angenehme *offerta* zu *meritiren* (1636: 6)
6	demandera pardon (1627: 16)	wird [...] umb *perdon* anlangen (1636: 11)

Während sich einzelne Entlehnungen wie *Respekt* oder *Pardon*[30] im Deutschen zumindest zeitweise etabliert haben, sind andere offenbar eher in den Bereich der *Ad-hoc* Entlehnungen, so zum Beispiel *meritiren* oder *protestations* einzuordnen.[31]

2.2.3 Stärkere stilistische Ausschmückungen in der Übersetzung

Auch wenn man nicht den in der Epistolographie vielfach geäußerten stilistischen Stereotypisierungen des französischen Briefs als ‚kurz' und ‚klar' Vorschub leisten möchte, erstaunt bereits die Betitelung der Briefe, die im französischen Original relativ knapp umrissen wird: „*Lettre d'vn qvi en partant n'avroit pas pris conge de ſon Amy, ou de ſon parent*"(1627: 13), währenddessen sie in der deutschen Übersetzung eher umständlich erscheint „Wie einer / ſo bey ſeinem weg- oder verreiſen von Verwandten und guten Freunden kein Abſchied genommen / oder gute Nacht gegeben / ſolches entſchuldiget" (1636: 9).

Insgesamt wirkt die deutsche Übersetzung in zahlreichen Momenten schwerfälliger, da attributive Adjektive oder auch Nomen gedoppelt (Beispiele 1, 3, 4 und 5) und/oder einzelne Aussagen durch umfassendere Formulierungen gestützt wurden (Beispiel 2).

---

30 Im *Deutschen Textarchiv* ist die Form *perdon* im 17. Jahrhundert mit mehr als 20 Okkurrenzen gut nachweisbar.
31 *Respekt* (Beispiel 4) datiert Kluge (2012) als französische Entlehnung im Deutschen auf das 17. Jahrhundert, demgegenüber *Pardon* (Beispiel 6) ihm gemäß bereits im 15. Jahrhundert aus dem Französischen entlehnt worden sei.
Bohse (1690: 10) mahnt einen behutsamen Umgang mit Entlehnungen aus dem Französischen in Briefen an und fordert deren Gebrauch auf bestimmte Kommunikationsbereiche zu beschränken. Ähnliche Tendenzen sind auch bei Harsdörffer und Stieler festzustellen (Lange 2008: 147).

Tab. 3

	Puget de la Serre - Original	Puget de la Serre – Übersetzung
1	entre tous vos meilleurs amis & feruiteurs (1627: 5)	unter all ewern geheimbſten /vertrauteſten und beſten Freunden (1636: 4)
2	Il me feroit du tout impoſſible d'oublier iamais la perſonne de voſtre forte (1627: 8)	Es wuerde mir ſchwer / ja gar unmueglichen fallen / eine ſolche / als ihr / *qualificirte* Perſon / aus meiner *memori* fahren zu laſſen (1636: 5)
3	Ce deuoir vous aſſeurera (1627: 6)	Dieſe meine Pflicht und Schuldigkeit wird euch [...] *affecurirn* und verſichern (1636: 4)
4	où ſans ceſe ie facrifieray des penſées de reſpect pour voſtre merite, & d'obeyſſance pour vos commandemens, deſirant viure & mourir, Monſieur, Voſtre (1627: 8)	darinnen ich unauffhoerlich allen ſchuldigen *Refpect* und meine Gedancken ewrer ſonderbahren und unvergleichlichen *meriten* halber/ ſo wol allen Gehorſam / wegen ewers anbefehlens *facrificiren* und auffopffern werde / begehrende zu leben und zu ſterben Herr Ewer . (1636: 6)
5	Celle-cy contentera voſtre curioſité, vous apprenant tout ce qui ſe paſſe de par deçà. Voyla ce qui eſt de nouueau : & voicy ce qui eſt vieux, ce que ie fuis, (1627: 12).	Dieſes wird ewre *curioſitet* und Sorgfaeltigkeit / mir lehrung alles deſſen / was hierinnen vorgelauffen / vergnuegen und und [sic] zufrieden stellen; Sehet da das jenige was newes / und hier was altes dieſes zwardaſz ich bin und verbleibe Herr Ewer, (1636: 8)
6	Ce premier deuoir vous teſmoignera que ie n'oublie iamais les perſonnes de voſtre forte : Car ma memoire ſe plaiſt tellement en leur fouuenir ; qu'entre toutes mes penſées la leur luy eſt la plus agreable (1627: 1).	Dieſe meine erſte gegen euch abgelegte Schuldigkeit / wird gnug und ſattſam zu erkennen geben / daſz ich niemals ſolche ewrer *meriten* nach / gleichwuerdige Perſonen / aus meinem Gedaechtnueſz fahren laſſe; Sintemal ſich daſſelbe in dergleichem Andencken dermaſſen *recreirt* und beluftiget / daſz unter allen einfallenden Gedancken / dieſe mir am behaeglichſten (1636: 1).

Tab. 4

Puget de la Serre - Original	Puget de la Serre – Übersetzung
De forte que quelque opinion qu'on en ait, cefte fatisfaction me refte de m'eftre contenté. Adieu. (1627: iiij).	Auff folche jetzt befagte weifz wird mir unfehlbar/ was Meinung und Urtheil man auch immermehr hier von fchoepffet / und ein jeder nach feiner *Phantafia*, ihme einbildet / doch diefe annehmliche *Satisfaction* und Belohnung / dafz ich in meinem Herzen hiermit wol zufrieden und vorgnueget / obrig verbleiben / Goettlicher *manutenentz* empfohlen (1636: Vorrede)

Bohse (1690: 13) wird ein halbes Jahrhundert später solche Arten von „Weitlaeufigkeiten" für die Briefredaktion zurückweisen.

Die stilistischen Ausschmückungen sowie Ergänzungen in der Übersetzung führen in nicht wenigen Fällen zu einer deutlich devoteren Ausdrucksweise.

2.2.4 Eine devotere Ausdrucksweise

Die von de la Serre geforderte Kürze kollidiert im Zieltext systematisch mit dem Bestreben des Übersetzers im Deutschen vor allem in der Attribution viel ausführlicher zu sein und somit auch eine noch stärkere Abhängigkeit des Bittstellers herauszustellen. Dies soll an einem Beispiel verdeutlicht werden: Während in de la Serres Original seine Vorrede mit einem einfachen *Adieu* geschlossen wird, greift der Übersetzer zu einem Schluss, an der die folgende devote Formel anfügt: „obrig verbleiben / Goettlicher *manutenentz* empfohlen" (siehe Tabelle 4).

2.2.5 Einfügung kanzleitypischer Adverbien

Für das Kanzleideutsch typische Adverbien[32] lassen sich in der Übersetzung der Bitt-, Empfehlungs- und Dankesschreiben und sogar in einzelnen Liebesbriefen gut nachweisen. Zu diesen zählen allen voran *dannenhero* (1636: 6, 7, 9, 11, 21, 35, 51, 63, 64, 79, 85, 93, 165, 205, 241, 270) und *dahero* (1636: 37, 42, 43, 72, 75, 82, 86, 90), aber auch *fuerohin* (1636: 6, 70), *foerthin* (1636: 39), *anhero* (1636: 29, 35, 88,

---

32 Siehe für diese Art der Adverbien im deutschen Kanzleistil Nickisch (1969: 54). Für die Analyse der Adverbien wurden systematisch die ersten 100 Seiten der Briefmuster ausgewertet.

241), *derohalben* (1636: 44), *derofelben* (1636: 58), *derowegen* (1636: 53, 59, 73, 88) oder *seithero* (1636: 11) sind belegt.

Tab. 5

	Puget de la Serre - Original	Puget de la Serre – Übersetzung
1	Faites donc eftat de croire que dores en auant ma memoire fera vn temple dedié à voftre particulier fouuenir (1627: 8)	Glaeubet dannenhero / dafz von nun an und fuerohin mein Gedaechtnis anders nichts als ein geweiheter und geheiligter Tempel ewers *particular* andenckens feyn und genennet werden wird (1636: 6)
2	l'en attendray donc la faueur (1627: 9)	erwarte dannenhero diefer Gunst (1636: 7)

Die erörterten Charakteristika lassen sich für die Mehrzahl der im ersten Teil des übersetzten Briefstellers dominierenden Bitt-, Dankes- und Trostschreiben an Freunde belegen.

Je weiter man in der Lektüre des Ausgangs- und Zieltextes voranschreitet und spätestens bei den Liebesbriefen, die in den Modellen sehr zahlreich sind, weisen Original und Übersetzung eine größere Nähe auf. Deutliche Abweichungen im Aufbau und übermäßige Einschübe werden seltener, wenngleich die Entlehnungen aus dem Französischen stets präsent bleiben, wie an den nachfolgenden knappen Auszügen noch einmal verdeutlicht werden soll:

> [...] aber wol ein *Sylvander*, deffñ *affection* nicht inbruenftiger / die Trewe nicht groeffer / noch die *Difcretion* fuerfichtiger und mit mehrerem *refpect* feyn und erfunden werden kan [...] (1636: 99)
> [...] und entzwifchen sueffe unmenschliche gebt ihr im doch nicht als *refpectir*liche Wort / gleich als weñ er an ewern *meriten* jemals gezweifelt [...] (1636: 99)
> [...] oder fol ich euch wegen des /euch mir zu erzeigen beliebten *Faveurs* [...] (1636: 166)

Wie erklärt sich diese Art der Differenzierung innerhalb der Übersetzung? Wie bereits angedeutet waren Liebesbriefe in den deutschen Briefstellern des 16. und noch des 17. Jahrhunderts eher selten. Sie unterlagen nicht in solch starkem Maße der Orientierung am Kanzeleistil, womit sich dem Übersetzer ein größerer Freiraum anbot und er nicht in jedem Fall auf die syntaktisch schwerfälligen Konstruktionen im Deutschen zurückgreifen musste. Aber verständlicherweise lockert nicht nur das französische Vorbild de la Serres den deutschen Briefstil im 17. Jahrhundert, sondern auch die stärkere Privatisierung der Inhalte (Ettl 1984:5).

Tab. 6

Puget de la Serre - Original	Puget de la Serre – Übersetzung
Madamoiselle, Les charmes de voſtre beauté m'ont tellement rauy à moy-meſme, que mon cœur eſt tout à vous, mon obeyſſance à vos commandemens, & toutes mes volontez aux voſtres, en fin ie n'ay rien de libre que la ſeule parole, pour me dire voſtre ſeruiteur, (1627: 138).	Meine Jungfraw Die liebsfaehige Anreizung ewrer Schoenheit haben mich dermaſſen von mir ſelbſten geraubet / daſz mein Herz ganz in dem ewrigen / meine Gehorſamb in ewren Anbefehlungen / ja mein ganzer Will und Nennung in den ewrigen geſchloſſen; letzlichen hab ich nichts mehr bei mir frey / als nur die Worte / umb mich ewren Diener zu nennen, Silvander &c. (1636: 90)

2.3 Der „untertänigste Diener"

Der Briefschluss, im Deutschen oft auch als *Courtoisie* bezeichnet, war im Barock zumeist mehrteilig und wurde durch eine Ehrerbietung beendet (Furger 2010: 114–115). In deutschsprachigen Briefen wurde diese nach Aussagen von Steinhausen (1891: 24–25) und Furger (2010: 115, 173) nicht selten zu jener Zeit durch die französischen Formeln *votre très humble* und/oder *votre très obéissant serviteur* ersetzt.[33] Die dem entsprechende deutsche Kollokation *untertäniger/untertänigster Diener* ist in religiösen Kontexten bereits im 15. Jahrhundert nachweisbar, wann genau sie in den deutschsprachigen Brief Eingang fand, muss an dieser Stelle leider offenbleiben.

In den zeitgenössischen deutschsprachigen Briefstellern ist die Nominalphrase mit *untertäniger/ gehorsamer/gehorsam willigster/ gehorsamer* und *höchstverbundener/getreuer/ergebener/treuwilligster*, aber auch *beharrlicher/verpflichter/beflissener/beständiger/williger/schuldwilliger/schuldiger/versicherterter Diener* bei Harsdörffer (1656: II: 11, 14, 19, 21, 22, 23, 24, 25, 27, 28, 30, 37, 40, 53, 60,

---

[33] Es bleibt unklar, inwiefern Furger den Gebrauch in deutschen Briefen selbst und nicht nur in den Briefstellern detailliert analysiert hat. Zur Frage französischer Anredeformeln im 17. und 18. Jahrhundert im Deutschen siehe nochmals Furger (2010: 110–111). Steinhausen (1891: 24) empfiehlt wie auch in zeitgenössischen französischen Briefsteller nicht gänzlich unüblich, den Gebrauch von „*Adieu*".
Bohse (1690: 10–11) zitiert ein Briefbeispiel mit zahlreichen Einschüben aus dem Französischen, darunter auch die genannte französische Schlussformel, welches er klar ablehnt, führt aber in den Musterbriefen wenig später durchaus Beispiele an, die eine französische Grußformel am Anfang und Schluss aufweisen (nahezu ausschließlich „*vôtre très humble Serviteur*") (Bohse 1690: 164–165, 195, 228–229, 241–242, 250–251, 261–261, 274–276, 285–287, 294–295, 420–421 und – bei neuer Seitenzählung – nach Seite 448–6, 51–52, 244–245).

62) in den hier analysierten Gruß- und Freundschaftsbriefen vermerkt, ohne dass unter Einbeziehung der jeweiligen Adressaten eine eindeutige Gebrauchsregel für die variierenden Adjektive erkennbar wäre. Auch Butschky (1649) unterzeichnet Musterbriefe bzw. Sendschreiben mit *Diener*, der zumeist, aber nicht immer, durch *treuer*, *getreuer* und/oder *ergebener* sowie *gehorsamer* abgewandelt wird (Butschky 1649: II 2,3, 8, 9, 13, 28, 37, 47, 48, 52, 53, 65, 90; III: 10, 29, 34, 41, 43, 48, 54, 56, 91, 93, 95, 107, 112, 120, 130, 137, 140, 147, 156, 157, 172, 189, 190, 241). Butschky allerdings favorisiert darüber hinaus den Gebrauch des Eigennamens, vor den er in manchen Fällen variierende Adjektive setzt.

Welche Rolle in dieser ritualisierten Formel die Auswahl des Adjektivs spielte, welches dem sozialen Stand des Briefempfängers entsprechen sollte, wird durch die klar formulierte Regel aus dem deutschen Briefsteller von Stieler (1693) angezeigt (vgl. auch Furger 2010: 115):

> Die Unterſchrift / ſo man die Affection nennet/ iſt ebenfalls mancherley. Dem Keyſer schreibt man sich / alleruntertaenigſter; an einen Fuerſten / Eu. Fuerſtl. Duchl. undertaenigſter / treugehorſamſter Diener; Einem Grafen / Eu. Hochgraefl. Ganden undertaeniger / gehorſamſter Diener; Einem Edelmann / Eu. Hochedel Geſtr. underwilligſter gehorſamer Diener: Alſo einem andern vornehmen Mann / Patron und Foerderer. Ingemein: Meines hochgeehrten Herrn Dienſtbefliſſener / Dienſtergebener / Dienſtſchuldiger /Gehorſamer / treuer / aufrichtiger Diener: an einen geringern /Dienſtwilliger Freund. (Stieler 1693: 156)

Schreiben Herren und Fürsten an ihre Untergebenen, sollten sie die Briefe nach Stieler jedoch allein mit ihrem Namen unterschreiben (Stieler 1693: 157).

Auch die Wahl des nachfolgenden Nomens ist in den Briefstellern stets aufschlussreich, da beispielsweise in Kookkurrenz zu *untertänig* in Harsdörffers Briefsteller (1656) vor allem *Knecht* und nicht *Diener* aufgelistet ist (Harsdörffer 1656: II: 5, 7, 11, 12, 31, 51, 70, 92). Bei Butschky wird das Nomen *Knecht* indes allgemein etwas spärlicher gesetzt, wenngleich es bei den Liebesbriefen häufiger auftritt, dabei allerdings kaum mit *untertänig* zusammen verwendet wird (Butschky 1649: II 47, 59, 64, 81; III 2, 4, 7, 15, 22, 34, 48, 89, 95).

In der Übersetzung von de la Serre (1636) versucht sich der Übersetzer von der deutschen Tradition der Anrede und Schlussformulierungen zu lösen, die offenbar im Gebrauch des Adjektivs in der Schlussformel eine stärkere Variation als im Französischen aufwies, um eine größere Nähe zum französischen Ausgangstext von de la Serre umzusetzen. In der Anrede herrschen im französischen Original *Monsieur* vor, die Schlussformeln variieren leicht, werden aber von der auch bei de la Serre omnipräsenten Form des (*humble*) *serviteur*, d. h. des (*untertänigen*) *Dieners*, geprägt.

In der Übersetzung der Liebesbriefe zeigt sich zugleich die Modifikation der Nominalphrase mit *Diener*, vor allem durch den Gebrauch weiterer Adjektive

Tab. 7

Puget de la Serre - Original	Puget de la Serre – Übersetzung
Monſieur, D'vn de vos plus affectionnez ſeruiteurs	Herr – Eines unter allen andern willigsten Dieners
Monſieur; Voſtre	Herr Ewers mehr als willigen
Monſieur; Voſtre	Herr Ewer gehorſamer
Monſieur; Voſtre	Herr, Eweres
Monſieur, comme Le plus fidele de tous vos ſeruiteurs (1627: 6)	Herr, Der getreweſte unter ewern Dienern (1636: 4)
Monſieur, comme Voſtre ſeruiteur	Herr, Als ewer Diener
Monſieur, Le plus humble, & le plus obeïſſant de tous vos ſeruiteurs (1627: 15)	Herr, Der Unterthaenigſte und Gehorſambſte unter allen Ewren Dienern (1636: 10)
Monſieur, la qualité de Voſtre. (1627: 20)	Herr die *qualitet* E. (1636: 13)

wie *demütig, gut, leibeigen* oder *getreu*: „Der aller demuetigſte unter ewern/allen ewern Dienern" (1636: 126, 130) für Französisch „Le plus humble de vos/de tous vos ſeruiteurs" (1627: 194; 200), „Ewer getrewer Diener" (1636: 138) für Französisch „Voſtre fidele ſeruiteur" (1627: 211), „Ewer leibeigener Diener"(1636: 156) für Französisch „Voſtre eſclaue & ſubiect" (1627: 237), „Ewer guter Freund und Diener" (1636: 213) ebenso im französischen Original „Voſtre bon amy & ſeruiteur" (1627: 325) oder „Der allertreweſte unter ewern Dienern, Sylvander" (1636: 303). In einem Fall behält der Übersetzer in den Musterbriefen auch die französische Ausgangsform *serviteur* in der Schlussformel bei (1627: 31; 1636: 20). Die Verwendung von *Knecht* ist in den übersetzten Musterbriefen indes nur in Kookkurrenz mit *Diener* (1636: 160)[34] nachweisbar, demgegenüber *Magd* in Kookkurrenz mit *Dienerin* (1636: 111, 125) für Französisch *servante* oder auch ohne (1636: 112) in Einzelbeispielen belegt werden kann.

Das französische *serviteur* ist grundsätzlich sowohl mit *Diener*, als auch mit *Knecht* übersetzbar; in den Musterbriefen der deutschen Briefsteller ist die Verwendung von *Knecht* gegen Ende des 17. Jahrhunderts deutlich eingeschränkt.[35]

---

34 Hier zwar im Briefschluss, aber nicht als Teil der Ehrerbietung.
35 Schröter (2016: 321) stellte in ihrer Habilitationsschrift zum 'Abschied nehmen' fest, dass der 'Diener' in Briefabschiedsformeln in ihrem Korpus zum Deutschen ab 1861 nicht mehr belegt werden kann. Grundsätzlich beschreibt sie die lexikalischen Morpheme wie *dien-* als Elemente einer „Höflichkeitssemantik der Dienstbarkeit", welche sie in eine „Höflichkeitssemantik der Achtung" und der „Zuneigung" differenziert (2016: 280–283).

Die Frage der Unterwürfigkeit in der Empfehlung der Schlussformel wird im Fall der Übersetzung eines Liebesbriefes auch mit dem Nomen *Leibeigner* für Französisch *esclave* (1627: 198) markiert: „Meine Schoene als der ich bin / Ewer Leibeigener" (1636: 129). In den Liebesbriefen ist darüber hinaus wie im Original de la Serres der Gebrauch des Vornamens sehr prominent, auch in Kombination mit einzelnen devoten Adjektiven: Sylvander, Sylvandri, „Ewer (allzeit) getrewer Silvander" (1636: 103, 168, 218, 220, 223, 229, 247, 265, 287, 325), Clorinda oder Clorindae (1636: 219, 222, 225, 227, 231, 236).

Grundsätzlich weist die deutsche Übersetzung de la Serres eine geringere Mikrovariation in diesem stark formelhaft geprägten Bereich des Briefes auf und wirkt in dem zurückhaltenderen Gebrauch wertschätzender Adjektive im Schlussteil weniger überladen und kanzlistisch.

3 Zusammenfassung

Wie der Vergleich des französischen Originals und der deutschen Übersetzung von de la Serres *Secrétaire* erkennen lässt, ist der Übersetzer bestrebt, sich maßvoll von dem ursprünglich auch die *ars dictaminis* prägenden deutschen Kanzelei- sowie Formularstil zu lösen. Ein deutlicher Bruch mit dieser Tradition so wie ihn auch Puget de la Serre in Frankreich bereits vollzogen hatte, lässt sich jedoch in der Übersetzung nicht feststellen. Mit der Übersetzung der Anfangs- oder Schlussformeln und auch der Liebesbriefe weist der Übersetzer jedoch einen Weg der Emanzipation vom Kanzleistil, der die Brieftradition nach 1640 verändern wird. Dass eine solche in Deutschland in letzter Konsequenz erst ein Jahrhundert später mit den Schriften von Gellert und nicht in den Übersetzungen der Briefsteller de la Serres erreicht wird, mindert ihren Wert für die diskurstraditionelle Tradierung und Veränderung indes nicht. Sie bleibt ein eindrucksvolles Beispiel für das hohe Prestige, das der französischen Sprache im Deutschen des 17. Jahrhunderts zugeschrieben wird, welches zugleich aber auch den Fremdwortpurismus im Deutschen befeuerte. Bis heute ist eine Zusammenschau der zahlreichen Übersetzungen dieses für das 17. Jahrhundert bedeutsamen Epistolographen ein Desiderat.

Literatur: Briefsteller

Bohse, August (1690): *Der allzeitfertige Briefsteller / oder Ausfuehrliche Anleitung / wie so wohl an hohe Standes-Personen / als an Kavalliere / Patronen / gute Freunde / Kaufleute / und auch an Frauenzimmer / ein geschickter Brief zu machen und zu beantworten*. Frankfurt, Leipzig: Johann Theodor Boetio.

Butschky, Samuel (1649): *Die Hôchdeutsche Kantzeley /darinnen des von Serre / und viel andere höfliche kurtz- und wohlgefaste / hôchdeutsche / reine Briefe oder Sendschreiben / auf itzt übliche neue Art* [...]. Leipzig: Perfertischer Buchladen.

Harsdörffer, Georg Philip (1656): *Der Teutsche Secretarius. Das ist: Allen Cantleyen / Studir- und Schreibstuben nutzliches / fast nohtwendiges / und zum dritten Mal vermehrtes Titular- und Formularbuch*. Nuernberg: Wolfgang Endters.

Puget de la Serre, Jean (1627): *Le Secretaire de la Covr, ov la Maniere d'escrire selon le temps. Augmenté des Compliments de la langue Françoise. A M. de Malherbe*. Paris: Pierre Billaine.

Puget de la Serre, Jean (1636): *Le Secretaire de la Cour ou la Maniere d'escrire selon le temps. Das ist : Allerhand kurtze/ jedoch zierliche und wohlabgefaste/ beydes in liebs und andern Politischen Sachen nach gelegengeit der Faelle zu gebrauchen Nuetzliche Schreiben/ Anfangs durch M. P. de la SERRE in Frantzoesischer Sprache* concipirt, *Newlich aber maenniglichen zu mercklischen Nutz und Anmuth/ durch einen der Sprachen Liehaber/in unsere hochteutsche Mutter-Sprach trewlich ubersetzet*. Altenburg: Johann Grossen.

Stieler, Kaspar von (1693): *Der Allzeitfertige* Secretarius *oder: Anweisung /Auf was Masse ein jeder halbleherter bey Fuersten / Herrn /Gemeinden und im Sonderleben /nach jetziger Art / einen guten wolklingenden und hinlaenglichen Brief /schreiben und verfassen koenne. Alles mit gruendlichen Lehrsaetzen / untadlichen Mustern / und neuen Erfindungen beleuchtet / auch mehrerenteils mit geschicklichen Beanwortungen begleitet*. Nuernberg: Joh. Hofmanns.

Sekundärliteratur

Albrecht, Jörn (2003): Können Diskurstraditionen auf dem Weg der Übersetzung Sprachwandel auslösen? In Heidi Aschenberg & Raymund Wilhelm (Hrsg.), *Romanische Sprachgeschichte und Diskurstraditionen*, 37–54. Tübingen: Narr.

Altman, Janet Gurkin (1992): Teaching the People to Write: The Formation of a Popular Civic Identity in the French Letter Manuel. *Studies in Eighteenth-Century Culture* 22, 147–180.

Andries, Lise (2003): Fleurs de bien dire et autres récits. In Lise Andries & Geneviève Bollème (Hrsg.), *La bibliothèque bleue. Littérature de colportage*, 19–540. Paris: Robert Laffont.

Arto-Haumacher, Rafael (1995): *Gellerts Briefpraxis und Brieflehre: der Anfang einer neuen Briefkultur*. Wiesbaden: Deutscher Universitätsverlag.

Barner, Wilfried (1988): Beredte Empfindungen. Über die geschichtliche Position der Brieflehre Gellerts. In Eberhard Müller (Hrsg.), *"... aus der anmuthigen Gelehrsamkeit"*. *Tübinger Studien zum 18. Jahrhundert*, 7–23. Tübingen: Attempto.

Boureau, Alain (1991): La norme épistolaire, une invention médiévale. In Roger Chartier (Hrsg.) (1991a), *La Correspondance. Les usages de la lettre au XIXe siècle*, 127–157. Paris: Fayard.

Chartier, Roger (1991a) (Hrsg.): *La Correspondance. Les usages de la lettre au XIXe siècle*. Paris: Fayard.

Chartier, Roger (1991b): Des 'secrétaires' pour le peuple? Les modèles épistolaires de l'Ancien Régime entre littérature de cour et livre de colportage. In Roger Chartier (Hrsg.) (1991a), *La Correspondance. Les usages de la lettre au XIXe siècle*, 159–207. Paris: Fayard.

Cherubim, Dieter (1990): Rituell formalisierte Syntax in Texten des 16. und 19. Jahrhunderts. In Anne Betten (Hrsg.), *Neuere Forschungen zur historischen Syntax des Deutschen. Referate der Internationalen Fachkonferenz Eichstätt 1989*, unter Mitarbeit von Claudia M. Riehl, 269–285. Tübingen: Narr.

Ettl, Susanne (1984): *Anleitungen zu schriftlicher Kommunikation. Briefsteller von 1880–1980*. Tübingen: Niemeyer.

Furger, Carmen (2010): *Briefsteller. Das Medium „Brief" im 17. und frühen 18. Jahrhundert*. Köln, Weimar, Wien: Böhlau.

Furger, Carmen (2011): „Briefsteller: Ratgeber des Frühneuzeitlichen Korrespondenzwesens. *Traverse: Zeitschrift für Geschichte = Revue d'histoire* 18 (3), 25–40.

Ginzl, Werner (1936): *Puget de la Serre. Eine literarhistorische Charakterstudie. Ein Beitrag zur Geschichte der französischen Literatur im 17. Jahrhundert*. Rostock: Adlers Erben.

Giraud, Yves (1995): De la lettre à l'entretien: Puget de la Serre et l'art de la conversation. In Bernhard Bray & Christoph Strosetzki (Hrsg.), *Art de la lettre, art de la conversation à l'époque classique en France*, 217–231. Paris: Klincksieck.

Grassi, Marie-Claire (1990): Les règles de communication dans les manuels épistolaires français XVIIe–XIXe siècles. *Savoir Vivre* 1 (Césura Lyon), 85–97.

Große, Sybille (2003): Französische Briefsteller. In Heidi Aschenberg & Raymund Wilhelm (Hrsg.), *Romanische Sprachgeschichte und Diskurstraditionen*, 135–161. Tübingen: Narr.

Große, Sybille (2017): *Les manuels épistolographiques français entre traditions et normes*. Paris: Champion.

Gueudet, Guy (1984): Archéologie d'un genre: Les premiers manuels français d'art épistolaire. In Pierre Georges Castex (Hrsg.), *Mélanges sur la littérature de la Renaissance à la mémoire de Verdun-Louis Saulnier*, 87–98. Genève: Droz.

Joukovskaïa, Anna (1999): La naissance de l'épistolographie normative en Russie. Histoire des premiers manuels russes d'art épistolaire". *Cahiers du monde russe* 40/4, 657–690.

Kaiser, Claudia (1996): *"Geschmack" als Basis der Verständigung: Chr. F. Gellerts Brieftheorie*. Frankfurt am Main et al.: Peter Lang.

Koch, Peter (1997): Diskurstraditionen: zu ihrem sprachtheoretischen Status und zu ihrer Dynamik. In Barbara Frank, Thomas Haye & Doris Tophinke (Hrsg.), *Gattungen mittelalterlicher Schriftlichkeit*, 43–79. Tübingen: Narr.

Koch, Peter (1998): Urkunde, Brief und öffentliche Rede. Eine diskurstraditionelle Filiation im Medienwechsel. *Das Mittelalter* 3, 13–44.

Kluge, Friedrich (^{25}2012): *Etymologisches Wörterbuch der deutschen Sprache*. Berlin: De Gruyter (e-book).

Lange, Maria Barbara (2008): *Sprachnormen im Spannungsfeld schriftlicher Theorie und Praxis: Die Protokolle der Commerzdeputation Hamburg im 17. Jahrhundert*. Berlin: De Gruyter.

Matzinger-Pfister, Regula (1972): *Paarformel, Synonymik und zweisprachiges Wortpaar. Zur mehrgliedrigen Ausdrucksweise der mittelalterlichen Urkundensprache*. Zürich: Juris.

Mula, Patrick (2000/2001): De Venise à Paris: *L'Art des Secretaires* de Gabriel Chappuys entre traduction et création. *Filigrana* 6/I, 115–182.

Nickisch, Reinhard M. G. (1969): *Die Stilprinzipien in den deutschen Briefstellern des 17. und 18. Jahrhunderts, mit einer Bibliographie zur Briefschreiblehre (1474–1800)*. Göttingen: Vandenhoeck & Ruprecht.

Nickisch, Reinhard M. G. (1991): *Brief*. Stuttgart: Metzler.

Oesterreicher, Wulf (1997): Zur Fundierung von Diskurstraditionen. In Barbara Frank, Thomas Haye & Doris Tophinke (Hrsg.), *Gattungen mittelalterlicher Schriftlichkeit*, 19–41. Tübingen: Narr.

Reinlein, Tanja (2003): *Der Brief als Medium der Empfindsamkeit: erschriebene Identitäten und Inszenierungspotentiale*. Würzburg: Königshausen und Neumann.

Schröter, Juliane (2016): *Abschied nehmen. Veränderungen einer kommunikativen Kultur im 19. und 20. Jahrhundert*. Berlin, Boston: De Gruyter.

Steinhausen, Georg (1889): *Geschichte des deutschen Briefes. Zur Kulturgeschichte des deutschen Volkes, 1. Teil*. Berlin: Gärtners Verlagsbuchhandlung.

Steinhausen, Georg (1891): *Geschichte des deutschen Briefes. Zur Kulturgeschichte des deutschen Volkes, 2. Teil*. Berlin: Gärtners Verlagsbuchhandlung.

Wilhelm, Raymund (2001): Diskurstraditionen. In Martin Haspelmath, Ekkehard König, Wulf Oesterreicher & Wolfgang Raible (Hrsg.), *Language Typology and Language Universals – Sprachtypologie und sprachliche Universalien – La Typologie des langues et les universaux linguistiques. An International Handbook – Ein internationales Handbuch – Manuel international*, Band I, 467–487. Berlin, New York: De Gruyter.

Britt-Marie Schuster
Idiomatische(s) Fragen
Zur historischen Fundierung sprachlicher Geprägtheit

1 Hinführung zum Thema

Im Folgenden wird die Mehrworteinheit *was soll ich sagen* stellvertretend für eine offene Gruppe ähnlicher Verbindungen wie etwa *was rede ich, was gibt es da noch zu sagen* oder auch *wie soll ich sagen* thematisiert. Anders als *kurz gesagt* oder *offen gestanden* geben diese Verbindungen keinen sprachlich expliziten Hinweis auf den Gesichtspunkt, unter dem eine zumeist folgende Äußerung des jeweiligen Sprechers/Schreibers betrachtet wird. Mit der Behandlung von *was soll ich sagen* soll ein Forschungsdesiderat ausgewiesen werden. Diese und vergleichbare Verbindungen, zu denen sich insbesondere auch die sich um das Modalverb *sollen* gruppierenden Formeln *was soll's, was soll das*, die ebenfalls idiomatisierten Formulierungen *was soll ich da sagen* sowie *was soll man dazu sagen* zählen lassen, wurden bisher kaum detailliert behandelt (vgl. jedoch Schuster 2010). Die Sprachwissenschaft zeichnet sich allerdings durch gleich mehrere Disziplinen aus, die ein Interesse an sprachlicher Musterhaftigkeit besitzen und sich damit prinzipiell für die Behandlung solcher Mehrwortlexeme anböten (vgl. Sandig 2010): Dazu gehören vornehmlich die Phraseologie durch ihr allgemeines Interesse an Polylexikalität, die Textsortenlinguistik durch ihr Interesse an Formulierungsmustern, die Gesprächs- bzw. Konversationsanalyse durch ihr Interesse an Routineformeln und jedenfalls am Rande auch die Konstruktionsgrammatik (vgl. dazu Dobrovol'skij 2011). Lediglich in der pragmatischen Phraseologie und in der Auseinandersetzung mit gesprächsspezifischen Formeln werden sie vereinzelt genannt, nicht aber analysiert (vgl. 2). Sie liegen ebenfalls nicht im Fokus der im letzten Jahrzehnt erstarkten historischen Phraseologie (etwa Burger 2015, Filatkina 2013). Wie das digitale Portal OldPhras und etliche Einzelveröffentlichungen (etwa Burger 2012) deutlich machen, liegt das hauptsächliche Interesse der historischen Phraseologie eher im Bereich der Redensarten (vgl. jedoch Filatkina 2018).

Es geht hier jedoch weniger um die Darlegung eines Forschungsdesiderats und seiner möglichen Gründe, sondern darum, zu zeigen, dass *was soll ich sagen* und Verwandtes eine bis in die Frühe Neuzeit, wahrscheinlich eine noch weiter zurückreichende Sprachgeschichte aufweisen, die sich anhand von historischen Quellen und digital erschlossenen historischen Korpora gut zeigen lässt. Auch im Bereich des Verfestigten scheint somit die ‚Gleichzeitigkeit des Ungleichzeitigen' auf, der sich der Geehrte, Jörg Riecke, facettenreich auf der Ebene von Lexik und Namen gewidmet hat und dessen Veröffentlichungen wichtige Einsichten in die kulturprägende und -erschließende Kraft von Wörtern und Namen geben. Entsprechend versucht dieser Beitrag zu zeigen, welche Leistungen ‚unauffällige' sprachliche Einheiten für eine Kommunikationskultur erbringen.

Die heute wahrscheinlich eher mit der mündlichen als denn mit der textlichen Kommunikation verbundenen Einheiten und ihre Varianten zeugen, so soll nachgewiesen werden, in den Texten des 16. und 17. Jahrhunderts in verschiedenen Hinsichten von einer geschulten schriftsprachlichen Kompetenz. Das, was heute eine so unauffällige Routine ist, dass sie nicht in einschlägigen Nachschlagewerken wie dem „Redensartenindex" dokumentiert wird, hat eine lange schriftsprachliche Tradition. Damit wird hier eine Blickrichtung vorgeschlagen, die meines Erachtens in der sprachwissenschaftlichen Forschung unterrepräsentiert ist, jedoch von der sprachgeschichtlichen Reflexion aufgehellt werden kann: Die Diffusion sprachlichen Materials, hier einer sich historisch immer mehr verfestigenden Mehrworteinheit, in die mündliche Kommunikation. Die dominante Blickrichtung wird heute eher von der Annahme eines wie auch immer gearteten Einflusses der Mündlichkeit auf die Schriftlichkeit geleitet.

Jedwedes tradierte sprachliche Material ist in unzähligen Kommunikationsakten, die Textkorpora nur selektiv erschließen können, nicht nur immer wieder verwendet, hervorgebracht und bestätigt worden, sondern es kontextualisiert bestimmte kommunikative Aufgaben. Mit einem schönen Bild von Reichertz (2013: 52) kann man verfestigte Einheiten mit sozialen Münzen vergleichen, die der jeweils kommunizierende Akteur aber nicht selbst geprägt habe: „[D]as hat die Gesellschaft längst vor und für ihn getan, während die aktuelle Gesellschaft den Glauben an den Wert der Münzen und durch den Einsatz und die dadurch erfahrende Geltung der Münzen immer wieder aufs Neue aufruft und bestätigt." Prägungen entstehen nicht nur in der Soziogenese des Kommunizierens, sondern sie bewähren sich in der Verständigung durch ihre spezifische Leistungsfähigkeit. Das gilt sicher für alle verfestigten Einheiten, sicherlich aber für die hier im Zentrum stehenden Formulierungen, die ich mit Feilke (1996: 211–217) als pragmatische Prägungen bezeichnen möchte.

Über die lange Zeitspanne vom 16. bis zum 21. Jahrhundert kann nun gezeigt werden, dass *was soll ich sagen* äußerst selten, wie die einzelnen Komponenten dieses Ausdrucks nahelegen, als eine an ein Gegenüber gerichtete Ergänzungsfrage zu verstehen ist. Auch ist die Äußerung nur unzureichend charakterisiert, wenn man sie, wie bei ähnlichen metakommunikativen Formulierungen üblich, auf eine Grice'sche Maxime bezieht (wie etwa Stein 1995: 225–227) und annimmt, der Sprecher oder Schreiber wolle sich zur Informativität seiner Aussagen äußern. Allerdings heißt dies nicht, dass die hier zunächst sehr vorläufig ex negativo charakterisierte Prägung ansonsten eine stabile Bedeutung aufweisen würde. Vielmehr zeigt sich, dass sich zu unterschiedlichen Zeiten auch unterschiedliche idiomatische Verwendungsweisen herausbilden, die sich wesentlich auf Basis ihrer kotextuellen Einbettung erschließen und voneinander abgrenzen lassen. Zur Beschreibung dieser Verwendungsweisen soll in diesem Beitrag ein Modell entwickelt werden, das ausgehend von der lexiko-grammatischen Beschreibung der Komponenten einer Prägung ausgeht. Diese bezieht den syntagmatischen Kotext, die vorausgehenden und folgenden Äußerungen, ein. Dadurch lässt sich zum einen erschließen, wie die vermeintliche Frage gemeint ist, zum anderen ermitteln, wie sie etwa in bestimmte Handlungsmuster, etwa das Argumentieren eingebettet ist. Es geht dabei allerdings nicht um eine Darstellung des Zusammenhangs zwischen „Prägung und Text", sondern um die Bedeutung des Kotextes und Textes zur Erschließung von historisch entstehender Idiomatizität. In diese Überlegungen fließt zudem ein, dass sich die Prägung bzw. deren dominante Verwendungsweisen aus Varianten heraus entwickeln.

Im Folgenden soll also der sprachhistorische Nachweis einer langen schriftsprachlichen Verankerung der Prägung auf der Basis einschlägiger Korpora, v.a. des Deutschen Textarchivs erbracht werden. Die Idiomatizität der zunächst einmal regulär gebildeten Äußerung *was soll ich sagen* soll durch die Skizze des sozial-kommunikativen Sinns der mit ihr vollzogenen sprachlichen Handlungen aufgezeigt werden. Eine genauere Charakterisierung der Verwendungszusammenhänge soll es ermöglichen, das historisch variable Verwendungsspektrum der Prägung zu dokumentieren und vor dem Hintergrund einer sich wandelnden Kommunikationskultur zu interpretieren. Bevor ich die Ergebnisse der Studie vorstelle, möchte ich etwas detaillierter darauf eingehen, wie sich die Verwendungsaspekte der Prägung überhaupt angemessen beschreiben lassen.

2 Verwendungsaspekte

Die Prägung *was soll ich sagen* und vergleichbare Prägungen werden vornehmlich in der pragmatischen Phraseologie thematisiert. Sich mit ihnen dort zu beschäftigen ist insofern stimmig, als dass sie einerseits polylexikalisch und (relativ) fest sind und somit die wichtigsten Kriterien für Phraseme erfüllen (vgl. Burger 2015), sie andererseits jedoch weder dem Referieren noch dem Prädizieren dienen, wie dies viele referentielle und verbale Phraseme tun, die noch immer zum Kernbereich der Phraseologie gezählt werden. Pragmatische Prägungen können durchaus metaphorische Komponenten enthalten oder morphosyntaktische Besonderheiten aufweisen (etwa *Nur ruhig Blut!*). Ihre Stabilität gewinnen pragmatische Phraseme dadurch, dass mit ihnen sozio-kommunikative Aufgaben vollzogen werden. Sie sind insofern idiomatisch, als dass – nicht nur im Falle der Verwendung sprachlicher Bilder – ihre Funktion die wortwörtliche Bedeutung überlagert oder sich von ihr entkoppelt. Welche Äußerungsbedeutungen und welche Funktion derartige Prägungen besitzen und wie sie also üblicherweise gemeint sind, lässt sich durch die Verwendungskontexte und die kotextuellen ‚Mitspieler' ermitteln.

Die Beschreibung der Verwendungskontexte konzentriert sich in der pragmatischen Phraseologie auf die Fragen, ob und inwieweit die Phraseme an eine spezifische Situation gebunden sind, welche Handlungen mit ihnen vollzogen werden und welche Funktionen sie erbringen. In der pragmatischen Phraseologie steht die mündliche Kommunikation gegenüber der Beschäftigung mit der Schriftlichkeit im Vordergrund, sieht man einmal von der Beschäftigung mit formelhaften Texten und mit distanzsprachlichen Textorganisationssignalen ab (vgl. Stein 2007: 227), was einen eher bescheidenen Einblick in textuelle Formelhaftigkeit bedeutet. So ist Hyvärinen (2011: 40) der Auffassung, dass sich eine Unterteilung zwischen zum einen situations(typ)- und sprechaktgebundenen und in diesem Rahmen meist monofunktionalen Routineformeln und zum anderen typischerweise multifunktionalen gesprächsspezifischen Formeln durchgesetzt habe. Zum Kernbereich der monofunktionalen Routineformeln gehörten etwa Grüße, Verabschiedungen etc., die sich durch Kennzeichen wie eine feste Position im Gesprächsverlauf, häufig durch obligatorische Verwendungen auszeichneten und als Interaktionsrituale, die soziokulturelle Ordnungen konstituierten, zu verstehen seien. Die zweite Gruppe soll auf mündliche Interaktionen begrenzt sein und etwa solche Formeln umfassen, die zur sozialen Organisation des Sprecherwechsels, zum Themenmanagement oder zur Äußerungskommentierung eingesetzt werden und häufig diese Funktionen miteinander verbänden. So diene etwa *um das einmal so ausdrücken* als Abschluss einer thematischen Einheit, könne mit Abgabe der Sprecherrolle einhergehen, schone das Adressatenimage und fördere die Partnerbeziehung (Lüger 2007: 447–448).

Die Prägung *was soll ich sagen* ist nun in diese und vergleichbare Klassifikationen – wie vergleichbare Wendungen – nur schwer bis gar nicht einzuordnen. Sie gehört eindeutig nicht zu den situationsgebundenen Routineformeln und sie ist auch nicht mit dem Vollzug *einer* Sprachhandlung verbunden. Das gilt über den gesprächsanalytischen Rahmen hinaus auch für die textliche Kommunikation: Sie verweist nicht auf eine an einen bestimmten Handlungsschritt gebundene kommunikative Aufgabe, vergleichbar etwa einer Instruktionshandlung *man nehme* in einem Kochbuch oder dem Bekunden von Emotion durch *in stiller Trauer* in einer Todesanzeige. Es ist sicherlich möglich, die Formel *was soll ich sagen* wegen ihres metakommunikativen Charakters und ihrer Struktur zur Äußerungskommentierung zu zählen, mit der die Einstellung zu einer Äußerung markiert wird. Anders etwa als prototypisch zu erachtende Formeln wie *worauf es mir ankommt* wird die Einstellung zur nachfolgenden Äußerung nicht explizit gemacht. Darüber hinaus ist Kommentieren nicht die angemessene Charakterisierung, handelt es sich doch, wie nachfolgend deutlich gemacht werden kann, eher um ein Positionieren.

Am Beispiel des Deutschen Referenzkorpus (DeReKo) lässt sich leicht zeigen, dass eine Prägung wie *was soll ich sagen* keine enge Textsortenbindung aufweist, da sie mit Ausnahme der politischen Berichterstattung im engeren Sinne offensichtlich in allen Pressetexten – dort bevorzugt in der Sportberichterstattung, in Kolumnen, feuilletonistischen Texten und Reportagen – erscheinen kann. *Was soll ich sagen?* tritt zwar gehäuft dort auf, wo Gesprächspassagen zitiert werden, siehe dazu etwa der folgende Beleg:

> (1) „Was soll ich sagen? Er war einfach besser und liess mir heute nicht viele Chancen", resümierte Djokovic. (Sonntagsblick, 01.03.2015: 34)

Jedoch ist dies nicht notwendig so, wie ein weiterer Beleg zeigt:

> (2) Aber dieses T-Shirt mit einem Cover von Blue Note Records, dem van Gogh des Jazzcovers, das musste ich haben. Egal, ob die Scheibe gut ist oder schlecht ... nun, was soll ich sagen. Die Scheibe ist wirklich gut und dudelt seit Tagen rauf und runter. (Rhein-Zeitung, 13.03.2013: 13)

Die Belege demonstrieren, dass durch die nachfolgende Äußerung ganz unterschiedliche sprachliche Handlungen vollzogen werden und ad hoc nicht klar ist, welcher Aspekt ihrer Realisierung kommentiert wird: Die Äußerung von Djokovic ist als ein Eingeständnis eines ohnehin evidenten Sachverhalts (1), die Äußerung des Musikkritikers eher als ein – wenngleich ironisch – gemeintes Geständnis zu verstehen (2) und eine ganz andere sprachliche Handlung wird in folgendem Beleg vollzogen:

> (3) Meine Tochter Franzi tut sich noch schwer. Sie ist sowieso ein reservierter Typ. Als ich ihr erzählt habe, dass die beiden Frauen zu uns ziehen, war sie sauer. Ich hatte sie ja nicht gefragt. Was soll ich sagen? Da muss sie jetzt durch. Sie ist nun mal ein Kind, und ich finde, die Erwachsenen dürfen so etwas allein entscheiden. (Die ZEIT, 21.05.2015: 5)

Hier wird etwas festgestellt und implizit auf eine übergeordnete Handlungsmaxime verwiesen.

Nicht nur an (3) dürfte erkennbar werden, dass die Äußerung nicht im Sinne einer an einen Zweiten gerichteten Frage oder Bitte um Instruktion zu verstehen ist; und in der Tat ist diese Verwendungsweise sowohl in historischen als auch gegenwartssprachlichen Korpora randständig. Ebenso wenig wird eine eigene Formulierungsunsicherheit im Sinne *was soll ich bloß sagen* thematisiert. Um die Idiomatizität und das Kontextualisierungspotential der Äußerung zu verstehen, bedarf es einer korrespondierenden Betrachtung ihrer Komponenten und des Verwendungszusammenhangs. Die Gesichtspunkte, unter denen sich dieser beschreiben lässt, sind grundsätzlich darauf zu beziehen, dass es sich um textliche Äußerungen handelt. Entsprechend ist die Einbettung der Prägung ins Textkontinuum zu betrachten und es sind auch unterschiedliche Parameter der Textbeschreibung einzubeziehen. Nachfolgend sollen zunächst die durch die Äußerung selbst lizenzierten Beschreibungsaspekte betrachtet werden.

Sagen bedarf eines obligatorischen Akkusativkomplements und besitzt mehrere fakultative Komplemente, die etwa den Rezipienten einer Äußerung (*zu jemandem*) bzw. einen spezifischen Redegegenstand (*zu etwas*) bestimmen können. Während *was* kataphorisch auf das noch zu Sagende verweist, potentiell auf das über einen Gegenstand zu Prädizierende und damit auf eine neue, rhematische Information Bezug nimmt, kann fakultativ der thematische Referenzgegenstand ausgewiesen oder pronominal auf einen schon eingeführten Referenzgegenstand verwiesen werden. Allerdings ist dabei zu beachten, dass *was soll ich dazu sagen* selbst mit der dominanten Funktion des Vorwurfs idiomatisiert ist; ebenfalls hat *was sage ich* eine andere Bedeutung. Ferner bietet es sich an, wie die Belege (1) und (2) ja schon deutlich gemacht haben, den Verfasser selbst zu thematisieren. Nach dem Gesagten ergibt sich eine Verknüpfung der Prägung mit dem informationsstrukturellen im engeren, aber auch mit dem Themenmanagement eines Textes im weiteren Sinne. Dabei muss jedoch auch betont werden, dass das zu Sagende zwar in Abhängigkeit von Thema und auch Art des Textes steht, aber dass das über einen Gegenstand Prädizierte zunächst einmal beliebig – auch hinsichtlich der Kürze oder Länge des Geäußerten – sein kann. Denn: *Was soll ich sagen* erlaubt heute ebenso einen Anschluss mit *Ich bin glücklich* wie mit *Die politische Lage ist besorgniserregend*. Mit *was soll ich sagen* liegt zudem keine Affinität zu einer bestimmten Form der Vertextung vor, sei diese argumentativ, deskriptiv oder explanativ. Obligatorisch ist mit der Prägung also die Erkennbarkeit eines Referenzträgers und das über ihn Prädizierte verbunden.

Das Modalverb *sollen* übernimmt nun eine besondere Funktion, indem nämlich behauptet werden darf, dass mit ihm die Vielfalt des potentiell zu Sagenden eingeschränkt wird: Durch seine deontische Verwendung wird potentiell auf das Gebot oder die Verpflichtung, etwas nachfolgend zu äußern, Bezug genommen, denn *sollen* – im Gegensatz zum intentionalistischen *wollen* – verweist auf ein „Interesse, das eine andere Instanz vom Subjekt der Handlung verlangt" und insofern sei *sollen* durch die semantischen Merkmale ‹Gebot› und ‹Zuwendung› zu charakterisieren (Weinrich ⁴2007: 306). Im Wissensrahmen von ‚Gebot' ist zudem enthalten, dass es potentiell einen Erlasser eines Gebots, eine spezifische Art des Gebots (so etwa eine Anordnung, ein Befehl oder auch nur eine Selbstverpflichtung) und eine spezifische kommunikative Reichweite gibt. Jedoch bleibt es ohne Kotext und Kontext zunächst einmal offen, ob das mögliche Sagen vor dem Horizont einer als gültig angenommenen Norm, einer als intersubjektiv geteilt angenommenen Konvention oder Kommunikationsmaxime, einer gemeinsamen Kommunikations- oder Beziehungsgeschichte zu sehen ist oder nur biografische Kohärenz (das, was der Verfasser von sich selbst erwartet) gewahrt werden soll. In der Verwendung von *sollen* deutet sich insbesondere an, dass das nachfolgend Verbalisierte eine intersubjektive Anschließbarkeit besitzen sollte, die ggfs. verbalisiert bzw. indiziert werden kann, etwa durch solche Evidenzformeln wie *man weiß doch, es ist klar*, die das Sagende explizit vor den Hintergrund eines Gesinnungskollektivs bzw. von Autoritätstopoi stellen. Dies kann wiederum auch adressatenspezifisch erfolgen: *Was soll ich sagen? Peter ist – wie Du auch weißt – ein feiner Mensch.*

Jedwede Skizze der Verwendungsweise sollte also berücksichtigen, dass ein (inszenierter) Abwägungsprozess zwischen einem wie auch immer gearteten Gebot, dem Thema, dem zu Sagenden sowie dem Ich und seiner Befähigung, etwas zu sagen, erfolgt. Das Ich ist, wie gesehen in (1), nicht einfach mit dem Verfasser eines Textes zu identifizieren; daneben kann dieses hinsichtlich seiner unterschiedlichen Rollen profiliert werden und mit dem Ausdruck unterschiedlicher sozialer Positionierungen einhergehen. Eine vorläufige Bedeutungsparaphrase könnte vielleicht folgendermaßen lauten: „Was steht mir zu Gebote, um mich über einen potentiellen Redegegenstand zu äußern – gerade dann, wenn ich die Reichweite des Sollens einschätze?"

Die von der grammatischen und semantischen Struktur der Mehrworteinheit ausgehenden potentiellen ‚Bindekräfte' sind allerdings in ihrem spezifischen Kotext zu sichten, um die unterschiedlichen, historisch variablen Verwendungsweisen voneinander abzugrenzen. Unter Kotext wird hier die unmittelbare syntagmatische Umgebung, also die der Äußerung vorausgehenden und nachfolgenden Sequenzen, verstanden. Daneben wurde auch erhoben, (a) in welcher Textsorte entsprechende Äußerungen auftauchen, da Textsorten als kulturelle Angebote der Sinnherstellung zu verstehen sind, (b) ob es eine Affinität zu bestimmten Vertextungsmustern und Positionen der Prägung im Text gibt und (c) inwieweit mit dieser Formel eine soziale Beziehung zwischen Textproduzent und Adressaten gestaltet wird.

3 Korpusbefunde

3.1 Die Phase von 1522–1750

Die im DTA mit der Suchanfrage „Was soll #9 sagen" ermittelten und bereinigten 430 (von 586) Belege[1] führten zu der Annahme von zwei Phasen, 1522–1750 und 1750–1899, in der sich unterschiedliche Verwendungspräferenzen zeigen, wobei die Phasen selbstverständlich ineinander übergehen. Im Zentrum der folgenden Erörterung steht die häufig vertretene Konstruktion: *was soll ich ... sagen* (262 Belege). Die Belege wurden etwas abweichend von der Textgruppenunterscheidung im DTA folgendermaßen gruppiert: Sie gehören der religiösen, der literarischen, der fachlichen oder der Zeitungskommunikation an. In der ersten Phase findet sich kein Beleg aus der Presse, auch in der zweiten Phase sind die Belege nur sehr spärlich und in bestimmten Textsorten vertreten (8 Belege, die in der Tabelle unten nicht erfasst wurden). Dieser Befund ist deshalb aufschlussreich, weil das mit Zeitungen verbundene Textsortenspektrum – nämlich zum einen das über einen langen Zeitraum konstante neutral-registrierende Berichten mit der Grundfunktion des Informierens, zum anderen der schwächer repräsentierte gelehrte Artikel sowie Anzeigen unterschiedlicher Art – offensichtlich kommunikative Grundfunktionen besitzen, die den Gebrauch von *was soll ich sagen* erübrigen.

Tab. 1: Verteilung von *was soll ich [...] sagen*.

Phasen	Belege	Religion	Fachliteratur	Belletristik
1522–1750	160	53	45	62
1750–1899	102	4	28	70

Wie aus der Tabelle erkennbar, verteilen sich die Belege ziemlich ähnlich auf die unterschiedlichen Textgruppen, wobei sich der auch gegenüber dem zweiten Zeitraum recht hohe Anteil von Belegen aus der religiösen Kommunikation der Erbauungsliteratur und dort v.a. den Leichenpredigten verdankt.

Für die erste Phase ist zunächst charakteristisch, dass die Prägung fast ausschließlich mit Erweiterung des Mittelfeldes oder des Nachfeldes (dominant durch Relativsätze) auftritt und selten überhaupt als eine Frage gekennzeichnet wird. Im Mittelfeld stehen so Pronominaladverbien wie *dazu* oder *hierzu* sowie Textdeiktika wie *nun*, *weiter* oder *ferner*, die nicht nur im Bezug zu den Vorgänge-

---

[1] Stand: 20.04.2019.

räußerungen stehen, sondern auch thematische Konstanz oder Themenwechsel indizieren. Auch *viel* wird häufiger verwendet, vgl.:

> (4) Was ſol ich ſagen viel? Wenn ihr von allen Griechen Nichts haltet nach der reyh/ kan ich mich nicht verkriechẽ/ Weil ich auch einer bin. Diß ſey genung geſagt/ [...]. (Vergilius Maro 1668: 85)

Das auffälligste Merkmal dieser ersten Phase ist jedoch, dass häufig durch eine Präpositionalphrase *von X* ein spezifischer thematischer Gegenstand konstituiert oder fortgeführt wird. Dabei handelt es sich im Regelfall, insbesondere in der Erbauungsliteratur, um Personen und deren Eigenschaften. Das sprachliche Phänomen findet sich in deskriptiven Passagen oder solchen, in denen mittels Beschreibungen argumentiert wird, vgl.:

> (5) Und was ſoll ich von Jhrer allerletzten Verånderung ſagen? Wer weiß nicht/ mit was vor einer ſonderbaren Freudigkeit Sie dieſer Welt/ und allen deroſelben Verånderungen Adieu gegeben: [...]. (Busch und Rosenbusch 1696: 10)

In Beleg (5) wird – angezeigt durch das Possessivum *ihrer* – auf einen schon eingeführten Referenten verwiesen und ein neuer subthematischer Gegenstand eingeführt. *Soll* verweist, wie oben dargestellt, auf ein Gebot mit einem implizit intersubjektiven Charakter. Durch *Wer weiß nicht* – als eine rhetorische Frage zu verstehen – und insbesondere durch den Allquantor *wer* wird hier auf ein Kollektiv bzw. auf eine potentiell offene Gesinnungsgemeinschaft verwiesen, zu der auch die Adressaten zählen dürften. Die Formulierung rückt nicht nur die intersubjektive Richtigkeit des Gesagten in den Vordergrund, sondern der durch die Frage ausgedrückte mögliche Abwägungsprozess rückt die Reflexion in Richtung des Unvermeidlichen. Dies wird auch an vergleichbaren Formulierungen sichtbar: etwa *Das gantze Land weiß es* in (6):

> (6) Was ſoll ich von eurer Glaubens-Treu und Auffrichtigkeit ſagen? Das gantze Land weiß es/ daß ihr kein Heuchler waret. (Gerlach 1669: 20)

Anhand von (7) wird der Nutzen der Formel deutlich. Anstatt lediglich die nicht in Abrede zu stellende Wahrheit des Sprichworts zu behaupten, wird mit *Was soll ich sagen?* die Zwangsläufigkeit des Urteils des Verfassers unterstrichen:

> (7) Das Werck muß ſeinen Meiſter loben/ vnd nicht viel zierliche Sophiſtiſche Geſchwåtz vnd ſchőne Kleyder/ welche mehr den Weibern als wahren Philoſophis zulåſſig. Was ſoll ich ſagen? Das alte Sprichwort fehlet nimmermehr. (Glauber 1659: 371)

Sprichwörter, in der Frühen Neuzeit wegen ihrer verallgemeinernden Bedeutung geschätzt, folgen oft der Einheit. Diese drückt also gerade das Gegenteil einer aus Verunsicherung resultierenden fragenden Haltung aus. Sie indiziert, dass der Verfasser scheinbar der Übermittler von Informationen über einen Referenzträger oder Sachverhalt ist, die nicht unbedingt hätten formuliert werden müssen, da sie so evident sind, dass sie nicht anders als für wahr oder richtig gehalten werden können. Der Verfasser ist damit Sprachrohr eines nicht zu hinterfragenden Common Sense. Die damit konstruierte Zwangsläufigkeit des Prädizierten nutzt die vermeintliche Offenheit des Fragens und ist damit dem gespielten Zweifel, der dubitatio, nahe. Letzteres zeigt sich auch dann, wenn nachfolgend gelobt wird, was insbesondere bei Leichenpredigten der Fall ist:

> (8) Vnd was ſol ich ſagen? Wenn gleich bey der ſeel: Fr. Burgermeiſterin ſonſten aller andern Tugenden geſchwigen wůrde/ kônte doch derofelben groſſe Gedult/ in dem langwirigen 13. Jährigen Creutz vnd Kranckheit getragen/ nicht genungſam gelobet werden [...]. (Adolph 1641: 10)

In (8) ist mit den (modalen) Passivkonstruktionen (*geſchwigen wůrde, kônte ... nicht genungſam gelobet werden*) eine De-Agentivierung verbunden. Gleichzeitig werden der Irrealis und hyperbolisch zu verstehende Formulierungen verwendet. Die Verschiebung der potentiell Lobaussprechenden auf ein nicht spezifiziertes Kollektiv sichert wiederum die Richtigkeit des sozialen Urteils. Auch hier dient die Formulierung dazu, die Wahrheit oder Richtigkeit der nachfolgenden Äußerung anzuzeigen. Gleichzeitig wird wie in (5) die Formel mit *Vnd* eingeleitet, was einen Bezugspunkt zur vorherigen und zur nachfolgenden Äußerung schafft. Wie die bisherigen Belege deutlich machen (außer 7), beziehen sich die thematischen Kotexte der Formel vor allem auf die (moralische) Bewertung von anderen Menschen, deren Verhalten oder Handeln kein anderes als das jeweils gefällte Urteil zulässt.

Die in (9) verwendete *Wer-Der*-Konstruktion (*wer ihre Füß ..., der sihet*) wird als ein weiteres Verfahren genutzt, um das intersubjektive Für-Richtig-Halten zu betonen. Die nachfolgende Frage ist rhetorisch zu verstehen:

> (9) Dann wer jhre Fûß betrachtet/ der ſihet ſo hohe Bandtoffel oder Schuch/ daß ſie alleinig drauff nit gehen kônnen/ ſonder einen haben mûſſen/ der ſie an der Handt fûhre vnnd auff-halte/ damit ſie nit fallen: Was ſoll ich auch ſagen von andern ſchônen/ zarten/ ſchneeweiſſen/ oder ſammetenen mit Perlin geſtiekten vnnd kôſtlich gezierten Schuchen vnnd Bandtoffeln [...]? (Albertinus 1615: 400)

Wie (9) schon deutlich macht, ist die Evidenzherstellung oft mit einer anderen markanten Erscheinung verbunden, die in allen Textgruppen auftritt: Der Widerspruchsdeklaration. Eine bestimmte Verhaltensweise erweist sich als so absurd oder widersinnig, dass es sich erübrigt, sie zu kommentieren. Dies wird gern im 17., jedoch auch noch im 18. Jahrhundert verwendet, vgl. dazu deshalb den etwas späteren Beleg:

> (10) Was solle ich sagen von ihren stoltzen und übermüthigen Reden, in welchen sie alle Sprachen unter einander hacken, damit man ihre pedantſche und grobianische Gelehrsamkeit überall spüre. (Fassmann 1729: 75)

Die ‚Einstellung', die insgesamt zur meist nachfolgenden Äußerung markiert wird, ist die, dass es genau das, was nachfolgend gesagt wird, zu sagen gibt – und zwar in einem vermeintlichen Abwägungsprozess von konstituiertem Referenzträger, kollektivem Wissen und Ich. Das mit *sollen* mitgemeinte, unspezifizierte Gebot und der damit erzielte Hinweis auf eine intersubjektive Verbindlichkeit korrespondiert mit Verweisen auf die soziale Richtigkeit des nachfolgend Prädizierten. Der Verfasser gibt in dieser Phase im Regelfall zu erkennen, dass er gar nicht anders kann, als sich angesichts eines Sachverhalts – meist das positive oder negative Verhalten anderer Personen – dem Urteil anzuschließen. In diesem Sinne lässt sich die Formel als eine epistemische Verwendungsweise charakterisieren. Diese Möglichkeit bleibt bis zum Ende des Zeitraums erhalten und ist heute noch vertraut. Die Dominanz dieser Verwendungsweise macht auch eine weitere Entwicklung sehr plausibel, nämlich die mit dem idiomatisierten *Was soll ich da sagen* vollzogene Wendung, die zum Vorwurf genutzt wird.

Gegenüber dieser Verwendungsweise sind drei weitere Verwendungsweisen für diesen Zeitraum charakteristisch: In eher wissensvermittelnd-didaktischen Texten dient die Äußerung auch der thematischen Organisation bzw. dem Auftakt eines neuen Themas. Daneben kann sie auch schreibreflexiv gedeutet werden, wobei es sich wie im nachfolgenden Beleg (11) um eine Inszenierung des eigenen Schreibprozesses handeln dürfte.

> (11) Was soll ich von dem grossen Haufen aller der Wörter sagen, wo unmittelbar vor ihm entweder ein langer Vocal, oder gar ein Doppellaut vorhergeht; als in Stufen, rufen, laufen, taufen, kaufen, schleifen, greifen etc. (Gessner 1740: 315)

Randständig, jedoch für die weitere Entwicklung charakteristisch, sind solche Verwendungsweisen, in denen das empfindende Ich in den Mittelpunkt gerückt wird. *Was soll ich sagen?* wird zum Teil eines Geständnisses und ist in Aufrichtigkeits- und Glaubwürdigkeitspraktiken eingebettet.

> (12) DJe übergroße Freude/ [...] / kan weder meine ſchwache Fauſt/ noch meines Hertzens getreue Dolmétſcherin/ die Féder/ volkömlich dartuhn. Waſ ſol Jch ſagen? Es kömt mier ſo plötzlich/ ſo unverhoft/ daß Jch ungezwungen bekénnén mus/ mein Freund ſey mier und

meinem/ mit bitteren Tråhnenwéllen ůberſchwémtem Hertzen/ eine rechte Freuden Sonne/ [...]. (Butschky 1652: 217)

3.2 Nachfolgende Entwicklungen bis 1899

Von 1740 an ist die Formulierung verstärkt im Bereich der Belletristik belegt und zeigt sich noch in Texten der Fach- und Wissenschaftskommunikation. Wurde zunächst zumeist *über* eine Person geschrieben, rückt der potentielle Textrezipient – und das kann der Antagonist in einer wissenschaftlichen Debatte, ein Publikum von Gelehrten oder ein direkter Adressat sein – ins Zentrum: im Sinne eines *an* eine Person mittelbar oder unmittelbar gerichteten Schreibens. Die Verwendung der *von*-Präpositionalphrase ist stark rückläufig und Personalpronomina wie *Dir* oder *Euch* gewinnen als Mittel der Adressierung an Bedeutung. Der Übergang, der weg von einer mitgemeinten Gesinnungsgemeinschaft hin zu einer fachlichen Diskursgemeinschaft bzw. einem Experten-Laien-Diskurs, bezogen auf Fach- und Wissenschaftskommunikation, führt, unterscheidet sich kaum hinsichtlich der expliziten oder impliziten Indikatoren des Für-Wahr- oder für Richtig-Haltens (rhetorisches Fragen und Formulierungen wie *für erste wisse*). Wie (13) zeigt, gewinnt die Wendung in Kontroversen einen vorwurfsvollen Charakter:

> (13) Und was soll ich von der Verstellung dererjenigen Gelehrten sagen, die ihre Dummheit unter einer weisen Miene verbergen? (Rabener 1755: 626)

Die wesentlich zentralere Entwicklung ist jedoch die folgende: Nach dem ersten Drittel des 18. Jahrhunderts gewinnen Belege, die aus literarischen Dialogen stammen, bis zum Ende des hier betrachteten Zeitraums (1899) beständig an Gewicht und werden zur wichtigsten Vermittlungsform von *was soll ich sagen*; sie überlagern die oben genannten Verwendungsweisen. Charakteristisch sind also Belege wie die folgenden, für die sich ab der Mitte des 18. Jahrhunderts bis zum Ende des hier betrachteten Zeitraums zahlreiche finden lassen:

> (14) Jch liebe Sie. Erſchrecken Sie nicht über dieſes Bekenntniß [...] Laſſen Sie mich ausreden, liebſtes Fräulein. Doch was ſoll ich ſagen? Jch liebe Sie, dieß iſt es alles. (Geßner 1756: 88)

> (15) Und nun, was ſoll ich Euch ſagen? ſo ſchloß Roderigo, ich habe ſie verlaſſen, und denke jetzt nichts, als ſie; [...]. (Tieck 1798: 277)

> (16) Was ſoll ich aber zu deinem lieben Brief an mich ſagen!? Lieber! dies, daß meine ganze Seele ihn erkennt, jedes Wort, jede Äußerung von dir. (Varnhagen von Ense 1834: 143)

(17) Als ihm bald darauf ſein Principal rieth, Medicin zu ſtudiren, da rief er ganz bewegt aus: Was ſoll ich ſagen? Ja ich fühle in meiner Seele, das iſt das große Ding, das immer vor mir verborgen geweſen, das ich ſo lange geſucht und nicht habe finden können. (Jung-Stilling 1835: 17)

Während die Belege aus dem 17. Jahrhundert (erste Phase) zum allergrößten Teil in den Bereich des Argumentierens und Beschreibens fallen, wird hier das *Bekenntnis* oft direkt bezeichnet und damit ein zentrales Handlungsmuster im beginnenden Aufrichtigkeitsdiskurs des Bürgertums des 18. Jahrhunderts genannt: Für ein Bekenntnis, ein Geständnis oder eine Beichte gilt die Unterstellung von Authentizität und Wahrhaftigkeit. Aufrichtigkeit – verbunden mit einer ‚Sprache des Herzens' – wird als zentrale Voraussetzung für Kommunikation betrachtet und als Alternative zu einer auf Verstellung zielenden Rhetorik erachtet (etwa Geisenhanslüke 2006). Damit verschiebt sich die Bedeutung von *sollen* auch hin zur einer Verpflichtung, wahrhaftig zu sein: Die Prägung bedeutet in diesem Zusammenhang gerade das zu sagen, was nun aus der Perspektive eines Ichs für eine einmal eingegangene soziale Beziehung privaten Charakters relevant ist. Damit bleibt die intersubjektive Anschließbarkeit zwar erhalten, wird jedoch nicht in den Dienst der Verbalisierung sozialer Standards gestellt, sondern auf eine Form der Beziehungskonstitution bezogen. Es ist damit eine Handlung zur Authentifizierung eigener Aussagen.

Die Bedeutung für die thematische Organisation und Informationsstrukturierung ist damit rückläufig; sie bleibt ein Mittel der Evidenzherstellung, verknappt sich jedoch auch. In der Dramaturgie des literarischen Handels ist *was soll ich sagen* Endpunkt längerer Ausführungen und resümierendes Schlusswort, wie in den Beispielen auch an den gebrauchten Konnektoren sichtbar wird. Der Anspruch, ein richtiges Urteil zu fällen und als Sprachrohr zu fungieren, das gemeinsam geteilte Ansprüche ausspricht/formuliert, wird damit durch den Anspruch, etwas Wahrhaftiges zu sagen, verdrängt. Besonders im 19. Jahrhundert ist die Prägung nunmehr fast ausschließlich in literarischen Dialogen und in brieflichen Korrespondenzen präsent und mit dem Eingestehen, Bekennen und Gestehen verknüpft. Darüber hinaus erstarken die Verwendungsweisen *was soll ich erst/da sagen* als Eingeständnis eigener Inkompetenz und *was soll ich denn dazu sagen* als Vorwurf. An einigen Texten, insbesondere Briefen, wird sichtbar, dass mit dem metakommunikativen Charakter der Prägung gespielt werden kann. Dazu darf hier ein Beleg genügen:

(18) Und Rubini, Lablache! Was ſoll ich noch viel ſagen? Ich könnte doch nicht mehr herausbringen als unſere deutſche Morgen- und Abendblätter: „der geſtrige Abend war ein genußreicher Abend." (Börne 1833: 144)

Es ist in diesem Zusammenhang interessant, sich die Entwicklung von *was soll man sagen* anzusehen. Die Prägung ist zunächst mit ganz parallelen Formen wie den oben dokumentierten im Korpus vorhanden. In den nachfolgenden Jahrhunderten ist nun erkennbar, dass sie zunehmend mit der fachwissenschaftlichen Rhetorik verbunden ist, sich kaum jedoch in der Belletristik, in Tagebüchern oder Briefen zeigt.

4 Fazit

Was soll ich sagen ist mit den skizzierten Vorläufern schon jahrhundertelang in unserer Textkultur vorhanden. Die Prägung zeigt sich zunächst besonders in räsonierend-wissensvermittelnden und gleichzeitig adressatenorientierten Textsorten wie etwa der religiösen Predigt. Ihr Bezug sind zunächst das Verhalten und die Handlungen anderer Menschen. Sie deutet darauf hin, dass nachfolgend soziale Maßstäbe bestätigt werden. Die mit der Prägung gegebene Möglichkeit, einen Referenzträger ein- und/oder fortzuführen und nachfolgenden etwas über diesen zu produzieren, und die mit *sollen* aufgerufene Semantik einer unabhängig vom subjektiven Handeln geltenden Verpflichtung werden häufig dazu genutzt, die implizit mitgemeinte Intersubjektivität auch sprachlich explizit an der Textoberfläche zu kennzeichnen, um damit i. d. R. dessen intersubjektive Gültigkeit zu behaupten. Damit wird gesagt, dass etwas so wahr, evident oder relevant ist, dass es keiner Begründung oder weiteren Ausführung mehr bedarf. Auf der Beziehungsebene – also der Ebene zwischen Produzenten und Rezipienten – ist deutlich, dass zwar eine Gesinnungsgemeinschaft konstituiert, aber über Dritte aus der konstruierten Perspektive des Produzenten geschrieben wird. Diese Verwendungsweise lässt sich an die klassische Rhetorik und an die Figur der Dubitatio zurückbinden.

Die Prägung ermöglicht es im Prinzip, auch über sich und den Adressaten zu sprechen. Ähnlich wie das Sagen-Sollen schon zuvor von Kommunikationsmaximen, wie man über etwas sprechen soll (z. B. offensichtlich gut von verstorbenen Personen), geleitet wird, schreiben sich zeitgenössische Diskurse, so der ab 1740 erstarkende Diskurs der Aufrichtigkeit, in diese Verwendung ein. Dies wird hier insbesondere an Schlüsselwörtern des Aufrichtigkeitsdiskurses (wie *Bekenntnis*) sichtbar. *Was soll ich sagen* verengt das Sollen auf eine spezifische Interaktion und ihre Erfordernisse. Diese Verwendungsweise, die das sprechende Individuum in den Vordergrund rückt, scheint in der Folge andere Verwendungsweisen zu verdrängen, so dass etwa im Fach- und Wissenschaftsdiskurs die Prägung *was soll man sagen* prominenter wird.

Das heutige Verwendungsspektrum ist historisch in seiner Genese nachzuvollziehen. Es handelt sich m. E. um eine Prägung, mit der das nachfolgend Geäußerte als besonders evident – vor dem Hintergrund eines Common Sense (Evidenz des Gesagten) – und/oder als besonders relevant – vor dem Hintergrund des angedeuteten Abwägungsprozesses – hervorgehoben wird. Insofern ist es, bezogen auf das Heute, auch nicht besonders erstaunlich, dass sich toposhafte Äußerungen wie „Da muss man durch" (vgl. Beleg 3) an die Frage anschließen. Auch heute folgt der pragmatischen Prägung oft ein Bekenntnis, wobei dieses nicht ein Liebesgeständnis, sondern ebenfalls ein Bekenntnis zu Eigenheiten und Schrullen sein kann, dem man teils mit Ironie, teils mit Resignation begegnet.

Quellenverzeichnis

Adolph, Christian (1641): *Daktulion (he)pomnematikon*. Breslau.[2]
Albertinus, Aegidius (1615): *Der Landtstörtzer: Gusman von Alfarche oder Picaro genannt*. Bd. 1. München.
Börne, Ludwig (1833): *Briefe aus Paris*. Bd. 3. Paris.
Busch und Rosenbusch, Hanns Christoph von (1696): *Es verändert sich alles in der Welt!* Görlitz.
Butschky, Samuel von (1652): *Die Hochdeutsche Kantzeley*. Breslau et al.
Fassmann, David (1729): *Der Gelehrte Narr*. Freiburg.
Gerlach, Benjamin (1669): *Ein recht-Christlicher und vollkommener Ritters-Mann*. Breslau.
Gessner, Christian Friedrich (1740): *Die so nöthig als nützliche Buchdruckerkunst und Schriftgießerey*. Bd. 1. Leipzig.
Geßner, Salomon (1756): *Idyllen*. Zürich.
Glauber, Johann Rudolf (1659): *Johannis Rudolphi Glauberi Philosophi & Medici Celeberrimi Opera Chymica*. Bd. 2. Frankfurt am Main.
Jung-Stilling, Johann Heinrich (1835): *Lebensgeschichte*. Stuttgart.
Rabener, Gottlieb Wilhelm (1755): *Sammlung satirischer Schriften*. Bd. 4. Leipzig.
Rohr, Julius Bernhard von (1728): *Einleitung zur Ceremoniel-Wissenschafft der Privat-Personen*. Berlin.
Tieck, Ludwig (1798): *Franz Sternbald's Wanderungen*. Bd. 2. Berlin.
Varnhagen von Ense, Rahel (1834): *Rahel. Ein Buch des Andenkens für ihre Freunde*. Bd. 2. Berlin.
Vergilius Maro, Publius (1668): *Eigentlicher Abriß Einesverständigen/ tapfferen und frommen Fürsten/ Von dem fürtrefflichsten Poeten Virgilius*. Cölln (Spree).

---

[2] Die nachfolgenden Quellenangaben beziehen sich auf die Ausgaben des Deutschen Textarchivs. Es wurden jeweils die Kurztitel gewählt.

Sekundärliteratur

Burger, Harald (2012): Genese und Wandel des idiomatischen Bildes. In Natalia Filatkina, Birgit Ulrike Münch & Ane Kleine-Engel (Hrsg.), *Formelhaftigkeit in Text und Bild*, 17–39. Wiesbaden: Reichert.

Burger, Harald (^{5}2015): *Phraseologie. Eine Einführung am Beispiel des Deutschen*. Berlin: Erich Schmidt.

Dobrovol´skij, Dimitri (2011): Phraseologie und Konstruktionsgrammatik. In Kerstin Fischer, Anatol Stefanowitsch, Alexander Lasch, Jörg Bücker, Alexander Ziem et al. (Hrsg.), *Konstruktionsgrammatik / Bd. 3: Aktuelle Fragen und Lösungsansätze*, 111–131. Tübingen: Stauffenburg.

Feilke, Helmuth (2006): *Sprache als soziale Gestalt. Ausdruck, Prägung und die Ordnung der sprachlichen Typik*. Frankfurt am Main: Suhrkamp.

Filatkina, Natalia (2007): Pragmatische Beschreibungsansätze. In Harald Burger, Dmitrij Dobrovol´skij, Peter Kühn & Neal R. Norrick (Hrsg.), *Phraseologie / Phraseology. Ein internationales Handbuch der zeitgenössischen Forschung*. Handbücher zur Sprach- und Kommunikationswissenschaft 28, 1.Halbband, 132–158. Berlin, New York: De Gruyter.

Filatkina, Natalia (2013): Wandel im Bereich der historischen formelhaften Sprache und seine Reflexe im Neuhochdeutschen: Eine neue Perspektive für moderne Sprachwandeltheorien. In *Jahrbuch der Gesellschaft für germanistische Sprachgeschichte 2013*, 34–51. Berlin, New York: De Gruyter.

Filatkina, Natalia (2018): *Historische formelhafte Sprache. Theoretische Grundlagen und methodische Herausforderungen*. Berlin, Boston: De Gruyter (Formelhafte Sprache / Formulaic Language, 1).

Filatkina, Natalia, Ane Kleine-Engel, Marcel Dräger & Harald Burger (2012) (Hrsg.): *Aspekte der historischen Phraseologie und Phraseographie*. Heidelberg: Winter.

Geisenhanslüke, Achim (2006): *Masken des Selbst. Aufrichtigkeit und Verstellung der europäischen Literatur*. Darmstadt: Wissenschaftliche Buchgesellschaft.

Hyvärinen, Irma (2011): Zur Abgrenzung und Typologie pragmatischer Phraseologismen – Forschungsüberblick und offene Fragen. In Irma Hyvärinen & Annikki Liimatainen (Hrsg.), *Beiträge zur pragmatischen Phraseologie*, 9–45. Frankfurt am Main et al.: Lang.

Lüger, Heinz-Helmut (2007): Pragmatische Phraseme: Routineformeln. In Harald Burger, Dmitrij Dobrovol´skij, Peter Kühn & Neal R. Norrick (Hrsg.), *Phraseologie / Phraseology. Ein internationales Handbuch der zeitgenössischen Forschung*. Handbücher zur Sprach- und Kommunikationswissenschaft 28, 1.Halbband, 444–459. Berlin, New York: De Gruyter.

Reichertz, Jo (2013): Grundzüge des kommunikativen Konstruktivismus. In Reiner Keller, Hubert Knoblauch & Jo Reichertz (Hrsg.), *Kommunikativer Konstruktivismus*, 49–68. Wiesbaden: Springer Verlag.

Sandig, Barbara (2010): Formulierungsmuster, idiomatische Prägungen, Konstruktionen: Zum Bewerten in journalistischen Texten. In Jarmo Korhonen et al. (Hrsg.), *Europhras Tagung 2008. Beiträge zur internationalen Phraseologiekonferenz vom 13.8.–16.8.2008 in Helsinki*. Online verfügbar: http://homepage.univie.ac.at/beata.trawinski/publications/europhras_08.pdf, 169–179. (letzter Zugriff: 20.03.2020).

Schuster, Britt-Marie (2010): „Aber was rede ich?" – Sprachgebrauch und Ethik am Beispiel des Essays. In *Sprache und Literatur in Wissenschaft und Unterricht 41 (2010). Sonderheft: Literatur und Ethik*. Hrsg. von Joachim Jacob & Claudia Öhlschläger, 33–48.

Stein, Stephan (1995): *Formelhafte Sprache. Untersuchungen zu ihren pragmatischen und kognitiven Funktionen im gegenwärtigen Deutsch* (= Sprache in der Gesellschaft 22). Frankfurt am Main: Lang.

Stein, Stephan (2007): Mündlichkeit und Schriftlichkeit aus phraseologischer Perspektive. In Harald Burger, Dmitrij Dobrovol'skij, Peter Kühn & Neal R. Norrick (Hrsg.), *Phraseologie / Phraseology. Ein internationales Handbuch der zeitgenössischen Forschung*. Handbücher zur Sprach- und Kommunikationswissenschaft 28, 1.Halbband, 220–236. Berlin, New York: De Gruyter.

Weinrich, Harald (2007): *Textgrammatik der deutschen Sprache*. [4]Darmstadt: Wissenschaftliche Buchgesellschaft.

Dirk Werle

Werrly. Zur literarischen Funktionalisierung dialektaler Rede in und um Johann Michael Moscheroschs *Welt-Wesen*

1

In seiner Adaptation der Gregorius-Legende, dem Roman *Der Erwählte*, lässt Thomas Mann seinen Protagonisten auf der fiktiven Kanalinsel Sankt Dunstan aufwachsen, wo er als Findelkind in einem Fässchen angelandet und von einer Fischerfamilie aufgenommen worden ist.[1] Als sechsjähriger Junge wird er als Klosterschüler in das Inselkloster *Agonia dei* aufgenommen, was unter anderem zur Folge hat, dass er sich dem Idiom seiner Pflegefamilie – von der er lange nicht weiß, dass sie nicht seine leibliche Familie ist – entfremdet:

> Seine Rede ward rein wie seine Füße und Hände, und er konnte bald das Messingsch der Hütte nicht mehr, beim besten Willen nicht und nicht von Hochmuts wegen. Wenn er mit achten und zehnen zu Besuch saß bei den Kätnern, gab er sich Mühe aus Höflichkeit, ihre Worte zu brauchen, doch waren sie falsch nun in seinem Munde und standen ihm unnatürlich, so daß die Gesichter sich verzerrten: das seine vor Scham, die ihren vor Ärger, weil ihnen war, als wollte er sie verhöhnen. (Mann 1974: 87)

Gestaltet ist hier die Geschichte eines Bildungsaufstiegs, und dabei spielt der Übergang vom Dialekt zu einer wie immer gearteten Hochsprache eine Rolle: Gregorius legt das „Messingsch" seiner Pflegefamilie ab und gewöhnt sich die Sprache der Mönche an. Das führt dazu, dass er von seiner Pflegefamilie mit „Ärger" angeschaut wird. Dies wiederum liegt nicht nur an der Wahrnehmung einer sozialen Entfernung, sondern vor allem auch an weiteren damit verknüpften Aspekten: Der Sprecher der Hochsprache spricht den Dialekt nun „falsch", „Scham" spielt in diesem Zusammenhang eine Rolle, „Höflichkeit" und die Vermutung von Hochmut. Das hat mit Konnotationen zu tun, die das Hochsprache-Sprechen in einem dialektalen Umfeld nicht nur in einem fiktiven Mittelalter, sondern vor allem noch in Thomas Manns und unserer realen Gegenwart hervorruft: Dialekt spricht man nicht wie eine beliebige Fremdsprache, sondern er

---

[1] Für wichtige Hinweise zu diesem Beitrag danke ich Sylvia Brockstieger, Sofia Derer und Wilhelm Kühlmann (alle Heidelberg).

funktioniert vorrangig als Muttersprache und dient so als Erkennungszeichen einer regionalen Sprach- und Kulturgemeinschaft. Hier ist man entweder drinnen oder draußen, ein Mittelding gibt es meist nicht. Das bekommt Gregorius zu spüren, der mit seinem Bildungsaufstieg sein herkunftsmäßiges Sprachhabitat verlassen hat. Dafür schämt er sich, weil er zu Recht annimmt, dass seine Pflegefamilie glaubt, er hielte sich ‚für etwas Besseres', sei hochmütig und spreche daher nicht mehr, ‚wie ihm der Schnabel gewachsen ist', sondern in einer künstlichen Sprache. Für Gregorius aber ist die Hochsprache nichts Künstliches, sie ist seine ‚echte' Sprache geworden.

Thomas Mann gestaltet hier Dimensionen eines sozialen Konflikts zwischen Hochsprache und Dialekt. Dieser soziale Konflikt wird von Gregorius' „Milchbruder" Flann polemisch adressiert:

> Des Abtes Gotteskind bist du, der hat dich Bankert aus Hütte und Hochmut mit sechsen ins Kloster genommen, und hast die Lettern gelernt und die Wissenschaft und die gewaschene Pfaffenred, sitzt aber bei uns immer einmal und läßt uns merken, daß du's nicht merken lassen willst, – redest nach unserm Maul mit deinem feinen, was unerträglich ist, denn gemein reden kann man nur mit gemeinem Maul, und tut man's mit feinem, ist's eine Verhöhnung! Eine Verhöhnung bist du, wie du da leibst und lebst, denn du bringst die Welt durcheinander und verwirrst die Unterscheidungen. (Mann 1974: 97–98)

Die Verwendung dialektaler Passagen zur sozialen und regionalen Charakterisierung von Romanfiguren findet sich in Manns Œuvre immer wieder, am prominentesten in den *Buddenbrooks*. Er ist dabei nicht zuletzt von dem seinerseits in der Zeit vielgelesenen niederdeutsch schreibenden Romancier Fritz Reuter beeinflusst.

Die sozialen Dimensionen von Dialekt und Standardsprache, ihre jeweilige soziale Markierung und die Frage, was damit in spezifischen Redekonstellationen geschieht, etwa im konflikträchtigen Zusammentreffen von Standard- und Dialektsprechern, die Bedeutung der Erwartungen an Nähe- und Distanzkommunikation in diesem Kontext (allgemein dazu Koch & Oesterreicher 1985) und die Mechanismen der Gruppenbildung durch sprachliche Eingemeindung und Ausgrenzung sind Gegenstände der Varietätenlinguistik (vgl. Felder 2013). Sie sind aber auch Gegenstände der Literatur; literarische Texte können vorführen, wie sich die sozialen Dimensionen von Dialekt ‚anfühlen', und umgekehrt kann Dialekt bedeutungstragende Funktion innerhalb literarischer Texte besitzen. Das gilt jedoch naturgemäß erst für literarische Texte, die in Zeiten entstehen, in denen die Unterscheidung von Standardsprache und Dialekt überhaupt etabliert ist. Das war Anfang der 1950er Jahre, als Thomas Mann seinen *Erwählten* veröffentlichte, definitiv der Fall; Leonhard Herrmann und Beat Siebenhaar setzen in ihren grundlegenden Ausführungen zum Thema ‚Dialekt in Literatur' die „Etablierung einer Hochsprache in der Aufklärung" als Startpunkt an (Herrmann & Siebenhaar 2015: 53) – aber man findet derlei auch schon in Erzähltexten des 17. Jahrhunderts, und das soll im Folgenden ausgehend von einem Beispiel vorgeführt werden. Bestimmt sollte man vorsichtig damit sein, die Begriffe *Standardsprache* und *Dialekt* für diese frühere Phase der Sprachgeschichte des Neuhochdeutschen, und den Begriff des Dialekts gerade im Falle schriftlich fixierter literarischer Texte, zu verwenden. Vielleicht wäre es hier treffender, von stark markierten Regiolekten zu sprechen oder, weniger terminologisch markiert, von Mundarten. Anstelle von Standardsprache ist vielleicht in der frühen Neuzeit eher von sprachausgleichender Druckersprache oder ähnlichen Phänomenen auszugehen. Wenn ich im Folgenden mit der gebotenen Vorsicht von ‚dialektalen' und ‚standardsprachlichen' Aspekten spreche, dann geschieht das aus Gründen der Vereinfachung und sei einem sprachwissenschaftlichen Laien verziehen.

2

1640 erschien in der Straßburger Offizin Johann Philipp Mülbes ein Buch mit dem Titel *Visiones de Don Quevedo. Wunderliche und Warhafftige Gesichte Philanders von Sittewalt*. Philander von Sittewalt erscheint als Autor, Erzähler und Protagonist dieser Sammlung durch eine Rahmenhandlung locker verbundener satirischer Erzähltexte. Dabei handelt es sich um ein Pseudonym. Hinter dem gräzisierten Menschenfreund steckt Johann Michael Moscherosch, und dessen Herkunftsort, an dem die Sitten walten, ist ein Anagramm von Moscheroschs Herkunftsort Willstätt in der Ortenau, vormals in der Grafschaft Hanau-Lichtenberg gelegen (vgl. Schäfer 1993a). Wie der Titel sagt, handelt es sich bei dem Erzählwerk um eine Übertragung aus dem Spanischen, nämlich von Francisco de Quevedos *Sueños y discursos de verdades descubridoras*, zuerst erschienen 1627. Moscheroschs *Gesichte Philanders von Sittewalt* waren einer der großen Bucherfolge des 17. Jahrhunderts: Zahlreiche Auflagen – in autorisierter Form und auch als Raubdrucke – erschienen, Moscherosch erweiterte seine Sammlung in Folgeauflagen um neue, nicht auf Quevedo zurückgehende Gesichte, und andere Autoren veröffentlichten unter dem so zur Marke avancierenden Pseudonym ‚Philander von Sittewalt' eigene satirische Texte. *Gesichte* heißen die Erzählungen der Sammlung, weil es sich gemäß der entworfenen Fiktion um Traumnarrationen handelt.

Das zweite der *Gesichte Philanders von Sittewalt* trägt den Titel *Welt-Wesen*.[2] Darin begegnet der Protagonist einem väterlichen Mentor namens Expertus Robertus. Mit ihm wird er unter anderem Zeuge eines Leichbegängnisses einer verheirateten Frau, das Expertus Robertus folgendermaßen kommentiert:

> […] mein Sohn/ nur gemach/ nicht Vrtheile so bald/ dann dieses alles so du sihest, ist eine eytele Heucheley/ eine eytele vanität. Alles was da geschicht/ ist angenommener gezwungener weiß/ es gehet nicht von Hertzen/ ist lauter Scheinsal/ vnnd wirst du baldt erfahren/ wie sehr daß jnnerliche dem eusserlichen schein so gar nicht correspondiere. (Moscherosch 1986: 23)

Damit ist eine allgemeine Deutung des Geschehens etabliert, in die alle Details der Trauerfeier eingepasst werden. Das betrifft etwa die Trauergäste, die dem Anschein nach betrübt über das Hinscheiden der jungen Frau sind. Hierzu sagt Expertus Robertus: „Die grosse scheinbare Trauer/ so die nachfolgende sehen lassen/ gehet weder von Hertzen noch zu Hertzen/ geschicht allein darumb/ weil es also der brauch und gewonheit ist/ vnd sie zu solcher letzten Ehre vnd Begängnuß seind beruffen vnd geladen" (Moscherosch 1986: 24). Es betrifft auch den Witwer, dessen Trauer sich nach der Deutung von Expertus Robertus nicht in erster Linie auf den Verlust seiner Ehefrau bezieht:

> Der Wittwer selbsten ist so bekümmert nicht wie er sich stellet/ vnd du jhn dafür ansiehest ist meist darumb traurig/ daß er so viel Vnkosten bey der Begräbnuß auffwenden muß/ die doch eben wol mit minderem gepräng vnd wenigerem seinem schaden hette geschehen können. (Moscherosch 1986: 24–25)

Die Beschreibung des Leichbegängnisses einer Frau wird gleich im Anschluss gespiegelt durch die Beschreibung der Trauer um einen verstorbenen Mann; Philander und Expertus Robertus treffen auf „eine Junge Wittib/ deren der liebe Mann vor zweyen Tagen allerst gestorben" (Moscherosch 1986: 25). Dargestellt wird, wie verschiedene der Witwe nahe stehende weibliche Personen versuchen, sie zu trösten, unter anderem mit der Aufforderung, das eigene Herz in „Gedult" zu geben (Moscherosch 1986: 26). *Patientia* ist übrigens auch der Titel eines unvollendeten Schreibprojekts Moscheroschs, in dem er die Geduld als favorisierte Reaktion auf die Zumutungen des äußeren Lebens beschreibt (Moscherosch 1897). Die junge Witwe im *Welt-Wesen* zeigt sich aber solchen Ratschlägen gegenüber unaufgeschlossen, sie klagt bitterlich über den ihr zuteil gewordenen Verlust:

---

[2] Zitiert wird nach der handlichen Auswahlausgabe Moscherosch (1986). Abweichend von dieser Ausgabe werden Umlaute mit überschriebenem a als ä, ö, ü wiedergegeben; und vor Virgeln wird kein Leerzeichen gesetzt. Die Auswahlausgabe orientiert sich an der 1642 in Straßburg erschienenen Ausgabe der *Gesichte*, die auch in einem Nachdruck vorliegt (Moscherosch 1974).

> Ach daß es GOtt erbarme/ spricht sie/ ich armes elendes Weib/ was soll ich thun? Ach wer wird mich nun trösten vnd erfrewen? wer wird mich nun mehr? Ach mein Hertzallerliebster Schatz/ wie ist mir dein Abscheid so schmertzlich! ach ich arme Wittwe/ wer wird sich meiner in diesem schweren Creutz doch annehmen! (Moscherosch 1986: 27)

Und so weiter. Derlei emotionale Trauerreden beanspruchen schon in der frühen Neuzeit und auch in der Welt der *Gesichte* eine durch die Emotionalitätsgesten, etwa das mehrfach wiederholte Ach-Seufzen, beglaubigte Authentizität. Diese Authentizität wird aber von den beiden beobachtenden Reflektorfiguren in Zweifel gezogen, zunächst implizit von Philander, wenn er das gemeinsame Klagen der Witwe und ihrer weiblichen Bezugspersonen als unharmonischen, lärmenden Chor, also als ästhetisch-rhetorische und damit nicht ‚gefühlsechte', aber eben auch ästhetisch unbefriedigende, das Ohr beleidigende Lautäußerung beschreibt, die zudem noch onomatopoetisch imitiert wird:

> Zu diesem figural geschrey kommet dann die vbrige gantze Choral Harmony/ in dem die andere Weiber alle/ mit Naseschneutzen/ räusperen/ husten/ schnupffen/ schluxen kluxen/ ritschen/ wischen/ wäschen/ klappern vnd Bapplen/ zustimmen/ so daß ich kein wort mehr verstehen konnte/ was mehr geredet oder gesagt worden. (Moscherosch 1986: 27)

Expertus Robertus zieht die emotionale Authentizität der Witwen- und Weiberklage auch explizit in Zweifel und deutet sie physiologisch: Frauen brauchen, so Expertus Robertus, das Heulen und Wehklagen, weil sie damit ihren Säftehaushalt im Gleichgewicht halten; es ist, so die Marginalie zu dieser Stelle, „Der Weiber schnup-Tabac":

> Dieses alles/ sprach der Alte/ ist der Weiber ordinarium vnd meines erachtens jhre gewohnliche purgation, in dem sie die böse Feuchtigkeiten vnnd Flüsse deß Hirns also durch die Naßlöcher vnd Augen außtreiben/ eben als bey den Mannsleuten die Tabac-Narren pflegen. (Moscherosch 1986: 27)

Das Verhalten insbesondere der jungen Witwe deutet Expertus Robertus dergestalt, dass sie nur zum Schein trauert, aber in Wirklichkeit bereits daran denkt, bald einen neuen Mann zu haben.[3] Um seine Deutung zu plausibilisieren, imaginiert Expertus Robertus, wie die Witwe mit ihren Gespielinnen reden wird, wenn sie allein sind. So stellt er sich und Philander vor, dass „eine jhrer vertrawten" der Witwe „nach der Weiber art ex lachrymis in risum mota" raten werde:

> [...] jhr habt es besser als jhr selbsten meinet/ ist schon ewer Herr vnd Mann gestorben/ botz zipffel/ jhr seid noch jung vnnd wacker genug/ werd ewers gleichen bald finden/ wann

---

3 Vgl. bereits den Hinweis auf die Stelle bei Faber du Faur (1947: 502–503).

> jhr nur wollet: der vnnd der haben schon nach euch gefraget/ dieser hat schon ein Auge auff euch geworffen/ soltet jhr nur einmahl mit jhm zusprechen kommen/ jhr wirdet deß verstorbenen bald vergessen/ wann es mir also zuthun were/ wie bald wolt ich mich gressolfiert han. Werrly liebe Nachbarin/ wird die andere sagen/ wann es mir asso were/ ich wollte mich bald bedacht han: Einer verlohren/ zehen wider gefunden [...]. (Moscherosch 1986: 29)

Diese Passage ist intrikat, denn im Verlauf der von Expertus Robertus imaginierten Rede der Vertrauten der Witwe, in der jene Klartext zu reden beginnt und ihr rät, die Trauer um den verstorbenen Mann abzulegen und sich auf die Avancen anderer einzulassen, geschieht etwas mit der Sprache dieser Vertrauten. Sie spricht zunächst ein frühneuhochdeutsches ‚Standardidiom' – genauer: ein oberdeutsches Regionalidiom mit stark entregionalisierten Zügen – und wählt ein dem Anlass des Trauerfalls angemessenes Stilregister. Dieses Stilregister wird dann aber genau an der Stelle, an der die neue Perspektive – weg von der Trauer, hin zur Neuverpaarung – intoniert wird, durch einen diesem Stilregister unangemessenen obszönen Ausruf verändert: „botz zipffel" ruft die Vertraute aus und macht damit, vielleicht unfreiwillig, deutlich, dass sie bei ihren guten Ratschlägen vor allem an eines denkt, nämlich an das männliche Geschlechtsteil. Und ganz am Ende der Rede verfällt sie mit dem einen Wörtchen „han" in ein vom ‚Standardidiom' abweichendes dialektales Idiom, sie ist kurz auf der Schwelle zu einem Reden, wie ihr der Schnabel gewachsen ist. Davon wiederum lässt sich eine zweite Vertraute animieren, sich bereits etwas weiter vom ‚Standardidiom' zu entfernen, und zwar bezeichnender Weise mit einer Rede, die mit dem Wörtchen „Werrly" beginnt, ‚wirklich', das heißt, sie zeigt an, die bisherige Verstellung nun ablegen und ehrlich und authentisch reden zu wollen. Das, was die zweite Vertraute spricht, ist aber kein Dialekt, sondern ein ‚Standardidiom', das lediglich mit einigen dialektalen Wörtern durchsetzt ist: *asso, han*.

Bemerkenswert ist nun weiterhin, wie die Witwe auf die unmoralischen, ehrlichen Ratschläge ihrer Vertrauten reagiert. Sie verfällt zunächst ebenfalls in dialektales Sprechen: „Oh weh! Was sagenir do?" Sie kommt ihnen mithin auf sprachlicher Ebene entgegen, wehrt aber die inhaltlichen Ratschläge ab. Und sie wechselt umgehend wieder ins ‚Standardidiom':

> Ja wol vergessen! Ach mein lieber Mann/ wie kann ich/ wie will ich deiner so bald vergessen! Ja freylich! Ach GOtt es ist noch nicht von Heyrathen zureden! Jch wolt verschwören mein Lebtag mehr einen Mann zunehmen! solte es aber je Gottes sonderbahrer wille sein/ so wird er mir die Zeit vnd Person selbsten wol außsehen [...]. (Moscherosch 1986: 30)

Damit bringt sie die erwartbare Reaktion einer anständigen Witwe moralisch korrekt zum Ausdruck. Der Witz ist nun aber, dass damit die Rede der jungen Witwe, wie Expertus Robertus sie imaginiert, nicht endet, sondern sie schließt mit einem fast ganz im oberrheinisch-alemannischen Dialekt von Moscheroschs Heimatregion geäußerten Satz: „Doch imöcht werrly schier lachä/ dasser miasso fexirä/ iwill guotä roth drumb nicht veracht han/ sondern thu mi der trewen fürsorge von Hertzen bedanken." Hier spricht nun die Witwe Klartext: Auch sie kann sich durchaus vorstellen, kurz nach dem Hinscheiden ihres Mannes schon wieder nach anderen Männern Ausschau zu halten.

Ähnlich wie drei Jahrhunderte später in Thomas Manns *Erwähltem* steht die dialektale Rede schon bei Moscherosch für Bodenständigkeit und Unverstelltheit. Der Dialekt wird bei Moscherosch aber nicht wie bei Mann von der ‚Standardsprache' abgehoben, um letztere intradiegetisch als Sprache des Hochmuts zu markieren, sondern er erscheint als Gegenentwurf zur ‚Standardsprache' als Sprache der Unwahrheit und der Verstellung. Erst wenn die Menschen – so die Darstellung des Expertus Robertus – reden, wie ihnen der Schnabel gewachsen ist, also im Dialekt, zeigen sie ihr wahres und unverstelltes, damit aber auch ihr moralisch verkommenes Gesicht, das hinter der wohlanständigen Maske steckt. Diese Funktionalisierung des Dialektalen ist verwandt mit, aber spezifisch unterschieden von einer von Herrmann und Siebenhaar für spätere Perioden identifizierten (vgl. Herrmann & Siebenhaar 2015: 64–67): Um 1800 wird das Dialektale, so Herrmann und Siebenhaar, häufig in Verbindung mit idyllischen Idealzuständen gebracht; auch in diesen Texten reden die Menschen, wie bei Moscherosch, authentisch, wenn sie Dialekt reden, aber anders als bei Moscherosch ist dieses authentische Reden moralisch integer – man denke an Johann Peter Hebels *Alemannische Gedichte*. Moralische Integrität zeigt das Dialektsprechen dann gemäß Herrmann und Siebenhaar (2015) auch in naturalistischen Texten vor und um 1900 an – man denke an Gerhart Hauptmanns Dramen und den darin funktionalisierten schlesischen Dialekt –, aber hier im Sinne einer „Sprache der Utopie" vor dem Hintergrund einer moralisch verkommenen Umwelt. Bei Moscherosch sind Dialektsprecher und Umwelt gleichermaßen moralisch defizitär. Diese Funktionalisierung des Dialekts als Sprache, in der der moralisch verkommene Mensch sein wahres Gesicht zeigt, findet sich übrigens in Moscheroschs Vorlage, Quevedos *Sueños y discursos*, nicht: Die entsprechende Stelle in Quevedos *sueño El mundo por el dentro* ist deutlich kürzer als bei Moscherosch, der hier seine Vorlage zeittypisch ausschreibt, und ein Wechsel der Sprachvarietät des Spanischen ist an der Textstelle nicht erkennbar (vgl. Quevedo 1993, Bd. 1: 203 und die Übersetzung Quevedo 1980: 110). Allerdings übersetzt Moscherosch Quevedo nicht direkt, sondern ihm dient eine französische Übersetzung der *Sueños* durch einen Sieur de la Geneste als Vorlage (vgl. Quevedo 2004; zur Identität des Übersetzers vgl. Phélouzat 1973; zu Moscheroschs Kulturkontakt nach Frankreich, insbesondere zu seiner Frankreichreise Kühlmann & Schäfer 1983: 46–86). Es wäre zu überprüfen, wie es sich in diesem übersetzerischen Zwischenstück zwischen dem spanischen Original und der deutschen Übertragung hinsichtlich des Dialekts an dieser Stelle verhält.

Betrachtet man die untersuchte Textstelle aus Moscheroschs *Welt-Wesen* im Verbund mit dem vorangehenden Ko-Text, dann sieht es so aus, als ob das unehrliche Verhalten der Witwe genderneutral bewertet würde: Nicht nur Witwen, sondern auch Witwer handeln so; das unehrliche Verhalten ist eine genderneutrale Angelegenheit. Liest man aber das Gesicht *Welt-Wesen* zu Ende und betrachtet die Textstelle im Verbund mit dem folgenden Ko-Text, dann wird deutlich, dass das unehrliche Verhalten der Witwe exemplarisch als etwas typisch Weibliches dargestellt wird; der Text entwickelt sich zu einer veritablen Frauensatire (vgl. allgemein zu der Thematik Langer 1992): Philander und Expertus Robertus begegnen etwas später einer ausnehmend schönen, sich verführerisch gebärdenden Dame, die von Philander mit petrarkistisch anmutenden Stereotypen beschrieben und als „Meisterstück der Natur" apostrophiert wird (Moscherosch 1986: 38). Doch Expertus Robertus klärt ihn auf, dass die scheinbar natürliche Schönheit der Frau lediglich „entlehnte[] schönheit" ist (Moscherosch 1986: 41); sie ist – ein verbreiteter Topos – durch Schminke, schöne Kleider und andere Hilfsmittel ‚aufgehübscht'. Und so endet das *Welt-Wesen* mit einer misogynen „Weiber definition", die rückblickend auch die Darstellung der Witwe, die erst als Dialektsprecherin ihr wahres Gesicht zeigt, tingiert:

> Mit einem Wort den außschlag zugeben/ so wisse daß der grössere theil der *Weiber nichts anderst/ als mit stoltz bekleidete vnd mit falschheit gefüterte Thiere sind/* deren meiste gedancken dahin gehen/ wie sie der Männer Einfalt vnnd Auffrichtigkeit verlachen vnd stumpffiren mögen: vnd das die jenige/ so man für die beste haltet/ den Männern die meiste sorge machen [...]. (Moscherosch 1986: 42)

3

In welchem Licht erscheint Moscheroschs Darstellung des Dialekts als Sprache der Aufrichtigkeit moralisch verkommener Subjekte, wenn man sie im Kontext des zeitgenössischen Dialekt-Diskurses betrachtet? Diese Frage lässt sich im gegebenen Rahmen nur schlaglichtartig beantworten. Mentalitätsgeschichtlich besonders nahe stehen Moscherosch sicherlich die *Reim-getichte* Jesaias Romplers von Löwenhalt, in denen sich immer wieder mundartliche Elemente finden, die in Gegenbewegung zur höfischen Galanterie und zu allfälligen zeitgenössischen Bemühungen um Sprachausgleich eine urtümliche, altdeutsche Sprache propagieren und das Dialektale damit für sprachpolitische und nationalpatriotische Zwecke funktionalisieren (vgl. Rompler 1988, darin besonders auch das Nachwort). Dieser Zugang dürfte dem mit Rompler nicht zuletzt in der Tannengesellschaft verbundenen Moscherosch gefallen haben; in seiner eigenen Inszenierung steht die Mundart wie bei Rompler für das Eigene und Unverstellte, das aber, anders als bei diesem, gleichzeitig moralisch korrumpiert erscheint – dies jedoch nur im Vorbeigehen. Das erste ausführlichere Schlaglicht zum Dialekt-Diskurs Mitte/Ende des 17. Jahrhunderts sei auf einen Erzähltext geworfen, der in dieser Zeit viel weniger gelesen wurde als Moscheroschs *Gesichte*, der aber heute bedeutend höher kanonisiert ist und der nachweislich aus Moscheroschs Erzählsammlung zahlreiche Anregungen bezogen hat (vgl. dazu Schäfer 1972, ders. 1993b), dessen Autor sich darüber hinaus im selben regionalen Umfeld der Ortenau bewegte wie Moscherosch. Die Rede ist von Hans Jacob Christoffel von Grimmelshausen und seinem 1668/69 erschienenen *Simplicissimus Teutsch*.[4] Dieser berühmte Roman ist wie Moscheroschs *Gesichte* pseudonym erschienen und lässt einen Ich-Erzähler auftreten, der rückblickend seine Lebensgeschichte erzählt. Zu Beginn dieser Erzählung berichtet Simplicissimus chronologisch naheliegend von seiner Kindheit als Pflegesohn eines einfachen Bauern, seines „Knan", im Spessart. Berichtet wird, wie der Knan ihm den Auftrag erteilt, die Schafe zu hüten, und das ist die erste Passage des Romans, in der direkte Rede vorkommt:

> Er sagte/ Bub biß fleissig/ loß di Schoff nit ze weit vunananger laffen/ un spill wacker uff der Sackpfeiffa/ daß der Wolff nit kom/ und Schada dau/ dann he yß a solcher feyerboinigter Schelm und Dieb/ der Menscha und Vieha frisst/ un wan dau awer farlässj bisst/ so will eich dir da Buckel arauma. Jch antwortet mit gleicher Holdseeligkeit: **Knano/ sag mir aa/ wey der Wolff seyhet?** Eich huun noch kan Wolff gesien: Ah dau grober Eselkopp/ *replicir*t er hinwieder/ **dau bleiwest dein Lewelang a Narr/ geith meich wunner/ was auß dir wera wird/ bißt schun su a grusser Dölpel/ un waist noch neit/ was der Wolff für a feyerfeussiger Schelm iß**.[5]

---

[4] Ebenfalls nur im Vorbeigehen sei auf zwei Beispiele dialektaler Lyrik des 17. Jahrhunderts hingewiesen, nämlich auf das im samländischen Dialekt verfasste „Anke van Tharaw", das sich zuerst im 1642 erschienenen fünften Teil von Heinrich Alberts *Arien* findet und wahrscheinlich von Simon Dach stammt – hier nachgewiesen nach der postum von Ambrosius Profe zusammengestellten Vademecum-Ausgabe: Albert (1657: 240f.) – sowie auf den bedeutend weniger bekannten „Bäurischen Auffzug/ Auff den Einzug Ihr Fürstl. Gnaden von Altenburg" Johann Georg Schochs (vgl. Schoch 1660: 54–56), der einen schlesischen Dialekt imitiert. Vgl. dazu Dröse (2020). Im schlesischen Dialekt ist daneben – um auch den Bereich des Dramas wenigstens andeutungsweise einzubeziehen – der burleske Handlungsstrang von Andreas Gryphius' Lustspiel *Verlibtes Gespenste. Die gelibte Dornrose* verfasst; vgl. Gryphius (1991).
[5] Der Abentheurliche *SIMPLICISSIMUS* Teutsch/ Das ist: Die Beschreibung deß Lebens eines seltzamen *Vagant*en/ genant Melchior Sternfels von Fuchshaim/ wo und welcher gestalt Er nemlich in diese Welt kommen/ was er darinn gesehen/ gelernet / erfahren und außgestanden/ auch

Der dialektalen Rede in Spessarter Mundart an dieser Stelle kann man im Kontext des Erzählten verschiedene Funktionen zuschreiben,[6] und das lässt wiederum die oben vorgestellte Textstelle bei Moscherosch in einem differenzierteren Licht erscheinen. Erstens soll die dialektale Rede bei Grimmelshausen, und das gilt ähnlich auch für die entsprechende Stelle bei Moscherosch, Lokalkolorit liefern und damit den ‚Realismus' des Dargestellten erhöhen: So wie durch die Verwendung des Dialekts bei Moscherosch deutlich wird, dass das Erzählte in der oberrheinisch-alemannischen Region zu situieren ist, so lokalisiert die Rede des Knan das Erzählte im Hessischen. Erzeugt wird mittels der Verwendung der dialektalen Passagen hier ein ‚Wirklichkeitseffekt', von dem Herrmann und Siebenhaar schreiben, dass er durch Dialektliteratur allgemein hervorgerufen werde, obwohl die Verschriftlichung und literarische Repräsention primär mündlicher, standarddifferenter Varietäten immer den Verweis auf ihre genuinen Grenzen mittransportiere und notwendigerweise fiktive Sprachformen hervorbringe (Herrmann & Siebenhaar 2015: 50). Zweitens situiert die Verwendung des Dialekts den Knan und den jungen Simplicissimus in einem bildungsfernen Kontext. Auch das gilt mit Einschränkungen für die Witwe und ihre Freundinnen bei Moscherosch; bei Grimmelshausen ist es aber darüber hinaus deutlich im Kontext einer Bildungsgeschichte funktionalisiert: Nachdem Simplicissimus' Heimathof von marodierenden Soldateska verwüstet und zerstört worden ist, gelangt er zu einem Einsiedler, der ihm Lesen und, so darf man annehmen, auch hinsichtlich des mündlichen Sprachgebrauchs jene ‚Standardsprache' beibringt, in der er als Erzähler auch seine Lebensgeschichte erzählt. Drittens, und das hängt mit dem zweiten Punkt zusammen, markiert die Verwendung des Dialekts eine humoristische Dimension. Die zitierte Stelle ist komisch, weil sie ein sprachbezogenes Miss- oder besser: Unverständnis inszeniert: Der Knan gibt dem Simplex die Anweisung, sich vor dem Wolf in Acht zu nehmen, und geht mit dem Leser davon aus, dass an dieser Anweisung nichts Unverständliches sein dürfte. Der Simplex ist aber, so die Pointe des Dialogs, so simpel, dass er noch nicht einmal weiß, was ein Wolf ist. Diese Situationskomik wird durch Sprachkomik verstärkt, indem die Sprecher, besonders in der verschriftlichten Form für einen zeitgenössischen wie heutigen Leser ungewohnt, im hessischen Dialekt sprechen und indem insbesondere der Knan sich jenes derben Sprachniveaus befleißigt („Eselkopp"), das

---

warumb er solche wieder freywillig quittirt. Überauß lustig/ und männiglich nutzlich zu lesen. An Tag geben Von *German Schleifheim* von *Sulsfort*. Monpelgart/ Gedruckt bey Johann Fillion/ Jm Jahr M DC LXIX, Buch 1, Kap. 2, S. 13. Hier zitiert nach der Transkription der Online-Edition Grimmelshausen (2018).

6 Vgl. allgemein zum Dialekt bei Grimmelshausen Sodmann (1973), Siegert (1995: 299–301), Eichinger (2001) und für den Kontext Rosenberger (2015).

landläufig gelegentlich mit dialektalem Sprechen assoziiert wird. Eine in analoger Weise humoristische Dimension darf man auch mit Blick auf die analysierte Textstelle in Moscheroschs *Gesichten* vermuten.

Der Heimathof des Simplicissimus wird dann wenig später, wie gesagt, von marodierenden Reitern geplündert und verwüstet; Simplicissimus kann fliehen und kehrt, als er glaubt, die Feinde seien wieder verschwunden, zum abgebrannten Hof zurück:

> Als aber der Morgenstern im Osten herfür flackerte/ sahe ich meines Knans Hauß in voller Flamme stehen/ aber niemand der zu leschen begehrte; ich begab mich herfür/ in Hoffnung/ jemand von meinem Knan anzutreffen/ wurde aber gleich von fünff Reutern erblickt/ und angeschryen: **Junge/ kom heröfer/ oder schall my de Tüfel halen/ ick schiedte dick/ dat di de Dampff zum Hals utgaht**; Jch hingegen blieb gantz stockstill stehen/ und hatte das Maul offen/ weil ich nicht wuste/ was der Reuter wolte oder meynte [...]. (Grimmelshausen 2018: Buch 1, Kap. 5, 21–22)

Der Reiter schießt dann wirklich, wie angekündigt, auf Simplicissimus, dieser kann sich aber retten. Für den hier traktierten Zusammenhang ist wichtig, dass die Stelle eine Art Gegenstück zu der zuvor zitierten darstellt: Auch die marodierenden Reiter sprechen Dialekt, aber nicht den heimischen des Simplicissimus, sondern einen fremden, niederdeutschen, wie man ihn in der Zeit ähnlich etwa in Gestalt von Johann Lauremberg 1652 veröffentlichten *Scherzgedichten* literarisiert finden konnte (vgl. Lauremberg 1879 & 1909). Vorgeführt wird an dieser Stelle von Grimmelshausens Roman, wie Dialekt Gruppenzugehörigkeiten und Weltverstehen innerhalb von Sprachgemeinschaften in radikaler Weise bestimmen kann. Er ist für Sprecher der betreffenden Sprachvarietät eine heimische Sprache, eine Sprache der Nähe, etwa im Fall der Witwe in den *Gesichten*, die Dialekt spricht, wenn sie die Wahrheit meint, oder im Fall des Knans im *Simplicissimus*, der den Simpel in seiner Vater-Sprache anredet. Für jemanden, der den betreffenden Dialekt nicht spricht, kann er aber entsprechend das Fremde schlechthin bedeuten, das Unverständliche und Bedrohliche, das in die eigene Lebenswelt einbricht. Wenn man die intradiegetische Ebene verlässt und die Ebene der Kommunikation des Autors mit dem Leser anschaut, dann wird die Sache noch komplizierter: Simplicissimus versteht das niederdeutsche Idiom der Reiter nicht, aber dem Leser wird angesonnen, dass er es – auch in der verschriftlichten Form – wohl verstehen wird. Dem Leser der *Gesichte* wird entsprechend angesonnen, dass er die Worte der Witwe versteht, aber er versteht sie – gerade in der verschriftlichten Form – vermutlich schlechter als die intradiegetischen Adressaten ihrer Rede; der Text rechnet mit einem Leser, der eine gewisse Mühe aufbringt, die von der gewohnten ‚Standardliteratursprache' abweichende Sprachvarietät in der Verschriftlichung zu verstehen.

Ein zweites Schlaglicht auf den zeitgenössischen Dialekt-Diskurs lässt sich werfen, indem man den Blick neben fiktionalen Erzähltexten auf lehrhaft-reflektierendes Schrifttum lenkt. Bekannt ist die historisch einflussreiche Position von Martin Opitz, der dem Dichter in seinem *Buch von der Deutschen Poeterey* empfiehlt, dialektale Wendungen zu vermeiden und mit seinen Dichtungen Beiträge zur Etablierung einer deutschen Hochsprache zu leisten (vgl. Opitz 2002: 35). Justus Georg Schottel verwissenschaftlicht später in seiner *Ausführlichen Arbeit Von der Teutschen Haubt Sprache* das Reden über Dialekte und stellt eine Klassifikation deutscher Mundarten vor (Schottel 1663: 152–154). Obwohl mit Blick auf Moscherosch davon ausgegangen werden kann, dass er mit Opitz' Lehren vertraut war und sich mit ihnen auseinandersetzte, und obwohl die enge spätere Verbindung zwischen Moscherosch und Schottel schwarz auf weiß dokumentiert ist – Moscherosch steuert ein Widmungsgedicht zu Schottels *Teutscher Vers- oder Reimkunst* bei (Schottel 1976: Bl. B2^v–B3^r); Schottel führt Moscherosch in seinem „Unvorgreiflichen Bericht Von denen bekanten/ gelahrten und berühmten Leuten und Authoribus/ welche von Teutschland und von den Teutschen/ von Teutschlands Zustande/ Wesen/ vorgangenen Geschichten/ und sonderlich von der Teutschen Sprache und die in der Teutschen Sprache etwas sonderlichs und merkwürdiges so wol vormals/ als in Neulichkeit geschrieben" auf (Schottel 1663: 1177) –, ist hinsichtlich der Verwendung von Dialekt in dichterischen Texten vielleicht noch instruktiver als der Blick auf Opitz und Schottel jener auf Johann Matthäus Meyfart. Dieser hatte in seiner 1634 erschienenen *Teutschen Rhetorica oder Redekunst* empfohlen, Redner in deutscher Sprache sollten sich der Hochsprache befleißigen, „[u]nd zwar wie solche in dem Hochmeißnischen Cantzleyen [sic] vblich seyn" (Meyfart 1977: Erstes Buch, 63).[7] Dichtern räumt Meyfart gegenüber Rhetoren in dieser Hinsicht größere Lizenzen ein: „Den Poeten ist erlaubet/ bißweilen einen Thüringischen/ Fränckischen/ Sächsischen Dialectum oder Mundart zugebrauchen: Denn Rednern ist es verbotten." Diese Lizenz nimmt sich Moscherosch und nach ihm Grimmelshausen – auch wenn Opitz und auch Meyfart sie als Autoren fiktionaler Erzähltexte in Prosa wohl eher nicht als Dichter klassifiziert hätten. Meyfart erläutert nicht näher, warum Dichter Dialektales in ihre Texte einbauen dürfen, Redner aber nicht. Anzunehmen ist aber, dass Meyfart für die Poesie mit bestimmten Funktionen rechnet, die für eine Beratungs-, Gerichts- oder Lobrede nicht relevant sind, etwa die satirische Funktion bei Moscherosch oder die ‚realistische' Funktion bei Grimmelshausen. Daneben findet sich an anderer Stelle bei Meyfart der Hinweis, man möge nicht anders reden, als einem der Schnabel ge-

---

[7] Vgl. allgemein zu Meyfarts *Teutscher Rhetorica* Trunz (1987: 196–210), zu Moscheroschs weit reichender Meyfart-Rezeption ebd. (320–323) sowie Donien (2003: 73–79).

wachsen sei. Dialekte kann man nicht so leicht annehmen oder lernen wie eine Fremdsprache; sie funktionieren, und das macht ja auch ihren Witz in der Verwendung bei Moscherosch und Grimmelshausen aus, in der Regel nur als Muttersprache. Deshalb, so Meyfart,

> mag sich ein Redener trewlich hüten/ daß keine angenommene vnd jhm vbel anstehende Stimmen vnd Geberden an jhm geprüfet werden. Man findet geborne Thüringer/ vnd wollen reden wie die Saxen. Man findet geborne Thüringer vnd Meißner/ vnd damit jederman ein Aug auff sie habe/ sprechen sie die Diphthongen aus nach dem Geheul der Katzen/ Hunde/ vnd Wölffe. (Meyfart 1977: Zweites Buch, 7)

4

Das 17. Jahrhundert ist eine Zeit sprachlicher Reformen; Dichter und Gelehrte arbeiten an der Gewinnung einer mit den benachbarten Volkssprachen und mit dem als Gelehrtensprache dominanten Lateinischen konkurrenzfähigen Literatursprache. Vor diesem Hintergrund sind die Überlegungen von Opitz, Meyfart und Schottel zum Verhältnis von ‚Standardsprache' und Dialekt zu sehen, und im Licht dieser Reformen sind auch Grimmelshausens und Moscheroschs literarische Inszenierungen von Dialekt zu verstehen. Jörg Riecke situiert Moscherosch in seiner *Geschichte der deutschen Sprache* an der sprachhistorischen Schwelle zum „ältere[n] Neuhochdeutsch". Riecke hebt hervor, dass in Moscheroschs *Gesichten* immer wieder die „Vermischung der Sprachen", insbesondere des Deutschen und des Französischen, beklagt werde und dass Moscherosch damit ein Protagonist einer Entwicklung sei, in der „Reflexionen über den Zustand der deutschen Sprache und [die] daraus hervorgehenden Normierungs- und Kodifizierungsversuche[]", kurz: „die ‚Sprachreflexion'", „zum wesentlichen Merkmal des neuen Sprachstadiums" werde (Riecke 2016: 133; vgl. zum wichtigen Kontext der Sprachgesellschaften in diesem Zusammenhang Kühlmann 1982). Riecke zeigt, wie Moscherosch in diesem Kontext konkret „die Übernahme vor allem französischer Wörter" in den deutschen Sprachgebrauch kritisiert und sie als „fehlende Sprachloyalität der Deutschen" aufspießt (Riecke 2016: 138). Irmgard Weithase hatte Jahrzehnte zuvor in ihrer *Geschichte der gesprochenen Sprache* Moscherosch in diesem Sinne als jemanden gezeichnet, der mit „eifer- und zornvollen Reden" gegen die „Verwelschung" der deutschen Sprache zu Felde gezogen sei (Weithase 1961: 1, 113).

Damit ist ein wichtiges sprachpolitisches Anliegen Moscheroschs korrekt, wenn auch im Falle Weithases etwas dramatisierend umschrieben. Allerdings ist das mit Blick auf Moscheroschs Haltung zu Sprache und Sprachen nur die eine Seite der Medaille. Die andere ist die, dass er ein Autor war, der die Vielfalt der

Sprachen sehr zu schätzen und vor allem auch literarisch zu inszenieren und zu funktionalisieren wusste. Viele seiner Werke basieren auf Übersetzungen oder Übertragungen europäischer Vorlagen; er hat ein deutsch-französisches Wörterbuch verfasst (vgl. dazu Schäfer 2008); und in seinem erzählerischen Hauptwerk, das, wie gesagt, gleichfalls auf einer Übertragung eines fremdsprachigen Prätexts beruht, spielt er immer wieder mit Sprache und Sprachen und führt deren Vielfalt als Problem, aber auch als Phänomen vor, das die Welt bunter und interessanter macht (vgl. auch Kühlmann 1994). In diesem Kontext ist auch sein Einsatz von Dialekt an der vorgeführten Stelle des Gesichts *Welt-Wesen* zu sehen. Die Stelle steht innerhalb des Gesichts nicht solitär. Gleich zu Beginn wird die Rede eines Schweizers zitiert, „welcher zwantzig Jahr in deß Königs guardy gewesen/ vnnd doch noch nicht drey Wort Frantzösisch reden konnte/ deßwegen von einem Freunde gefragt vnd gescholten/ gab zur antwort: waas wott eyer y zwantzig Jährly löhrä?" (Moscherosch 1986: 11) Und nicht nur Sprachvarietäten wie Schweizerdeutsch und Alemannisch sowie Fremdsprachen und die Gaunersprache Rotwelsch, die insbesondere im Gesicht *Soldaten-Leben* eine prominente Rolle spielt (vgl. dazu Riecke 2020), sondern auch Geheimsprachen kommen in den *Gesichten* allgemein und im *Welt-Wesen* im Besonderen vor. Die erste Begegnung Philanders mit Expertus Robertus gestaltet sich so, dass dieser ihn mit unverständlichen Worten anruft: „Abren madon badil cadilin pasin adum loren marason damis bodi omis!" Und dann noch so: „Amolach bonefar astrafai acalach chaba melan arabias morison osiel acanasot thombas!" (Moscherosch 1986: 13) Eine Leserin, ein Leser des 21. Jahrhunderts wird in der Regel erst einmal nicht verstehen, was diese Worte bedeuten sollen, und vermutlich ging es vielen Lesern des 17. Jahrhunderts nicht besser. Moderne Leserinnen und Leser haben aber hier den Vorteil, dass sie, wenn es gut läuft, auf moderne, kommentierte Ausgaben der alten Texte zurückgreifen können. Wolfgang Harms' Kommentar zu der betreffenden Stelle löst das Rätsel auf: Bei den unverständlichen Wortfolgen handelt es sich um „Umschreibung[en] der elf Buchstaben des Namens *Moscherosch* mit Hilfe der Geheimschrift des Johannes Trithemius, *Polygraphiae libri sex*, Frankfurt am Main. 1550".[8]

Mit Blick auf das Gesicht *Welt-Wesen* im Allgemeinen und auf die Gestaltung von Dialekt im Besonderen wird etwas deutlich, das die Moscherosch-Forschung bereits mit Blick auf andere Texte des Autors und andere Facetten seines Œuvres herausgearbeitet hat: Hinsichtlich seiner Thematisierung der deutschen Sprache lässt sich ein eigentümliches Spannungsverhältnis zwischen dem Anliegen der

---

[8] Moscherosch (1986: 192). Harms weist darauf hin, dass Heinrich Dittmar in seiner 1830 in Berlin erschienenen Ausgabe der *Gesichte* das Rätsel zuerst aufgelöst hat.

Sprachpflege und dem vitalen Interesse an sprachlicher Vielfalt sowie ihrer literarischen Funktionalisierung beobachten. Mit Blick auf Letzteres kann man sagen, dass Moscherosch nicht nur als Übersetzer im engeren Sinne tätig ist, der fremdsprachliche Vorlagen ins Deutsche überträgt, sondern auch als Übersetzer im weiteren Sinne, als Vermittler sprachlicher Diversität im Miteinander der Kulturen. Als Bewohner der oberrheinischen Region vollzieht sich diese Vermittlungstätigkeit bei ihm im Ineinander internationaler und regionaler Dimensionen. Das kann man besonders auch daran ablesen, dass er in seine Übertragung einer spanischen Vorlage – beziehungsweise von deren französischer Übersetzung – ins Deutsche den Dialekt seiner Heimatregion integriert und ihn für seine satirischen Zwecke funktionalisiert. Gerade im Medium der Literatur ereignet sich so in den *Gesichten Philanders von Sittewalt* die unreduzierbare Spannung zwischen Sprachpurismus und Interesse an sprachlicher Vielfalt.

Literatur

Albert, Heinrich (1657): *Arien Ander Theil* [...]. Brieg: Christoff Tschorn.
Donien, Jürgen (2003): „Wie jener Weise sagt..." Zitatfunktionen in Johann Michael Moscheroschs *Gesichten Philanders von Sittewalt*. Frankfurt am Main et al.: Peter Lang (Mikrokosmos 70).
Dröse, Astrid (2020): Johann Georg Schoch und die Leipziger Liedkultur im 17. Jahrhundert. *Daphnis* 48 [in Vorbereitung].
Eichinger, Ludwig M. (2001): Regiolektales Sprechen in Hans Jakob Christoffel von Grimmelshausens „Simplicius Simplicissimus". Nicht zuletzt am Beispiel des Niederdeutschen. In Robert Peters, Horst P. Pütz & Ulrich Weber (Hrsg.), *Vulpis Adolatio. Festschrift für Hubertus Menke zum 60. Geburtstag*, 165–181. Heidelberg: Universitätsverlag C. Winter.
Faber du Faur, Curt von (1947): Philander, der Geängstigte, und der Expertus Robertus. *Monatshefte für deutschen Unterricht, deutsche Sprache und Literatur* 39, 485–505.
Felder, Ekkehard (2016): *Einführung in die Varietätenlinguistik*. Darmstadt: Wissenschaftliche Buchgesellschaft.
Grimmelshausen, Hans Jacob Christoffel von (2018): Grimmelshausens Werke. Hrsg. von Jochen A. Bär & Jörg Riecke, bearbeitet und eingeleitet von Sebastian Rosenberger [PURL: http://diglib.hab.de/edoc/ed000133/start.htm, Stand: 4. Januar 2018].
Gryphius, Andreas (1991): Verlibtes Gespenste. Die gelibte Dornrose [1660]. In Andreas Gryphius, *Dramen*. Hrsg. von Eberhard Mannack, 771–849. Frankfurt am Main: Deutscher Klassiker Verlag.
Herrmann, Leonhard & Beat Siebenhaar (2015): Fiktive Sprachen. Wie der Dialekt in die Literatur kommt – ein dialektologisch-literaturwissenschaftliches Lehr- und Forschungsprojekt. In Jochen A. Bär, Jana-Katharina Mende & Pamela Steen (Hrsg.), *Literaturlinguistik – philologische Brückenschläge*, 47–73. Frankfurt am Main: Peter Lang (Littera 6).

Koch, Peter & Wulf Oesterreicher (1985): Sprache der Nähe – Sprache der Distanz. Mündlichkeit und Schriftlichkeit im Spannungsfeld von Sprachtheorie und Sprachgeschichte. *Romanistisches Jahrbuch* 36, 15–43.

Kühlmann, Wilhelm (1982): Moscherosch und die Sprachgesellschaften des 17. Jahrhunderts – Aspekte des barocken Kulturpatriotismus. *Bibliothek und Wissenschaft* 16, 68–84.

Kühlmann, Wilhelm (1994): Kombinatorisches Schreiben – „Intertextualität" als Konzept frühneuzeitlicher Erfolgsautoren (Rollenhagen, Moscherosch). In Wilhelm Kühlmann & Wolfgang Neuber (Hrsg.), *Intertextualität in der Frühen Neuzeit. Studien zu ihren theoretischen und praktischen Perspektiven*, 111–139. Frankfurt am Main et al.: Peter Lang (Frühneuzeit-Studien 2).

Kühlmann, Wilhelm & Walter E. Schäfer (1983): *Frühbarocke Stadtkultur am Oberrhein. Studien zum literarischen Werdegang J. M. Moscheroschs (1601–1669)*. Berlin: Erich Schmidt (Philologische Studien und Quellen 109).

Langer, Horst (1992): „Weiber"-Schelte, „Weiber"-Lob. Zum Frauenbild in Prosasatiren von Moscherosch bis Beer. *Zeitschrift für Germanistik NF* 2, 355–366.

Lauremberg, Johann (1879): *Niederdeutsche Scherzgedichte*. Mit Einleitung, Anmerkungen und Glossar von Wilhelm Braune. Halle a.d.S.: Niemeyer.

Lauremberg, Johann (1909): *Scherzgedichte in handschriftlicher Fassung*. Norden, Leipzig: Diedrich Soltau (Drucke des Vereins für niederdeutsche Sprachforschung 5).

Mann, Thomas (^{2}1974): Der Erwählte. Roman [1951]. In Thomas Mann, *Gesammelte Werke in dreizehn Bänden*. Bd. 7, 7–261. Frankfurt am Main: S. Fischer.

Meyfart, Johann Matthäus (1977): *Teutsche Rhetorica oder Redekunst 1634*. Hrsg. von Erich Trunz. Tübingen: Niemeyer (Deutsche Neudrucke. Reihe Barock 25).

Moscherosch, Johann Michael (1897): *Die Patientia von H. M. Moscherosch*. Nach der Handschrift der Stadtbibliothek zu Hamburg zum erstenmal hrsg. von Ludwig Pariser. München: Franke & Haushalter.

Moscherosch, Johann Michael (1974): *Visiones de Don Quevedo. Wunderliche und Wahrhafftige Gesichte Philanders von Sittewalt*. Nachdruck der Ausgabe Straßburg 1642. Hildesheim, New York: Olms.

Moscherosch, Johann Michael (1986): *Wunderliche und Wahrhafftige Gesichte Philanders von Sittewalt*. Ausgewählt und hrsg. von Wolfgang Harms. Stuttgart: Reclam.

Opitz, Martin (2002): *Buch von der Deutschen Poeterey (1624)*. Studienausgabe. Hrsg. von Herbert Jaumann. Stuttgart: Reclam.

Phélouzat, Colette (1973): *La Geneste, traducteur de F. de Quevedo*. Bordeaux: Université Bordeaux Montaigne [Diss.].

Quevedo Villegas, Francisco de (^{2}1980): *Die Träume. Die Fortuna mit Hirn oder die Stunde aller*. Mit einem Vorwort von Jorge Luis Borges. Hrsg. und übersetzt von Wilhelm Muster. Frankfurt am Main: Insel.

Quevedo Villegas, Francisco de (1993): *Sueños y discursos*. 2 Bde. Hrsg. von James O. Crosby. Madrid: Editorial Castalia (Nueva biblioteca de erudición y crítica 6).

Quevedo Villegas, Francisco de (2004): *Les visions de Quevedo, traduites par le sieur de La Geneste*. Hrsg. von Marie Roig-Miranda. Paris: Honoré Champion.

Riecke, Jörg (2016): *Geschichte der deutschen Sprache. Eine Einführung*. Stuttgart: Reclam.

Riecke, Jörg (2020): Rotwelsch bei Moscherosch. In Sylvia Brockstieger & Dirk Werle (Hrsg.), *Johann Michael Moscheroschs Textwelten*. Bern et al.: Peter Lang (Beihefte zu Simpliciana) [in Vorbereitung].

Rompler von Löwenhalt, Jesaias (1988): *Des Jesaias Romplers von Löwenhalt erstes gebüsch seiner Reim-getichte 1647*. Mit einem Nachwort, Kommentaren und bibliographischem Anhang hrsg. von Wilhelm Kühlmann & Walter E. Schäfer. Tübingen: Niemeyer (Deutsche Neudrucke. Reihe Barock 38).

Rosenberger, Sebastian (2015): *Satirische Sprache und Sprachreflexion. Grimmelshausen im diskursiven Kontext seiner Zeit*. Berlin: De Gruyter (Studia linguistica Germanica 121).

Schäfer, Walter Ernst (1972): Der Satyr und die Satire. Zu Titelkupfern Grimmelshausens und Moscheroschs. In Wolfdietrich Rasch, Hans Geulen & Klaus Haberkamm (Hrsg.), *Rezeption und Produktion zwischen 1570 und 1730. Festschrift für Günther Weydt zum 65. Geburtstag*, 183–232. Bern, München: Francke.

Schäfer, Walter Ernst (1993a): *Johann Michael Moscherosch in Willstätt. „ach, so beseuffze doch mein armes Vatterland!"*. Marbach am Neckar: Deutsche Schillergesellschaft (Spuren 23).

Schäfer, Walter Ernst (1993b): Der Dreißigjährige Krieg aus der Sicht Moscheroschs und Grimmelshausens. *Morgen-Glantz* 9, 13–30.

Schäfer, Walter Ernst (2008): Johann Michael Moscheroschs *Technologie Allemande & Françoise*. Ein Beitrag zur Spracharbeit der „Fruchtbringenden Gesellschaft". *Simpliciana* 30, 219–233.

Schoch, Johann Georg (1660): *Neu-erbaueter Poetischer Lust- u. Blumen-Garten* [...]. Leipzig: Christian Kirchner.

Schottel, Justus Georg (1663): *Ausführliche Arbeit Von der Teutschen Haubt Sprache* [...]. Braunschweig: Christoph Friedrich Zilliger.

Schottel, Justus Georg (1976): *Teutsche Vers- Oder Reimkunst*. Nachdruck der Ausgabe Lüneburg 1656. Hildesheim, New York: Olms.

Siegert, Reinhart (1995): Zur Sprachkomik Grimmelshausens im *Simplicissimus*. In Wilhelm Kühlmann (Hrsg.), *Literatur und Kultur im deutschen Südwesten zwischen Renaissance und Aufklärung. Festschrift für Walter E. Schäfer*, 283–314. Amsterdam: Brill (Chloe 22).

Sodmann, Timothy (1973): Mundarten in Grimmelshausens Werken. *Leuvense Bijdragen* 62, 339–352.

Trunz, Erich (1987): *Johann Matthäus Meyfart. Theologe und Schriftsteller in der Zeit des Dreißigjährigen Krieges*. München: Beck.

Weithase, Irmgard (1961): *Zur Geschichte der gesprochenen deutschen Sprache*. 2 Bde. Tübingen: Niemeyer.

Ekkehard Felder
Authentizität aus sprachwissenschaftlicher Sicht

1 Einleitende Bemerkungen

Im Jahr 2007 rief der kanadische Philosoph und Sozialtheoretiker Charles Taylor das ‚Zeitalter der Authentizität' aus („Let's call this the age of authenticity", Taylor 2007: 437). 2010 schlug der Journalist der *Süddeutschen Zeitung* Tobias Haberl im SZ-Magazin (Heft 44/2010) vor, *authentisch* als Unwort des Jahres 2010 zu brandmarken. Er geißelte damit den „Echtheitsterror in den Medien", der Authentizität (gerade bei Politikern) einfordere, deren bewusste und kalkulierte Inszenierung aber ein Musterbeispiel für Künstlichkeit, Uneigentlichkeit und Manipulation darstelle. Das Magazin *Fokus* antwortete darauf in der folgenden Woche mit dem Slogan „Mut zum Ich!" (so der Aufmacher der Titelseite der Ausgabe Nr. 46 vom 15.11.2010) und versuchte zu belegen, „Wie Authentizität erfolgreich macht" (so der damalige Untertitel, der am Exempel des Politikers Freiherrr von und zu Guttenberg belegt werden sollte, bevor dieser im März 2011 sein Amt wegen Plagiatsvorwürfen aufgeben musste). Bemerkenswert ist, dass das Phänomen und der Begriff sowohl umstritten als auch kaum zu fassen sind. Diese eigentümliche Mischung aus Deontik und Begriffsunschärfe – man soll also etwas gerecht werden, von dem keiner genau sagen kann, was es eigentlich ist – macht die Relevanz und die Brisanz deutlich.

Authentizität erscheint einerseits als ein unwirkliches, andererseits aber auch als ein wirkungsmächtiges Phänomen. Da es so schwierig zu fassen ist, obgleich jeder es doch irgendwie zu kennen glaubt, gleicht es auch einem Phantom, etwas Unbeständigem, das man einzufangen versucht, das sich aber ebenfalls bei jedem Bestimmungsversuch dem rationalen und idiomatischen Zugriff zu entziehen scheint. Die Ausdrücke *authentisch*, *Authentizität* usw. gelten als kommunikationsethisch aufgeladene Wörter mit Verpflichtungscharakter, sie stehen mitunter aber auch im Verdacht eines Trugbildes (z. B. Freiherrr von und zu Guttenberg).

Was wissen – besser – was empfinden wir, wenn wir etwas Authentisches wahrzunehmen glauben? Jean Paul Sartre (1962: 484) bezeichnet in diesem Zusammenhang die Liebe „als ein von den Anderen fortwährend relativiertes Absolutes" und setzt Authentizität in Beziehung mit dem Schamgefühl, das auf das Bewusstsein der Gegenwart eines Anderen gründet (Schumacher 2003: 15). Ein

Schamgefühl ist da, stellt sich ein und kann nicht durch eine Haltung ausgeschaltet werden. Gleiches gilt für die Authentizität, die sich als Hörerwirkung einstellt oder nicht. Ein Sprecher kann sich Authentizität nicht als Haltung erarbeiten oder vornehmen.

Manche sehen in der Authentizität das ethische Ideal der späten Moderne, andere ein durch inflationären Gebrauch zwischenzeitlich abgewirtschaftetes ehemaliges Hochwertkonzept wie etwa *Nachhaltigkeit*. Die Forderung nach dem Authentischen wird heute nicht nur auf Menschen, kulturelle Praktiken und Kunstwerke, sondern auch auf Bauwerke und Städte übertragen (Felder & Leypoldt in Vorb.). Die Zielvorstellung, dass Menschen und Gegenstände dem Authentischen entsprechen sollen, scheint zu einer in unserer Kultursphäre weit verbreiteten Erwartungshaltung zu gehören. Ungeklärt ist dabei, inwieweit man Authentizität als fundamentale Eigenschaft oder kommunikative Zuschreibung verstehen kann. Einen aufschlussreichen Blick auf die Auseinandersetzung mit „historischer Authentizität" in germanistischer Perspektive bietet Riecke (2018: 29ff.), indem er die Reflexion über die sich wandelnden Vorstellungen des „Authentischen" in der deutschen Sprachgeschichte nachzeichnet (vgl. grundsätzlich zur bürgerlichen Sprachkultur Riecke 2016: 188ff.).

Im Folgenden soll aus vier Blickwinkeln dem Phänomen nachgespürt werden – genauer den Kotexten um den Suchausdruck *authent** in einem Pressekorpus von 176.800 Texten, die zwischen 1991 und 2016 in überregionalen Zeitungen oder Zeitschriften erschienen sind. Ich folge dabei der Ansicht Nikolas Couplands (2014: 21), dass die Eruierung dessen, was als authentische Erfahrung erlebt wird, unter anderem sinnvoll über die Analyse von Massenmedien herausgearbeitet werden kann (vgl. zur Unterscheidung von Wirklichkeit und Realität Schmidt 1996). Die im Diskurs konstruierten und sich formierenden Prinzipien „for self-identity and cultural belonging" können über die Medienanalyse der sozialen Praktiken zu Tage gefördert werden.

2 Warum lohnt die (sprachwissenschaftliche) Beschäftigung mit Authentizität?

Um die Frage nach der gesellschaftlichen Relevanz bestimmter Phänomene zu beantworten, lohnt sich – wie gerade erwähnt – als erste Annäherung ein Blick in öffentliche oder veröffentlichte Einschätzungen in Bezug auf das zu untersuchende Phänomen. Massen- und Nischenmedien sind stets bestrebt, den Zeitgeist einzufangen oder ihn gar zu prägen. So hat beispielsweise die Wochenzeitung *Die Zeit* am 14. August 2014 „Authentizität" zum Titelthema gemacht und in dem Wortfeld

Freiheit – Autonomie – Individualität – Persönlichkeit verortet. Außerdem arbeitet der Artikel mit flankierenden Komplementärwörtern wie *Echtheit, Ehrlichkeit, Wahrhaftigkeit, Glaubwürdigkeit* und *das Wahre*. Der Inhalt der Themenbehandlung lässt sich – kurz und knapp – wie folgt zusammenfassen: Authentizität wird fortwährend hergestellt, ist daher ständig im Wandel, drückt sich im Subjekt aus – und zwar unter anderem durch die Wahrnehmung und Rückmeldung des Gegenübers (das ebenfalls als Subjekt wahrgenommen wird). Kurz gesagt: Letztlich ist das Selbst-Sein ein Narrativ, zu dem Authentizität gehören kann oder nicht.

Weitere zu nennende Wörter in diesem Wortfeld sind *Ursprünglichkeit, Unmittelbarkeit, Unverstelltheit, Unverfälschtheit, Eigentlichkeit*. Möchte man einer mehr oder weniger willkürlichen Zusammenstellung aus einschlägigen Zeitungsartikeln und der Selbstbefragung (im Duktus eines *armchair linguist*) eine solide wissenschaftliche Expertise an die Seite stellen, so ist ein Blick in das onomasiologische Wörterbuch *Franz Dornseiff – Der deutsche Wortschatz nach Sachgruppen* angeraten, das in der Rubrik „12.48 Wahrhaftigkeit" eine Reihe von Ausdrücken präsentiert, die das Phänomen erkenntnis-erschließend mit verschiedenen Scheinwerfern aus unterschiedlichen Standpunkten auszuleuchten vermag. Folgende Einträge seien hier zu den bereits erwähnten Ausdrücken ergänzt:

> Natürlichkeit, Originalität, (reine) Wahrheit, Zugänglichkeit (Dornseiff 2004)

Ein Blick in die Welt der Wörterbücher (vgl. auch den Eintrag in *Duden – Das Herkunftswörterbuch* ([5]2014) oder Kluge ([22]1989) legt also einen Teil unserer idiomatisch geprägten Wahrnehmungskategorien offen – nämlich den sprachlich instruierten. Die idiomatische Ordnung dient der Erfassung gedanklicher Ordnungen (Cassirer [4]1964), wie sie in der Praxis in Kontexten von Zeichenhandlungen vorkommen. Die textliche und diskursive Konstitution des Wissens und die Herstellung von Authentizität werden hier also aus dem Blickwinkel der Sprachzeichen vorgenommen. Daher soll ein analytischer Blick auf den Sprachgebrauch induktiv und empirisch Aufschluss über das Phänomen geben.

Auf die Frage, warum also mit Authentizität beschäftigen, lautet die Antwort: Weil uns Menschen die Erwartungshaltung prägt, dass die Menschen und Dinge so sind, wie sie sind. Diese Tautologie *X und Y sind, wie sie sind* zeigt schon an, dass wir im Hinblick auf unsere Erkenntnisfähigkeit in Verlegenheit geraten sind, mit dem Rücken zur Wand stehen.

Zunächst müssen wir – wie bereits erwähnt – feststellen, dass Authentizität in der Interaktion erst gemacht wird, demnach diskursiv hergestellt wird (vgl. die Faktizitätsherstellung in Felder 2013). Authentizitätsphänomene sind auch durch Zeichenhandlungen instruiert. Und vielen Kommunikationsteilnehmern ist die

Erwartungshaltung des Originär-Seins zu eigen – und diese drückt sich ganz wesentlich im Sprachgebrauch aus (Feilke 1994).

Wir nehmen Kommunikationsteilnehmer hinsichtlich ihrer Authentizitätswirkung unterschiedlich wahr. Der Ausdruck „selektive Authentizität" erfasst diesen Umstand, dass wir nur kontextabhängig Authentizität herzustellen vermögen und verweist damit unausgesprochen auf die Frage nach den sozialen Rollen, die Müller (2015) in seiner Habilitationsschrift aus linguistischer Sicht operabel macht. Der Totalitätsbegriff der Authentizität in Bezug auf ein Individuum wird damit sinnvollerweise zurückgewiesen. Er wird ersetzt durch den Gedanken der situationsgebundenen Zuschreibung.

In der Forschung wird zwischen Subjekt- und Objektauthentizität unterschieden, eine recht unpräzise, aber erste Orientierungshilfe. *Authentisch/Authentizität* werden als konkrete Eigenschaft und als Abstraktum gehandelt. Krämer (2012) sieht „zwei Gravitationszentren" im Gebrauch von Authentizität – nämlich die Unterscheidung zwischen „personaler" und „materialer Authentizität". Ergänzt werden muss die ästhetische Authentizität in Kunst, Musik und Literatur. Adorno wollte in den 1950er Jahren einen ästhetiktheoretischen Begriff einführen, weil er den Ausdruck *Authentiztität* als aus der Fremde kommend ansah. Susanne Knaller beschäftigte sich ausführlich mit der „Genealogie des ästhetischen Begriffs von Authentizität" (Knaller 2006) und stellte zusammenfassend fest, „dass der Begriff Authentizität in der Kunsttheorie und in den kritischen Diskursen des 20. Jh. zumeist als normativer Vermittlungsbegriff zwischen philosophischen, kunsttheoretischen, soziologischen und kulturkritischen Diskursen zur Anwendung kommt" (Knaller 2006: 21).

Es gibt also drei Ausprägungen von Authentizität: Neben der ästhetischen Authentizität beschäftigt sich die „materiale Authentizität" mit Dokumenten und dem Problem, ob deren Ursprung zu verbürgen ist. Und die „personale Authentizität ist ein Medium der Sozialität, das für das gesellschaftliche Leben von Belang ist" (Krämer 2012: 25). Krämer führt dazu nachdenklich aus:

> Die Reflexion über die Authentizität eröffnet die Einsicht, dass unsere Sozialität tiefer auf Vertrauen und Glaubwürdigkeit angewiesen ist, als gemeinhin angenommen wird. ‚Innenansichten' der mentalen Zustände von Personen sind prinzipiell unzugänglich. Gleichwohl basiert unser alltägliches Leben auf tausendfachem Vertrauen in die Konsistenz anderer Personen. Wissen und Glauben im Sinne des Vertrauens in andere sind nicht disjunkt, sondern setzen sich wechselseitig voraus. (Krämer 2012: 26)

Mit den Ausdrücken *Wissen* und *Glauben*, welche Krämer in Bezug zu „Vertrauen in den anderen" setzt, ist ein Spannungsverhältnis angedeutet. Dieses schwierige Wechselverhältnis zeigt sich auch in der Unterscheidung von *Daten* als etwas intersubjektiv unstrittig Gegebenem (z. B. Messdaten) und *Fakten* als etwas Hergestelltem, Gemachtem auf der Grundlage von Beobachtungen und Messungen (Felder 2013: 14).

Aus linguistischer Sicht wird in manchen Abhandlungen (wie z. B. der von Alessandro Ferrara 1998) der meines Erachtens zentrale Gesichtspunkt der Eigen- und Fremdzuschreibung nicht oder nur oberflächlich betrachtet. Eigen- und Fremdzuschreibung in Kommunikationsakten gehen nämlich weit über die gängigen Begriffe der Identität und Differenz hinaus (etwa bei Ferrara). Aus dem bisher Gesagten ergibt sich die zentrale Frage, in welchem Verhältnis Authentizitätszuschreibungen und funktionale Erklärungen stehen (Knaller 2006: 8). Völlig unterbelichtet bleibt dabei das (zentrale) Medium der Authentizitätsherstellung, die Sprache. Daher werde ich nun dazu einen Vorschlag im Paradigma der pragma-semiotischen Textarbeit (Felder 2018) unterbreiten.

Ich beschränke mich im Folgenden auf Authentizität in sprachlich gebundenen Interaktionsformen. Authentizität ist in bestimmten Interaktionsformen eine Erwartungshaltung, eine conditio sine qua non, welcher Interaktanten gerecht werden sollten – wenn nicht sogar müssen (vgl. zum Forschungsstand – allgemein und insbesondere in der Philosophie – den Überblick bei Lacoste, Leimgruber & Breyer 2014).

3 Eine linguistische Authentizitätsdefinition

Aus pragma-semiotischem Interesse (Felder 2013; 2018) will ich mich im Folgenden auf die Authentizitätskontexte beschränken, in denen Menschen mit sprachlichen Zeichen in Kommunikationssituationen interagieren. Ich untersuche, wie Authentizität als sprachgebundenes Phänomen zu modellieren ist, indem ich sprachlich-kommunikative Gesichtspunkte von Authentizitätsperformanz und -praktiken fokussiere. Meine Darlegungen fußen auf Vorüberlegungen zur Abgrenzung von Eigentlichkeit und Authentizität (vgl. Felder 2015: 233ff. und den Sammelband mit dem Titel *Eigentlichkeit – zum Verhältnis von Sprache, Sprechern und Welt*, hrsg. von Brinker-von der Heyde, Kalwa, Klug & Reszke 2015, Adorno 1964 sowie Gardt 2001, 2008 und 2018) und auf einer rein qualitativen (nicht quantitativen) Auswertung des erwähnten Textkorpus.

Vor diesem Hintergrund kommt ein pragma-semiotisches Modell (wie z. B. für das Recht in Felder 2012 dargestellt) der Kommunikationspraxis und dem Desiderat, Regularitäten bei der Authentizitätsherstellung ausfindig zu machen, am nächsten. Denn es versucht, die Priorität des ontischen Weltbezugs zu ersetzen durch das, was Sprechen in Kommunikation wesentlich bestimmt: Sprecher und Hörer haben Interessen und verhalten sich dementsprechend in der Kommunikation. Somit wird die Wort-Welt-Relation (also die Art und Weise, mit sprachlichen Zeichen auf Sachverhalte und Dinge der Welt zu referieren) in einem pragmasemiotischen Ansatz ernst genommen. Genauso wichtig ist auch das intentionale Sprechhandeln des Einzelnen vor dem Hintergrund individueller Wissensdispositionen, Interessen und Vorlieben. Damit wird deutlich: Das durch viele Variablen beeinflusste Phänomen der kommunikativen Authentizität hat sein Zentrum und seinen Ausgangspunkt in den agierenden Kommunikationsteilnehmern, und von dort ausgehend tritt Sprache als Kommunikationsmedium erst in Erscheinung.

Authentizität ist ein spezifisches und komplexes Verhältnis zwischen Sprecher und Hörer hinsichtlich der Qualität von Zuschreibungen in Bezug auf Sprecher-Intentionen und das Verhältnis Sprachzeichen-Weltbezug (also Wort-Welt-Relationen als Referenzfixierungsakte (Wimmer 1979) zur Sachverhaltskonstitution). Ein Hörer kann also eine bestimmte Äußerung, die Person A von sich gibt, als authentisch werten, aber die gleiche Äußerung, wenn sie von Person B kommt, als nicht authentisch wahrnehmen, obgleich Worte und referiertes Bezugsobjekt in der Welt gleich zu sein scheinen (z. B. wenn kleine Kinder wortwörtlich Äußerungen von Erwachsenen wiederholen). Genauso kann eine spezifische Äußerung eines Sprechers von Hörer A als authentisch, von Hörer B als nicht authentisch wahrgenommen werden. Der perlokutive Effekt der Authentizität unterliegt also einem vielstelligen Variablengeflecht. Jemand kann demnach in einem bestimmten Zusammenhang mit spezifischen Äußerungen auf einen anderen authentisch wirken, diese Wirkung bleibt aber kontextuell gebunden und muss nicht dauerhaft bestehen. Somit hängt Authentizität vom Zusammenwirken mehrerer sprachlicher und außersprachlicher Variablen ab.

Authentizität wird hier verstanden als ein psycho-soziales und emotionales Zuschreibungsverhältnis zwischen Menschen, das unter anderem und wesentlich durch sprachlichen Input gespeist wird. Authentizität entsteht nur sprachlich, aber auch durch Sprache. Sprachliche Mittel sind Indikatoren, die gedeutet werden und zur Stabilisierung oder Destabilisierung des Zuschreibungsverhältnisses beitragen (Felder 2015: 233f.).

Metasprachliche Authentizitätszuschreibungen zwischen Diskursakteuren werden dabei als Prototypen „authentischer Wirkung" untersucht – und vice versa ebenso die Zuschreibung eines Diskursakteurs A gegenüber einem Diskursakteur B als nicht authentisch. Wir berücksichtigen damit auch außersprachliche Wirkfaktoren – und zwar aus der Sicht der Hörer und ihrer metakommunikativen Äußerungen über Integrität und Auftreten des Sprechers, Rollenerwartungen und deren Erfüllung, Interessen, soziales Umfeld und Prestige, historische Kontexte usw. (Felder 2015: 234).

Indikatoren der Authentizität manifestieren sich demnach sprachlich in metakommunikativen Äußerungen von weiteren Diskursteilnehmern. Somit hängt die Zuschreibung von Authentizität vom Zusammenwirken verschiedener belebter und unbelebter Variablen ab (Felder 2015: 234).

Authentizität entsteht also im diskursiven Prozess und liefert als Output oder Ergebnis ein Sprecher-Hörer-Wort-Welt-Verhältnis, das im Prozess der ständigen performativen Konstituierung („unendliche Semiose"), der permanenten Herstellung, Überprüfung, Bestätigung oder Modifikation unterliegt (vgl. zur Figur der „unendlichen Semiose" in der juristischen und rechtspraktischen Bedeutungsexplikation (Felder 2012)). Unter „unendlicher Semiose" versteht man in der Folge von Charles Sanders Peirce und Umberto Eco den Umstand, dass das Zeichen im engeren Sinne oder die äußere Zeichengestalt nur durch Interpretanten im Sinne anderer sprachlicher Zeichen erklärt werden kann – kurz gesagt: Um die Bedeutung eines Wortes und seines Gebrauchs (wie z. B. *authentisch* oder *Authentizität*) zu erklären, benötigen wir ein weiteres Zeichen, und um dieses zu veranschaulichen, wiederum ein weiteres Zeichen. Nöth spricht von einem „unendlichen Prozeß der Semiose" (Nöth 2000: 64), weil der Prozess der Semiose zwar unterbrochen, aber nie beendet werden kann (Felder 2015: 235).

Authentizität soll hier also vom Blickpunkt einer übergeordneten hörerseitigen Erwartungshaltung erfasst werden, analog zum Kooperationsprinzip der Grice'schen Konversationsmaximen. Authentizität ist ein spezifisches und komplexes Verhältnis zwischen Sprecher und Hörer in Bezug auf Sprecher-Intentionen und die adäquate Art und Weise der Sachverhaltsherstellung durch sprachliche Zeichen (Wort-Welt-Relationen als Referenzfixierungsakte zur Sachverhaltskonstitution). Oder anders formuliert: Authentizität ist ein Wirkungsphänomen auf Rezipientenseite unter Rückbezug auf die Wort-Welt-Relation.

4 Wie lässt sich aus sprachwissenschaftlichem Interesse Authentizität modellieren?

Unter linguistischer Perspektive (vgl. grundlegend zur Perspektivität der Sprache Köller 2004) lässt sich Authentizität operationalisieren, wenn man metasprachliche Hinweise als Indikatoren für Exempel authentischer Eigen- und Fremdzuschreibung betrachtet. Dazu habe ich in dem Pressekorpus in den Kotexten von *authentisch/Authentizität* nach Hinweisen gesucht, mittels derer Diskursakteure bestimmten Kommunikationsteilnehmern Authentizität zuschreiben oder absprechen. Die in diesem Zusammenhang geäußerten Begründungen für derartige Zuschreibungen werden im Folgenden systematisch zusammengeführt. Grundlage bildet also die Frage, mit welchen Hinweisen authentische oder unauthentische Kommunikation oder Kommunikationsteilnehmer von Interaktanten wahr-

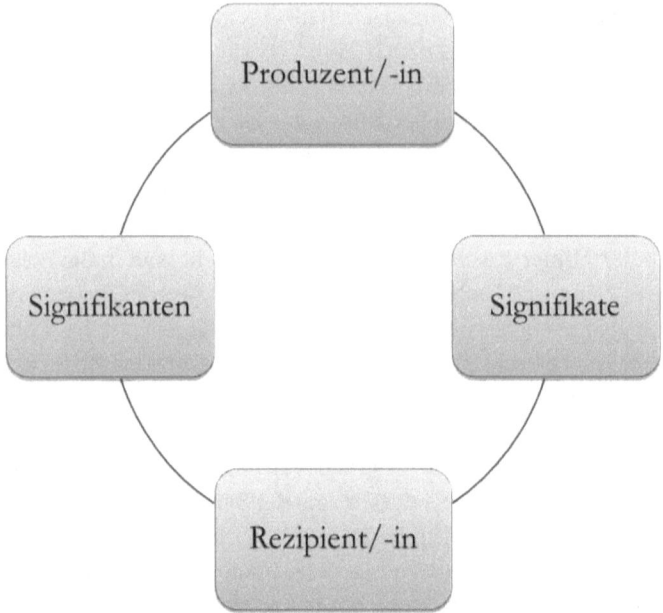

Abb. 1: Sprecher/-in – Signifikant(en) – Signifikat(e) – Rezipient/-in.

genommen und als solche etikettiert werden. Vor diesem Hintergrund vertrete ich hier die Auffassung, dass Authentizität je kontextgebunden aus sprachwissenschaftlicher Sicht nur als relationales Phänomen zu erfassen ist – und zwar als vierpoliges.

Dem Schaubild (Abb. 1) und seiner Darstellung liegt ein Verständnis von Authentizität zugrunde, das als ein Verhältnis zwischen Sprecher und Hörer in Bezug auf Sprecher-Intentionen und die adäquate Art und Weise der Sachverhaltsherstellung durch sprachliche Zeichen zu bestimmen ist. Nach dem hier vorliegenden Verständnis ist Authentizität weniger eine Echtheit einer Sache oder einer Person, sondern vielmehr eine diskursiv hergestellte Eigenschaft. Ebenso sieht dies Schulze (2011) in seinem Beitrag *Die Aktualität der Authentizität – Von der Attraktivität des Nicht-Hier und des Nicht-Jetzt in der modernen Sprachwissenschaft*. Der anglistische Sprachwissenschaftler versteht unter Authentizität eine „(diskursive) Inszenierung von Wahrhaftigkeit, Aufrichtigkeit und Vielstimmigkeit" (Schulze 2011: 43). Im Gegensatz zu früheren Vorstellungen bezeichnet Authentizität hier somit keine inhärente, sondern eine relationale Eigenschaft, die Menschen als Ergebnis diskursiver Interaktionen zugeschrieben wird. Diese Authentifizierungsprozesse finden dabei vornehmlich auf Rezeptionsebene statt und hängen somit von der subjektiven Wahrnehmung Einzelner ab.

5 Identifikationsindikatoren der Authentizität

Wir haben es also im Rahmen einer modellierten Konstellationstypologie mit folgenden Aspekten der Authentizitätsherstellung zu tun:
a. Sprecher/-in
b. Sprachliche Zeichen (Signifikanten)
c. Referenzobjekte (Signifikate)
d. Rezipient/-in

Betrachten wir zunächst die einzelnen Komponenten der Modellierung, nämlich die sprachliche und außersprachliche Indexikalität von Authentizitätsmarkern im relationalen Modell von Sprecher/-in – Hörer/-in – Signifikant – Signifikat.

Im Hinblick auf mein Untersuchungskorpus ist zu sagen, dass es aus überregionalen Zeitungs- und Zeitschriftentexten besteht – und zwar aus Printmedientexten, die im Zeitraum von 1991 bis August 2016 (also über 25 Jahre) erschienen sind und in denen jeweils mindestens einmal das Suchwort *authentisch* oder *Authentizität* vorkommt. Es sind insgesamt ca. 176.800 Pressetexte. Die folgende Modellierung von Authentizität in Kommunikationssituationen basiert auf einer stichprobenartigen, rein qualitativen (nicht quantitativen) Auswertung des Korpus.

5.1 Fokus: Sprecher

Es gibt Personen, deren Lebenslauf eine Wirkung zu entfalten vermag, die das Gegenüber veranlasst, eine besondere Form der Authentizität zu unterstellen. Als Beispiel sei Nelson Mandela genannt. Es handelt sich um charismatische Persönlichkeiten, die in ihrem Leben auf Ereignisse, Haltungen und Einstellungen verweisen können, die über besondere Ausstrahlung verfügen (jedoch kann natürlich nicht jeder Kommunikationsteilnehmer auf einen 27 Jahre währenden Gefängnisaufenthalt aus Apartheidsgründen verweisen). Dieser Faktor lässt sich aus linguistischer Sicht nur bedingt erfassen, sondern nur über die Zuschreibung von Dritten. Für unseren Zusammenhang bleibt festzuhalten: Dieser Aspekt ist von grundlegender Bedeutung. Er lässt sich besser durch ein Gedankenspiel folgender Art illustrieren (anstelle einer abstrakten Beschreibung): Der Innungsmeister der Metzger und Fleischer kann nun mal in keinem Interessenverband von Veganern eine leitende Position übernehmen.

5.2 Fokus: Sprachzeichen

Aus sprachwissenschaftlicher Sicht fokussiere ich als Zweites den Stellenwert und die Zuverlässigkeit sprachlicher Zeichen (Signifikanten) beim deontisch gebotenen authentischen Kommunizieren. Diesen Gesichtspunkt möge das folgende Beispiel illustrieren (siehe dazu Felder 2015: 222): Bertolt Brecht machte sich im Exil in einer Veröffentlichung aus dem Jahre 1935 Gedanken über „Fünf Schwierigkeiten beim Schreiben der Wahrheit". In diesem Text formulierte er den prägnanten Satz: „Wer in unserer Zeit statt Volk Bevölkerung [...] sagt, unterstützt schon viele Lügen nicht" (Brecht 1935/1993: 81). Was er damit meinte, ist leicht zu verstehen. Ausdruck und Begriff *Volk* seien – trotz einer langen Tradition – zwischenzeitlich von nationalistischer oder nationalsozialistischer Gesinnung infiziert. Meidet man den Ausdruck, trägt man auch nicht zur Verbreitung der dazugehörigen Gesinnung bei. Dass sich die Einschätzung eines einzelnen Lexems in wenigen Jahrzehnten grundlegend ändern kann, zeigte sich 1989 in der DDR, als die Parole „Wir sind das Volk" zur zentralen Losung im Kampf gegen totalitäres Staatsgebaren avancierte. Ein ähnliches Schicksal erfährt der Volksbegriff erneut im Kontext der Pegida-Kundgebungen seit 2014. Offensichtlich ist die sprachliche Ausdrucksseite – hier der Ausdruck *Volk* – kein zuverlässiger und stabiler Indikator des Wahrhaften! Der Ausdruck selbst kann zwar von diversen Sprechern mit der Intention, sich seiner potentiell positiven Konnotation zu bedienen, verwendet werden, garantiert dabei jedoch keine positive Konnotation seitens der Rezipienten. Vielmehr entfaltet er kontextabhängig ein facettenreiches Referenzspektrum.

Die Brecht'sche Argumentation suggeriert, es gebe Ausdrücke, an denen das verwerfliche Gedankengut regelrecht klebe. Ausdrücke hätten also Schibboleth-Charakter, sie seien Erkennungszeichen für etwas. Brecht insinuiert folgende Hypothese: Falscher Sprachgebrauch und Unwahres bzw. Lüge gehören zusammen. Das lässt die Schlussfolgerung zu, dass umgekehrt auch richtiges Sprechen und Wahrheit zwei Seiten einer Medaille darstellen.

Vor diesem Hintergrund stellt sich die Frage, welcher Art das Medium Sprache ist, in dem das Falsche oder das Richtige oder gar die Wahrheit aufgehoben sein soll und mittels dessen wir authentisch kommunizieren sollen: Wie ist also das Verhältnis von Medium und Inhalt – von sprachlichem Ausdruck und Gedanken? Gibt es im Sprachgebrauch Indikatoren der Wahrheit, der Wahrhaftigkeit oder der Authentizität? Demzufolge stellt sich unmittelbar und zwangsläufig die Frage an das Medium, also an die Sprache: Woran erkenne ich den authentischen (wahrhaftigen/ehrlichen), woran den unauthentischen (unwahren/verlogenen) Zeichengebrauch (Sprachgebrauch)?

Herkömmlich wird die Wahrhaftigkeit entweder im Weltbezug oder in der Aufrichtigkeit des Menschen verankert. Da dem Medium Sprache die semiotischen Eigenschaften der Arbitrarität, der Konventionalität und der Repräsentativität bzw. Assoziativität (Keller 1995: 102; 147) eigen sind, richtet sich das Augenmerk auf die spezifischen Ausprägungen des Mediums Sprache. Denn das Verhältnis zwischen Ausdruck und Inhalt ist zunächst einmal willkürlich und taugt nur dank der Konventionalisierung überhaupt zur Kommunikation und Darstellung. Von einer eigentlichen, ursprünglichen oder wahrhaftigen Übereinstimmung von Ausdruck und Inhalt kann daher keine Rede sein. Vor dem Hintergrund des Kant'schen Diktums (1781/^{4}1980: 25), dass uns die Dinge als Formen der Anschauung begegnen, und in Anbetracht der semiotischen Charakteristika sprachlicher Zeichen (Arbitrarität, Konventionalität, Assoziativität) erweist sich die Suche nach Spuren der Eigentlichkeit in der Sprache selbst als Illusion (vgl. sprachhistorisch zurückblickend Gardt 2018). Das Medium Sprache vermag nicht zu klären und zu vereindeutigen, was im menschlichen Wahrnehmungsapparat als vage (durch Referenzfixierungsakte hervorgerufene und von Referenzobjekten evozierte) mentale Korrelate erscheint.

Daraus folgt: Wir operieren einerseits mit dem Weltbezug und andererseits mit dem epistemologischen Kategorienapparat des Menschen. Mit Fragen nach dem Wahren (vgl. zur Wahrheitsproblematik Gloy 2004) bewegen wir uns an der schwierigen und inspirierenden Schnittstelle von Sprache und Erkenntnis. Wir sind also somit beim Problem des Erkennens und bei den Bedingungen, Erfahrungen zu machen, angelangt. Die Frage nach den Dingen an sich, dem Sein, wird seit Kant ersetzt durch den Blick auf die Formen der Anschauung (in Raum und Zeit) und durch die Kategorien des Verstandes, welche unsere Sichtweise prägen (Kant 1781/1980).

Fazit: Aus sprachlicher Sicht stellt sich das Problem der „authentischen" Wortwahl von daher unter dem Gesichtspunkt der Angemessenheit dar – also als relationales Phänomen zwischen Sprecher/in – Worten – Sachverhalt. Angemessenheit ist zwar ein zentrales Kriterium – gerade in der Sprachkritik; es handelt sich dabei aber um ein Kriterium, das ebenfalls mit Vagheit belegt ist.

5.3 Fokus: außersprachliches Referenzobjekt in der Welt

Wie steht es mit dem Signifikaten? Als Drittes stellt sich die Frage, ob Menschen im Sprechen dem referierten Sachverhalt, „der Sache gerecht werden" können oder nicht (vgl. den Open Access Band *Wirklichkeit oder Konstruktion* von Felder/Gardt (Hrsg.) 2018). Die Redeweise „einer Sache gerecht werden" impliziert, dass eine subjektunabhängige Betrachtungsweise möglich und damit die eigentliche Betrachtungsweise zumindest prinzipiell gegeben sei (so etwas wie eine Objektauthentizität, vgl. Knaller 2016: 44). Es wäre dann zu erörtern, welche Kriterien für das Herausfinden der eigentlichen Sichtweise angeführt werden könnten. Denn trotz der konstituierenden Kraft der Sprache wird hier keinem Relativismus das Wort geredet, sondern es geht um Verfahren, auf deren Grundlage Diskursakteure beanspruchen, einer wie auch immer bestimmbaren Eigentlichkeit gerecht zu werden. Und diese Kriterien sind auch Kriterien der Entscheidungsfindung, die in irgendeiner Weise dem angestrebten Wahrhaftigen, dem erstrebten Eigentlichen als Erkenntniskategorien entsprechen, unabhängig davon, für wie bindend diese Kategorien gehalten werden.

Der Begriff der Eigentlichkeit unterstellt also sowohl in Bezug auf die Sache als auch auf den kommunizierenden Menschen einen Zustand des vollkommenen So-Seins (vgl. dazu auch den Terminus der *Dissimulatio* in Ueding 1992), bei dem das Erscheinen mit dem Sein übereinstimmt oder – linguistisch gewendet – das durch sprachliche Zeichen konstituierte mentale Korrelat als Repräsentation mit der ontischen Entsprechung deckungsgleich ist (dies entspricht Annahmen der nicht zu haltenden Abbildtheorie).

Der Begriff der Eigentlichkeit kann sein Versprechen nicht einhalten, ein solches Ansinnen ist nicht einzulösen. Die hohen Ansprüche dieses Konzepts überfordern das Medium Sprache. Aus diesem Grund wird der Begriff der *Authentizität* als relationaler Ausdruck stark gemacht (vgl. zur Diskussion des Begriffs Knaller & Müller 2006 und Gardt 2008), der bereits in der rhetorischen Tradition einen zentralen Platz einnimmt (und zwar sowohl auf der Aussageebene als auch auf der Performanzebene des Orators; vgl. Ueding & Steinbrink 1986: 215) und die Qualität der Episteme (vgl. Foucault 1971) nicht nur ontisch, sondern auch von den individuellen Wissens- und Charaktervoraussetzungen sowie Lebenshaltungen („Sitz im Leben") her zu fassen sucht. Er bietet den Vorteil, dass er die Wahrheitsproblematik weder einseitig auf den Sachbezug (ontische Wahrheitstheorie) noch einseitig auf den Kommunikationsteilnehmer (subjektimmanente Wahrheitstheorie) abwälzt. Stattdessen verweist *Authentizität* als relationaler Begriff auf die Beziehung zwischen dem einzelnen Sprecher und dem individuellen Hörer. Dabei wird die perspektivengebundene Medialisierung der Wirklichkeitsaspekte (Schmidt 1996) im Duktus der diskursiv auszuhandelnden Objektadäquatheit fokussiert. Es kann also ein authentisches Sprechen des Individuums in der Interaktion mit seinen Kommunikationsteilnehmern geben, es gibt aber keine Eigentlichkeit der Sache oder des Sachverhalts, die sich sprachlich vermitteln ließe (zur Eigentlichkeit in der Sprachtheorie vgl. Gardt 2018).

5.4 Fokus: Rezipient

Welche Rolle spielen Rezipienten in diesem Modell? Sie geben die Objektivierungen vor, da Analytiker in ihrer Selbstgefangenheit keine neutrale Wahrnehmungsinstanz darzustellen vermögen. Auch jeder Rezipient für sich betrachtet ist selbstverständlich nicht neutral, aber die Stimmen der Rezipienten – wenn man nach ihnen beispielsweise in Pressekorpora sucht – geben zumindest einen Eindruck davon, was in der veröffentlichen Medieneinschätzung als authentisch oder unauthentisch klassifiziert wird. Über den Einfluss dieser Authentizitätsmeinungen auf die öffentliche Meinung oder die einzelnen Bürger lässt sich nur spekulieren.

Wenn also eine Person A in einem Kommunikationsakt einer Person B Authentizität zuspricht oder abspricht, dann ist dies aus sprachwissenschaftlicher Sicht von Relevanz: Dann liegt singulär das Phänomen der Authentizität oder Nicht-Authentizität vor. Damit sind die Interaktionsanalytiker nicht auf ihre Wahrnehmung angewiesen, sondern sie können sich auf illokutionäre Effekte der Kommunikationsbeteiligten berufen. Dadurch wird Authentizität aus sprachwissenschaftlicher Sicht untersuchbar. Wir betrachten also in einem Textkorpus die metareflexiven Hinweise genauer, in denen Kommunikationsbeteiligte über andere Kommunikationsteilnehmer sagen, sie seien authentisch oder eben unauthentisch. Wenn wir viele Äußerungen dieser Art aus natürlichem und ungesteuertem Sprachgebrauch in einem Korpus gesammelt haben, können wir der Sprachgemeinschaft und ihren Zuschreibungen von Authentizität bzw. Nicht-Authentizität vertrauen. Schwidlinski (2020) hat genau dies in seiner Dissertation mit dem Titel *Erlebte Authentizität. Diskursive Herstellung von Authentizität zwischen Performanz und Zuschreibung* getan.

Wir resümieren den Ansatz: Warum ist das Phänomen der Authentizität von sprachwissenschaftlicher Relevanz? Weil das Phänomen in differenzierter Sicht ein multirelationales Variablengeflecht zwischen Zeichenhandlung, Kommunikationsteilnehmern und Sachverhalt aufzuspannen und Sprachliches sowie Außersprachliches zu berücksichtigen vermag. *Authentizität* ist eine Art Integrationsvokabel und kann zum Untersuchungsterminus einer Sprachwissenschaft avancieren, die das Phänomen der zeichengebundenen Interaktion möglichst umfassend untersuchen möchte. *Authentizität* ist ein Orientierungsbegriff, wenn Sprachwissenschaft im deskriptiven Duktus sich auch für diskursive Normen interessiert. Authentizität umfasst mehr Aspekte der Interaktion als die Ausdrücke *Angemessenheit* und *Eigentlichkeit*.

6 Resultative Schlaglichter auf Faktoren authentischer Kommunikation

Wir verstehen – wie oben dargelegt – unter Authentizität ein emotionales und psycho-soziales Zuschreibungsverhältnis, das ein Rezipient als Reaktion auf eine bestimmte Interaktion dem Produzenten zugesteht. Authentizität in der Kommunikationssituation lässt sich also beschreiben als eine relationale Konstellation zwischen Produzent/-in – Signifikant(en) – Signifikat – Rezipient/-in.

Im Folgenden bilanziere ich auf der Basis der oben vorgestellten qualitativ-hermeneutischen Analyse diskursiv zugeschriebene Merkmale von Authentizitätsfaktoren, die sich als relevante Gesichtspunkte in meinem Textkorpus herauskristallisiert haben. Es wird synoptisch zusammengestellt, was also in meinem Textkorpus über *Authentizität* in Hinblick auf Sprecher, Sprache, auf referierte Sachverhalte und Objekte sowie schließlich über Rezipienten gesagt wird.

(1) Fokus Sprecher: Wann gilt ein Sprecher als authentisch? Folgende außersprachliche Gesichtspunkte wurden im Textkorpus als Indikatoren für Authentizität bzw. bei Nichtexistenz für Nicht-Authentizität benannt:
- Daten des Lebenslaufs
- Lebensführung
- Erwartung und Bedeutung von Fehler- und Makellosigkeit
- Übereinstimmung von Worten und Taten
- Übereinstimmung von Selbst-Anspruch und Wirklichkeit.

Nicht eindeutig ausgefallen sind die Auswirkungen der folgenden Aspekte von Authentizitätswirkungen:
- War der Umgang mit einem eingestandenen Fehlverhalten authentisch oder nicht (z. B. Margot Käßmanns Rücktrittserklärung im Rahmen einer Pressekonferenz 2010)?
- Soll die in der Kommunikationssituation eingenommene soziale Rolle intuitiv und oder reflektiert ausgeübt werden (z. B. der Auftritt von Politikern am Stammtisch ihres Wahlkreises)?
- Gelten Gesprächsauszüge, die ohne Wissen der Beteiligten an die Öffentlichkeit gelangen, als besonders authentisch (vgl. die sog. Enthüllungsplattform Wikileaks, der Authentizität nicht intersubjektiv zugestanden wird)?
- Wie stimmig und kohärent müssen individuelle und soziale Faktoren ausfallen (z. B. kann ein reicher Unternehmer zum Lohnverzicht aufrufen), um eine Authentizitätswirkung zu entfalten oder zu verhindern?

Auffällig ist der Umstand, dass es Interpretationsunterschiede hinsichtlich der authentischen Wirkungen öffentlicher Personen (z. B. des Papstes) gibt – je nach gesellschaftlichem Handlungsfeld bzw. Wissensdomäne mit spezifischen Authentizitätserwartungen (*Menschen sprechen/ erzählen/ wirken/ sind/ bleiben authentisch*).

(2) Fokus Sprachgebrauch: Welcher Sprachgebrauch wirkt authentisch, welcher unauthentisch? Die passende Wortwahl und Realisierung einer Äußerung kann Authentizitätswirkungen begünstigen oder hemmen. So können beispielsweise in bestimmten Kontexten in Standardsprache verfasste Äußerungen seriös auf die Zuhörer wirken und ein Sinnbild für Fachexpertise sein (Standardsprache als Kompetenzmarker für Fachlichkeit). In einem anderen Situationszusammenhang können vice versa standardferne Äußerungen für besondere Glaubwürdigkeit stehen (z. B. Dialekt als Authentizitätsmarker für die Verbundenheit mit den Menschen einer bestimmten Region). Sprachformen und Ausdrucksweisen sind Bestandteil der Authentizitätswirkung und unter varietätenlinguistischen Gesichtspunkten zu erörtern (Felder 2016).

(3) Fokus referierte Wirklichkeit: Thematisierung der Signifikate (also der referierten Sachverhalte und Objekte) im Fokus der Authentizitätsproblematik: Es gibt diverse Versuche, das ontische Korrelat (Referenzobjekt) näher zu bestimmen durch Arten, Formen, Mittel, Prinzipien und Gegenstände der Authentizität (z. B. Marken, Personen, Figuren, Dialekt, Natur). Das Phänomen *Authentizität* steht im Spannungsverhältnis von Spontanität/Intuition einerseits und Bewusstheit/Reflektiertheit andererseits.

(4) Fokus Rezipient von Sprachäußerungen: Wenn Rezipienten mit ihren Authentizitätseinschätzungen hier als Maßstab für das Vorliegen einer kommunikativ erzeugten Authentizitätswirkung erachtet werden (und zwar in Ermangelung anderer Authentizitätsindikatoren), so muss dieser Maßstab der Authentizitätszuschreibungen kritisch in Augenschein genommen werden. Selbstredend nimmt jeder Mensch Kommunikation vor dem Hintergrund seiner Vorerfahrungen, seines Vorwissens und seiner Gruppenzugehörigkeit usw. wahr. Von daher ist es trivial festzustellen, dass die Wahrnehmung von Authentizität bei Individuen höchst unterschiedlich ausfällt. Da wir hier aber in einem über 25 Jahre sich erstreckenden Pressekorpus sowohl Authentizitätszuschreibungen als auch Merkmale bzw. Faktoren, warum jemandem Authentizität abgesprochen wird, zusammengetragen haben, liegt hier eine objektivierte Form der Ermittlung von öffentlich zugeschriebenen Authentizitätswirkungen vor. Und dass das öffentliche Sprechen über „authentische" oder „unauthentische" Personen des öffentlichen Le-

bens unsere alltagsweltliche Wahrnehmung von Authentizität beeinflussen, ist offensichtlich.

7 Resümee

In den oben dargelegten Betrachtungen zu Authentizitätsfaktoren in der Kommunikation wurden im Sprachgebrauch Indikatoren für Authentizität gesucht. Authentizität entsteht unter anderem durch Sprache, aber auch durch vieles mehr. Eine Analyse von Zuschreibungen in einem Pressekorpus kann das schwer zu fassende Phänomen aus Sicht derjenigen, die ein Kommunikationsverhalten für authentisch oder nicht authentisch erklären, näher beleuchten. Solche Analysen können diskursive Zuschreibungen von authentischer Kommunikationswirkung plausibel erhellen.

Die bereits (in Abschnitt 5.3) erwähnte Überforderung des Mediums Sprache als Indikator für das Wahrhafte (illustriert am Lexem *Volk*) ebenso wie die Schwächen des Konzepts der Eigentlichkeit (Felder 2015, Gardt 2018) können also in einem modifizierten Verständnis der Authentizität überwunden werden. Deshalb wird der Sprecher in den Mittelpunkt gerückt, der allerdings nur durch den Hörer eine Rückmeldung in Bezug auf perlokutionäre Effekte seiner Aussagen erfährt. Daher sind Fragen der angemessenen und glaubwürdigen Wort-Welt-Relationen hier als Sprecher-Hörer-Wort-Welt-Verhältnis modelliert. Dies hat den Vorteil, dass Fragen der Eigentlichkeit weder statisch und prioritär von der Sache (dem Ontischen oder der Sachwahrheit oder der Objektauthentizität) fokussierend angegangen werden noch ausschließlich von der Fiktion der „eigentlichen Intentionen des Sprechers" (selbst-prädizierende Subjektauthentizität).

Vielmehr wird das Phänomen Authentizität in actu dynamisch in Kommunikationsprozessen durch die Fokussierung der sprachgebundenen Darstellungsformen aus dem Blickwinkel des Sprechers und Rezipienten unter Berücksichtigung sprachlicher und außersprachlicher Variablen betrachtet. Feststellbar oder zu objektivieren ist das Phänomen der Authentizität aus sprachwissenschaftlicher Sicht über metasprachliche Manifestationen weiterer Diskursakteure, die über die Wirkung bestimmter Aussagen von Akteuren Auskunft geben. Diese Grundstruktur wurde in ein Konzept der Authentizität überführt, das als ein psycho-soziales und emotionales Zuschreibungsverhältnis zu definieren ist, welches wesentlich, aber eben nicht nur durch Sprache allein instruiert wird. Authentizität stellt sich beim rezipierenden Gegenüber ein oder nicht. Warum dem so ist, können wir nur spekulativ nachspüren; denn unser Wissen darüber – um authentisch zu sprechen – bleibt im Vagen.

Literatur

Adorno, Theodor W. (1964): *Jargon der Eigentlichkeit*. Frankfurt am Main: Suhrkamp.
Brecht, Bertolt (1935/1993): Fünf Schwierigkeiten beim Schreiben der Wahrheit. In Bertolt Brecht, *Schriften 2 (Teil 1)*. Große kommentierte Berliner und Frankfurter Ausgabe in 30 Bänden. Hrsg. von Werner Hecht, Jan Knopf, Werner Mittenzwei et al. Band 22.1, 74–89. Frankfurt am Main: Suhrkamp.
Brinker-von der Heyde, Claudia, Nina Kalwa, Nina-Maria Klug & Paul Reszke (Hrsg.) (2015): *Eigentlichkeit – zum Verhältnis von Sprache, Sprechern und Welt*. Berlin, Boston: De Gruyter.
Cassirer, Ernst ([4]1964): *Philosophie der symbolischen Formen*. Darmstadt: Wissenschaftliche Buchgesellschaft.
Coupland, Nikolas (2014): Language, society and authenticity: Themes and perspectives. In Véronique Lacoste, Jakob Leimgruber & Thiemo Breyer (Hrsg.), *Indexing Authenticity. Sociolinguistic Perspectives*, 14–39. Berlin, Boston: De Gruyter. (linguae & litterae 39)
Dornseiff ([8]2004): *Der deutsche Wortschatz nach Sachgruppen*, völlig neu bearbeitete und mit einem vollständigen alphabetischen Zugriffsregister versehene Auflage von Uwe Quasthoff. Mit einer lexikographisch-historischen Einführung und einer ausgewählten Bibliographie zur Lexikographie und Onomasiologie von Herbert Ernst Wiegand. Berlin, New York: De Gruyter.
Feilke, Helmuth (1994): *Common sense–Kompetenz. Überlegungen zu einer Theorie des „sympathischen" und „natürlichen" Meinens und Verstehens*. Frankfurt am Main: Suhrkamp.
Felder, Ekkehard (2012): Unendliche Semiose im Recht als Garant der Rechtssicherheit. In Carsten Bäcker, Matthias Klatt & Sabrina Zucca-Soest (Hrsg.), *Sprache – Recht – Gesellschaft*, 141–162. Tübingen: Mohr Siebeck.
Felder, Ekkehard (Hrsg.) (2013): *Faktizitätsherstellung in Diskursen. Die Macht des Deklarativen*. Berlin, Boston: De Gruyter. (Sprache und Wissen 13).
Felder, Ekkehard (2015): Wes Geistes Kind oder Von der Sprache der Eigentlichkeit zur sprachgebundenen Authentizität. Überlegungen zum Verhältnis von Sprache und Wahrheit. In Claudia Brinker-von der Heyde, Nina Kalwa, Nina-Maria Klug & Paul Reszke (Hrsg.), *Eigentlichkeit – zum Verhältnis von Sprache, Sprechern und Welt*, 221–240. Berlin, Boston: De Gruyter.
Felder, Ekkehard (2016): *Einführung in die Varietätenlinguistik*. Darmstadt: WBG.
Felder, Ekkehard (2018): Linguistische Diskursanalyse im Paradigma der pragma-semiotischen Textarbeit. Agonale Zentren als Deutungskategorien. In Jörg Hagemann & Sven Staffeldt (Hrsg.), *Pragmatiktheorien II. Diskursanalysen im Vergleich*, 19–42. Tübingen: Stauffenburg.
Felder, Ekkehard & Andreas Gardt (Hrsg.) (2018): *Wirklichkeit oder Konstruktion? Sprachtheoretische und interdisziplinäre Aspekte einer brisanten Alternative*. Berlin, Boston: De Gruyter.
Felder, Ekkehard & Günter Leyoldt (2020): Ist das wirklich noch meine Stadt? Authentische Städte aus kommunikativer Sicht. In Oscar Loreda (Hrsg.), *Die Stadt von Morgen – Zukunftsfragen der Gesellschaft*, 109–136. Heidelberg. (Reihe Campus Media/ Heidelberg University Publishing – Studium Generale-Reihe).
Ferrara, Alessandro (1998): *Reflective Authenticity. Rethinking the Project of Modernity*. London: Routledge

Foucault, Michel (1971): *Die Ordnung des Diskurses. Eine Archäologie der Humanwissenschaft.* Frankfurt am Main: Suhrkamp.
Gadamer, Hans Georg (1960, ⁶1990): *Wahrheit und Methode. Grundzüge einer philosophischen Hermeneutik.* Tübingen: J.C.B. Mohr.
Gardt, Andreas (2001): Beeinflußt die Sprache unser Denken? Ein Überblick über Positionen der Sprachtheorie. In Andrea Lehr, Matthias Kammerer, Klaus-Peter Konerding et al. (Hrsg.), *Sprache im Alltag. Beiträge zu neuen Perspektiven in der Linguistik. Herbert E. Wiegand zum 65. Geburtstag gewidmet*, 19–39. Berlin, New York: De Gruyter.
Gardt, Andreas (2008): Referenz und kommunikativer Ethos. Zur Forderung nach Wahrheit im Alltag. In Steffen Pappert & Melanie Schröter (Hrsg.), *Verschlüsseln, Verbergen, Verdecken in öffentlicher und institutioneller Kommunikation*, 15–30. Berlin: Erich Schmidt.
Gardt, Andreas (2018): Eigentlichkeit. Eine Universalie der Sprachreflexion. In Martin Wengeler & Alexaner Ziem (Hrsg.), *Diskurs, Wissen, Sprache*, 89–113. Berlin, Boston (Sprache und Wissen Bd. 29).
Gloy, Karen (2004): *Wahrheitstheorien.* Tübingen, Basel: Francke.
Kant, Immanuel (1781, ⁴1980): *Kritik der reinen Vernunft. Werkausgabe Band III.* Herausgegeben von Wilhelm Weischedel. Frankfurt am Main: Suhrkamp.
Keller, Rudi (1995): *Zeichentheorie. Zu einer Theorie semiotischen Wissens.* Tübingen, Basel: Francke.
Kluge, Friedrich (²²1989): *Etymologisches Wörterbuch.* Berlin, New York: De Gruyter.
Krämer, Sybille (2012): Zum Paradoxon der Zeugenschaft im Spannungsfeld von Personalität und Depersonalisierung. Ein Kommentar über Authentizität in fünf Thesen. In Michael Rössner & Heidemarie Uhl (Hrsg.), *Renaissance der Authentizität? Über die neue Sehnsucht nach dem Ursprünglichen* (Kultur- und Medientheorie), 15–26. Bielefeld: transkript.
Knaller, Susanne (2006): Genealogie des ästhetischen Begriffs von Authentizität. In Susanne Knaller & Harro Müller (Hrsg.), *Authentizität und kein Ende*, 17–35. München: Fink.
Knaller, Susanne (2016): Original, Kopie, Fälschung. Authentizität als Paradoxie der Moderne. In Martin Sabrow & Achim Saupe (Hrsg.), *Historische Authentizität*, 44–61. Göttingen: Wallstein Verlag.
Knaller, Susanne & Harro Müller (Hrsg.) (2006): *Authentizität. Diskussion eines ästhetischen Begriffs.* München: Wilhelm Fink.
Köller, Wilhelm (2004): *Perspektivität und Sprache. Zur Struktur von Objektivierungsformen in Bildern, im Denken und in der Sprache.* Berlin, New York: De Gruyter.
Lacoste, Véronique, Jakob Leimgruber & Thiemo Breyer (2014): Authenticity: A view from inside and outside sociolinguistics. In Véronique Lacoste, Jakob Leimgruber & Thiemo Breyer (Hrsg.), *Indexing Authenticity. Sociolinguistic Perspectives*, 1–13. Berlin, Boston: De Gruyter (linguae & litterae 39).
Müller, Marcus (2015): *Sprachliches Rollenverhalten. Korpuspragmatische Studien zu divergenten Kontextualisierungen in Mündlichkeit und Schriftlichkeit.* Berlin, Boston: De Gruyter. (Sprache und Wissen 13).
Nöth, Winfried (²2000): *Handbuch der Semiotik.* Stuttgart, Weimar: Metzler.
Peirce, Charles S. (1960): *Collected Papers.* Cambridge, Massachusetts: Belknap Press.
Riecke, Jörg (Bearb.) (⁵2014): *Duden 7. Das Herkunftswörterbuch. Etymologie der deutschen Sprache.* Berlin et al.: Dudenverlag.
Riecke, Jörg (2016): *Geschichte der deutschen Sprache. Eine Einführung.* Stuttgart: Reclam.

Riecke, Jörg (2018): Authentizitätskonzepte in der Sprachgeschichtsforschung. In Heidrun Kämper & Christopher Voigt-Gloy (Hrsg.), *Konzepte des Authentischen*, 29–44. Göttingen: Wallstein Verlag.

Rorty, Richard (Hrsg.) (1967): *The linguistic turn. Recent essays in philosophical method.* Chicago: University of Chicago Press.

Sartre, Jean Paul (1962): *Das Sein und das Nichts.* Hamburg: Rowohlt.

Schmidt, Siegfried J. (1996): *Die Welten der Medien. Grundlagen und Perspektiven der Medienbeobachtung.* (Wissenschaftstheorie, Wissenschaft und Philosophie 46). Braunschweig: Vieweg.

Schulze, Rainer (2011): Die Aktualität der Authentizität – Von der Attraktivität des Nicht-Hier und des Nicht-Jetzt in der modernen Sprachwissenschaft. In Wolfgang Funk & Lucia Krämer (Hrsg.), *Fiktionen von Wirklichkeit: Authentizität zwischen Materialität und Konstruktion*, 25–50. Bielefeld: transcript.

Schumacher, Bernhard N. (2003): Philosophie der Freiheit. Einführung in *Das Sein und das Nichts*. In Bernhard N. Schumacher (Hrsg.), *Klassiker auslegen. Jean Paul Sartre ›Das Sein und das Nichts‹*, 1–19. Berlin: Akademie Verlag.

Schwidlinski, Pierre (2020): *Erlebte Authentizität. Diskursive Herstellung von Authentizität zwischen Performanz und Zuschreibung.* Berlin, Boston: De Gruyter. (Sprache und Wissen 41)

Taylor, Charles (2007): *A Secular Age.* Cambridge, Mass: Belknap Press.

Ueding, Gert (Hrsg.) (1992): *Historisches Wörterbuch der Rhetorik. Band 1.* Berlin: De Gruyter.

Ueding, Gert & Bernd Steinbrink (1986): *Grundriss der Rhetorik. Geschichte, Technik, Methode.* Tübingen: Metzler.

Wimmer, Rainer (1979): *Referenzsemantik. Untersuchungen zur Festlegung von Bezeichnungsfunktionen sprachlicher Ausdrücke am Beispiel des Deutschen.* Tübingen: Niemeyer. (Reihe Germanistische Linguistik Band 19).

Stichwortverzeichnis

Adressat, 98, 146–167, 169–171, 336, 349, 351, 354, 356, 371
Adverbationsgefüge, 177, 181, 182
Agens, 146–171
Aktant, 145, 383, 385
Allgemeinsprache, 196, 197, 201, 210, 211, 213
Alltagssprache, 131, 198
Althochdeutsch, 6, 143–145, 163, 164, 166–168, 170, 203
althochdeutsch, 144, 145, 147, 162, 170, 222
Altsächsisch, 144
altsächsisch, 162
Antisemitismus, 231, 241, 244, 248, 251, 260, 261, 263, 267, 270, 272–275, 277, 278, 280, 283
Argument, 143, 144, 276, 280
Artikel, 34, 39, 40, 106, 109, 126, 133, 144, 203, 204, 211, 279, 350, 381
Ausdruck, 11, 13, 20, 75, 81, 82, 87–89, 91, 92, 95, 97, 98, 101, 111–113, 144, 156, 157, 159, 165, 172, 183, 185, 192, 197, 198, 201, 203, 209, 212, 223, 234, 243–245, 260, 263, 271, 325, 328, 344, 379, 380, 382, 388–391
Ausdrucksweise, 109, 321, 328, 333, 393
Authentizität, 5, 355, 365, 379–388, 390–394
Aventinus, Johannes, 92–94, 101, 102, 106, 107
Äquivalent, 125, 130, 133, 137, 216

Bahr, Hermann, 32–42
Bardhi, Frang, 73–76, 81, 82
Bedeutungsangabe, 125, 126, 128, 130, 131
Bedeutungserläuterung, 130, 132
Bedeutungswandel, 172
Berufsbezeichnung, 212, 213, 217, 224, 226, 295, 299, 313, 314
Beziehung, 3, 22, 55, 60, 69, 179, 202, 204, 233, 238, 276, 349, 355, 356, 390
Bonaventura, 24
Briefsteller, 120, 138, 319–325, 327, 330, 335–338

Coudenhove-Kalergi, Richard, 31, 32, 41

determinativ, 180
Deutschland, 5, 35, 36, 39–41, 195, 201, 219, 233, 238, 239, 253, 261, 262, 270, 271, 274, 277, 280, 281, 286, 320, 327, 338
Dialekt, 13, 361–363, 366–375, 393
dialektal, 12, 14, 50, 216, 361–363, 366–372
Differenzen, 128, 300, 309, 314, 315, 326
Differenzierung, 68, 124, 253, 306, 314, 334
Diskurs, 1, 6, 22, 32, 62, 89, 90, 191, 198–200, 202–204, 216, 238, 248, 253, 260, 311, 354–356, 368, 369, 372, 380, 382

Effekt, 87, 108, 370, 384, 391, 394
Eigenname, 293–295, 298–300, 303–305, 308, 313–315, 336
Eigentlichkeit, 381, 383, 389–391, 394
Einzellexem, 125, 130, 133, 136
Entlehnung, 14, 58, 133, 137, 327, 328, 330, 331, 334
Epistolographie, 5, 319, 320, 322–325, 331
Erinnerung, 236, 274, 310
Etymologie, 4, 50, 51, 97
etymologisch, 4, 47, 48, 68, 70, 238

Fachlexik, 199, 203
Fachsprache, 4, 93, 123, 124, 130, 167, 196, 198, 201, 203, 216
fachsprachlich, 119, 124, 137, 148, 197, 199, 201, 330
Fachwort, 92, 196
Formel, 34, 41, 295, 300, 304, 306, 333, 336, 346, 349, 351–353
Formulierung, 35, 41, 219, 262, 326, 331, 336, 343, 344, 348, 351, 352, 354
Frühe Neuzeit, 12, 343
Frühneuhochdeutsch, 6, 11–14, 16, 17, 19, 26, 27, 91, 143, 145, 152, 165, 167, 169, 170
fremdsprachlich, 91–93, 98, 122, 127, 129, 137, 138, 328, 375
Fremdwort, 78, 87, 88, 91, 93, 97, 109–113, 119, 281, 285
Funktionalisierung, 367, 375
Funktionsverb, 153, 155, 162, 184

Funktionswörter, 78, 127

Göbler, Justinus, 99–103, 106, 107, 110, 111
Gemeinsprache, 124, 130, 196
Germanen, 53, 57, 59–63, 69, 232, 240–243, 251, 252, 255, 256, 260, 261
germanisch, 49, 50, 52–70, 162, 210, 211, 226, 232, 236, 238, 240, 247–252, 254, 255, 258–260, 263
Glossar, 4, 89, 94–97, 100, 102, 103, 106–111, 119–122, 124–138
Grammatik, 143
Grammatikmodell, 175
grammatikographisch, 5, 176

Hörer, 175, 383–385, 387, 390, 393, 394
Handelslexik, 124, 125, 134, 136
Handelssprache, 2, 119, 122, 123, 128, 129, 131, 136, 138
Handelswortschatz, 119, 122, 123, 126, 131, 134–136, 138
Hedio, Caspar, 92–94, 98, 99
Hochsprache, 12, 361–363, 372
Hofmannsthal, 32, 33, 244

Ickelsamer, Valentin, 92–94, 98, 110, 111
Ideal, 14, 239, 250, 322–324, 380
Idiom, 49, 53, 54, 58, 62, 64, 68, 276, 361, 366, 371
idiomatisch, 63, 345, 346, 379, 381
Imperium Romanum, 52, 53, 66, 69
Interaktion, 199, 204, 346, 356, 381, 383, 386, 390–392
intrafachlich, 123, 131

jüdisch, 249, 251, 261, 268, 269, 276, 283

Kanzleistil, 320, 322, 323, 326, 333, 338
Kasusrahmen, 144, 145, 160, 162, 163, 165, 166, 169, 170
Kaufmannssprache, 122, 126
Kaufmannswortschatz, 119–122, 136
keltisch, 62–65
Klarheit, 15, 197, 217, 324
Kommunikation, 3, 68, 80, 81, 88, 122, 129, 137, 138, 195, 197, 199–201, 308, 311, 344, 346, 350, 355, 371, 383–385, 389, 392–394
kompaxiv, 179–186
Kompaxivgefüge, 180, 185
Komplement, 143, 348
komplexiv, 179–186
Komplexivgefüge, 179–181, 185, 186
Kompositum, 88, 90, 209, 211, 212, 222, 226, 261
Konstruktion, 34, 175, 176, 178, 180, 303, 307, 350, 352
Kontaktfunktion, 122
Korrespondenzmuster, 124, 130, 131, 138
Kotext, 197, 201, 345, 349, 352, 380, 385
Kristoforidhi, Kostandin, 73, 76, 77, 82
Kultur, 67, 76, 87, 237, 240, 243, 249, 252, 256, 258, 260, 269, 277, 279
Kulturgemeinschaft, 6, 362
Kulturwandel, 11

Lautwandel, 66, 145
Leibniz, Gottfried Wilhelm, 14–16
Leitvarietät, 12
Lemma, 11, 95, 98, 100, 103, 124–127, 130–134, 136–138, 178, 211
Lemmaansatz, 130
Lexem, 4, 73, 77, 82, 103, 119, 123, 126–128, 130, 131, 134–136, 185–187, 191–193, 195, 197, 202, 203, 328, 330, 343, 388, 394
Lexik, 6, 119, 121, 123, 124, 126, 127, 131, 134, 135, 138, 196, 321, 344
Lexikographie, 4, 73, 99, 108, 119, 143, 144, 192, 196, 205
Lexikologie, 4, 81, 196
Literatur, 123, 234, 244, 267–269, 273, 279, 282, 319, 362, 375, 382
Locke, John, 15, 16, 22, 26
Luther, Martin, 12, 21–26, 91, 92, 94, 98, 99, 254, 256

Mündlichkeit, 308, 309, 344
Maar, Paul, 47–52, 69
Medium, 319, 375, 382, 383, 388–390
Meister Eckart, 24

Merkmal, 77, 82, 99, 119, 130, 133, 197, 198, 210, 243, 255, 263, 348, 351, 373, 392, 393
Metapher, 16, 25, 36, 198, 199, 241, 260, 263
Metaphorisierung, 12, 17
Mittelhochdeutsch, 143, 145, 149, 163, 165, 167–170
Mittelniederdeutsch, 65, 211
Modell, 27, 36, 38–41, 179, 187, 188, 294–296, 301, 302, 309, 322, 334, 345, 383, 387, 391
Morphologie, 145, 193, 330
Motiv, 61, 70, 241, 293, 295, 296, 311
Musik, 81, 270, 382
Musil, Robert, 33
Muster, 49, 56, 101, 109, 188, 201, 294, 296, 298–300, 302, 303, 305, 307–315, 343
Musterbrief, 328, 335–337
Muttersprache, 122, 215, 239, 278, 362, 373
Mystik, 24
Mythologie, 57, 61, 65

Name, 49, 50, 52, 55–65, 67, 69, 220, 234, 251, 273, 295–299, 301–308, 311, 312, 336, 344
Nation, 32, 33, 35, 36, 39, 40, 82, 94, 98, 232, 241, 243, 245, 247, 255, 261, 263, 267, 269, 271, 272, 280
Nominalphrase, 294, 296, 313, 335, 336

Objekt, 27, 146–167, 170, 171, 183, 187

Paneuropa, 31, 32, 41
Paraphrase, 125, 130, 133, 191, 192, 349
Partikel, 175, 177, 178, 182, 185, 187
Partikelverb, 175–177, 181, 182, 185–187
Patronym, 296–299, 302, 303, 307, 308, 310, 312, 313
Personenname, 294, 304, 308
Phraseologie, 343, 345, 346
Polysemie, 19, 26, 73, 82, 144
Polysemierung, 14
Prägung, 4, 52, 55, 66, 123, 241, 248, 344–350, 355–357
Prestige, 1, 2, 12, 88, 338, 384

Prozess, 1, 2, 5, 63, 70, 198, 199, 231, 258, 294, 324, 326, 349, 351, 353, 357, 385, 386, 394

Rasse, 5, 231–234, 236–238, 240–243, 245–247, 249, 250, 252–256, 258–261, 263, 273, 277, 278, 280
Raum, 16, 37, 39–41, 60, 62, 64, 65, 87, 158, 280, 284, 293, 303, 304, 307, 309, 313, 389
Rechtssprache, 100, 103, 209–211, 213, 216, 219, 220, 222, 226
Rechtswortschatz, 124, 219
Rede, 25, 40, 81, 169, 222, 261, 269, 271, 284, 299, 361, 366, 367, 369–371, 374
Redewendung, 1, 75, 77, 79–82
Rezipient, 14, 51, 121, 122, 209, 226, 348, 354, 356, 385, 387, 388, 391–394
Rolle, 33, 361, 374, 391, 392
Roth, Simon, 89, 94, 95, 98, 99, 103, 106–109
Rufname, 293–315

Satzbauplan, 143
Schreiber, 101, 103, 110, 111, 286, 305, 307, 308, 312, 321, 343, 344
Schriftlichkeit, 300, 306, 344, 346
Schwartzenbach, Leonhard, 102, 103, 106
Semantik, 6, 12, 14, 17, 19, 21, 26, 178, 181, 192, 193, 337, 356
semantisch, 12, 14, 79, 80, 82, 103, 126, 130, 132, 143, 144, 172, 176, 182, 191, 194, 199, 202, 233, 247, 348, 349
Semantisierung, 12
Semem, 144, 145, 147, 148, 151, 152, 155, 158–160, 162–164, 166–172
Signifikant, 145, 386–388, 392
Signifikat, 387, 389, 392, 393
Sinnwelt, 1, 12, 17, 20, 21
Sozialsymbol, 2, 315
Sprachgebrauch, 2, 191–194, 199, 293, 307, 323, 370, 373, 381, 382, 388, 391, 393, 394
Sprachgemeinschaft, 6, 63, 137, 362, 371, 391
Sprachgeschichte, 1, 4, 5, 48, 67, 68, 143, 145, 162, 188, 325, 343, 380
Sprachgesellschaften, 89, 215, 219, 373
Sprachpflege, 375

sprachpflegerisch, 130, 138
Sprachpurismus, 375
sprachpuristisch, 89, 101, 112, 322
Sprachreiniger, 216, 219, 223
Sprachstadium, 143, 373
Sprachwandel, 1, 11, 326
Sprachwissenschaft, 5, 76, 222, 343, 386, 391
Sprechen, 11, 21, 22, 81, 284, 361, 366, 371, 383, 388–390, 393
Sprecher, 1, 2, 68, 137, 199, 202, 226, 343, 344, 361, 362, 367, 368, 370, 371, 380, 383–390, 392, 394
Sprichwort, 75, 351, 352
Standardsprache, 12, 14, 64, 78, 362, 363, 367, 370, 373, 393
Stil, 34, 269, 281, 283, 285, 321
subordinativ, 179, 182, 185, 186
Supprädikationsgefüge, 177, 178, 180–182
Synonym, 97, 102, 103, 130, 195, 330
Syntagma, 90–94, 109, 112, 175, 186, 296

Terminologie, 5, 124, 182, 193–200, 202, 219, 226, 241
Terminologiedynamik, 191, 193, 194, 199, 200, 202–204
Terminus, 55, 93, 191, 192, 194, 196–198, 201, 203–205, 214, 296, 390, 391
Textwelt, 12, 20, 24
Theophore, 54, 57, 67, 70
Tiefenkasus, 144, 145, 172
Tradition, 22, 24, 27, 37, 59, 68, 109, 233, 268, 271, 272, 311, 314, 321, 323, 336, 338, 344, 388, 390
Transzessionsgefüge, 177, 181, 182

Überlieferung, 6, 12, 53, 58–60
Übersetzer, 76, 238, 319, 325, 327, 328, 330, 333, 334, 336–338, 375
Übersetzung, 95, 101, 223, 267, 268, 324–328, 330, 331, 333, 334, 336, 338, 367, 374, 375

Übertragung, 18, 20, 143, 363, 368, 374, 375
übernational, 31, 37, 40–42

Valenz, 143–145, 172, 198, 203
Valenzgrammatik, 144
Valenztheorie, 143, 192
Valenzwandel, 143, 144, 162, 172
Variation, 68, 194, 203, 255, 256, 312, 336
Varietät, 64, 70, 122, 137, 196, 330, 367, 370, 371
Vielvölkerstaat, 35, 36, 38, 39
Volksetymologie, 51
volksetymologisch, 47, 48

Wendung, 87, 89, 90, 92, 94, 95, 99, 101, 102, 110, 112, 125, 127, 133, 136, 137, 150, 162, 321, 325, 346, 353, 354
Wiener Moderne, 33, 37, 244
Wiener Schule, 195
Wirklichkeit, 41, 251, 278, 365, 380, 389, 390, 392, 393
Wissenschaftssprache, 198, 203, 219
Wochentagenamen, 49, 50, 52–57, 61, 67, 70
Wortbelegung, 211
Wortbildung, 78, 90, 97, 133, 212, 213, 220, 223–225, 244
Wortgruppe, 125, 177, 183–187
Wortliste, 106, 119–122, 124, 128, 131, 132, 135, 138, 219
Wortschatz, 4, 12, 25, 87, 93, 94, 98, 111, 121–124, 126, 127, 130–132, 134, 137, 138, 192, 196, 210, 219, 222, 381
Wörterverzeichnis, 133, 138

Zeichen, 1, 3–5, 15, 31, 40, 48, 62, 82, 177, 179–186, 209, 211, 279, 283, 314, 346, 362, 381, 383–390
Zeugmatische Konstruktion, 179, 180, 185, 186
Zuname, 293–311, 313, 314

www.ingramcontent.com/pod-product-compliance
Lightning Source LLC
Chambersburg PA
CBHW031844220426
43663CB00006B/494